Das Verhältnis des Bundesrates zu Bundestag und Bundesregierung im Spannungsfeld von Demokratie- und Bundesstaatsprinzip

AF818491

Europäische Hochschulschriften

Publications Universitaires Européennes
European University Studies

Reihe II
Rechtswissenschaft

Série II Series II
Droit
Law

Bd./Vol. 4492

PETER LANG
Frankfurt am Main · Berlin · Bern · Bruxelles · New York · Oxford · Wien

Marc Diekmann

Das Verhältnis des Bundesrates zu Bundestag und Bundesregierung im Spannungsfeld von Demokratie- und Bundesstaatsprinzip

Versuch einer Konfliktlösung unter Berücksichtigung der historischen Entwicklung des Föderativorgans

PETER LANG
Europäischer Verlag der Wissenschaften

Bibliografische Information der Deutschen Nationalbibliothek
Die Deutsche Nationalbibliothek verzeichnet diese Publikation in der Deutschen Nationalbibliografie; detaillierte bibliografische Daten sind im Internet über <http://www.d-nb.de> abrufbar.

Zugl.: Köln, Univ., Diss., 2005

D 38
ISSN 0531-7312
ISBN 978-3-631-55328-2

© Peter Lang GmbH
Europäischer Verlag der Wissenschaften
Frankfurt am Main 2007
Alle Rechte vorbehalten.

Das Werk einschließlich aller seiner Teile ist urheberrechtlich geschützt. Jede Verwertung außerhalb der engen Grenzen des Urheberrechtsgesetzes ist ohne Zustimmung des Verlages unzulässig und strafbar. Das gilt insbesondere für Vervielfältigungen, Übersetzungen, Mikroverfilmungen und die Einspeicherung und Verarbeitung in elektronischen Systemen.

www.peterlang.de

Meinen Eltern

Vorwort

Mit der Föderalismusreform, die Ende Juni/Anfang Juli 2006 verabschiedet wurde, sind die Probleme des bundesstaatlichen Verhältnisses von Bund und Ländern nicht gelöst. Die vor der Reform mit dem Schlagwort "Blockadepolitik" bezeichnete Konkfliktlage aufgrund unterschiedlicher Mehrheitsverhältnisse in den Gesetzgebungsorganen wird in dieser Arbeit in ihren historischen Anfängen und dogmatischen Grundlagen beleuchtet.
Lösungen, die in die Reform Eingang gefunden haben, werden kritisch hinterfragt. Hierbei werden Vorteile und Probleme aufgezeigt, die mit einer Abschaffung der Rahmengesetzgebung, der Reduzierung zustimmungsbedürftiger Materien und dem neu eingeführten Zugriffsrecht der Länder auf die konkurrierende Gesetzgebung verbunden sind. Ein besonderes Augenmerk gilt der Gefahr der Rechtszersplitterung, die durch das unkoordinierte Nebeneinander von Bundes- und Landesrecht droht (Art. 72 III, 125a GG) und nunmehr durch die Einführung des Zugriffsrechts der Länder auf die konkurrierende Gesetzgebung des Bundes (Abweichungsgesetzgebung) institutionalisiert wurde. Ein gesondertes Kapitel ist der Rechtsprechung des Bundesverfassungsgerichts zur Erforderlichkeitsklausel gewidmet.
Mein besonderer Dank gilt meinen Eltern, die ganz im Wesentlichen zum erfolgreichen Gelingen dieser Arbeit beigetragen haben sowie meinem Doktorvater Herrn Professor Dr. Stefan Muckel für die umsichtige Betreuung der Arbeit und vielfältigen Anregungen.

Inhaltsverzeichnis

Abkürzungsverzeichnis

a. A.	anderer Ansicht
a. a. O.	am angegebenen Ort
a. E.	am Ende
Anm. d. Verf.	Anmerkung des Verfassers
Bbg./Hbg./SH./Th./Bln. Verf.	Verfassungen der Länder Brandenburg, Hamburg, Schleswig-Holstein, Thüringen und Berlin
Bd.	Band
BDA	Bundesakte
BRV	Die Verfassung des Deutschen Reichs vom 16.4.1871 (Bismarcksche Reichsverfassung)
bzgl.	bezüglich
bzw.	beziehungsweise
ders.	derselbe
EUV	Die Erfurter Unionsverfassung vom 28.5.1849
GeschO	Geschäftsordnung
HbStR	Handbuch des Staatsrechts, herausgegeben von Josef Isensee und Paul Kirchhof, Heidelberg
HbDStR	Handbuch des deutschen Staatsrechts, herausgegeben von Gerhard Anschütz und Richard Thoma, Tübingen
i. V. m.	in Verbindung mit

insbes.	insbesondere
m. w. N.	mit weiteren Nachweisen
NBV	Verfassung des Norddeutschen Bundes vom 16. April 1867
PKV	Verfassung des Deutschen Reichs vom 28.3.1849 (Paulskirchen Verfassung)
Sp.	Spalte
SZE	Verfassungsentwurf der Siebzehn vom 26.4.1848 (Siebzehner-Entwurf)
Vgl.	Vergleiche
WRV	Die Verfassung des Deutschen Reichs vom 11.8.1919 (Weimarer Reichsverfassung)
WRV E I	Unveröffentlichter Vorentwurf zur Verfassung des Deutschen Reichs (Weimarer Reichsverfassung) vom 03.01.1919 – Entwurf I
WRV E II	Entwurf einer Verfassung des Deutschen Reiches (Weimarer Reichsverfassung) vom 20.01.1919 – Entwurf II
WRV E III	Entwurf einer Verfassung des Deutschen Reiches (Weimarer Reichsverfassung) vom 17.02.1919 – Entwurf III
WSA	Wiener Schlussakte

Hinsichtlich der übrigen Abkürzungen wird verwiesen auf die Erläuterungen in den Fußnoten sowie auf:

Kirchner, Hildebert/ Butz, Cornelie	Abkürzungsverzeichnis der Rechtssprache, begründet und von der 1. bis zur 4. Auflage bearbeitet von Hildebert Kirchner, 5. Auflage, Berlin 2003

Literaturverzeichnis

Achterberg, Norbert	Die Entscheidung über das Bedürfnis für die Bundesgesetzgebung (Art. 72 Abs. 2 GG), DVBl. 1967, S. 213 ff.
Achterberg, Norbert/ Schulte, Martin	Kommentierung zu Art. 38 und 43 GG, in: Das Bonner Grundgesetz – Kommentar, begründet von Hermann von Mangoldt, fortgeführt von Friedrich Klein, herausgegeben von Christian Starck, Bd. 2, 4. Auflage, München 2000
Anschütz, Gerhard	Die Verfassung des deutschen Reichs vom 11. August 1919, Ein Kommentar für Wissenschaft und Praxis, Neudruck der 14. Auflage (Berlin 1933), Darmstadt 1965
Anschütz, Gerhard	Bundesrat oder Staatenhaus, in: Dieter Wilke/Bernd Schulte (Hrsg.), Der Bundesrat – Die staatsrechtliche Entwicklung des föderalen Verfassungsorgans, Darmstadt 1990, S. 252 ff.; erstmals veröffentlicht in: Deutsche Politik 4 (1919), S. 111 ff.
Anschütz, Gerhard	Die Reichsaufsicht, in: Handbuch des Deutschen Staatsrechts, herausgegeben von Gerhard Anschütz und Richard Thoma, Erster Band, Tübingen 1930, § 32 – S. 363 ff.
Anschütz, Gerhard	Die Reichsexekution, in: Gerhard Anschütz und Richard Thoma, Erster Band, Tübingen 1930, § 33 – S. 377 ff.
Antoni, Michael	Zustimmungsvorbehalte des Bundesrats zu Rechtsetzungsakten des Bundes – Die Zustimmungsbedürftigkeit von Bundesgesetzen, AöR 113 (1988), S. 329 ff.
Apelt, Willibalt	Geschichte der Weimarer Reichsverfassung, 2. Auflage, München 1964
Arndt, Adolf	Verfassung des Deutschen Reiches, Mit Einleitung und Kommentar, 5. Auflage, Berlin 1913
Arnim, Herbert von	Reformblockade der Politik? – Ist unser Staat noch handlungsfähig?, ZRP 1998, S. 138 ff.

Badura, Peter Die parlamentarische Demokratie, in: Handbuch des Verfassungsrechts der Bundesrepublik Deutschland, herausgegeben von Josef Isensee und Paul Kirchhof, Band I, Grundlagen von Staat und Verfassung Heidelberg 1987, § 23 – S. 953 ff.

Badura, Peter Kommentierung zu Art. 38 GG, in: Bonner Kommentar zum Grundgesetz, herausgegeben von Rudolf Dolzer, Klaus Vogel, Karin Graßhof, Stand: 109. Ergänzungslieferung Dezember 2003, Heidelberg 2003

Bayer, Hermann-Wilfried Die Bundestreue, Tübingen 1961

Bilfinger, Carl Der Einfluss der Einzelstaaten auf die Bildung des Reichswillens – Eine staatsrechtliche und politische Studie, Tübingen 1923

Bilfinger, Carl Der Reichsrat – Bedeutung und Zusammensetzung, in: Handbuch des deutschen Staatsrechts, herausgegeben von Gerhard Anschütz und Richard Thoma, Erster Band, 1930, § 46 – S. 545 ff.

Bilfinger, Carl Der Reichsrat – Zuständigkeit und Verfahren, in: Handbuch des deutschen Staatsrechts, herausgegeben von Gerhard Anschütz und Richard Thoma, Erster Band, 1930, § 47 – S. 559 ff.

Bilfinger, Carl Exekution, Diktatur und Föderalismus, in: Dieter Wilke/Bernd Schulte (Hrsg.), Der Bundesrat – Die staatsrechtliche Entwicklung des föderalen Verfassungsorgans, Darmstadt 1990, erstmals veröffentlicht in: DJZ 37 (1932), Sp. 1017 ff.

Bilfinger, Carl Der Streit um das Panzerschiff A und die Reichsverfassung, AöR 55 / N. F. 16 (1929), S. 416 ff.

Blumenwitz, Dieter Kommentierung zu Art. 50 GG, in: Bonner Kommentar zum Grundgesetz, herausgegeben von Rudolf Dolzer, Klaus Vogel, Karin Graßhof, Heidelberg 2003, Zweitbearbeitung zu Art. 50 GG, Stand: 109. Erg.-Liefg. (Dezember 2003)

Böckenförde, Ernst-Wolfgang — Demokratie als Verfassungsprinzip, in: Handbuch des Staatsrechts der Bundesrepublik Deutschland, herausgegeben von Josef Isensee und Paul Kirchhof, Band I – Grundlagen von Staat und Verfassung, Heidelberg 1987, § 22 – S. 887 ff.

Böckenförde, Ernst-Wolfgang — Demokratische Willensbildung und Repräsentation, in: Handbuch des Staatsrechts der Bundesrepublik Deutschland, herausgegeben von Josef Isensee und Paul Kirchhof, Band II – Demokratische Willensbildung, die Staatsorgane des Bundes, Heidelberg 1987, § 30 – S. 29 ff.

Böckenförde, Ernst-Wolfgang — Der Verfassungstyp der konstitutionellen Monarchie im 19. Jahrhundert, in: Moderne deutsche Verfassungsgeschichte (1815-1914), herausgegeben von Ernst-Wolfgang Böckenförde unter Mitarbeit von Rainer Wahl, 2. Auflage, Königstein/Ts. 1981

Böckstiegel, Karl-Heinz — Neue Aspekte der Gewaltenteilung seit Inkrafttreten des Grundgesetzes, NJW 1970, S. 1712 ff.

Bogs, Harald — Beratungsbereich der Regierung – Grenze einer Selbstunterrichtung der Opposition an Hand von Akten, Der Staat 13 (1974), S. 209 ff.

Boldt, Hans — Deutsche Staatslehre im Vormärz, herausgegeben von der Kommission für Geschichte des Parlamentarismus und der politischen Parteien, Düsseldorf 1975

Breuer, Rüdiger — Legislative und administrative Prognoseentscheidungen, Der Staat 16 (1977), S. 21 ff.

Broß, Siegfried — Kommentierung zu Art. 84 GG, in: Grundgesetz-Kommentar, begründet von Ingo von Münch, herausgegeben von Philip Kunig, Bd. 3, 4./5. Auflage, München 2003

Bryde, Brun-Otto — Kommentierung zu den Artt. 76, 77, 79 und 80 GG, in: Grundgesetz-Kommentar, begründet von Ingo von Münch, herausgegeben von Philip Kunig, Bd. 3, 4./5. Auflage, München 2003

Bryde, Brun-Otto Verfassungsentwicklung: Stabilität und Dynamik im Verfassungsrecht der Bundesrepublik Deutschland, 1. Auflage, Baden-Baden 1982

Bühler, Ottmar Die verfassungsrechtliche Ordnung der Zuständigkeiten, in: Handbuch des deutschen Staatsrechts, herausgegeben von Gerhard Anschütz und Richard Thoma, Erster Band, 1930, § 29 – S. 321 ff.

Bull, Hans Peter Finanzausgleich im „Wettbewerbsstaat" – Bemerkungen zur neuen Föderalismustheorie und zu ihrer Bedeutung für den Länderfinanzausgleich, DÖV 1999, S. 269 ff.

Callies, Christian Die Justiziabilität des Art. 72 Abs. 2 GG vor dem Hintergrund von kooperativem und kompetetivem Föderalismus, DÖV 1997, S. 889 ff.

Dambitsch, Ludwig Die Verfassung des Deutschen Reiches mit Erläuterungen, Berlin 1910

Degenhart, Christoph Kommentierung zu Art. 72 und 125a GG, in: Grundgesetz Kommentar, herausgegeben von Michael Sachs, 3. Auflage, München 2003

Degenhart, Christoph Rechtseinheit und föderale Vielfalt im Verfassungsstaat, ZfA 1993, S. 409 ff.

Degenhart, Christoph Staatsrecht I – Staatsorganisationsrecht, 19. Auflage, Heidelberg 2003

Dittmann, Armin Die Teilbarkeit von Gesetzesinitiativen als verfassungsrechtliches Problem – Ein Beitrag zur Diskussion um ein Hochschulrahmengesetz des Bundes, DÖV 1974, S. 397 ff.

Dittmann, Armin Kommentierung zu Art. 84 GG, in: Grundgesetz Kommentar, herausgegeben von Michael Sachs, 3. Auflage, München 2003

Doemming, Klaus-Berto von Erläuterungen zu den Artt. 50 ff. GG, in: Entstehungsgeschichte der Artikel des Grundgesetzes – Im Auftrag der Abwicklungsstelle des Parlamentarischen Rates und des Bundesministers des Innern auf Grund der Verhandlungen des Parlamentarischen Rates, bearbeitet von Klaus-Berto von Doemming, Rudolf Werner Füsslein und Werner Matz, JöR N.F. 1 (1951), S. 379 ff.

Dolzer, Rudolf — Bericht zum Beratungsgegenstand „Das parlamentarische Regierungssystem und der Bundesrat – Entwicklungsstand und Reformbedarf“, VVDStRL 58 (1999), S. 7 ff.

Dreier, Horst — Kommentierung zu Art. 79 Abs. 3 GG, in: Grundgesetz-Kommentar, herausgegeben von Horst Dreier, Band II – Art. 20-82, Tübingen 1998

Ebke, Klaus — Bundesstaat und Gewaltenteilung, jur. Diss., Göttingen 1965

Elgeti, Axel — Inhalt und Grenzen der Föderativklausel des Art. 79 Abs. 3 GG, jur. Diss., Marburg 1968

Epping, Volker — Die demokratische Legitimation der dritten Gewalt der europäischen Gemeinschaften, Der Staat 36 (1997), S. 349 ff.

Eppstein, Georg Freiherr von/ Bornhak, Conrad — Bismarcks Staatsrecht, Die Stellungnahme des Fürsten Otto von Bismarck zu den wichtigsten Fragen des deutschen und preußischen Staatsrechts, 2. Auflage, Berlin 1923

Erbguth, Wilfried — Kommentierung zu Art. 29 GG, in: Grundgesetz-Kommentar, herausgegeben von Michael Sachs, 3. Auflage, München 2003

Erichsen, Hans Uwe — Verfassungsgeschichtliche Prolegomena zur Bestimmung von Standort und Funktion des Bundesrates, in: Der Bundesrat als Verfassungsorgan und politische Kraft – Beiträge zum fünfundzwanzigjährigen Bestehen des Bundesrates der Bundesrepublik Deutschland, herausgegeben vom Bundesrat, Bad Honnef/Darmstadt 1974, S. 9 ff

Eschenburg, Theodor — Bundesrat – Reichsrat – Bundesrat, Verfassungsvorstellungen und Verfassungswirklichkeit, in: Der Bundesrat als Verfassungsorgan und politische Kraft - Beiträge zum 25-jährigen Bestehen des Bundesrates der Bundesrepublik Deutschland, herausgegeben vom Bundesrat, Bad Honnef/Darmstadt 1974, S. 35 ff.

Evers, Hans-Ulrich Kommentierung zu Art. 79 Abs. 3 GG, in: Bonner Kommentar zum Grundgesetz, herausgegeben von Rudolf Dolzer, Klaus Vogel, Karin Graßhof, Stand: 109. Ergänzungslieferung Dezember 2003, Heidelberg 2003

Fiedler, Jürgen Zur „Aufspaltung" von Gesetzentwürfen, ZRP 1977, S. 9 ff.

Fink, Udo Kommentierung zu Art. 58, in: Das Bonner Grundgesetz – Kommentar, begründet von Hermann von Mangoldt, fortgeführt von Friedrich Klein, herausgegeben von Christian Starck, Bd. 2, 4. Auflage, München 2000

Fleiner, Fritz Institutionen des Deutschen Verwaltungsrechts, 6. und 7. Auflage, Tübingen 1922

Forsthoff, Ernst Deutsche Verfassungsgeschichte der Neuzeit – Ein Abriss, 4. Auflage, Stuttgart/Berlin/Köln/Mainz 1972

Freytagh-Loringhoven, Axel Freiherr von Die Weimarer Reichsverfassung in Lehre und Wirklichkeit, München 1924

Friesenhahn, Ernst Bericht zum Beratungsgegenstand „Parlament und Regierung im modernen Staat", VVDStRL 16 (1958), S. 9 ff.

Friesenhahn, Ernst Die Rechtsentwicklung hinsichtlich der Zustimmungsbedürftigkeit von Gesetzen und Verordnungen des Bundes, in: Der Bundesrat als Verfassungsorgan und politische Kraft - Beiträge zum 25-jährigen Bestehen des Bundesrates der Bundesrepublik Deutschland, herausgegeben vom Bundesrat, Bad Honnef/Darmstadt 1974, S. 251 ff.

Friesenhahn, Ernst Die Staatsgerichtsbarkeit, in: Handbuch des deutschen Staatsrechts, herausgegeben von Gerhard Anschütz und Richard Thoma, Zweiter Band, 1932, § 98 – S. 523 ff.

Fromme, Friedrich Karl Gesetzgebung im Widerstreit – Wer beherrscht den Bundesrat? Die Kontroverse ab 1969, 2. Auflage, Stuttgart 1979

Fromme, Friedrich Karl Die beiden „Kammern“ im Widerstreit. Gegensätzliche Mehrheiten in Bundestag und Bundesrat, in: Dieter Wilke / Bernd Schulte (Hrsg.), Der Bundesrat – Die staatsrechtliche Entwicklung des föderalen Verfassungsorgans, Darmstadt 1990, S. 381 ff.; erstmals veröffentlicht in: ZRP 1976, S. 201 ff.

Frotscher, Werner/ Pieroth, Bodo Verfassungsgeschichte, 3. Auflage, München 2002

Frowein, Jochen Abr. Bemerkungen zu den Beziehungen des Bundesrates zu Bundestag, Bundesregierung und Bundespräsident, in: Der Bundesrat als Verfassungsorgan und politische Kraft – Beiträge zum fünfundzwanzigjährigen Bestehen des Bundesrates der Bundesrepublik Deutschland, herausgegeben vom Bundesrat, Bad Honnef/Darmstadt 1974, S. 115 ff.

Fuss, Ernst-Werner Die Nichtigerklärung der Volksbefragungsgesetze von Hamburg und Bremen, AöR 83 (1958), S. 383 ff.

Füsslein, Rudolf Werner Erläuterungen zu Art. 77 und 79 GG, in: Entstehungsgeschichte der Artikel des Grundgesetzes, im Auftrage der Abwicklungsstelle des Parlamentarischen Rates und des Bundesministeriums des Innern auf Grund der Verhandlungen des Parlamentarischen Rates, JöR N. F. 1 (1951), S. 573 ff.

Giese, Friedrich Deutsches Staatsrecht, Allgemeines Reichs- und Landesstaatsrecht, Berlin 1930

Giese, Friedrich Die Verfassung des deutschen Reiches vom 11. August 1919, 2. Auflage, Berlin 1920

Gräber, Fritz Zur Frage der Zustimmungsgesetze, Bemerkungen zur Entscheidung des BVerfG vom 12.11.1958, DÖV 1959, S. 893 ff.

Gramm, Christof Gewaltenverschiebungen im Bundesstaat – Zu Möglichkeiten und Grenzen der Verfassungsrechtsdogmatik, AöR 124 (1999), S. 212 ff.

Graßhof, Karin Ergänzende Kommentierung zu Art. 50 GG, in: Bonner Kommentar zum Grundgesetz, herausgegeben von Rudolf

Dolzer, Klaus Vogel, Karin Graßhof, Stand: 109. Ergänzungslieferung Dezember 2003, Heidelberg 2003

Grawert, Rolf — Zusammenarbeit und Steuerung im Bundesstaat, Der Staat 14 (1975), S. 229 ff.

Grewe, Wilhelm — Zum Begriff der politischen Partei, in: Um Recht und Gerechtigkeit, Festgabe für Erich Kaufmann zu seinem 70. Geburtstage – 21. September 1950, überreicht von Freunden, Verehrern und Schülern, herausgegeben von Hermann Jahrreiß, Walter Jellinek, Rudolf Laun und Rudolf Smend, Stuttgart/Köln 1950, S. 65 ff.

Grimm, Dieter — Die Zukunft der Verfassung,
- 1. Auflage, Frankfurt a. M. 1991
- 2. Auflage, Frankfurt a. M. 1994

Groß, Ralf — Kooperativer Föderalismus und Grundgesetz, DÖV 1969, S. 93 ff.

Gubelt, Manfred — Kommentierung zu Art. 31 GG, in: Grundgesetz-Kommentar, begründet von Ingo von Münch, herausgegeben von Philip Kunig, Bd. 2, 5. Auflage, München 2001

Gusy, Christoph — Das parlamentarische Regierungssystem und der Bundesrat – Entwicklungsstand und Reformbedarf, DVBl. 1998, S. 917 ff.

Gusy, Christoph — Das Parlament als Wahlorgan, Gesetzgeber und Prozesspartei im Verhältnis zum Bundesverfassungsgericht, in: Parlamentsrecht und Parlamentspraxis in der Bundesrepublik Deutschland, herausgegeben von Hans-Peter Schneider und Wolfgang Zeh, Berlin/New York 1989, § 60 – S. 1619 ff.

Gusy, Christoph — Kommentierung zu Art. 21 GG, in: Kommentar zum Grundgesetz für die Bundesrepublik Deutschland – Reihe Alternativkommentare, herausgegeben von Erhard Denninger, Wolfgang Hoffmann-Riem, Hans-Peter Schneider, Ekkehart Stein, 3. Auflage, Neuwied/Kriftel 2001, Stand: Ergänzungslieferung August 2002

Haas, Diether Bundesgesetze über Organisation und Verfahren der Landesbehörden (Art. 84 Abs. I des Grundgesetzes), AöR 80 (1955/56), S. 81 ff.

Haberland, Stephan Die verfassungsrechtliche Bedeutung der Opposition nach dem Grundgesetz, Berlin 1995

Häberle, Peter Die offene Gesellschaft der Verfassungsinterpreten, Ein Beitrag zur pluralistischen und „prozessualen" Verfassungsinterpretation, JZ 1975, S. 297 ff.

Hablitzel, Hans Das politische Mandat des Bundesrates – Bemerkungen zum Rederecht der Mitglieder des Bundesrates und ihrer Beauftragten im Bundestag nach Art. 43 Abs. 2 GG, BayVBl. 1979, S. 1 ff, 39 ff.

Haegert, Wilhelm Organe der Länder auf Bundesebene?, NJW 1961, S. 1137 ff.

Haenel, Albert Deutsches Staatsrecht, Erster Band – Grundlagen des deutschen Staates und die Reichsgewalt, Leipzig 1892

Hain, Karl E. Kommentierung zu Art. 79 Abs. 3 GG, in: Das Bonner Grundgesetz, Kommentar, begründet von Hermann von Mangoldt, fortgeführt von Friedrich Klein, herausgegeben von Christian Starck, Band 3, 4. Auflage, München 2001

Halstenberg, Friedrich Die Fortentwicklung der bundesstaatlichen Struktur seit 1949 und ihre Auswirkungen auf den Bundesrat, in: Der Bundesrat als Verfassungsorgan und politische Kraft – Beiträge zum fünfundzwanzigjährigen Bestehen des Bundesrates der Bundesrepublik Deutschland, herausgegeben vom Bundesrat, Bad Honnef/Darmstadt 1974, S. 127 ff.

Harbich, Jürgen Der Bundesstaat und seine Unantastbarkeit, Berlin 1965

Hartmann, Peter Kommentierung zu § 286 und § 253 ZPO, in: Jan Albers/Peter Hartmann, Baumbach/Lauterbach/Albers/Hartmann, Zivilprozess-ordnung, 61. Auflage, München 2003

Hartung, Fritz Deutsche Verfassungsgeschichte vom 15. Jahrhundert bis zur Gegenwart, 8. Auflage, Stuttgart 1950

Hartwig, Werner Volksbegehren und Volksentscheid im deutschen und österreichischen Staatsrecht, Teildruck: Das Volksbegehren im deutschen Reichsstaatsrecht, Diss. jur., Berlin 1930

Hatschek, Julius Deutsches und Preußisches Staatsrecht, Erster Band, 2. Auflage, Berlin 1930

Haug, Volker Die Föderalismusreform – Zum Ringen von Bund und Ländern um die Macht im Staat –, DÖV 2004, S. 190 ff.

Heckel, Johannes Einrichtung und rechtliche Bedeutung des Reichshaushaltsgesetzes, in: Handbuch des Deutschen Staatsrechts, herausgegeben von Gerhard Anschütz und Richard Thoma, Zweiter Band, Tübingen 1932, § 88 – S. 374 ff.

Heckel, Johannes Diktatur, Notverordnungsrecht, Verfassungsnotstand mit besonderer Rücksicht auf das Budgetrecht, AöR 61/N.F. 22 (1932), S. 257 ff.

Heger, Matthias Deutscher Bundesrat und Schweizer Ständerat, Gedanken zu ihrer Entstehung, ihrem aktuellen Erscheinungsbild und ihrer Rechtfertigung, Berlin 1990

Heinrichs, Helmut Kommentierung zu § 125 BGB, in: Palandt, Bürgerliches Gesetzbuch, 62. Auflage, München 2003

Held, Kurt Der autonome Verwaltungsstil der Länder und das Bundesratsveto nach Art. 84 I des Grundgesetzes, AöR 80 (1955/56), S. 50 ff.

Hendler, Reinhard Unitarisierungstendenzen im Bereich der Gesetzgebung, Zum Verhältnis von Landesgesetzgebungskompetenzen und Bundesgesetzgebung, ZG 1987, S. 210 ff.

Hensel, Albert Der Finanzausgleich im Bundesstaat in seiner staatsrechtlichen Bedeutung, Berlin 1922

Herles, Helmut Kammerton im Herrenhaus – Kein Forum der Volkstribünen, in: 30 Jahre Bundesrat 1949-1979, Beiträge zum dreißigjährigen Bestehen des Bundesrates der Bundesrepublik

Deutschland, herausgegeben vom Bundesrat, Bonn 1979, S. 23 ff.

Herles, Helmut — Der Stil von Bundesrat und Bundestag – Kammerton und Schaubühne, in: Vierzig Jahre Bundesrat – Tagungsband zum wissenschaftlichen Symposium in der Evangelischen Akademie Tutzing vom 11. bis 14. April 1989, herausgegeben vom Bundesrat, 1. Auflage, Baden-Baden 1989, S. 231 ff.

Hermes, Georg — Kommentierung zu den Artt. 62, 68 GG, in: Grundgesetz Kommentar, herausgegeben von Horst Dreier, Band II, Tübingen 1998

Herzog, Roman — Die Verfassungsentscheidung für die Demokratie sowie die Verfassungsentscheidung für die Gewaltenteilung: Kommentierung zu Artikel 20 GG, in: Maunz-Dürig, Grundgesetz-Kommentar, von Theodor Maunz, Günter Dürig, Peter Badura, Udo di Fabio, Matthias Herdegen, Roman Herzog, Hans H. Klein, Stefan Korioth, Peter Lerche, Hans-Jürgen Papier, Albrecht Randelzhofer, E. Schmidt-Assmann, Rupert Scholz, Band II, 42. Ergänzungslieferung (zur 1. Auflage) Februar 2003 sowie die Kommentierung zu Art. 54 GG: ebenda, Bd. IV.

Herzog, Roman — Der Einfluss des Bundesrates auf die Gesetzgebung und Verwaltung des Bundes seit 1949, in: Der Bundesrat als Verfassungsorgan und politische Kraft – Beiträge zum fünfundzwanzigjährigen Bestehen des Bundesrates der Bundesrepublik Deutschland, herausgegeben vom Bundesrat, Bad Honnef/Darmstadt 1974, S. 235 ff.

Herzog, Roman — Der Bundesrat als politisches Führungsorgan?, in: Dieter Wilke / Bernd Schulte (Hrsg.), Der Bundesrat – Die staatsrechtliche Entwicklung des föderalen Verfassungsorgans, Darmstadt 1990, S. 194 ff.; erstmals veröffentlicht in: BayVBl. 1966, S. 181 ff.

Herzog, Roman Stellung des Bundesrates im demokratischen Verfassungsstaat, in: Handbuch des Staatsrechts, herausgegeben von Josef Isensee und Paul Kirchhof, Band II, Demokratische Willensbildung – Die Staatsorgane des Bundes, Heidelberg 1987, § 44 – S. 467 ff.

Herzog, Roman Konsequenzen aus den unterschiedlichen Mehrheiten in Bundestag und Bundesrat für die Interessenwahrnehmung der Länder, Zeitschrift für Parlamentsfragen (ZParl) 1976, S. 298 ff.

Hesse, Konrad Der unitarische Bundesstaat, Karlsruhe 1962

Hesse, Konrad Grundzüge des Verfassungsrechts der Bundesrepublik Deutschland, - 20. Auflage, Heidelberg 1995,
- 12. Auflage, Heidelberg 1980,
- 11. Auflage, Heidelberg 1978,
- 1. Auflage, Heidelberg 1967

Hesse, Konrad Aspekte des kooperativen Föderalismus in der Bundesrepublik, in: Festschrift für Gebhard Müller: Zum 70. Geburtstag des Präsidenten des Bundesverfassungsgerichts, herausgegeben von Theo Ritterspach und Willi Geiger, Tübingen 1970, S. 141 ff.

Hesse, Konrad Bundesstaatsreform und Grenzen der Verfassungsänderung, AöR 98 (1973), S. 1 ff.

Hesse, Konrad Bericht zum Beratungsgegenstand „Die verfassungsrechtliche Stellung der politischen Parteien im modernen Staat", VVDStRL 17 (1959), S. 11 ff.

Hettlage, Karl Maria Diskussionsbeitrag zum Beratungsgegenstand „Gemeinschafts-aufgaben im Bundesstat" auf der Tagung der Vereinigung der Deutschen Staatsrechtslehrer in Salzburg vom 4.-7. Oktober 1972, VVDStRL 31 (1973), S. 99 ff.

Heyland, Carl Rechtsstellung der Reichsratsmitglieder, in: Handbuch des deutschen Staatsrechts, herausgegeben von Gerhard Anschütz und Richard Thoma, Erster Band, 1930, § 48 – S. 567 ff.

Hohmann, Harald — Der Verfassungsgrundsatz der Herstellung einheitlicher Lebensverhältnisse im Bundesstaat – Erläuterung anhand der fünf neuen Bundesländer, DÖV 1991, S. 191 ff.

Hoins, Hans — Die Juniorprofessur als Zentralfigur der Personalstrukturreform an den Hochschulen, NVwZ 2003, S. 1343 ff.

Hoppe, Werner — Gerichtliche Kontrolldichte bei komplexen Verwaltungsentscheidungen – ein Beitrag zu „zieldiktierten" Planungs- und komplexen Prognoseentscheidungen, in: Verwaltungsrecht zwischen Freiheit, Teilhabe und Bindung, Festgabe aus Anlass des 25-jährigen Bestehens des Bundesverwaltungsgerichts, herausgegeben von Otto Bachof, Ludwig Heigl, Konrad Redeker, München 1978, S. 295 ff.

Hoppe, Werner — Planung und Pläne in der verfassungsgerichtlichen Kontrolle, in: Bundesverfassungsgericht und Grundgesetz, Festgabe aus Anlass des 25-jährigen Bestehens des Bundesverfassungsgerichts, herausgegeben von Christian Starck, 1976, Erster Band – Verfassungsgerichtsbarkeit, S. 663 ff.

Huber, Ernst Rudolf — Deutsche Verfassungsgeschichte seit 1789,
Band I: Reform und Restauration, 1789 bis 1830,
Stuttgart/Berlin/Köln/Mainz 1961
Band II: Der Kampf um Einheit und Freiheit, 1830 bis 1850,
3. Auflage, Stuttgart/Berlin/Köln/Mainz 1988
Band III: Bismarck und das Reich,
3. Auflage, Stuttgart/Berlin/Köln/Mainz 1988
Band V: Weltkrieg, Revolution und Reichserneuerung, 1914-1919,
1. Auflage, Stuttgart/Berlin/Köln/Mainz 1978
Band VI: Die Weimarer Reichsverfassung, Stuttgart/Berlin/Köln/ Mainz 1981

Huber, Ernst Rudolf — Dokumente zur Deutschen Verfassungsgeschichte, herausgegeben von Ernst Rudolf Huber,
Bd. 1: Deutsche Verfassungsdokumente 1803-1850, 3. Auflage, Stuttgart/Berlin/Köln/Mainz 1978
Bd. 2: Deutsche Verfassungsdokumente 1851-1900, 3. Auflage, Stuttgart/Berlin/Köln/Mainz 1986
Bd. 3: Dokumente der Novemberrevolution und Weimarer Republik, 3. Auflage, Stuttgart/Berlin/Köln/Mainz 1990

Bd. 4: Deutsche Verfassungsdokumente 1919-1933, 3. Auflage, Stuttgart/Berlin/Köln/Mainz 1991

Huber, Hans — Niedergang des Rechts und Krise des Rechtsstaates, in: Hans Huber, Rechtstheorie, Verfassungsrecht und Völkerrecht – Ausgewählte Aufsätze 1950-1970, Zum 70. Geburtstag des Verfassers, herausgegeben von Kurt Eichenberger, Richard Bäumlin und Jörg P. Müller, Bern 1971, S. 27 ff.

Isensee, Josef — Idee und Gestalt des Föderalismus im Grundgesetz, in: Handbuch des Staatsrechts, herausgegeben von Josef Isensee und Paul Kirchhof, Band IV, Finanzverfassung – Bundesstaatliche Ordnung, Heidelberg 1990, § 98 – S. 517 ff.

Jahn, Gerhard — Beitrag im Rahmen einer Forumsdiskussion der Deutschen Vereinigung für Parlamentsfragen unter dem Titel: „Fehlentwicklungen im Verhältnis von Bundesrat und Bundestag?, abgedruckt in: Zeitschrift für Parlamentsfragen (ZParl) 1976, S. 307 ff.

Jahn, Gerhard — Bundesrat gegen Bundestag – Gesetzgebung im Spannungsfeld zweier Verfassungsorgane, in: Dieter Wilke / Bernd Schulte (Hrsg.), Der Bundesrat – Die staatsrechtliche Entwicklung des föderalen Verfassungsorgans, Darmstadt 1990, S. 370 ff.; erstmals veröffentlicht in: Die Neue Gesellschaft 23 (1976), S. 635 ff.

Janson, Bernd — Die Aufspaltung von Bundesgesetzen in einen zustimmungsfreien und zustimmungsbedürftigen Teil, DVBl. 1978, S. 318 ff.

Jarass, Hans Dieter — in: Grundgesetz für die Bundesrepublik Deutschland – Kommentar von Hans D. Jarass / Bodo Pieroth, 6. Auflage, München 2002

Jekewitz, Jürgen — Kommentierung zu Artt. 50, 53 und 77 GG, in: Kommentar zum Grundgesetz für die Bundesrepublik Deutschland – Reihe Alternativkommentare, herausgegeben von Erhard Denninger, Wolfgang Hoffmann-Riem, Hans-Peter Schneider, Ekkehart Stein, 3. Auflage, Neuwied/Kriftel 2001, Stand: Ergänzungslieferung August 2002

Jellinek, Georg Allgemeine Staatslehre, Siebter Neudruck der 3. Auflage, Berlin 1929, Bad Homburg v. d. Höhe/Berlin/Zürich 1966

Jellinek, Walter Staatskunde, Zweiter Band – 2. Heft: Verfassung und Verwaltung des Reichs und der Länder, 3. Auflage, Leipzig/Berlin 1927

Kägi, Werner Von der klassischen Dreiteilung zur umfassenden Gewaltenteilung, in: Verfassungsrecht und Verfassungswirklichkeit, Festschrift für Hans Huber zum 60. Geburtstag, dargebracht von Freunden, Schülern, Kollegen und vom Verlag, Bern 1961, S. 151 ff.

Kahl, Wolfgang Die Staatsaufsicht – Entstehung, Wandel und Neubestimmung unter besonderer Berücksichtigung der Aufsicht über die Gemeinden, 1. Auflage, Tübingen 2000

Kaltefleiter, Werner Oppositionsstrategie im parlamentarischen System, „Aus Politik und Zeitgeschichte" 1973 – Beilage zu DAS PARLAMENT, herausgegeben von der Bundeszentrale für politische Bildung, B 31, S. 3 ff.

Kaufmann, Erich Bericht zum Beratungsgegenstand „Die Grenzen der Verfassungsgerichtsbarkeit", VVDStRL 9 (1952), S. 1 ff.

Kenntner, Markus Das Subsidiaritätsprinzip als Beweislastumkehrregel – Überlegungen zur Neufassung von Art. 72 II GG und zur Justiziabilität des Subsidiaritätsprinzips, ZRP 1995, S. 367 ff.

Kewenig, Wilhelm A. Zur Revision des Grundgesetzes, Planung im Spannungsverhältnis von Regierung und Parlament, DÖV 1973, S. 23 ff.

Kewenig, Wilhelm A. Kooperativer Föderalismus und bundesstaatliche Ordnung, Bemerkungen zur Theorie und Praxis des kooperativen Föderalismus in den U.S.A. unter besonderer Berücksichtigung der „grants-in-aid", der Bundeshilfeprogramme, AöR 93 (1968), S. 431 ff.

Kimminich, Otto Deutsche Verfassungsgeschichte, 2. Auflage, Baden-Baden 1987

Kirchhof, Ferdinand Klarere Verantwortungsteilung von Bund, Ländern und Kommunen?, DVBl. 2004, S. 977 ff.

Kirchhof, Paul Die gerechte Steuer: „Damit sich Ehrlichkeit lohnt", in: Zeit zum Aufstehen, Agenda Deutschland – Was sich ändern muss, München 2002

Kirn, Michael Kommentierung zu Art. 125a GG, in: Grundgesetz-Kommentar, begründet von Ingo von Münch, herausgegeben von Philip Kunig, Bd. 3, 3. Auflage, München 1996 sowie in der 5. Auflage 2003.

Kisker, Gunter Kooperation zwischen Bund und Ländern in der Bundesrepublik Deutschland, DÖV 1977, S. 689 ff.

Kisker, Gunter Neuordnung des bundesstaatlichen Kompetenzgefüges und Bund-Länder-Planung, Der Staat 14 (1975), S. 169 ff.

Klatt, Hartmut Parlamentarisches System und bundesstaatliche Ordnung – Konkurrenzföderalismus als Alternative zum kooperativen Bundesstaat, „Aus Politik und Zeitgeschichte" 1982 – Beilage zu DAS PARLAMENT, herausgegeben von der Bundeszentrale für politische Bildung, B 31, S. 3 ff.

Klein, Eckart Verfahrensmaximen und Prozessvoraussetzungen – Beweiserhebung, in: Ernst Benda / Eckart Klein, Verfassungsprozessrecht, 2. Auflage, München 2001, § 14 – S. 110 ff.

Klein, Friedrich Kommentierung zu Art. 51 und 72 GG, in: Das Bonner Grundgesetz, begründet von Hermann von Mangoldt, fortgeführt von Friedrich Klein, Band II, 2. Auflage, Berlin/Frankfurt a. M. 1964

Klein, Friedrich Bundesverfassungsgericht und richterliche Beurteilung politischer Fragen – Rede anlässlich der Übernahme des Rektoramtes am 10. November 1965, Münster 1966

Klein, Hans Hugo Parteipolitik im Bundesrat?, in: Dieter Wilke/Bernd Schulte (Hrsg.), Der Bundesrat – Die staatsrechtliche Entwicklung des föderalen Verfassungsorgans, Darmstadt 1990, S. 351 ff.; erstmals veröffentlicht in: DÖV 1971, S. 325 ff.

Klein, Hans Hugo Beitrag im Rahmen einer Forumsdiskussion der Deutschen Vereinigung für Parlamentsfragen unter dem Titel: „Fehlentwicklungen im Verhältnis von Bundesrat und Bundestag?, abgedruckt in: Zeitschrift für Parlamentsfragen (ZParl) 1976, S. 307 ff.

Klein, Hans Hugo Die Legitimation des Bundesrats und sein Verhältnis zu Landesparlamenten und Landesregierungen, in: Vierzig Jahres Bundesrat, Tagungsband zum wissenschaftlichen Symposion in der Evangelischen Akademie Tutzing vom 11. bis 14. April 1989, 1. Auflage, Baden-Baden 1989, S. 95 ff.

Klein, Hans Hugo Kontinuität des Grundgesetzes und seine Änderungen im Zuge der Wiedervereinigung, in: Handbuch des Staatsrechts der Bundesrepublik Deutschland, herausgegeben von Josef Isensee und Paul Kirchhof, Band VIII, , Heidelberg 1995, § 198 – S. 557 ff.

Klein, Hans Hugo Der Bundesrat der Bundesrepublik Deutschland – die „Zweite Kammer“, AöR 108 (1983), S. 329 ff.

Kloepfer, Michael Das Geeignetheitsgebot bei wirtschaftslenkenden Steuergesetzen – Zum Beschluss des BVerfG über die Verfassungsmäßigkeit des Absicherungsgesetzes, NJW 1971, S. 1585 ff.

Knies, Wolfgang Der Bundesrat: Zusammensetzung und Aufgaben – Zum Schlussbericht der Enquête-Kommission Verfassungsreform, in: Dieter Wilke/Bernd Schulte (Hrsg.), Der Bundesrat – Die staatsrechtliche Entwicklung des föderalen Verfassungsorgans, Darmstadt 1990, S. 210 ff.; erstmals veröffentlicht in: DÖV 1977, S. 575 ff.

Koellreutter, Otto Der Deutsche Staat als Bundesstaat und als Parteienstaat, Tübingen 1927

Koellreutter, Otto Die politischen Parteien im modernen Staate, Breslau 1926

Kokott, Juliane	Kommentierung zu Art. 77 GG, in: Bonner Kommentar zum Grundgesetz, herausgegeben von Rudolf Dolzer, Klaus Vogel, Karin Graßhof, Stand: 109. Ergänzungslieferung Dezember 2003, Heidelberg 2003
Kölble, Josef	Verwaltungsabkommen zwischen Bund und Ländern, DÖV 1960, S. 650 ff.
Konow, Gerhard	Zur Funktionsfähigkeit der bundesstaatlichen Verfassungsordnung, DÖV 1970, S. 22 ff.
Konow, Gerhard	Zustimmungsbedürftigkeit von Änderungsgesetzen, Zur Bedeutung einer verfassungsrechtlichen Streitfrage, ZRP 1973, S. 158 ff.
Korioth, Stefan	Kommentierung zu Art. 50 GG, in: Das Bonner Grundgesetz, Kommentar, begründet von Hermann von Mangoldt, fortgeführt von Friedrich Klein, herausgegeben von Christian Starck, Band 2, 4. Auflage, München 2000
Köttgen, Arnold	Das Verwaltungsverfahren als Gegenstand der Bundesgesetzgebung, DÖV 1952, S. 422 ff.
Köttgen, Arnold	Der Einfluss des Bundes auf die deutsche Verwaltung und die Organisation der bundeseigenen Verwaltung , JöR N.F. 3 (1954), S. 67 ff.
Kratzsch, Otger	Verfassungsrechtliche Probleme einer Mitwirkung der Landesparlamente an Bundesratsangelegenheiten, DÖV 1975, S. 109 ff.
Krebs, Walter	Kommentierung zu den Artt. 50 und 51 GG, in: Grundgesetz-Kommentar, begründet von Ingo von Münch, herausgegeben von Philip Kunig, Bd. 2, 5. Auflage, München 2001
Kröger, Detlef/ Moos, Flemming	Die Erforderlichkeitsklausel gemäß Art. 72 Abs. 2 GG n. F. im Spannungsfeld des Bundesstaates, BayVBl. 1997, S. 705 ff.

Kunig, Philip Kommentierung zu Art. 72 GG, in Grundgesetz-Kommentar, begründet von Ingo von Münch, herausgegeben von Philip Kunig, Bd. 3, 5. Auflage, München 2003

Küster, Otto Das Gewaltenproblem im modernen Staat, AöR 75 (1949), S. 397 ff.

Kutscher, Hans Verfassungsrechtliche Fragen aus der Praxis des Bundesrats – Zugleich eine Erwiderung zum Aufsatz Hans Lechner in Heft 14/52, DÖV 1952, S. 710 ff.

Laband, Paul Der Bundesrat, in: Der Bundesrat – Die staatsrechtliche Entwicklung des föderalen Verfassungsorgans, herausgegeben von Dieter Wilke und Bernd Schulte, Darmstadt 1990, S. 40 ff.; erstmals veröffentlicht in: Deutsche Juristen-Zeitung 16 (1911), Sp. 1 ff.

Laband, Paul Das Staatsrecht des deutschen Reiches – In vier Bänden, Band 1, Neudruck der 5. Auflage (Tübingen 1911), Aalen 1964

Laband, Paul Die Kompetenzen des Bundesstaats und die geschriebene Verfassung, in: Einzelrecht und öffentliches Interesse, von Fritz Fleiner, Festgabe für Paul Laband zum fünfzigsten Jahrestag der Doktorpromotion, Band 2, Tübingen 1908, S. 249 ff.

Laband, Paul Die geschichtliche Entwicklung der Reichsverfassung seit der Reichsgründung, in: JöR I (1907), S. 1 ff.

Laband, Paul Das Interpellationsrecht, Besprechung der gleichnamigen Monografie von Julius Hatschek, in: DJZ 14 (1909), Sp. 677 ff.

Lang, Joachim Zur Struktur des deutschen Föderalismus – Bericht über die Tagung des Bundesrates anlässlich des 50jährigen Jubiläums des Herrenchiemseer Verfassungskonvents vom 19. bis 21. August 1998 im Kloster Seeon, DÖV 1999, S. 507 ff.

Lange, Klaus Die Legitimationskrise des Bundesrates, in: Dieter Wilke/Bernd Schulte (Hrsg.), Der Bundesrat – Die staatsrechtliche Entwicklung des föderalen Verfassungsorgans,

Darmstadt 1990, S. 226 ff.; erstmals veröffentlicht in: Festschrift für Erwin Stein zum 80. Geburtstag. Dargebracht von Freunden und Kollegen, herausgegeben von Hermann Avenarius, Hans Engelhardt, Hermann Heussner, Friedrich von Zezschwitz; Bad Homburg v. d. H. 1983, S. 181 ff.

Lassar, Gerhard — Die verfassungsrechtliche Ordnung der Zuständigkeiten, in: Handbuch des deutschen Staatsrechts, herausgegeben von Gerhard Anschütz und Richard Thoma, Erster Band, 1930, § 27 – S. 301 ff.

Lassar, Gerhard — Gegenwärtiger Stand der Aufgabenteilung zwischen Reich und Ländern, in: Handbuch des deutschen Staatsrechts, herausgegeben von Gerhard Anschütz und Richard Thoma, Erster Band, 1930, § 28 – S. 312 ff.

Laufer, Heinz — Das föderative System der Bundesrepublik Deutschland, 4. Auflage, München 1981

Laufer, Heinz — Reform des Bundesrates? – Eine Untersuchung über Bewährung und Reformprobleme der Struktur, Arbeitsweise und der Organisationsregelung des föderativen Verfassungsorgans, in: Der Bundesrat (Hrsg.), Der Bundesrat als Verfassungsorgan und politische Kraft, Bad Honnef/Darmstadt 1974, S. 395 ff.

Lehmbruch, Gerhard — Parteienwettbewerb im Bundesstaat, 2. Auflage, Stuttgart/Berlin/ Köln/Mainz, 1988

Leibholz, Gerhard — Volk und Partei im deutschen Verfassungsrecht, DVBl. 1950, S. 194 ff.

Leibholz, Gerhard — Erläuterung des Begriffs „Repräsentation“, in: Evangelisches Staatslexikon, herausgegeben von Hermann Kunst, Siegfried Grundmann in Verbindung mit Wilhelm Schneemelcher und Roman Herzog, 1. Auflage, Berlin 1966

Leibholz, Gerhard — Strukturprobleme der modernen Demokratie, unveränderter Neudruck der 3. Auflage von 1967, Frankfurt am Main 1974

Leibholz, Gerhard / Hesselberger, Dieter	Die Stellung des Bundesrates und das demokratische Parteiensystem in der Bundesrepublik Deutschland, in: Der Bundesrat als Verfassungsorgan und politische Kraft – Beiträge zum fünfundzwanzigjährigen Bestehen des Bundesrates der Bundesrepublik Deutschland, herausgegeben vom Bundesrat, Bad Honnef/Darmstadt 1974, S. 99 ff
Leisner, Walter	Gewaltenteilung innerhalb der Gewalten, in: Festgabe für Theodor Maunz zum 70. Geburtstag, herausgegeben von Hans Spanner, Peter Lerche, Hans Zacher, Peter Badura, Axel Freiherr von Campenhausen, München 1971, S. 267 ff.
Leisner, Walter	Schwächung der Landesparlamente durch grundgesetzlichen Föderalismus – Vertikale gegen horizontale Gewaltenteilung, DÖV 1968, S. 389 ff.
Lerche, Peter	Zweiter Bericht zum Beratungsgegenstand „Föderalismus als nationales Ordnungsprinzip", VVDStRL 21 (1964), S. 66 ff.
Lerche, Peter	Gewaltenteilung – deutsche Sicht, in: Gewaltenteilung heute, Symposium aus Anlass der Vollendung des 65. Lebensjahres von Fritz Ossenbühl, herausgegeben von Josef Isensee, Heidelberg 2000, S. 75 ff.
Lerche, Peter	Kommentierung zu Art. 84 GG, in: Maunz-Dürig, Grundgesetz-Kommentar, von Theodor Maunz, Günter Dürig, Peter Badura, Udo di Fabio, Matthias Herdegen, Roman Herzog, Hans H. Klein, Stefan Korioth, Peter Lerche, Hans-Jürgen Papier, Albrecht Randelzhofer, E. Schmidt-Assmann, Rupert Scholz, Band II, 42. Ergänzungslieferung (zur 1. Auflage) Februar 2003
Lerche, Peter	Zum Apothekenurteil des Bundesverfassungsgerichts, BayVBl. 1958, S. 231 ff.
Lerche, Peter	Finanzausgleich und Einheitlichkeit der Lebensverhältnisse, in: Festschrift für Friedrich Berber zum 75. Geburtstag, herausgegeben von Dieter Blumenwitz und Albrecht Randelzhofer, München 1973, S. 299 ff.

Lerche, Peter Zustimmungsgesetze, in: Vierzig Jahre Bundesrat, Tagungsband zum wissenschaftlichen Symposion in der Evangelischen Akademie Tutzing vom 11. bis 14. April 1989, herausgegeben vom Bundesrat, 1. Auflage, Baden-Baden 1989, S. 183 ff.

Liebrecht, Heinz Zur Rechtfertigung des Föderalismus heute und zu den Grenzen zulässiger Länderkooperation – Eine Tagung in Loccum, Bericht und Betrachtung, DVBl. 1969, S. 97 ff.

Liesegang, Helmuth C. F. Kommentierung zu Art. 91a GG, in: Grundgesetz-Kommentar, herausgeben von Ingo von Münch, Bd. 3, 2. Auflage, München 1983

Linck, Joachim Zur Einflussnahme der Landesparlamente auf die Landesregierungen in Bundesratsangelegenheiten, DVBl. 1974, S. 861 ff.

Lücke, Jörg Kommentierung zu Art. 77 und 79 GG, in: Grundgesetz-Kommentar, herausgegeben von Michael, 3. Auflage, München 2003

Mager, Ute Kommentierung zu Art. 68 GG, in: Grundgesetz-Kommentar, begründet von Ingo von Münch, herausgegeben von Philip Kunig, Bd. 2, 5. Auflage, München 2001

Magiera, Siegfried Kommentierung zu Art. 43 GG, in: Grundgesetz-Kommentar, herausgegeben von Michael Sachs, 3. Auflage, München 2003

Masing, Johannes Kommentierung zu Artt. 76 und 77 GG, in: Das Bonner Grundgesetz, Kommentar, begründet von Hermann von Mangoldt, fortgeführt von Friedrich Klein, herausgegeben von Christian Starck, Band 2, 4. Auflage, München 2000

Maunz, Theodor Kommentierung zu Artikel, 31, 50, 77 und 79 GG, in: Grundgesetz Kommentar, von Peter Badura, Udo Di Fabio, Matthias Herdegen, Roman Herzog, Hans Hugo Klein, Stefan Korioth, Peter Lerche, Hans-Jürgen Papier, Albrecht Randelzhofer, E. Schmidt-Assmann, Rupert Scholz, Bände III/IV/V, 42. Ergänzungslieferung (zur 1. Auflage), Februar 2003

Maunz, Theodor	Die Rechtsstellung der Mandatsträger im Bundestag, in: Der Bundesrat als Verfassungsorgan und politische Kraft – Beiträge zum fünfundzwanzigjährigen Bestehen des Bundesrates der Bundesrepublik Deutschland, herausgegeben vom Bundesrat, Bad Honnef/Darmstadt 1974, S. 193 ff.
Maunz, Theodor	Deutsches Staatsrecht, Ein Studienbuch, 18. Auflage, München 1971
Maunz, Theodor	Volksbefragung und Bundesstaat, BayVBl. 1958, S. 305
Maunz, Theodor/ Scholz, Rupert	Kommentierung zu Art. 50 GG, in: Grundgesetz Kommentar, von Peter Badura, Udo Di Fabio, Matthias Herdegen, Roman Herzog, Hans Hugo Klein, Stefan Korioth, Peter Lerche, Hans-Jürgen Papier, Albrecht Randelzhofer, E. Schmidt-Assmann, Rupert Scholz, 42. Ergänzungslieferung (zur 1. Auflage), Band III, Februar 2003
Maunz, Theodor/ Dürig, Günter	Kommentierung zu Art. 79 Abs. 3 GG, in: Kommentierung zu Artikel 79 GG, in: Grundgesetz Kommentar, von Peter Badura, Udo Di Fabio, Matthias Herdegen, Roman Herzog, Hans Hugo Klein, Stefan Korioth, Peter Lerche, Hans-Jürgen Papier, Albrecht Randelzhofer, E. Schmidt-Assmann, Rupert Scholz, 42. Ergänzungslieferung (zur 1. Auflage), Band V, Februar 2003
Maurer, Hartmut	Der Bundesrat im Verfassungsgefüge der Bundesrepublik Deutschland, in Staat und Recht – Festschrift für Günther Winkler, herausgegeben von Herbert Haller, Wien / New York 1997, S. 615 ff.
Maurer, Hartmut	Bericht zum Beratungsgegenstand: „Der Verwaltungsvorbehalt“, VVDStRL 43 (1985), S. 135 ff.
Maurer, Hartmut	Allgemeines Verwaltungsrecht, 14. Auflage, München 2002
Maurer, Hartmut	Staatsrecht I - Grundlagen, Verfassungsorgane, Staatsfunktionen, 3. Auflage, München 2003
Mayer, Otto	Republikanischer und monarchischer Bundesstaat, AöR 18 (1903), S. 337 ff.

Mayer-Maly, Theo — Kann Mehrheit alles?, in: Festschrift für Günther Winkler, herausgegeben von Herbert Haller, Wien / New York 1997, S. 639 ff.

Mayntz, Renate — Föderalismus und die Gesellschaft der Gegenwart, AöR 115 (1990), S. 232 ff.

Meisner, Heinrich Otto — Bundesrat, Bundeskanzler und Bundeskanzleramt (1867-1871), in: Moderne deutsche Verfassungsgeschichte (1815-1914), herausgegeben von Ernst-Wolfgang Böckenförde unter Mitarbeit von Rainer Wahl, 2. Auflage, Königstein/Taunus 1981

Meißner, Otto — Das Staatsrecht des Reichs und seiner Länder, 2. Auflage, Berlin 1923

Menger, Christian Friedrich — Das verfassungsgerichtliche Urteil zu § 218 StGB – Gesetzgebung durch das BVerfG?, VerwArch 66 (1975), S. 397 ff.

Mertens, Hans-Joachim — Über politische Argumente in der verfassungsrechtlichen Diskussion der paritätischen Mitbestimmung, RdA 1975, S. 89 ff.

Meyer, Georg/ Anschütz, Gerhard — Lehrbuch des Deutschen Staatsrechts; von Georg Meyer, bearbeitet von Gerhard Anschütz,
- 6. Auflage, Leipzig 1905
- 7. Auflage, Leipzig 1919

Meyn, Karl-Ulrich — Kommentierung zu den Artt. 64, 65 GG, in: Grundgesetz-Kommentar, begründet von Ingo von Münch, herausgegeben von Philip Kunig, Bd. 2, 5. Auflage, München 2001

Mommsen, Wilhelm — Föderalismus und Unitarismus, Schloss Laupheim 1954

Morlok, Martin — Kommentierung zu Art. 43 GG, in: Grundgesetz Kommentar, herausgegeben von Horst Dreier, Bd. II, Tübingen 1998

Morsey, Rudolf — Die Entstehung des Bundesrates im Parlamentarischen Rat, in: Der Bundesrat als Verfassungsorgan und politische Kraft – Beiträge zum fünfundzwanzigjährigen Bestehen des Bundesrates der Bundesrepublik Deutschland, herausgegeben vom Bundesrat, Bad Honnef/Darmstadt 1974, S. 63 ff.

Müller, Dagmar — Die Gesetzgebung im Berufsbildungsrecht – Analyse der Beratungen der Gemeinsamen Verfassungskommission zur Neufassung des Art. 72 GG, RdJB 1994, S. 467 ff.

Nawiasky, Hans — Grundprobleme der Reichsverfassung, Erster Teil, Das Reich als Bundesstaat, Berlin 1928

Nawiasky, Hans — Die Grundgedanken des Grundgesetzes für die Bundesrepublik Deutschland, Systematische Darstellung und kritische Würdigung, Stuttgart/Köln 1950

Nawiasky, Hans — Die Zukunft der politischen Parteien, München 1924

Neumeyer, Christoph — Geschichte eines Irrläufers – Anmerkungen zur Reform des Art. 72 Abs. 2 GG, in: Staatsphilosophie und Rechtspolitik, Festschrift für Martin Kriele zum 65. Geburtstag, herausgegeben von Burkhardt Ziemske, Theo Langheid, Heinrich Wilms, Jörg Haverkante, München 1997, S. 543 ff.

Neumeyer, Christoph — Der Weg zur neuen Erforderlichkeitsklausel für die konkurrierende Gesetzgebung des Bundes (Art. 72 Abs. 2 GG) – Renaissance alliierter Verfassungspolitik, Berlin 1999, zugleich jur. Diss. Köln 1997

Neunreither, Karlheinz — Der Bundesrat zwischen Politik und Verwaltung, Heidelberg 1959

Niclauss, Karlheinz — Problemkind der Verfassungsväter – Parlamentarischer Rat entschied sich für Bundesrat als Zweite Kammer, in: 30 Jahre Bundesrat – Beiträge zum dreißigjährigen Bestehen des Bundesrates der Bundesrepublik Deutschland, herausgegeben vom Bundesrat, Bonn 1979, S. 9 ff.

Nierhaus, Michael — Zur gerichtlichen Kontrolle von Prognoseentscheidungen der Verwaltung, DVBl. 1977, S. 19 ff.

Oeter, Stefan — Kommentierung zu Art. 72 und 125a GG, in: Das Bonner Grundgesetz, Kommentar, begründet von Hermann von Mangoldt, fortgeführt von Friedrich Klein, herausgegeben von Christian Starck, Band 2/3, 4. Auflage, München 2000/2001

Oeter, Stefan Integration und Subsidiarität im deutschen Bundesstaatsrecht – Untersuchungen zur Bundesstaatstheorie unter dem Grundgesetz, Heidelberg 1998

Oldiges, Martin Kommentierung zu den Artt. 65 und 68 GG, in: Grundgesetz-Kommentar, herausgegeben von Michael Sachs, 3. Auflage, München 2003

Oschatz, Georg-Berndt Eröffnungsrede anlässlich eines Symposions zum vierzigjährigen Bestehen des Bundesrats, in: Vierzig Jahre Bundesrat, Tagungsband zum wissenschaftlichen Symposion in der Evangelischen Akademie Tutzing vom 11. bis 14. April 1989, herausgegeben vom Bundesrat, 1. Auflage, Baden-Baden 1989, S. 17 ff.

Ossenbühl, Fritz Die Zustimmung des Bundesrates beim Erlass von Bundesrecht, AöR 99 (1974), S. 369 ff.

Ossenbühl, Fritz Aktuelle Probleme der Gewaltenteilung, DÖV 1980, S. 545 ff.

Ossenbühl, Fritz Zustimmung und Verantwortung des Bundesrates beim Erlass von Bundesgesetzen, in: Dieter Wilke/Bernd Schulte (Hrsg.), Der Bundesrat – Die staatsrechtliche Entwicklung des föderalen Verfassungsorgans, Darmstadt 1990, S. 300 ff.; erstmals veröffentlicht in: Festschrift für Hermann Jahrreiß zum 80. Geburtstag, 19. August 1974, herausgegeben vom Institut für Völkerrecht und ausländisches öffentliches Recht der Universität zu Köln, Köln/Berlin/Bonn/München 1974, S. 161 ff.

Ossenbühl, Fritz Die Kontrolle von Tatsachenfeststellungen und Prognoseentscheidungen durch das Bundesverfassungsgericht, in: Bundesverfassungsgericht und Grundgesetz, Festgabe aus Anlass des 25-jährigen Bestehens des Bundesverfassungsgerichts, herausgegeben von Christian Starck, Erster Band – Verfassungsgerichtsbarkeit, Tübingen 1976, S. 458 ff.

Ossenbühl, Fritz — Die Zuständigkeit des Bundesrats beim Erlass von Bundesrecht, AöR 99 (1974), S. 369 ff.

Pestalozza, Christian — Formenmissbrauch des Staates, München 1973

Pestalozza, Christian — Ausschaltung des Bundesrates durch Einbringung von Gesetzesteilen als Teilgesetze?, ZRP 1976, S. 153 ff.

Poetzsch, Fritz — Das Urteil des vorläufigen Staatsgerichtshofes in dem braunschweigischen Verfassungsstreite über die Wahldauer der Landesversammlung, Urteilsanmerkung, AöR 42/N.F. 3 (1922), S. 79 ff.

Poetzsch, Fritz — Vom Staatsleben unter der Weimarer Reichsverfassung (vom 1. Januar 1920 bis 31. Dezember 1924), JöR XIII (1925), S. 1 ff.

Poetzsch-Heffter, Fritz — Handkommentar der Reichsverfassung vom 11. August 1919, Ein Handbuch für Verfassungsrecht und Verfassungspolitik, 3. Auflage, Berlin 1928

Pohl, Heinrich — Die Zuständigkeiten des Reichspräsidenten, in: Handbuch des deutschen Staatsrechts, herausgegeben von Gerhard Anschütz und Richard Thoma, Erster Band, Tübingen 1930, § 42 – S. 482 ff.

Pollmann, Hans — Repräsentation und Organschaft, Eine Untersuchung zur verfassungsrechtlichen Stellung des Bundesrates der Bundesrepublik Deutschland, Berlin 1969

Poscher, Ralf — Die Opposition als Rechtsbegriff, AöR 122 (1997), S. 444 ff.

Poschmann, Thomas — Inanspruchnahme konkurrierender Kompetenzen des Bundes und Neuordnung der bundesstaatlichen Ordnung, NVwZ 2004, S. 1318 ff.

Radbruch, Gustav — Die politischen Parteien im System des deutschen Verfassungsrechts, in: Handbuch des Deutschen Staatsrechts, herausgegeben von Gerhard Anschütz und Richard Thoma, Erster Band, Tübingen 1930, § 25 – S. 285 ff..

Rehm, Hermann Unitarismus und Föderalismus in der Deutschen Reichsverfassung, Vortrag gehalten in der Gehe-Stifung zu Dresden am 8. Oktober 1898, Dresden 1898

Rehm, Hermann Das politische Wesen der deutschen Monarchie, in: Festgabe für Otto Mayer, Zum 70. Geburtstag dargebracht von Freunden, Verehrern und Schülern, 29. März 1916, Neudruck der Ausgabe Tübingen 1916, Aalen 1974, S. 59 ff.

Reincke, O. Die Verfassung des Deutschen Reichs nebst Ausführungsgesetzen, Für den praktischen Gebrauch mit besonderer Beziehung auf Preußen, Berlin 1906

Reuter, Konrad Der Bundesrat als Parlament der Länderregierungen, in: Parlamentsrecht und Parlamentspraxis in der Bundesrepublik Deutschland, herausgeben von Hans-Peter Schneider und Wolfgang Zeh, Berlin/New York 1989, § 56 – S. 1523 ff.

Reuter, Konrad Praxishandbuch Bundesrat, Verfassungsrechtliche Grundlagen, Kommentar zur Geschäftsordnung, Praxis des Bundesrates, Heidelberg 1991

Reuter, Konrad Der Bundesrat eine zweite Kammer? – Grenzlinie liegt zwischen wirksamer Beteiligung an der Gesetzgebung und nur beratender Funktion, in: 30 Jahre Bundesrat 1949-1979, Beiträge zum dreißigjährigen Bestehen des Bundesrates der Bundesrepublik Deutschland, herausgegeben vom Bundesrat, Bonn 1979, S. 47 ff.

Robbers, Gerhard Kommentierung zu Art. 50 und 53 GG, in: Grundgesetz Kommentar, herausgegeben von Michael Sachs, 3. Auflage, München 2003

Rosegger, Hans Ludwig Das parlamentarische Interpellationsrecht, Rechtsvergleichende und politische Studie, Leipzig 1907

Rybak, Hubertus/ Hofmann, Hans Verteilung der Gesetzgebungsrechte zwischen Bund und Ländern nach der Reform des Grundgesetzes, NVwZ 1995, S. 230 ff.

Sachs, Michael Mitbericht zum Beratungsgegenstand „Das parlamentarische Regierungssystem und der Bundesrat – Entwick-

	lungsstand und Reformbedarf", VVDStRL 58 (1999), S. 39 ff.
Sachs, Michael	Kommentierung zu Art. 20 GG, in: Grundgesetz Kommentar, herausgegeben von Michael Sachs, 3. Auflage, München 2003
Sannwald, Rüdiger	Die Reform der Gesetzgebungskompetenzen nach den Beschlüssen der Gemeinsamen Verfassungskommission von Bundestag und Bundesrat, DÖV 1994, S. 629 ff.
Sannwald, Rüdiger	Die Reform des Grundgesetzes, NJW 1994, S. 3313 ff.
Sannwald, Rüdiger/ Rohn, Stephan	Die Ergebnisse der gemeinsamen Verfassungskommission, ZRP 1994, S. 65 ff.
Schäfer, Hans	Der Bundesrat, Köln/Berlin 1955
Schambeck, Herbert	Föderalismus und Gewaltenteilung, in: Menschenwürde und freiheitliche Rechtsordnung, Festschrift für Willi Geiger zum 65. Geburtstag, herausgegeben von Gerhard Leibholz, Hans Joachim Faller, Paul Mikat, Hans Reis, Tübingen 1974, S. 643 ff.
Scharpf, Fritz W.	Der Bundesrat und die Kooperation auf der dritten Ebene, in: Vierzig Jahre Bundesrat – Tagungsband zum wissenschaftlichen Symposium in der Evangelischen Akademie Tutzing vom 11. bis 14. April 1989, herausgegeben vom Bundesrat, 1. Auflage, Baden-Baden 1989, S. 121 ff.
Scharpf, Fritz W.// Reissert, Bernd/ Schnabel, Fritz	Politikverflechtung: Theorie und Empirie des kooperativen Föderalismus in der Bundesrepublik, Kronberg 1976
Schenke, Wolf-Rüdiger	Gesetzgebung zwischen Parlamentarismus und Föderalismus, in: Parlamentsrecht und Parlamentspraxis in der Bundesrepublik Deutschland, herausgeben von Hans-Peter Schneider und Wolfgang Zeh, Berlin/New York 1989, § 55 – S. 1485 ff.
Schenke, Wolf-Rüdiger	Föderalismus als Form der Gewaltenteilung, JuS 1989, S. 698 ff.

Scheuner, Ulrich — in: Das Mehrheitsprinzip in der Demokratie, herausgegeben von der Rheinisch-Westfälischen Akademie der Wissenschaften, Opladen 1973

Scheuner, Ulrich — in: Verfassungsrecht und Verfassungswirklichkeit, Festschrift für Hans Huber zum 60. Geburtstag, dargebracht von Freunden, Kollegen, Schülern und vom Verlag, Bern 1961, S. 222 ff.

Scheuner, Ulrich — Verantwortung und Kontrolle in der demokratischen Verfassungs-ordnung, in: Festschrift für Gebhard Müller - Zum 70. Geburtstag des Präsidenten des Bundesverfassungsgerichts, herausgegeben von Theo Ritterspach, Willi Geiger, Tübingen 1970, S. 379 ff.

Scheuner, Ulrich — Beitrag im Rahmen einer Forumsdiskussion der Deutschen Vereinigung für Parlamentsfragen unter dem Titel: „Fehlent-wicklungen im Verhältnis von Bundesrat und Bundestag?, abgedruckt in: Zeitschrift für Parlamentsfragen (ZParl) 1976, S. 307 ff.

Scheuner, Ulrich — Das Grundgesetz in der Entwicklung zweier Jahrzehnte, AöR 95 (1970), S. 321 ff.

Scheuner, Ulrich — Die Lage des parlamentarischen Regierungssystems in der Bundesrepublik, DÖV 1974, S. 433 ff.

Scheuner, Ulrich — Wandlungen im Föderalismus der Bundesrepublik, DÖV 1966, S. 513 ff.

Scheuner, Ulrich — Die Anwendung des Art. 48 der Weimarer Reichsverfassung unter den Präsidentschaften von Ebert und Hindenburg, in: Staat, Wirtschaft und Politik in der Weimarer Republik, Festschrift für Heinrich Brüning, herausgegeben von Ferdinand A. Hermens und Theodor Schieder, Berlin 1967, S. 249 ff.

Scheyhing, Robert — Deutsche Verfassungsgeschichte der Neuzeit, Köln/Berlin/Bonn/München 1968

Schmehl, Arndt — Die erneuerte Erforderlichkeitsklausel in Art. 72 Abs. 2 GG, DÖV 1996, S. 724 ff.

Schmid, Karl Die politische und staatsrechtliche Ordnung der Bundesrepublik Deutschland, DÖV 1949, S. 201 ff.

Schmidt, Hans-Jürgen Zum Verhältnis von Bundesrat und Landesparlamenten, Modelle organisatorischer Reform, DÖV 1973, S. 469 ff.

Schmidt, Richard Allgemeine Staatslehre, Band 1 – Die gemeinsamen Grundlagen des politischen Lebens, Neudruck der Ausgabe Leipzig 1901; Aalen 1969

Schmidt-Aßmann, Eberhard Der Rechtsstaat, in: Handbuch des Staatsrechts der Bundesrepublik Deutschland, herausgegeben von Josef Isensee und Paul Kirchhof, Band I, Grundlagen von Staat und Verfassung, Heidelberg 1987, § 24 – S. 987 ff.

Schmitt Glaeser, Walter Rechtspolitik unter dem Grundgesetz – Chancen, Versäumnisse – Forderungen, AöR 107 (1982), S. 337 ff.

Schmitt, Carl Der Hüter der Verfassung, 2. Auflage, Berlin 1969, unveränderter Nachdruck der 1931 erschienenen ersten Auflage

Schmitt, Carl Verfassungslehre, Berlin 1957, unveränderter Neudruck der 1928 erschienenen dritten Auflage

Schmitt, Carl Das Problem der innerpolitischen Neutralität des Staates (1930), in: Verfassungsrechtliche Aufsätze aus den Jahren 1924 – 1954, Materialien zu einer Verfassungslehre, Berlin 1958

Schnapp, Friedrich E. Kommentierung zu Art. 20 GG, in: Grundgesetz-Kommentar, begründet von Ingo von Münch, herausgegeben von Philip Kunig, Bd. 2, 5. Auflage, München 2001

Schnapp, Friedrich E. Das Rechtsstaatsprinzip in der Verfassung der Republik Polen, Osteuropa Recht 2001, S. 171 ff.

Schneider, Hans Die Zustimmung des Bundesrates zu Gesetzen, in: Dieter Wilke/Bernd Schulte (Hrsg.), Der Bundesrat – Die staatsrechtliche Entwicklung des föderalen Verfassungsorgans, Darmstadt 1990, S. 283 ff.; erstmals veröffentlicht in: DVBl. 1953, S. 257 ff.

Schneider, Hans Fünf Jahre Grundgesetz, NJW 1954, S. 937 ff.

Schneider, Hans Bericht zum Beratungsgegenstand „Verträge zwischen Gliedstaaten im Bundesstaat, VVDStRL 19 (1961), S. 1 ff.

Schneider, Hans-Peter Das parlamentarische System, in: Handbuch des Verfassungsrechts der Bundesrepublik Deutschland, herausgeben von Ernst Benda/Werner Maihofer/Hans-Jochen Vogel, 2. Auflage, Berlin/New York 1994, § 13 - S. 537 ff

Schneider, Hans-Peter Kommentierung zu Artt. 38, 62 und Art. 63 GG, in: Kommentar zum Grundgesetz für die Bundesrepublik Deutschland – Reihe Alternativkommentare, herausgegeben von Erhard Denninger, Wolfgang Hoffmann-Riem, Hans-Peter Schneider, Ekkehart Stein, 3. Auflage, Neuwied/Kriftel 2001, Stand: Ergänzungslieferung August 2002

Schneider, Hans-Peter Opposition und Information – Der Aktenvorlageanspruch als parlamentarisches Minderheitsrecht, AöR 99 (1974), S. 628 ff.

Scholl, Udo Der Bundesrat in der deutschen Verfassungsentwicklung, Reichsverfassung von 1871 und Grundgesetz, Berlin 1982

Scholz, Rupert Landesparlamente und Bundesrat, in: Dieter Wilke/Bernd Schulte (Hrsg.), Der Bundesrat – Die staatsrechtliche Entwicklung des föderalen Verfassungsorgans, Darmstadt 1990, S. 252 ff.; erstmals veröffentlicht in: Einigkeit und Recht und Freiheit, Festschrift für Carl Carstens zum 70. Geburtstag am 14. Dezember 1984, herausgegeben von Bodo Börner, Hermann Jahrreiß, Klaus Stern, Band 2: Staatsrecht, Köln/Berlin/Bonn/München 1984, S. 831 ff.

Scholz, Rupert Ausschließliche und konkurrierende Gesetzgebungskompetenz von Bund und Ländern in der Rechtsprechung des Bundes-verfassungsgerichts, in: Bundesverfassungsgericht und Grundgesetz – Festgabe aus Anlass des 25-jährigen Bestehens des Bundesverfassungsgerichts, herausgegeben von Christian Starck, Zweiter Band – Verfassungsauslegung, Tübingen 1976, S. 252 ff.

Schröder, Meinhard Kommentierung zu Art. 63 GG, in: Das Bonner Grundgesetz, Kommentar, begründet von Hermann von Mangoldt, fortgeführt von Friedrich Klein, herausgegeben von Christian Starck, Band 2, 4. Auflage, München 2000

Schröder, Meinhard Kommentierung zu Art. 43 GG, in: Bonner Kommentar zum Grundgesetz, herausgegeben von Rudolf Dolzer, Klaus Vogel, Karin Graßhof, Stand: 109. Ergänzungslieferung Dezember 2003, Heidelberg 2003

Schröder, Meinhard Die Bundesregierung, in: Handbuch des Staatsrechts der Bundesrepublik Deutschland, herausgegeben von Josef Isensee und Paul Kirchhof, Band II, Heidelberg 1987, § 50 – S. 585 ff.

Schüle, Adolf Die Informationspflicht der Bundesregierung gegenüber dem Bundesrat, in: Völkerrechtliche und Staatsrechtliche Abhandlungen – Carl Bilfinger zum 75 Geburtstag am 21. Januar 1954, gewidmet von Mitgliedern und Freunden des Instituts, herausgegeben von Georg Schreiber und Hermann Mosler, Köln/Berlin 1954, S. 441 ff.

Schulze-Fielitz, Helmuth Kommentierung zu Art. 20 GG, in: Grundgesetz Kommentar, herausgegeben von Horst Dreier, Bd. II, Tübingen 1998, Art. 20 – Rechtsstaat

Schuppert, Folke Die verfassungsgerichtliche Kontrolle der auswärtigen Gewalt, Baden-Baden 1973

Schwanengel, Wito Die Malaise des deutschen Bundesstaates – Zu Möglichkeiten und Grenzen der Föderalismusreform –, DÖV 2004, S. 553 ff.

Seetzen, Uwe Der Prognosespielraum des Gesetzgebers, NJW 1975, S. 429 ff.

Seydel, Max von Kommentierung zu Art. 4 Ziffer 1 BRV, in: Commentar zur Verfassungs-Urkunde für das Deutsche Reich, 2. Auflage, Freiburg i. Br. und Leipzig 1897

Smend, Rudolf — Ungeschriebenes Verfassungsrecht im monarchischen Bundesstaat, in: Festgabe für Otto Mayer, Zum 70. Geburtstag dargebracht von Freunden, Verehrern und Schülern, 29. März 1916, Neudruck der Ausgabe Tübingen 1916, Aalen 1974, S. 245 ff.

Sommermann, Karl Peter — Kommentierung zu Art. 20 Abs. 2 GG, in: Das Bonner Grundgesetz – Kommentar, begründet von Hermann von Mangoldt, fortgeführt von Friedrich Klein, herausgegeben von Christian Starck, Bd. 2, 4. Auflage, München 2000

Sontheimer, Kurt / Bleek, Wilhelm — Grundzüge des politischen Systems Deutschlands, 14. Auflage, München/Zürich 2002

Steffani, Winfried — Semi-Präsidentialismus: ein eigenständiger Systemtyp? Zur Unterscheidung von Legislative und Parlament, ZParl 1995, S. 621 ff.

Steffani, Winfried — Parlamentarische Demokratie – Zur Problematik von Effizienz, Transparenz und Partizipation, in: Parlamentarismus ohne Transparenz, herausgeben von Winfried Steffani, 2. Auflage, Opladen 1973

Stein, Ekkehart — Staatsrecht,
- 16. Auflage, Tübingen 1996,
- 13. Auflage, Tübingen 1992

Stern, Klaus — Das Staatsrecht der Bundesrepublik Deutschland,
-Band I, Grundbegriffe und Grundlagen des Staatsrechts, Strukturprinzipien der Verfassung, 2. Auflage, München 1984
-Band II, Staatsorgane, Staatsfunktionen, Finanz- und Haushaltsverfassung, Notstandsverfassung, München 1980

Stettner, Rupert — Kommentierung zu Artt. 72, 77 und 125a GG, in: Grundgesetz Kommentar, herausgegeben von Horst Dreier, Bd. II/III, Tübingen 1998/2000

Stier-Somlo, Fritz — Deutsches Reichs- und Landesstaatsrecht, Band I, Berlin/Leipzig 1924

Stolleis, Michael Bericht zum Beratungsgegenstand „Parteienstaatlichkeit – Krisensymptome des demokratischen Verfassungsstaats?“, VVDStRL 44 (1986), S. 7 ff.

Strauß, Walter Zu den Problemen des deutschen Föderalismus, in: Gedächtnisschrift für Walter Jellinek, herausgegeben von Otto Bachof, Martin Drath, Otto Gönnenwein, Ernst Walz, 2. Auflage, München 1955, S. 113 ff.

Streinz, Rudolf Kommentierung zu Art. 21 GG, in: Das Bonner Grundgesetz – Kommentar, begründet von Hermann von Mangoldt, fortgeführt von Friedrich Klein, herausgegeben von Christian Starck, Bd. 2, 4. Auflage, München 2000

Tettinger, Peter J. Überlegungen zu einem administrativen Prognosespielraum, DVBl. 1982, S. 421 ff.

Thoma, Richard Das Reich als Demokratie, in: Handbuch des Deutschen Staatsrechts, herausgegeben von Gerhard Anschütz und Richard Thoma, Erster Band, Tübingen 1930, § 16 – S. 186 ff.

Thoma, Richard Die Funktionen der Staatsgewalt – Grundbegriff und Grundsätze, in: Handbuch des Deutschen Staatsrechts, herausgegeben von Gerhard Anschütz und Richard Thoma, Zweiter Band, Tübingen 1932, § 71 – S. 108 ff.

Thoma, Richard Die rechtliche Ordnung des parlamentarischen Regierungssystems, in: Handbuch des Deutschen Staatsrechts, herausgegeben von Gerhard Anschütz und Richard Thoma, Erster Band, Tübingen 1930, § 43 – S. 503 ff.

Triepel, Heinrich Die Staatsverfassung und die politischen Parteien, 2. Auflage, Berlin 1930

Triepel, Heinrich Unitarismus und Föderalismus im Deutschen Reiche, Eine staatsrechtliche und politische Studie, Tübingen 1907

Triepel, Heinrich Die Reichsaufsicht, Untersuchungen zum Staatsrecht des deutschen Reiches, Nachdruck der Ausgabe Berlin 1917, Darmstadt 1964

Triepel, Heinrich Quellensammlung zum Deutschen Reichsstaatsrecht, 5. Auflage, Tübingen 1931

Triepel, Heinrich Der Weg der Gesetzgebung nach der neuen Reichsverfassung, AöR 39 (1920), S. 456 ff.

Trute, Hans-Heinrich Kommentierung zu Art. 84 GG, in: Das Bonner Grundgesetz – Kommentar, begründet von Hermann von Mangoldt, fortgeführt von Friedrich Klein, herausgegeben von Christian Starck, Bd. 2, 4. Auflage, München 2000

Versteyl, Ludger-Anselm Kommentierung zu Art. 43 GG, in: Grundgesetz-Kommentar, begründet von Ingo von Münch, herausgegeben von Philip Kunig, Band 2, 5. Auflage, München 2001

Vogel, Bernhard Machtkontrolle und Machtbalance – Zur Rolle des Bundesrates, in: Res Publica – Studien zum Verfassungswesen, Dolf Sternberger zum 70. Geburtstag, herausgegeben von Peter Haungs, München 1977, S. 384 ff.

Vonderbeck, Hans-Josef Der Bundesrat – ein Teil des Parlaments der Bundesrepublik Deutschland?, Zur Bedeutung der parlamentarischen Repräsentation, Meisenheim am Glan 1964

Waechter, Kay Einrichtungsgarantien als dogmatische Fossilien, Die Verwaltung 1996, S. 47 ff.

Wagener, Frido Neugliederung des Bundesgebietes und Bundesrat, in: Der Bundesrat als Verfassungsorgan und politische Kraft - Beiträge zum 25-jährigen Bestehen des Bundesrates der Bundesrepublik Deutschland, herausgegeben vom Bundesrat, Bad Honnef/Darmstadt 1974, S. 421 ff.

Weber, Werner Die Teilung der Gewalten als Gegenwartsproblem, in: Festschrift für Carl Schmitt zum 70. Geburtstag, herausgegeben von Hans Barion, Ernst Forsthoff, Werner Weber, Berlin 1959, S. 253 ff.

Weber, Werner Spannungen und Kräfte im westdeutschen Verfassungssystem, 3. Auflage, Berlin 1970

Weides, Peter	Mitwirkung des Bundesrats bei der Änderung eines zustimmungspflichtigen Bundesgesetzes, JuS 1973, S. 337 ff.
Westerkamp, J. B.	Staatenbund und Bundesstaat, Untersuchungen über die Praxis und das Recht der modernen Bünde, Nachdruck der Ausgabe Leipzig 1892, 1970
Wiese, Walter	Das Amt des Abgeordneten, AöR 101 (1976), S. 548 ff.
Wilke, Dieter	Bundesverfassungsgericht und Rechtsverordnung, AöR 98 (1973), S. 196 ff.
Willoweit, Dietmar	Deutsche Verfassungsgeschichte – Vom Frankenkreich bis zur Wiedervereinigung Deutschlands, - 3. Auflage, München 1997 - 4. Auflage, München 2001, - 5. Auflage, München 2005
Wittmayer, Leo	Die Weimarer Reichsverfassung, Tübingen 1922
Wolff, Heinrich Amadeus	Kommentierung zu Art. 125a GG, in: Das Bonner Grundgesetz – Kommentar, begründet von Hermann von Mangoldt, fortgeführt von Friedrich Klein, herausgegeben von Christian Starck, Bd. 3, 4. Auflage, München 2001
Wyduckel, Dieter	Der Bundesrat als zweite Kammer – Zur verfassungsrechtlichen Stellung des Bundesrats im Gesetzgebungsverfahren, DÖV 1989, S. 181 ff.
Zeh, Wolfgang	Beitrag im Rahmen einer Forumsdiskussion der Deutschen Vereinigung für Parlamentsfragen unter dem Titel: „Fehlentwicklungen im Verhältnis von Bundesrat und Bundestag?, abgedruckt in: Zeitschrift für Parlamentsfragen (ZParl) 1976, S. 307 ff.
Zinn, Georg August	Der Bundesrat, Bemerkungen zum gleichnamigen Buch von Dr. Hans Schäfer, DÖV 1956, S. 209 ff.

§ 1 Einführung

Selten konnte man im Laufe der vergangenen Jahre eine Zeitung aufschlagen, ohne in ihrem innenpolitischen Teil auf Schlagzeilen wie „Krise des Bundesstaates", „Reformstau" oder „Blockadepolitik" zu stoßen. Vor allem die Schlagworte „Reformstau" und „Blockadepolitik" wurden derart inflationär in der politischen Diskussion gebraucht, dass man sie bedenkenlos zu den Wörtern des Jahres 1998 hätte zählen können.[1] Und auch in der Folgezeit riss die Debatte um die notwendigen Reformen des Sozialstaates nicht ab, sondern hält bis heute an.

Insgesamt wurde schon geraume Zeit vor der Bundestagswahl am 27.09.1998 in den Medien der Eindruck forciert, dass sich politisch nichts mehr bewegte. Die Parteien taten das Ihrige, um dieses Bild zu verstärken. Die damalige Opposition aus SPD und GRÜNEN hielt der Bundesregierung vor, dass ihr die Fähigkeit fehle, die Probleme des Sozialstaats zu lösen, während die Bundestagsmehrheit und Regierung aus CDU/CSU und FDP der Opposition Blockadepolitik im Bundesrat anlasteten.[2] Nach dem Regierungswechsel am 27. September 1998 verschwanden diese Schlagworte mit einem Mal aus der politischen Diskussion, bis sie kurze Zeit später – nun in umgekehrter parteipolitischer Konstellation – wieder auftauchten.[3]

Der Grund für die parteipolitische Konfrontation der Bundesregierung mit der Mehrheit im Bundesrat liegt vor allem darin, dass die Mehrheiten in Bundestag und Bundesrat schon mehrmals auseinander fielen. Während der 13. Legislaturperiode stand der Regierungskoalition aus CDU/CSU und FDP im Bundesrat die Opposition aus SPD und Bündnis 90/Die Grünen gegenüber[4] - eine Entwicklung, die sich unter umgekehrten politischen Vorzeichen in der 14. Legislaturperiode wiederholte.[5] Nach einer längeren Phase ohne nennenswerte Auseinandersetzungen kam es in der Debatte um das Zuwanderungsgesetz erneut zu Konfrontationen zwischen beiden Verfassungsorganen. Nach monatelangen Verhandlungen zwischen der rot-grünen Regierung und der CDU/CSU hatte man sich auf einen tragfähigen Kompromiss geeinigt. Trotzdem nahmen die beiden Volksparteien Einfluss auf die große Koalition in Brandenburg, deren Stimme angesichts

---

[1] Gerügt wurde der Begriff „Blockadepolitik" von der so genannten Unwort-Jury in Frankfurt vor allem deswegen, weil er dem politischen Gegner jegliche Fähigkeit zur Einbringung eigener Vorstellungen abspricht, vgl. die FAZ vom 21.01.1998. Die Wiesbadener Gesellschaft für Deutsche Sprache wählte „Reformstau" zum „Wort des Jahres 1997", vgl. die FAZ vom 21.01.1998.

[2] Gegenseitige Blockade warfen sich Regierung und Opposition in der 13. Legislaturperiode vor allem in der Bundestagsdebatte zum Sozialetat vom 27.11.1997 vor, siehe auch die FAZ vom 28.11.1997.

[3] So beispielsweise in der ARD-Talkshow „Sabine Christiansen" am 07.03.1999, wo der damalige CDU Vorsitzende *Wolfgang Schäuble* dem seinerzeitigen Bundesfinanzminister *Oskar Lafontaine* vorhielt, er habe die SPD-Mehrheit im Bundesrat dazu missbraucht, Reformvorhaben der vorherigen Regierung aus CDU/CSU und FDP zu Fall zu bringen.

[4] Zu divergierenden Mehrheitsverhältnissen zwischen Bundestag und Bundesrat kam es in der Regierungszeit *Helmut Kohls* erstmals nach dem Regierungswechsel in Niedersachsen, wo am 13.05.1990 SPD und GRÜNE die christ-liberale Landesregierung ablösten.

[5] Der rot-grünen Bundesregierung steht im Bundesrat seit Mai 2002 eine – wenn auch nur knappe – Mehrheit der unionsgeführten Länder gegenüber.

der Pattsituation eine entscheidende Rolle zukam. Die Situation eskalierte, als die Vertreter Brandenburgs im Bundesrat sich nicht auf eine einheitliche Stimmabgabe im Sinne des Art. 51 Abs. 3 GG einigen konnten, so dass ihre Stimme ungültig war und das Zuwanderungsgesetz mangels Zustimmung nicht zustande kam.[6] Vor dem Hintergrund der Bundestagswahlen am 22.09.2002 und der vorangegangenen Einigung kann der Eklat im Bundesrat nur als parteipolitisches Manöver verstanden werden[MD1].[7]

Die durch divergierende Mehrheiten ausgelöste parteipolitische Konfrontation zwischen Bundesregierung, Parlament und Ländervertretung ist indes nichts Neues. Die Problematik der Parteipolitik im Bundesrat stellte sich schon zur Zeit der sozialliberalen Koalition in den Jahren 1969-1982.[8] Schon damals wurde die Tatsache, dass sich die Länder im Bundesrat von parteipolitischen Gesichtspunkten leiten ließen, je nach Regierungs- oder Oppositionslager kontrovers diskutiert. Die Bandbreite der damals wie heute vertretenen Meinungen reicht von der rigorosen Ablehnung von Parteipolitik im Bundesrat bis zur Hinnahme parteipolitischer Konfrontation als notwendige Konsequenz der Parteiendemokratie.[9]

Vor dem Hintergrund, dass sich die wesentlichen in Art. 20 Abs. 1 und 2 GG und Art. 28 Abs. 1 S. 1 GG zum Ausdruck gebrachten Strukturprinzipien des Grundgesetzes nicht eindeutig voneinander abgrenzen lassen, sondern sich Demokratie-, Bundesstaats- und Gewaltenteilungsprinzip überschneiden, verbietet sich eine pauschale Lösung des Problems. Dies gilt sowohl mit Blick auf die Ansicht, die eine parteipolitische Konfrontation zwischen Bundestag und Bundesrat als verfassungsrechtlich gegeben hinnimmt als auch hinsichtlich der Stimmen, welche die Verfolgung parteipolitischer Interessen im Bundesrat generell für unzulässig halten und eine Rückkehr zur Sachpolitik fordern.[10] Auch wenn sich die Ausnutzung unterschiedlicher Mehrheitsverhältnisse als verfassungsrechtlich zulässig herausstellt - was zu untersuchen sein wird -, kann über die Probleme, die aus der Konfrontation der beiden Verfassungsorgane entstehen, nicht hinweggesehen werden.[11]

---

[6] BVerfG, NJW 2003, 339 ff..

[7] Zur Chronologie der Ereignisse und zum Verlauf der Debatte im Bundesrat DER SPIEGEL, vom 30.03.2002.

[8] Damals zeichnete sich eine eindeutige Mehrheit der CDU geführten Länder ab, nachdem die große Koalition in Baden-Württemberg im Juni 1972 einer „reinen" CDU-Regierung weichen musste. Diese Entwicklung wiederholte sich – unter umgekehrten Vorzeichen – in den letzten beiden Legislaturperioden der Regierung *Kohl*, 1990-1998 (mit Ausnahme von Oktober 1990 bis Mai 1991), sowie nach dem Regierungswechsel seit Mai 2002, vgl. auch die Statistik der Dokumentationsstelle des Bundesrats unter http://www.bundesrat.de.

[9] Vgl. die ausführlichen Nachweise unten § 8 I, Fußn. 935 f.

[10] Siehe § 8 I, Fußn. 935 f.

[11] Dazu sogleich unten A. I.

Nachdem dieses Problem in der Vergangenheit exemplarisch anhand einzelner streitiger Gesetzgebungsvorhaben reflektiert worden ist,[12] soll die vorliegende Arbeit das Abstimmungsverhalten im Bundesrat lediglich zum Anlass und nicht zum Gegenstand einer verfassungsrechtlichen Prüfung nehmen. Dies schon allein deswegen, weil die Motivationen des Abstimmungsverhaltens einzelner Bundesratsmitglieder zu unterschiedlich sind,[13] als dass man von einer systematisch nachweisbaren Blockade sprechen kann. Vielmehr wirkt ein etwaiger zu erwartender Widerstand der Opposition im Bundesrat schon im Vorhinein selektierend.[14] Dies wird vor allem an der gängigen Praxis deutlich, Gesetzentwürfe so abzufassen, dass in ihnen keine Passagen enthalten sind, die der Zustimmung der Länder bedürfen. Angesichts dieser tatsächlichen Zwänge, denen Parlament und Bundesregierung unterliegen, gewinnt das Wort Georg Jellineks von der normativen Kraft des Faktischen neue Bedeutung, auch wenn es keinen Ausweg aus der Problematik weist:[15] Die Bundesregierung als das Leitungsorgan des Staates sieht sich angesichts unterschiedlicher Mehrheitsverhältnisse in Bundestag und Bundesrat mit Umständen konfrontiert, die ihr ein Regieren erheblich erschweren, wobei es sich um eine Entwicklung handelt, mit der bei Schaffung des Grundgesetzes nicht gerechnet worden war.[16]

Auch in jüngster Zeit wurde immer wieder deutlich, dass sich ein Großteil der von der gegenwärtigen Bundesregierung angestrengten Reformen nur in einer informellen „großen Koalition“ mit der oppositionellen Bundesratsmehrheit verwirklichen lässt.[17] Zum Beispiel die Arbeitsmarktreform: Während es bei „Hartz III“ noch um die zustimmungsfreie Umwandlung der Bundesanstalt für Arbeit in eine Bundesagentur ging, ist die Zu-

---

[12] Vgl. nur *Wolf-Rüdiger Bandorf*, Der Bundesrat als Instrument der Parteipolitik, jur. Diss., 1978; *Heinz Laufer*, Das föderative System der Bundesrepublik Deutschland, 4. Aufl. 1981.

[13] *Roman Herzog*, in: Isensee/Kirchhof (Hrsg.), HbStR, Bd. II, § 44 Rdn. 19, der darauf hinweist, dass nur ein geringer Teil der den Bundesrat passierenden Vorlagen von politischer Brisanz ist und dass oftmals über Parteigrenzen hinweg nach struktur- und wirtschaftspolitischen Gesichtspunkten abgestimmt wird.

[14] Neben der repressiven Funktion von Kontrollorganen wie dem Bundesrat besteht auch eine präventive, vgl. *denselben*, in: Der Bundesrat als Verfassungsorgan und politische Kraft, 1974, S. 237 (238).

[15] „Die Lehre vom Staat empfängt nun durch die grundlegende Erkenntnis der normativen Bedeutung des Faktischen hervorragendste Bedeutung... Ihr zufolge ist ja die Staatsordnung ein fortwährender Kompromiss der einzelnen um die Herrschaft ringenden Gruppen und auch die Verfassung des Staates in Wahrheit nichts anderes als das Spannungsverhältnis der gesellschaftlichen Faktoren. Man muss zwischen der geschriebenen und tatsächlichen Verfassung eines Staates unterscheiden. Die letztere, in welcher das wirkliche Leben des Staates zum Ausdruck kommt, besteht in der faktischen Machtverteilung, die in jedem Staate unabhängig von geschriebenen Rechtssätzen vorhanden ist. Auch das Recht ist dieser Lehre zufolge ein Kompromiss zwischen verschiedenen einander widerstreitenden Interessen, *Georg Jellinek*, Allgemeine Staatslehre, 3. Auflage 1914, S. 337 ff.

[16] Vgl. statt vieler die Einschätzung von *Theodor Eschenburg*, in: Der Bundesrat als Verfassungsorgan und politische Kraft, 1974, S. 35 (56).

[17] So auch *Peter Graf Kielmansegg*, der die Frage stellt, ob es sich „nicht um die unsinnigste aller denkbaren Konstellationen [handelt], wenn ... Parteien gemäß der Logik des Systems gleichzeitig kompetitiv – nach den Regeln des parlamentarischen Systems – und kooperativ – nach den Regeln der bundesstaatlichen Zweikammerverfassung – handeln müssen“, *ders.*, in: DIE ZEIT vom 12.09.2002.

sammenlegung von Arbeitslosenhilfe und Sozialhilfe als Kernstück von „Hartz IV" zustimmungsbedürftig. Mitte Dezember 2003 tagte hierüber der Vermittlungsausschuss, in dem jedoch keine Einigung über die Verteilung der damit verbundenen finanziellen Lasten auf Bund und Gemeinden erzielt werden konnte, so dass dieser wesentliche Bestandteil von Hartz IV auf 2005 vertagt wurde.[18] Hinsichtlich der Steuerreform einigte man sich bei der Senkung der Spitzensteuersätze auf einen Kompromiss. Das Gleiche galt in Bezug auf die Lockerung des Kündigungsschutzes, mit der die Regierung der oppositionellen Bundesratsmehrheit entgegenkam. Ergebnislos blieben jedoch die Verhandlungen über die Gewerbesteuerreform und die damit verbundene längst überfällige Neuordnung der Gemeindefinanzen; und auch der von der „rot-grünen" Bundesregierung anvisierte Abbau von Steuervergünstigungen wie beispielsweise der Eigenheimzulage und Entfernungspauschale fiel bescheiden aus. Schließlich ließ sich auch die von der Regierung in Aussicht genommene Reform der Handwerksordnung nur in beschränktem Umfang verwirklichen. In den meisten Handwerksberufen ist der Meisterbrief – entgegen ursprünglicher Planung – noch immer unabdingbare Voraussetzung für eine selbständige Tätigkeit.[19]

Es ist aber auch nicht zu übersehen, dass auf anderen Gebieten parteipolitische Gegensätze abgemildert wurden, indem sich die beiden großen Parteien vor der Abstimmung im Bundestag und Bundesrat auf einen Mittelweg einigten. Ein Beispiel hierfür ist die Gesundheitsreform, die auf ein Konzept zurückgeht, das von der gegenwärtigen Bundesgesundheitsministerin, Ulla Schmidt, und Horst Seehofer entwickelt wurde. Vor diesem Hintergrund liegt die Annahme nahe, dass es nicht nur politisch zweckmäßig, sondern auch verfassungsrechtlich wünschenswert sein kann, wenn Reformen im Wege des Kompromisses eingeleitet werden, weil durch die Integration der parlamentarischen Minderheit das jeweilige Vorhaben auf eine breitere Grundlage gestellt wird.[20] Blickt man jedoch auf die große Koalition der Jahre 1966-1969 zurück, wird deutlich, dass dieser Schluss trügerisch ist: Eine Vielzahl richtungsweisender politischer Entscheidungen wurde mit relativ knappen Mehrheiten beschlossen.[21] Darüber hinaus ist prinzipiell fraglich, ob sich umfassende *strukturelle* Reformen im Konsens verwirklichen lassen.[22]

---

[18] Vgl. zu den Einzelheiten der Arbeitsmarktreform *Sigrid Weise*, in: DIE ZEIT vom 23.10.2003 sowie *Jutta Hoffritz* und *Elisabeth Niejahr*, in: DIE ZEIT vom 06.02.2003.

[19] Einen ausführlichen Überblick über die Ende 2003 im Vermittlungsausschuss erzielten Ergebnisse geben *Christian Reiermann* und *Michael Sanger*, in: DER SPIEGEL vom 20.12.2003.

[20] Dies war beispielsweise auch bei der Reform des Staatsangehörigkeitsrechts der Fall, so *Peter Graf Kielmansegg*, a. a. O. (Fußn. 17).

[21] So weist *derselbe*, a. a. O., darauf hin, dass zwar die Notstandsverfassung und Reform der bundesstaatlichen Finanzverfassung auf die große Koalition zurückgehen, die großen sicherheits- und außenpolitischen Entscheidungen jedoch nicht im Konsens durchgesetzt wurden; dies waren der Eintritt in das westliche Bündnissystem und die Wiederbewaffnung in den fünfziger Jahren sowie die Ostverträge und die Nachrüstung in den siebziger bzw. achtziger Jahren.

[22] So in jüngster Zeit *Uwe Jean Heuser*, nach dessen Auffassung „nur die radikalen Konzepte den ewigen Umbau beenden können" und dessen Prognose sich bewahrheitete: „Die Berliner Kompromissmaschine läuft, und man kann sich das Ergebnis [der Verhandlungen im Vermittlungsausschuss, Anm. des Verf.] schon jetzt vorstellen: Ein bisschen weniger Kündigungsschutz für die CDU, eine vorsichtig ge-

Es soll der Frage nachgegangen werden, ob die Konfrontation von Bundestag und Bundesrat verfassungsrechtlich gewollt ist, oder ob sie eher das Resultat einer historischen und durch Rechtsfortbildung bedingten Verfassungsentwicklung ist. Nach Klärung dieser Frage soll das Phänomen der parteipolitischen Konfrontation beider „Kammern" auf seine verfassungsrechtliche Zulässigkeit untersucht werden, indem es in den Zusammenhang mit den staatlichen Grundprinzipien des Grundgesetzes gestellt wird. Schließlich werden Lösungswege aufgezeigt und auf ihre Realisierbarkeit untersucht.

I. Die Probleme im Einzelnen

Der kurze Überblick über die unterschiedlichen Parteikonstellationen während der sozialliberalen und christ-liberalen Koalition legt die Deutung nahe, dass es - aus bundespolitischer Perspektive - von der zufälligen Zusammensetzung der Landesregierungen abhängt, ob ein Gesetzesvorhaben im Bundesrat auf Zustimmung oder Ablehnung stößt. Angesichts der Tatsache, dass es sich nur bei wenigen Entscheidungen um hochpolitische Weichenstellungen handelt, wäre es übertrieben, den Bundesrat verallgemeinernd zu einem Organ der Blockade und Obstruktion zu erklären. Dies tun Politiker aus dem Regierungslager immer wieder gerne. Wie bereits erwähnt, ist das Abstimmungsverhalten der Bundesratsmitglieder unterschiedlich motiviert, so dass oftmals über Parteigrenzen hinweg zusammengearbeitet wird.[23] Anhand der Zahl der vom Bundesrat letztlich abgelehnten zustimmungsbedürftigen Gesetze lässt sich eine Blockade nicht nachweisen.[24] An die Stelle statistischer - rein quantitativer – Erwägungen muss eine Beurteilung nach qualitativen Maßstäben treten, um das Problem offen zutage treten zu lassen. Denn man kann sich nur schwer darüber hinwegsetzen, dass eine Vielzahl der in den letzten beiden Legislaturperioden in Angriff genommenen und in der jetzigen Legislaturperiode auf den Weg gebrachten Gesetzesvorhaben von erheblicher Tragweite ist.

Hier sollen nur wenige Beispiele genannt werden. Da war zunächst die seit langer Zeit überfällige Steuerreform,[25] die in der 14. Legislaturperiode von der regierenden rot-

---

kürzte Eigenheimzulage für die SPD, und die Idee vom neuen Deutschland muss einmal mehr warten", in: DIE ZEIT vom 04.12.2003.

[23] Ein Beispiel für eine Frontenstellung jenseits parteipolitischer Grenzen war die Diskussion um die Neuregelung des Länderfinanzausgleichs. Vor allem die strukturstärkeren Bundesländer wie Bayern und Baden-Württemberg wendeten sich gegen die ihrer Ansicht nach übertrieben hohen Zuweisungen an die finanzschwachen Länder, vgl. die Stellungnahme des bayerischen Ministerpräsidenten *Edmund Stoiber*, in: DIE ZEIT vom 19.12.1997. Dass Diskussionen innerhalb des Bundesrats überwiegend sachlich geführt werden, zeigt auch die Tatsache, dass selbst der damalige sächsische Ministerpräsident *Kurt Biedenkopf* als „Landesvater" eines eher strukturschwachen Bundeslandes eine Reform des Art. 107 GG zugunsten der finanzstarken Länder forderte, vgl. DIE ZEIT vom 15.01.1998.

[24] So auch *Ernst Heinsen*, *Fritz Rietdorf* und *Ernst-Wolfgang Böckenförde* in ihrem Sondervotum zum Abschlussbericht der *Enquête-Kommission Verfassungsreform*, BT-Drs. 7/5924, S. 103 ff.. Das Gegenteil nahm aber die damalige Bundestagspräsidentin *Rita Süssmuth* an, indem sie das Problem parteipolitischer Konfrontation angesichts der geringen Zahl abgelehnter Gesetze relativierte, in: DIE ZEIT vom 05.08.1997 sowie in der FAZ vom 05.08.1997.

[25] Vgl. statt vieler *Herbert von Arnim*, ZRP 1998, 138 (139) m. w. N.

grünen Bundestagsmehrheit verabschiedet wurde. Sowohl diese als auch die Rentenreform waren in der davor liegenden Legislaturperiode am heftigen Widerstand eben dieser Parteien im Bundesrat gescheitert.[26] [DSM2]Angesichts der immer wieder betonten Notwendigkeit von Reformen ist es bedenklich, wenn sie an Umständen scheitern, auf die Parlamentsmehrheit und Regierung keinen Einfluss haben. Vergegenwärtigt man sich die Tatsache, dass wesentliches Mittel der Regierungstätigkeit im modernen Sozialstaat der Erlass von Gesetzen ist.[27] liegt die Befürchtung nahe, dass wichtige Reformvorhaben nur deshalb nicht durchgeführt werden können, weil die oppositionelle Bundesratsmehrheit dem Gesetz ihre Zustimmung verweigert.

Andererseits ist es verfassungsrechtlich gewollt, dass sich der Gegensatz der Parteien auch in den Ländern bis auf die Ebene der Gemeinden fortsetzt. Die Parteien sind auch in den Ländern unerlässlicher Bestandteil der demokratischen Ordnung, so dass unter diesem Blickwinkel eine Verweigerungshaltung der Opposition im Bundesrat legitim erscheint.

Dem steht jedoch entgegen, dass die Zeiträume, in denen zwischen Bundestag und Bundesrat ein gegensätzliches Kräfteverhältnis bestand und wieder besteht, von erheblicher Dauer sind: Der Bundesrat war zur Zeit der sozial-liberalen Koalition bis zur Ablösung durch die Regierung Kohl zehn Jahre von der Bundestagsopposition aus CDU/CSU beherrscht, hierbei handelt es sich immerhin um einen Zeitraum von über zwei Legislaturperioden. Ähnliches gilt für die Zeit der christ-liberalen Koalition, in welcher die Opposition aus SPD und GRÜNEN den Bundesrat acht Jahre dominierte; dies sind ebenfalls zwei Legislaturperioden. Auch in der 14. und gegenwärtigen Legislaturperiode wiederholt sich diese Konstellation, indem seit Mai 2002 wieder die CDU/CSU-geführten Länder über die Mehrheit im Bundesrat verfügen.

Unter Berücksichtigung dieser überaus langen Zeitspannen stellt sich die Frage, ob eine parteipolitische Konfrontation zwischen Parlament und „Länderkammer“ angesichts der sozialen Probleme der Gegenwart[28] überhaupt noch tragbar ist.

Und auch juristisch gilt es, dieses Spannungsverhältnis zwischen parlamentarischer Demokratie und Bundesstaatsprinzip zu erklären und - wenn möglich - aufzulösen. Das Problem parteipolitischer Konfrontation zwischen Bundesrat und Bundestag bzw. zwischen Bundesrat und Regierung hat demzufolge nicht nur die tatsächliche, immer wieder

[26] Zumindest im Fall der Steuerreform konnte von einer Blockade der SPD im Bundesrat ausgegangen werden, vgl. die Rede des damaligen SPD-Vorsitzenden *Oskar Lafontaine* auf dem Parteitag in Hannover vom 02.12.1997, zitiert in: FAZ vom 03.12.1997: Er habe die Steuerreform deswegen im Bundesrat blockiert, weil sie zu weiteren Steuerausfällen führe; er betonte weiter: „Wir werden auch in Zukunft Unsinn blockieren“. Diese Äußerung machte unmissverständlich deutlich, dass es nicht nur einzelne SPD-geführte Länder waren, sondern dass die SPD unter Führung von *Oskar Lafontaine* geschlossen gegen die Reform stimmte.

[27] Zur Regierungstätigkeit, die weitgehend in dem Erlass von Gesetzen ihren Ausdruck findet, *Konrad Hesse*, Der unitarische Bundesstaat, 1962, S. 16 sowie *Wolf-Rüdiger Schenke*, in: Parlamentsrecht und Parlamentspraxis, 1989, § 55 Rdn. 1.

[28] Zum Problem zunehmender Globalisierung im Einzelnen *Hans-Herbert von Arnim*, ZRP 1998, 138 (139 f.).

kritisierte Dimension, dass wichtige politische Vorhaben scheitern,[29] sondern auch eine verfassungsrechtliche. Die von Georg Jellinek[30] untersuchte Wechselwirkung zwischen tatsächlicher Verfassungswirklichkeit und normativer Rechtslage zeigt sich an dem Problem parteipolitischer Konfrontation besonders deutlich. Die hierdurch verursachte Störung der demokratischen „Rückkopplung" zwischen Wähler und Repräsentant führt dazu, dass sich das in der Bevölkerung verbreitete diffuse Gefühl vom Stillstand der Politik[31] als so genannte Politikverdrossenheit bemerkbar macht.

Eng im Zusammenhang mit dem nur geringen Rückhalt der Politik in der Bevölkerung steht die Tatsache, dass sich die Gesetzgebung aufgrund der hohen Zahl von Zustimmungsgesetzen immer mehr auf den Bundesrat verlagert. Dieser ist nicht mehr nur *neben* dem Bundestag zur Gesetzgebung berufen, sondern hat in den Fällen der Zustimmungsbedürftigkeit das letzte Wort über das Zustandekommen eines Gesetzes. Die für das System einer parlamentarischen Demokratie unerlässliche Rückführung von Verantwortlichkeit auf die jeweiligen im Bundestag vertretenen Repräsentanten wird hierdurch erschwert. Die eher negative Resonanz in der Bevölkerung auf das Politikgeschehen der vergangenen Jahre ist demzufolge auch das Resultat einer nur mangelhaften Transparenz von Entscheidungsvorgängen. Hinzu kommt, dass durch das „Mitregieren" der Opposition über den Bundesrat die Bundesregierung geschwächt wird und der Zwang besteht - ähnlich wie in einer großen Koalition[32] - Kompromisse auf dem „kleinsten gemeinsamen Nenner" auszuhandeln. Eine Minimallösungen verfolgende Politik lässt aber keine durchgreifenden Reformen zu.[33]

II. Die wesentlichen Lösungsansätze

Um das Konfliktpotential zwischen Bund und Ländern zu verringern und die Handlungs- und Reformfähigkeit des Staates wiederherzustellen, werden zum Teil tief greifende Vorschläge gemacht. Die wohl radikalste Forderung ist die nach einer Neugliederung der Länder. Mit einer Neuordnung wird der Vorteil verbunden, dass die verbleibenden Bundesländer durch die Zusammenlegung des Verwaltungsapparates kostensparender agieren könnten.[34] Ebenso versprechen sich die Befürworter dieser Lösung eine Förderung der wirtschaftlichen Entwicklung strukturschwacher Länder, so dass sich auf diese Wei-

---

[29] Vgl. statt vieler *Carl Graf von Hohenthal*, in: FAZ vom 11.04.1998.

[30] Siehe oben Fußn. 15.

[31] Die Gesellschaft für Deutsche Sprache in Wiesbaden kürte nicht umsonst „Reformstau" zum „Wort des Jahres 1997", siehe oben Fußn. 1.

[32] Zu dieser Beurteilung kam auch der damalig Direktor des Bundesrats *Georg-Berndt Oschatz* in: FAZ vom 11.04.1998 sowie der ehemalige Präsident des Bundesverbands der Deutschen Industrie *Hans-Olaf Henkel*, in: FAZ vom 02.01.1998, der von einer „Allparteienregierung" sprach.

[33] So *Otto Graf Lambsdorff*, in der FAZ vom 02.09.1997: „Keine Reform - Aber das im Konsens? Mit einer Steuerpolitik des kleinsten gemeinsamen Nenners ist niemandem gedient".

[34] *Herbert von Arnim*, ZRP 1998, 138 (141).

se finanziell bedingte Konflikte lösen ließen.[35] Dieser Vorschlag ist nicht neu. Schon in den Jahren 1955 und 1973 wurden Kommissionen eingesetzt, in denen das Für und Wider einer Neugliederung des Bundesgebiets erwogen wurde.[36] Ausgangspunkt dieser Neugliederungsbestrebungen ist Art. 29 GG, der bis zu seiner Änderung im Jahr 1976[37] einen Neugliederungsauftrag enthielt. Auch [DM3]die Forderung nach einer Entflechtung von Kompetenzen zielt darauf ab, das zwischen Bund und Ländern bestehende Konfliktpotential abzubauen. Weiterer Ansatzpunkt für eine solche Entflechtung ist die Finanzverfassung. An die Stelle des derzeit praktizierten Mischsystems, wonach Einkommens-, Körperschafts- und Umsatzsteuer Bund und Ländern als Gemeinschaftssteuern gemäß Art. 106 III GG zustehen, soll eine saubere Trennung zwischen Bundes- und Landessteuern treten[DD4]. Grundlage dieser Forderungen ist der Ruf nach mehr Konkurrenz unter den Bundesländern, die sowohl durch die individuelle Ausgestaltung eigener Landessteuern [DD5]als auch durch die effektive Nutzung sonstiger Kompetenzen in der Gesetzgebung verwirklicht werden soll. Denn als besonders problematisch hat sich in der Vergangenheit erwiesen, dass der Bund auch in denjenigen Steuerangelegenheiten ein Mitbestimmungsrecht hat, die ausschließlich die Länder betreffen.[38] Unter den Stichworten „Konkurrenz- statt Konsensdemokratie“ wird deswegen eine Rückführung von Kompetenzen an die Länder zur Belebung des Wettbewerbs gefordert.[39]

Schließlich wird vorgeschlagen, sowohl den vertikalen als auch den horizontalen Länderfinanzausgleich einzuschränken, da er die finanzschwachen Länder zu Kostgängern der finanzstärkeren mache und den strukturschwächeren Ländern den Anreiz nehme, ihre Einnahmequellen zu pflegen und auszuschöpfen.[40] Ergänzend wird befürwortet, die Zahl der seit Schaffung des Grundgesetzes stetig zugenommenen Zustimmungsgesetze zu reduzieren, wodurch ebenfalls Spannungen im Bund-Länder-Verhältnis abgebaut werden sollen.[41]

---

[35] Nachweise bei *Frido Wagener*, in: Der Bundesrat als Verfassungsorgan und politische Kraft, S. 421 (424).

[36] Nachweise bei *Frido Wagener*, in: Der Bundesrat als Verfassungsorgan und politische Kraft, S. 421, dort Fußn. 2 f.

[37] 33. Änderungsgesetz vom 23.08.1976 (BGBl. I S. 2381).

[38] So hat beispielsweise die Gewerbesteuer-Reform 2001 zu erheblichen Mindereinnahmen der Gemeinden geführt; auf diese Ansätze kann hier nicht näher eingegangen werden.

[39] *Herbert von Arnim*, ZRP 1998, 138 (141); *Hans-Olaf Henkel*, in: FAZ vom 02.01.1998; *Otto Graf Lambsdorff* und *Carl Christian von Weizsäcker*, in: „Wider die Erstarrung in unserem Staat - Für eine Erneuerung des Föderalismus“, Thesenpapier der Friedrich Naumann Stiftung sowie *Carl Christian von Weizsäcker*, in: FAZ vom 04.07.1997.

[40] So das Kölner Institut der Deutschen Wirtschaft, zitiert in FAZ vom 15.01.1998 und der sächsische Ministerpräsident *Kurt Biedenkopf*, in: DIE ZEIT vom 15.01.1998 sowie der bayerische Ministerpräsident *Edmund Stoiber*, in: DIE ZEIT vom 19.12.1997; von einer „Pervertierung des Föderalismus“ spricht auch der Ministerpräsident Baden-Württembergs *Erwin Teufel* in der FAZ vom 19.12.1997, der die Subventionsmentalität der Nehmerländer kritisiert.

[41] *Otto Graf Lambsdorff* und *Carl Christian von Weizsäcker*, in: „Wider die Erstarrung in unserem Staat - Für eine Erneuerung des Föderalismus“, Thesenpapier der Friedrich Naumann Stiftung; *Rita Süssmuth*, in: Rheinische Post vom 08.11.1997.

In der mittlerweile gescheiterten Föderalismuskommission von Bund und Ländern wurden insbesondere in Bezug auf die Neuordnung der Gesetzgebungskompetenzen kontroverse Auffassungen vertreten. So betonte der Bund, dass das Abstimmungsverfahren von Bund und Ländern vereinfacht werden müsse, um – nicht nur europäische – Vorgaben schneller umsetzen zu können.

Die Länder hingegen bestanden auf einer Stärkung ihrer Kompetenzen, wobei sich innerhalb der Länder die Landesparlamente gegen Kompetenzverlagerungen auf die Landesregierungen wandten.[42]

Einigkeit zwischen Bund und Ländern bestand lediglich darin, dass die Rahmenkompetenz abgeschafft werden soll, da sie keine zeitnahe und stringente Umsetzung von EU-Richtlinien bzw. Reaktion auf veränderte tatsächliche Verhältnisse zulasse.[43] Kontrovers wurden jedoch – wie seit jeher – die Vorschläge zur Neuordnung der konkurrierenden Gesetzgebungskompetenz diskutiert.

Die Länder forderten die Einführung einer neuen Sonderkategorie der konkurrierenden Gesetzgebungskompetenz. So verlangten sie ein verfassungsrechtlich festgeschriebenes Zugriffsrecht auf die bisherigen Rahmengesetzgebungskompetenzen[44] und auf einen Teil der Gegenstände der konkurrierenden Gesetzgebung.[45]

Dieses Ansinnen wies der Bund mit dem Argument der Rechtszersplitterung zurück.[46] Er war lediglich bereit, das bisher noch nicht an sich gezogene Presserecht, Teile des Notarwesens, das Jagdrecht und das Recht der örtlichen Freizeitlärmbekämpfung als kleinen Teilbereich der insgesamt zur Diskussion stehenden Umweltgesetzgebung abzugeben.[47]

---

[42] Vgl. die Darstellung bei *Volker Haug*, DÖV 2004, 190 (193 ff.).

[43] Vgl. hierzu das vom Bundesjustizministerium verfasste Papier „Modernisierung der bundesstaatlichen Ordnung – Position des Bundes", B. 1 sowie die „Leitlinien für die Verhandlung mit dem Bund", die das Ergebnis der Ministerpräsidentenkonferenz am 27.03.2003 waren, dort Ziff. 2 und 3, dargestellt bei *Volker Haug*, DÖV 2004, 190 (193 ff.). Die darin enthaltenen Positionen wurden größtenteils auch auf dem Föderalismuskonvent der deutschen Landesparlamente am 31.03.2003 vertreten.

[44] So sollten das Beamtenrecht, das Hochschulrecht, das Jagd- und Naturschutzrecht, das Bodenverteilungs- und Raumordnungsrecht sowie das Wasserhaushaltsrecht dem Zugriff der Länder ausgesetzt sein und das Presserecht per se von ihnen geregelt werden können; vgl. die Leitlinien der Ministerpräsidentenkonferenz, Ziff. 1 und 2.2.

[45] Die Länder beanspruchten Teile des Besoldungs- und Versorgungsrechts, die Regelung der außerschulischen beruflichen Bildung, die Regelung des Rechts der Heilberufe, die öffentliche Fürsorge, das Wohnungswesen, die Umweltgesetzgebung, die land- und forstwirtschaftliche Erzeugung, das Notariatswesen und das Versammlungsrecht; vgl. die Leitlinien der Ministerpräsidentenkonferenz, Ziff. 1; zur verfassungsrechtlichen Zulässigkeit eines solchen Zugriffsrechts unten § 8 VII 11 e) ff).

[46] Der Vermeidung einer Rechtszersplitterung soll insbesondere die Freigabekompetenz des Bundes im Rahmen der konkurrierenden Gesetzgebung dienen, Art. 72 Abs. 3 und Art. 125a Abs. 2 S. 2 GG; hierzu unten § 8 VII 11 c).

[47] Positionspapier des Bundes, B. 3.

Darüber hinaus konnte er sich eine einfachgesetzliche Freigabe bestimmter Regelungsausschnitte durch Öffnungsklauseln vorstellen.[48]

Die Einführung einer solchen einfachgesetzlichen Rahmenkompetenz würde jedoch dem Zweck einer Abschaffung der Rahmengesetzgebung zuwider laufen, sowohl die Umsetzung EU-rechtlicher Vorgaben als auch den Gesetzgebungsprozess insgesamt zu beschleunigen.

Abgesehen hiervon dürfte dieser Ansatz wohl kaum zu einer Stärkung der Gesetzgebungskompetenz der Länder beitragen, da die Öffnung von Regelungsteilen eines Gesetzes im Belieben des Bundes steht.[49]

Problematisch an diesen Lösungsansätzen ist, dass sie ohne die Berücksichtigung verfassungsrechtlicher Aspekte in die Diskussion gebracht werden, denn eine umfassende Reform des Bundesrats und des Föderalismus kann erst dann gefordert werden, wenn ihre verfassungsrechtliche Zulässigkeit geklärt ist. Die Frage nach der Statthaftigkeit derart weitreichender Reformansätze kann nur vor dem Hintergrund der wesentlichen Strukturprinzipien des Grundgesetzes und unter Berücksichtigung der verfassungsrechtlichen Stellung des Bundesrates beantwortet werden. Als Ausgangspunkt dieser Arbeit stellt sich somit zunächst die Frage, wie der Bundesrat, der in seiner Form als einzigartig auf der Welt gilt, [50] seine heutige Gestalt annahm. Hierbei soll zuerst ein Blick auf die Vorläufer des Bundesrates helfen, wobei auch seine Entstehungsgeschichte im Parlamentarischen Rat untersucht werden soll. Im weiteren Verlauf der Arbeit wird seine Position im Gefüge des Grundgesetzes anhand seiner Befugnisse und Beziehungen zu anderen Verfassungsorganen bestimmt, wobei auf der Grundlage der bestehenden Verfassungsrechtslage Lösungen aufgezeigt werden. Hierzu ist auf die Stellung des Bundesrats innerhalb der parlamentarischen Demokratie, der Bundesstaatlichkeit und der Gewaltenteilung als den wesentlichen Strukturprinzipien der Verfassung einzugehen.

§ 2 Konzepte föderalistischer Verfassungen - Vom Bundestag des Deutschen Bundes bis zur Weimarer Reichsverfassung[DM6]

Anhand von Wesen und Funktion der Vorläufer des heutigen Bundesrats lässt sich seine Entwicklung deutlich verfolgen. Weder die Bezeichnung dieses Organs noch seine Struktur und Aufgaben waren im Laufe seiner Geschichte einheitlich. Einfluss auf die heutige Gestalt des Bundesrates hatten sowohl die Vorläufer, welche rechtliche Verbind-

---

[48] Positionspapier des Bundes, B. 2.

[49] Zur Fragwürdigkeit der gegenwärtigen Freigabekompetenz bzw. Freigabepflicht des Bundes unten § 8 VII 11 c).

[50] *Hans Uwe Erichsen*, in: Der Bundesrat als Verfassungsorgan und politische Kraft, 1974, S. 9 (32); *Konrad Reuter*, in: Schneider/Zeh (Hrsg.), Parlamentsrecht und Parlamentspraxis, 1989, § 56 Rdn. 1; insoweit wird der Bundesrat vielfach als Verfassungserbgut bezeichnet, vgl. *denselben*, a. a. O., dort in Fußn. 1.

lichkeit für sich in Anspruch nehmen konnten, als auch diejenigen Konzepte, die niemals zur Verwirklichung gelangten.[51]

Aufgrund der unterschiedlichen Funktionen früherer Ländervertretungen stellt sich die Frage, ob sie ohne weiteres als Vorläufer des gegenwärtigen Bundesrats bezeichnet werden können.

Ungeachtet aller Unterschiede haben die Vorläufer mit dem heutigen Bundesrat gemeinsam, dass es sich um Organe handelte, durch welche die Interessen der einzelnen Länder in die Willensbildung des Verbandes eingebracht wurden. Dies gilt sowohl für die Zeiten, in denen sich die einzelnen Landesfürsten innerhalb Deutschlands zu einem Staatenbund zusammenschlossen als auch für die Epoche, in der die Einheit Deutschlands Gestalt annahm und die Länder zu einem Bundesstaat zusammengefasst wurden. Ob durch den immerwährenden Reichstag des Heiligen Römischen Reiches Deutscher Nation, den Frankfurter Bundestag des Deutschen Bundes, den Bundesrat des Norddeutschen Bundes und des Bismarck-Reiches oder durch den Reichsrat der Weimarer Republik: Stets waren die Fürsten oder einzelnen Staaten bzw. Gliedstaaten durch ein eigens für sie geschaffenes Organ an der Willensbildung des Gesamtverbands beteiligt.

I. Der Bundestag des Deutschen Bundes

Der Deutsche Bund war ein Bündnis souveräner Fürsten und freier Städte. Obwohl seinerzeit heftig umstritten, deutet vieles darauf hin, dass es sich bei ihm um einen Staatenbund nach heutigem Verständnis handelte.[52] Die Unabhängigkeit der Mitgliedstaaten wurde im Vertragstext vielfach erwähnt.[53] Ebenso wurde er als völkerrechtlicher Verein bezeichnet,[54] dessen Beschlüsse der Ratifizierung durch die Mitgliedstaaten bedurften. Er übte weder gesetzgebende noch verwaltende oder rechtsprechende Gewalt über die Einwohner der Gliedstaaten aus.[55]

---

[51] Sowohl die Verfassung der Frankfurter Paulskirche als auch deren Nachfolgerin, die Erfurter Unionsverfassung, dienten im Herrenchiemseer Verfassungskonvent und Parlamentarischen Rat als Diskussionsgrundlage, hierzu unten § 4 I.

[52] *Hans Uwe Erichsen*, in: Der Bundesrat als Verfassungsorgan und politische Kraft, 1974, S. 9 (12); *Matthias Heger*, Deutscher Bundesrat und Schweizer Ständerat, 1990, S. 25; insoweit unklar *Dietmar Willoweit*, Deutsche Verfassungsgeschichte, 4. Aufl. 2001, S. 253; ähnlich unbestimmt *Ernst Rudolf Huber*, der von einer „über den Staaten errichteten Staatengemeinschaft" spricht, *ders.*, in: Deutsche Verfassungsgeschichte, Bd. I, 1957, S. 663.

[53] „Die souverainen Fürsten und freien Städte Deutschlands ... sind übereingekommen, sich zu einem beständigen Bunde zu vereinigen..." vgl. die Präambel der WSA sowie Art. 1; abgedruckt bei *Ernst Rudolf Huber* (Hrsg.), Dokumente zur Deutschen Verfassungsgeschichte, Bd. 1, 3. Aufl. 1978, S. 91 ff.

[54] Vgl. Art. 1 WSA bei *Ernst Rudolf Huber*, a. a. O., Bd. 1, S. 91.

[55] *Hans Uwe Erichsen*, in: Der Bundesrat als Verfassungsorgan und politische Kraft, 1974, S. 9 (12); *Konrad Reuter*, Praxishandbuch Bundesrat, 1991, Teil II Rdn. 5.

Vor dem Hintergrund, dass unter den führenden europäischen Königen und Fürsten Einigkeit bestand, dass ein zukünftiges Staatsgebilde auf der monarchischen Legitimität der Einzelherrscher begründet werden sollte, wahrte der Deutsche Bund die alte monarchische Ordnung. [56] Die Ausgestaltung dieses völkerrechtlichen Vertrages erinnert an die Verteidigungsbündnisse des 20. Jahrhunderts, deren Mitglieder sich gegenseitige Hilfe in militärischen Konflikten zusichern.[57] Der Deutsche Bund, der nach Art. 4 der Wiener Schlussakte als politische Einheit auftrat, hatte den Charakter eines Verteidigungsbündnisses unabhängiger Staaten, so dass er nur bedingt mit bundesstaatlichen Verfassungen vergleichbar ist.

Trotz dieses Unterschieds enthielt der Bündnisvertrag Bestimmungen, die für die nachfolgenden bundesstaatlichen Ordnungen von entscheidender Bedeutung waren.

So wurde zum Beispiel die Pflicht der Bundesglieder zu militärischem Beistand um die Gewährleistung der inneren Sicherheit ergänzt. Die Bundesakte bestimmte in Art. 25, dass die Polizeigewalt bei den einzelnen Staaten lag und nur bei Gefährdung der inneren Sicherheit durch Aufruhr und Volksaufstände die Hilfe anderer Staaten beansprucht werden konnte.[58] Ähnlichkeiten mit nachfolgenden bundesstaatlichen Verfassungen wies der Deutsche Bund auch insoweit auf, als die Beziehungen zwischen ihm und den Einzelstaaten enger ausgestaltet waren, als dies für einen Verbund souveräner Staaten üblich war.[59] Mit dem Recht des Bundes zur Bundesintervention und Bundesexekution entwickelten sich erste Ausprägungen von Ingerenzrechten des späteren Gesamtstaats. Die Bundesexekution war möglich, wenn sich die Länder weigerten, Bundesbeschlüsse auszuführen.[60] In ihr zeigten sich Vorformen der in späteren Verfassungen vorgesehenen

---

[56] Art. 57 WSA: „Da der Deutsche Bund, ..., aus souverainen Fürsten besteht, so muss dem hierdurch gegebenen Grundbegriffe zufolge die gesammte Staats-Gewalt in dem Oberhaupte des Staates vereinigt bleiben, und der Souverain kann durch eine landständische Verfassung nur in der Ausübung bestimmter Rechte an die Mitwirkung der Stände gebunden werden."; hierzu auch *Hans Uwe Erichsen* (Fußn. 55), S. 9 (16); *Ernst-Rudolf Huber*, Deutsche Verfassungsgeschichte, Bd. I, 1957, S. 594; *Otto Kimminich*, Deutsche Verfassungsgeschichte, 3. Aufl. 1987, S. 321, 326; *Dietmar Willoweit*, Deutsche Verfassungsgeschichte, 4. Aufl. 2001, S. 251 f.

[57] Artt. 2 und 35 WSA: „Der Bund hat als Gesammt-Macht das Recht, Krieg, Frieden, Bündnisse und andere Verträge zu Beschließen. Nach dem im 2. Artikel der Bundes-Acte ausgesprochenen Zwecke des Bundes [das heißt, die Erhaltung der äußeren und inneren Sicherheit, Anm. des Verf.] übt derselbe diese Rechte nur zu seiner Selbsvertheidigung, ... , aus."

[58] Art. 35 WSA: „Die Aufrechterhaltung der innern Ruhe und Ordnung in den Bundesstaaten steht den Regierungen allein zu. Als Ausnahme kann jedoch, in Rücksicht auf die innere Sicherheit des gesammten Bundes, und in Folge der Verpflichtung der Bundesglieder zu gegenseitiger Hülfsleistung, die Mitwirkung der Gesammtheit zur Erhaltung oder Wiederherstellung der Ruhe, ..., Statt finden", bei *Ernst Rudolf Huber* (Fußn. 53), Bd. 1, S. 94.

[59] Ähnlich *Dietmar Willoweit*, Deutsche Verfassungsgeschichte, 4. Aufl. 2001, S. 253, der auf den Charakter des Deutschen Bundes als „unauflöslicher Verein" (Art. 5 WSA) hinweist; ebenso *Ernst Rudolf Huber* (Fußn. 52), S. 663.

[60] Vgl. Art. 31 WSA, der die tatbestandlichen Voraussetzungen der Bundesexekution normierte, bei *Ernst Rudolf Huber* (Fußn. 53), Bd. 1, S. 95.

Bundesaufsicht und Befugnis des Bundes zur Ersatzvornahme.[61] Ebenfalls vorbestimmend war die Möglichkeit, Streit zwischen den Einzelstaaten vor einem obersten Gerichtshof auszutragen[62] sowie die völkerrechtliche Vertretung durch den Bund.[63]

Der Bundesrat des Deutschen Bundes war in ein Plenum, das heißt in eine Vollversammlung und in einen engeren Rat gegliedert. Das Plenum tagte in Ausnahmefällen, das heißt, dann, wenn Angelegenheiten des Bundes von grundsätzlicher Bedeutung betroffen waren,[64] wobei die Entwürfe in der engeren Versammlung vorbereitet wurden.[65] Der Charakter des Deutschen Bundes als Zusammenschluss souveräner Fürsten und freier Städte zeigte sich vor allem in seinen Abstimmungsregeln. Grundsätzliche Fragen, das heißt, im Plenum zu treffende Beschlüsse, konnten nur mit einer qualifizierten Mehrheit von Zwei-Dritteln der Stimmen entschieden werden.[66] In Angelegenheiten von erheblicher Bedeutung wie der Annahme oder Änderung von Gesetzen, der Errichtung oder Umgestaltung von Bundesorganen, der Aufnahme neuer Mitglieder sowie in Religionsangelegenheiten konnten Beschlüsse nur einstimmig gefasst werden.[67] Im Gegensatz zur Vollversammlung tagte der engere Rat ständig, er entschied über die laufenden Angelegenheiten mit absoluter Mehrheit.[68] Damit unterschied sich der Deutsche Bund von anderen völkerrechtlichen Verbindungen vor allem darin, dass nur in Ausnahmefällen eine

---

[61] Wie die frühere Reichsexekution (Art. 19 BRV, Art. 48 WRV) und der heutige Bundeszwang (Art. 37 GG) stellte ein solches Vorgehen die ultima ratio dar, *Ernst Rudolf Huber*, a. a. O. (Fußn. 52), S. 635; im Gegensatz zu den nachfolgenden Verfassungen hatte der damalige Bund jedoch noch keine Eingriffsrechte; zur Rechtslage unter der Bismarckschen Reichsverfassung *Leo Wittmayer*, Die Weimarer Reichsverfassung, 1922, S. 252 ff.; zur Weimarer Reichsverfassung *Gerhard Anschütz*, Die Verfassung des deutschen Reichs, Kommentar, 14. Aufl. 1933, Art. 48 Anm. 5.

[62] Der Bund hatte noch keine eigene Gerichtsbarkeit, stattdessen bediente er sich in Streitigkeiten zwischen den Gliedstaaten des Gerichtshofs eines Bundesstaats als „Austrägalinstanz", Art. 21-24 WSA. Dieses „Austrägalverfahren" galt entsprechend, wenn es zwischen dem Bund und einem Gliedstaat zu Konflikten kam, denn die Bundesakte sah noch keinen Bund-Länder-Streit vor; hierzu *Ernst Rudolf Huber*, a. a. O. (Fußn. 52), S. 630 f.

[63] Auch wenn der Bund nicht das Recht zur ausschließlichen völkerrechtlichen Vertretung hatte, verfügte er gegenüber anderen Staaten über völkerrechtliche Rechtsfähigkeit, hierzu *Otto Kimminich*, Deutsche Verfassungsgeschichte, 2. Aufl. 1987, S. 324.

[64] Vgl. Art. 6 DBA: „Wo es auf Abfassung und Abänderung von Grundgesetzen des Bundes, auf Beschlüsse, welche die Bundes-Akte selbst betreffen, auf organische Bundes-Einrichtungen und auf gemeinnützige Anordnungen sonstiger Art ankömmt, bildet sich die Versammlung zu einem Plenum,..." sowie Art. 12 WSA: „Nur in den ... ausdrücklich bezeichneten Fällen, wo es auf eine Kriegs-Erklärung oder Friedens-Schluss-Bestätigung, wie auch, wenn über die Aufnahme eines neuen Mitglieds...entschieden werden soll, bildet sich die Versammlung zu einem Plenum"; abgedruckt bei *Ernst Rudolf Huber*, Dokumente zur Deutschen Verfassungsgeschichte, Bd. 1, 3. Aufl. 1978, S. 86, 92. Zur Stimmgewichtung *ders.*, in: Deutsche Verfassungsgeschichte, Bd. I, 1957, S. 588 ff.

[65] Art. 7 Abs. 1 BDA (wie auch die folgenden Bestimmungen) sind abgedruckt bei *Ernst Rudolf Huber*, Dokumente zur Deutschen Verfassungsgeschichte, Bd. 1, 3. Aufl. 1978, S. 86 ff.

[66] Vgl. Art. 7 Abs. 2 BDA i. V. m. Art. 12 WSA sowie Art. 13 WSA, der einen Katalog diesbezüglicher Gegenstände enthielt, a. a. O., S. 87, 92.

[67] Siehe Art. 7 Abs. 4 BDA i. V. m. Art. 13 WSA.

[68] Art. 7 Abs. 1 BDA i. V. m. Art. 11 WSA.

einstimmige Beschlussfassung vorgesehen war, was ihm größere Handlungsspielräume eröffnete.

Hinsichtlich der Zusammensetzung und der Struktur der Frankfurter Bundesversammlung wies diese bereits Ähnlichkeiten mit den Ländervertretungen zukünftiger Verfassungen auf. So war in Art. 4 der Bundesakte das unterschiedliche Stimmgewicht der einzelnen Mitgliedstaaten geregelt, die nach Art. 3 BDA gleiche Rechte hatten. Die Verteilung der Länderstimmen im Plenum war wie in den nachfolgenden Verfassungen gestaffelt.[69] Im engeren Rat verfügten nur die elf größeren Staaten über eine Vollstimme, die kleineren Staaten waren jeweils zu Kuriatsstimmen zusammengefasst.[70]

Obwohl es sich um einen Staatenbund handelte, wies der Bundestag Merkmale auf, die sich später im Bonner Grundgesetz wieder fanden: So handelt es sich bei dem Bundesrat auch heute noch um ein ständig tagendes nicht an Legislaturperioden gebundenes Staatsorgan.[71] Die Vertreter der Länder sind - soweit es sich nicht um Mitglieder der einzelnen Landesregierungen handelt - weisungsgebundene Gesandte.[72] Auch das Grundgesetz kennt noch ein abgestuftes Stimmgewicht der Ländervertreter,[73] wobei verfassungsändernde Beschlüsse einer qualifizierten Mehrheit bedürfen.[74]

[DM7][DM8]Der Bundesrat des Grundgesetzes ist wie seine Vorgänger ein Organ, in dem die einzelnen Bundesglieder ihre Interessen durch weisungsabhängige Vertreter zum Ausdruck bringen.[75] Während die Staaten zur Zeit des Heiligen Römischen Reiches

---

[69] Art. 4 bzw. für die Abstimmung im Plenum Art. 6 BDA.

[70] Art. 4 (Kurie 12-17) BDA.

[71] Hierzu wurde er jedoch erst infolge staatsrechtlicher Praxis, denn sowohl die Bismarcksche Reichsverfassung als auch die Weimarer Reichsverfassung und das Bonner Grundgesetz sahen bzw. sehen diese Permanenz nicht ausdrücklich vor. Vgl. Art. 14 BRV: „Die Berufung des Bundesrats muss erfolgen, sobald sie von einem Drittel der Stimmenzahl verlangt wird"; Art. 64 WRV: „Die Reichsregierung muss den Reichsrat auf Verlangen von einem Drittel seiner Mitglieder einberufen"; jeweils abgedruckt bei *Ernst Rudolf Huber*, Dokumente zur Deutschen Verfassungsgeschichte, Bd. 2, 3. Aufl. 1986, S. 389 sowie Bd. 4, 3. Aufl. 1992, S. 161. Für die Bundesversammlung galt, dass sie sich nur ausnahmsweise vertagen konnte und dann auch nur für einen bestimmten Zeitraum, vgl. Art. 7 Abs. 5 BDA. Zum verfassungsgeschichtlichen Hintergrund dieser Permanenz *Konrad Reuter*, Praxishandbuch Bundesrat, 1991, Teil II Rdn. 3, der auf den „Immerwährenden Reichstag" in Regensburg seit 1663 hinweist.

[72] Art. 7 Abs. 3 BRV und Art. 63 WRV, hierzu *Gerhard Anschütz*, Die Verfassung des Deutschen Reichs, 14. Aufl. 1933, Art. 63 Anm. 6, der betonte, dass die WRV den Ländern freistellte, ob sie die in die Ländervertretung entsandten Vertreter an Weisungen binden; zur Weisungsgebundenheit unter dem Grundgesetz unten § 7 II 4; nur in der Frankfurter Paulskirchen-Verfassung und Erfurter Unionsverfassung waren die Ländervertreter weisungsunabhängig, § 96 PKV bzw. § 98 EUV, ebenfalls abgedruckt bei *Ernst Rudolf Huber*, Dokumente zur Verfassungsgeschichte, Bd. 1, 3. Aufl. 1978, S. 375 ff., S. 551 ff.

[73] Vgl. Art. 4 bzw. Art. 6 BDA, Art. 6 NBV, Art. 6 BRV, Art. 61 WRV sowie Art. 51 Abs. 2 GG.

[74] § 196 Abs. 1 PKV, Art. 76 Abs. 1 WRV und Art. 79 Abs. 2 GG. Nach Art. 78 Abs. 1 BRV konnte ein Veto von mindestens 14 Stimmen im Bundesrat eine Verfassungsänderung verhindern.

[75] Vgl. den in Fußn. 72 Genannten.

und des Deutschen Bundes ihre Partikularinteressen im Reichs- bzw. Bundestag zum Ausgleich brachten, diente der Bundes- bzw. Reichsrat späterer Verfassungen dazu, die Länder an der Willensbildung des Bundes zu beteiligen.[76] Die Bindung seiner Mitglieder an die Instruktionen ihrer Landesregierungen unterscheidet ihn vor allem von den ersten Volksvertretungen und vom heutigen Bundestag, deren Abgeordnete weisungsfrei und nur dem Wohl des Volkes verpflichtet sind.[77]

Trotz ihrer ähnlich bleibenden Struktur änderte sich die Bedeutung der Ländervertretung im Verhältnis zu anderen Staatsorganen. Während der Bundestag einziges Organ des Deutschen Bundes war, handelte es sich bei den Ländervertretungen der darauf folgenden Verfassungsordnungen um Staatsorgane unter vielen.

Anhand des verfassungsrechtlichen Verhältnisses der Ländervertretung zu den anderen Verfassungsorganen soll im Folgenden geklärt werden, welcher Rang ihr in den jeweiligen Staatsordnungen zukam. Hierbei wird auch die tatsächliche Entwicklung dieses Organs zu berücksichtigen sein. Schließlich soll ein Blick auf das kompetenzielle Verhältnis der Länder zum Gesamtstaat Aufschluss darüber geben, in welchem Verhältnis Gesamt- und Gliedstaaten zueinander standen.

II. Die Frankfurter Paulskirchenverfassung und die Erfurter Unionsverfassung

Der Übergang vom vorkonstitutionellen Staatenbund, dessen Ziel vor allem die Verteidigung der monarchischen Staatsordnung war,[78] zum geeinten Deutschland vollzog sich nur allmählich.

Sowohl zur Zeit der März-Revolution von 1848 als auch etwa einhundert Jahre später war die Frage nach der Gestalt der Ländervertretung sowie des Verhältnisses des Gesamtstaates zu den Gliedstaaten heftig umstritten. Dem traditionellen Modell einer Ländervertretung aus weisungsabhängigen Gesandten, wie sie zur Zeit des Deutschen Bundes bestanden hatte, stand die Verfassungskonzeption der U.S.A. gegenüber, die auf einem Zwei-Kammer-System aufbaut. Ebenso wie der Kongress der Vereinigten Staaten sieht die Schweizerische Verfassung ein aus National- und Ständerat bestehendes Zwei-Kammer-System vor.[79] An diese Modelle knüpften beide nicht zur Verwirklichung gelangten deutschen Verfassungen an.

---

[76] Siehe § 2 V, § 2 VII sowie § 4 I.

[77] Die Unabhängigkeit der Parlamentarier war weder in der Frankfurter Paulskirchen-Verfassung noch in der Erfurter Unionsverfassung geregelt. Die Weisungsfreiheit der Mandatsträger wurde erst später ausdrücklich betont, so in Art. 29 NBV, Art. 29 BRV und Art. 21 WRV.

[78] Vgl. die in Fußn. 56 Genannten.

[79] Zur Verfassung der U.S.A. vgl. die Einführung von *Winfried Brugger*, Einführung in das öffentliche Recht der U.S.A., München 1993; einen Überblick über das Kammersystem der Schweiz geben *Erwin Ruck*, Schweizerisches Staatsrecht, 3. Aufl., Zürich 1957 sowie *Ad Graf /Karl Felix*, Schweizer Staatskunde, 7. Aufl., Zürich 1970.

1. Der Entwurf des Siebzehner-Ausschusses zur Paulskirchenverfassung

Wenn auch der Entwurf des Siebzehner-Ausschusses nicht formell den Beratungen der Nationalversammlung zugrunde gelegt wurde, so hatte er doch maßgeblichen Einfluss auf die endgültige Gestaltung der Verfassung.[80]

Der Entwurf war stark an das englische Parlamentssystem angelehnt, indem er vorsah, dass der Reichstag aus einem Ober- und einem Unterhaus bestand. Das Oberhaus war die Länderkammer, die sich sowohl aus den regierenden Fürsten beziehungsweise deren Vertretern als auch aus Reichsräten zusammensetzte. Die Reichsräte wurden zu der einen Hälfte von den Regierungen entsandt, zu der anderen Hälfte von den Landtagen berufen.[81]

Das Unterhaus war demgegenüber eine aus freien, gleichen und unmittelbaren Wahlen hervorgehende Volksvertretung, die sich aus Abgeordneten der einzelnen Länder zusammensetzte.[82]

Sowohl das Unter- als auch das Oberhaus bestand damit aus unabhängigen Volksvertretern beziehungsweise weisungsfreien Reichsräten. Der Grundsatz des freien Mandats galt demnach nicht nur – wie in späteren Verfassungen – für die Volksvertretung, sondern auch für die Länderkammer.

Dieser Siebzehner-Entwurf sah im Vergleich zur Deutschen Bundesverfassung vor, dass Gesetzesmaterien in die Zuständigkeit des Reichs fielen, wenn die Einheit Deutschlands und die Gewährleistung gewisser Grundrechte und Einrichtungen dies erforderten.[83] Damit stand die Selbständigkeit der einzelnen Bundesstaaten unter dem Vorbehalt, dass die betreffenden Kompetenzen nicht schon vom Gesamtstaat aus übergeordnetem Reichsinteresse wahrgenommen wurden. Auch aus der Regelung, dass die Reichsgewalt

---

[80] Bei dem Siebzehner-Ausschuss handelte es sich um ein aus 17 Vertrauensmännern bestehendes Gremium, das aufgrund des Bundesbeschlusses vom 10.3.1848 die Aufgabe hatte, einen Verfassungsentwurf auszuarbeiten. Der Entwurf war nicht nur für die Frankfurter Paulskirchen-Verfassung und die auf ihr aufbauende Erfurter Unionsverfassung prägend, sondern auch für sämtliche folgende Staatsordnungen. So geht die Gewährleistung der Grundrechte in der Weimarer Reichsverfassung und im Bonner Grundgesetz im Kern auf sie zurück. Auch hat sich der Ansatz, durch Rechtsvereinheitlichung die Einheit Deutschlands voranzutreiben, als richtungsweisend erwiesen. So wurde während des Kaiserreichs eine Vielzahl noch heute geltender Gesetze erlassen, beginnend mit der Sozialgesetzgebung Bismarcks in den achtziger Jahren bis hin zur Verabschiedung des Gerichtsverfassungsgesetzes (27.1.1877), der Zivil- und Strafprozessordnung (30.1.1877 und 1.2.1877), der Konkursordnung (10.2.1877), des Strafgesetzbuches (31.5.1870) und des Zivilgesetzbuches (18.8.1896); zum Einfluss des Entwurfs auf die nachfolgenden Verfassungen *Ernst Rudolf Huber*, Deutsche Verfassungsgeschichte, Bd. II., 3. Auflage 1988, S. 768 f., zur verfassungsgeschichtlichen Bedeutung der erstmaligen Gewährleistung unmittelbar geltender Grundrechte *ders.*, a. a. O., S. 774 ff. sowie *Dietmar Willoweit*, Deutsche Verfassungsgeschichte, 4. Aufl. 2001, S. 266.

[81] Vgl. § 12 Nr. 3 des Siebzehner-Entwurfs (SZE), abgedruckt bei *Ernst Rudolf Huber*, Dokumente zur Deutschen Verfassungsgeschichte, Bd. 1, 3. Aufl. 1978, S. 352 ff.

[82] § 13 SZE, a. a. O.

[83] § 2 SZE.

bei dem Deutschen Kaiser als Reichsoberhaupt und dem Reichstag lag,[84] ist zu folgern, dass dem Reich die Souveränität eines Gesamtstaates zuerkannt wurde.[85] Während sich die Kompetenz des Deutschen Bundes hauptsächlich auf außenpolitische Angelegenheiten, wie die völkerrechtliche Vertretung der Staaten und militärische Einrichtungen beschränkt hatte,[86] wurde die Zuständigkeit des Reichs nach dem Siebzehner-Entwurf erheblich ausgeweitet. Er enthielt einen Katalog mit ausschließlichen Gesetzgebungsmaterien des Reichs.[87]

Durch die Kompetenz des Reiches zum Erlass privatrechtlicher und öffentlich-rechtlicher Vorschriften sollte eine Rechtsvereinheitlichung erreicht werden.[88] Das Reich war für ein einheitliches Münzwesen, für die Zölle, für die Eisenbahnen, Wasserstraßen und für das Kommunikationswesen zuständig.[89] Ein weiteres wesentliches Merkmal, durch das sich der Entwurf von der Deutschen Bundesakte unterschied, war die erstmalige Gewährleistung von Grundrechten. Die Verfassung beschränkte sich nicht nur darauf, den Regierungen der Mitgliedstaaten die Beachtung der Grundrechte aufzuerlegen, vielmehr war ihre Geltung nun von Reichs wegen garantiert.[90]

2. Der Entwurf der Nationalversammlung zur Paulskirchenverfassung

Während die Mehrheit der Abgeordneten einen Bundesstaat mit Zwei-Kammer-System befürwortete,[91] vertrat eine Minderheit das Modell eines unitarischen Einheitsstaates mit Einkammersystem.[92] Dessen Verwirklichung stieß jedoch auf die Schwierigkeit, dass die Staaten nach den einzelnen Revolutionen unbeschadet weiter bestanden und der Gründung eines demokratisch-unitarischen Staates die gewaltsame Beseitigung der einzelnen Monarchien hätte vorangehen müssen. Dies wäre in Anbetracht der gescheiterten Revolution aussichtslos gewesen, zumal die Dynastien fast zeitgleich hätten fallen müssen, um ein restauratives Eingreifen der noch bestehenden Fürstentümer im Wege der Bundesin-

---

[84] § 4 Satz 1 SZE.

[85] *Ernst Rudolf Huber* (Fußn. 80), S. 821 ff.

[86] Siehe oben § 2 I.

[87] § 3 a) – m) SZE.

[88] Diese Zielsetzung ist in § 3 k SZE ausdrücklich erwähnt: „...die Gesetzgebung im Gebiet des öffentlichen und Privatrechts, in so weit eine solche zur Durchbildung der Einheit Deutschlands erforderlich ist, ...".

[89] § 3 SZE.

[90] Vgl. die in Fußn. 80 Genannten sowie *Willibalt Apelt*, Geschichte der Weimarer Reichsverfassung, 2. Aufl. 1964, S. 292.

[91] Die Mehrheit der Nationalversammlung, insbesondere die rechten Parteien, sprachen sich für eine Übernahme des Zwei-Kammer-Systems aus, wie es vom Siebzehner-Ausschuss vorgeschlagen worden war, hierzu *Ernst Rudolf Huber*, Deutsche Verfassungsgeschichte, Bd. II, 3. Aufl. 1988, S. 785.

[92] Die demokratische Linke nahm die Idee der Französischen Revolution von der „nation une et indivisible" auf und sah für den Fall der Übernahme des Zweikammersystems das demokratische Element durch das föderative geschwächt, *Ernst Rudolf Huber*, a. a. O., S. 785.

tervention zu verhindern. Im Hinblick auf diese Situation bot es sich daher an, einen demokratischen Bundesstaat zu errichten, der den einzelnen Staaten ihre Eigenständigkeit weitgehend beließ und an bestehende Strukturen anknüpfte.[93]

Als Grundkonzeptionen für die Volks- bzw. Ländervertretung standen sich der traditionelle Bundesrat und ein Zwei-Kammer-Modell gegenüber, wie es die Verfassungen der U.S.A., der Schweiz und Englands in unterschiedlichen Ausprägungen vorsahen. Unter den Vertretern der Bundesstaatslösung[94] ließen sich drei Grundrichtungen unterscheiden. Ein Teil der Abgeordneten befürwortete einen stark unitarisch geprägten Bundesstaat. Der Großteil der Kompetenzen sollte beim Reich als Gesamtstaat liegen.[95] Die Gegenrichtung vertrat einen föderativ ausgerichteten Bundesstaat, so dass ein erheblicher Teil der Kompetenzen den Ländern zufallen sollte.[96] Eine dritte Gruppe forderte einen betont föderativen Bundesstaat,[97] in dem ein Großteil der Kompetenzen bei den Ländern lag.

Eng verbunden mit der Frage, ob die Staatsgewalt eher beim Zentralstaat oder bei den Gliedstaaten liegen sollte, war die nach dem Verhältnis des monarchischen Elements zu dem parlamentarisch-demokratischen Element der Verfassung. Die einen sahen eine starke Reichsgewalt nur durch die Vorherrschaft des monarchischen Prinzips gewährleistet. Das Erbkaisertum sollte die gegensätzlichen Strömungen innerhalb des Reichs vereinen. Die anderen legten den Schwerpunkt auf die Dominanz des parlamentarisch-demokratischen Prinzips, wodurch die Errungenschaften der Revolution gesichert werden sollten. Sie schrieben dem nationaldemokratischen Parlament eine einheitsstiftende Funktion zu, ohne dass es einer Vorrangstellung des Kaisers bedurfte.[98] [DM9]

Die Frankfurter Nationalversammlung entschied sich letztlich für einen unitarisch strukturierten Bundesstaat, dessen Hauptgewicht bei den Reichsorganen lag.[99] Oberste Staatsorgane waren der Kaiser als Reichsoberhaupt, der Reichstag und das Reichsgericht.

Obwohl die Reichsminister neben dem Kaiser die Exekutivgewalt ausübten, ihnen also auf der Ebene des Gesamtstaates staatsleitende Funktion zukam, war ihre Stellung zu

---

[93] Zum Ganzen *Ernst Rudolf Huber*, Deutsche Verfassungsgeschichte, Bd. II., 3. Auflage 1988, S. 792; *Wilhelm Mommsen*, Föderalismus und Unitarismus, 1954, S. 11.

[94] Nach der Niederschlagung der Wiener Aufstände im Oktober 1848 keimte die längst überwunden geglaubte Idee eines Staatenbundes wieder auf, ohne jedoch nennenswerte Beachtung zu finden, hierzu *Ernst-Rudolf Huber*, a. a. O., S. 793.

[95] Diese Position wurde vor allem von dem rechten Zentrum der Liberalen eingenommen, *ders.*, a. a. O., S. 792.

[96] Diese Meinung vertraten vor allem das linke Zentrum der Liberalen und die Konservativen, *ders.*, a. a. O., S. 792.

[97] Dieser Richtung schlossen sich Abgeordnete aller Fraktionen an, *ders.*, a. a. O., S. 793.

[98] Zu den einzelnen in der Nationalversammlung vertretenen Ansichten *Ernst Rudolf Huber*, a. a. O., S. 807 ff.

[99] *Ders.*, a. a. O., S. 794.

anderen Verfassungsorganen nur rudimentär geregelt.[100] Auch wenn die Minister durch Gegenzeichnung die politische Verantwortung für die Akte des Kaisers übernahmen,[101] konnten sie nicht vom Parlament abberufen werden.

Die Gesetzgebungsorgane der Frankfurter Paulskirchen-Verfassung waren der Kaiser als Reichsoberhaupt und der Reichstag als eigentliches Legislativorgan.[102] Durch diese Abhängigkeit der Legislative von der Exekutive sollte ein Gewaltengleichgewicht hergestellt werden.[103] Dieses Verständnis der „checks and balances" kam vor allem darin zum Ausdruck, dass dem Kaiser Einfluss auf die Gesetzgebung eingeräumt wurde, indem er von seinem Vetorecht Gebrauch machen konnte.[104] Dieses Recht hatte jedoch nur aufschiebende Wirkung,[105] das heißt, der Reichstag konnte sich über seinen Einspruch hinwegsetzen, wenn der Beschluss in drei aufeinander folgenden Sitzungsperioden unverändert gefasst wurde. Auch wenn auf diese Weise einer Blockade von Gesetzgebungsvorhaben durch das Staatsoberhaupt vorgebeugt werden sollte,[106] hatte der Kaiser die Möglichkeit, ein Gesetz über einen Zeitraum von zwei bis drei Jahren hinauszuzögern.[107] Daneben hatte das Staatsoberhaupt das Recht, das Volkshaus zu berufen und zu schließen,[108] wodurch er ebenfalls Einfluss auf dessen Arbeit nehmen konnte.

Die Gefahr, dass ein Verfassungsorgan die ihm infolge der Gewaltenteilung zugewiesenen Kompetenzen missbraucht, war somit schon dem damaligen Verfassungsgeber bekannt. Ob ein vergleichbares Konfliktlösungsmodell auf die gegenwärtige Blockadeproblematik angewandt werden kann, soll weiter unten erörtert werden.[109]

Ein weiteres Merkmal dieser besonderen Art der Gewaltenteilung war die Zweiteilung des Reichstags. Dieser bestand aus einem Volks- und einem Staatenhaus, wobei das

---

[100] Insgesamt war die Stellung der Reichsregierung nicht ausdrücklich geregelt; stattdessen nannte die Verfassung nur Einzelbefugnisse der Reichsminister, vgl. nur die §§ 74, 101, 121, 122, 123 PKV, abgedruckt bei *Ernst Rudolf Huber*, Dokumente zur Deutschen Verfassungsgeschichte, Bd. 1, 3. Aufl. 1978, S. 375 ff.

[101] § 74 PKV.

[102] §§ 80, 101 PKV.

[103] Hierzu *Ernst Rudolf Huber*, Deutsche Verfassungsgeschichte, Bd. 2., 3. Auflage 1988, S. 786. Kritisch zum damaligen Verständnis einer horizontalen Gewaltenteilung zwischen Reichsoberhaupt und Parlament *Hans Boldt*, Deutsche Staatslehre im Vormärz, 1975, S. 100 ff.

[104] §§ 80, 101 PKV.

[105] Dieser Kompromiss war notwendig geworden, um zwischen den Konservativen, welche das Erbkaisertum forderten, und den Linksliberalen, die ein Vetorecht generell ablehnten, zu vermitteln, hierzu *Ernst Rudolf Huber* (Fußn. 103), S. 787.

[106] Erschwerend kam für den Reichstag hinzu, dass Sitzungsperioden, die nicht mindestens vier Wochen dauerten, nicht als aufeinander folgend gerechnet wurden, § 101 Abs. 2 PKV.

[107] *Ernst Rudolf Huber*, a. a. O. (Fußn. 103), S. 787.

[108] § 79 PKV.

[109] Siehe unten § 8 V 8.

Volkshaus die demokratische Volksvertretung darstellte.[110] Zur Wirksamkeit eines Beschlusses war die Übereinstimmung beider Häuser notwendig.[111][DM10]

Die unterschiedlichen Fraktionen der Nationalversammlung waren sich darin einig, dass die Montesquieusche Gewaltenteilung nicht nur durch gegenseitige Einflussnahme, sondern auch durch das Zusammenwirken zweier gleichberechtigter Kammern[112] erweitert werden sollte. Auf diese Weise wollte man verhindern, dass der Volkswille absolute Geltung erlangte.[113] Dementsprechend sollte das Staatenhaus zur Mäßigung im parlamentarischen Gesetzgebungsprozess beitragen – ein Argument, das auch einhundert Jahre später in den Beratungen des Herrenchiemseer Konvents und im Parlamentarischen Rat gebraucht wurde.[114]

Das Staatenhaus sollte im Unterschied zur heutigen Verfassung Bestandteil eines einheitlichen Gesetzgebungsorgans sein. Als Inhaber eines freien Mandats waren seine Mitglieder von Weisungen ihrer Landesregierungen unabhängig.[115] Damit entschied sich die Nationalversammlung bewusst gegen eine aus weisungsgebundenen Gesandten zusammengesetzte Ländervertretung.

Hierbei handelte es sich um eH ine Konstruktion, die mit Ausnahme der nachfolgenden Erfurter Unionsverfassung einmalig blieb. Entsprechend seinem Charakter als echte parlamentarische Kammer[116] tagte das Staatenhaus nicht ständig, sondern unterlag ebenso wie das Volkshaus Legislaturperioden.[117] Neben ihrer Weisungsfreiheit genossen die Ländervertreter den gleichen Schutz vor politischer und strafrechtlicher Verfolgung wie die Abgeordneten des Volkshauses.[118]

Das Verhältnis des Reiches zu den Ländern hatte einen stark unitarischen Charakter, so dass die Hoheitsgewalt vorrangig beim Gesamtstaat lag.[119] Die Länder behielten zwar ihre Staatsqualität, ihre Selbständigkeit unterlag jedoch dem Vorbehalt der Reichsverfas-

---

[110] § 85 i. V. m. § 93 PKV.

[111] § 100 PKV.

[112] § 100 PKV.

[113] *Ernst Rudolf Huber* spricht in dieser Hinsicht von einem Parlamentsabsolutismus, vgl. *dens.* (Fußn. 103), S. 785; eingehend zum Gewaltenteilungsverständnis der damaligen Zeit *Hans Boldt*, Deutsche Staatslehre im Vormärz, 1975. Hierzu auch *Ernst-Wolfgang Böckenförde*, in: ders. (Hrsg.), Moderne deutsche Verfassungsgeschichte, 2. Aufl. 1981, S. 150 f.

[114] Zu diesem vielfach gebrauchten Argument unten § 4 I.

[115] § 96 PKV.

[116] *Ernst Rudolf Huber*, a. a. O. (Fußn. 103), S. 830.

[117] § 92 Abs. 3 PKV.

[118] §§ 117-120 i. V. m. § 85 PKV.

[119] *Werner Frotscher* und *Bodo Pieroth* weisen darauf hin, dass die Bundesstaatsqualität nur an einer Stelle deutlich wurde, in § 87 Abs. 2 PKV hieß es: „...so lange die deutsch-österreichischen Lande an dem Bundesstaate nicht Theil nehmen, ...“; *dies.*, in: Verfassungsgeschichte, 3. Aufl. 2002, Rdn. 311.

sung.[120] Dem Reich als Gesamtstaat stand die Kompetenz-Kompetenz zu, das heißt, das Recht, neue Zuständigkeiten im Wege der Verfassungsänderung zu begründen. Dies galt mit der Einschränkung, dass eine Verfassungsänderung nur möglich war, wenn beide Häuser mit Zwei-Drittel-Mehrheit einen gleich lautenden Beschluss fassten und der Kaiser zustimmte.[121] Das Hauptgewicht der Gesetzgebung lag beim Gesamtstaat. Darüber hinaus gingen die Reichsgesetze, deren Anzahl im Vergleich zur Deutschen Bundesverfassung stark zugenommen hatte,[122] den Landesgesetzen vor.[123] Die Verfassung bestimmte generalklauselartig, dass sämtliche Materien, die dem Reich zugeordnet waren, dessen Gesetzgebungskompetenz nach sich zogen[124] und alle Gegenstände, die infolge einer Verfassungsänderung in die Zuständigkeit des Reichs fielen, durch Reichsgesetze geregelt werden durften.[125] Durch die vorrangige Gesetzgebungszuständigkeit des Gesamtstaats sollte die politische und wirtschaftliche Einheit im Wege der Rechtsvereinheitlichung vorangetrieben werden.[126]

Zusammenfassend lässt sich festhalten, dass die föderative Struktur der ersten bundesstaatlichen Verfassung vielfach von unitarischen Elementen überlagert wurde. Ausdruck dieser Überschneidung war zum einen, dass Reichstag und Volkshaus Bestandteile eines einheitlichen Gesetzgebungsorgans waren. Zum anderen fand das demokratisch-unitarische Prinzip auch in der Länderkammer seinen Ausdruck, da ihre Mitglieder als Träger eines freien Mandats von Weisungen ihrer Landesregierungen unabhängig waren.

---

[120] § 5 PKV: Die einzelnen deutschen Staaten behalten ihre Selbständigkeit, soweit dieselbe nicht durch die Reichsverfassung beschränkt ist; sie haben alle staatlichen Hoheiten und Rechte, soweit diese nicht der Reichsgewalt ausdrücklich übertragen sind."; zum unitarischen Charakter des Bundesstaatskonzepts der Paulskirchen-Verfassung auch *Ernst Rudolf Huber*, a. a. O., S. 821 f.; zu dem schon in der Paulskirchenverfassung angelegten Kompromiss zwischen unitarischen und föderalistischen Elementen *Matthias Heger*, Deutscher Bundesrat und Schweizer Ständerat, 1990, S. 46. In der Ablösung der „realen Mächte" durch eine starke Zentralgewalt wird vielfach ein Konstruktionsfehler der damaligen Verfassung gesehen, so *Fritz Hartung*, Deutsche Verfassungsgeschichte vom 15. Jahrhundert bis zur Gegenwart, 8. Aufl. 1950, S. 184 f.

[121] § 196 Abs. 1 PKV; jedoch sah die Verfassung auch für den Fall ihrer Änderung vor, dass das Veto des Kaisers vom Reichstag überwunden werden konnte, § 196 Abs. 3; zur entsprechenden Rechtslage bei einfachen Beschlüssen oben bei Fußn. 104.

[122] So *Ernst Rudolf Huber*, a. a. O., S. 794. Eine Besondere Rolle spielte in diesem Zusammenhang die Kompetenz-Kompetenz des Reichs (§ 196 PKV), infolge derer es weitere Zuständigkeiten an sich ziehen konnte.

[123] § 66 PKV.

[124] Die weite Generalklausel des § 62 PKV sah vor, dass „die Reichsgewalt die Gesetzgebung [hat], soweit es zur Ausführung der ihr verfassungsmäßig übertragenen Befugnisse und zum Schutze der ihr überlassenen Anstalten erforderlich ist".

[125] Die Ausübung dieser ausdrücklich in § 63 PKV geregelten Kompetenz-Kompetenz war jedoch an die besonderen Voraussetzungen des § 196 PKV geknüpft.

[126] Der Zweck dieser Kompetenzverteilung wurde in § 64 PKV betont; auf diese Weise legte die Frankfurter Paulskirchen-Verfassung den Grundstein für spätere Verfassungen, welche dem Gesamtstaat dieselben Gesetzesmaterien zuordneten, vgl. Art. 61 EUV, Art. 4 Nr. 13 NBV, Artt. 2, 14 Nr. 13 BRV, Art. 7 Nr. 1, 2 WRV, abgedruckt bei *Ernst Rudolf Huber*, Dokumente zur Deutschen Verfassungsgeschichte, Bd. 1, S. 375 ff. (PKV), 551 ff. (EUV); Bd. 2, S. 270 ff. (NBV), 384 ff. (BRV); Bd. 4, S. 151 ff. (WRV).

Dies galt sowohl für die von den Landtagen als auch für die von den Landesregierungen entsandten Reichsräte,[127] so dass das Länderorgan im Gegensatz zu den nachfolgenden Verfassungen föderative und demokratische Elemente miteinander kombinierte.

3. Das Scheitern der Paulskirchenverfassung und die Verfassung der Erfurter Union

Nachdem der preußische König, Friedrich Wilhelm IV, am 28.04.1849 die ihm vom Frankfurter Parlament angetragene Kaiserwürde abgelehnt hatte, begann die so genannte „Reichsverfassungskampagne“:[128] Die Nationalversammlung versuchte, vollendete Tatsachen zu schaffen, indem sie am 04.05.1849 beschloss, Wahlen auszuschreiben. Es folgten Aufrufe, Kampagnen und bewaffnete Aufstände in fast allen deutschen Staaten. Nach der Kritik an der gewaltsamen Niederschlagung des Dresdner Aufstandes durch das preußische Militär verließen die preußischen Abgeordneten die Nationalversammlung. Auch die österreichischen Abgeordneten waren vorher abberufen worden.

Der Reichsverweser, der infolge dessen eine Minderheitsregierung gebildet hatte, wurde von der Nationalversammlung abgewählt. Dem stimmte das Zentrum nicht zu und verließ das Parlament.

Die noch verbliebenen ca. 150 Parlamentarier, unter ihnen die Mehrheitsfraktion der Demokraten, beschlossen nach Stuttgart überzusiedeln, zumal dort noch eine liberale die Nationalversammlung unterstützende Regierung amtierte. Da sich jedoch die fünfköpfige aus Demokraten bestehende Reichsregentschaft anmaßte, die Befehlsgewalt über die Truppen der deutschen Staaten auszuüben, wurde das ohnehin schon geschrumpfte Parlament von der württembergischen Regierung gewaltsam aufgelöst.

Schließlich stimmte der Reichsverweser im August 1849 einer vorübergehenden Wahrnehmung seiner Befugnisse durch Österreich und Preußen zu, womit die Frankfurter Paulskirchenverfassung endgültig gescheitert war.[129]

Bereits vorher, am 26.05.1849, hatten Preußen, Sachsen und Hannover ein „Dreikönigsbündnis“ geschlossen, aus dem die Erfurter Unionsverfassung entstand. Mit ihr wollte Preußen eine Übernahme der Aufgaben des Deutschen Bundes erreichen,[130] der zuvor außer Vollzug gesetzt worden war und auf Initiative Österreichs während des preußisch-österreichischen Interims wieder belebt werden sollte.[131]

---

[127] § 96 i. V. m. § 88 PKV.

[128] *Dietmar Willoweit*, Deutsche Verfassungsgeschichte, 5. Aufl. 2005, S. 307 f.

[129] Zum Scheitern der Paulskirchenverfassung im Einzelnen *Dietmar Willoweit*, Deutsche Verfassungsgeschichte, 5. Aufl. 2005, S. 306 ff.

[130] Ausführlich zu dem preußisch-österreichischen Interessengegensatz *Ernst Rudolf Huber*, Deutsche Verfassungsgeschichte, Bd. II, 1960, S. 890 ff.

[131] Zu diesen restaurativen Bestrebungen Österreichs während der vorläufigen Außerkraftsetzung der Bundesverfassung *Ernst Rudolf Huber*, Deutsche Verfassungsgeschichte, Bd. II, 1960, S. 898 ff.

Diesem Versuch stellte sich Preußen mit der Initiierung der Erfurter Union entgegen. Die im April 1850 vom Volkshaus und Staatenhaus beschlossene Unionsverfassung sollte nach dem Beitritt sämtlicher deutscher Staaten unter Ausschluss von Österreich in eine gesamtdeutsche Reichsverfassung übergehen.

Diese Verfassung sah im Gegensatz zu ihrer Vorläuferin eine Stärkung föderativer Elemente vor, die den Unitarismus der Paulskirchen-Verfassung zurückdrängen sollten. Der Einfluss des Reichstags sollte zugunsten der verbündeten Ländermonarchien und einer Stärkung des Reichsoberhaupts begrenzt werden. So besaß das Reichsoberhaupt nicht mehr nur ein suspensives, sondern ein absolutes Vetorecht gegen die Beschlüsse des Reichstages.[132] Die Gesetzgebungsgewalt stand dem Reichstag, dem Reichsoberhaupt und einem sechsgliedrigen Fürstenkollegium zu,[133] welches vom Reichsvorstand, der mit der preußischen Krone verbunden war, angeführt wurde.[134] Die Einrichtung eines Fürstenkollegiums als zweites Länderorgan [DD11]ddrängte drängte das durch den Reichstag verkörperte demokratisch-unitarische Prinzip zugunsten des Föderalismus zurück.[135]

Letztlich sollte jedoch auch diese Verfassung scheitern. Auf Druck Österreichs verließen Sachsen und Hannover die Erfurter Union und schlossen am 27.02.1850 mit Bayern und Württemberg ein „Vierkönigsbündnis", mit dem sie die Einbeziehung Österreichs in eine neu zu schaffende Verfassung anstrebten.

Nachdem Kurhessen zur Beilegung eines inneren Verfassungskonflikts nicht das Bundesschiedsgericht der Erfurter Union, sondern den am 02.09.1850 wiedereröffneten Frankfurter Bundestag angerufen hatte, marschierten preußische und österreichisch-bayerische Truppen in Kurhessen ein. Es kam jedoch nicht zum Krieg, da Preußen mit Unterzeichnung der Olmützer Punktation vom 29.11.1850 nachgab, aufgrund derer schließlich die Erfurter Union aufgelöst wurde.[136]

III. Der Norddeutsche Bund – Vom Bismarckschen Entwurf bis zu den Beratungen im verfassungsgebenden Reichstag[DD12]

Ausgangspunkt für die Errichtung des Norddeutschen Bundes war zunächst ein Zusammenschluss von 17 norddeutschen Staaten,[137] die noch während des preußisch-

[132] § 99 S. 1 EUV, abgedruckt bei *Ernst Rudolf Huber*, Dokumente zur Deutschen Verfassungsgeschichte, Bd. 1, 3. Aufl. 1978, S. 551 ff.

[133] § 76 i. V. m. § 99 S. 1 EUV.

[134] §§ 65, 66 EUV.

[135] Zu dieser Entwicklung *Dietmar Willoweit*, Deutsche Verfassungsgeschichte, 3. Aufl. 1997, S. 264.

[136] *Ernst Rudolf Huber*, Deutsche Verfassungsgeschichte, Bd. II, 1960, S. 898 ff.; *Dietmar Willoweit*, Deutsche Verfassungsgeschichte, 5. Aufl. 2005, S. 309 f.

[137] Die auch als August-Bündnis bezeichnete Übereinkunft bestand eigentlich aus mehreren Verträgen der norddeutschen Staaten mit Preußen. Zunächst beteiligten sich diejenigen 17 Staaten, die im deutschen Krieg auf der preußischen Seite gestanden hatten. Ihnen folgten die übrigen norddeutschen Län-

österreichischen Krieges dem Aufruf Bismarcks gefolgt waren, über den Entwurf eines Bündnisvertrages zu beraten. Der von Bismarck stammende Entwurf ging auf seine Vorschläge zur Reform der Deutschen Bundesverfassung zurück.[138] Die daraufhin geschlossene Übereinkunft stellte zunächst einen völkerrechtlichen Vertrag nach dem Vorbild des Deutschen Bundes dar, der neben einem Verteidigungsbündnis die Verpflichtung zur Verabschiedung einer gemeinsamen Verfassung enthielt.[139]

Die Norddeutsche Bundesverfassung ging im Unterschied zur Verfassung des Deutschen Bundes nicht nur auf eine Vereinbarung der Landesfürsten zurück, sondern wurde auch vom verfassungsgebenden Reichsparlament angenommen.[140] Ein aus Abgeordneten der norddeutschen Länder zusammengesetzter Reichstag beriet über die verschiedenen Entwürfe und verabschiedete die Verfassung. Neben dem Parlament des zukünftigen Gesamtstaats waren auch die einzelnen Landtage an der Entstehung der Verfassung beteiligt, da sie das Reichswahlgesetz in innerstaatliche Wahlgesetze umsetzen mussten.[141]

Die Entstehung der Verfassung stellte einen Kompromiss zwischen unitarischen und föderativen Bestrebungen dar: Das föderative Element des Vertragsschlusses durch die Regenten entsprach der historischen Situation, in der die partikularistischen Bestrebungen der Einzelstaaten nur auf diese Weise ausgeglichen werden konnten. Das unitarische Element der Verabschiedung durch das Zentralparlament bzw. die Länderparlamente sollte dagegen die von breiten Teilen der Bevölkerung und der Mehrheit der politischen Parteien angestrebte nationale Einheit ermöglichen und sichern.[142]

---

der, die auf der Seite Österreichs gekämpft hatten. Zur Entstehung der Verfassung des norddeutschen Bundes *Udo Scholl*, Der Bundesrat in der deutschen Verfassungsgeschichte, 1982, S. 18 ff.

[138] Der preußische Entwurf zur Reform des Deutschen Bundes vom 10.06.1866, in dem die Einrichtung eines Bundesparlaments neben dem Bundestag gefordert worden war, konnte sich nicht durchsetzen; vgl. den diesbezüglichen Runderlass Bismarcks und Entwurf der preußischen Regierung abgedruckt bei *Ernst Rudolf Huber*, a. a. O. (Fußn. 126), Bd. 2, S. 233 ff.

[139] Vgl. Art. 2 des Bündnisvertrages zwischen Preußen und den norddeutschen Staaten vom 18.08.1866, abgedruckt a. a. O., S. 268 ff.

[140] Auch für die Bismarcksche Reichsverfassung galt entgegen einer damals weit verbreiteten Auffassung, dass sie weniger auf bündischen Grundlagen beruhte, sondern aus dem Willen eines demokratisch legitimierten Parlaments hervorging. Zu den bündischen Grundlagen *Ludwig Dambitsch*, Die Verfassung des deutschen Reichs mit Erläuterungen, 1910, Eingang – S. 11 f.; *Max von Seydel*, Commentar zur Verfassungs-Urkunde für das deutsche Reich, 2. Aufl. 1897, S. 16 f. und S. 23, der die Grundlagen der Verfassung neben einem Bundesvertrag in Landesgesetzen sah ; a. A. *Adolf Arndt*, Verfassung des deutschen Reiches, 5. Aufl. 1913, S. 27 ff. und *Albert Haenel*, Deutsches Staatsrecht, 1. Bd. 1892, S. 60, der die Verfassung allein auf ihre *reichs*gesetzliche Grundlage zurückführte; so auch aus heutiger Sicht *Ernst Rudolf Huber*, Deutsche Verfassungsgeschichte, Bd. III, 3. Aufl. 1988, S. 788.

[141] Zu den Einzelheiten der Entstehung *Ernst Forsthoff*, Deutsche Verfassungsgeschichte der Neuzeit, 4. Aufl. 1972, S. 146 ff.; *Ernst Rudolf Huber*, Deutsche Verfassungsgeschichte, Bd. III, 3. Aufl. 1988, S. 646, 666 f.; *Udo Scholl*, Der Bundesrat in der deutschen Verfassungsgeschichte, 1982, S. 21.

[142] *Ernst Rudolf Huber* beschreibt diese Lösung als Doppel-Kompromiss, da es sich bei der letztlich verabschiedeten Verfassung um einen Mittelweg sowohl zwischen monarchischen und liberaldemokratischen als auch zwischen partikularistischen und unitarischen Bestrebungen handelte; vgl. *dens.*, a. a. O., S. 646.

Darüber, wie dieser Verfassungskompromiss im Einzelnen zu verwirklichen war, bestand weitgehend Uneinigkeit.

Teilweise wurde in Anknüpfung an die Frankfurter Paulskirchen- und Erfurter Unionsverfassung eine starke Stellung des Reichsoberhaupts gefordert. Andere sahen das unitarische Prinzip eher in einem starken Bundesparlament verwirklicht. Im Gegenzug sollte das föderative Element durch ein mit weitreichenden Kompetenzen ausgestattetes Länderorgan gesichert bzw. den Ländern der Hauptteil ihrer Kompetenzen belassen werden.

Einen Schritt zurück gingen diejenigen Abgeordneten, die den Staatenbund der vorrevolutionären Zeit forderten.[143]

1. Der Bundesrat und das Bundespräsidium als Spitze der Exekutive

Nach dem Entwurf Bismarcks sollte der Bundesrat als Träger der souveränen Bundesgewalt an der Spitze des Staates stehen. In Abkehr zum Kaisertum der Paulskirchen- und Unionsverfassung trat das Bundespräsidium als zweites Exekutivorgan neben den Bundesrat.[144]

Bismarck wollte das Länderorgan nicht nur als Gesetzgebungs-, sondern auch als obersten Träger der Bundesexekutive ausgestalten.[145] Dies stieß auf erheblichen Widerstand, da darin ein Verstoß gegen die Gewaltenteilung gesehen wurde, so dass ein Großteil der Abgeordneten die Beschränkung der Exekutive auf das Präsidium und die Einrichtung eines verantwortlichen Bundesministeriums forderte.[146] Letztlich konnte sich jedoch Bismarck durchsetzen, so dass der Bundesrat sowohl Gesetzgebungsorgan als auch Organ der vollziehenden Gewalt wurde.

Somit hatte der Bundesrat schon nach den Entwürfen Bismarcks eine Doppelnatur: Zum einen war er Bestandteil der Exekutive, zum anderen ein Organ der Legislative, durch das die Regierungen der Gliedstaaten an der Reichsgesetzgebung beteiligt waren.

---

[143] Vor allem die Konservativen forderten die Errichtung eines Kaisertums. Dem Kaiser sollte angesichts der partikularistischen Strömungen das Recht „zur rettenden Tat" zustehen. Über dessen konkrete Ausgestaltung war man sich jedoch uneinig. Umstritten war insbesondere, ob ein Kaisertum von „Gottes Gnaden" oder ein „Volkskaisertum" errichtet werden sollte. Hierbei handelte es sich um eine Frage, die angesichts des französischen Volkskaisertums von hoher politischer Bedeutung war. Denn zum einen sollte der Kaiser – nach Auffassung der Konservativen – nicht die Legitimation vom Volk erhalten. Zum anderen war schon die Paulskirchen-Verfassung an dieser Frage gescheitert, nachdem der von der Nationalversammlung gewählte Wilhelm IV. die Kaiserwürde abgelehnt hatte, zu dieser Problematik *Dietmar Willoweit*, Deutsche Verfassungsgeschichte, 3. Aufl. 1997, S. 264 sowie *Ernst Rudolf Huber*, a. a. O. (Fußn. 141), S. 657 sowie S. 773 mit Bezug auf die Reichsverfassung von 1871.

[144] Art. 11 NBV, abgedruckt bei *Ernst Rudolf Huber* (Fußn. 126), S. 272 ff.

[145] *Ernst Rudolf Huber*, Deutsche Verfassungsgeschichte, Bd. III, 3. Aufl. 1988, S. 658; *Udo Scholl*, Der Bundesrat in der deutschen Verfassungsentwicklung, 1982, S. 19 f.

[146] *Ernst Rudolf Huber*, ebenda.

Darüber hinaus oblag dem Bundesrat die Beilegung von Streitigkeiten oberster Reichsverfassungsorgane. Die im verfassungsgebenden Reichstag vorgeschlagene Schaffung eines unabhängigen Bundesverfassungsgerichts wurde mit dem Argument abgelehnt, dass es sich bei Verfassungskonflikten um politische Streitigkeiten handele, die mangels Justiziabilität nicht vor ein Gericht gehörten.[147] Die Verfassung des Norddeutschen Bundes kehrte somit zu der Regelung der Bundesverfassung zurück, nach der Streitigkeiten der Länder nicht vor einem unabhängigen Gericht wie nach der Paulskirchenverfassung,[148] sondern vor dem Länderorgan auszutragen waren.

2. Der Bundeskanzler als Mittler zwischen Volksvertretung und Regierung

Mit dem Reichstag als einziger gewählter Körperschaft entschied sich Bismarck für das „Einkammersystem". Der Bundesrat hatte gegen die Beschlüsse der Volksvertretung ein absolutes Vetorecht[MD13].[149] Nach der Grundkonzeption der Verfassung war die Ländervertretung als deren Zentrum gedacht, das durch den Reichstag als Hilfsgebilde ergänzt werden sollte.[150] Das Parlament war von der Bildung der Regierungsgewalt ausgeschlossen, die Exekutive war ihm gegenüber nicht parlamentarisch verantwortlich.

Die Norddeutsche Bundesverfassung sah vor, dass nur der Bundeskanzler dem Reichstag für seine Politik verantwortlich sein sollte.[151] Von dem zunächst ins Auge gefassten Vorschlag, Bundesminister mit unterschiedlichen Verantwortungsbereichen zu schaffen, wurde im Nachhinein Abstand genommen. Die in Art. 17 der Verfassung normierte Verantwortlichkeit des Bundeskanzlers war nicht näher ausgestaltet.[152] Er konnte weder durch eine Ministeranklage zur Rechenschaft gezogen werden, wie dies die Frankfurter Paulskirchenverfassung vorsah,[153] noch konnte ihn das Parlament mit einem Misstrauensvotum zu Fall bringen oder den Kaiser zu seiner Abberufung zwingen.

---

[147] Zu dieser immer wiederkehrenden Argumentation auch unten § 8 VII 5 c) bb).

[148] § 126 PKV, bei *Ernst Rudolf Huber* (Fußn. 126), S. 375 ff.

[149] Art. 5 Abs. 1 NBV, bei *Ernst Rudolf Huber*, Dokumente zur Deutschen Verfassungsgeschichte, Bd. 2, 3. Aufl. 1986, S. 271.

[150] Systematisch ging der Bundesrat dem Bundespräsidium und dem Reichstag voran. Auch Art. 5 Abs. 1 NBV, der bestimmte: „Die Bundesgesetzgebung wird ausgeübt durch den Bundesrath und den Reichstag", erwähnte vorrangig die Ländervertretung, *Hans-Uwe Erichsen*, in: Der Bundesrat als Verfassungsorgan und politische Kraft, 1974, S. 11 (20).

[151] Auf Initiative des Abgeordneten Bennigsen wurde Art. 17 S. 2 NBV in die Verfassung eingefügt, wonach die Anordnungen und Verfügungen des Bundespräsidiums „zu ihrer Gültigkeit der Gegenzeichnung des Bundeskanzlers [bedürfen], welcher dadurch die Verantwortlichkeit übernimmt", abgedruckt a. a. O. (Fußn. 149).

[152] Aus diesem Grund wurde Art. 17 S. 2 NBV auch als „lex imperfecta" bezeichnet. So bestimmte er beispielsweise nicht ausdrücklich, dass der Bundeskanzler gerade dem Reichstag gegenüber verantwortlich war.

[153] So war beispielsweise in Art. 126 i) PKV die strafrechtliche Verantwortlichkeit der Reichsminister geregelt, die vor dem Reichsgericht angeklagt werden konnten, abgedruckt bei *Ernst Rudolf Huber*, Dokumente zur Deutschen Verfassungsgeschichte, Bd. 1, 3. Aufl. 1978, S. 375 ff.

Jedoch hatte Art. 17 NBV – trotz seiner fehlenden Durchsetzbarkeit – erhebliche Machtverschiebungen zur Folge: Die Verantwortlichkeit ließ den Bundeskanzler zu einem unmittelbaren obersten Bundesorgan werden. War er als Vorsitzender und Leiter der Bundesratsgeschäfte noch abhängiges Organ der Ländervertretung, ging mit der Übernahme der politischen Verantwortung ein Teil der Exekutivgewalt auf ihn über.[154]

Das Recht und die Pflicht des Bundeskanzlers, durch Gegenzeichnung die Verantwortung für die Anordnungen des Bundespräsidiums zu übernehmen, wies ihm eine eigenständige Bedeutung zu. Infolge dieser Regelung nahm er eine Schlüsselposition zwischen Legislative und Exekutive ein, wodurch sich ein bedeutender Teil der Exekutivgewalt vom Bundesrat auf ihn verlagerte. Das Schwergewicht der Exekutive lag nicht mehr – wie ursprünglich vorgesehen – beim Länderorgan. Entgegen den Plänen Bismarcks, wonach dem Bundesrat die Funktion eines föderativen Gegengewichts zum Reichstag zukommen sollte, wandelte sich seine Stellung von einem zentralen Exekutivorgan zu einem mitwirkenden und kontrollierenden Organ[MD14].[155][DM15]

3. Die Zunahme der Reichsgesetzgebungskompetenzen und der wachsende Einfluss des Parlaments

Im Vergleich zur Frankfurter Paulskirchen- und Erfurter Unionsverfassung weiteten sich die Gesetzgebungsbefugnisse des Gesamtstaats erheblich aus.[156]

Während in den vorhergehenden Verfassungen die Gesetzgebungs- und Verwaltungszuständigkeiten des Gesamtstaates noch über den Verfassungstext verstreut waren, wurden sie in der Norddeutschen Bundesverfassung zum ersten Mal in einem Kompetenzkatalog zusammengefasst.[157]

---

[154] *Heinrich Triepel*, Unitarismus und Föderalismus im deutschen Reiche, 1907, S. 35; aus heutiger Zeit *Ernst Rudolf Huber*, Deutsche Verfassungsgeschichte, Bd. III, 3. Aufl. 1988, S. 659; vgl. zu diesem Aspekt auch *Heinrich Otto Meisner*, in: Ernst-Wolfgang Böckenförde (Hrsg.), Moderne deutsche Verfassungsgeschichte, 2. Aufl. 1981, S. 76 (78 f.); *Robert Scheyhing*, Deutsche Verfassungsgeschichte der Neuzeit, 1968, S. 197; *Dietmar Willoweit*, Deutsche Verfassungsgeschichte, 3. Aufl. 1997, S. 267, der herausstellt, dass es sich bei dem Bundeskanzler um die „einzige regierende Persönlichkeit [handelte]" sowie im Überblick *Werner Frotscher/Bodo Pieroth*, Verfassungsgeschichte, 3. Aufl. 2002, Rdn. 366 mit weiteren umfangreichen Nachweisen.

[155] *Ernst Rudolf Huber*, a. a. O., S. 659; anders aber *Hans Schäfer*, Der Bundesrat, 1955, S. 20, nach dessen Auffassung das „Schwergewicht der Legislative ganz eindeutig beim Bundesrat [gelegen habe]"; zum Verhältnis von Bundesrat und Reichstag der Bismarckschen Reichsverfassung auch *Paul Laband*, in: Wilke/Schulte (Hrsg.), Der Bundesrat, 1990, S. 40 (41 ff.), der auf strukturelle Ähnlichkeiten beider Verfassungsorgane im Verhältnis zum Reichspräsidium hinweist. *Hermann Rehm* relativierte die Bedeutung des Bundesrats insoweit, als er zwar den Gesetzesbefehl erteile und damit dem Reichstag rechtlich überlegen sei, die politische Bedeutung des Parlaments jedoch insoweit größer sei, als es wesentlichen Einfluss auf den Gesetzesinhalt nehme, *ders.*, Unitarismus und Föderalismus in der deutschen Reichsverfassung, 1898, S. 16 f.

[156] Zu dieser Entwicklung *Ernst-Rudolf Huber*, a. a. O., S. 662 ff.

[157] Art. 4 NBV; vgl. auch die Aufzählung der Reichskompetenzen in der PKV bei *Ernst Rudolf Huber*, Deutsche Verfassungsgeschichte, Bd. II, 3. Aufl. 1988, S. 823 f.

Die konkurrierende Zuständigkeit des Reichs bzw. der Länder, die nach dem Entwurf zunächst für das Handels-, Wechsel-, Konkurs- sowie für das Zivilprozessrecht vorgesehen war, wurde im Zuge der Verfassungsberatungen auf das Schuld-, Straf- und Strafprozessrecht ausgedehnt.[158]

Neben dem Zoll- und Handelswesen erstreckte sich die Gesetzgebungskompetenz des Gesamtstaats schon in der Paulskirchen-Verfassung auf die Gebiete, von denen die wichtigsten Impulse für die gesamtwirtschaftliche Entwicklung ausgingen, nämlich auf das Schifffahrtswesen und auf das sich allmählich entwickelnde Eisenbahn- und Telekommunikationswesen.[159]

Entgegen den Vorstellungen Bismarcks wurde die Befugnis des Parlaments zur Ratifikation völkerrechtlicher Verträge eingeführt,[160] wodurch seine Stellung gegenüber der vollziehenden Gewalt erheblich gestärkt wurde. Auch hinsichtlich der Budgetgewalt wuchs der Einfluss des Parlaments. Während der Bismarcksche Entwurf noch vorsah, dass der Reichstag die Ausgaben des Bundes in dreijährigem Abstand kontrollieren sollte, erstritt sich das Parlament das Recht, die Einnahmen und Ausgaben durch ein jährliches Haushaltsgesetz festzustellen.[161] In Abweichung zum Entwurf bezog sich das Budgetrecht auch auf Militärausgaben, womit die Norddeutsche Bundesverfassung an die Regelung der Paulskirchenverfassung anknüpfte.[162] Mit der Budgetbewilligung ging die Rechenschaftspflicht des Präsidiums einher, das zur jährlichen Rechnungslegung verpflichtet war.[163]

IV. Zusammenfassung und Ergebnis

Sowohl die Paulskirchen- und Erfurter Unionsverfassung als auch die Norddeutsche Bundesverfassung wiesen starke unitarische Elemente auf, die auf nationaleinheitliche Bestrebungen zurückgingen.

Die Paulskirchenverfassung verteilte die legislative Gewalt auf Kaiser, Volks- und Staatenhaus, wobei sich die Beteiligung der Länderkammer mäßigend auf den parlamentarischen Gesetzgebungsprozess auswirken sollte. Der Großteil der staatlichen Kompe-

---

[158] Die in § 64 PKV zum Ausdruck kommende Tendenz, durch Vereinheitlichung der Wirtschafts- und Strafgesetze „Rechtseinheit im deutschen Volke zu begründen", wurde auch unter der Verfassung des Norddeutschen Bundes beibehalten, *Fritz Hartung*, Deutsche Verfassungsgeschichte, 8. Aufl. 1950, S. 271; vgl. zu dieser Entwicklung unter der Bismarckschen Reichsverfassung *Heinrich Triepel*, Unitarismus und Föderalismus im deutschen Reiche, 1907, S. 53 sowie die Ausführungen *J. B. Westerkamps* zur Präambel der BRV, in: Staatenbund und Bundesstaat, 1892, S. 200 f.

[159] §§ 24 ff., 28 ff. und 41 ff. PKV.

[160] Art. 11 Abs. 2 NBV (abgedruckt a. a. O., Fußn. 149); zu dieser Neuerung auch *Ernst Rudolf Huber*, Deutsche Verfassungsgeschichte, Bd. III, 3. Aufl. 1988, S. 663.

[161] Art. 69 S. 1 NBV; hierzu *ders.*, ebenda.

[162] § 102 Nr. 2 und § 103 PKV.

[163] Art. 72 NBV.

tenzen war beim Gesamtstaat angesiedelt, so dass das Reich immer dann zuständig war, wenn „die Einheit Deutschlands und gewisse Grundrechte dies erforderten". Die Reichsgesetze gingen den Landesgesetzen vor, und aufgrund seiner Kompetenz-Kompetenz konnte der Gesamtstaat neue Zuständigkeiten an sich ziehen. Vor allem wirtschaftlich bedeutsame Materien wie das Münz-, Zoll- und Verkehrswesen sowie das Telegraphiewesen fielen in die Zuständigkeit des Gesamtstaats, wodurch neben der politischen die wirtschaftliche Einheit gefördert werden sollte.

Während in der Paulskirchen- und Erfurter Unionsverfassung noch die unitarischen Elemente überwogen, knüpfte die Verfassung des Norddeutschen Bundes an die föderalistische Tradition des Deutschen Bundes an, indem sie dessen „Bundesratsmodell" übernahm. Unter den vorhergehenden Verfassungen waren sowohl die Volksvertreter als auch ein Teil der Ländervertreter Inhaber eines freien Mandats. Der verfassungsgebende Reichstag des Norddeutschen Bundes entschied sich hingegen für eine aus weisungsgebundenen Gesandten zusammengesetzte Ländervertretung.

Trotz dieser Betonung föderativer Elemente griff die Norddeutsche Bundesverfassung die unitarischen Bestimmungen ihrer nicht verwirklichten Vorgängerinnen auf. Eine starke Reichsgewalt sollte die Gewähr für die angestrebte nationale Einheit sein, während das eher föderalistisch geprägte „Bundesratssystem" ein Zugeständnis an die Autonomiebestrebungen der Länderregierungen war.

Der Bundesrat der Norddeutschen Bundesverfassung war Träger der staatlichen Souveränität und zugleich Schnittstelle der exekutiven und legislativen Gewalt. Die Befugnisse des Bundesrats gingen noch über die des Kaisers nach der Paulskirchenverfassung hinaus, indem das Länderorgan ein absolutes Vetorecht erhielt. Auf diese Weise konnte der Bundesrat Gesetzesvorhaben der Volksvertretung endgültig verhindern, so dass er die Position eines gleichberechtigten föderalistischen Gegengewichts einnahm.

Der formal starken Position des Bundesrats stand die tatsächliche Verfassungsentwicklung[MD16] entgegen. Je mehr Gesetzgebungskompetenzen auf den Gesamtstaat übergingen, desto größer wurde die Bedeutung der Volksvertretung. Diese Entwicklung wurde vorangetrieben durch die politische Verantwortlichkeit des Bundeskanzlers, die in einer Entwicklung zur parlamentarischen Demokratie betrachtet werden kann.

Der Bundeskanzler konnte zwischen dem Bundesrat und dem Bundespräsidium auf der einen und dem Reichstag auf der anderen Seite vermitteln: Kraft seiner hegemonialen Stellung als preußischer Ministerpräsident beziehungsweise Außenminister stellte er den Kontakt zwischen dem Kaiser und dem Reichstag her. In seiner Funktion als Vorsitzender des Bundesrats war er in der Lage, auf einen Ausgleich der partikularen Bestrebungen der Länder hinzuwirken.

Folglich baute schon die Norddeutsche Bundesverfassung auf dem Gegensatz zwischen dem Reich als unitarischer Kraft und den Ländern als föderalistischem Gegenpol auf.

V. Die Reichsverfassung von 1871

1. Die Rolle des Bundesrats im Spannungsfeld von Föderalismus und Unitarismus

a) Der föderalistisch strukturierte Bundesrat der Reichsverfassung

Überwogen im Staatenhaus der Frankfurter Paulskirchenverfassung noch die unitarischen Elemente, war die Ländervertretung der Bismarckschen Reichsverfassung überwiegend föderativ geprägt:

Das Staatenhaus der Paulskirchenverfassung bildete zusammen mit dem Volkshaus den Reichstag. Parlament und Ländervertretung waren Kammern eines einheitlichen Reichsorgans. Weder die Volksvertreter noch die Ländervertreter unterlagen Weisungen. Demgegenüber bestand der Bundesrat der Bismarckschen Verfassung ausschließlich aus instruierten Ländervertretern. Er sollte das föderalistische Gegengewicht zum unitarischen Parlament bilden.[164]

Trotz [MD17]seines föderativen Charakters war der Bundesrat ein Reichsorgan. In ihm traten die Ländervertreter dem Reich gegenüber nicht als geschlossene Einheit auf, indem sie ihre Einzelrechte geltend machten, sondern nahmen Gesetzgebungs-, Verwaltungs- und Gerichtszuständigkeiten des Gesamtstaates wahr. Der Bundesrat vertrat nicht die gebündelten Länderinteressen, sondern ein übergeordnetes Reichsinteresse.[165]

Ausdruck dieses damaligen Rechtsverständnisses war auch das tatsächliche Verhältnis zwischen Reichstag und Bundesrat. Obwohl die Bundesratsmitglieder das Recht hatten, im Reichstag zu erscheinen und gehört zu werden, um die abweichende Meinung ihrer Landesregierung zum Ausdruck zu bringen,[166] wurde nie versucht, einen Bundesratsbeschluss im Reichstag niederzustimmen.[167] Die Inkompatibilität [MD18]von Reichstagsmandat und Mitgliedschaft im Bundesrat[168] sollte auch in umgekehrter Richtung eine Einflussnahme der im Reichstag vertretenen politischen Parteien auf das Abstimmungsverhalten im Bundesrat verhindern.

---

[164] Ausdruck dieser gewaltenteilenden Trennung von Bundesrat und Reichstag war insbesondere die Inkompatibilität der Mitgliedschaft in beiden Verfassungsorganen, Art. 9 S. 2 BRV, abgedruckt bei *Ernst Rudolf Huber*, Dokumente zur deutschen Verfassungsgeschichte, Bd. 2, 3. Aufl. 1986, S. 384 ff.

[165] *Ernst Rudolf Huber*, Deutsche Verfassungsgeschichte, Bd. III, 3. Auflage 1988, S. 853; demgegenüber *Paul Laband*, Staatsrecht, Bd. 1, 5. Aufl. 1911, S. 235 f., der von einer Doppelnatur des Bundesrats ausging. Er unterschied zwischen der Ausübung partikularer Mitgliedschaftsrechte und der gemeinschaftlichen Bildung des Reichswillens.

[166] Art. 9 S. 1 BRV deutete selbst auf diese Möglichkeit hin, indem er bestimmte: „Jedes Mitglied des Bundesrats...muss...auf Verlangen jederzeit gehört werden, um die Ansichten seiner Regierung zu vertreten, auch dann, wenn dieselben von der Majorität des Bundesrathes nicht adoptirt worden sind.“, abgedruckt a. a. O. (Fußn. 164).

[167] So *Ernst Rudolf Huber* (Fußn. 165), S. 850; *Paul Laband* ging angesichts der preußischen Hegemonie und zwischenstaatlichen Koordinierungspraxis von einer „vollständige[n] politische[n] Bedeutungslosigkeit des Bundesrats“ aus, *ders.*, in: Wilke/Schulte (Hrsg.), Der Bundesrat, 1990, S. 40 (43). *Hermann Rehm* sah schon früh Gegensätze zwischen Bundesrat und Reichstag, die er auf ihre unterschiedliche Legitimationsgrundlagen zurückführte, vgl. *dens.*, Unitarismus und Föderalismus in der deutschen Reichsverfassung, 1898, S. 27.

[168] Art. 9 S. 2 BRV.

Durch die unterschiedliche Struktur von Reichstag und Bundesrat sowie die unterschiedliche Rechtsstellung ihrer Mitglieder trennte die Verfassung die föderative von der parlamentarischen Gewalt.[169] Es sollte der Gefahr begegnet werden, dass der Bundesrat zum Instrument der im Reichstag vertretenen politischen Parteien wurde und die Länderregierungen das Parlament für ihre partikularistischen Ziele vereinnahmten.

[MD19]Zum Zustandekommen eines Gesetzes bedurfte es der Mehrheitsbeschlüsse beider Organe[MD20].[170] Jedes Organ konnte Gesetzesvorlagen einbringen[171] und war an der Reichsfinanz- bzw. Budgetgewalt beteiligt.[172]

Indes hatte in vielen Fällen der Bundesrat gegenüber dem Parlament ein deutliches Übergewicht: Durch seinen Beschluss konnte der Reichstag aufgelöst werden,[173] eine Kriegserklärung bedurfte seiner Zustimmung.[174] Er erließ nach Maßgabe der Reichsgesetze Rechtsverordnungen und allgemeine Verwaltungsvorschriften,[175] stellte Mängel im Rahmen der Reichsaufsicht fest und beschloss die Reichsexekution gegen einen Gliedstaat.[176] Neben diesen Exekutivaufgaben übte er die rechtsprechende Gewalt in verfassungsrechtlichen Streitigkeiten zwischen einzelnen Staaten aus und gewährte gerichtliche Hilfe im Fall der Justizverweigerung in einem Gliedstaat.[177]

Damit stand der Bundesrat der Bismarckschen Reichsverfassung in der Verfassungstradition zum Bundesrat des Deutschen Bundes,[178] so dass der Föderalismus im Vergleich zur Paulskirchenverfassung wesentlich gestärkt wurde.[179]

---

[169] Im Gegensatz zur Weimarer Reichsverfassung und zum Bonner Grundgesetz war in der Bismarckschen Reichsverfassung die Inkompatibilität von Parlamentsmandat und Sitz im Bundesrat noch verfassungsrechtlich festgeschrieben, vgl. Art. 9 S. 2 BRV sowie zur Rechtslage unter dem Grundgesetz *Stefan Korioth*, in: von Mangoldt/Klein/Starck, Das Bonner GG, Bd. 2, 4. Aufl. 2000, Art. 51 Abs. 1 Rdn. 12.

[170] Art. 5 Abs. 1 S. 2 BRV. Dies galt auch für völkerrechtliche Verträge, welche die in Art. 4 BRV genannten Materien berührten, Art. 11 Abs. 3 BRV.

[171] Vgl. Artt. 7 Nr. 1 und 23 BRV.

[172] Artt. 69, 73 i. V. m. Art. 5 BRV.

[173] Art. 24 BRV.

[174] Art. 11 Abs. 2 BRV.

[175] Art. 7 Abs. 1 Nr. 2 BRV; Die Ermächtigung zum Erlass von Rechtsverordnungen wurde dem Bundesrat, Kaiser oder Reichskanzler durch das betreffende Gesetz erteilt; zur Bedeutung des Bundesrats als Exekutivorgan *Paul Laband*, in: Wilke/Schulte (Hrsg.), Der Bundesrat, 1990, S. 40 (46 ff.).

[176] Art. 7 Abs. 1 Nr. 3 i. V. m. Art. 19 S. 2 BRV.

[177] Artt. 76, 77 BRV.

[178] Hierzu oben § 2 I.

[179] *Heinrich Triepel* bezeichnete diese Rückkehr zu föderalistischen Elementen als „föderalistische Erfolge", *ders.*, in: Unitarismus und Föderalismus im deutschen Reiche, 1907, S. 45 ff.

b) Die Abschwächung der preußischen Hegemonie zugunsten des Föderalismus

Die preußische Sonderstellung und Vorherrschaft unter den Gliedstaaten äußerte sich nicht nur darin, dass der preußische König zugleich Kaiser war. Auch der vom Kaiser ernannte Reichskanzler war in der Regel preußischer Ministerpräsident oder Außenminister. Damit hatte faktisch Preußen den Vorsitz im Bundesrat. Zudem konnte sich Preußen jederzeit im Bundesrat gegen Verfassungsänderungen stellen, da es mit seinen siebzehn Stimmen über die Sperrminorität verfügte.[180] Bei Stimmengleichheit entschied die Präsidialstimme, also Preußen.[181] Damit konnte der größte und mächtigste Gliedsstaat jederzeit einer Stärkung föderaler Rechte widersprechen. Auch hatte Preußen, wenn es sich für die Erhaltung bestimmter Einrichtungen aussprach, ein Vetorecht. So konnte auf den Gebieten, die am stärksten unitarisch geprägt waren, wie dem Zoll- und Steuerwesen, dem Militärwesen und der Kriegsmarine[182] eine Föderalisierung der Verfassung verhindert werden. Damit war die für das hegemoniale Preußen vorteilhafte Dominanz des Gesamtsstaats über die Länder verfassungsrechtlich gesichert.[183]

Andererseits wurde die Vorherrschaft Preußens durch den Beitritt der süddeutschen Staaten relativiert. Mussten sich zur Zeit des Norddeutschen Bundes mindestens dreizehn Staaten einig sein, genügten unter der Bismarckschen Reichsverfassung schon drei Staaten, um sich Preußen mit seinen 17 Stimmen entgegenzustellen.[184] Denn Bayern, Sachsen und Württemberg erreichten mit ihren insgesamt 14 Stimmen die Sperrminorität, um Verfassungsänderungen zu verhindern.

Die föderale Eigenständigkeit der Länder gegenüber dem Reich wurde auch dadurch gestärkt, dass Eingriffe in die Rechte einzelner Länder nur mit deren Zustimmung vorgenommen werden konnten.[185] Für Angelegenheiten, die sich nicht auf das Reich bezogen, sondern nur auf einzelne Gliedstaaten, galt, dass auch nur diese an der Beschlussfassung beteiligt waren.[186]

---

[180] Art. 6 Abs. 1 i.V.m. Art. 78 Abs. 1 BRV.

[181] Art. 7 Abs. 3 S. 3 BRV; mit der Präsidialstimme war nicht ein Stimmrecht des Kaisers gemeint, sondern die Stimme Preußens im Bundesrat, *Paul Laband*, Staatsrecht, Bd. 1, 5. Aufl. 1911, S. 238.

[182] *Heinrich Triepel*, Unitarismus und Föderalismus im deutschen Reiche, 1907, S. 38.

[183] *Heinrich Triepel*, ebenda.

[184] Vgl. Art. 6 Abs. 1 i.V.m. Art. 78 Abs. 1 BRV bzw. Art. 6 i.V.m. Art. 78 NBV.

[185] Art. 78 Abs. 2 BRV. Im Gegensatz zur Weimarer Reichsverfassung und zum Bonner Grundgesetz hatten die *einzelnen* Staaten ein unentziehbares Recht auf Existenz; dies war in der damaligen Staatsrechtslehre unbestritten; vgl. hierzu sowie zu der kontrovers diskutierten Frage, ob eine Umwandlung in einen Einheitsstaat und damit einer Abschaffung sämtlicher Gliedstaaten zulässig war, *Paul Laband*, Staatsrecht, Bd. 1, 5. Aufl. 1911, S. 129 ff. m. w. N.

[186] Vgl. Art. 78 Abs. 2 und Art. 7 Abs. 4 BRV.

c) Die Zunahme unitarischer Elemente

aa) Das Staatsziel der nationalen Wohlfahrt

Trotz der föderalen Eigenständigkeit ihrer Gliedstaaten verfügte die Reichsverfassung von 1871 über starke unitarische Elemente. Allem voran lag die Souveränität als höchste Staatsgewalt nicht bei den Ländern, sondern beim Reich.[187] Die starke unitarische Tendenz der Reichsverfassung kam schon in der Präambel zum Ausdruck. Nach ihr war das Staatsziel nicht nur wie in der Verfassung des Deutschen Bundes der Schutz des Bundesgebiets,[188] sondern auch der Schutz des geltenden Rechts und die Pflege der Wohlfahrt des Deutschen Volkes in seiner Gesamtheit.[189]

Die Staatszielbestimmung förderte mit ihrer unbestimmten Weite die Zunahme der Reichsgesetzgebung: Ein auf die Wahrung der inneren und äußeren Sicherheit beschränkter Gesamtstaat kann nur in begrenztem Umfang Zuständigkeiten an sich ziehen. Wird aber die Wohlfahrt zum Staatsziel erklärt, kann das Reich aufgrund seiner Befugnis, durch Verfassungsänderung neue Zuständigkeiten zu schaffen, beliebig viele Angelegenheiten regeln, die unter diesen Begriff subsumierbar sind.[190] Die Folge war eine „Allzuständigkeit" des Reiches auf dem Gebiet der Daseinsvorsorge.[191]

Darüber hinaus machte die im Laufe des 19. Jahrhunderts auftauchende soziale Frage eine umfassende Sozialgesetzgebung erforderlich. Da die Einrichtung von Sicherungssystemen Deutschland insgesamt betraf, war ungeachtet der Staatszielbestimmung eine einheitliche, vom Reich ausgehende Entwicklung schon rein faktisch vorgegeben, so dass gegen Ende des 19. Jahrhunderts eine Reihe wichtiger Sozialgesetze erlassen wurden, die noch heute Geltung haben.

---

[187] *Gerhard Anschütz*, in: Meyer/Anschütz, Lehrbuch des deutschen Staatsrechts, 6. Aufl. 1905, S. 203; *Paul Laband*, Staatsrecht, Bd. 1, 5. Aufl. 1911, S. 101 jeweils m. w. N.

[188] Vgl. demgegenüber Art. 2 der Deutschen Bundesakte: „Der Zweck desselben [des deutschen Bundes, Anm. des Verfassers] ist Erhaltung der äusseren und inneren Sicherheit Deutschlands...", abgedruckt bei *Ernst Rudolf Huber*, Dokumente zur Deutschen Verfassungsgeschichte, Bd. 1, 3. Aufl. 1978, S. 84 f.; hierzu oben § 2 I.

[189] Hierbei handelt es sich um eine Staatszielbestimmung, die auch in die nachfolgenden Verfassungen aufgenommen wurde. Diese Zielvorgabe klang auch in der Präambel der Weimarer Reichsverfassung an, die lautete: „Das deutsche Volk, einig in seinen Stämmen und von dem Willen beseelt, ..., dem inneren und äusseren Frieden zu dienen und den gesellschaftlichen Fortschritt zu fördern, hat sich diese Verfassung gegeben.", abgedruckt bei *Ernst Rudolf Huber*, Dokumente zur deutschen Verfassungsgeschichte, Bd. 3, 3. Aufl. 1990, S. 129 ff. Der Parlamentarische Rat erhob sie schließlich in Art. 20 Abs. 3 GG zum Sozialstaatsprinzip. Zur Unbestimmtheit der Präambel der BRV *J. B. Westerkamp*, Staatenbund und Bundesstaat, 1892, S. 193 f.

[190] Hierauf weist *Ernst Rudolf Huber*, Deutsche Verfassungsgeschichte, Bd. III, 3. Aufl. 1988, S. 789, hin, vgl. auch *Konrad Hesse*, Der unitarische Bundesstaat, 1962, S. 13 mit Bezug auf das Sozialstaatsgebot des Bonner Grundgesetzes. Zur „Wohlfahrtspflege" unter der Weimarer Reichsverfassung § 2 VII 3 b) aa).

[191] Die Präambel der Bismarckschen Reichsverfassung ist quasi ein Vorläufer dessen, was später als Daseinsvorsorge bezeichnet wurde, hierzu *Ernst Rudolf Huber*, ebenda.

bb) Die Kompetenz-Kompetenz des Reichs und die konkurrierende Gesetzgebungszuständigkeit von Reich und Ländern

Der Grundsatz der Paulskirchen- bzw. Erfurter Unionsverfassung, dass im Zweifel die Länder zum Erlass von Gesetzen berechtigt waren,[192] wurde nicht in die Bismarcksche Reichsverfassung übernommen. Überdies konnte das Reich jederzeit durch Verfassungsänderung Zuständigkeiten an sich ziehen. Eine solche Verfassungsänderung war nur zu verhindern, wenn sich mindestens Bayern, Sachsen und Württemberg einig waren und von ihrer Sperrminorität Gebrauch machten.[193] Im Reichstag hingegen bedurfte eine Verfassungsänderung keiner qualifizierten Mehrheit.[194]

Unabhängig davon war es dem Reichsgesetzgeber nach damaligem Verfassungsrechtsverständnis ohne weiteres möglich, auch außerhalb der konkurrierenden Gesetzgebungszuständigkeit[195] Gegenstände an sich zu ziehen, die schon durch Landesgesetze geregelt wurden.[196] Ergänzt wurde dieses legislative Übergewicht durch das Aufsichtsrecht des Reiches, das sich nicht nur auf die Ausführung der Reichsgesetze durch die Länder erstreckte, sondern auch Materien erfasste, die noch nicht durch das Reich geregelt wurden.[197]

---

[192] § 5 PKV und § 5 EUV, abgedruckt bei *Ernst Rudolf Huber*, Dokumente zur Deutsche Verfassungsgeschichte, Bd. 1, 3. Aufl. 1978, S. 551 ff; eine derartige Beschränkung ist zwar während der Verhandlungen im verfassungsgebenden Reichstag erörtert worden, wurde jedoch letzten Endes bewusst abgelehnt, *Heinrich Triepel*, in: Festgabe für Paul Laband, Bd. 2, 1908, S. 249 (283).

[193] Art. 78 Abs. 1 BRV; Preußen verfügte mit seinen siebzehn Stimmen zwar über die Sperrminorität, hatte jedoch wegen seiner Nähe zum Reich kein Interesse an der Verhinderung weiterer Kompetenzverlagerungen auf das Reich, *Heinrich Triepel* (Fußn. 182), S. 38.

[194] Art. 78 Abs. 1 i. V. m. Art. 5 Abs. 1 BRV.

[195] Zur Inanspruchnahme der konkurrierenden Gesetzgebungszuständigkeit durch das Reich *Hermann Rehm*, Unitarismus und Föderalismus in der deutschen Reichsverfassung, 1898, S. 20 f.; *Heinrich Triepel*, Unitarismus und Föderalismus im deutschen Reiche, 1907, S. 53 ff. sowie S. 36 f. zur konkurrierenden Gesetzgebungskompetenz.

[196] Dies geschah im Wege stillschweigender Verfassungsänderungen, die weder einer Änderung des Verfassungstextes noch der qualifizierten Mehrheit des Art. 78 Abs. 1 BRV bedurften, gegen diese damalige Praxis schon *Gerhard Anschütz*, in: Meyer/Anschütz, Lehrbuch des deutschen Staatsrechts, 6. Aufl. 1905, S. 587; *Heinrich Triepel*, a. a. O. (Fußn. 195), S. 37; zur Ausweitung der Gesetzgebungstätigkeit des Reichs auch *Hermann Rehm*, a. a. O. (Fußn. 195), S. 20 f.

[197] Nach damals überwiegender Auffassung wurde Art. 4 BRV weit ausgelegt, so dass auch potenzielle Regelungsgegenstände des Reichs von dessen Aufsichtsrecht erfasst wurden; angesichts dieser ausufernden Weite des Reichsaufsichtsrechts verglich *Heinrich Triepel* das Reich-Länder-Verhältnis mit dem „zwischen einem Einzelstaate und seinen mit Selbstverwaltung ausgestatteten... Kommunalverbänden"; *ders.*, in: Unitarismus und Föderalismus im Deutschen Reiche, 1907, S. 36 f; zum *selbständigen* Aufsichtsrecht *ders.*, in: Die Reichsaufsicht, Berlin 1917, S. 411 ff.

cc) Die ungeschriebenen Gesetzgebungszuständigkeiten des Reichs

Zu einem Anwachsen der Reichsgesetzgebung führten auch die ungeschriebenen Gesetzgebungszuständigkeiten.[198] Stand ein Regelungsgegenstand in engem Sachzusammenhang mit einer bereits vom Reich geregelten Materie[199] oder fiel er kraft Natur der Sache[200] in dessen Zuständigkeit, war das Reich zum Erlass einer gesetzlichen Regelung befugt.

Somit hatte das Reich gegenüber den Ländern schon von Verfassungs wegen ein deutliches Übergewicht auf dem Gebiet der Gesetzgebung und Verwaltung. Diese Dominanz des Gesamtstaats gegenüber den Ländern fand ihren Höhepunkt darin, dass nach damals herrschender Auffassung selbst eine Umformung des Bundesstaats in einen Einheitsstaat zulässig gewesen wäre.[201]

dd) Der zunehmende Einfluss des Reichskanzlers und die starke Stellung des Kaisers

Nach der Verfassung des Norddeutschen Bundes sollte dessen Bundeskanzler die Verbindung zwischen Bundesrat und Kaiser als den beiden einzigen Exekutivorganen herstellen.[202]

Indes schrieb die so genannte Lex Bennigsen vor,[203] dass der Reichskanzler dem Reichstag gegenüber verantwortlich sein sollte. Auf diese Weise erhielt der Reichskanzler neben dem Kaiser und dem Bundesrat die Stellung eines dritten Exekutivorgans,[204] so

---

198 Zu deren Voraussetzungen eher großzügig *Heinrich Triepel*, in: Festgabe für Paul Laband, Bd. 2, 1908, S. 249 (285 ff.); einschränkend *Albert Haenel*, Deutsches Staatsrecht, 1. Bd. 1892, S. 239, nach dessen Ansicht ein Gesetz des Reichs nur auf dessen „materielle" verfassungsrechtliche Kompetenz gestützt werden konnte.

199 Das Recht des Reichs zur Kolonialgesetzgebung, Art. 4 Nr. 1 BRV, zog nach damaliger Auffassung auch die Befugnis des Reichs nach sich, für die militärische Sicherung der Schutzgebiete zu sorgen, vgl. hierzu die Übersicht bei *Max von Seydel*, Commentar zur Verfassungs-Urkunde für das deutsche Reich, 2. Aufl. 1897, Art. 4 Ziff. 1, S. 75 f.

200 Da das Reich seine Aufgaben mit Hilfe eigener Beamten erfüllte, stand ihm der Sache nach auch die Regelung der Rechtsverhältnisse der Reichsbeamten zu; zu weiteren ungeschriebenen Gesetzgebungszuständigkeiten des Reichs *Ernst Rudolf Huber* (Fußn. 190), S. 909 ff. sowie *Heinrich Triepel*, in: Festgabe für Paul Laband, Bd. 2, 1908, S. 249 (286 ff., insbes. S. 292 ff.).

201 Die Theorie, dass eine solche Umstrukturierung den vertraglichen Grundlagen der BRV widersprochen hätte, wurde überwiegend abgelehnt; vgl. statt vieler *Paul Laband*, Staatsrecht, Bd. 1, 5. Aufl. 1911, S. 129; *Albert Haenel*, a. a. O. (Fußn. 198), S. 793 ff. sowie *Heinrich Triepel*, Unitarismus und Föderalismus im Deutschen Reiche, 1907, S. 24 f.; anders aus heutiger Sicht *Ernst Rudolf Huber* (Fußn. 190), S. 804, wonach die Umwandlung in einen Einheitsstaat einen eklatanten Verfassungsbruch bedeutet hätte.

202 *Paul Laband* (Fußn. 201), S. 376.

203 Zum Stellvertretergesetz als dessen Fortentwicklung unten § 2 V 2 d).

204 *Heinrich Triepel* (Fußn. 201), S. 64 ff. und *O. Reincke*, Die Verfassungs des Deutschen Reichs, 1906, Art. 15 Abs. 1 Anm. 1 und 2; demgegenüber bezeichnete *Paul Laband*, die Verantwortlichkeit des Reichskanzlers nach Art. 17 BRV nicht als „Rechtsinstitut", sondern nur als „politisches Prinzip, das seiner Verwirklichung durch Rechtssätze noch harrt", *ders.*, a. a. O. (Fußn. 201), S. 381.

dass er aus dem föderalistischen Bereich des Bundesrats hervortrat. Eine Folge dieser herausgehobenen Stellung war, dass sich die Exekutivgewalt zunehmend vom Bundesrat auf ihn verlagerte.[205]

Der Reichskanzler nahm trotz seiner Abhängigkeit von Kaiser und Reichstag eine bedeutende Stellung im Verfassungsgefüge ein. Zusammen mit dem Kaiser bildete er eine exekutive Doppelspitze, von der sich ein weites Netz oberster Reichsbehörden entwickelte.[206]

Die starke Stellung des Reichskanzlers gegenüber dem Parlament beruhte vor allem darauf, dass er nicht von der Volksvertretung abberufen werden konnte, so dass er ungeachtet seiner Verantwortlichkeit eine erhebliche Handlungsfreiheit besaß: Einerseits konnte er bei Beschlüssen des Reichstags, die ihm missfielen, darauf verweisen, dass er jederzeit durch das Bundespräsidium abberufen werden konnte. So brauchte er nur anzudeuten, dass das Ansinnen des Reichstags auf die Ablehnung des Kaisers stoßen und dieser ihn entlassen würde. Dieses hätte unweigerlich zur Handlungsunfähigkeit des Staates geführt. Andererseits konnte er sich vor dem preußischen König darauf berufen, dass sein Vorhaben nicht die Zustimmung des Reichstags finden würde, dem gegenüber er als Reichskanzler verantwortlich war.[207] Auf diese Weise konnte der Reichskanzler das eine gegen das andere Verfassungsorgan ausspielen, ohne dass er vom Parlament oder Bundesrat zur Rechenschaft hätte gezogen werden können.[208]

Das Bundespräsidium der Norddeutschen Bundesverfassung war überwiegend föderalistisch geprägt gewesen, da dessen Vorsitzender, der preußische König, lediglich ein Fürst unter anderen Fürsten war. Unter der Bismarckschen Reichsverfassung hingegen war der Kaiser das Staatsoberhaupt, das über allen Landesfürsten stand.

Neben seiner Bedeutung als Symbol der Deutschen Einheit,[209] hatte der Kaiser erheblichen mittelbaren Einfluss auf die Führung des Reichs:

---

[205] *Ernst Rudolf Huber* (Fußn. 190), S. 651, 659 f. und S. 898 sowie *Heinrich Triepel* (Fußn. 201), S. 65 ff. und S. 35: „...Bundespräsidium und Bundeskanzler [wurden] sozusagen aus dem Bundesrate und aus der preußischen Sphäre herausgehoben und zu eigentlichen Bundesorganen gemacht".

[206] Diese Entwicklung gipfelte schließlich in der Verabschiedung des Stellvertretergesetzes als Vorform einer parlamentarisch verantwortlichen Reichsregierung, § 2 V 2 d).

[207] Auf diese Strategie weist *Ernst Rudolf Huber* (oben Fußn. 190), S. 660, hin, der betont, dass der Reichskanzler seine „doppelte Abhängigkeit" im Verhältnis zur Ländervertretung und zum Parlament in „eine starke Unabhängigkeit verwandeln" konnte; hierzu auch *Ludwig Dambitsch*, der betonte, dass der Reichskanzler dem Bundesrat „...unter denselben Voraussetzungen und in demselben Umfange verantwortlich [sei] wie dem Reichstage, da für die Wahrung der Reichsinteressen beide Körperschaften gleichberechtigte Organe sind.", *ders.*, in: Die Verfassung des deutschen Reichs mit Erläuterungen, 1910, Art. 17 Anm. V b (S. 357).

[208] Das Recht zur Ernennung und Entlassung des Reichskanzlers stand nach Art. 15 Abs. 1 BRV allein dem Kaiser zu und war in sein Ermessen gestellt, hierzu *Paul Laband*, a. a. O. (Fußn. 201), S. 232, nach dessen Ansicht dadurch „dem Kaiser die oberste Leitung der Regierung übertragen [war]"; *O. Reincke*, Die Verfassung des Deutschen Reichs, 1906, Art. 15 Abs. 1 Anm. 3.

[209] Nach *Heinrich Triepel* (Fußn. 201), S. 39 f., sollte die Bedeutung „solcher populärer Anschauungen" zwar nicht überschätzt, aber auch nicht allzu gering veranschlagt werden. Zur Bedeutung des National-

Zwar war er an die Mitwirkung anderer Verfassungsorgane gebunden. So bedurften seine Akte der Gegenzeichnung des Reichskanzlers,[210] er konnte den Reichstag nur mit Zustimmung des Bundesrats auflösen,[211] wichtige Staatsverträge konnten nur unter Beteiligung von Bundestag und Reichstag abgeschlossen werden.[212] Darüber hinaus war er verpflichtet, die vom Bundesrat sanktionierten Gesetze[213] auszufertigen und zu verkünden,[214] die Gesetzentwürfe des Bundesrats vor den Reichstag bringen zu lassen[215] und die vom Bundesrat beschlossene Reichsexekution auszuführen.[216]
Jedoch verfügte er mit dem Recht zur Ernennung des Reichskanzlers als preußischem Vorsitzenden des Bundesrats über ein wichtiges politisches Instrument, zumal Preußen die meisten Stimmen in dem Länderorgan hatte.[217] Auch konnte die Pflicht des Kaisers, die vom Bundesrat und Reichstag beschlossenen Gesetze auszufertigen und zu verkün-

kaisertums auch *Paul Laband*, der darauf hinwies, dass die Wiederherstellung der Kaiserwürde im Vergleich zum Bundespräsidium der Norddeutschen Bundesverfassung keine „neue Institution" darstellte, sondern die Rechte des Kaisers den ehemaligen Präsidialrechten entsprachen. Hiervon sei die politische Bedeutung des Titels, „namentlich für das nationale Empfinden des Volkes", unberührt geblieben; *ders.*, a. a. O. (Fußn. 201), S. 215 sowie in: JöR I (1907), 1 (14 ff.).

[210] Art. 17 S. 2 BRV.

[211] Art. 24 S. 2 BRV.

[212] Art. 11 Abs. 3 BRV.

[213] Zum Begriff der gesetzlichen Sanktion sehr prägnant *Max von Seydel*, dessen Kommentierung von Art. 5 Abs. 1 BRV Aufschluss über das Rangverhältnis von Bundesrat und Reichstag gibt: „Die richtige Fassung ... unseres Artikels wäre also etwa die: 'Das Recht der Gesetzgebung für das Reich wird von den Verbündeten im Bundesrathe und unter Zustimmung des Reichstags ausgeübt'", *ders.*, a. a. O. (Fußn. 199), Art. 5, S. 116; demgegenüber *O. Reincke*, a. a. O. (Fußn. 208), Art. 5 Anm. 2a und 2b bzw. Anm. 4, der die gleichberechtigte *Mitwirkung* von Bundesrat und Reichstag hinsichtlich der Feststellung des Gesetzesinhalts betonte, während die Sanktion als „Feststellung des definitiven Gesetzesinhalts" allein dem Bundesrat vorbehalten gewesen sei; demgegenüber aus späterer Sicht *Hans Nawiasky*, Grundprobleme der Reichsverfassung, 1. Teil, 1928, S. 36 der unter Hinweis auf die gleichberechtigte Mitwirkung beider Organe an der Gesetzgebung klarstellte, dass die dem Bundesrat vielfach zugeschriebene „höhere rechtliche Stellung" nicht den Tatsachen entsprach.

[214] Hinsichtlich der aus Art. 17 S. 1 BRV folgenden Rechte bestand schon in der damaligen Staatsrechtslehre Streit, ob der Kaiser die Ausfertigung und Verkündung eines Gesetzes aufgrund eines selbständigen Prüfungsrechts verweigern durfte. Dies hätte nämlich einem Vetorecht gleich gestanden, das die BRV im Gegensatz zur PKV nicht vorsah; vgl. hierzu sowie zu der Frage, ob die Überprüfung durch den Kaiser eine richterliche Kontrolle ausschloss *O. Reincke*, Die Verfassung des Deutschen Reichs, 1906, Art. 17 Anm. II (S. 158 ff.) sowie *Paul Laband*, Staatsrecht, Bd. 2, 5. Aufl. 1911, S. 42 ff. Zu einem Fall, in dem der Kaiser die Ausfertigung eines Gesetzes aus *sachlichen* Gründen verweigerte *Heinrich Triepel*, a. a. O. (Fußn. 201), S. 69 ff. Die heute diskutierte Frage eines *materiellen* Prüfungsrechts konnte sich mangels Grundrechtsbindung der öffentlichen Gewalt damals noch nicht stellen.

[215] Art. 16 BRV.

[216] Art. 19 S. 2 BRV.

[217] Zur kaiserlicher Einflussnahme auf die Reichspolitik als Ausdruck preußischer Hegemonie unten § 2 V 2 b).

den, nicht zwangsweise durchgesetzt werden, denn für seine Weigerung war allein der Reichskanzler beiden Gesetzgebungsorganen gegenüber verantwortlich.[218]

Der Kaiser war den Gesetzgebungsorganen auch in der Hinsicht überlegen, dass er das Recht hatte, sie zu eröffnen und zu schließen. Zwar musste der Bundesrat einberufen werden, sobald dies von einem Drittel seiner Stimmen verlangt wurde.[219] Das galt auch, wenn vorher der Reichstag eröffnet worden war, da dieser ohne den Bundesrat nicht tagen konnte.[220] Jedoch stand dem Bundesrat kein Selbstversammlungsrecht zu, so dass er ohne Einberufung durch den Kaiser nicht zusammentreten konnte.[221] Ebenso konnte der Bundesrat nicht weiter tagen, wenn der Kaiser ihn schloss.[222]

d) Zwischenergebnis

Die Bismarcksche Reichsverfassung fügte föderalistische und unitarische Elemente zu einem Kompromiss zusammen. Die starke Stellung des föderalistisch strukturierten Bundesrats,[223] der gleichberechtigt neben dem Reichstag stand, war ein Zugeständnis an die Regierungen der Gliedstaaten, die nur auf diese Weise zur Aufgabe ihrer Souveränität bewegt werden konnten.[224] Die Nationalversammlung entschied sich bewusst gegen das Modell der Paulskirchen- bzw. Erfurter Unionsverfassung. Der Bundesrat sollte nicht wie das Staatenhaus Teil eines einheitlichen Gesetzgebungsorgans sein, sondern den föderativen Gegenpol zum demokratischen Reichstag bilden. Durch die Trennung beider Organe wurde der Föderalismus im Vergleich zur Paulskirchenverfassung gestärkt[225] und eine vertikale Gewaltenteilung zwischen Gesamt- und Gliedstaaten verwirklicht.[226]

---

[218] Vgl. Fußn. 207; seine Verantwortlichkeit gegenüber dem Reichstag folgte aus Art. 17 S. 2 BRV, während die „Abhängigkeit" vom Bundesrat auf seiner Stellung als Vorsitzender und Leiter der laufenden Geschäfte beruhte, Art. 15 BRV, zur doppelten Bindung des Reichskanzlers sehr instruktiv *Paul Laband*, Staatsrecht, Bd. 1, 5. Aufl. 1911, S. 375 ff. und der andererseits damit verbundenen Machtfülle *Heinrich Triepel*, a. a. O. (Fußn. 201), S. 35 ff und S. 64 ff.

[219] Art. 14 BRV.

[220] Art. 13 BRV.

[221] Insgesamt hierzu *O. Reincke* (Fußn. 214), Kommentierung zu den Artt. 12-14.

[222] Zwar war der Kaiser überwiegend an die Mitwirkung anderer Staatsorgane gebunden. So bedurfte beispielsweise die Schließung des Reichstags nach Art. 24 BRV der Zustimmung des Bundesrats. Dessen ungeachtet stand dem Staatsoberhaupt mit dem Recht zur Berufung, Vertagung und Schließung des Bundesrats ein bedeutsames Instrumentarium zur Verfügung, eingehend hierzu *Heinrich Triepel* (Fußn. 201).

[223] In diesem Zusammenhang wies schon *Paul Laband* darauf hin, dass mit dem Bundesrat „eine Einrichtung aus den Zeiten des Staatenbundes" übernommen worden ist, die dem „Begriff und Wesen des einheitlichen Bundesstaats nicht recht entspricht", *ders.*, JöR I (1907), S. 1 (20). Auf diese Widersprüchlichkeit wird u. a. in den Lösungsvorschlägen näher eingegangen, unten § 7 IV 4 sowie § 8 V.

[224] Zum Kompromisscharakter der Bismarckschen Reichsverfassung *Heinrich Triepel*, a. a. O. (Fußn. 201), S. 44 ff. sowie aus heutiger Sicht *Udo Scholl*, Der Bundesrat in der deutschen Verfassungsentwicklung, 1982, S. 25.

[225] So äußerte Bismarck vor dem Reichstag: Der Bundesrat hat „eine große Zukunft..., indem er zum ersten Male den Versuch macht,..., als höchste Spitze ein föderatives Kollegium hinzustellen, um die

Eine weitere Stärkung erfuhr der Föderalismus dadurch, dass die preußische Hegemonie infolge des Hinzutretens der süddeutschen Staaten relativiert wurde.[227] Andererseits sicherte das preußische Vetorecht die bestehenden Verfassungsstrukturen, so dass eine weitere Entwicklung in Richtung Föderalismus nur unter erschwerten Bedingungen möglich war.[228]

Die Zugeständnisse an die nationalstaatliche Seite bestanden in der Stärkung der Verfassungsorgane und Kompetenzen des Gesamtstaats. Darüber hinaus führte die Festschreibung der Verantwortlichkeit des Reichskanzlers zu einer Machtverschiebung: Der Reichskanzler war nicht mehr nur Vorsitzender des Bundesrats, sondern verfassungsrechtliches „Bindeglied“ zwischen der Reichsexekutive und dem Reichstag. Seine Rechenschaftspflicht hob den Kanzler aus dem föderativen Umfeld des Bundesrats heraus und stellte ihn an die Exekutivspitze des Staates, wodurch sich die Exekutivgewalt vom Länderorgan auf ihn verlagerte.

Daneben konnte der Kaiser einen erheblichen mittelbaren Einfluss auf die Politik ausüben, denn nur er hatte das Recht, beide Gesetzgebungsorgane zu eröffnen und zu schließen und den Reichskanzler zu ernennen beziehungsweise zu entlassen.

Demzufolge enthielt die an sich föderalistisch geprägte Bismarcksche Reichverfassung starke unitarische Elemente.

2. Die Verfassungsentwicklung

a) Veränderungen hinsichtlich der gesetzgebenden und vollziehenden Gewalt

Neben ausdrücklichen Kompetenzzuweisungen zog das Reich auch mittelbar, das heißt im Wege stillschweigender Verfassungsänderungen immer mehr Regelungsgegenstände an sich,[229] wie beispielsweise das Presse- und Vereinswesen sowie das gesamte Bürgerliche Recht.[230]

Souveränität des gesamten Reiches zu üben; denn die Souveränität ruht nicht beim Kaiser, sie ruht bei der Gesamtheit der Regierungen“; so in seiner Rede vor dem Reichstag am 19.4.1871, zitiert bei *Georg Freiherr von Eppstein/Conrad Bornhak*, Bismarcks Staatsrecht, 2. Aufl. 1923, S. 252.

[226] Bismarck sah im Bundesrat „ein schweres Gegengewicht“ gegen „eine frisch durch Wahlen anerkannte, den Anspruch einer Vertretung des gesamten Volkes in sich tragende[n] Versammlung“; ebenda, S. 250 f.; zur bundesstaatlichen Teilung der Gewalten auch *Hans Nawiasky*, Grundprobleme der Reichsverfassung, 1. Teil, 1928, S. 8 ff; aus heutiger Sicht *Ernst Rudolf Huber*, Deutsche Verfassungsgeschichte, Bd. III, 3. Aufl. 1988, S. 850.

[227] *Heinrich Triepel*, a. a. O. (Fußn. 201), S. 46.

[228] *Heinrich Triepel*, a. a. O. (Fußn. 201), S. 38.

[229] Hierzu *Heinrich Triepel*, Unitarismus und Föderalismus im deutschen Reiche, 1907, S. 53 ff.. Eine dem Zitiergebot des Art. 79 Abs. 1 S. 1 GG entsprechend Regelung kannte die Reichsverfassung von 1871 noch nicht, so dass eine Verfassungsänderung durch einfaches Gesetz möglich war; zu den folgenreichsten Beispielen gehörte wohl das Stellvertretergesetz vom 17.3.1878, infolge dessen dem Reichskanzler ministerielle Stellvertreter an die Seite gestellt wurden, die ihren Geschäftsbereich eigenverant-

Daneben wurde der Gesamtstaat in großem Umfang auf dem Gebiet der konkurrierenden Gesetzgebung tätig. Auf diese Weise lief der Grundsatz leer, dass die Länder auf den Gebieten das Gesetzgebungsrecht hatten, für die noch keine reichsgesetzliche Regelung bestand.[231] Insgesamt waren den Ländern bis 1907 von den bedeutenderen konkurrierenden Zuständigkeiten nur noch drei geblieben, nämlich die Regelung der Fremdenpolizei, des Eisenbahnwesens und des öffentlichen Vereinsrechts.[232]

Im Rahmen seiner zunehmenden Gesetzgebungstätigkeit griff das Reich auch in Lebenssachverhalte ein, deren Regelung dem Landesgesetzgeber vorbehalten war. Zum Beispiel hätte die Regelung der Rechtsstellung der einzelnen Landtagsabgeordneten nur durch ein Landesgesetz erfolgen können. Durch den Erlass strafrechtlicher und prozessrechtlicher Regelungen gewährte das Reich aber auch den Landtagsabgeordneten Straffreiheit in Bezug auf gewisse „Wortdelikte", nahm sie von der Vollstreckungshaft aus oder privilegierte sie hinsichtlich der Zeugnispflicht.[233]

Auch auf dem Gebiet der Exekutive vollzog sich eine immer stärker werdende Unitarisierung. Mit der Zunahme der Gesetzgebungstätigkeit des Reichs wuchsen auch dessen Aufsichtsbefugnisse. Denn die Aufsicht über die Ausführung der Reichsgesetze durch die Länder ging weiter als die Vollzugsaufsicht über Gegenstände, die der Landesgesetzgebung unterfielen.[234]

Auch der Grundsatz, dass die Länder die Reichsgesetze ausführten,[235] wurde allmählich unterlaufen. So zog beispielsweise die Vereinheitlichung der materiellen und prozessualen Rechtsvorschriften eine einheitliche Rechtsanwendung nach sich.[236]

---

wortlich leiteten, abgedruckt bei *Ernst Rudolf Huber*, Dokumente zur deutschen Verfassungsgeschichte, Bd. 2, 3. Aufl. 1986, S. 407 ff. Zu dessen Folgen auch *Heinrich* Triepel, a. a. O., S. 67 ff. sowie *Paul Laband*, JöR I (1907), S. 1 (30 f.); zur Fortsetzung dieser Entwicklung unter der Weimarer Reichsverfassung unten § 2 VII 2 a).

230 Art. 4 Nr. 13 und Nr. 16 BRV.

231 *Heinrich Triepel* (oben Fußn. 229).

232 *Paul Laband*, JöR I (1907), S. 1 (33 f.); *Heinrich Triepel*, a. a. O., S. 54; zu dieser Entwicklung schon *Hermann Rehm*, Unitarismus und Föderalismus in der deutschen Reichsverfassung, 1898, S. 10 f.

233 Beispiele zu solchen Überschneidungen von Landes- und Reichsgesetzgebungskompetenzen bei *Heinrich Triepel* (oben Fußn. 229), S. 55.

234 Jedoch lag schon damals die Verwaltungskompetenz vorrangig bei den Gliedstaaten, so *Hermann Rehm*, a. a. O. (Fußn. 232), S. 12 f.; ähnlich *Heinrich Triepel* (oben Fußn. 229), S. 36 f., 60 ff., der eine Zunahme der unmittelbaren Reichsverwaltung und Ausdehnung der Reichsaufsicht feststellte; zur Aufsicht des Reiches über den Vollzug seiner Gesetze, *ders.*, in: Die Reichsaufsicht, Berlin 1917, S. 378 ff und S. 388 ff.

235 Zum Verhältnis von Reichs- und Landesverwaltung *Paul Laband*, Das Staatsrecht des deutschen Reiches, Bd. 2, 5. Aufl. 1911, S. 203 ff., inbes. S. 205; *Gerhard Anschütz*, in: Meyer/Anschütz, Lehrbuch des deutschen Staatsrechts, 6. Aufl. 1905, S. 646, wonach die Einzelstaaten auf dem Gebiet der „inneren Verwaltung... alle Befugnisse besitzen, die nicht dem Reiche übertragen sind".

236 *Heinrich Triepel*, Unitarismus und Föderalismus im deutschen Reiche, 1907, S. 36 f., 60 ff.,

Da anfangs keine zentralen Reichsbehörden bestanden, übernahmen zum Teil preußische Ministerien Reichsfunktionen, so z. B. das preußische Justizministerium und das preußische Handelsministerium. Um dieser Hegemonie entgegenzuwirken, wurde vielfach die Einrichtung zentraler Reichsbehörden gefordert, von denen bis 1918 insgesamt zwölf entstanden.[237] Auf diese Weise wurden entgegen der Verfassung obere und oberste Reichsbehörden geschaffen, wodurch die Verwaltungskompetenz der Länder zusätzlich geschwächt wurde.[238]

b) Die zunehmende Bedeutung des Kaisers

aa) Die Vertretung der kaiserlichen Gesetzesvorlagen durch den Kanzler

Die Vorlagen des Bundesrats wurden dem Reichstag durch den Reichskanzler im Namen des Kaisers zugeleitet.[239]

Tatsächlich entwickelte sich aber die Praxis, dass nicht nur die Gliedstaaten die Gesetzentwürfe ihrer Ministerien in den Bundesrat einbrachten, wie dies die Verfassung vorsah. Vielmehr hatte die Ausbildung größerer Reichsämter wie beispielsweise des Reichsamts des Inneren und des Reichsjustizamts zur Konsequenz, dass auch sie Gesetzentwürfe ausarbeiteten. Die Entwürfe wurden vom Reichskanzler als dem Vorgesetzten dieser Behörden im Bundesrat eingebracht. Auch wenn der Reichskanzler im Anschluss hieran formal als preußischer Außenminister oder Ministerpräsident - mithin als Bundesratsmitglied – vor dem Reichstag auftrat, handelte es sich bei den Entwürfen der Reichsbehörden im Ergebnis um kaiserliche Vorlagen. Denn der Kaiser, der gleichzeitig König von Preußen war, stand diesen Behörden vor.[240]

Die Verfassung kannte jedoch weder ein Recht des Kaisers zur Gesetzesinitiative noch stand ihm das Recht zu, vor dem Reichstag zu erscheinen.[241] Nach der Verfassung sollte der Reichskanzler das einzige Bindeglied zwischen Kaiser und Reichstag sein. Ein kaiserliches Initiativrecht entstand aber faktisch dadurch, dass die aus den Reichsbehörden stammende Vorlagen vom Reichskanzler in seiner Eigenschaft als preußischer Gesandter

---

[237] Zunächst hatten bei Reichsgründung nur das Reichskanzleramt und das auswärtige Amt bestanden. Von diesen entwickelten sich nach und nach weitere oberste Reichsbehörden; vgl. die Übersicht bei *Ernst Rudolf Huber*, Deutsche Verfassungsgeschichte, Bd. III, 3. Aufl. 1988, S. 835 ff.

[238] *Heinrich Triepel*, Unitarismus und Föderalismus im deutschen Reiche, 1907, S. 60 ff., 69.

[239] Das Recht zur Gesetzesinitiative hatten ausschließlich der Bundesrat und der Reichstag, Artt. 16, 23 BRV; hierzu *O. Reincke*, Die Verfassung des deutschen Reichs nebst Ausführungsgesetzen, 1906, Art. 16 Anm. 2.

[240] *Paul Laband*, Das Staatsrecht des deutschen Reiches, Bd. 1, 5. Aufl. 1911, S. 231 f.

[241] Nach Art. 9 BRV hatten nur die Bundesratsmitglieder das Recht, vor dem Reichstag zu erscheinen und angehört zu werden. Dessen ungeachtet richtete der Kaiser zuweilen Botschaften an den Reichstag, zu dieser Praxis *Heinrich Triepel*, a. a. O. (Fußn. 238), S. 64.

im Bundesrat vertreten und danach dem Reichstag zugeleitet wurden. Dies konnte ohne Gegenzeichnung geschehen.[242]

Vor dem Hintergrund, dass die Einbringung und Verabschiedung von Gesetzen ein wesentliches Gestaltungsmittel der Politik ist,[243] hatte diese Ausweitung kaiserlicher Befugnisse eine erhebliche Stärkung der exekutiven Zentralgewalt zur Folge, die sich zulasten des föderativen Exekutivorgans auswirkte.[244]

bb) Das informelle Vetorecht des Kaisers

Im Gegensatz zur Reichsverfassung von 1849 hatte das Reichsoberhaupt kein Vetorecht gegen Gesetzesvorhaben. Der Kaiser war auf seine Funktion als „Staatsnotar" beschränkt,[245] das heißt, er hatte lediglich formelle Befugnisse im Gesetzgebungsverfahren wie die Weiterleitung der vom Bundesrat verabschiedeten Gesetzentwürfe[246] und die Ausfertigung und Verkündung der beschlossenen Gesetze.[247]

Entgegen dieser Rechtslage ergab sich eine Situation, in der sich der Kaiser aus materiellen Gründen weigerte, einen Gesetzentwurf des Bundesrats an den Reichstag weiterzuleiten.[248] Hierbei ging es um einen Bundesratsentwurf zum Reichsstempelgesetz, an dem der Kaiser Änderungen vorgenommen hatte. Nach der Abänderung des Entwurfs durch den Kaiser, hätte der Reichskanzler ihn als kaiserlicher Minister dem Reichstag zuleiten müssen. Der Reichskanzler konnte diesen Entwurf jedoch seiner Auffassung nach nicht vor dem Reichstag verantworten, so dass er den Kaiser um seine Entlassung bat. Der Kaiser folgte nicht dem Gesuch des Reichskanzlers. Stattdessen verwies er ihn darauf, sich um eine Lösung des Verfassungskonflikts durch den Bundesrat zu bemühen.
Nach der Verfassungsrechtslage konnte es jedoch nicht zu der Pflichtenkollision des Reichskanzlers kommen. Da der Kaiser nicht zu einer Abänderung von Gesetzesvorlagen befugt war, brauchte der Kanzler sie auch nicht vor dem Reichstag zu vertreten. Trotzdem ging der Kaiser davon aus, dass der Reichskanzler den geänderten Entwurf an den Reichstag bringen musste und deswegen mit seiner politischen Verantwortlichkeit in Konflikt kam.

---

[242] Denn der Reichskanzler trat nicht in dieser Eigenschaft vor den Bundesrat, sondern als dessen Vorsitzender und preußischer Bevollmächtigter, hierzu sowie zu den Konsequenzen dieses Unterschieds *Heinrich Triepel*, a. a. O., S. 64.

[243] Zur Verabschiedung von Gesetzen als Mittel der Regierungspolitik oben § 1 I mit Fußn. 27 sowie unten § 8 III bei Fußn. 975.

[244] *Heinrich Triepel*, a. a. O., S. 64.

[245] Vgl. die in Fußn. 214 Genannten.

[246] Art. 16 BRV.

[247] Art. 17 BRV.

[248] Zu dieser Situation ausführlich *Heinrich Triepel*, ebenda, S. 69 ff.

Damit bestand die Gefahr, dass sich ein solches „vorausgenommenes Veto"[249] zu einem nachträglichen materiellen Vetorecht entwickelte.[250] Denn wenn der Kaiser davon ausging, dass er schon im Gesetzgebungsverfahren ein materielles Überprüfungsrecht hatte, lag es nahe, dass er dies auch für formell ordnungsgemäß zustande gekommene Gesetze annahm, deren Ausfertigung und Verkündung er aus materiellen Gründen verweigerte[MD21]. Dessen Folge wäre gewesen, dass sich die einzelnen Länder in ihrem Abstimmungsverhalten unter Umständen schon im Voraus nach den kaiserlichen Vorstellungen gerichtet hätten, was das Machtgleichgewicht zwischen Kaiser und Bundesrat zulasten der Länder gestört hätte.[251]

Ungeachtet dieser Bestrebungen folgte die Möglichkeit eines Vetos schon daraus, dass der Kaiser letztlich einen Reichskanzler gefunden hätte, der zur Gegenzeichnung bereit gewesen wäre. Um eine dauerhafte politische Instabilität durch die Abberufung und Ernennung mehrer Reichskanzler zu vermeiden, hätte ein gewissenhafter Kanzler zwangsläufig gegenzeichnen müssen. Die jederzeitige Möglichkeit seiner Entlassung und die seiner Nachfolger zwangen ihn zur Überwindung seiner Bedenken. Und selbst wenn er den Kaiser um seine Entlassung ersuchte hätte, hätte dieser sich weigern können, so dass er erneut vor der Frage gestanden hätte, ob er gegenzeichnen soll oder nicht.[252]

c) Zwischenergebnis

Aus der beschriebenen Entwicklung wird deutlich, dass sich auch außerhalb der Verfassung der Großteil der Gesetzgebungs- und Verwaltungszuständigkeiten von den Ländern auf den Gesamtstaat verlagerte: Das Reich zog im Wege ungeschriebener Gesetzgebungszuständigkeiten und stillschweigender Verfassungsänderungen mehr und mehr Kompetenzen an sich und erstreckte seine Regelungskompetenz auch auf Bereiche, für die ursprünglich die Länder zuständig waren. Auf diese Weise wurde die Regel von der vorrangigen Gesetzgebungszuständigkeit der Länder zur Ausnahme.

---

[249] So *Albert Haenel*, zitiert bei *Heinrich Triepel* (oben Fußn. 238), S. 69.

[250] *Heinrich Triepel*, a. a. O., S. 71. Der Kaiser konnte die Vorlage bei Weiterleitung an den Reichstag zwar mit Bemerkungen versehen, hatte aber nicht das Recht, sie abzuändern, da er kein Gesetzgebungsorgan war, *Adolf Arndt*, Verfassung des deutschen Reiches, 5. Aufl. 1913, Art. 16 Anm. 1; *Ludwig Dambitsch*, Die Verfassung des deutschen Reichs mit Erläuterungen, 1910, Art. 16 Anm. I; *O. Reincke* (oben Fußn. 239), Art. 16 Anm. 2. Trotzdem lautete die Verkündungsformel der Reichsgesetze: „Wir Wilhelm, von Gottes Gnaden Deutscher Kaiser, König von Preußen ... verordnen im Namen des Reichs, nach erfolgter Zustimmung des Bundesraths und des Reichstags, was folgt: ...", vgl. nur die Präambel zum Stellvertretergesetz vom 17.3.1878, RGBl. S. 7. Auf den irreführenden Wortlaut der Formel, welche suggeriert, dass der Kaiser „der eigentliche Gesetzgeber" gewesen sei, wies auch *Heinrich Triepel*, a. a. O., hin.

[251] Zum Verhältnis des Kaisers zu anderen Verfassungsorganen, insbesondere zum Bundesrat oben § 2 V 1 c) dd).

[252] *Heinrich Triepel* (oben Fußn. 238), S. 69 ff.

Für den Gesetzesvollzug durch die Länder hatte dies zur Folge, dass sie trotz des allmählichen Aufbaus zentraler Reichsbehörden immer mehr Reichsgesetze auszuführen hatten. Damit waren sie im zunehmenden Maße der weitgehenden Vollzugsaufsicht des Reichs unterworfen.

Darüber hinaus führte der rein tatsächliche Machtzuwachs des Kaisers zu einer Verlagerung der Exekutivgewalt von den Ländern – und damit vom Bundesrat – auf das Reich.[253] Obwohl der Bundesrat als Gesetzgebungsorgan und höchstes Exekutivorgan konzipiert war, bildete sich entgegen der Verfassung ein selbständiges kaiserliches Initiativrecht heraus. Der Verfassungsrechtslage widersprach auch, dass der Kaiser die Entwürfe seiner Reichsbehörden durch den Kanzler in den Reichstag einbrachte und sich ein materielles Überprüfungsrecht der vom Reichstag verabschiedeten Vorlagen anmaßte.

d) Die Auswirkungen des Stellvertretergesetzes

aa) Die Schaffung parlamentarisch verantwortlicher Verwaltungszweige

Mit dem Anwachsen der kaiserlichen Befugnisse hing auch der Bedeutungszuwachs des Reichskanzleramtes zusammen.

Die Bismarcksche Reichsverfassung sah mit dem Reichskanzler nur einen kaiserlichen Minister vor, der vom Reichsoberhaupt ernannt wurde[254] und dem Reichstag gegenüber verantwortlich war.[255] Durch das Stellvertretergesetz[256] wurde de facto die Möglichkeit geschaffen, dass dem Kanzler Staatssekretäre an die Seite gestellt wurden, von denen jeder seinen Geschäftsbereich eigenverantwortlich leitete. Diese Anfänge des Ressortprinzips hatten vor allem zur Folge, dass das Parlament gegenüber einem mehrfach besetzten Reichsministerium an Macht gewann.[257] Denn statt eines einzelnen verantwortlichen Reichsministers gab es nun mehrere, die dem Reichstag Rede und Antwort stehen mussten.[258] Noch bevor sich eine parlamentarische Demokratie ausbilden konnte,[259] wurden auf diese Weise selbständige und verantwortliche „Reichsministerien“ geschaffen.

---

[253] So im Ergebnis *Heinrich Triepel*, a. a. O. (Fußn. 238), S. 72.

[254] Art. 15 Abs. 1 BRV.

[255] Art. 17 S. 2 BRV. Zur doppelten Verantwortlichkeit des Reichskanzlers und der daraus folgenden Stärkung seiner Position oben § 2 V 1 c) dd) bei Fußn. 207.

[256] Reichsgesetz betreffend die Stellvertretung des Reichskanzlers vom 17.3.1878, RGBl. S. 7.

[257] Zum Bedeutungszuwachs des Reichstags und der damit einhergehenden sinkenden Bedeutung des Bundesrats *Paul Laband*, JöR I (1907), S. 1 (19). *Ders.* zu den Auswirkungen des Stellvertretergesetzes, ebenda, S. 30. Zur Abgrenzung der Zuständigkeiten des Kanzlers und seiner Stellvertreter, *Ludwig Dambitsch* (oben Fußn. 250), Art. 17 Anm. 10 b (S. 376 f.), der in prägnanter Weise die Linien vorzeichnet, die später als Richtlinienkompetenz, Ressortprinzip und Kollegialprinzip bezeichnet wurden, vgl. statt vieler *Karl-Ulrich Meyn*, in: von Münch/Kunig (Hrsg.), GG, Bd. 2, 5. Aufl. 2001, Art. 65 Rdn. 2.

[258] Vgl. den Wortlaut des Gesetzes vom 17.3.1878, RGBl. S. 7.

[259] Zu den Anfängen der parlamentarischen Demokratie bereits oben § 2 V 2 d).

Die neu geschaffenen „Ministerien" zogen einen Großteil der dem Bundesrat zugewiesenen Exekutivaufgaben an sich. Obwohl auch Bismarck eine solche Stärkung der unitarischen Reichsexekutive ablehnte, führte die Fülle staatlicher Aufgaben, die dem Reichskanzler zugewiesen waren, fast zwangsläufig dazu.[260] Denn sämtliche Reichsbehörden waren ihm als einzigem Reichsminister unterstellt. Formal konnte der Kanzler zwar jederzeit die Zuständigkeit für einen bestimmten Verwaltungszweig wieder an sich ziehen, tatsächlich wies das Gesetz jedoch jedem Stellvertreter eine selbständige Verantwortlichkeit zu, in die der Reichskanzler nur ausnahmsweise eingriff. So war den Stellvertretern ein eigenständiger Handlungsbereich vorbehalten, der sie zu selbständigen Persönlichkeiten der Politik machte.[261] Mit dem Stellvertretergesetz wurde demnach eine Regelung eingeführt, die auf verfassungsrechtlich ebenso unsicherem Boden stand wie die nicht näher ausgestaltete Verantwortlichkeit des Reichskanzlers gegenüber dem Reichstag.[262] Die Folge dieser einfachgesetzlichen Schaffung unterschiedlicher Ressorts war, dass sich der Einfluss des Bundesrats auf die Gesetzgebung und Verwaltung weiter verringerte.

bb) Personelle Verflechtungen zwischen Reichskanzleramt und Bundesrat

Die Staatssekretäre als Stellvertreter des Reichskanzlers, die zumeist als preußische Bevollmächtigte im Bundesrat auftraten, waren auch dem Reichstag gegenüber verantwortlich. So kam es zu einer Verbindung zwischen Parlament und Länderorgan, die ursprünglich verfassungsrechtlich nicht gewollt war.[263] Denn nun war es möglich, dass sich das Abstimmungsverhalten der preußischen Bundesratsmitglieder danach richtete, ob ihr Kollege in seiner Eigenschaft als Stellvertreter des Kanzlers im Reichstag eine Mehrheit fand. Die strikte Trennung von unitarischer Legislative und föderativer Exeku-

---

[260] *Heinrich Triepel*, a. a. O. (Fußn. 238), S. 65.

[261] Infolge ihrer eigenständigen Verantwortlichkeit wurden die Stellvertreter zu „politischen Persönlichkeiten", *Heinrich Triepel*, a. a. O., S. 66. Damit hatte sich 11 Jahre später das Vorhaben Bennigsens durchgesetzt, eine mehrköpfige verantwortliche Regierung zu schaffen. Zur ursprünglichen Fassung des Antrags des Abgeordneten Bennigsen *Ernst Rudolf Huber* (oben Fußn. 237), S. 659 dort mit Fußn. 42, in dem nicht von einer Regierung, sondern von „Vorstände[n] der einzelnen Verwaltungszweige" die Rede war.

[262] Vgl. zur Lückenhaftigkeit der Regelung des Art. 17 S. 2 BRV statt vieler *Paul Laband*, der davon ausging, dass es sich bei der Verantwortlichkeit nur um ein „politisches Prinzip handelte, das seiner Verwirklichung durch Rechtssätze noch harrt[e]." Die „praktische Folge" der Verantwortlichkeit sah *Laband* darin, dass der Kanzler „sich [nicht] der politischen Notwendigkeit entziehen [konnte], auf Angriffe gegen seine Geschäftsführung im Bundesrat und Reichstag Rede zu stehen", *ders.*, in: Das Staatsrecht des deutschen Reiches, Bd. 1, 5. Aufl. 1911, S. 381 f.; anders *Max von Seydel*, der die Verantwortlichkeit des Reichskanzlers in Anbetracht der lex imperfecta des Art. 17 S. 2 BRV nur als Phrase bezeichnete, *ders.*, in: Commentar zur Verfassungs-Urkunde für das deutsche Reich, 2. Aufl. 1897, Art. 17 Anm. IV (S. 178), beide mit zahlreichen weiteren Nachweisen.

[263] *Heinrich Triepel* (oben Fußn. 238), S. 68 f.; zur Inkompatibilität von Reichstagsmandat und Bundesratsamt oben § 2 V 1 a).

tive, welche die Verfassung vorgesehen hatte,[264] wurde durch die personelle Identität von Kanzlervertretern und Bundesratsmitgliedern durchbrochen.[265]

cc) Die mittelbare Einflussnahme des Kaisers auf den Bundesrat

Da der Kaiser zugleich preußischer König war, konnte er über die von ihm ernannten preußischen Bundesratsmitglieder seinen Einfluss in dem Länderorgan geltend machen. Dies wirkte sich umso stärker aus, als die Vertreter Preußens im Bundesrat überwiegend aus den Reichsämtern kamen. Eine solche Einflussnahme war dem Kaiser jedoch nach der Verfassung verwehrt, denn Bindeglied zwischen ihm und dem Bundesrat sollte allein der Reichskanzler sein. Demzufolge war es dem Reichsoberhaupt möglich, über die preußischen Bundesratsmitglieder Entwürfe oberster Reichsbehörden in den Bundesrat einzubringen und auf dessen Verordnungen Einfluss zu nehmen.[266]

e) Die Selbstkoordinierung der Länder

Die zunehmende Unitarisierung ging jedoch nicht nur vom Gesamtstaat aus. Auch die Länder gingen dazu über, die ihnen noch verbliebenen Regelungsbefugnisse aufeinander abzustimmen, indem sie beispielsweise Staatsverträge abschlossen, durch die sie die Verwaltungspraxis in den Ländern vereinheitlichten. Es entwickelte sich ein zwischenstaatliches Abstimmungsverhalten, das bis in die heutige Zeit beibehalten wurde. Die Länder schlossen im Bereich der Schulverwaltung, in Universitätsangelegenheiten und Fragen der Rechtspflege zwischenstaatliche Vereinbarungen.[267] So reichen zum Beispiel die Anfänge der staatlichen Regelung der Orthographie und Grammatik bis in diese Zeit zurück. Des Weiteren einigten sie sich auf den Erlass gemeinsamer Polizeiverordnungen, die den Kraftfahrzeug- und Fahrradverkehr auf öffentlichen Wegen und Plätzen regelten und glichen ihre gesundheitspolizeilichen Anordnungen einander an wie beispielsweise die Polizeiverordnung zur Bekämpfung der Cholera von 1883.[268]

In diesem Zusammenhang erfüllte der Bundesrat nicht nur seine verfassungsrechtliche Funktion als Beschlussorgan. Vielmehr fungierte er auch als Kommunikationsorgan, in dem die Landesregierungen gemeinsame Regelungen initiierten, die in landesrechtliche Vorschriften umgesetzt wurden.[269]

---

[264] Zu dieser frühen Form vertikaler Gewaltenteilung oben § 2 V 1 a).

[265] *Heinrich Triepel*, a. a. O., S. 67 ff..

[266] Hierzu bereits oben § 2 V 2 b) aa).

[267] *Heinrich Triepel* sprach in diesem Zusammenhang von einer Unitarisierung auf „föderalistischen Umwegen“ und meinte damit bereits Vorformen zwischenstaatlicher Koordinierungspraxis, wofür er den Abschluss zwischenstaatlicher Vereinbarungen, die Schaffung gemeinsamer Behörden der Länder und die Übertragung gliedstaatlicher Hoheitsrechte auf das Reich als Beispiele anführte, ebenda, S. 72 ff.

[268] Zu den Formen heutiger Länderkooperation unten § 4 II 1 e) und § 4 II 2.

[269] So wies *Heinrich Triepel* nach, dass es sich beim Bundesrat nicht nur um ein Organ handelte, in dem die Einzelstaaten durch Mehrheitsentscheid Einfluss auf die *Reichs*willensbildung nahmen. Vielmehr diente die Ländervertretung als Kommunikationsorgan bezüglich der Fragen, die nur einstimmig im

Neben der Rechtsangleichung wurden Teile der vollziehenden Gewalt gebündelt, um das zersplitterte Behördensystem der Gliedstaaten zu beseitigen. Zu diesem Zweck errichteten die Länder gemeinschaftliche Organe und übertrugen ihre Hoheitsrechte auf Reichsbehörden.[270] Die preußischen Behörden spielten hierbei eine besondere Rolle. Da Preußen über ein weit verzweigtes Behördensystem verfügte, lag es nahe, dass sich die anderen Staaten seiner Kapazitäten bedienten. Ein Beispiel für die Preisgabe eigener Hoheitsrechte war die Eingliederung der eigenen Heere in die preußische Armee. Die Verfassung sah vor, dass die Staaten dem Reich im Kriegs- oder Verteidigungsfall einzelne Heereskontingente zur Verfügung stellten, über die der Kaiser die Kommandogewalt hatte. Letztlich bestanden aber aufgrund von Zusammenschlüssen nur noch vier statt fünfundzwanzig Heereskontingente. Auch auf dem Gebiet des Eisenbahnwesens wurden gemeinsame Einrichtungen gegründet. So schloss sich beispielsweise die hessische mit der preußischen Eisenbahn zu einer Betriebsgemeinschaft zusammen.[271]

Hierdurch weitete sich die preußische Staatsgewalt auf andere Staatsgebiete aus, so dass eine Unitarisierung sowohl auf gesamtstaatlicher als auch auf preußischer Ebene eintrat.[272]

f) Die Parlamentarisierung der Reichsgewalt

Die Entwicklung des Reichs zu einer Parteiendemokratie führte zu einem erheblichen Bedeutungszuwachs des Reichstags gegenüber dem Bundesrat. Der immer stärker werdende Einfluss der Parteien leitete eine schrittweise Parlamentarisierung der Reichsexekutive ein, die sich nicht im Wege einer Verfassungsänderung vollzog, sondern das Ergebnis mehrerer Konflikte zwischen Reichstag und Kanzler war.[273]

Bei solchen Streitigkeiten sah die Verfassung lediglich vor, dass der Reichskanzler vom Kaiser entlassen wurde.[274] Jedoch lag dieser Schritt im Ermessen des Staatsoberhaupts, das nicht justiziabel war.[275] Folgte der Kaiser nicht dem Ansinnen der Parlamentsmehr-

---

Wege der Koordination entschieden werden konnten, ebenda S. 73 f.; zu der Frage, ob der Bundesrats in seiner heutigen Form als ein Organ des kooperativen Föderalismus angesehen werden kann, § 4 II 3 b).

[270] *Ders.*, a. a. O. (Fußn. 238).

[271] Zu diesen Beispielen *ders.*, ebenda, S. 73 f.

[272] *Heinrich Triepel* bezeichnete diesen Vorgang als „unitarischen Gedanken in Form der preußischen Hegemonie", ebenda, S. 77.

[273] Vgl. die Darstellung bei *Ernst Rudolf Huber*, Deutsche Verfassungsgeschichte, Bd. III, 3. Aufl. 1988, S. 903 ff.

[274] So der Gegenschluss aus Art. 15 Abs. 1 BRV, demzufolge die Ernennung des Reichskanzlers dem Kaiser oblag, vgl. nur *Adolf Arndt*, Verfassung des deutschen Reiches, 5. Aufl. 1913, Art. 15 Anm. 2 (S. 140); *O. Reincke*, Die Verfassung des deutschen Reichs nebst Ausführungsgesetzen, 1906, Art. 15 Anm. 2 (S. 154).

[275] Der Kaiser konnte für keinen seiner Akte zur Verantwortung gezogen werden. Die Kehrseite dieser staatsrechtlichen Unabhängigkeit war die Verantwortlichkeit des Reichskanzlers nach Art. 17 S. 2 BRV; so *Gerhard Anschütz*, in: Meyer/Anschütz, Lehrbuch des deutschen Staatsrechts, 6. Aufl. 1905, S. 441.

heit war eine Staatskrise unausweichlich, denn das Parlament konnte den missbilligten Kanzler handlungsunfähig machen, indem es die Verabschiedung der notwendigen Gesetze ablehnte.

Insgesamt erwies es sich als äußerst problematisch, dass der Kanzler auf wechselnde Reichstagsmehrheiten angewiesen war, die sich schnell zu seinen Ungunsten ändern konnten. Denn trotz seiner formalen staatsrechtlichen Unabhängigkeit war er in tatsächlicher Hinsicht auf die Parlamentsmehrheit angewiesen. Da er aber nicht von der Reichstagsmehrheit gestellt wurde, konnte er sich auf keine stabile hinter ihm stehende Mehrheit verlassen.

Anstelle eines Misstrauensvotums entwickelte sich aus dem in der Geschäftsordnung des Reichstags enthaltenen Interpellationsrecht[276] das Recht zum Missbilligungsvotum. Dieses Recht war nur unvollkommen ausgestaltet.[277] So stand am Ende der parlamentarischen Aussprache keine förmliche Erklärung des Reichstags im Sinne einer ausdrücklichen Erklärung des Vertrauens bzw. Misstrauens. Der Grund hierfür war, dass sich das Missbilligungsrecht aus dem Interpellationsrecht entwickelt hatte, das ebenfalls keinen in die Richtung eines Misstrauensvotums gehenden Parlamentsbeschluss vorsah.[278] Voraussetzung für eine wirksame Interpellation beziehungsweise Missbilligung war, dass sie von mindestens 30 Abgeordneten unterzeichnet wurde. Nach der Unterzeichnung wurde die Anfrage in Vermittlung durch den Reichstagspräsidenten an den Bundesrat geleitet, in dessen Namen der Reichskanzler oder einer seiner Stellvertreter Stellung nahm.[279] Nach der darauf folgenden Beantwortung der Anfrage vor dem Reichstag konnte auf Antrag von mindestens 50 Abgeordneten eine Aussprache stattfinden. Die Regelung vermied ausdrücklich jede Erklärung der Missbilligung, die als Misstrauensvotum hätte gedeutet werden können. Auch durfte der Aussprache keine Antragstellung im

[276] Ursprünglich waren in der GeschORT nur das Fragerecht und das Interpellationsrecht geregelt, vgl. die §§ 31a – 33, abgedruckt bei *Ernst Rudolf Huber*, Dokumente zur deutschen Verfassungsgeschichte, Bd. 2, 3. Aufl. 1986, S. 423 ff.; der Unterschied zwischen dem allgemeinen Fragerecht und dem Interpellationsrecht bestand lediglich darin, dass letzteres einen nicht auf der Tagesordnung stehenden Verhandlungsgegenstand berührte, hierzu *Paul Laband* (oben Fußn. 262), S. 307 f., der weder in der einen noch in der anderen Befugnis ein Recht sah, sondern vielmehr eine Schranke, die eine Verzögerung des parlamentarischen Geschäftsganges verhindern sollte; a. A. *Hans Ludwig Rosegger*, Das parlamentarische Interpellationsrecht, 1907, S. 79; dem zustimmend *Ernst Rudolf Huber* (oben Fußn. 273), S. 901.

[277] Wie die Verantwortlichkeit des Reichskanzlers nach Art. 17 S. 2 BRV war auch die Ausgestaltung des Missbilligungsvotums rechtlich unvollkommen: Insbesondere waren an die förmliche Feststellung nach § 33a Abs. 1 GeschORT, dass die Behandlung einer „Angelegenheit durch den Reichskanzler der Anschauung des Reichtags entspricht oder nicht entspricht“, keine Rechtsfolgen geknüpft. Auch hatte der Reichskanzler kein eigenes Anwesenheitsrecht, aufgrund dessen er sich im Plenum hätte rechtfertigen können, sondern war nach Art. 9 S. 1 BRV lediglich in seiner Funktion als preußischer Bundesratsbevollmächtigter zur Teilnahme an der Sitzung befugt; hierzu *Hans Ludwig Rosegger*, a. a. O., S. 79 sowie zum Ganzen *Ernst Rudolf Huber* (oben Fußn. 273), S. 903 ff.

[278] *Ernst Rudolf Huber*, a. a. O., S. 905; § 33 S. 2 GeschORT in seiner ursprünglichen Fassung untersagte eine Antragstellung. Zu den Funktionen des Interpellationsrechts *Paul Laband* in seiner Besprechung einer Monografie von Julius Hatschek, in: DJZ 14 (1909), Sp. 677 ff.

[279] §§ 32-33b GeschORT.

Reichstag folgen, da auch sie zu einer eindeutigen Stellungnahme des Parlaments hätte führen können.

Auch wenn der Reichskanzler nicht abberufen werden konnte, bedeutete der Ausspruch der Missbilligung eine erhebliche politische Niederlage vor der Öffentlichkeit, so dass die Volksvertretung über ein erhebliches Druckmittel verfügte.

Als informeller Ausdruck des Misstrauens[280] galt nicht nur das aus dem Interpellationsrecht entwickelte Missbilligungsvotum beziehungsweise das Recht auf Abgabe einer Resolution, sondern auch die Versagung von Finanzmitteln und die Weigerung, die notwendigen Gesetze zu beschließen. Vor allem im Rahmen der Haushaltsdebatte war es dem Parlament möglich, sich jährlich mit der Politik des Reichskanzlers auseinander zu setzen. Anlässlich der Haushaltsberatungen 1884/85 über die Einführung einer neuen Etatposition, führten die unterschiedlichen Positionen von Parlament und Regierung erstmals zu einem informellen Misstrauensvotum. Ein weiterer Anlass, zu dem das Parlament einem Reichskanzler die Missbilligung aussprach, war die so genannte Zabern-Affäre.[281] Wäre die Parlamentsmehrheit dem Antrag gefolgt, den Reichskanzler zum Rücktritt aufzufordern und zu dessen Erzwingung die Verabschiedung sämtlicher Gesetzesvorlagen zu boykottieren, wäre wohl schon zu diesem Zeitpunkt das Misstrauensvotum eingeführt worden.[282]

Der Weg zum parlamentarischen Regierungssystem wurde schließlich von Kaiser Wilhelm II. geebnet, der nach dem Sturz der Reichskanzler Bethmann-Hollweg und Michaelis sowie des Vize-Kanzlers Helfferich im Jahr 1917 die Mehrheitsparteien befragte, bevor er Graf Hertling zum neuen Reichskanzler ernannte. Dessen Nachfolger Prinz Max von Baden wurde im Oktober 1918 mit Zustimmung der Parteien zum Reichskanzler ernannt, womit die Parlamentarisierung der Regierungsgewalt eingeführt war.[283]

---

[280] So *Ernst Rudolf Huber* (oben Fußn. 273), S. 904.

[281] Dazu *ders.*, a. a . O., S. 903 ff.

[282] Zu dieser Entwicklung *ders.*, a. a. O., S. 905 ff.

[283] Mit Reichsgesetz vom 28.10.1918 (RGBl. S. 1274) wurde die Parlamentarisierung endgültig festgeschrieben, wobei sich die Abhängigkeit vom Vertrauen des Reichstags auf den Reichskanzler, nicht aber auf seine Stellvertreter bezog, Art. 15 Abs. 3 und Abs. 5 lauteten: „Der Reichskanzler bedarf zu seiner Amtsführung des Vertrauens des Reichstags... Der Reichskanzler und seine Stellvertreter sind für ihre Amtsführung dem Bundesrat und dem Reichstag verantwortlich". Bemerkenswert an letzter Formulierung ist, dass der Bundesrat in die – eigentlich parlamentarische – Verantwortlichkeit einbezogen wurde. Zu diesem Prozess auch *Otto Meißner*, Das Staatsrecht des Reichs und seiner Länder, 2. Aufl. 1923, S. 11 sowie aus heutiger Sicht *Dietmar Willoweit*, Deutsche Verfassungsgeschichte, 3. Aufl. 1997, S. 278 ff.

VI. Zusammenfassung und Ergebnis

Wie ihre Vorgängerin stellte die Bismarcksche Reichsverfassung einen Kompromiss dar. Die Gliedstaaten behielten auch unter ihrer Geltung einen Teil ihrer Hoheitsrechte, wohingegen die Souveränität auf den Gesamtstaat überging.

Die Nationalversammlung entschied sich anstelle des unitarischen Staatenhauses für den föderalistisch strukturierten Bundesrat. Das Länderorgan war als gleichberechtigter föderativer Widerpart zum demokratisch-unitarischen Reichstag konzipiert. Es sollte nicht – wie noch unter der Paulskirchenverfassung – Teil eines einheitlichen Gesetzgebungsorgans sein. Vielmehr sollte dem Bundesrat die Funktion einer „Schnittstelle" zwischen Bund und Ländern zukommen.

Die Trennung des demokratisch-unitarischen Parlaments von der föderalistischen Ländervertretung sollte einer Instrumentalisierung des einen durch das andere Verfassungsorgan entgegenwirken. Tatsächlich kam es in der Verfassungspraxis nie zu blockadeähnlichen Spannungen. Das Demokratie- und Bundesstaatsprinzip waren als sich ergänzende Prinzipien Ausdruck der vertikalen Gewaltenteilung zwischen dem Reich und den Ländern – ein Konzept, das unter der Bismarckschen Reichsverfassung wegen der vermittelnden Funktion des hegemonialen Preußen noch funktionierte.

Der Großteil der Gesetzgebungszuständigkeiten verlagerte sich von den Ländern auf das Reich. Vor allem auf dem Gebiet der konkurrierenden Zuständigkeit zog das Reich vermehrt Gesetzgebungsmaterien an sich. Der Gebrauch seiner Kompetenz-Kompetenz, die im Reichstag an keine qualifizierte Mehrheit gebunden war, und seine ungeschriebenen Gesetzgebungszuständigkeiten verstärkten diesen Prozess. Infolgedessen lief der Grundsatz leer, dass den Ländern das Recht zur Gesetzgebung zustand, solange das Reich keinen Gebrauch davon machte.

Auch auf dem Gebiet der Verwaltung wich das Reich von der verfassungsrechtlichen Regel ab, dass grundsätzlich die Länder für die Ausführung der Reichsgesetze zuständig waren. Die Zahl der Reichsbehörden nahm zu, die Reichsauftragsverwaltung wurde eingeführt, und die Gliedstaaten selbst übertrugen einen Teil ihrer Verwaltungshoheit auf den Gesamtstaat.

Darüber hinaus ließen die Länder einen Teil ihrer Verwaltungsaufgaben durch gemeinschaftliche Einrichtungen wahrnehmen, stimmten ihre Verwaltungspraxis aufeinander ab und glichen landesrechtliche Vorschriften einander an.

Die Verantwortlichkeit des Reichskanzlers und die sich abzeichnende Einführung des parlamentarischen Regierungssystems führten dazu, dass der Kanzler und seine „ministeriellen" Stellvertreter aus dem föderalistischen Umfeld des Bundesrats herausgehoben wurden und sich ein erheblicher Teil der Befugnisse des Bundesrats auf sie verlagerte.
Seine Verantwortlichkeit gegenüber dem Parlament ließ den Reichskanzler neben Kaiser und Bundesrat zu einem dritten Exekutivorgan werden. Er stand nicht mehr nur dem Bundesrat vor, sondern war daneben als einziger kaiserlicher Minister Vorgesetzter der Reichsbehörden.

Die Stellung des Bundesrats als Exekutivorgan wurde auch durch den Machtzuwachs des Kaisers geschwächt. Dieser nahm – entgegen der Verfassungsrechtslage – das Recht für sich in Anspruch, Gesetzesinitiativen einzubringen und diese vom Reichskanzler vor dem Reichstag vertreten zu lassen. Daneben war es dem Staatsoberhaupt möglich, über den Reichskanzler Einfluss auf die Bundesratsgeschäfte auszuüben, wodurch sich eine Entwicklung zu einem informellen Vetorecht abzeichnete.

Infolge der parlamentarischen Verantwortlichkeit des Reichskanzlers und seiner Stellvertreter wuchs der Einfluss der Volksvertretung. Ferner rückte das Parlament durch die zunehmende Gesetzgebungstätigkeit des Reichs in den Mittelpunkt des Verfassungsgefüges, so dass das Gewicht des Bundesrats zugunsten der sich allmählich entwickelnden Parteiendemokratie zurücktrat.

Dadurch, dass der Reichskanzler sowohl gegenüber dem Parlament verantwortlich als auch Vorsitzender des Bundesrats beziehungsweise preußischer Bundesratsbevollmächtigter war, ergaben sich erste personelle Verflechtungen zwischen Länderkammer und Volksvertretung. Auch seine parlamentarisch verantwortlichen „ministeriellen" Stellvertreter waren oft zugleich Bundesratsvertreter. Auf diese Weise wurde die von Verfassungs wegen vorgesehene Trennung von unitarischer Legislative und föderativer Exekutive unterlaufen.

Insgesamt lässt sich feststellen, dass die formale Stellung des Bundesrats als gleichberechtigtes Gesetzgebungsorgan erhalten blieb, obwohl er infolge des sich allmählich entwickelnden Parlamentarismus an Einfluss verlor.

VII. Die Weimarer Reichsverfassung

1. Die Verfassungsentstehung

a) Der erste Preußsche Verfassungsentwurf

Wegweisend für die Gestaltung der Weimarer Reichsverfassung war der Entwurf des Reichsamts des Innern unter der Leitung des Staatssekretärs Hugo Preuß. Der erste Preußsche Entwurf sah vor, dass der Reichsexekutive eine starke Legislative an die Seite gestellt werden sollte. Die Einführung von Referenden als direkt-demokratische Elemente lehnte man aber ab.

Nach diesen Maßgaben wurde der erste Verfassungsentwurf zum 3.1.1919 fertig gestellt.[284] Das zukünftige Reich war als dezentralisierter Einheitsstaat konzipiert. Der Reichstag bestand in Anlehnung an die Frankfurter Reichsverfassung von 1849 aus dem

[284] Der unveröffentlichte erste Entwurf ist abgedruckt bei *Heinrich Triepel*, Quellensammlung zum Deutschen Reichsstaatsrecht, 5. Auflage 1931, S. 10 ff. Die dort als Entwurf I bezeichnete Fassung stimmt im Wesentlichen mit dem Zweitentwurf überein, weswegen im Folgenden auf diesen ausführlich abgedruckten Entwurf (abgekürzt WRV E II) Bezug genommen wird (Abweichungen der ersten von der zweiten Fassung werden mit WRV E I gekennzeichnet).

Volks- und dem Staatenhaus. Die Länderkammer sollte sich aus Abgeordneten zusammensetzen, die von den Länderparlamenten gewählt wurden.[285] Trotz des streng unitarischen Charakters des Entwurfs, waren die Länder in gleichem Masse an der Gesetzgebung beteiligt wie das Zentralparlament, da ein Gesetz nur zustande kommen konnte, wenn ihm beide Häuser zustimmten.[286] Sowohl die Mitglieder des Volks- als auch des Staatenhauses waren unabhängig und nicht an Weisungen gebunden.[287]

Die in der Schlussphase des Kaiserreichs begonnene Parlamentarisierung der Reichsgewalt wurde durch die Einführung des parlamentarischen Regierungssystems festgeschrieben. Die Reichsregierung bestand aus einem Kabinett, dem der Reichskanzler vorstand.[288] Der Reichskanzler sollte das Recht haben, die Richtlinien der Politik zu bestimmen.[289] Die Kabinettsmitglieder bedurften des Vertrauens des Reichstags. Kam es zu einem Misstrauensvotum, stand die Abberufung des Kanzlers oder der Minister nicht im Ermessen des Staatsoberhaupts. Das betroffene Kabinettsmitglied musste selbständig von seinem Amt zurücktreten, ohne dass es dazu seiner förmlichen Abberufung bedurfte.[290]

Staatsoberhaupt war der aus unmittelbaren Volkswahlen hervorgehende Reichspräsident, der die gleichen Befugnisse hatte, die dem Kaiser nach der Bismarckschen Reichsverfassung zugestanden hatten.[291] Er war als neutrales Verfassungsorgan gedacht, dem eine Mittlerrolle zwischen Reichsregierung und Reichstag zugewiesen wurde.[292] Er berief und entließ die Reichsregierung und hatte das Recht, den Reichstag aufzulösen.[293] Daneben hatte er das Recht, die Bundesexekution gegen Einzelstaaten zu verhängen und die Diktaturgewalt bei Störung der öffentlichen Sicherheit und Ordnung auszuüben.[294]

---

[285] § 32 Abs. 2 WRV E II, abgedruckt a. a. O. (Fußn. 284), S. 10 ff.

[286] § 51 Abs. 1 WRV E II, ebenda.

[287] Die Mitglieder beider Häuser wurden als Abgeordnete bezeichnet, was schon dem Begriff nach auf ihre weisungsunabhängige Stellung hindeutet, §§ 31, 32 i. V. m. §§ 30, 39 WRV E II.

[288] §§ 68, 71 WRV E II.

[289] Demgegenüber leitete jeder Minister seinen Geschäftsbereich eigenverantwortlich, § 71 WRV E II. Damit wurden Richtlinienkompetenz und Ressortprinzip verfassungsrechtlich festgeschrieben, zu den Anfängen oben § 2 V 2 d) aa).

[290] § 70 WRV E II.

[291] Vgl. die §§ 58 ff. WRV E II, zur Stellung des Reichspräsidenten als „mittelbarer Erbe" des Kaisers *Heinrich Pohl*, in: Anschütz/Thoma (Hrsg.), HbDStR, Bd. I, 1930, S. 484 ff.

[292] Zur Funktion des Reichspräsidenten als „neutrale Gewalt" unten § 2 VII 2 c) bb).

[293] Im Umkehrschluss zu § 69 WRV E II hatte der Reichspräsident neben dem Recht zur Ernennung auch das Recht zur Entlassung der Reichsregierung. Zu letzterem war er verpflichtet, wenn dem Entlassungsgesuch ein Misstrauensvotum vorangegangen war, zur Rechtslage unter der WRV *Fritz Poetzsch-Heffter*, Handkommentar der Reichsverfassung, 3. Aufl. 1938, Art. 53 Anm. 1, der von einem Ermessenspielraum des Reichspräsidenten bei der Ernennung und Entlassung ausging; zu dieser damals herrschenden Auffassung auch *Gerhard Anschütz*, Die Verfassung des Deutschen Reiches, 14. Aufl. 1933, Art. 53 Anm. 2 m. w. N.

[294] Vgl. zur Bundesexekution § 62 WRV E II sowie zur Diktaturgewalt § 63 WRV E II.

Im Hinblick auf die Bundesexekution ging der Entwurf über die Bismarcksche Reichsverfassung hinaus, nach der nur der Bundesrat über die Zwangsanwendung gegen Gliedstaaten zu entscheiden hatte, die vom Staatsoberhaupt auszuführen war.[295] Nach dem Entwurf konnte der Reichspräsident selbständig über die Anwendung von Zwangsmaßnahmen gegen einen Gliedstaat entscheiden. Er musste jedoch nachträglich die Zustimmung des Reichstags einholen und seine Anordnungen auf Verlangen des Parlaments aufheben.[296]

Darüber hinaus hatte der Reichspräsident ein aufschiebendes Vetorecht gegen die Gesetzesbeschlüsse des Reichstags, so dass die Stellung des Staatsoberhauptes in Anknüpfung an die Paulskirchenverfassung der eines dritten Legislativorgans glich.[297]

Die Kehrseite dieser Machtfülle war, dass er direkt vom Volk gewählt und abgewählt werden konnte, wobei ihn auch der Reichstag mit Zwei-Drittel-Mehrheit absetzen konnte.[298] Seine Akte bedurften der Gegenzeichnung durch den Reichskanzler oder eines Ministers, die dadurch die Verantwortung übernahmen.[299] Sowohl das Staatsoberhaupt als auch die Mitglieder der Reichsregierung konnten vor dem Staatsgerichtshof angeklagt werden.[300]

Damit sah der Entwurf im Gegensatz zur Verfassung des Norddeutschen Bundes und der Bismarckschen Reichsverfassung neben der politischen auch die staatsrechtliche Verantwortlichkeit des Staatsoberhaupts vor.

Die Verfassungsgerichtsbarkeit war nicht mehr - wie im Kaiserreich - dem Länderorgan übertragen,[301] sondern wurde von einem unabhängigen Staatsgerichtshof ausgeübt. Die Kompetenz dieses Gerichtshofs erstreckte sich nur auf Streitigkeiten in und zwischen den einzelnen Staaten.[302] Eine Austragung von Konflikten zwischen dem Reich und den Ländern war nicht vorgesehen.

---

[295] Art. 19 S. 2 BRV, abgedruckt bei *Ernst Rudolf Huber*, Dokumente zur deutschen Verfassungsgeschichte, Bd. 2, 3. Aufl. 1986, S. 384 ff.; vgl. oben § 2 V 1 a) und § 2 V 1 c) dd) sowie bei Fußn. 216.

[296] § 63 S. 2 WRV E II.

[297] Nach dem Erstentwurf konnte der Reichspräsident innerhalb der Verkündungsfrist von einem Monat das vom Reichstag beschlossene Gesetz an denselben zurückverweisen, vgl. § 55 Abs. 2 S. 1 WRV E I, ebenfalls abgedruckt bei *Heinrich Triepel* (oben Fußn. 284), S. 6 ff. Nach dem Zweitentwurf hingegen konnte sich der Reichspräsident nur dann in den Gesetzgebungsprozess einschalten, wenn es zwischen beiden Häusern zu einem Konflikt kam. In diesem Fall war er befugt, eine Volksabstimmung herbeizuführen, § 60 Abs. 2 WRV E II, a. a. O., S. 10 ff.

[298] § 67 Abs. 2 i. V. m. § 51 Abs. 2 WRV E II.

[299] § 65 WRV E II; zur entsprechenden Bestimmung des Art. 17 S. 2 BRV und zur Parlamentarisierung der Reichsgewalt oben § 2 V 2 d) aa) sowie § 2 V 2 f).

[300] § 73 WRV E II.

[301] Art. 76 BRV, abgedruckt a. a. O. (Fußn. 281), S. 384 ff.

[302] §§ 10, 13 WRV E II.

b) Der zweite Entwurf und seine Behandlung in der Länderkommission und im Staatenausschuss – Gründe für die Einbeziehung der Länder

Einen Tag nach der Wahl zur Nationalversammlung, am 20.1.1919, gab das Reichsamt des Innern den Zweitentwurf bekannt.[303] Auch dieser Entwurf beruhte auf dem Modell eines dezentralisierten Einheitsstaats und sah eine Teilung Preußens vor. Der Grundrechtskatalog war gegenüber dem Erstentwurf stark erweitert. Während die Einfügung der Grundrechte noch während der Beratungen zur Bismarckschen Reichsverfassung mit dem Argument abgelehnt worden war, dass sie zu einer Unitarisierung führen würde,[304] enthielt der zweite Entwurf die Grundrechte, die schon die Frankfurter Reichsverfassung gewährt hatte.[305]

Die vom Rat der Volksbeauftragten erlassene Verordnung über die Wahlen zur Nationalversammlung sah weder eine Annahme der Verfassung durch die Länder noch ihre sonstige Mitwirkung vor.[306] Im Gegensatz zu ihren Vorgängerinnen sollte die Weimarer Reichsverfassung ausschließlich aus dem Willen des demokratisch legitimierten Parlaments hervorgehen.

Nach Beseitigung der alten Ordnung durch die Revolution stellte sich die Frage nach der Konzeption des neuen Staats. Gerade die Beseitigung der dynastischen Einzelstaaten durch Umstürze in den einzelnen Ländern eröffnete die Möglichkeit, dem zukünftigen Reich die Form eines unitarischen Einheitsstaats zu geben. Auch der demokratische Grundsatz, dass die Staatsgewalt vom Volk ausging, hatte eine stark unitarisierende Wirkung, da der einheitliche Wille des Volks nur durch ein Zentralparlament verwirklicht werden konnte. Demzufolge war nach den damals vorherrschenden nationaldemokratischen Vorstellungen für eine Mitwirkung der Länder auf der Ebene des Gesamtstaats nur wenig Platz.[307] [DM22]

Ungeachtet dieser Situation wurden die „alten Länder" in die Verfassungsberatungen einbezogen. Hierzu trug vor allem der rein tatsächliche Umstand ihrer überlieferten Eigenstaatlichkeit bei. Trotz des Untergangs der alten Dynastien war das Bestehen der Länder ein historisches Faktum, über das sich der Rat der Volksbeauftragten nur schwer

---

303 Zu diesem Entwurf *Ernst Rudolf Huber*, Deutsche Verfassungsgeschichte, Bd. V, 1. Aufl. 1978, S. 1181.

304 Zur Diskussion um die Aufnahme der Grundrechte in die BRV *Julius Hatschek*, Deutsches und preußisches Staatsrecht, Bd. 1, 2. Aufl. 1930, S. 221, welcher die Auffassung vertrat, dass die Grundrechte subjektive Rechte des Einzelnen darstellten.

305 Vgl. die §§ 130 ff. PKV bzw. §§ 128 ff. EUV, abgedruckt bei *Ernst Rudolf Huber*, Dokumente zur deutschen Verfassungsgeschichte, Bd. 1, 3. Aufl. 1978, S. 375 ff. bzw. S. 551 ff.

306 Vgl. § 1 des Reichswahlgesetzes vom 30.11.1918, RGBl. S. 1345; abgedruckt bei *Heinrich Triepel*, Quellensammlung zum Deutschen Reichsstaatsrecht, 5. Auflage 1931, S. 2 ff.

307 Zum Bruch mit der bündischen „Kontinuität" vorhergehender Verfassungen, *Leo Wittmayer*, Die Weimarer Reichsverfassung, 1922, S. 16 ff.; zu der Kontroverse um die Beteiligung des Staatenausschusses an der Verabschiedung der Verfassung *Gerhard Anschütz*, Die Verfassung des Deutschen Reichs, 14. Aufl. 1933, Einleitung – S. 19 f.; *ders.*, in: Wilke/Schulte (Hrsg.), Der Bundesrat, 1990, S. 53 ff.

hinwegsetzen konnte.[308] Es waren weniger die kulturellen und historischen Besonderheiten der Länder als ihre Leistungen auf dem Gebiet der Verwaltung, die ihre Integration notwendig machten.[309] Sie verfügten neben eigenen Verwaltungsgesetzen über einen umfangreichen Verwaltungsapparat und eine eingespielte Verwaltungsübung. Da eine Vielzahl von Reichsgesetzen von ihnen ausgeführt wurde und sich eigene Behörden des Reichs erst allmählich entwickelt hatten, war das Reich auf den Gesetzesvollzug durch die Länder angewiesen.[310]

Der Übergang vom Bundesstaat zum zentralistischen Einheitsstaat hätte zu einer empfindlichen Störung des eingespielten Verwaltungssystems geführt. Auch wenn die Länder keine historisch gewachsenen Staatengebilde mehr waren, bestand darüber hinaus die Gefahr, dass die regionalen Besonderheiten durch eine zentralistische Bürokratie übergangen worden wären. So lag es primär an ihrer bürokratisch-administrativen Kraft,[311] dass ihnen Einfluss auf die Gestaltung der zukünftigen Verfassung eingeräumt wurde und sie letztlich die Rückkehr zur überlieferten Bundesstaatlichkeit durchsetzen konnten.

Weiterhin ausschlaggebend war die revolutionäre Lage in Deutschland. Die Novemberrevolution beschränkte sich nicht auf die Hauptstadt, vielmehr fanden in den Ländern Einzelrevolutionen statt, welche die zum Teil noch dynastischen Regierungen stürzten. Hauptsächlich die rheinischen und südwestdeutschen Staaten widersetzten sich den kultur- und sozial-unitarischen Bestrebungen, die von Berlin ausgingen:

Da war zum einen das von den Unabhängigen Sozialisten im Rat der Volksbeauftragten verfochtene Sozialisierungsprogramm, das vor allem die revolutionären Gewalten in den rheinischen Ländern als Angriff gegen Eigentum und Unternehmerfreiheit verstanden.[312] Zum anderen löste die von der Berliner Zentralgewalt geforderte Trennung von Staat und Kirche starke Abneigungen innerhalb der rheinischen Staaten aus.[313]

Die drohende Distanzierung, vor allem des Rheinlands, vom Reich führte dazu, dass anstelle der Sozialisierung das bislang praktizierte marktwirtschaftliche System beibehalten wurde.[314] Des Weiteren verzichtete der Rat der Volksbeauftragten auf die ursprüngliche Forderung nach einer strikten Trennung von Staat und Kirche.[315]

---

[308] *Gerhard Anschütz*, a. a. O., S. 19.

[309] So *ders.*, in: Wilke/Schulte (Hrsg.), Der Bundesrat, 1990, S. 53 (58).

[310] Hierzu insgesamt Karl Bilfinger, Der Einfluss der Einzelstaaten auf die Bildung des Reichswillens, 1923, S. 81 ff.

[311] *Gerhard Anschütz* (oben Fußn. 309), S. 58; hierzu sowie zur Einwirkung der Länder auf die Reichsverfassung *Willibalt Apelt*, Geschichte der Weimarer Reichsverfassung, 2. Aufl. 1964, S. 71 ff. sowie *Ernst Rudolf Huber*, Deutsche Verfassungsgeschichte, Bd. VI, 1981, S. 57.

[312] *Ernst Rudolf Huber* (oben Fußn. 311), S. 57 f.

[313] *Ders.*, ebenda.

[314] *Ders.*, ebenda.

[315] *Ders.*, ebenda.

Vor diesem Hintergrund war die föderalistische Selbstbehauptung der Länder ein wirksamer Schutz gegen die von Berlin ausgehenden national-unitarischen Tendenzen.[DM23]

Ein weiterer Grund für die Beibehaltung des föderativen Staatsaufbaus war der Umstand, dass sich nach den Einzelrevolutionen eigenständige Parteienkoalitionen ausbilden konnten, die um die Erhaltung ihres Einflusses auf Länderebene kämpften. So verfolgten die Parteien, die sich in den einzelnen Länderregierungen etabliert hatten, schon allein aus eigenem Interesse die Wiedereinführung der bundesstaatlichen Ordnung.[316] Die Sozialdemokraten führten dagegen ihren Parteikampf hauptsächlich auf Reichsebene. Trotzdem ließen sie zu, dass sich in den Einzelstaaten revolutionäre Unruhen ausbreiteten und auf diese Weise die Revolution selbst föderalisiert wurde.[317]

Somit waren weniger föderalistische Grundüberzeugungen als parteipolitische Interessen entscheidend, so dass auch zentralistisch organisierte Parteien wie die Sozialisten von einheitsstaatlichen Bestrebungen Abstand nahmen. Die Verbindung parteienstaatlicher und bundesstaatlicher Elemente[DM24], die später als Parteienbundesstaat bezeichnet wurde,[318] entstand somit hauptsächlich aus der Motivation der Parteien, die eigene regionale Machtbasis zu erhalten.

c) Die Durchsetzung der Länderinteressen bei den Verhandlungen zum dritten Verfassungsentwurf

Die bisherigen Gliedstaaten des „früheren Reichs" entsandten ihre Vertreter zur Reichskonferenz erstmals am 25.11.1918. In der darauf folgenden Staatenkonferenz vom 25.1.1919 wurde die Einsetzung einer Länderkommission beschlossen, die vom 26.1. - 30.1.1919 tagte,[319] und aus der später der Staatenausschuss hervorging.

In ihr konnten Bayern und Preußen durchsetzen, dass an die Stelle des Staatenhauses ein Reichsrat trat.[320] Dieser bestand im Gegensatz zum Staatenhaus aus weisungsabhängigen Vertretern der Landesregierungen. Mit der Ablehnung des von Grund auf unitarisch strukturierten Staatenhauses kehrte man zur überlieferten bundesstaatlichen Länderver-

---

316 So prägte Carl Bilfinger den Begriff des Parteienbundesstaats; vgl. *denselben*, in: Wilke/Schulte (Hrsg.), Der Bundesrat, 1990, S. 94 (95); zur bundesstaatlichen Gliederung der Parteien auch *Otto Koellreutter*, Der deutsche Staat als Bundesstaat und als Parteienstaat, 1927, passim, insbes. auf S. 21 ff. mit Bezug auf die parlamentarische Regierungsform in Reich und Ländern; zum Begriff des Parteienstaats *ders.*, in: Die politischen Parteien im modernen Staate, 1926, S. 12 ff. und 86 ff.

317 So *Ernst Rudolf Huber*, Deutsche Verfassungsgeschichte, Bd. VI, 1981, S. 59.

318 *Carl Bilfinger* (oben Fußn. 316), S. 95.

319 Zum Gang der Verhandlungen *Ernst Rudolf Huber*, Deutsche Verfassungsgeschichte, Bd. V, 1. Aufl. 1978, S. 1182 sowie *Willibalt Apelt*, Geschichte der Weimarer Reichsverfassung, 2. Aufl. 1964, S. 71 ff.

320 *Ernst Rudolf Huber*, Deutsche Verfassungsgeschichte, Bd. V, 1. Aufl. 1978, S. 1182; zum Kompromissvorschlag eines aus weisungsfreien Regierungsvertretern bestehenden Reichsrats, *Willibalt Apelt*, a. a. O., S. 72 f.

tretung des Bismarckschen Reichs zurück. Während das Staatenhaus als Teil der Reichslegislative aus weisungsunabhängigen Landesvertretern bestanden hätte, waren die Gesandten im Bundesrat an die Instruktionen ihrer Regierungen gebunden.

In einem Staatenhaus hätten sich die von den Landtagen entsandten Vertreter bei streitigen Fragen entweder für die Partikularinteressen ihres Landes oder für die Interessen des Reichs entscheiden können. Eine solche Entscheidungsmöglichkeit hätte unter Umständen dem demokratisch-unitarischen Element gegenüber dem föderativen Element den Vorrang gegeben.[321] Demgegenüber stand der Reichsrat in der Tradition zu den vorhergehenden Verfassungen.

Mit Übergangsgesetz vom 10.2.1919 entstand aus der Länderkommission der Staatenausschuss, in den die Länder ihre Regierungsvertreter entsandten. Im Staatenausschuss, der am 1.2. und vom 5. bis zum 8.2.1919 in Weimar tagte, wurde neben der Beibehaltung der bundesstaatlichen Struktur die Forderung nach einer Bewahrung der ehemaligen Reservatrechte laut.[322]

Die Änderungsvorschläge der Länder fanden Eingang in den dritten Entwurf des Reichsamts des Inneren, der dem Staatenausschuss am 17.2.1919 als Regierungsentwurf vorgelegt wurde.[323] Man war den Forderungen der Länder weitgehend entgegengekommen, um nicht eine Ablehnung des Konzepts im Staatenausschuss zu riskieren.[DM25] Der Entwurf bestand aus einem bundesstaatlichen unitarisch-föderativen Kompromiss, der beide Elemente weitgehend zu vereinbaren versuchte.

Dieser Kompromisscharakter wurde schon in der Regelung der auswärtigen Gewalt deutlich. Wie unter der Reichsverfassung von 1871 sollten die Länder die auswärtige Gewalt in ihren Angelegenheiten behalten. Dies galt jedoch mit der Einschränkung, dass völkerrechtliche Verträge, welche Reichsangelegenheiten betrafen, nur mit Zustimmung des Reichs abgeschlossen werden konnten.[324] Die militärische Gewalt sollte hingegen Reichssache sein. An die Stelle des Kaisers trat der Reichspräsident, der den Oberbefehl über das Heer führte.[325] Jedoch entsprach man föderalistischen Forderungen, indem man die Einrichtung oberster Kommandostellen innerhalb der Länder vorsah, welche die landsmannschaftlichen Besonderheiten der jeweiligen Heere berücksichtigen sollten.[326] Die bestehenden Reservatrechte in Gestalt der Führung selbständiger Landesmilitärver-

---

[321] *Ernst Rudolf Huber*, ebenda.

[322] Hierzu eingehend *Willibalt Apelt*, a. a. O., S. 72 ff.

[323] Abgedruckt bei *Heinrich Triepel*, Quellensammlung zum Reichsstaatsrecht, 5. Auflage 1931, S. 17 ff.; vgl. zum dritten Entwurf auch *Willibalt* Apelt (Fußn. 319), S. 75 und *Ernst Rudolf Huber* (Fußn. 320), S. 1183.

[324] Vgl. Art. 11 Abs. 3 BRV und Art. 4 Abs. 2 WRV E III.

[325] Art. 64 WRV E III.

[326] Art. 5 Abs. 3 WRV E III.

waltungen[327] und des bayerischen Oberbefehls über das bayerische Heereskontingent in Friedenszeiten sollten nur mit Zustimmung der betroffenen Länder aufgehoben werden können. Ebenso blieben die Reservatrechte einzelner Länder auf den Gebieten des Eisenbahn- und Postwesens sowie der Wasserstraßenverwaltung erhalten.[328][DM26]

Eine besondere Stellung innerhalb des Entwurfs kam den Neugliederungsbestimmungen zu. Nicht mehr das Reich, sondern ausschließlich die betroffenen Länder hatten über eine Neugliederung des Reichsgebiets zu entscheiden.[329][DM27] Dem Gesamtstaat wurde das Recht genommen, die bundesstaatliche Struktur des Staates jederzeit im Wege seiner Kompetenz-Kompetenz zu ändern. Nur wenn keine Einigung unter den Gliedstaaten zu erzielen war, sollte das Reich im Wege eines verfassungsändernden Gesetzes eine Gebietsänderung anordnen dürfen. Jedoch auch hieran waren die Länder beteiligt, da sie der Verfassungsänderung im Reichsrat zustimmen mussten.[330]

Da die Länder schon in der Länderkommission die Schaffung eines Staatenhauses abgelehnt hatten, beschritt man bei der Schaffung des neuen Länderorgans einen Mittelweg. Die Bevollmächtigten sollten zwar Mitglieder der Länderregierungen sein und nicht von den Landtagen bestimmt werden, wie dies noch der Zweit-Entwurf vorsah.[DM28] Jedoch waren sie nicht an die Weisungen der Regierungen gebunden, sondern Inhaber eines freien Mandats.[331] Trotzdem wurde die bisherige Regelung beibehalten, dass bei der Vertretung eines Landes durch mehrere Bevollmächtigte eine einheitliche Stimmabgabe vorgeschrieben war[MD29].[332]

Nach diesem dritten Entwurf war die Ländervertretung nicht mehr das zweite, gleichberechtigt neben dem Reichstag stehende Gesetzgebungsorgan. Dem Reichsrat stand bei der Gesetzgebung anstelle eines Zustimmungsrechts lediglich ein Einspruchsrecht zu. Dieses aufschiebende Veto konnte durch einen mit verfassungsändernder Mehrheit zustande gekommenen Reichstagsbeschluss oder durch einen Volksentscheid überwunden werden[333]

[327] Art. 5 Abs. 4 WRV E III; gemeint waren die selbständigen Militärverwaltungen Sachsens, Bayerns und Württembergs.

[328] Artt. 86 ff. WRV E III; hierzu ausführlich *Ernst Rudolf Huber* (oben Fußn. 320), S. 1183.

[329] Zur Entstehung des Art. 15 WRV E III *Willibalt Apelt* (oben Fußn. 319), S. 79.

[330] Vgl. zu den Einzelheiten dieses gestuften Entscheidungsprozesses Art. 15 WRV E III.

[331] Art. 21 S. 3 WRV E III.

[332] Diese Art. 6 Abs. 2 BRV entsprechende Regelung wurde auf Antrag Preußens eingefügt, *Willibalt Apelt* (oben Fußn. 319), S. 78.

[333] Art. 26 Abs. 2 WRV E III, diese Regelung wurde in der verabschiedeten Verfassung beibehalten, hierzu sowie zur Funktion von Plebisziten unter der WRV unten § 2 VII 2 b).

d) Zwischenergebnis

Bis zu seiner endgültigen Einbringung in die Nationalversammlung wurde der ursprüngliche Entwurf mehrfach geändert. Die aus unabhängigen Abgeordneten bestehende Ländervertretung war zunächst wie das Volkshaus als Teil eines einheitlichen demokratischen Gesetzgebungsorgans innerhalb eines dezentralisierten Einheitsstaats konzipiert.

In Fortführung der Entwicklung unter der Bismarckschen Reichsverfassung sollte die Regierung aus einem mehrköpfigen Kabinett bestehen, dessen Reichskanzler die Richtlinien der Politik vorgab.

Vermittler zwischen Reichsregierung und Parlament sollte der direkt vom Volk gewählte Reichspräsident sein. Dieser nahm aufgrund seines suspensiven Vetorechts die Stellung des Kaisers unter der Paulskirchenverfassung bzw. Erfurter Unionsverfassung ein.

Obwohl die Länder als eigenständige Gebietskörperschaften in einem dezentralisierten Einheitsstaat keinen Platz gehabt hätten, konnte sich die Regierung in Berlin über ihre Existenz, ihre Leistungen auf dem Gebiet der Verwaltung und ihre regionalen Besonderheiten nicht hinwegsetzen. Hinzu trat der Umstand, dass die Parteien nach den revolutionären Umstürzen in den Ländern ihre lokale Machtbasis errichtet hatten, die sie im Interesse der Selbsterhaltung nicht preisgeben wollten.

Aus diesem Grund kam das Reichsamt des Inneren den Ländern mit einer grundlegenden Kehrtwende entgegen, indem es die tradierte Bundesstaatlichkeit in den dritten Entwurf aufnahm, den Ländern die auswärtige Gewalt auf ihren Gebieten beließ und festschrieb, dass die alten Reservatrechte nur mit Zustimmung der betroffenen Länder aufgehoben werden konnten. Ebenso sollten grundsätzlich nur die Länder über Gebietsänderungen entscheiden dürfen.

Da die Länder die Einrichtung eines Staatenhauses ablehnten, schloss man den föderalistisch-demokratischen Kompromiss, dass die Ländervertretung zwar aus Vertretern der Länderregierungen bestand, diese jedoch Inhaber eines freien Mandats waren.

Der Einfluss des Länderorgans auf die Gesetzgebung wurde dadurch gemindert, dass ihm lediglich ein aufschiebendes Vetorecht zugebilligt wurde, das durch Volksentscheid oder durch einen mit verfassungsändernder Mehrheit zustande gekommenen Parlamentsbeschluss außer Kraft gesetzt werden konnte.

Im Ergebnis wurde zwar der Föderalismus gestärkt, indem das überkommene Ratsmodell der vorherigen Verfassungen übernommen und an der überlieferten Bundesstaatlichkeit festgehalten wurde. Das Länderorgan verlor jedoch nicht zuletzt aufgrund seines suspensiven Vetorechts gegenüber dem Parlament an Einfluss.

e) Die Diskussion der Verfassungsentwürfe in der Nationalversammlung

Die Änderungsvorschläge der Länder gingen in den vierten und endgültigen Regierungsentwurf[334] ein. Dieser wurde der Nationalversammlung mit den unberücksichtigt gebliebenen Änderungsanträgen der Länder am 24.2.1919 vorgelegt.[335] Nach der ersten Lesung im Plenum wurde er am 04.3.1919 an den Verfassungsausschuss der Nationalversammlung weitergeleitet. Nach zwei Lesungen im Ausschuss ging der abgeänderte - nunmehr fünfte - Entwurf am 2.7.1919 wieder an das Plenum, wo die sechste Fassung am 31.7.1919 nach nochmaligen Änderungen als endgültiger Verfassungstext verabschiedet wurde.[336]

Sowohl im Plenum als auch im Verfassungsausschuss zeigten sich die parteipolitischen Gegensätze. Die Vorstellungen reichten von einem unitarischen über einen dezentralisierten Einheitsstaat bis hin zum traditionellen Bundesstaat. Hauptkonfliktpunkte waren daneben die zukünftige Wirtschaftsverfassung und der kirchen- bzw. schulpolitische Streit.[337]

Innerhalb der aus SPD, DDP und dem Zentrum bestehenden Regierungskoalition waren sich die Mehrheitssozialisten und die Deutsche Demokratische Partei darin einig, dass der Staat unter der Beibehaltung der Bezeichnung „Reich“ einheitsstaatlich konzipiert sein sollte, wobei sich die DDP für die Kompromisslösung einer weitgehenden Dezentralisierung aussprach.[338]

Obwohl das Zentrum für eine bundesstaatliche Lösung eintrat, sollte das Reich eine starke Zentralgewalt und die Zuständigkeit für das Wehr- und Verkehrswesen erhalten. Vor allem die Deutsch-Demokraten forderten eine konsequente Erweiterung der Reichszuständigkeiten, die sich auch auf schul- und kirchenrechtliche Fragen erstrecken sollte.

Einigkeit bestand unter den Regierungsparteien darin, dass das Reich durch ein starkes Parlament und den Reichspräsidenten repräsentiert werden sollte,[339] wobei die Sozialdemokraten sowohl die Volkswahl des Staatsoberhaupts als auch dessen Machtfülle ablehnten. Indes vertrat die DDP die Auffassung, dass an die Seite des vom Volk ge-

---

[334] Abgedruckt bei *Heinrich Triepel*, Quellensammlung zum Reichsstaatsrecht, 5. Auflage 1931, S. 27 ff.; dieser Entwurf wurde der Nationalversammlung vom Reichsminister der Innern mit dem Zusatz vorgelegt, dass ihm der Staatenausschuss– mit Ausnahme der Artt. 15 (Neugliederung der Länder), 19 (Verteilung der Stimmen im Reichsrat) und 40 (Berücksichtigung fremdsprachiger Volksteile) zugestimmt habe.

[335] Das Recht zur Vorlage seines abweichenden Entwurfs stand dem Staatenausschuss nach § 2 des Gesetzes über die vorläufige Reichsgewalt zu (Gesetz vom 10.2.1919, RGBl. S. 169).

[336] Zu den Beratungen im Plenum *Willibalt Apelt* (oben Fußn. 319), S. 82 ff; zur Behandlung des Entwurfs im Verfassungsausschuss *ders*., S. 86 ff. sowie zu den endgültigen Beratungen in der Nationalversammlung, S. 121 ff.; der fünfte Entwurf und die endgültige Fassung mit ihren jeweiligen Änderungen sind abgedruckt bei *Heinrich Triepel* (Fußn. 334), S. 38 ff. und S. 46 ff.

[337] Ein eingehender Überblick über die unterschiedlichen parteipolitischen Positionen findet sich bei *Ernst Rudolf Huber* (oben Fußn. 320), S. 1185 ff.

[338] *Ders*., a. a. O., S. 1185.

[339] Zu dieser doppelten Repräsentation unten § 2 VII 2 b) sowie § 2 VII 2 c) bb).

wählten Parlaments eine starke neutrale Gewalt gestellt werden müsse, welche im Konfliktfall die gegensätzlichen Parteiinteressen zum Ausgleich bringen könne. Insoweit erhielt sich die schon unter der Bismarckschen Verfassung verbreitete Auffassung der Konservativen, nach der dem Staatsoberhaupt das „Recht zur rettenden Tat" zustehen sollte.[DM30][340]

Auch die Opposition war uneinig in der Frage, wie die zukünftige staatliche Ordnung gestaltet werden sollte.[341] Während die Deutsch-Nationalen die Beibehaltung der konstitutionellen Monarchie forderten und den Wandel des Erstentwurfs von der zentralistischen zur föderalistischen Ordnung kritisierten, befürwortete die Deutsche Volkspartei die Erhaltung der bundesstaatlichen Ordnung. Die Deutsch-Nationalen bemängelten am Reichsrat, dass er aufgrund der Weisungsfreiheit seiner Gesandten zu einer Stütze des Partikularismus werde.

f) Der Weimarer Verfassungskompromiss

Die Weimarer Reichsverfassung war wie ihre Vorläuferinnen ein Kompromiss aus bundesstaatlichen und föderalistischen Elementen.[342]

In Bezug auf den Reichspräsidenten knüpfte die Verfassung an die Kompetenzen des früheren Kaisers an: Wie schon im Übergangsgesetz vorgesehen, war der Reichspräsident hinsichtlich seiner Befugnisse dem Kaiser nahezu gleichgestellt.[343] Der Hauptunterschied war jedoch, dass der Verfassungsausschuss die im Regierungsentwurf vorgesehene Volkswahl des Staatsoberhaupts übernahm, wodurch die Legitimation des Präsidenten unmittelbar vom Volk ausging.[344]

Die Reichsregierung war kollegial verfasst. Jedes Kabinettsmitglied sollte seinen ministeriellen Geschäftsbereich eigenverantwortlich leiten. Meinungsverschiedenheiten sollten durch Mehrheitsentscheidung ausgetragen werden, wobei die Minister die Richtlinienkompetenz des Reichskanzlers zu beachten hatten.[345] Die Stellung des Reichskanzlers wandelte sich von der eines einzigen Reichsministers zum Vorsitzenden eines Kollegialkabinetts – eine Entwicklung, die sich schon unter der Verfassung von 1871 abgezeichnet hatte.[346]

---

[340] *Ernst Rudolf Huber*, a. a. O., S. 1187 ff.

[341] Ders., a. a. O., S. 1187 ff.

[342] Zur Kompromissnatur bundesstaatlicher Verfassungen schon *Heinrich Triepel*, Unitarismus und Föderalismus im deutschen Reiche, 1907, S. 44.

[343] Zu dessen Stellung als „pouvoir neutre" § 2 VII 2 c) bb).

[344] Vgl. Art. 61 WRV E III und E IV, abgedruckt bei *Heinrich Triepel* (oben Fußn. 334), S. 27 ff.

[345] Artt. 56, 57 WRV, ebenfalls abgedruckt bei *Heinrich Triepel*, S. 46 ff.

[346] Damit setzten sich das Ressortprinzip, das Kollegialprinzip und die Richtlinienkompetenz endgültig durch; zum Stellvertretergesetz oben § 2 V 2 d) aa) mit Fußn. 257 sowie zur Konzeption des ersten Preußschen Entwurfs § 2 VII 1 a) mit Fußn. 289.

Sowohl der Verfassungsausschuss als auch das Plenum übernahmen die schon vom Rat der Volksbeauftragten eingeführte Verhältniswahl. Auch die vom Verfassungsausschuss eingebrachten plebiszitär-demokratischen Elemente stellten im Vergleich zu den Entwürfen eine bedeutsame Neuerung dar. Die Initiative für einen solchen Volksentscheid konnte sowohl vom Wahlvolk in Form eines Volksbegehrens als auch vom Reichspräsidenten ausgehen.[347]

Das traditionelle „Reichsratsmodell" wurde beibehalten, die unabhängige Mandatarstellung der Reichsratsmitglieder wurde jedoch vom Verfassungsausschuss zugunsten der überlieferten Weisungsgebundenheit, abgeschafft.[348]

Um die ehemalige Hegemonialmacht zu schwächen, wurden die preußischen Stimmen zu der einen Hälfte weisungsgebundenen Regierungsvertretern und zu der anderen Hälfte unabhängigen Provinzialvertretern zugewiesen.[349] Die „clausula antiborussica" bestimmte, dass die preußischen Stimmen, die nach dem Regierungsentwurf auf ein Drittel der Gesamtzahl der Stimmen zu beschränken waren, auf zwei Fünftel heraufgesetzt wurden. Dies war immer noch eine relativ weitgehende Beschränkung des preußischen Stimmrechts, denn gemessen an der Bevölkerungszahl und am Anteil der Gesamtfläche des Reichs hätte Preußen drei Fünftel der Reichsratsstimmen erhalten müssen.[350]

Hinsichtlich der Gesetzgebung wurden die Zuständigkeiten des Reichs erheblich erweitert.[351] Neben die bisherige ausschließliche und konkurrierende Gesetzeskompetenz trat die Kompetenz des Gesamtstaats zur Grundsatz- und Bedarfsgesetzgebung.[352]

---

[347] Hierzu eingehend unten § 2 VII 2 b).

[348] Ebenso wenig wie im Grundgesetz fand sich in der Weimarer Reichsverfassung eine Vorschrift, die dies ausdrücklich bestimmte; in Anknüpfung an die verfassungsrechtliche Tradition der „Bundesrats- bzw. Reichsratskonzeption" wurde die Weisungsgebundenheit in die Bestimmung des Art. 63 Abs. 1 S. 1 WRV hineingelesen; hierzu sowie zu der Frage, inwieweit eine *landes*gesetzliche Normierung der Weisungsfreiheit zulässig war *Gerhard Anschütz*, Die Verfassung des Deutschen Reichs, 14. Aufl. 1933, Art. 63 Anm. 6 mit Fußn. 1 unter Verweis auf *Carl Heyland*, in: Anschütz/Thoma (Hrsg.), HbDStR, Bd. I, 1930, S. 572 ff., der ebenfalls auf das „Innenverhältnis" der Gesandten zu ihrer Landesregierung abstellte; vgl. auch *Karl Bilfinger*, Der Einfluss der Einzelstaaten auf die Bildung des Reichswillens, 1923, S. 98 ff.

[349] Art. 63 Abs. 1 S. 2 WRV; insoweit finden sich in dieser Bestimmung „Reste" der noch im vierten Entwurf geregelten Weisungsunabhängigkeit, Art. 21 S. 3 WRV E IV, a. a. O. (Fußn. 320). Zur Weisungsfreiheit, durch welche die preußische Hegemonie abgeschwächt werden sollte sowie zu anderen in die gleiche Richtung gehenden Modellen *Hans Nawiasky*, Grundprobleme der Reichsverfassung, 1928, S. 178 ff., insbes. S. 183.

[350] *Hans Nawiasky*, a. a. O., S. 39.

[351] Zur Entwicklung der Reichsgesetzgebung *Hans Nawiasky* (Fußn. 349), S. 20 f., zur unbestimmten Weite des Wohlfahrtsbegriffs oben § 2 V 1 c) aa) sowie unten § 2 VII 3 b) aa).

[352] Zur Grundsatz- und Bedarfsgesetzgebung als Unterfall der konkurrierenden Gesetzgebungszuständigkeit *Gerhard Lassar*, in: Anschütz/Thoma (Hrsg.), HbDStR, Bd. I, 1930, S. 305 ff.

Die Ausnahmegewalt des Reichspräsidenten wurde ausgedehnt. Im Gegensatz zur Reichsverfassung von 1871 war das Staatsoberhaupt nicht mehr an den Beschluss des Reichsrats bzw. Bundesrats gebunden, sondern konnte selbständig die Reichsexekution gegen ein Land verhängen, das seinen Bundespflichten nicht nachkam.[353] Dies galt ebenfalls für die Notstandsgewalt.[354] Während der Regierungsentwurf noch vorgesehen hatte, dass im Rahmen der Diktaturgewalt höchstens vier Grundrechte außer Kraft gesetzt werden konnten, war es nach den im Verfassungsausschuss vorgenommenen Änderungen möglich, sieben Grundrechte aufzuheben.[355] Angesichts dieser Machtfülle unterlagen die Akte der Diktaturgewalt der nachträglichen Kontrolle durch den Reichstag.[356] Neben das Notstandsrecht des Reichspräsidenten trat das der Länder, deren Maßnahmen jedoch auf Verlangen des Reichsoberhaupts oder des Reichstags außer Kraft zu setzen waren.[357]

Hinsichtlich der Militärgewalt wurde das Kontingent-System der Bismarckschen Verfassung abgeschafft. An die Stelle von Heereskontingenten, die zum Teil militärischen Sonderrechten ihrer Länder unterstanden, trat eine einheitliche durch Reichsgesetz geregelte Wehrverfassung, die in der Heeresverwaltung den besonderen landsmannschaftlichen Besonderheiten Rechnung tragen sollte.[358]

In Bezug auf die Verfassungsgerichtsbarkeit führte der Ausschuss gegenüber dem Regierungsentwurf die Neuerung ein, dass auch Verfassungsstreitigkeiten zwischen Reich und Ländern vor dem Staatsgerichtshof ausgetragen werden konnten.[359] Andererseits folgte man der überkommenen Auffassung, dass Streitigkeiten zwischen Verfassungsorganen politischer Art und deswegen nicht justiziabel seien.[360]

Die Neugliederungsbestimmungen, die im Staatenausschuss zu heftigsten Kontroversen zwischen Reich und Länder geführt hatten, wurden zugunsten der Länder neu gefasst.

---

[353] Art. 48 Abs. 1 WRV.

[354] Art. 48 Abs. 2 WRV.

[355] Vgl. Art. 48 Abs. 2 S. 2 WRV bzw. Art. 67 S. 2 WRV E IV.

[356] Art. 48 Abs. 3 WRV bzw. Art. 67 S. 3 WRV E IV.

[357] Art. 48 Abs. 4 WRV.

[358] Art. 47 WRV i. V. m. § 12 Wehrgesetz (Gesetz vom 23.03.1921, RGBl. S. 329), abgedruckt bei *Heinrich Triepel*, Quellensammlung zum deutschen Reichsstaatsrecht, 5. Aufl. 1931, S. 130 ff.

[359] Die vorhergehenden Verfassungen sahen solche Reich-Länder-Streitigkeiten nicht vor, sondern regelten nur die Austragung von Konflikten zwischen den Gliedstaaten, insoweit stellte die Regelung des Art. 19 WRV eine Erweiterung des Rechtsschutzes der Länder dar; zur geschichtlichen Entwicklung *Gerhard Anschütz*, Die Verfassung des deutschen Reichs, 14. Aufl. 1933, Art. 19 Anm. 4 und Anm. 12; *Ernst Friesenhahn*, in: Anschütz/Thoma (Hrsg.), HbDStR, Bd. II, 1932, S. 529 ff. sowie *Hans Nawiasky*, Grundprobleme der Reichsverfassung, 1928, S. 69 ff.

[360] Im Gegensatz zur damals überwiegenden Auffassung ging *Fritz Poetzsch* davon aus, dass „für gewisse verfassungsrechtliche Organe ein allgemeines Recht besteht, für den Schutz der Verfassung durch Anrufen des Staatsgerichtshofs einzutreten, ganz unabhängig davon, ob durch das nicht verfassungsmäßige Verhalten der besondere Befugniskreis *des Organs* [Hervorhebung durch den Verf.] berührt wird oder nicht“, *ders.*, in: AöR 42 (1922), S. 79 (92) sowie in: Handkommentar der Reichsverfassung, 3. Aufl. 1928, Art. 19 Anm. 7.

[DM31] Der Ausschussentwurf tendierte noch zu einer unitarischen Lösung, indem eine Neugliederung ohne Beteiligung der betroffenen Länder aufgrund eines einfachen Reichsgesetzes möglich sein sollte. Daraufhin wurde in der zweiten Ausschuss-Lesung die Änderung eingefügt, dass zu einer Neugliederung die Zustimmung der beteiligten Landesregierungen und ein einfaches Reichsgesetz erforderlich waren. Nur wenn die Länder ihre Zustimmung verweigerten, sollte für eine Neugliederung ein verfassungsänderndes Reichsgesetz notwendig sein. Im Plenum kam es darauf in der zweiten und dritten Lesung erneut zu Änderungen.[361] Die schließlich gefundene Lösung sah zugunsten der Länder vor, dass zu einer Neugliederung grundsätzlich ein verfassungsänderndes Reichsgesetz erforderlich war. Das Gleiche galt für den Fall, dass von den beteiligten Ländern eines nicht zustimmte. In diesem Fall war jedoch zusätzlich der Wille der betroffenen Bevölkerung durch eine Volksabstimmung festzustellen, wobei zusätzlich ein überwiegendes Reichsinteresse an der Neugliederung bestehen musste. Ein einfaches Reichsgesetz reichte hingegen aus, wenn alle betroffenen Länder zustimmten.[362]

g) Ergebnis[DM32]

In der Nationalversammlung konnte sich schließlich die von den Ländern verfochtene bundesstaatliche Lösung durchsetzen. Der Kompromiss der Entsendung weisungsunabhängiger Ländervertreter wurde zugunsten der überkommenen Instruktionsgebundenheit aufgegeben.

Die Ländervertretung hatte nur ein suspensives Vetorecht, so dass das Parlament an Einfluss gewann. Dem Machtzuwachs des Parlaments wurde die parteipolitisch neutrale Instanz des Reichspräsidenten gegenübergestellt. Das unitarische Organ des Reichspräsidenten stand an der Spitze des erstarkenden Gesamtstaats, dessen Gesetzgebungskompetenzen weiter zunahmen. Die Volksvertretung dominierte über die anderen Verfassungsorgane:[363] Nicht mehr der Bundesrat, sondern der Reichstag kontrollierte die Ausnahmegewalt des Staatsoberhaupts, das ohne Mitwirkung der Ländervertretung Zwangsmaßnahmen gegen einzelne Gliedstaaten anordnen konnte. Die parlamentarische Demokratie wurde nun in der Verfassung festgeschrieben. Darüber hinaus leitete auch der Reichspräsident als Exekutivorgan seine Legitimation unmittelbar vom Volk her. Insgesamt traten die föderativen Elemente der Verfassung zugunsten des unitarisierend wirkenden Demokratieprinzips[364] zurück. Ausdruck dieses Überwiegens unitarischer Elemente war nicht

---

[361] Zu den damaligen Kontroversen *Gerhard Anschütz*, Die Verfassung des deutschen Reichs, 14. Aufl. 1933, Art. 18 Anm. 1 und *Willibalt Apelt*, Geschichte der Weimarer Reichsverfassung, 2. Aufl. 1964, S. 74 ff.

[362] Vgl. hinsichtlich der Einzelheiten Art. 18 WRV.

[363] Zur geschwundenen Bedeutung der Ländervertretung auch *Hans Nawiasky*, Grundprobleme der Reichsverfassung, 1928, S. 42 ff.

[364] Zur Gegensätzlichkeit von Demokratie und Föderalismus *Carl Schmitt*, Verfassungslehre, 4. Aufl. 1928, S. 388 ff.

zuletzt die Neugliederungsbestimmung des Art. 18 WRV, die mit dem traditionellen Existenzrecht der Gliedstaaten brach.[365]

2. Das Demokratieverständnis unter der Weimarer Reichsverfassung

a) Die Festschreibung der parlamentarischen Demokratie in Reich und Ländern[DM33]

Die parlamentarische Demokratie, deren Entwicklung bereits in der Schlussphase des Bismarckschen Reichs begonnen hatte,[366] wurde in der Weimarer Verfassung ausdrücklich festgeschrieben.[367]

War unter der Reichsverfassung von 1871 die Ernennung des Kanzlers noch ein Recht des Kaisers gewesen, ging die mehrköpfige Reichsregierung nun aus der Reichstagsmehrheit hervor. Während der Reichskanzler jederzeit vom Kaiser hatte entlassen werden können,[368] war die Entscheidung des Reichspräsidenten an den Willen der Parlamentsmehrheit gebunden.[369] Nur das Parlament konnte den Reichskanzler und seine Minister abwählen, indem es ihnen durch Beschluss das Vertrauen entzog.[370] War dies geschehen, musste sich das Staatsoberhaupt der Parlamentsmehrheit beugen, indem es die Regierung entließ.[371]

Neu eingeführt wurden die Richtlinienkompetenz des Reichskanzlers und die Ressortverantwortlichkeit der Fachminister, so dass jeder Minister seinen Fachbereich innerhalb der vom Reichskanzler bestimmten Politik eigenverantwortlich leitete. Konflikte unter den Ministern wurden durch Kabinettsbeschluss entschieden, wobei im Fall der Stim-

---

[365] So *Ernst Rudolf Huber*, Deutsche Verfassungsgeschichte, Bd. VI, 1981, S. 69 f.; eher positiv *Hans Nawiasky*, der trotz dieses „labilen Föderalismus" in der letztlich verabschiedeten Fassung des Art. 18 WRV einen Beweis dafür sah, dass sich föderalistische Tendenzen durchsetzen konnten, *ders.* (oben Fußn. 363), S. 60 ff.

[366] Zu dieser Entwicklung oben § 2 V 2 d) sowie § 2 V 2 f).

[367] Art. 54 WRV: „ Der Reichskanzler und die Reichsminister bedürfen zu ihrer Amtsführung des Vertrauens des Reichstags" und Satz 2 der Bestimmung stellte im Gegensatz zu seinem Vorläufer, Art. 17 S. 2 BRV, klar: „Jeder von ihnen muss zurücktreten, wenn ihm der Reichstag durch ausdrücklichen Beschluss sein Vertrauen entzieht".

[368] Vgl. oben § 2 V 1 c) dd) mit Fußn. 208.

[369] Zum Ermessensspielraum des Reichspräsidenten bei der Ernennung und Entlassung der Regierung unten § 2 VII 2 c) bb).

[370] Vgl. zu den Einzelheiten des Verfahrens §§ 49, 54 GeschORT (vom 12.12.1922, RGBl. 1923 S. 101).

[371] Dies wird aus der Vorschrift des Art. 53 WRV, die das Recht des Reichspräsidenten zur Ernennung und Entlassung der Reichsregierung normierte, nicht ohne weiteres deutlich. Um jedoch ein Leerlaufen der parlamentarischen Verantwortlichkeit zu vermeiden, *sollte* der Reichspräsident im Zweifel die Entlassung vornehmen; so *Gerhard Anschütz*, Die Verfassung des deutschen Reichs, 14. Aufl. 1933, Art. 54 Anm. 5 sowie Art. 53 Anm. 2 a. E. Hingegen *musste* der Reichspräsident den von einem Misstrauensbeschluss betroffenen Reichs*minister* entlassen, vgl. *denselben*, a. a. O., Art. 54 Anm. 7. Nach a. A. war der Reichspräsident unabhängig vom Willen des Parlaments, so *Fritz Poetzsch-Heffter*, Handkommentar der Reichsverfassung, 3. Auflage 1928, Art. 53 Anm. 1 m. w. N.

mengleichheit die Stimme des Reichskanzlers den Ausschlag gab.[372] Infolge der Einführung des Ressortprinzips war der Reichskanzler nun nicht mehr auf Stellvertreter angewiesen. Die Arbeitsteilung und Spezialisierung aufgrund mehrerer Fachministerien führten dazu, dass die Regierungsarbeit wesentlich erleichtert wurde. Auf diese Weise war es der Volksvertretung am ehesten möglich, die Regierungstätigkeit der Ministerien und der ihnen untergeordneten Behörden zu kontrollieren.

Diese Neuregelungen hatten zur Folge, dass der Einfluss des Parlaments erheblich gestärkt wurde.[373] Der Grundsatz, dass sowohl der Reichskanzler als auch jeder einzelne Minister vom Vertrauen des Reichstags abhängig waren, führte dazu, dass die Regierung eine stabile Parlamentsmehrheit finden musste. Der Reichskanzler hatte nicht mehr die Möglichkeit, die unterschiedlichen parlamentarischen Fraktionen gegeneinander auszuspielen, indem er sich auf unterschiedliche Mehrheiten stützte.[374]

Hierdurch gewannen die Parteien erheblich an Einfluss. Waren sie unter der Bismarckschen Reichsverfassung noch von der Regierungstätigkeit ausgeschlossen, drangen sie nun in den Bereich der Staatsführung vor. Die Homogenitätsvorschrift des Art. 17 WRV, nach der die Landesverfassungen der Reichsverfassung zu entsprechen hatten, stellte sicher, dass sich diese Entwicklung bis in die Länder fortsetzte.[375]

Die Beteiligung an der Regierungsgewalt ließ die Parteien vom Reich über die Länder bis in die Gemeinden und Gemeindeverbände zu beherrschenden Bestandteilen des Verfassungslebens werden.[376] Hinzu traten die zahlreichen Vereinigungen des sozialen und wirtschaftlichen Lebens sowie die Gewerkschaften und Verbände, die sich nach den Umstürzen in den Ländern gebildet hatten.

Infolge ihrer nunmehr festgeschriebenen Beteiligung an der Regierungsgewalt wurden die Parteien zu einem Bindeglied zwischen Legislative und Exekutive. Der Reichstag und die in ihm vertretenen Parteien waren nicht mehr nur die zweite Kraft neben einer von ihnen unabhängigen Reichsregierung, sondern sie stellten nun selbst die Exekutive.[377] Folglich führte die parlamentarische Demokratie zumindest zwischen der Parlamentsmehrheit und der Regierung zu einer Gewaltenverbindung.[378][MD34]

---

[372] Artt. 56-58 WRV; vgl. die Erläuterungen von *Gerhard Anschütz* zu den genannten Vorschriften, oben Fußn. 371.

[373] Hierzu sehr prägnant der Vergleich *Hans Nawiaskys* mit der Rechtslage unter der Bismarckschen Reichsverfassung, a. a. O. (Fußn. 363), S. 35 ff. und S. 42 ff.

[374] *Otto Koellreutter*, Der Deutsche Staat als Bundesstaat und Parteienstaat, 1927, S. 23.

[375] Zu den Wechselwirkungen des Parlamentarismus im Reich und in den Ländern *ders.*, in: Die politischen Parteien im modernen Staate, 1926, S. 71 ff.

[376] Zum Aufbau der Parteien in der Weimarer Republik *Otto Koellreutter*, a. a. O. (Fußn. 375), S. 4; zur Bedeutung der Bundesstaatlichkeit für die Parteiendemokratie unten § 2 VII 3 d) bb).

[377] Hierzu die in nachfolgender Fußn. Genannten.

[378] Die unübersichtliche Zersplitterung der Parteienlandschaft führte gegen Ende der Weimarer Republik zu einer dauerhaften Handlungsunfähigkeit der Volksvertretung und damit zur Regierungsunfähigkeit der Exekutive. An die Stelle einer parlamentarischen Regierung trat in den Jahren 1930-1933 eine fast

b) Die Ausprägungen des Demokratieprinzips in der Weimarer Reichsverfassung

Auch in anderer Hinsicht erwies sich das Demokratieprinzip als wesentliches Strukturelement der Verfassung. Stützte sich die Souveränität des Bismarckschen Reiches zum Teil noch auf die der Einzelfürsten,[379] lag sie nach den revolutionären Umstürzen beim Volk.

Nach der quasi-diktatorischen Übergangsregierung des Rats der Volksbeauftragten wurden mit den Wahlen zur verfassungsgebenden Nationalversammlung die Weichen zur Demokratie gestellt. Auch formal wurde die Demokratie in der Präambel und in Art. 1 der Weimarer Reichsverfassung zum staatstragenden Prinzip erhoben.[380] Die im Bundesrat vertretenen Landesfürsten waren nicht mehr Träger des Staates, so dass sich die vormals betont staatenbündische Verfassung, in der das Parlament eine eher untergeordnete Rolle spielte, zu einer demokratischen Verfassung wandelte.

Damit war die Volksvertretung das höchste Organ im Staat. Die Weimarer Reichsverfassung brach mit ihrer Tradition, nach der die bündischen Prinzipien neben den demokratischen Elementen zumindest gleichberechtigt zur Geltung kamen.[381] Das Demokratieprinzip gewann nicht nur in Form des parlamentarischen Regierungssystems an Bedeutung. Auch der Reichspräsident, der Reichsrat sowie der Reichswirtschaftsrat leiteten ihre Legitimation vom Volk ab.[MD35][382]

Die repräsentative Demokratie wurde durch direkt-demokratische Elemente ergänzt. Die Wähler konnten unmittelbar die Initiative ergreifen, indem sie durch ein Volksbegehren über einen Gesetzentwurf abstimmten, der dem Reichstag unter Darlegung der Stellung-

---

durchgängige Präsidialherrschaft, da nur sie die Handlungsfähigkeit des Staates sicherstellen konnte. Zu den Folgen der Parteizersplitterung schon damals *Otto Koellreutter*, Die politischen Parteien im modernen Staate, 1926, S. 68 f.; a. A. *Ernst Rudolf Huber*, Deutsche Verfassungsgeschichte, Bd. VI, 1981, S. 143 ff., der in der Kompromissunfähigkeit der größeren Parteien die eigentliche Ursache für die Verfassungskrise sieht. Zum Problem, dass diese Präsidialdiktatur eigentlich nicht auf Art. 48 WRV gestützt hätte werden dürfen, *Ulrich Scheuner*, in: Festschrift für Heinrich Brüning, 1967, S. 249 (272 ff.) und *Dietmar Willoweit*, Deutsche Verfassungsgeschichte, 3. Aufl. 1997, S. 308.

[379] Das Dogma vom Bismarckschen Reich als reinem Fürstenbund entsprach nicht der Realität, auch wenn die Präambel der BRV dies nahe legte, hierzu bereits oben § 2 III mit Fußn. 140.

[380] Art. 1 WRV stellte sowohl die republikanische Staatsform als auch die demokratische Regierungsform an den Anfang der Verfassung. Trotz der erheblichen - schon aus der systematischen Stellung in der Verfassung folgenden - Bedeutung dieser Staatsprinzipien war keines der beiden unantastbar. Das Reich konnte dem Staat im Wege seiner Kompetenz-Kompetenz jederzeit wieder die Form einer konstitutionellen Monarchie geben, so *Gerhard Anschütz*, Die Verfassung des deutschen Reichs, 14. Aufl. 1933, Art. 76 Anm. 3; *Fritz Poetzsch-Heffter*, Handkommentar der Reichsverfassung, 3. Auflage 1928, Art. 1 Anm. 3; *Richard Thoma*, in: Anschütz/Thoma (Hrsg.), HbDStR, Bd. II, 1932, S. 153 f. m. w. N.

[381] Hauptausdruck dieses Gleichgewichts war die Gleichberechtigung von Reichstag und Reichsrat in der Gesetzgebung, vgl. den historischen Vergleich *Hans Nawiaskys*, Grundprobleme der Reichsverfassung, 1928, S. 35 f. und S. 42 f.

[382] Zur gewandelten Stellung des Reichsrats unten § 2 VII 3 c) cc); zum Reichsrat als „Schnittpunkt einer eigenwegigen föderativen Demokratie" *Leo Wittmayer*, Die Weimarer Reichsverfassung, 1922, S. 71.

nahme der Reichsregierung vorgelegt wurde. Im Anschluss hieran war ein Volksentscheid durchzuführen, der nur entfiel, wenn der Reichstag den Entwurf unverändert annahm.[383]

Daneben konnte das Wahlvolk einen Reichstagsbeschluss nicht nur initiieren, sondern auch aufheben, vorausgesetzt, die Mehrheit der Wahlberechtigten beteiligte sich am Volksentscheid.[384]

Des Weiteren war der Reichstag befugt, ein Plebiszit einzuleiten, wenn ein Drittel der Parlamentarier die Aussetzung der Verkündung eines Gesetzes verlangte und fünf Prozent der Wahlberechtigten für einen Volksentscheid votierten.[385]

Schließlich hatte der Reichspräsident das Recht, innerhalb eines Monats vor der Verkündung eines Gesetzes die Durchführung eines Volksentscheids anzuordnen[MD36].[386] Nur er konnte in Haushalts-, Abgaben- und Besoldungsangelegenheiten ein Referendum einleiten.[387]

Wenn der Reichsrat gegen einen Gesetzesbeschluss des Reichstags Einspruch erhoben hatte und auch im zweiten Durchgang keine Einigung zu erzielen war, konnte das Staatsoberhaupt das Volk direkt über das umstrittene Gesetz abstimmen lassen.[388] Diese Befugnis hatte der Reichspräsident anstelle der ihm obliegenden Verkündung auch dann, wenn der Reichstag das Veto des Reichrats mit Zwei-Drittel-Mehrheit aufgehoben hatte.[389]

Über Verfassungsänderungen konnte auch das Volk entscheiden. Zu einer Verfassungsänderung reichte nicht die einfache Mehrheit aus, sondern es war die Mehrheit aller Stimmberechtigten erforderlich.[390] Schließlich konnte eine Volksabstimmung auf Initiative des Reichsrats herbeigeführt werden, und zwar dann, wenn der Reichstag eine Verfassungsänderung gegen das Veto des Föderativorgans beschlossen hatte.[391]

---

383 Vgl. zu den Einzelheiten die Artt. 73 – 76 WRV.

384 Das Volksbegehren war auf die Einleitung eines Gesetzgebungsverfahrens gerichtet, während der Volksentscheid entweder zur Aufhebung eines Reichstagsbeschlusses führen, Meinungsverschiedenheiten zwischen Reichstag und Reichsrat ausräumen sollte oder nach einem entsprechenden Begehren eine Verfassungsänderung herbeiführen sollte, vgl. Art. 73 Abs. 3, Art. 75 und Art. 76 Abs. 1 S. 3 WRV.

385 Art. 73 Abs. 2 i. V. m. Art. 72 S. 1 WRV.

386 Art. 73 Abs. 1 WRV.

387 Art. 73 Abs. 4 WRV.

388 Art. 74 Abs. 3 S. 2 WRV.

389 Art. 74 Abs. 3 S. 4, 2. Alt. WRV.

390 Art. 76 Abs. 1 S. 3 WRV.

391 Art. 76 Abs. 2 WRV.

Trotz dieser Vielfalt plebiszitärer Entscheidungsmöglichkeiten entschied sich die Weimarer Reichsverfassung vorrangig für das System der repräsentativen Demokratie,[392] denn das Volk war nur unter erschwerten Bedingungen zu einer unmittelbaren Entscheidung berufen. Ob ein Gesetz des ordentlichen Gesetzgebers durch das Volk korrigiert werden sollte, entschied in der Regel entweder der Reichstag oder der Reichspräsident.[393] Das galt sowohl in den Fällen, in denen auf Antrag eines Drittels der Abgeordneten die Verkündung eines Gesetzes ausgesetzt wurde[394] als auch dann, wenn das Volk in einem Konflikt zwischen Reichstag und Reichsrat „das letzte Wort hatte".[395]

Eine weitere Hürde, die genommen werden musste, waren die Quoren: Nur wenn sich im Fall der Aussetzung durch den Reichstag fünf Prozent aller Wahlberechtigten für einen Volksentscheid aussprachen, konnte dieser durchgeführt werden.[396] Ergriff das Wahlvolk dagegen direkt die Initiative, mussten sich zehn Prozent aller Stimmberechtigten am Volksbegehren beteiligen. Kam es daraufhin zu einer unveränderten Annahme des Gesetzentwurfs, war dem Volk jede weitere plebiszitäre Entscheidung genommen.[397] Ebenso konnte ein Reichstagsbeschluss nur dann außer Kraft gesetzt werden, wenn sich über fünfzig Prozent der Wahlberechtigten an der Abstimmung beteiligten; dies galt auch für Verfassungsänderungen.[398]

Plebiszite waren demnach nur als Korrektiv der vom Repräsentativorgan beschlossenen Gesetze gedacht. Man wollte die Regierbarkeit des Staates sichern, indem man bestimmte Angelegenheiten einer unmittelbaren Einflussnahme durch das Volk entzog.[399] Dementsprechend waren Volksabstimmungen in der Staatspraxis eine Seltenheit.[400]

---

[392] Zu diesem Demokratieverständnis *Richard Thoma*, in: Anschütz/Thoma (Hrsg.), HbDStR, Bd. I, 1930, S. 194 f. sowie *Leo Wittmayer*, Die Weimarer Reichsverfassung, S. 38 ff. in kritischer Auseinadersetzung mit den damals vertretenen Demokratietheorien.

[393] *Werner Hartwig* sprach insoweit von einer nur „indirekten Initiative" des Volks, in: Volksbegehren und Volksentscheid, Berlin 1930, S. 18.

[394] Art. 73 Abs. 2 WRV.

[395] Art. 74 Abs. 3 S. 1 bzw. S. 4 WRV.

[396] Art. 73 Abs. 2 WRV.

[397] Art. 73 Abs. 3 Abs. 3 S. 1 bzw. S. 4 WRV

[398] Art. 75 und Art. 76 Abs. 1 S. 3 WRV.

[399] So konnte nur der Reichspräsident über den Haushaltsplan, Abgaben- und Besoldungsangelegenheiten einen Volksentscheid anordnen; ein Volksbegehren war unzulässig, Art. 73 Abs. 3 und 4 WRV.

[400] Konflikte zwischen dem Reichstag und dem Reichsrat wurden nie durch Volksentscheid beigelegt und auch in den übrigen Fällen waren Referenden eher die Seltenheit; hierzu *Otto Koellreutter*, Die politischen Parteien im modernen Staat, 1926, S. 62 sowie *Gerhard Anschütz*, Die Verfassung des deutschen Reichs, 14. Aufl. 1933, Art. 73 Anm. 11, der darauf hinwies, dass das „Volksgesetzgebungsverfahren" des Art. 73 Abs. 3 WRV bis zum Jahr 1929 in sieben Fällen eingeleitet wurde, aber jedes Mal erfolglos war.

Der Vorrang der repräsentativen Demokratie folgte auch aus der Stellung des Abgeordneten, der im Mittelpunkt der demokratischen Entscheidungsfindung stand.[401]

Nach dem Abschnitt in der Verfassung über das Verhältnis des Reichs zu den Ländern,[402] folgt von den vier ausdrücklich aufgeführten Verfassungsorganen als erstes der Reichstag. Systematisch steht das Parlament gemäß seiner herausragenden Stellung als Träger der Souveränität noch vor dem Reichspräsidenten, der Reichsregierung und dem Reichsrat.[403]

Auch der zweite Abschnitt des ersten Hauptteils regelt zuerst die Rechtsstellung des Abgeordneten. Artikel 21 der Reichsverfassung bestimmt, dass die Abgeordneten Vertreter des ganzen Volkes, nur ihrem Gewissen unterworfen und an Aufträge nicht gebunden sind. Mit der Statuierung der völligen Unabhängigkeit der Abgeordneten entschied sich die Verfassung sowohl gegen die totale Kontrolle der Abgeordneten durch die Parteien als auch gegen ein rätedemokratisches System.[404]

c) Die Vorkehrungen der Weimarer Reichsverfassung zum Schutz des Repräsentativsystems und der parlamentarischen Demokratie

Nach der Weimarer Reichsverfassung sollte einer Instrumentalisierung des Parlaments durch die Parteien vorgebeugt werden. Dieses Idealbild einer möglichst bedachten von parteipolitischen Interessen freien Politik war für die Weimarer Zeit prägend.

Aufgrund der durch das Verhältniswahlsystem bedingten Bildung von Splitterparteien und der Unfähigkeit zu parteiübergreifenden Kompromissen, konnten sich die Regierungen auf keine zuverlässigen Mehrheiten stützen. Dies hatte zur Folge, dass sämtliche sieben Reichstage vorzeitig vom Reichspräsidenten aufgelöst wurden.

Diese Entwicklung führte vor allem in den Endjahren der Weimarer Republik zu dem System der Präsidialkabinette, da die Regierbarkeit des Staates nur noch mit Hilfe der diktatorischen Befugnisse des Art. 48 WRV aufrecht erhalten werden konnte. Angesichts solcher Machtverschiebungen auf die Exekutive ist es verständlich, dass in der damaligen Staatsrechtswissenschaft eine Rückbesinnung der Parteien auf übergeordnete Reichsinteressen gefordert wurde.[405]

---

[401] Hierzu *Otto Koellreutter*, a. a. O. (Fußn. 400), S. 62 ff., der von einem Widerspruch zwischen dem Parteienstaat und der in Art. 21 WRV zum Ausdruck kommenden Unabhängigkeit der Abgeordneten ausging.

[402] Dazu unten § 2 VII 3.

[403] Zur Volkssouveränität unter der Weimarer Reichsverfassung *Leo Wittmayer*, Die Weimarer Reichsverfassung, 1922, S. 38 ff., der die programmatische Bedeutung des Art. 1 Abs. 2 WRV in systematischer Hinsicht herausstellt; zum Reichstag als Träger der Volkssouveränität auch *Friedrich Giese*, Deutsches Staatsrecht, 1930, S. 120.

[404] *Gerhard Anschütz* (oben Fußn. 400), Art. 21 Anm. 2 und 3; kritisch hierzu *Otto Koellreutter* (oben Fußn. 400), S. 65, der die Einflussnahme der Parteien auf ihre Abgeordneten mit dem Rätesystem der sowjetischen Verfassung gleichsetzte.

[405] Stellvertretend für die damals geäußerte Kritik an der „Parteimaschine“ *Otto Koellreutter*, ebenda, S. 50. Differenzierter *Carl Schmitt*, Verfassungslehre, 4. Aufl. 1928, S. 247 f., nach dessen Auffassung

aa) Der Abgeordnete als Träger eines freien Mandats

Die Verfassung stärkte die Stellung des Abgeordneten, indem sie seine Weisungsfreiheit und Unabhängigkeit von Parteien und sonstigen Interessenverbänden festschrieb.[406] Seine Entschlussfreiheit galt nicht nur gegenüber der Partei oder Parteienkoalition, der er angehörte, sondern auch im Verhältnis zum Wähler.

Neben seinem Gewissen war er dem Wohl des Gesamtvolks verpflichtet. Auf diese Weise sollte eine Monopolmacht der Parteien und Instrumentalisierung des Parlaments zugunsten parteipolitischer Interessen verhindert werden. Seine Organstellung[DM37] schrieb ihm vor, als Vertreter[407] des ganzen Volks stets die Interessen des Staates im Auge zu behalten.

Die verfassungsrechtlich verbürgte Weisungsfreiheit der Abgeordneten sollte ein Gegengewicht zur aufkommenden pluralistischen Gesellschaftsstruktur darstellen. Auch wenn der Abgeordnete in der Regel von der politischen Partei abhängig war, die ihn auf ihre Liste gesetzt hatte, verblieb dem Parlamentarier ein Restbereich von Entscheidungsfreiheit, von dem er in Konfliktfällen Gebrauch machen konnte.[408] So verlor er beispielsweise nicht sein Mandat, wenn er aus der Partei ausgeschlossen worden war.[409]

bb) Der Reichspräsident als „Hüter" der Verfassung und sein Recht zur Ernennung und Entlassung der Reichsregierung

Des Weiteren sollte der Reichspräsident als Bestandteil einer starken Exekutive ein neutrales Gegengewicht zum parteienbeherrschten Reichstag bilden. Dies galt auch gegenüber dem Reichsrat, dessen partikulare Bestrebungen er ausgleichen sollte.

Trotz seiner weitreichenden, teils diktatorischen, Befugnisse fügte sich der Reichspräsident in die demokratische Ordnung ein. Während der Kaiser nach der Verfassung von

---

Parteien gerade dadurch gekennzeichnet sind, dass sie „außerhalb jeder magistratischen Organisation" stehen und ihre negative Erwähnung in der Verfassung ein „eigenartiges beamtenstaatliches Element" darstelle, wenn es in Art. 130 WRV heiße: „Die Beamten sind Diener der Gesamtheit, nicht einer Partei".

406 Art. 21 WRV.

407 Der von der Verfassung selbst gebrauchte Begriff ist eher widersprüchlich, da der Vertreter den Grenzen seiner Vertretungsmacht unterliegt, *Friedrich Giese*, Die Verfassung des deutschen Reiches, 2. Aufl. 1920, Art. 21 Anm. 2; zur Repräsentation auch *Fritz Poetzsch-Heffter*, Handkommentar der Reichsverfassung, 3. Aufl. 1928, Art. 21 Anm. 2.

408 *Gerhard Anschütz* (oben Fußn. 400), Art. 21 Anm. 2; *Friedrich Giese*, (oben Fußn. 407), Art. 21 Anm. 2; *Carl Schmitt*, Verfassungslehre, 1928, S. 262; *Heinrich Triepel*, Die Staatsverfassung und die politischen Parteien, 1928, S. 31 ff.; zum Widerspruch zwischen Parteienstaat und Art. 21 WRV auch *Gustav Radbruch*, in: Anschütz/Thoma (Hrsg.), HbDStR, Bd. 1, 1930, S. 292 f.

409 Vor allem die radikaleren Parteien versuchten ihre Abgeordneten schon im Voraus zu binden, indem die angehenden Parlamentarier Blankoerklärungen unterschreiben mussten, in denen sie für den Fall, dass sie gegen Weisungen der Partei handelten, ihren Mandatsverzicht erklärten. Zur Ungültigkeit solcher Voraberklärungen *Gustav Radbruch* (oben Fußn. 408), S. 291.

1871 „von Gottes Gnaden" eingesetzt[410] und von jeglicher staatsrechtlicher Verantwortlichkeit frei war,[411] ging die Legitimation des Reichspräsidenten auf das Volk zurück, aus dem er in direkter Wahl hervorgegangen war. Darüber hinaus konnte er wie die Mitglieder der Reichsregierung vor dem Staatsgerichtshof zur Rechenschaft gezogen werden.[412] Der Reichspräsident war zweites Repräsentativorgan im Staatsaufbau. Aufgrund seiner Vermittlerstellung zwischen dem Reichstag und dem Wahlvolk sowie zwischen Reichstag und Reichsrat wurde er auch als „Hüter der Verfassung" bezeichnet.[413]

Der Umfang selbständiger Entscheidungsbefugnisse des Reichspräsidenten war schon in der Weimarer Staatsrechtslehre umstritten.

So wurde zum Teil die Auffassung vertreten, dass die Ernennung und Entlassung des Kabinetts durch das Staatsoberhaupt lediglich formal-rechtliche Bedeutung habe. Dies wurde daraus geschlossen, dass die Wirksamkeit der Anordnungen des Reichspräsidenten von der Gegenzeichnung durch den Kanzler oder die zuständigen Minister abhängig war.[414] Auch habe er die Pflicht, die vom Reichstag beschlossenen Gesetze zu verkünden und auszufertigen,[415] so dass er keinen eigenen politischen oder staatsrechtlichen Handlungsspielraum habe.

Diese Auffassung verkennt jedoch die Mittlerstellung, die der Reichspräsident zwischen den Verfassungsorganen und dem Volk einnahm. Wenn sein Recht, das Kabinett zu berufen, keine eigenständige Bedeutung gehabt hätte, wäre es möglich gewesen, dass sich die Regierung selbständig aus der jeweiligen parlamentarischen Mehrheit konstituierte. Zwar wird in der Regel anzunehmen sein, dass sich der Präsident nach dem Willen des Parlaments richtete, zumal ein Kabinett ohne zuverlässige Mehrheitsbasis von vornherein zum Scheitern verurteilt war. Doch war es auch denkbar, dass er für eine Übergangszeit eine Minderheitenregierung einsetzte, wenn sich die „großen" Parteien auf kein Kabinett einigen konnten, um auf diese Weise die vorläufige Regierbarkeit des Staates zu sichern.[416]

---

[410] Die Verkündungsformel täuschte darüber hinweg, dass dem preußischen König vom verfassungsgebenden Reichstag die Kaiserwürde angetragen worden war; vgl. den in Fußn. 250 abgedruckten Wortlaut, S. 46.

[411] Politisch und staatsrechtlich verantwortlich war nur der Reichskanzler als einziger kaiserlicher Minister, vgl. oben § 2 V 1 c) dd) mit Fußn. 218.

[412] Art. 59 WRV.

[413] *Carl Schmitt*, Der Hüter der Verfassung, 2. Aufl. 1969, S. 159; zur Stellung des Reichspräsidenten als zweites Repräsentativorgan neben dem Reichstag *Friedrich Giese*, Deutsches Staatsrecht, 1930, S. 121 und S. 136 f.

[414] Art. 53 WRV; *Friedrich Giese* (oben Fußn. 407), Art. 53 Anm. 4; *Richard Thoma*, in: Anschütz/Thoma (Hrsg.), HbDStR, Bd. I, 1930, S. 505; a. A. *Heinrich Pohl*, in: Anschütz/Thoma (Hrsg.), HbDStR, Bd. 1, 1930, S. 487 ff.; *ders.* zur Auflösungsbefugnis nach Art. 25 Abs. 1 WRV, S. 486; eher differenzierend *Gerhard Anschütz* (oben Fußn. 400), Art. 53 Anm. 1.

[415] Art. 70 WRV; für ein formelles, jedoch gegen ein materielles Prüfungsrecht *Gerhard Anschütz*, ebenda, Art. 70 Anm. 1 f. sowie *Heinrich Triepel*, AöR 39 (1920), 456 (536 f.) jeweils m. w. N.; ein formelles *und* materielles Prüfungsrecht nahm hingegen *Heinrich Pohl* an, a. a. O. (Fußn. 414), S. 500 ff., mit der Begründung, dass der Reichspräsident eine „Rechtsschutztätigkeit von begrenzter und grundsätzlich vorläufiger Wirkung" ausübe.

[416] Diesem eher pragmatischen Ansatz folgend *Gerhard Anschütz* (oben Fußn. 400), Art. 53 Anm. 1 f.

Das Recht des Reichspräsidenten zur Ernennung und Entlassung des Kabinetts war die Kehrseite seiner Befugnis, den Reichstag aufzulösen.[417] Auch dieses Recht sollte in Krisenzeiten die Regierbarkeit des Staates wiederherstellen.

Obwohl die Anordnungen des Reichspräsidenten nach wie vor der Gegenzeichnung bedurften, war es dem Staatsoberhaupt jederzeit möglich, den Reichstag aufzulösen. Notfalls konnte er die Regierung so lange entlassen bis sich ein Reichskanzler fand, der die Auflösungsanordnung unterschrieb.[418] Die Folge einer Parlamentsauflösung war, dass spätestens nach zwei Monaten Neuwahlen stattzufinden hatten, so dass letztlich wieder das Volk die Entscheidung über die Zusammensetzung der künftigen Regierung treffen konnte.

In der Weimarer Reichsverfassung leitete auch der Präsident als oberstes Exekutivorgan des Reichs seine Legitimation unmittelbar vom Volk her. Auch wenn das Staatsoberhaupt nur unter erschwerten Bedingungen abgesetzt werden konnte, lag die endgültige Entscheidung beim Volk. Dem Plebiszit musste ein mit Zwei-Drittel-Mehrheit gefasster Beschluss des Reichstags vorangehen.[419] Bestätigte das Volk nicht den Absetzungsantrag des Reichstags, hatte dies die Auflösung des Parlaments zur Folge, weil davon auszugehen war, dass die Volksvertretung nicht mehr den Willen des Volks repräsentierte. Die Ablehnung der Absetzung des Reichspräsidenten galt als Neuwahl durch das Volk, so dass eine neue siebenjährige Amtszeit des Staatsoberhaupts begann.[420] Damit trug letzten Endes der Reichstag das Risiko einer gescheiterten Abwahl. Dies und die hohen Voraussetzungen an eine Absetzung stärkten die Position des Reichspräsidenten gegenüber dem Parlament.

Nicht nur für den Fall, dass die Regierung ihren parlamentarischen Rückhalt verlor, sondern auch für die Situation, dass die Regierung in völlige Abhängigkeit zum Parlament geriet, sollte der Reichspräsident durch eine Auflösung des Parlaments eingreifen. Denn denkbar war auch, dass der Reichstag der Regierung solange das Vertrauen entzog, bis sie sich seinem Willen „beugte“. Auf diese Weise sollte die funktionelle Unabhängigkeit der Regierung vom Parlament als „echter Parlamentarismus“ verwirklicht werden.[421] Nach dem Grundgedanken der Verfassung sollte die Exekutive trotz ihrer Abhängigkeit vom Vertrauen des Parlaments kein bloßer Vollzugsausschuss des Reichstags

---

[417] Art. 25 Abs. 1 WRV.

[418] Zu dieser Möglichkeit *Fritz Poetzsch-Heffter*, Handkommentar der Reichsverfassung, 3. Aufl. 1928, Art. 25 Anm. 2, der in der Auflösung ein Mittel sah, dem „Volkswillen gegenüber einem entarteten Parlamentswillen zum Siege zu verhelfen“.

[419] Art. 43 Abs. 2 S. 2 WRV; auch hieraus geht die Entscheidung der WRV für die repräsentative Demokratie hervor; hierzu oben § 2 VII 2 b) bei Fußn. 392 ff.

[420] Art. 43 Abs. 2 S. 4 WRV.

[421] *Heinrich Triepel*, Der Hüter der Verfassung, 2. Aufl. 1969, S. 130 f. und S. 139 f.; zur Funktionentrennung von Regierung und parlamentarischer Mehrheit auch *Richard Thoma*, in: Anschütz/Thoma (Hrsg.), HbDStR, Bd. I, 1930, S. 505; zur Obstruktion durch die parlamentarische Mehrheit *Ernst Rudolf Huber*, Deutsche Verfassungsgeschichte, Bd. VI, 1981, S. 333 ff. mit Bezug auf destruktive Misstrauensvoten.

sein. Diese verfassungsrechtliche Wertung kam auch in der Richtlinienkompetenz des Reichskanzlers und der eigenständigen Ressortverantwortlichkeit der Minister[422] zum Ausdruck. Nach Art. 54 WRV war die Amtsführung insgesamt vom Vertrauen des Parlaments abhängig, so dass die Volksvertretung auf die personelle Frage beschränkt war, ob sie der Regierung oder einem ihrer Mitglieder das Vertrauen entzog. Damit waren konkrete politische Fragen, die der Richtlinienkompetenz des Kanzlers bzw. der Ressortverantwortlichkeit der Minister unterfielen, vom Einfluss des Reichstags ausgeschlossen.[423][MD38]

Bezugspunkt für das Gleichgewicht zwischen Reichstag und Reichsregierung war somit stets das Volk. So wie das Volk vom Reichspräsidenten nach einer Auflösung des Reichstags angerufen werden konnte, konnte sich der Reichstag mit seinem Absetzungsbegehren an die Wähler wenden. Damit wurde dem Wählerwillen in Konfliktsituationen eine entscheidende Rolle zugewiesen.

d) Zwischenergebnis

Die letzte Entscheidung im verfassungspolitischen Konfliktfall lag – zumindest theoretisch – nicht bei den Parteien, sondern ausschließlich beim Volk, gleichgültig, ob Plebiszite auf Initiative des Reichspräsidenten, des Reichstags, Reichsrats oder der Wähler selbst angeordnet wurden. Hierbei nahm der Reichspräsident eine Vermittlerposition ein. Das Staatsoberhaupt stellte als zweites Repräsentativorgan das parteipolitisch neutrale Gegengewicht zur Volksvertretung dar. An die Stelle des zur Repräsentation unfähig gewordenen Parlaments sollte im Fall einer durch die Parteien verursachten Verfassungsstörung die präsidiale Repräsentation durch das Staatsoberhaupt treten: Im verfassungspolitischen Grenzfall übertrug die Weimarer Verfassung dem Reichspräsidenten die Repräsentation des Volkes.

Der Grund für diese Konzeption lag in einem grundsätzlichen Misstrauen gegenüber den Parteien, die in der Weimarer Verfassung nur an einer Stelle und dort auch nur im negativen Sinn erwähnt wurden.[424][MD39] Gemeinwohl und Parteiinteressen schlossen sich

---

[422] Art. 56 WRV.

[423] *Fritz Poetzsch-Heffter*, Handkommentar der Reichsverfassung, 3. Aufl. 1928, Art. 56 Anm. 1 b; eher differenzierend *Fritz Stier-Somlo*, Deutsches Reichs- und Landesstaatsrecht, Bd. I, 1924, S. 103 f., der auf den gewaltenverbindenden Charakter der parlamentarischen Demokratie hinwies. Zur Beschränkung der Regierungsmehrheit auf die „Vertrauensfrage" *Carl Bilfinger*, AöR 55 / N.F. 16 (1929), S. 416 (439 f.).

[424] Art. 130 Abs. 1 WRV bestimmte: „Die Beamten sind Diener der Gesamtheit, nicht einer Partei.". Indes setzte sich allmählich die Auffassung durch, dass die Parteien staatsbildende Kräfte darstellten, so *Richard Schmidt*, Allgemeine Staatslehre I, 1901, S. 243 ff. beziehungsweise „organische Gliederungen des Parlaments", so *Gustav Radbruch*, in: Anschütz/Thoma (Hrsg.), HbDStR, Bd. 1, 1930, S. 292; allgemeiner *Hans Nawiasky*, Die Zukunft der politischen Parteien, 1924, der von den Parteien als „notwendige[n] Erscheinung[en] des sozialen Lebensprozesses" ausging, S. 22. Vgl. auch *Otto Koellreutter*, Die politischen Parteien im modernen Staat, 1926, S. 62, der kritisierte, dass der Grundsatz der Volkssouve-

nach einer damals weit verbreiteten Meinung aus.[425] Man hielt es für erforderlich, einer „absoluten Parteienherrschaft" in Parlament und Regierung entgegenzuwirken, indem im Zweifelsfall das Volk durch Plebiszit entschied.

3. Der Wandel der Bundesstaatlichkeit unter der Weimarer Reichsverfassung

Überwog nach der Grundkonzeption der Bismarckschen Reichsverfassung noch das bündische Element, traten unter der Weimarer Reichsverfassung die föderativen Grundlagen zurück.

a) Der Bedeutungszuwachs des Reichstags

Mit der Verankerung der Volkssouveränität in der Verfassung geriet das Parlament immer mehr in den Mittelpunkt staatlicher Willensbildung.

Während das Parlament im konstitutionellen Verfassungssystem höchstens als Beschränkung der Exekutive gedacht gewesen war, bildete es unter der Weimarer Reichsverfassung den Mittelpunkt des Staates.[426] Die Volksvertretung der Reichsverfassung von 1871 hatte als Gegengewicht zur Regierung lediglich eine Kontrollinstanz im Sinne der „checks and balances" dargestellt. Diese Zweiteilung wurde nun durch die parlamentarische Demokratie durchbrochen, da die Reichsregierung aus der parlamentarischen Mehrheit hervorging. Eine Kontrolle der Regierung durch das Parlament war nur noch in eingeschränktem Maße möglich, da Kontrollierte und Kontrolleure aus derselben politischen Gruppierung stammten.[427]

Träger der Souveränität waren nicht mehr die im Bundesrat vertretenen Gliedstaaten. Vielmehr ging die Staatsgewalt vom Volk in seiner Gesamtheit aus, so dass der Reichstag zum Träger der Souveränität wurde.[428]

---

ränität des Art. 1 Abs. 2 WRV durch die tatsächliche Bedeutung der Parteien unterlaufen werde. Ein instruktiver Überblick findet sich bei *Heinrich Triepel*. Er beschrieb die Entwicklung der Parteien von einem Stadium der Bekämpfung und nachfolgenden Ignorierung über eine Periode der Anerkennung und Legalisierung bis hin zu ihrer verfassungsmäßigen Inkorporation; *ders.*, in: Die Staatsverfassung und die politischen Parteien, 2. Aufl. 1930, S. 12 und S. 28 ff (zur Organstellung der Parteien).

[425] Vgl. statt vieler *Otto Koellreutter* (oben Fußn. 424), passim sowie *Hans Nawiasky*, nach dessen Ansicht die „Parteiung schwere Gefahren... in sich birgt", da „Zielpunkt ihrer Bestrebungen nicht die Interessen der Bevölkerung als Ganzes" seien, a. a. O. (Fußn. 424), S. 22.

[426] Vgl. den rechtshistorischen Vergleich bei *Hans Nawiasky*, Grundprobleme der Reichsverfassung, 1928, S. 35 f. und S. 42 f. sowie zur BRV oben § 2 V 1 a).

[427] Hieraus zog man zum Teil die Konsequenz, dass es sich bei der Regierung nur um einen „Ausschuss des Parlaments" handelte; hiergegen *Carl Schmitt*, Verfassungslehre, 1928, S. 341 mit ausführlichen Nachweisen.

[428] Vgl. oben § 2 VII 2 b) bei Fußn. 380.

Während die Exekutive im Kaiserreich noch aus dem Staatsoberhaupt, dem Bundesrat und dem Reichskanzler bestanden hatte, konstituierte sich die Regierung nunmehr aus der Volksvertretung. Die Festschreibung der schon unter der Bismarckschen Reichsverfassung eingeführten parlamentarischen Demokratie[429] hatte zur Folge, dass Regierte und Regierende teilidentisch waren. Die Regierung stand und fiel mit der jeweiligen Koalitionsmehrheit im Reichstag. Somit stützte sich die Exekutive nicht mehr auf den föderativen Bundesrat, sondern auf den unitarischen aus dem Gesamtvolk hervorgehenden Reichstag, wodurch das Länderorgan endgültig an Bedeutung verlor.[MD40].[430]

b) Die fortschreitende Unitarisierung in der Gesetzgebung

Auch hinsichtlich der Staatsfunktionen der Legislative, Exekutive, Judikative verschob sich das Schwergewicht der Kompetenzen in Richtung Gesamtstaat.

aa) Die konkurrierende Gesetzgebungszuständigkeit von Reich und Ländern

Die in Art. 7 WRV geregelte konkurrierende Gesetzgebungszuständigkeit von Reich und Ländern wurde im Vergleich zur Bismarckschen Reichsverfassung erweitert, indem zusätzlich vier Titel in den Katalog aufgenommen wurden.[431] Die übernommene Unterscheidung zwischen ausschließlicher Reichszuständigkeit und konkurrierender Reichs- und Länderkompetenz wurde durch zwei Sonderfälle konkurrierender Zuständigkeit[432] ergänzt: Hinzu kamen die Bedarfs- und die Grundsatzgesetzgebung. Die in Art. 9 WRV geregelte Bedarfsgesetzgebung umfasste mit der Wohlfahrtspflege und dem Schutz der öffentlichen Sicherheit und Ordnung einen weiten Kompetenzbereich.[433]

Gerade dem Begriff der Wohlfahrtspflege unterfiel eine unüberschaubare Anzahl von Materien, so dass das Reich seine Kompetenzen beliebig weit ausdehnen konnte.[434]

---

[429] Vgl. nur § 2 V 2 f).

[430] *Hans Nawiasky*, Grundprobleme der Reichsverfassung, 1928, S. 42 f.

[431] Ein ausführlicher Überblick findet sich bei *Gerhard Anschütz*, Die Verfassung des deutschen Reichs, 14. Aufl. 1933, Art. 7 Anm. 3.

[432] Zu dieser Systematik *Gerhard Lassar*, in: Anschütz/Thoma (Hrsg.), HbDStR, Bd. 1, 1930, S. 305 ff. und *Leo Wittmayer*, Die Weimarer Reichsverfassung, 1922, S. 179.

[433] So wies *Friedrich Giese* bezüglich des „Schutzes der öffentlichen Ordnung und Sicherheit" auf die Kompetenzverschiebung hin; diese bisher „ausschließliche" Gesetzgebungszuständigkeit der Länder fiel nun nach Art. 10 Nr. 2 WRV in die des Reichs, *ders.*, in: Die Verfassung des deutschen Reiches, 2. Aufl. 1920, Art. 9 Anm. 4. Zum Begriff der Wohlfahrtspflege *ders.*, ebenda, Anm. 3: Hierbei handelte es sich um „jede positive Förderung des Wohles der Bevölkerung durch zwanglose staatliche (gemeindliche) oder private Tätigkeit". Ähnlich *Gerhard Lassar*, oben Fußn. 418, S. 308, der betonte, dass die sich die Kompetenzbestimmung des Art. 10 Nr. 1 WRV „nicht auf die engere Bedeutung dieses Wortes im sozialpolitischen Sinne beschränkt".

[434] So *Gerhard Anschütz*, Die Verfassung des Deutschen Reichs, 14. Aufl. 1933, Art. 9 Anm. 2, dort mit Fußn. 2, der darauf hinwies, dass „es kaum denkbar [ist], dass eine gesetzgeberische Maßregel sich nicht bei einer der beiden Kategorien „Schutz der öffentlichen Ordnung und Sicherheit" oder „Wohlfahrts-

Ein Bedürfnis nach einer „einheitlichen Vorschrift" im Sinne des Art. 9 WRV bestand in den Fällen, in denen das Nebeneinander nicht übereinstimmender Gesetze über dieselbe Materie Reichsinteressen oder sonstigen erheblichen Allgemeininteressen geschadet hätte.[435] Nach überwiegender Auffassung hatte die Legislative hinsichtlich dieser Voraussetzungen eine Einschätzungsprärogative, die nicht der Kontrolle durch den Staatsgerichtshof unterlag,[436] da es sich nicht um Rechts-, sondern um Ermessensfragen handelte.[437] Während die Generalklausel von der „Pflege der Wohlfahrt des Deutschen Volkes" unter der Bismarckschen Reichsverfassung[438] noch lediglich eine abstrakte Zielsetzung gewesen war, erweiterte der neue Kompetenztitel der „Wohlfahrtspflege" die Zuständigkeiten des Reichs in erheblichem Maße.[439]

Artikel 9 Ziffer 2 WRV wies die bisher traditionell den Ländern vorbehaltene Polizeigewalt dem Reich zu. Hierbei war die Zuständigkeit zum Erlass von Polizeigesetzen nicht auf einzelne Materien begrenzt, sondern umfasste Gesetze beliebigen Inhalts.[440] Die Kompetenz des Reichs wurde dadurch auch auf Gegenstände ausgedehnt, für deren Regelung es sonst nicht zuständig war.[441]

Der grundsätzliche Unterschied zwischen konkurrierender Gesetzgebung und Bedarfsgesetzgebung bestand darin, dass die Verfassung in Bezug auf die konkurrierenden Zuständigkeiten des Art. 7 WRV grundsätzlich vom Bedürfnis einer umfassenden reichseinheitlichen Regelung ausging. Demgegenüber war das Reich nach Art. 9 WRV nur zuständig, „soweit" ein Bedürfnis nach einheitlicher Regelung bestand. Die weit gefasste Kompetenznorm des Art. 9 WRV ermöglichte dem Reich, beliebig viele Regelungsmaterien an sich zu ziehen, anstatt von seiner Kompetenz-Kompetenz Gebrauch zu machen.[442]

---

pflege" unterbringen [lässt]". A. A. *Willibalt Apelt*, Geschichte der Weimarer Reichsverfassung, 2. Aufl. 1964, S. 146 f.

[435] Vgl. statt vieler *Gerhard Anschütz* (oben Fußn. 434), Art. 9 Anm. 1.

[436] So grundsätzlich *Gerhard Lassar*, in: Anschütz/Thoma (Hrsg.), HbDStR, Bd. 1, 1930, S. 307; *Leo Wittmayer*, Die Weimarer Reichsverfassung, 1922, S. 203.

[437] So *Gerhard Anschütz*, a. a. O. (Fußn. 434), Art. 9 Anm. 1, wobei diese Formulierung nach heutigem Rechtsverständnis missverständlich ist, da auch Ermessensfehler Rechtsfehler darstellen. Anders *Gerhard Lassar*, in: Anschütz/Thoma (Hrsg.), HbDStR, Bd. 1, 1930, S. 307 m. w. N., der eine richterliche Überprüfung auch im Fall des Ermessensmissbrauchs für zulässig hielt.

[438] Zu dieser Präambel oben § 2 V 1 c) bb) in Fußn. 189.

[439] In der Nationalversammlung ging man von der Notwendigkeit einer solchen Generalklausel aus, *Fritz Poetzsch-Heffter*, Handkommentar der Reichsverfassung, 3. Aufl. 1928, Art. 9 Anm. 4.

[440] *Gerhard Anschütz*, a. a. O. (Fußn. 434), Art. 9 Anm. 2.

[441] So beispielsweise die Bau-, Wege-, Wasser-, Feld-, Forst-, Jagd- und Fischereipolizei, wobei auch das Polizei*straf*recht in die Zuständigkeit des Reichs fiel, *Gerhard Anschütz* (oben Fußn. 420), Art. 9 Anm. 2 mit Fußn. 1 sowie Art. 7 Anm. 4.

[442] Deswegen bezeichnete *Julius Hatschek*, Deutsches und Preußisches Staatsrecht, Bd. 1, 1930, S. 98, die Vorschrift des Art. 9 WRV als Kompetenz-Kompetenz. Dies war schon nach damaligem Rechtsverständnis im Hinblick auf Art. 76 WRV irreführend; zur Kompetenz-Kompetenz vgl. statt vieler *Carl Schmitt*, Verfassungslehre, 3. Aufl. 1928, S. 103 ff.

Nach der in den Artikeln 10 und 11 WRV geregelten Grundsatzgesetzgebung konnte das Reich allgemeine Richtlinien aufstellen, in deren Grenzen die Länder Gesetze erlassen konnten. Die Beurteilung des Umfangs dieser reichsgesetzlichen Vorgaben unterlag der pflichtgemäßen Ausübung gesetzgeberischen Ermessens und war wie die Frage des Bedürfnisses nach reichseinheitlicher Regelung einer gerichtlichen Überprüfung entzogen.[443] Auf diese Weise konnten Materien wie das Religions-, Schul- und Hochschulwesen sowie das Recht der Landesbeamten grundsätzlich vom Reich geregelt werden.[444]

bb) Die ausschließliche Gesetzgebungszuständigkeit des Reichs und seine ungeschriebenen Gesetzgebungskompetenzen

Die Vorschrift des Art. 6 WRV fasste erstmals die Gegenstände der ausschließlichen Gesetzgebungszuständigkeit zusammen. Darüber hinaus enthielten die Grundrechte zusätzliche Kompetenzzuweisungen an das Reich.[445] Ein Kompetenzzuwachs des Reichs auf dem Gebiet der ausschließlichen Gesetzgebung erfolgte indes nur in beschränktem Umfang.

Das Institut ungeschriebener Reichszuständigkeiten, das schon unter der Verfassung des Norddeutschen Bundes und der Bismarckschen Reichsverfassung bestanden hatte,[446] galt unter der Weimarer Reichsverfassung fort. Bei der Gesetzgebungskompetenz kraft Sachzusammenhangs konnten die ausdrücklich dem Reich zugewiesenen Hauptmaterien nicht ohne die mit ihnen zusammenhängenden Nebengebiete geregelt werden.[447] Andere Materien unterfielen schon begriffsnotwendigerweise, das heißt, kraft Natur der Sache, der Zuständigkeit des Reichs. Dies waren beispielsweise die Haushaltsgesetzgebung, die Gesetzgebung zur Regelung der Rechtsverhältnisse der Reichsbeamten und die Aufsicht über die Ausführung der Reichsgesetze durch die Länder.[448]

---

[443] Auch hier unterschied man zwischen Ermessens- und Rechtsfragen, wobei Rechtsfragen hinsichtlich der Grundsätzlichkeit einer reichsgesetzlichen Regelung justiziabel waren, *Fritz Poetzsch-Heffter*, a. a. O. (Fußn. 439), Art. 10 Anm. 5.

[444] Zur Ausnutzung der konkurrierenden Gesetzgebungskompetenz durch das Reich *Gerhard Lassar*, in: Anschütz/Thoma (Hrsg.), HbDStR, Bd. I, 1930, S. 317 ff. sowie *Fritz Poetzsch-Heffter* (oben Fußn. 439), Art. 10 Anm. 6 ff.; *Ernst Rudolf Huber* weist jedoch darauf hin, dass das Reich hiervon schonend Gebrauch machte, indem es die Kompetenz nicht voll ausschöpfte; *ders.*, in: Deutsche Verfassungsgeschichte, Bd. VI, 1981, S. 409.

[445] So beispielsweise Art. 128 Abs. 3 hinsichtlich der Grundlagen des Beamtenverhältnisses, Art. 138 Abs. 1 für die Grundsätze der an die Religionsgesellschaften zu erbringenden Staatsleistungen, Art. 146 Abs. 2 für die Grundsätze der Einrichtung von Bekenntnisschulen sowie Art. 165 Abs. 6 in Bezug auf die Arbeiter- und Wirtschaftsräte.

[446] Vgl. § 2 V 1 c) cc).

[447] Zur Zuständigkeit des Reichs kraft Sachzusammenhangs *Gerhard Lassar*, in: Anschütz/Thoma (Hrsg.), HbDStR, Bd. I, 1930, S. 310 f.

[448] Zur Reichszuständigkeit kraft Natur der Sache *Gerhard Anschütz*, in: Anschütz/Thoma (Hrsg.), HbDStR, Bd. I, 1930, S. 367; *Fritz Poetzsch-Heffter* (oben Fußn. 439), Vorbem. 2 zu den Artt. 6-12.

Den Ländern blieben nur noch wenige Sachgebiete, zu deren Regelung sie befugt waren. Das waren im Wesentlichen die Landesverfassungen, die Gegenstände der Grundsatzgesetzgebung des Reichs, die Landesverwaltung und einzelne Materien wie das Wasserrecht, die Regelung der Land- und Forstwirtschaft sowie das Jagdwesen.[449] Hinzu kam die innere Verwaltung, das Beamtenrecht soweit dessen Grundsätze nicht schon durch das Reich normiert waren,[450] das Kommunalrecht sowie die Rechtsverhältnisse der Kirchen und das Schulrecht, soweit dies die Grundsatzgesetzgebung des Reichs zuließ.[451]

cc) Die Verwaltung und Rechtsprechung[MD41]

Eine vergleichbare Entwicklung zeichnete sich auf dem Gebiet der Verwaltung ab. Zwar hatten grundsätzlich die Länder die Kompetenz, neben den eigenen Gesetzen die Gesetze des Reichs auszuführen. Doch machte das Reich von der Möglichkeit, eigene Behörden durch einfaches Gesetz zu errichten,[452] in großem Umfang Gebrauch.[453] Damit setzte sich auch auf dem Gebiet der Verwaltung eine Unitarisierung fort, die schon unter der Bismarckschen Reichsverfassung begonnen hatte.

Hatte sich das Reich zuvor die preußische Hegemonie nutzbar gemacht, indem es auf den preußischen Behördenapparat zurückgriff, war es nach dem Wegfall der preußischen Vorherrschaft gezwungen, den Aufbau eigener Behörden voranzutreiben. Diese Einrichtung neuer Reichsbehörden auf einfachgesetzlicher Grundlage beschnitt die Verwaltungshoheit der Länder.[454]

---

[449] *Gerhard Lassar*, in: Anschütz/Thoma (Hrsg.), HbDStR, Bd. I, 1930, S. 311; vgl. auch die Aufzählung bei *Fritz Poetzsch-Heffter* (oben Fußn. 439), Art. 5 Anm. 11.

[450] Hierzu war das Reich infolge der Ermächtigung des Art. 128 Abs. 3 WRV befugt.

[451] Die in den Art. 142 ff. WRV normierten Grundsätzen des Schulwesens waren nur durch ein Grundschulgesetz reichsgesetzlich geregelt. Die staatskirchenrechtlichen Grundsätze der Artt. 135 ff., 173 WRV wurden vom Reich lediglich durch Feiertagsgesetze und das Gesetz über die religiöse Kindererziehung näher ausgestaltet, *Gerhard Anschütz*, Die Verfassung des Deutschen Reichs, 14. Aufl. 1933, Art. 10 Anm. 4, unter Hinweis darauf, dass diese Grundsätze schon durch die Verfassung selbst konkretisiert wurden.

[452] Art. 14 WRV.

[453] Skeptisch *Leo Wittmayer*, Die Weimarer Reichsverfassung, 1922, S. 221 ff.; zu einer eher positiven Beurteilung kommend *Gerhard Lassar*, in: Anschütz/Thoma (Hrsg.), HbDStR, Bd. 1, 1930, S. 311 unter Nennung besonderer Verwaltungszuständigkeiten; Beispiele auch bei *Fritz Poetzsch-Heffter*, a. a. O. (Fußn. 439), Art. 14 Anm. 3 d.

[454] Hiernach waren grundsätzlich die Länder zum Vollzug der Reichsgesetze befugt, Art. 14 WRV. Diese Bestimmung wurde vereinzelt als direkte Nachfolgerin der Vorschrift des Art. 4 BRV gesehen, aus der die vorrangige Verwaltungszuständigkeit der Länder folgte, so *Leo Wittmayer*, Die Weimarer Reichsverfassung, 1922, S. 222; zur Verwaltungshoheit der Länder unter der BRV und der WRV auch *Gerhard Anschütz*, in: Meyer/Anschütz, Lehrbuch des deutschen Staatsrechts, 7. Aufl. 1919, S. 262 mit Anm. 11 sowie *ders.*, in: *Gerhard Anschütz*, Die Verfassung des Deutschen Reichs, 14. Aufl. 1933, Art. 14 Anm. 1.

In den Fällen, in denen die Länder für den Vollzug der Reichsgesetze zuständig waren, konnten sie die Einzelheiten der Verwaltung selbst regeln.[455] Hierbei waren sie an die Beschränkungen gebunden, die sich aus der Geltung der Grundrechte, der Reichsausführungsverordnungen, der mit Zustimmung des Reichsrats erlassenen allgemeinen Verwaltungsvorschriften und der Reichsbestimmungen über die Organisation der Landesverwaltungen ergaben.[456][MD42]

Neben die beiden Grundformen der reichseigenen Verwaltung und der Verwaltung durch die Länder traten die Zwischenformen der Reichs- und Landesauftragsverwaltung, die nicht in der Verfassung vorgesehen waren. Diese Sonderformen hatten nicht zuletzt Auswirkungen auf den Umfang der Vollzugsaufsicht:

Der verfassungsrechtliche Normalfall war die *abhängige* Aufsicht des Reichs über den Vollzug seiner Gesetze durch die Länder,[457] die durch seine Befugnis, Beauftragte in die Länder zu entsenden[458] und das Recht zur Exekution[459] ergänzt wurde. Vollzogen jedoch die Länder Gesetze im Auftrag des Reichs, war es nicht auf die Erteilung allgemeiner Weisungen beschränkt, sondern konnte Anordnungen für den Einzelfall erlassen,[460] wodurch die Verwaltungskompetenz der Länder weiter beschnitten wurde.

Im Rahmen der Landesauftragsverwaltung übertrugen die Länder von sich aus Gebiete, die eigentlich ihrer Verwaltungszuständigkeit unterfielen, auf das Reich.[461]

Und auch über Materien, hinsichtlich derer zwar noch keine Reichsgesetze bestanden, die aber von ihm hätten geregelt werden *können*, wachte das Reich im Wege der Aufsicht.[462] Maßstab dieser *selbständigen* Aufsicht war eine allgemeine Rechtskontrolle. Neben verfassungsrechtlichen bzw. einfachgesetzlichen Vorschriften richtete sich diese nach Prinzipien, die aus dem besonderen bundesstaatlichen Verhältnis zwischen Reich

---

[455] *Gerhard Lassar*, in: Anschütz/Thoma (Hrsg.), HbDStR, Bd. I, 1930, S. 311.

[456] *Gerhard Lassar*, ebenda.

[457] Hierbei handelte es sich um die in Art. 15 Abs. 1 WRV geregelte abhängige Aufsicht; zur Aufsicht unter der BRV siehe bereits oben § 2 V 1 c) bb) mit Fußn. 197 sowie zur Rechtslage unter der WRV *Gerhard Anschütz*, in: Anschütz/Thoma (Hrsg.), HbDStR, Bd. I, 1930, S. 365 und 367 ff.; zur Unterscheidung von abhängiger und selbständiger Aufsicht *ders.*, in: Die Verfassung des Deutschen Reichs, 14. Aufl. 1933, Art. 15 Anm. 1 a sowie *Fritz Poetzsch-Heffter*, Handkommentar der Reichsverfassung, 3. Aufl. 1928, Art. 15 Anm. 3.

[458] Art. 15 Abs. 2 WRV.

[459] Art. 48 Abs. 1 WRV; zu den Zusammenhängen von Reichsaufsicht und Reichsexekution *Gerhard Anschütz*, in: Anschütz/Thoma (Hrsg.), HbDStR, Bd. I, 1930, S. 377 ff.

[460] Die Zulässigkeit der Reichsauftragsverwaltung wurde ebenfalls aus Art. 14, 2. HS WRV hergeleitet und führte zu einem unmittelbaren Unterordnungsverhältnis der Landesverwaltungen unter die obersten Reichsbehörden, *ders.* (oben Fußn. 459), S. 374.

[461] Hierzu mit Bezug auf die Steuerverwaltung *Ottmar Bühler*, in: Anschütz/Thoma (Hrsg.), HbDStR, Bd. I, 1930, S. 341 f. und *Hans Nawiasky*, Grundprobleme der Reichsverfassung, 1928, S. 31 sowie allgemein *Gerhard Lassar* (oben Fußn. 455), S. 315.

[462] *Gerhard Anschütz*, a. a. O. (Fußn. 459), S. 369 ff.

und Ländern hervorgingen. Diese fanden ihren Ausdruck in ungeschriebenen Rechtsgrundsätzen wie der „Bundespflicht“ bzw. „Bundestreue" dem „Wohl der Gesamtheit im Reiche“ und der „Beachtung der allgemeinen Reichsinteressen durch die Länder in Gesetzgebung und Verwaltung“.[463]Angesichts dieser weit auslegbaren Generalklauseln, die hauptsächlich der Verteidigung allgemeiner Reichsinteressen dienten, war es dem Gesamtstaat jederzeit möglich, seine Interessen geltend zu machen.[464]

Darüber hinaus wurde der Wirkungskreis der Länder durch das System der Fondswirtschaft eingeengt.[465] Die Fondswirtschaft berechtigte das Reich, Ausschüttungen an die Länder von der Erfüllung bestimmter Verwaltungsauflagen abhängig zu machen.[466]

Problematisch war, dass das Reich diesen mittelbaren Einfluss auch in den Bereichen ausübte, die als reichswichtige Aufgaben bezeichnet wurden.[467] Hierbei handelte es sich um eine Generalklausel, unter die nahezu jede Materie subsumiert werden konnte und die keine Erwähnung in der Verfassung fand. Damit begünstigte die Fondsverwaltung eine Entwicklung, die zu einer weitgehenden finanziellen Abhängigkeit der Länder vom Gesamtstaat führte.[468]

Mithin vollzog sich auch auf dem Gebiet der Verwaltung eine Unitarisierung, die das verfassungsmäßige Recht der Länder auf den Vollzug der eigenen und Reichsgesetze erheblich einschränkte.[469]

Hinsichtlich der Rechtsprechung beschränkte sich die Verfassung darauf, dass lediglich die obersten Instanzen der ordentlichen Gerichte und der Verwaltungsgerichtsbarkeit in die Zuständigkeit des Reichs fielen.[470]

---

[463] Zu den Maßstäben der selbständigen Aufsicht *Fritz Poetzsch-Heffter*, Handkommentar der Reichsverfassung, 3. Aufl. 1928, Art. 14 Anm. 3 sowie zu den unterschiedlichen Maßstäben beider Aufsichtsarten *Gerhard Anschütz* (oben Fußn. 459), S. 368 f.

[464] *Gerhard Anschütz*, a. a. O., S. 369, der diesbezüglich von einer Zweckmäßigkeitskontrolle ausging.

[465] Zur Unausgewogenheit der Finanzverfassung und zur Fondsverwaltung *Gerhard Lassar* (oben Fußn. 455), S. 315 ff.

[466] Vgl. *dens.*, a. a. O., der zwar von der Verfassungsmäßigkeit der Fondwirtschaft ausging, jedoch kritisierte, dass die „Zuständigkeiten [der Länder], die nicht in einer selbstverantwortlichen Verfügung über Einnahmen und Ausgaben ihre Ergänzung finden,... in Wirklichkeit inhaltslose Daseinsformen [sind]“.

[467] *Ders.*, ebenda, S. 316 f.; zur unitarischen Entwicklung auf dem Gebiet der Finanzverfassung auch *Albert Hensel*, Der Finanzausgleich im Bundessstaat, 1922, S. 101 ff.

[468] *Gerhard Lassar* (Fußn. 455), S. 317; zusammenfassend *Fritz Poetzsch-Heffter*, Handkommentar der Reichsverfassung, 3. Aufl. 1928, S. 74 sowie *Hans Nawiasky*, Grundprobleme der Reichsverfassung, 1928, S. 26 ff.

[469] *Fritz Poetzsch-Heffter*, Handkommentar der Reichsverfassung, 3. Aufl. 1928, S. 79; *Hans Nawiasky*, Grundprobleme der Reichsverfassung, 1928, S. 32.

[470] Artt. 103, 107, und 108. Oberste Gerichte des Reichs waren das Reichsgericht, das Reichsverwaltungsgericht und der Staatsgerichtshof.

c) Die gewandelte Stellung der Länder und der Bedeutungsverlust des Länderorgans

aa) Die Fortführung der Bundesstaatlichkeit bei gleichzeitiger Abnahme einzelstaatlicher Zuständigkeiten

Obwohl die Länder immer mehr Zuständigkeiten verloren, wurde die bundesstaatliche Gliederung des deutschen Reichs beibehalten.

Die Gliedstaaten waren im Bundesrat unter den vorhergehenden Verfassungen nahezu gleichberechtigt an der Staatsgewalt beteiligt. Dass sich die Länder im Konfliktfall dem Reichswillen unterzuordnen hatten[471] und der Aufsicht des Gesamtstaats unterlagen, stand dem nicht entgegen. Ausdruck dieser prinzipiellen Gleichrangigkeit war die Rolle, welche die Ländervertretung in den vorhergehenden Verfassungen einnahm. In ihr waren die Länder unmittelbar und gleichberechtigt mit dem Reichstag an der Verabschiedung von Gesetzen beteiligt.[472]

Die früheren Verfassungen beruhten auf einem bündischen Zusammenschluss der das Reich konstituierenden Gliedstaaten. Die Bundesstaatlichkeit war mithin ihr Wesensprinzip.[473] Die Weimarer Reichsverfassung ging dagegen aus der verfassungsgebenden Nationalversammlung hervor.

bb) Die Souveränität des Reichs und die Staatlichkeit der Länder

Die überlieferte Eigenstaatlichkeit der Länder blieb erhalten. Dass aber die Souveränität beim Reich lag war nun unstreitig.[474]

---

[471] Dies geht schon daraus hervor, dass die BRV keine Regelung für die Austragung von Streitigkeit zwischen Reich und Ländern vorsah. Verfassungsstreitigkeiten innerhalb der einzelnen Gliedstaaten wurden, wenn keine gütliche Einigung unter Vermittlung des Bundesrats zu erzielen war, durch Reichsgesetz erledigt, Art. 76 BRV.

[472] Zur Konzeption der Preußschen Entwürfe vgl. § 2 VII 1; zur BRV § 2 VI und zur PKV bzw. EUV § 2 II 2. Vgl. auch den historischen Überblick bei *Hans Nawiasky*, Grundprobleme der Reichsverfassung, 1928, S. 35 ff. und S. 42 ff.

[473] *Hans Nawiasky* sprach diesbezüglich von einem „Grundsatz der Solidarität der monarchisch-konstitutionellen Regierungen", a. a. O., S. 35.

[474] Zum Teil ging man so weit, die Länder hinsichtlich ihrer Stellung zum Reich in die Nähe von höchstpotenzierten Verwaltungskörperschaften zu rücken, so *Fritz Poetzsch-Heffter*, Handkommentar der Reichsverfassung, 3. Aufl. 1928, Anm. zu Art. 2 bis 19, S. 77, der zur Begründung auf die Auszehrung der Landesgesetzgebungskompetenzen hinwies. Hierzu auch *Gerhard Lassar*, in: Anschütz/Thoma (Hrsg.), HbDStR, Bd. I., 1930, S. 321, der die „Hauptbedeutung der Länder... in der ihnen verbliebenen Exekutive" sah; ähnlich *Friedrich Giese*, Die Reichsverfassung vom 11. August 1919, 2. Aufl. 1920, S. 65. Anders aber die damals herrschende Auffassung, derzufolge den Ländern zwar keine Souveränität, wohl aber Staatsqualität innerhalb des Reichsgefüges zukam, vgl. statt vieler *Gerhard Anschütz*, Die Verfassung des Deutschen Reichs, 14. Aufl. 1933, Art. 1 Anm. 4 ff., dort m. w. N. in Fußn. 1.

Dies folgte nicht nur aus der Fülle der legislativen und exekutiven Aufgaben des Gesamtstaats, sondern auch aus seinem Aufsichtsrecht und seiner Befugnis zur Anordnung von Zwangsmaßnahmen.

Gegen eine Souveränität der Länder spricht auch, dass ihre Militärhoheit auf das Reich überging, nachdem das Kontingentsystem der Bismarckschen Verfassung abgeschafft worden war.

Daneben entfiel ihr Gesandtschaftsrecht, das noch unter der ehemaligen Verfassung bestanden hatte. Zwar unterlag der Abschluss völkerrechtlicher Verträge durch einzelne Länder schon nach der alten Verfassung der Zustimmung des Reichs. Doch galt dies nur für Verträge, die sich auf Gegenstände der konkurrierenden Gesetzgebung bezogen. Verträge, die ausschließlich Landesangelegenheiten berührten, waren zustimmungsfrei.[475] Unter der Weimarer Reichsverfassung hingegen oblag die Pflege auswärtiger Beziehungen ausschließlich dem Reich,[476] so dass auch Verträge, die Landesangelegenheiten berührten, der Zustimmung des Reichs bedurften.[477]

Unter der Geltung der Weimarer Reichverfassung handelte es sich bei den Ländern nur um Staaten im eingeschränkten Sinn. Unter den vorhergehenden Verfassungen konnte die Existenz eines Staates nur mit dessen Zustimmung aufgehoben werden. Ebenso war eine Beseitigung der föderalen Ordnung nur durch einen neuen Vertrag aller Bundesglieder möglich.

Im unitarischen Bundesstaat der Weimarer Republik hatten die Länder wie die Neuordnungsvorschrift des Art. 18 WRV zeigt, kein unentziehbares Recht auf Existenz.[478] Maßgebliche Kriterien für eine Neugliederung waren der Wille der Bevölkerung und das Vorhandensein eines überwiegenden Reichsinteresses.[479]

Darüber hinaus konnte der Weimarer Bundesstaat jederzeit in einen Einheitsstaat umgewandelt werden, während unter der Geltung der beiden Vorläuferinnen eine Beseitigung des bundesstaatlichen Systems durch den Gesetzgeber unmöglich war, da es die bündischen Grundlagen der Verfassung beseitigt hätte.[480]

---

475 Art. 4 i. V. m. Art. 11 Abs. 3 BRV, abgedruckt bei *Ernst Rudolf Huber*, Dokumente zur deutschen Verfassungsgeschichte, Bd. 2, 3. Aufl. 1986, S. 384 ff.

476 So Art. 6 Nr. 1 hinsichtlich der Gesetzgebung und Art. 78 Abs. 1 WRV bezüglich der Verwaltung; nach Art. 78 Abs. 2 besaßen die Länder nur ausnahmsweise die auswärtige Gewalt.

477 Art. 78 Abs. 2, 2. HS WRV.

478 Art. 18 Abs. 3 WRV, zum Streit über die Vorschrift in den Verfassungsverhandlungen oben § 2 VII 1 c) und f).

479 Art. 18 Abs. 3 WRV.

480 Vgl. statt vieler *Gerhard Anschütz* (oben Fußn. 474), Art. 76 Anm. 3 – S. 403 sowie den Vergleich mit der alten Rechtslage bei *Hans Nawiasky* (oben Fußn. 472), S. 60 f. und S. 64 ff.

cc) Die Beschränkung des Reichsrats auf das Einspruchsrecht sowie der Verlust exekutiver und judikativer Befugnisse

Diese Entwicklung spiegelte sich auch im Kompetenzverlust der Ländervertretung wieder. Anstelle seines früheren Zustimmungsrechts stand dem Reichsrat nur noch ein Vetorecht gegen die vom Reichstag beschlossenen Gesetze zu.

Machte er von diesem Vetorecht keinen Gebrauch, indem er die Einspruchsfrist von zwei Wochen verstreichen ließ, kam das Gesetz zustande.[481] Legte die Ländervertretung Einspruch gegen das betreffende Gesetz ein, konnte der Reichspräsident das Volk über die Meinungsverschiedenheit entscheiden lassen, indem er innerhalb von drei Monaten einen Volksentscheid anordnete.[482] Veranlasste das Staatsoberhaupt keinen Volksentscheid, kam das Gesetz zustande, wenn der Reichstag den Einspruch des Reichsrats mit Zwei-Drittel-Mehrheit überstimmte.[483] In diesem Fall konnte das Gesetz nur noch durch einen Volksentscheid zu Fall gebracht werden.[484]

Die letzte Entscheidung lag entweder beim Parlament oder beim Volk. Der Reichsrat hatte keine Möglichkeit, sich gegen das Ergebnis des Plebiszits oder gegen die Überstimmung durch den Reichstag zu stellen. Die Ländervertretung wurde nur in das Gesetzgebungsverfahren einbezogen, wenn sie Einspruch erhob.

Der Reichsrat war auf die Stellung eines legislativen Nebenorgans beschränkt und nicht mehr an der Reichsleitung beteiligt.[485]

Das Länderorgan verlor auch einen Großteil seiner bisherigen exekutiven und judikativen Kompetenzen.[486] Der Reichsrat hatte nicht mehr das Recht, die Auflösung der Volksvertretung zu verlangen oder die Bundesexekution zu beschließen. An die Stelle einer Sperrminorität von 14 Stimmen musste er den vom Reichstag beschlossenen Verfassungsänderungen eine Zwei-Drittel-Mehrheit entgegensetzen, um nicht überstimmt zu werden.[487] Verfassungsänderungen, welche die Stellung der Länder berührten, konnten somit nur verhindert werden, wenn sich die Ländervertreter weitgehend einig waren.

---

[481] Art. 74 Abs. 1 und 2 WRV.

[482] Zur Funktion von Plebisziten und zur Stellung des Reichspräsidenten oben § 2 VII 2 b).

[483] Art. 74 Abs. 3 S. 4 WRV; zur Beschränkung des Reichsrats auf ein Einspruchsrecht auch *Hans Nawiasky* (oben Fußn. 472), S. 42 ff.

[484] Art. 74 Abs. 3 S. 4 WRV.

[485] Zu den weitgehenden Einflussrechten des Bundesrats unter der Bismarckschen Reichsverfassung oben § 2 V 1 a).

[486] In diesem Zusammenhang war von besonderer Bedeutung, dass das Verordnungsrecht des Reichsrats und sein Recht, Verwaltungsvorschriften zu erlassen, auf die Reichsregierung übergegangen waren, vgl. auch Art. 77 S. 1 WRV, *Carl Bilfinger*, in: Anschütz/Thoma (Hrsg.), HbDStR, Bd. I, 1930, S. 562 und *Hans Nawiasky* (oben Fußn. 472), S. 43.

[487] Das Recht des Reichstags, das Veto mit Zwei-Drittel-Mehrheit zu überwinden, bestand auch in Bezug auf Verfassungsänderungen, Art. 76 Abs. 2 WRV.

Dieser Nachteil wurde jedoch dadurch relativiert, dass verfassungsändernde Gesetze auch vom Reichtag nur mit Zwei-Drittel-Mehrheit beschlossen werden konnten.

Die Gesetzesvorlagen der Reichsregierung und des Reichsrats bedurften jeweils der Zustimmung des anderen Organs. Doch hatte diese Vorschrift keine rechtliche Wirkung außer derjenigen, dass die Vorlage unter Darlegung der etwaigen Gegenauffassung des anderen Organs in den Reichstag einzubringen war.[488]

Das Einspruchsrecht des Reichsrats galt auch für Akte der auswärtigen Gewalt, die der Gesetzesform bedurften, und für die Finanzgewalt.[489] Darüber hinaus war die Ländervertretung an der Haushaltskontrolle beteiligt.[490]

Das Recht des Länderorgans auf Zustimmung zu Verwaltungsvorschriften umfasste nicht mehr sämtliche Vorschriften, die zur Ausführung der Reichsgesetze notwendig waren, sondern nur solche, deren Vollzug den Landesbehörden zustand; auch zum Erlass von Verordnungen war er nicht mehr ermächtigt.[491]
Auch wenn der Reichsrat nicht mehr an der Reichsleitung beteiligt war, so mussten ihn die Reichsministerien doch zumindest über die Führung der Reichsgeschäfte unterrichten.[492] Diese Regelung war ein Kompromiss zwischen der Fernhaltung des Reichsrats von der Exekutive und seiner Beteiligung an der Reichsgewalt, wie sie noch die beiden Preußschen Entwürfe vorgesehen hatten.

d) Neue Sinngebungen des Föderalismus - Vom Wesensprinzip des staatlichen Aufbaus zum formalen Gestaltungsprinzip

aa) Der Föderalismus als neue Form der Gewaltenteilung

Infolge der Einführung des parlamentarischen Regierungssystems wuchs auch die Bedeutung der Länderparlamente.

---

[488] Art. 69 Abs. 1 WRV; *Gerhard Anschütz* (oben Fußn. 474), Art. 69 Anm. 3 a.

[489] Vgl. *dens.*, a. a. O., Art. 74 Anm. 2.

[490] Artt. 74 Abs. 1 und 68 Abs. 2 i. V. m. Art. 86 S. 2 WRV.

[491] Vgl. Art. 7 Abs. 1 Nr. 2 BRV und Art. 77 S. 2 WRV, wobei die Beschränkung auf Verwaltungsvorschriften, welche die Ausführung durch Landesbehörden betrafen, erst in den Ausschussverhandlungen eingefügt wurde; zur Entstehungsgeschichte *Gerhard Anschütz* (oben Fußn. 474), Art. 77 Anm. 1; zu den Einbußen hinsichtlich der Verordnungsgebung *Walter Jellinek*, Staatskunde, Bd. 2 / Heft 2, 3. Aufl. 1927, S. 91. Vor dem Hintergrund der Tatsache, dass das Recht zur Verordnungsgebung vom Staatenausschuss auf die Reichsregierung übergegangen war und grundsätzlich nicht mehr beim Reichsrat lag, konnte das Zustimmungsrecht den Kompetenzverlust des Länderorgans nicht ausgleichen, *Fritz Poetzsch-Heffter*, Handkommentar der Reichsverfassung, 3. Aufl. 1928, Art. 179 Anm. 3 sowie Art. 77 Anm. 6. Zur umstrittenen Rechtslage unter der Bismarckschen Reichsverfassung *O. Reincke*, Die Verfassung des deutschen Reichs nebst Ausführungsgesetzen, 1906, Art. 7 Abs. 1 Nr. 2 (S. 138 f.).

[492] Artt. 60, 67 WRV, hierzu *Carl Bilfinger*, in: Anschütz/Thoma (Hrsg.), HbDStR, Bd. 1, 1930, S. 549 f., der unter Bezugnahme auf den Wortlaut des Art. 60 WRV herausstellte, dass der Reichsrat nicht mehr an der Reichsleitung beteiligt war.

Im Gegensatz zum Dualismus von Parlament und Regierung in der konstitutionellen Monarchie stellte sich in Bezug auf das parlamentarisch demokratische Regierungssystem die Frage, wie die Gewaltenteilung zu verwirklichen war. Unter der Geltung der beiden vorhergehenden Verfassungen war die Trennung von Regierung und Parlament das staatsrechtliche Spiegelbild der Teilung von Staat und Gesellschaft. Diese klassische Gewaltentrennung war angesichts der Teilidentität von Regierung und parlamentarischer Mehrheit nicht mehr aufrecht zu erhalten.[493]

Obwohl die Unitarisierung des Staates unter der Weimarer Reichsverfassung stark voranschritt, hielt man am bundesstaatlichen Aufbau des Reiches fest.

Da der Föderalismus nicht mehr ein Wesensprinzip des Staatsaufbaus darstellte und die Gliedstaaten nicht mehr als unerlässliche Bestandteile[494] des Gesamtstaats zusammenwirkten, bedurfte es einer Rechtfertigung für die Beibehaltung der föderativen Gliederung. Aus diesem Grund wurde im Föderalismus eine neue Form der Gewaltenteilung erblickt, welche die horizontale unzureichend gewordene Gewaltenteilung ergänzen sollte.[495]

bb) Die Bedeutung der Länder für die Parteiendemokratie

Mit der zunehmenden Bedeutung der Parlamente wuchs zwangsläufig der Einfluss der Parteien. Dies galt sowohl für die Ebene des Gesamtstaats als auch für die der Gliedstaaten, so dass die Parteien von den Gemeinden über die Länder bis hin zum Reich an Einfluss gewannen. Der Reichsrat, der aus Vertretern parteipolitisch unterschiedlich zusammengesetzter Landesregierungen bestand, bildete in seiner Funktion als zweites Legislativorgan ein Gegengewicht zum Reichstag. Parteipolitische Gegensätze sollten eine Gewaltenteilung innerhalb der Legislative bewirken.[496] Folge dieser Konzeption waren parteipolitische Konflikte, die zu einem Gegeneinander beider Organe führen konnten.

---

[493] Zu dieser Gewaltenverbindung *Richard Thoma*, in: Anschütz/Thoma (Hrsg.), HbDStR, Bd. 2, 1932, S. 117 f.

[494] Bei *Carl Schmitt* ist vom früheren Föderalismus als einer „ratio essendi" die Rede, in: Verfassungslehre, 3. Aufl. 1928, S. 389.

[495] Zur gewaltenteilenden Wirkung der Weimarer Bundesstaatlichkeit *Hans Nawiasky*, Grundprobleme der Reichsverfassung, 1. Teil, 1928, S. 8 ff; *Carl Schmitt*, Verfassungslehre, 3. Aufl. 1928, S. 388 f. sowie *ders.*, in: Verfassungsrechtliche Aufsätze, 1958, S. 41 (53).

[496] Voraussetzung hierfür war die parlamentarische Demokratie in den Ländern; hierzu und zu den Folgen parteipolitischer Konfrontationen zwischen den Gesetzgebungsorganen *Karl Bilfinger*, Der Einfluss der Einzelstaaten auf die Bildung des Reichswillens, 1923, S. 107 ff., der schon früh auf den Einflussverlust der Landtage hinwies. Die Landesregierung konnte nämlich „ihre" jeweilige Landtagsmehrheit unter Zugzwang setzen, indem sie den Landtag nach erfolgter Abstimmung im Reichsrat vor „vollendete Tatsachen" stellte; *ders.*, in: Anschütz/Thoma (Hrsg.), HbDStR, 1930, Bd. I, S. 557 ff.; ähnlich *Hans Nawiasky*, der von einem „parlamentarischen Einschlag" des Reichsrats sprach, a. a. O. (Fußn. 495), S. 40 f. sowie *Gerhard Anschütz*, Die Verfassung des deutschen Reichs, 14. Aufl. 1933, Vorbemerkung zum vierten Abschnitt (Reichsrat), S. 336 f.

Dies wurde dadurch verstärkt, dass Preußen seine hegemoniale Stellung verloren hatte. Der Reichskanzler, der gleichzeitig preußischer Vertreter im Bundesrat und dessen Vorsitzender gewesen war, hatte bei Konflikten zwischen der Reichsleitung und den Ländern vermittelnd eingreifen können, so dass sich die Personalunion zwischen Preußen und dem Reich streitschlichtend ausgewirkt hatte.[497]

Die Öffentlichkeit der parlamentarischen Auseinandersetzung und die Abhängigkeit der Länderregierungen von den jeweiligen Parlamentsmehrheiten erschwerten die Streitbeilegung, da die Konfliktparteien den Gesichtsverlust vor der Öffentlichkeit fürchteten und es zweifelhaft war, ob der Kompromiss von der parlamentarischen Mehrheit getragen wurde. Denn wie im Reich waren auch die Koalitionen in den Ländern äußerst labil[MD43].[498] Konnte sich der Reichskanzler unter der Geltung der alten Verfassung noch auf wechselnde Parlamentsmehrheiten stützen, war ihm dies aufgrund des parlamentarischen Regierungssystems in der Weimarer Republik nicht mehr möglich.

Dieselben Parteien, die den Reichstag beherrschten, waren in den Länderparlamenten vertreten, so dass die eigentliche, dem Reichsrat zugedachte Funktion, föderale Aspekte in den Gesetzgebungsprozess einzubringen, vom Mit- und Gegeneinander der unterschiedlichen politischen Kräfte überlagert wurde.[499] Die Einführung des parlamentarisch-demokratischen Regierungssystems in Reich und Ländern führte demnach dazu, dass das unitarisch-föderalistische Nebeneinander von Parlament und Länderorgan aufgrund unterschiedlicher parteipolitischer Mehrheitsverhältnisse von einem Gegeneinander der beiden Organe abgelöst werden konnte.[500]

cc) Das materielle Einflussrecht der Länder auf die Reichswillensbildung

Vor dem Hintergrund, dass die Verabschiedung von Gesetzen ein Hauptinstrument der Regierungspolitik ist,[501] bedeutete die Beschränkung des Reichsrats auf das Einspruchsrecht einen erheblichen Machtverlust.

Dem stand die tatsächliche und verfassungsrechtliche Stellung der einzelnen Staaten entgegen. Zwar waren weder das bundesstaatliche System noch der Bestand einzelner

---

[497] *Karl Bilfinger*, Der Einfluss der Einzelstaaten auf die Bildung des Reichswillens, 1923, S. 113 ff.

[498] Deswegen wurde vereinzelt vorgeschlagen, auch in den Ländern ein dem Reichspräsidenten vergleichbares Organ zu schaffen so *Otto Koellreutter*, Der deutsche Staat als Bundesstaat und Parteienstaat, 1927, S. 30; zur Labilität der Parteienlandschaft im Reich und in den Ländern *ders.*, Die politischen Parteien im modernen Staate, 1926, S. 71 ff.

[499] So stellte *Leo Wittmayer* schon drei Jahre nach Inkrafttreten der Reichsverfassung fest, dass der Bundesrat infolge der parlamentarischen Demokratie in Reich *und* Ländern zu einem „Schnittpunkt einer eigenwegigen föderativen Demokratie" geworden war, in: Die Weimarer Reichsverfassung, 1922, S. 71.

[500] Zu dieser Beurteilung kam man früh. So beispielsweise *Gerhard Anschütz*, in: Anschütz/Thoma (Hrsg.), HbDStR, Bd. I, S. 183 sowie *Karl Bilfinger*, Der Einfluss der Einzelstaaten auf die Bildung des Reichswillens, 1923, S. 12 f., 107 ff.

[501] Hierzu ausführlich unten § 8 III.

Gliedstaaten verfassungsrechtlich garantiert. Doch waren sie in ihren föderalen Mitwirkungsrechten stärker als zuvor gesichert. So sah die Weimarer Reichsverfassung für die Schlichtung von Streitigkeiten über die Vereinbarkeit von Landesrecht mit Reichsrecht erstmals ein verfassungsgerichtliches Verfahren vor.[502]

An die Stelle einzelstaatlicher Freiheit trat die Betonung des gliedstaatlichen Einflusses auf die Reichswillensbildung.[503] Das Einflussrecht diente als Ausgleich für den Verlust eigener dem Einfluss des Gesamtstaats entzogener Kompetenzen.[504] Damit zielte die föderale Einbeziehung der Länder im Gegensatz zu den vorhergehenden Verfassungen eher auf eine Mitwirkung am politischen Leben des Gesamtstaats als auf eine Abgrenzung vom Reich.[505] Organ dieser Einflussnahme war der Reichsrat, wodurch eine Zunahme parteipolitisch motivierter Konflikte zwischen Reichstag und Reichsrat drohte.

Sowohl die Verfassung als auch zahlreiche einfachgesetzliche Vorschriften sahen verschiedene Formen einer Einflussnahme der Länder auf die Reichswillensbildung bzw. die Rücksichtnahme des Reichs auf Länderinteressen vor. So war, wenn das Reich Kompetenzen im Abgabenrecht an sich zog, Rücksicht auf die Erhaltung der Lebensfähigkeit der Länder zu nehmen.[506] Bei der Verwendung von Reichsabgaben durch Reichsbehörden waren Einrichtungen vorzusehen, die den Ländern die Wahrung ihrer besonderen Interessen ermöglichten.[507] Vereinbarungen mit anderen Staaten bezüglich der Veränderung der Reichsgrenzen bedurften der Zustimmung des beteiligten Landes,[508] die Wehrverfassung sollte Rücksicht auf die landsmannschaftlichen Eigenarten nehmen.[509] Die in das Reichseigentum überführten Wasserstraßen waren mit Rücksichtnahme auf die Bedürfnisse der Landeskultur zu verwalten.[510] Schließlich waren die unmittelbaren Reichsverwaltungen in den einzelnen Ländern mit landesangehörigen Beamten zu besetzen.[511]

In Bezug auf das Verhältnis der Reichsregierung zu den Ländern sah die Weimarer Reichsverfassung vor, dass die Reichsministerien den Reichsrat über die Führung der laufenden Geschäfte zu unterrichten und in wichtigen Angelegenheiten die zuständigen

---

[502] Art. 13 Abs. 2 WRV.

[503] *Karl Bilfinger*, Der Einfluss der Einzelstaaten auf die Bildung des Reichswillens, 1923, S. 2, 77 ff. sowie passim.

[504] *Ders.*, ebenda.

[505] *Ders.*, ebenda.

[506] Art. 8 S. 2 WRV.

[507] Art. 83 Abs. 2 WRV.

[508] Art. 78 Abs. 3 WRV.

[509] Art. 79 S. 2 WRV.

[510] Art. 97 Abs. 3 WRV.

[511] Art. 16 WRV.

Ausschüsse des Reichsrats hinzuzuziehen hatten.[512] Die Regierungen der Einzelstaaten konnten jederzeit Bevollmächtigte in die Sitzungen des Reichstags und seiner Ausschüsse entsenden.[513] Vorschriften, welche die Berücksichtigung allgemeiner oder spezieller Länderinteressen forderten, waren schließlich auch in einfachen Gesetzen wie der Reichsabgabenordnung und dem Reichswehrgesetz enthalten.[514]

Diese beispielhafte Aufzählung zeigt, dass die Gliedstaaten sowohl über das Länderorgan als auch außerhalb des Reichsrats Einfluss auf die Reichspolitik nahmen.

Insgesamt ließ sich schon damals feststellen, dass die Länder über weitaus mehr Mitwirkungsrechte als noch unter der Reichsverfassung von 1871 verfügten, während ihre eigenständigen, vom Reich unabhängigen, Kompetenzen schrumpften.[515]

dd) Der Grundsatz bundesfreundlichen Verhaltens als Maßstab gliedstaatlichen Einflussrechts

Die bündischen Rechtsgrundlagen setzten sich in der Aufrechterhaltung der bundesstaatlichen Ordnung fort. Mit ihr galt auch weiterhin der ungeschriebene Grundsatz bundesfreundlichen Verhaltens als Maßstab für die Ausübung des materiellen Einflussrechts.

Hiernach war das Reich verpflichtet, die Länder vor der Einbringung einer Gesetzesvorlage im Reichstag zu unterrichten, damit sie vor der Beschlussfassung Einfluss auf die Gesetzentwürfe nehmen konnten.[516] Umgekehrt war der Grundsatz bundesfreundlichen Verhaltens auch Maßstab und Schranke für die Geltung des gliedstaatlichen Einflussrechts: Den einzelnen Staaten sollte jede Einflussnahme außerhalb des bundesstaatlichen Rechtsgedankens, die partikularen oder egoistischen Sonderinteressen diente, verwehrt sein.[517]

---

[512] Art. 67 WRV, wobei der Reichregierung hinsichtlich der Frage, wann es sich um „wichtige Gegenstände" handelte, ein nicht justiziables Ermessen zustand, *Gerhard Anschütz* (oben Fußn. 496), Art. 67 Anm. 2.

[513] Art. 33 Abs. 2 S. 2 WRV; die Vorschrift war jedoch nicht so weit gefasst wie ihre Vorgängerin, Art. 9 BRV, derzufolge die Vertreter einzelner Regierungen auch dann gehört werden mussten, wenn sie ihre vom Beschluss des Bundesrats abweichende Meinung darlegten, hierzu *Gerhard Anschütz*, a. a. O., Art. 33 Anm. 2 und 3.

[514] Ein Überblick über die Vielzahl von Normen, die eine Rücksichtnahme auf einzelstaatliche Interessen fordern, findet sich bei *Karl Bilfinger* (oben Fußn. 503), S. 28 ff.

[515] *Karl Bilfinger* (oben Fußn. 503), S. 2, 77 ff. sowie passim.

[516] *Ders.*, a. a. O., S. 35 f.

[517] *Ders.*, ebenda.

Zwischen dem Gesamtstaat und den Gliedstaaten entwickelte sich ein Verhältnis, das ihrer staatlichen Eigenständigkeit Rechnung trug, so dass im Streitfall die diplomatische Konfliktlösung der Bundesexekution vorging.[518]

Obwohl vor allem in der Schlussphase des Bismarckreichs die Unitarisierung in erheblichem Maße zunahm, war die Bundesstaatlichkeit für das Verhältnis zwischen Reich und Ländern ausschlaggebend:

Aus den föderativen Grundlagen der Bismarckschen Reichsverfassung entwickelte sich bis in die Weimarer Zeit hinein ein Verständnis, das als Grundsatz bundesfreundlichen Verhaltens weit über die Vorschriften der Verfassung hinausging.[519] Der Grund für die Anerkennung einer Pflicht zu bundesfreundlichem Verhalten lag vor allem darin, dass es dem Verfassungsgeber unmöglich war, die Fülle der sich aus dem Reich-Länder-Verhältnis ergebenden Rechte und Pflichten zu normieren. Der ungeschriebene Rechtssatz sollte die Lücken des geschriebenen Verfassungsrechts schließen.[520] Der zunächst abgelehnte[521] sich erst allmählich durchsetzende[522] Grundsatz bundesfreundlichen Verhaltens stellte ein Verfassungsprinzip dar, das unmittelbare rechtliche Geltung beanspruchte und über die Weimarer Republik hinaus fortgalt.

Mithin könnte in Betracht gezogen werden, das Problem parteipolitischer Konfrontation, das aus den oben geschilderten Gründen[523] schon damals zwischen Parlament und Ländervertretung auftrat,[524] mit Hilfe dieses ungeschriebenen Verfassungsgrundsatzes zu lösen.

---

[518] Hierzu schon mit Bezug auf die Rechtslage unter der Bismarckschen Reichsverfassung *Rudolf Smend*, in: Festgabe für Otto Mayer, 1916, S. 245 (259 ff).

[519] Vgl. *denselben* (oben Fußn. 518), S. 261.

[520] *Ders.*, ebenda.

[521] Nach *Heinrich Triepel* gaben die föderativen Grundlagen der Reichsverfassung lediglich eine „gewisse politische Farbe und Wirkungskraft“ und waren lediglich ein „historisches Faktum“; vgl. *denselben*, in: Unitarismus und Föderalismus im Deutschen Reiche, 1907, S. 24 ff., 29. Die rechtliche Qualität dieses Prinzips lehnten ebenfalls ab *Gerhard Anschütz*, in: Meyer/Anschütz, Lehrbuch des deutschen Staatsrechts, 7. Aufl. 1919, S. 695 ff; *Ludwig Dambitsch*, Die Verfassung des deutschen Reichs mit Erläuterungen, 1910, S. 8 ff. und Art. 78 Anm. I (S. 679 ff.) sowie *Hermann Rehm*, in: Festgabe für Otto Mayer, 1916, S. 89, der sie als politische Grundlage des Bundes bezeichnete und die zwischenstaatliche Verständigungspraxis als eine Frage der Moral betrachtete. A. A. *Otto Mayer*, AöR 18 (1903), 337 (363 ff.); *Rudolf Smend*, a. a. O. (Fußn. 518); *Max von Seydel*, Commentar zur Verfassungs-Urkunde für das deutsche Reich, 2. Aufl. 1897, S. 15 ff. und Art. 78 Anm. V (S. 419 ff.).

[522] Zur Lösung des Problems parteipolitischer Konfrontation mit Hilfe dieses Grundsatzes unten § 8 II.

[523] Vgl. oben § 2 VII 3 d) bb).

[524] Zu den einzelnen Fällen parteipolitischer Konfrontation *Carl Bilfinger*, in: Anschütz/Thoma (Hrsg.), HbDStR, Bd. I, 1930, S. 558 ff.; *Ders.*, AöR 55 / N.F. 16 (1929), S. 416 (424 f.), der schon damals feststellte, dass die Instruktionsgebundenheit der Bundesratsgesandten den Einfluss der Parteipolitik stärke, indem sie „gleichsam ... wie [ein] imperatives Fraktionsmandat [wirke]“. Der Reichsrat schneide wegen seiner zugleich föderalistischen und parlamentarischen Organisation schlechter ab als der Reichstag, so dass die Funktion des Organs „abnorm nach beiden Richtungen hin“ erscheine. Aus diesem Grund werde „die Hoffnung ... enttäuscht, der Reichsrat werde als *Reichs*organ [Hervorhebung vom Verfasser], da es sich um eine Entscheidung des Reiches *unmittelbar als politischer Einheit* handelt, nicht versagen“. Und

Dem stand jedoch entgegen, dass der Grundsatz bundesfreundlichen Verhaltens nur schwer konkretisierbar war und die Rechtsprechung noch keine Fallgruppen herausgebildet hatte: Die Länder konnten sich auf den Standpunkt zurückziehen, dass ihnen die Verfassung formal die Einflussnahme gestattete und sie keine ausdrückliche Aussage über die Schranken ihrer Einflussrechte enthielt.[525]

§ 3 Zusammenfassung und Ergebnis

Der Grund für das Festhalten der Weimarer Reichsverfassung am föderalen Staatsaufbau war vor allem die überlieferte Eigenstaatlichkeit der Länder, die angesichts ihrer Leistungen auf dem Gebiet der Verwaltung nur schwer übergangen werden konnten.

Es sollte darüber hinaus der Gefahr begegnet werden, dass regionale Besonderheiten durch eine zentralistische Reichsbürokratie eingeebnet wurden, wobei sich vor allem die rheinischen und süddeutschen Staaten gegen die von Berlin ausgehenden sozial- und kultur-unitarischen Bestrebungen wehrten.

Der Umstand, dass die Revolution nicht nur auf der Reichs-, sondern auch auf der Länderebene stattfand, führte dazu, dass an die Stelle der gestürzten Dynastien unterschiedliche Parteienkoalitionen traten, die um ihren Machterhalt in den Ländern kämpften. Hinzu trat das Eigeninteresse der wirtschaftlichen und sozialen Verbände an der Beibehaltung ihrer Machtbasis in den einzelnen Staaten. Folglich waren weniger föderalistische Grundüberzeugungen als die Eigeninteressen der Parteien und sonstigen gesellschaftlichen Kräfte am Erhalt ihres Einflusses auf der Länderebene ausschlaggebend für das Festhalten an der bundesstaatlichen Ordnung.

Die Nationalversammlung übernahm keinen der Vorschläge, sondern entschied sich für das traditionelle „Bundesratsmodell". An die Stelle der preußischen Hegemonie und der ehemaligen Sonderrechte setzte die Weimarer Reichsverfassung die prinzipielle Gleichheit der Länder, denen lediglich der Gesamtstaat übergeordnet war. Das unitarische Übergewicht des Reichs über die Länder kam insbesondere darin zum Ausdruck, dass der Großteil der Gesetzgebungskompetenzen und Verwaltungszuständigkeiten beim Gesamtstaat lag. Als Unterfälle der konkurrierenden Gesetzgebung wurden die Grundsatz- und Bedarfsgesetzgebung eingeführt, die eine weitere Ausdehnung der Gesetzgebungstätigkeit des Gesamtstaats zur Folge hatten. Neben den Ausbau der reichseigenen Verwaltung traten die Formen der Reichs- und Landesauftragsverwaltung, aufgrund derer die Länder die Reichsgesetze nicht mehr als eigene Angelegenheiten ausführten. Stattdessen vollzogen sie die Gesetze im Auftrag des Reichs oder übertrugen einen Teil ihrer noch verbliebenen Verwaltungshoheit auf den Gesamtstaat.

---

weiter: „Das Ergebnis ist, dass von der Körperschaft, von welcher der Anhänger bundesstaatlicher Einheit in einer Frage des Seins und des Lebens des Reichs Gutes erwartet, 36 Stimmen contra und 32 Stimmen pro in die Wagschale geworfen werden: ein Spiel des Zufalls, doch keine Entscheidung".

[525] Zur heutigen Rechtslage und den diesbezüglichen Lösungsansätzen unten § 8 II.

Hatte die staatliche Souveränität unter der Reichsverfassung von 1871 noch bei der Gesamtheit der Fürsten gelegen, war in der parlamentarischen Demokratie der Weimarer Reichsverfassung das Volk Träger der Souveränität, wodurch das Länderorgan gegenüber dem Reichstag an Bedeutung verlor.

Das Länderorgan, das ursprünglich gleichberechtigt am Gesetzgebungsverfahren beteiligt gewesen war, blieb auf ein suspensives Vetorecht beschränkt, das jederzeit vom Reichstag mit verfassungsändernder Mehrheit überwunden werden konnte. Das Hauptgewicht der staatlichen Macht sollte beim Volk liegen, von dem sowohl der Reichstag als auch der direkt gewählte Reichspräsident ihre Legitimation herleiteten. In Konflikten zwischen Reichstag und Reichsregierung sowie zwischen Volksvertretung und Länderorgan sollte der durch Volksentscheid zu ermittelnde Wille des Wählers entscheidend sein. Trotz dieser Betonung direkt-demokratischer Elemente entschied sich die Weimarer Reichsverfassung vorrangig für die repräsentative Demokratie.

Zur Gewaltenteilungskonzeption der Verfassung gehörte, dass ein Übergewicht des Parlaments durch den Reichspräsidenten verhindert werden sollte, dem die Verfassung die Rolle eines neutralen und überparteiischen „Schiedsrichters“ zwischen den Verfassungsorganen zuwies. Er konnte im Konfliktfall entweder das regierungsunfähig gewordene Kabinett entlassen oder den mehrheitsunfähigen Reichstag auflösen.

Auch die Unabhängigkeit des nur seinem Gewissen unterworfenen Abgeordneten sollte einer Instrumentalisierung der Volksvertretung und ihrer Parlamentarier durch die Parteien vorbeugen. Die Richtlinienkompetenz des Reichskanzlers und die eigenständige Ressortverantwortlichkeit der Minister stärkten einerseits den Einfluss des Parlaments. Die Beschränkung der Volksvertretung auf die grundsätzliche Vertrauensfrage, von der einzelne politische Entscheidungen ausgenommen waren, sollte andererseits verhindern, dass die Regierung in vollständige Abhängigkeit vom Parlament geriet.

Diese Gefahr bestand umso mehr, als die Festschreibung der parlamentarischen Demokratie die Stellung des Parlaments und der Parteien in bedeutendem Umfang gestärkt hatte. Die Volksvertretung war nicht mehr nur gewaltenhemmendes Korrektiv der Exekutive. Vielmehr ging die Regierung direkt aus dem Parlament hervor, so dass es zu einer partiellen Gewaltenverbindung kam.

Durch die Einführung der parlamentarischen Demokratie in den Ländern wurden die Parteien auch dort zu Faktoren, die das politische Leben bis in die kleinsten Untergliederungen des Staates erfassten. Erstmals bestand die Möglichkeit, dass es zwischen Reichstag und Reichsrat aufgrund unterschiedlicher parteipolitischer Mehrheiten in Reich und Ländern zu Konflikten kam.

Die Beibehaltung der historisch überlieferten Bundesstaatlichkeit, die in krassem Widerspruch zu der Abnahme einzelstaatlicher Befugnisse stand, machte eine Rechtfertigung des bundesstaatlichen Aufbaus nötig. Eine neue Sinngebung des Föderalismus wurde in seinem gewaltenteilenden Moment erblickt, das die unzureichend gewordene Teilung von Legislative und Exekutive ergänzen sollte.

Diese Entwicklung führte notwendigerweise zu Überschneidungen zwischen dem Demokratie- und dem Bundesstaatsprinzip. Beide Prinzipien standen nicht mehr gleichberechtigt nebeneinander, wie dies noch unter der Bismarckschen Reichsverfassung der Fall gewesen war, sondern überschnitten sich – ein Prozess, der durch das Vordringen des Parteienstaates forciert wurde.

§ 4 Der Föderalismus des Bonner Grundgesetzes

I. Die Entscheidung des Parlamentarischen Rates für die Bundesratslösung

Einigkeit bestand im Parlamentarischen Rat lediglich darin, dass das „Element Land" in der zukünftigen Verfassung vertreten sein sollte. Dies wurde parteiübergreifend damit begründet, dass ein solches Organ der verfassungsrechtlichen Überlieferung entsprach, da die territorialen Gewalten von jeher am Staatsganzen beteiligt gewesen waren.[526] In der Ausgestaltung der Teilhabe der Länder an der staatlichen Macht war man sich jedoch uneinig. Ebenso wenig hatte sich die Konferenz von Herrenchiemsee auf eine Grundrichtung einigen können. Demzufolge enthielt der Entwurf des Herrenchiemseer Verfassungskonvents sowohl Vorschläge, die in die Richtung des traditionellen Bundesratsmodells gingen als auch die „Senatslösung" berücksichtigten. Angesichts der erheblichen Meinungsverschiedenheiten versuchte man, sich auf eine Zwischenlösung zu einigen.

Während die SPD zunächst einheitlich die Errichtung eines Senats befürwortete[527], waren die Christdemokraten und Liberalen gespalten. Die hamburgischen, rheinland-pfälzischen, hessischen und bayerischen Konservativen sowie die südwest-deutschen Liberalen favorisierten die Übernahme des bislang praktizierten Bundesratsmodells, während die rheinische CDU für die Senatslösung eintrat. Die Christdemokraten der britischen und französischen Besatzungszone hingegen tendierten zu dem einen wie dem anderen Modell. Die Liberalen der britischen Zone sprachen sich für eine gemischt zusammengesetzte Kammer nach dem Vorbild des Staatenhauses der Paulskirchenverfassung aus. Die Vertreter der Deutschen Partei und des Zentrums neigten eher dem Bundesratsprinzip zu.[528] Hierbei wurde die Bezeichnung „Kammer" quer durch alle Fraktio-

---

[526] *Klaus-Berto von Doemming*, JöR N. F. 1 (1951), Vorbemerkungen zu Art. 50 GG, S. 379; *Rudolf Morsey*, in: Der Bundesrat als Verfassungsorgan und Politische Kraft, 1974, S. 63 (67); *Karlheinz Niclauss*, in: 30 Jahre Bundesrat, 1979, S. 9.

[527] So schon 1947 in ihren „Richtlinien für den Aufbau der Deutschen Republik", zitiert bei *Karlheinz Niclauss*, a. a. O., S. 9.

[528] Zu den Positionen innerhalb der Fraktionen *Rudolf Morsey*, a. a. O., S. 67 f.; *Karlheinz Niclauss*, a. a. O., S. 9 ff.

nen gebraucht und diente als Arbeitsgrundlage, ohne dass damit auf eine besondere Struktur der zukünftigen Ländervertretung Bezug genommen wurde.[529]

Die Vorschläge reichten vom streng föderalistischen Bundesrat über Mischmodelle bis hin zur Senatslösung. Nach dem traditionellen Bundesratsmodell wurden die Länder durch instruierte Bevollmächtigte vertreten. Nach der Senatslösung sollten die weisungsunabhängigen Senatoren von den Landtagen gewählt werden. Die Mischformen sahen vor, dass sich der Bundesrat sowohl aus Regierungsvertretern als auch aus Abgeordneten zusammensetzte, die von den Landtagen gewählt wurden.[530] Die Befürworter der Senatslösung sprachen sich dafür aus, dass der Senat berufsständische mit regionalen Elementen verbinden sollte, wobei der berufsständische Aspekt schnell aufgegeben wurde.[531] Andere stellten die verschiedenen Modelle nebeneinander, so dass Bundesrat und Senat unter dem Dach einer Länderkammer zusammengefasst waren.[MD44]

Die erörterten Grundmodelle gingen auf die Paulskirchenverfassung, die Reichsverfassung von 1871 und die Weimarer Reichsverfassung zurück. Während die SPD lange Zeit geschlossen hinter dem von ihr befürworteten Senatsmodell stand, spaltete sich die CDU/CSU-Fraktion schon früh in zwei annähernd gleich große Blöcke. Schließlich schlugen der Vorsitzende des Parlamentarischen Rates *Adenauer* und der CSU-Abgeordnete *Kroll* ein Mischsystem vor. Nach diesem Kombinationsmodell setzte sich der Senat zum größten Teil aus Abgeordneten zusammen, die von den Landtagen gewählt wurden. Der kleinere Teil sollte aus Vertretern der Landesregierungen bestehen.

Schließlich einigte sich die CDU/CSU-Fraktion unter Vermittlung von *Kroll* auf eine Länderkammer, die aus einem Bundesrat und einem Senat bestehen sollte. Letzterer setzte sich zu der einen Hälfte aus Regierungsvertretern und zu der anderen Hälfte aus gewählten Senatoren zusammen. Mit Hilfe dieses erzwungenen Kompromisses versuchte man, sämtliche Zwischenlösungen miteinander zu kombinieren. Die Liberalen stimmten diesem Kompromissvorschlag im Plenum zu. Die SPD befürwortete weiterhin das Senatsmodell, während die Deutsche Partei und das Zentrum am Bundesrat festhielten.

Gegen die Senatslösung wurde vor allem angeführt, dass eine Kammer, die aus von den Landtagen gewählten Abgeordneten besteht, ein Abbild der Volksvertretung darstelle, was zu einer Überbetonung des demokratisch-parteienstaatlichen Elements führe.[532] Die nicht weisungsgebundenen Senatoren könnten ihr Abstimmungsverhalten an parteipoliti-

---

[529] *Klaus-Berto von Doemming*, a. a. O., S. 381. Die Bezeichnung Kammer wurde in den Verhandlungen sowohl für ein gleichberechtigtes Föderativorgan als auch für ein bloß mitwirkendes Organ gebraucht, hierzu *Konrad Reuter*, in: 30 Jahre Bundesrat, 1979, S. 47 (49).

[530] Diesen Vorschlag machten vor allem der Sprecher der CDU-Fraktion *Adolf Süsterhenn* und der CSU-Abgeordnete *Josef Schwalber*, hierzu *Rudolf Morsey* (oben Fußn. 526), S. 68. Die Möglichkeit, dass die Senatoren direkt vom Landesvolk gewählt werden, wurde indes nicht in Erwägung gezogen.

[531] *Rudolf Morsey*, ebenda.

[532] Der damalige FDP-Abgeordnete und spätere Bundespräsident *Theodor Heuss* sprach von einer „Mikroskopie des Parlaments", zitiert bei *Rudolf Morsey*, ebenda.

schen Motiven ausrichten. Hierdurch werde der Zweck des „Zwei-Kammersystems", nämlich eine gegenseitige Kontrolle beider Organe aufgrund unterschiedlicher Zusammensetzung zu gewährleisten, gefährdet[MD45]. Darüber hinaus entspreche es den politischen Realitäten, wenn die Ländervertretung aus instruierten Regierungsvertretern bestehe.[533] Vor allem die Befürworter eines gleichberechtigten Bundesrats sahen in der Ländervertretung ein Gegengewicht gegen eine „überstürzte und nicht überdachte Gesetzgebung" und einen „übermächtigen Parlamentarismus".[534] Aufgrund ihrer Polarität sollten sich beide „Kammern" kontrollieren und ergänzen.

Demgegenüber wurde für die Senatslösung angeführt, dass sie sowohl parlamentarisch-demokratische als auch föderalistische Elemente miteinander verbinde. Mit den Senatoren sollte eine Gruppe von Politikern geschaffen werden, die dem ganzen Volk gegenüber verpflichtet sind und unabhängig von der jeweiligen Landesregierung im Interesse des Gesamtwohls entscheiden. Ein bedeutender Nachteil des Bundesratssystems wurde darin gesehen, dass der aus Regierungsbevollmächtigten zusammengesetzten Ländervertretung die demokratische Legitimation fehle. Ebenso würden durch den Bundesrat Vertreter der Exekutive an der Gesetzgebung beteiligt, was mit der Gewaltenteilung unvereinbar sei. Aus eben diesem Grund sprach man sich zum Teil für die Einführung eines Mischsystems aus.[535]

Eine Kehrtwende trat ein, als sich die SPD überraschend für das Bundesratsmodell entschied. Anlass hierfür war ein über die Köpfe der Fraktionen hinweg ausgehandelter Kompromiss zwischen dem damaligen bayerischen CSU-Ministerpräsidenten *Hans Ehard* und dem stellvertretenden SPD-Fraktionsvorsitzenden *Walter Menzel*. Um die hierdurch entstandene innerparteiliche Krise zu beheben, schlug *Menzel* seiner Fraktion einen weiteren Kompromiss vor. Nach diesem Modell sollten Bundesrat, Bundestag und Senat gleichberechtigt nebeneinander stehen.

Adenauer hingegen sprach sich weiterhin nachdrücklich für die Beibehaltung des Bundesratsmodells aus. Nach seinen Vorstellungen konnten sich ein Länderbewusstsein und eine starke Länderbürokratie nur in einem Bundesrat bilden. Er war der Auffassung, dass nur letzterer in der Lage sei, die Bundesverwaltung effektiv zu kontrollieren.[536]

Der Grund für die SPD, unvermittelt auf die Bundesratslösung umzuschwenken, wird zum Teil darin gesehen, dass die Sozialdemokraten in den Ländern über eine starke Basis verfügten,[537] um über die Länderregierungen Einfluss auf den Bund nehmen zu können. Darüber hinaus sollte dieses „Gelenkstück" des Grundgesetzes auf der Basis einer

---

533 *Klaus-Berto von Doemming*, JöR N. F. 1 (1951), S. 379 (380).

534 So unter anderem der FDP-Abgeordnete *Thomas Dehler*, zitiert bei *Karlheinz Niclauss*, 30 Jahre Bundesrat, 1979, S. 9 (10).

535 So beispielsweise der CDU-Abgeordnete *Robert Lehr*, der dieses Modell als „Bundesrat mit senatorialer Schleppe" bezeichnete, zitiert bei *Klaus-Berto von Doemming*, a. a. O., S. 384.

536 Hierzu *Rudolf Morsey*, in: Der Bundesrat als Verfassungsorgan und politische Kraft, 1974, S. 63 (72).

537 Dies vermutet *Rudolf Morsey*, a. a. O., S. 71.

möglichst großen Mehrheit gestaltet werden, um nicht eine „territorial kompakte Minorität" zu übergehen.[538]

Ein anderer Beweggrund wird wohl gewesen sein, dass die SPD ein gleichberechtigt an der Gesetzgebung teilhabendes Länderorgan wie den Senat verhindern wollte,[539] weil allein das Parlament die letzte Entscheidungsbefugnis behalten sollte.[540]

Da die Zwischenlösung Adenauers von den anderen Parteien unberücksichtigt blieb, votierte die Mehrheit der CDU/CSU schließlich für die Einführung eines gleichberechtigten Bundesrats.[541] Ein weiterer Umstand, der zur Preisgabe der Senatslösung führte, wird die Intervention der alliierten Militärgouverneure gewesen sein, die eine stärkere Berücksichtigung des föderativen Moments forderten, obwohl in der Literatur immer wieder betont wird, dass der Parlamentarische Rat seine Vorstellungen von der zukünftigen bundesstaatlichen Ordnung durchzusetzen vermochte und seinen eigenen Weg ging.[542]

Nach der grundsätzlichen Entscheidung für die Übernahme des traditionellen Bundesratsmodells stand die konkrete Ausgestaltung des Länderorgans zur Debatte. Im Gegensatz zu den Konservativen befürworteten die Sozialdemokraten eine Ländervertretung, die über ein suspensives Vetorecht, das heißt ein Einspruchsrecht, verfügte.[543]

Darüber hinaus war der Umfang der Beteiligung des Bundesrats an den Staatsfunktionen umstritten: Der Entwurf von Herrenchiemsee sah vor, dass die Länder durch den Bundesrat nicht nur an der Gesetzgebung und Verwaltung, sondern auch an der Regierung mitwirkten.[544] Mit diesem von der CDU/CSU und FDP aufgegriffenen Modell[545] sollte das Konzept einer Regierungsbeteiligung des Bundesrats eingeführt werden, wie es unter der Bismarckschen Reichsverfassung bestanden hatte.[546]

Diese Forderung hatten die Länder schon in den Beratungen zur Weimarer Reichsverfassung gestellt [547] und war schließlich in die ersten beiden Preußschen Verfassungsentwürfe aufgenommen worden, ohne jedoch in die Verfassung einzugehen.[548]

---

[538] So der SPD-Abgeordnete *Carlo Schmid*, zitiert bei *Morsey*, a. a. O., S. 73 f.

[539] *Karlheinz Niclauss* (oben Fußn. 526), S. 12.

[540] So der SPD-Abgeordnete *Walter Menzel*, der Innenminister in der von *Karl Arnold* (CDU) geführten Koalitionsregierung in Düsseldorf war, zitiert bei *Rudolf Morsey*, a. a. O., S. 74.

[541] Diesem Kompromiss folgten, mit Ausnahme der KPD, die FDP, das Zentrum und die Deutsche Partei, *Karlheinz Niclauss*, a. a. O., S. 12.

[542] Aus den Protokollen und Darstellungen lässt sich nicht der Eindruck gewinnen, dass die bundesstaatliche Ordnung von den Alliierten aufgezwungen war, *Friedrich Halstenberg*, in: Der Bundesrat als Verfassungsorgan und Politische Kraft, 1974, S. 127 (132); so auch *Rudolf Morsey* (oben Fußn. 536), S. 73 sowie *Karlheinz Niclauss*, 30 Jahre Bundesrat, 1979, S. 9 (14).

[543] *Rudolf Morsey* (oben Fußn. 536), S. 74; *Klaus-Berto von Doemming* (oben Fußn. 526), S. 386.

[544] Art. 65 des Herrenchiemseer Entwurfs lautete: „Durch den Bundesrat wirken die Länder bei der Gesetzgebung, der Regierung und der Verwaltung des Bundes mit.", Zitat bei *Klaus-Berto von Doemming*, JöR N. F. 1 (1951), S. 379 (382).

[545] *Rudolf Morsey* (oben Fußn. 536), S. 74.

[546] Oben § 2 V 1.

[547] Zum Problem einer solchen Einflussnahme *Karl Bilfinger*, Der Einfluss der Einzelstaaten auf die Bildung des Reichswillens, 1923, S. 24 ff, 39 ff.

Auf den Widerstand der SPD wurde aber weder diese Grundkonzeption noch die Anregung, dem Bundesrat ein Vorschlagsrecht bei der Ernennung des Kanzlers einzuräumen, weiterverfolgt.[549]

Ebenfalls sehr kontrovers wurde die Frage nach der Ausgestaltung seines Mitbestimmungsrechts diskutiert. Zunächst war in Anlehnung an die Weimarer Reichsverfassung vorgeschlagen worden, dass der Bundestag das Veto des Länderorgans nur mit Zwei-Drittel-Mehrheit überwinden konnte. Die Sozialdemokraten und Liberalen wandten hiergegen ein, dass die Hürde von zwei Dritteln der Stimmen zu hoch sei, da dies zur Folge habe, dass die Ländervertretung in die Nähe eines gleichberechtigten Gesetzgebungsorgans rücke.[550]

Demgegenüber sprach sich die CDU/CSU für eine Drei-Viertel-Mehrheit aus, wodurch das Vetorecht des Bundesrats noch schwerer zu überwinden gewesen wäre.[551] Die Parteien einigten sich schließlich auf ein abgestuftes Vetorecht, wonach grundsätzlich die absolute Mehrheit im Bundestag ausreichen sollte, um den Einspruch des Länderorgans zu überstimmen. In den Ausnahmefällen, in denen der Bundesrat einen Beschluss mit Zwei-Drittel-Mehrheit fasste, sollte auch der Bundestag das Länderorgan nur mit Zwei-Drittel-Mehrheit überstimmen können. Demnach beschränkte sich das Mitbestimmungsrecht der Länder bei der Gesetzgebung des Bundes auf ein Einspruchsrecht. Nur in wenigen Ausnahmefällen sollte der Bundesrat die Funktion eines gleichberechtigten Gesetzgebungsorgans wahrnehmen, indem er dem Gesetzesvorhaben zustimmen musste.[552]

Obwohl sich die Parteien im Ergebnis auf die Bundesratslösung einigten, kritisierten die Sprecher sämtlicher großer Fraktionen, dass es sich bei der Konzeption des Bundesrats um einen Konstruktionsfehler handele, da er legislative und exekutive Funktionen vermische.[553] Ungeachtet dieser vorherrschenden Auffassung wurde der nochmalige Vorstoß

---

548 Zu diesen Entwürfen oben § 2 VII 1.

549 Hierzu *Klaus-Berto von Doemming*, JöR N. F. 1 (1951), S. 379 (382), wonach der Bundesrat nach dem Herrenchiemseer Entwurf als „Legalitätsreserve" bei der Ernennung des Bundeskanzlers vorgesehen war.

550 So die Abgeordneten *Friedrich Maier* (SPD) und *Thomas Dehler* (FDP), zitiert bei *Karlheinz Niclauss*, 30 Jahre Bundesrat, 1979, S. 9 (13).

551 So der Abgeordnete *Adolf Süsterhenn* (CDU), wiedergegeben von *Karlheinz Niclauss*, a. a. O., S. 13.

552 *Karlheinz Niclauss*, der darauf hinweist, dass es sich hierbei um eben diejenige „abgeschwächte Bundesratslösung" handelt, die schon im Herrenchiemseer Verfassungsentwurf vorgesehen war, a. a. O., S. 12; *Rudolf Werner Füsslein*, Erläuterungen zu Art. 77 GG, JöR N. F. 1 (1951), S. 565 (568 ff.).

553 So die Fraktionssprecher von CDU und SPD *Robert Lehr* und *Rudolf Katz* sowie der FDP-Abgeordnete *Max Becker*, zitiert bei *Rudolf Morsey* (oben Fußn. 536), S. 76. Dies waren die Hauptbedenken, die in den folgenden Jahrzehnten immer wieder gegen den Bundesrat vorgebracht wurden, vgl. auch die Darstellung bei *Dieter Blumenwitz*, in: Bonner Kommentar, Art. 50 (Zweitbearbeitung Art. 50) Rdn. 6 f. m. w. N. sowie *Werner Weber*, demzufolge es sich bei dem Bundesrat um eine „potestas indirecta" handele, die dazu führe, dass „sich in der Bundesregierung und dem Bundesrat zwei Regierungen und in dem Bundestag und Bundesrat zwei Gesetzgeber gegenüberstehen", in: Spannungen und Kräfte

der Liberalen, die Länderkammer in einen aus Senatoren bestehenden Bundesrat und einen aus Regierungsmitgliedern zusammengesetzten Länderrat zu teilen,[554] mit breiter Mehrheit abgelehnt.

Der letztlich gefundene Kompromiss, dass dem Bundesrat grundsätzlich nur ein suspensives Vetorecht zugebilligt wurde und nur in Ausnahmefällen seine Zustimmung zu einem Gesetzesvorhaben erforderlich war, bewegte sich somit zwischen den Verfassungen von 1871 und 1919.[555]

II. Die Entwicklung des Föderalismus in Deutschland

1. Die voranschreitende Entwicklung zum unitarischen Bundesstaat

Nach den Artikeln 30, 70 und 83 GG steht in erster Linie den Ländern die Ausübung der gesetzgebenden, vollziehenden und rechtsprechenden Gewalt zu. Wie schon unter der Geltung der Verfassungen von 1871 und 1919 wird diese Regel durch zahlreiche Ausnahmen durchbrochen. Die auf Art. 30 2. Halbsatz, Art. 70 Abs. 1 sowie Art. 83 GG beruhenden Ausnahmeregelungen haben dazu geführt, dass die Länder nach nunmehr über vierzig Grundgesetzänderungen heute nur noch auf dem Gebiet der Verwaltung über eine relativ weitgehende Unabhängigkeit verfügen. Als Gesetzgebungskompetenzen sind ihnen im Wesentlichen nur noch das Kommunalrecht, das Polizei- und allgemeine Ordnungsrecht, das Bauordnungsrecht, das Schulrecht und die Regelung kultureller Angelegenheiten geblieben.[556] In jüngerer Zeit zieht der Bund auch auf dem Gebiet der Kulturförderung immer mehr Initiativen an sich, wie die Einrichtung des Amts eines Kulturstaatsministers zeigt.

Wie schon unter den beiden vorhergehenden Verfassungen setzte sich die Verlagerung von Kompetenzen von den Ländern auf den Gesamtstaat fort. Dies galt nicht nur für das Gebiet der Gesetzgebung, sondern auch für das der Verwaltung. An die Stelle der Wahrnehmung originärer Zuständigkeiten trat die Mitwirkung der Länder an der gesamtstaatlichen Willensbildung. Neben anderen Formen der Beteiligung[557] nehmen sie heute hauptsächlich über ihr Zustimmungsrecht Einfluss auf die Gesetze, Verordnungen und Verwaltungsvorschriften des Bundes.

---

im westdeutschen Verfassungssystem, 3. Aufl. 1970, S. 79 f. sowie *Ernst Friesenhahn*, VVDStRL 16 (1958), S. 9 (S. 70 – Fußn. 117, 72 – These 13 Satz 2).

[554] *Klaus-Berto von Doemming*, JöR N. F. 1 (1951), S. 379 (387).

[555] So auch *Ekkehart Stein*, Staatsrecht, 16. Aufl. 1998, § 14 III, S. 127.

[556] Vgl. statt vieler *Wolf-Rüdiger Schenke*, JuS 1989, S. 698 (699); *Konrad Hesse*, Der unitarische Bundesstaat, 1962, S. 15.

[557] Zu den Erscheinungsformen des kooperativen Föderalismus sogleich unter § 4 II 1 e) sowie § 4 II 2.

a) Die Entwicklung zum sozialen Rechtsstaat

Die Normierung des Sozialstaatsprinzips im Bonner Grundgesetz führte die Unitarisierung fort, die unter der Geltung der Bismarckschen Reichsverfassung begonnen hatte.[558] Vor dem Hintergrund, dass jede Verbesserung der wirtschaftlichen und sozialen Lebensbedingungen unabhängig von der Landeszugehörigkeit des Betroffenen soziale Gegensätze abmildern soll, war eine bundeseinheitliche Entwicklung sozialstaatlicher Einrichtungen erforderlich. Hauptbeispiele hierfür sind die Ende des vorletzten Jahrhunderts eingeführte Sozialversicherung sowie die Bereiche der Wirtschafts- und Strukturpolitik. Eine solche Vereinheitlichung der Lebensverhältnisse wäre zwar auch im Wege der Abstimmung von Landesvorschriften möglich, jedoch setzt sich auch heute noch in der Mehrheit der Fälle der einfachere Weg eines Bundesgesetzes durch.[559] Haupteinfallstor für die unitarisierende Wirkung des Sozialstaatsgebots war die Bedürfnisklausel des Art. 72 Abs. 2 a. F. GG, wonach der Bund das Recht zur Gesetzgebung hatte, wenn dies die Einheitlichkeit der Lebensverhältnisse erforderte.[560]

b) Die gestiegene Zahl zustimmungsbedürftiger Materien

Während nach dem im Parlamentarischen Rat gefundenen Kompromiss die Zustimmung der Länder zu Gesetzen und Verordnungen noch die Ausnahme sein sollte, nahmen die zustimmungsbedürftigen Regelungen im Laufe der nachfolgenden 50 Jahre beständig zu. Ihre Zahl wuchs von 10 % auf 50 – 60 % der Gesetze, so dass sich das Regel-Ausnahme-Verhältnis zeitweise umkehrte.[561] Hierbei diente die Einführung neuer Zustimmungs-

---

[558] Hierzu ausführlich oben § 2 V 1 c).

[559] Ein Beispiel aus jüngerer Zeit ist das Altenpflegegesetz des Bundes, das wegen der mangelhaften Abstimmung landesrechtlicher Vorschriften „erforderlich" geworden war; hierzu sowie zur Alternative aufeinander abgestimmter Landesgesetze *Ralf Groß*, DÖV 1969, 93 (94); *Konrad Hesse*, Der unitarische Bundesstaat, 1962, S. 13; *Walter Leisner*, DÖV 1968, 389 sowie unten § 8 VII 5 c) bb) mit Fußn. 1265, § 8 VII 6 e) und § 8 VII 9 b) mit Fußn. 1409.

[560] Zu dessen Neufassung und den hiermit verbundenen Problemen unten § 8 VII 5 a).

[561] *Rudolf Dolzer*, in: VVDStRL 58 (1999), S. 7 (15), der zu der Einschätzung kommt, dass die Anzahl zustimmungspflichtiger Gesetze in der 13. Legislaturperiode sogar bei 90 % lag, ähnlich *Michael Sachs*, wonach die Zahl in demselben Zeitraum bei etwa Zwei-Dritteln gelegen haben soll, ebenda, S. 57; für die 10. Legislaturperiode *Georg-Berndt Oschatz*, in: Vierzig Jahre Bundesrat, 1989, S. 17 (19), der von 60 % ausgeht, ebenso *Peter Lerche*, in: Der Bundesrat (Hrsg.), Vierzig Jahre Bundesrat, S. 183 (186); zur Entwicklung bis zur 10. Legislaturperiode *Michael Antoni*, AöR 113 (1988), 329 (332 ff.), der betont, dass von den insgesamt 40 Zustimmungsklauseln allein im Jahr 1988 28 Klauseln eingefügt wurden.

Insgesamt fällt auf, dass die statistischen Angaben über den Anteil der Zustimmungsgesetze erheblich auseinander gehen. Dies ist darauf zurückzuführen, dass unterschiedliche Auffassungen der Verfassungsorgane über die Zustimmungsbedürftigkeit bestehen, so dass die Aufstellungen je nach Herkunft variieren; so auch *Fritz Ossenbühl*, in: Wilke/Schulte (Hrsg.), Der Bundesrat, 1990, S. 300 (302 mit Fußn. 11). Hieraus erklären sich wohl auch die oben zitierten Prozentangaben. Aus der von der Dokumentationsstelle des Bundesrats erstellten Gesamtstatistik (abrufbar unter http: //www.bundesrat.de) geht hervor, dass von 1949 bis September 2003 53,2 % aller vom Bundespräsidenten *ausgefertigten* und *verkündeten* Gesetze zustimmungspflichtig waren (1.-10. Legislaturperiode: 51,5 %; 11.: 55,2 %; 12.: 57,2

rechte vor allem der Kompensation von Zuständigkeitsverlusten, welche die Länder durch das Vordringen des Bundes in ihre Kompetenzbereiche erlitten, so dass sich der Katalog zustimmungsbedürftiger Materien seit 1949 von dreißig auf etwa sechzig erhöhte.[562] Mit der Zunahme der Zustimmungsgesetze wuchs auch die Bedeutung des Bundesrats.

Infolge der Zuständigkeitsverluste verringerte sich nicht nur der gesetzgeberische und politische Gestaltungsspielraum der Länder, sondern es geriet auch die Machtbalance zwischen Bundestag und Bundesrat aus dem Gleichgewicht. Die Folge war, dass die Ländervertretung entgegen der verfassungsrechtlichen Wertung in die Nähe eines zweiten gleichberechtigten Gesetzgebungsorgans rückte. Die steigende Bedeutung des Bundesrats führte dazu, dass er in den Jahren, in denen die Bundesopposition die Mehrheit der Länderregierungen stellte,[563] verstärkt in die parteipolitische Diskussion einbezogen wurde.

Neben den Kompetenzverlagerungen von den Ländern auf den Bund ist die im Zusammenhang mit Art. 84 GG vertretene Einheitsthese des Bundesverfassungsgerichts die Hauptursache für die Zunahme zustimmungsbedürftiger Materien. Nach dieser Rechtsprechung erstreckt sich die Zustimmungsbedürftigkeit einer Verwaltungsvorschrift auf das gesamte Gesetz, auch wenn der materiellrechtliche Teil als solcher nicht der Zustimmung des Bundesrats bedarf.[564]

In der Literatur wird eine unterschiedliche Gewichtung dieser beiden Problemkreise vorgenommen. Zum Teil wird betont, dass nicht die Zunahme der durch Verfassungsänderung geschaffenen Zustimmungserfordernisse, sondern Art. 84 GG und seine länderfreundliche Auslegung durch das Bundesverfassungsgericht die Hauptursache der Gewichtsverschiebung zwischen den Gesetzgebungsorganen seien. Das wird mit einem Blick auf die Statistik begründet, nach der dies den häufigsten Fall der Zustimmungsbedürftigkeit eines Gesetzes darstelle.[565] Andere sehen den Hauptgrund für die aufgetrete-

%; 13.: 59,5; 14.: 54,6 %) Wie hoch deren Anteil *vor* Abspaltungen und Zusammenführungen lag, lässt sich der Statistik nicht entnehmen.

562 *Christof Gramm*, AöR 124 (1999), 212 (217) mit einer Aufzählung der entsprechenden Normen. Die diesbezüglichen Angaben sind uneinheitlich, so geht *Jürgen Jekewitz* von einer Verdreifachung aus (Stand: 2001), in: Alternativkommentar zum GG, 3. Aufl. 2001, Art. 77 Rdn. 13.

563 Dies war der Fall während der sozialliberalen Koalition 1969-1982, in den letzten beiden Legislaturperioden der Regierung *Kohl*, 1990-1998 (mit Ausnahme von Oktober 1990 – Mai 1991), sowie seit Mai 2002, vgl. auch die Statistik der Dokumentationsstelle des Bundesrats unter http://www.bundesrat.de.

564 Hierzu ausführlich unten § 8 VII 4 a) mit den dortigen Nachweisen.

565 So beispielsweise *Christian Pestalozza*, ZRP 1976, 153; in jüngerer Zeit *Michael Sachs*, in: VVDStRL 58 (1999), 39 (61); *Rupert Stettner*, in: Dreier (Hrsg.), GG, Bd. II, 1998, Art. 77 Rdn. 12 jeweils m. w. N.; zu einer eher gleichen Gewichtung kommen *Rudolf Dolzer* in seinem Diskussionsbeitrag, in: VVDStRL 58 (1999), S. 7 (15 ff., 29 ff.), sowie *Christof Gramm*, ebenda, S. 212 (217, 221). Zur Bedeutung des Art. 84 Abs. 1 GG auch *Michael Antoni*, nach dessen Untersuchung durchschnittlich 63,5 % aller Zustimmungsgesetze auf diese Bestimmung zurückzuführen sind (in der 5. Legislaturperiode waren es sogar 87 %), in: AöR 113 (1988), 329 (332 ff.).

nen Spannungen in den zahlreichen Grundgesetzänderungen seit 1949, die zu einer Verdoppelung zustimmungsbedürftiger Materien geführt haben. Zwar werde die Zustimmungsbedürftigkeit in den meisten Fällen durch die Einfügung verfahrensrechtlicher Vorschriften in den Gesetzesbeschluss ausgelöst, diese bildeten aber kein unüberwindbares Hindernis. Das Hauptproblem liege eher in der verfassungsrechtlichen Verankerung der Zustimmungsbedürftigkeit, da diese nicht ohne weiteres umgangen werden könne.[566]

Zuzustimmen ist beiden Ansichten, denn die großzügige Auslegung des Art. 84 GG stellt für die Länder ein ebenso unüberwindbares Hindernis dar wie ein unmittelbares verfassungsrechtliches Zustimmungserfordernis.

c) Die konkurrierende Gesetzgebungszuständigkeit und die Rahmengesetzgebung

Ein weiterer Umstand, der zu einer Verlagerung der Gesetzgebungstätigkeit auf den Gesamtstaat führte, war die konkurrierende Gesetzgebungszuständigkeit des Bundes und der Länder nach den Artt. 72, 74 GG. Nicht nur die bisherigen Reichsgesetze wurden gemäß Art. 125 GG als Bundesgesetze fortgeführt,[567] so dass eine Rückführung von Gesetzen in die Zuständigkeit der Länder ausgeschlossen war. Vielmehr zog auch der Gesamtstaat des Bonner Grundgesetzes einen Großteil der in Art. 74 GG geregelten Materien an sich.

Dies widerspricht der verfassungsrechtlichen Grundkonzeption.
Aus den Artikeln 70 ff. GG wird zwar deutlich, dass die Regel des Art. 70 GG, wonach vorrangig die Länder das Gesetzgebungsrecht haben, nicht uneingeschränkt gelten soll. Das Grundgesetz stellt jedoch an eine Durchbrechung dieses Grundsatzes zum Schutz der Länder verschiedene Anforderungen. Die abschließende Aufzählung der in den Artt. 73 und 74 GG enthaltenen Gesetzgebungsmaterien soll der Gesetzgebungstätigkeit des Bundes Schranken setzen.

Darüber hinaus konnte der Bund nach Art. 72 GG a. F. von seinem konkurrierenden Gesetzgebungsrecht nur Gebrauch machen, wenn ein Bedürfnis nach bundesgesetzlicher Regelung bestand. Hauptanwendungsfall der drei Regelbeispiele, die ein solches Bedürfnis indizierten, war die Wahrung einheitlicher Lebensverhältnisse.

Die Beantwortung der Frage, wann ein Bedürfnis für eine einheitliche Regelung bestand, war dem pflichtgemäßen Ermessen des Gesetzgebers überlassen und der Nachprüfbarkeit durch das Bundesverfassungsgericht im Wesentlichen entzogen. Die Rechtsprechung des Bundesverfassungsgerichts tendierte in Anlehnung an die Beurteilung ermessensabhängiger Verwaltungsakte dahin, dass nur die ordnungsgemäße Ausübung des

---

[566] Vgl. statt vieler *Christof Gramm*, AöR 124 (1999), 212 (224), der betont, dass durch die Aufspaltungsbefugnis des Gesetzgebers die „Waffengleichheit“ zwischen Bundestag und Bundesrat wiederhergestellt werde, zu deren Zulässigkeit unten § 8 VII 4 b).

[567] Dies betont *Friedrich Halstenberg*, in: Der Bundesrat als Verfassungsorgan und politische Kraft, 1974, S. 127 (130).

Ermessens durch den Gesetzgeber justiziabel war, nicht aber die Entscheidung selbst. Sie sollte lediglich daraufhin überprüft werden können, ob die in Art. 72 Abs. 2 GG verwendeten Rechtsbegriffe richtig ausgelegt worden sind und sich die Ermessensentscheidung innerhalb des verfassungsrechtlich vorgegebenen Rahmens bewegte.[568] Seinen Sinn als Gesetzgebungsschranke des Bundes verlor Art. 72 Abs. 2 GG a. F. vollends dadurch, dass ein Bedürfnis nach bundesgesetzlicher Regelung nicht nur in den Fällen angenommen wurde, in denen die Rechts- und Wirtschaftseinheit gefährdet war, sondern auch dann, wenn das Gesetz ihrer Herstellung diente.[569] Dies lief im Ergebnis auf eine Petitio Principii hinaus, da der Bund mit dem Erlass eines Gesetzes die politische Vorentscheidung für ein Bedürfnis nach bundesgesetzlicher Regelung schuf.[570]

Darüber hinaus widersprach sich das Bundesverfassungsgericht, indem es in der Wertung des Gesetzgebers einmal eine Ermessensentscheidung,[571] ein anderes Mal eine Ausfüllung unbestimmter Rechtsbegriffe sah.[572] Hätte das Bundesverfassungsgericht letzteren Ansatz konsequent weiterverfolgt, wäre eine gerichtliche Überprüfung möglich gewesen.[573] Stattdessen zog es sich unter Verweis auf die fehlende Justiziabilität politischer Ermessensentscheidungen aus der gerichtlichen Überprüfung zurück.

Die Vorschrift des Art. 72 Abs. 2 a. F. GG beinhaltete aber *sowohl* den unbestimmten Rechtsbegriff des „Bedürfnisses nach bundesgesetzlicher Regelung“ auf der Tatbestandsseite *als auch* das ermessensabhängige Gesetzgebungsrecht des Bundes auf der Rechtsfolgenseite. Hätte man dem Bund nach der alten Fassung einen Beurteilungsspielraum zugestanden, wären dessen Grenzen einer eingehenden verfassungsgerichtlichen Prüfung zugänglich gewesen:[574] Das Bundesverfassungsgericht hat in seiner Rechtsprechung eine Vielzahl unbestimmter Rechtsbegriffe einer Überprüfung unterworfen.[575] Als Beispiele soll hier nur die Judikatur zur Rahmengesetzgebung des Bundes, zu ungeschriebenen Gesetzgebungszuständigkeiten und zur Bundestreue angeführt werden.

---

[568] BVerfGE 2, 213 (224 f.); 26, 338 (382 f.).

[569] BVerfGE 13, 230 (233).

[570] *Theodor Maunz*, in: Maunz/Dürig, GG, Bd. IV, Art. 72 Rdn. 23; *Christoph Degenhart*, in: Sachs (Hrsg.), GG, 3. Aufl. 2003, Art. 72 Rdn. 6; so erstmals BVerfGE 13, 230 (233 f.).

[571] BVerfGE 2, 213 (224 f.); 26, 338 (382 f.).

[572] BVerfGE 13, 230 (233 f.).

[573] *Christian Callies*, DÖV 1997, 889 (894); *Gunter Kisker*, Der Staat 14 (1975), 169 (188).

[574] So *Christian Callies*, a. a. O., S. 894 f.; *Theodor Maunz*, in: Maunz/Dürig, GG, Bd. IV, Art. 72 Rdn. 19; *Rupert Scholz*, in: Festgabe 25 Jahre Bundesverfassungsgericht, Bd. 2, 1976, 253 (260 ff.).

[575] Dies betont auch *Klaus Stern* in seinem Sondervotum zum Abschlussbericht der *Enquête-Kommission Verfassungsreform*, BT-Drs. 7/5924, S. 139; ebenso *Christian Callies*, a. a. O., S. 895; *Gunter Kisker*, a. a. O., S. 188; *Theodor Maunz*, a. a. O., Art. 72 Rdn. 19.

Eine verstärkte Justitiabilität hätte auch vor dem Hintergrund nahe gelegen, dass die Alliierten bei der Verabschiedung des Grundgesetzes auf die Einfügung des Art. 72 GG drängten, um die Position der Gliedstaaten zu stärken.[576]

Damit folgte das Bundesverfassungsgericht in der Vergangenheit einer Rechtsauffassung, die schon in Bezug auf die „Bedürfnisklausel" des Art. 9 WRV vertreten wurde und bereits unter der Weimarer Reichsverfassung zu einer Ausuferung der Gesetzgebungszuständigkeit des Gesamtstaats geführt hatte. Folge dieser Rechtsprechung war seitdem, dass der weite Begriff des Bedürfnisses einer bundeseinheitlichen Regelung zum Nachteil der Länder ausgelegt wurde und der Gesamtstaat ausgiebigen Gebrauch von seinem Ermessenspielraum machte.

Auf die Frage, ob die Neufassung des Art. 72 GG[577] hieran etwas geändert hat und auf etwaige Lösungsansätze soll weiter unten eingegangen werden.[578]

Ein ähnlicher Befund lässt sich hinsichtlich der Rahmengesetzgebung des Bundes feststellen: Wie die Grundsatzgesetzgebung unter der Weimarer Reichsverfassung hatte auch die Kompetenz des Gesamtsstaates zum Erlass von Rahmenvorschriften eine erhebliche Ausweitung der Bundesgesetzgebung zur Folge. Anstatt sich auf die Vorgabe von Grundsätzen und allgemeiner Richtlinien zu beschränken[MD46], schöpfte der Bund diese Kompetenz vor allem im Hinblick auf das Beamtenrecht und die Rechtsverhältnisse des öffentlichen Dienstes aus.[579] Auch hier drohte der ursprüngliche Zweck der Rahmengesetzgebung, einer Ausuferung der Gesetzgebungstätigkeit des Gesamtstaats entgegenzuwirken, unterlaufen zu werden.

d) Die Verwaltung

Darüber hinaus machte der Bund von seiner Kompetenz, die Behördenorganisation und das Verwaltungsverfahren gemäß Art. 84 GG zu regeln, in großem Umfang Gebrauch. Die Verbindung von materiellen Bestimmungen und Verfahrensvorschriften in einem Gesetz hat auch heute noch zur Folge, dass der Bundesrat vermehrt in die Entscheidung miteinbezogen werden muss, da nach der Rechtsprechung des Bundesverfassungsgerichts schon eine einzige zustimmungsbedürftige Verfahrensvorschrift die Zustimmungsbedürftigkeit des gesamten Gesetzes nach sich zieht.[580] Das Gleiche gilt für die vom Bund im Rahmen der Bundesauftragsverwaltung nach Art. 85 Abs. 1 und Abs. 2 GG erlassenen Verfahrensvorschriften.

---

576 *Norbert Achterberg*, DVBl. 1967, 213 (218); *von Mangoldt/Klein*, Das Bonner GG, 2. Aufl. 1964, Bd. II, Art. 72 Anm. II 1 b.

577 42. Änderungsgesetz zum GG vom 27.10.1994, BGBl. I S. 3146.

578 Hierzu ausführlich unter § 8 VII 5.

579 *Konrad Hesse*, Der unitarische Bundesstaat, 1962, S. 15; *Wolf-Rüdiger* Schenke, in: Schneider/Zeh (Hrsg.), Parlamentsrecht und Parlamentspraxis, 1989, § 55 Rdn. 60 ff.; wie auch in jüngerer Zeit *Rudolf Dolzer*, VVDStRL 58 (1999), S. 7 (17 ff.); *Christof Gramm*, AöR 124 (1999), 212 (216).

580 Deswegen wird in den Artt. 84 und 85 GG ein Hauptgrund für die unitarisierungsbedingten Systemverschiebungen gesehen, *Rudolf Dolzer*, in: VVDStRL 58 (1999), S. 7 (29); *Fritz Ossenbühl*, in: Wilke/Schulte (Hrsg.), Der Bundesrat, 1990, S. 300 (302 f.).

Ob die dem zugrunde liegende Einheitsthese rechtlich zwingend ist, soll weiter unten untersucht werden.[581]

Die überkommene Regel, dass die Gliedstaaten die Gesetze des Gesamtstaats ausführen, wurde dadurch relativiert, dass die erstmals in der Weimarer Reichsverfassung vorgesehene Auftragsverwaltung in das Grundgesetz übernommen wurde. Auf der Grundlage der Artt. 87 b Abs. 2, 87 c, 87 d Abs. 2 und 120 a GG wurden den Ländern zusätzliche Verwaltungsaufgaben übertragen. Die Aufsicht über die im Auftrag des Bundes auszuführenden Gesetze umfasst nicht nur eine Rechts-, sondern auch eine Zweckmäßigkeitskontrolle,[582] wodurch die Verwaltungskompetenz der Länder weiter eingeschränkt wird.

Ursächlich für die Kompetenzverlagerungen auf den Bund ist auch die Befugnis des Bundes, gemäß Art. 87 Abs. 3 GG selbständige Bundesoberbehörden, bundesunmittelbare Körperschaften und Anstalten des Öffentlichen Rechts durch einfaches Gesetz zu errichten. Auch die Verfassungspraxis unter der Weimarer Reichsverfassung ging auf eine entsprechende Ermächtigung zurück,[583] mit der Folge, dass die unmittelbare Verwaltung durch den Gesamtstaat in erheblichem Umfang zunahm.

Neben dem Erlass von Verwaltungsvorschriften nach Art. 84 Abs. 2 GG und Einzelweisungen nach Art. 84 Abs. 5 GG[584] nimmt der Bund Einfluss auf die Länderverwaltung durch die Abgabe von Auslegungsempfehlungen und Ermessensrichtlinien. Diese sind zwar unverbindlich, werden aber von den Ländern aus Gründen der Vereinfachung des Verwaltungsverfahrens befolgt. Auf diese Weise wächst der Einfluss des Bundes auf die Landesverwaltung auch informell, so dass das Recht der Länder, die Behördenorganisation und das Verwaltungsverfahren zu regeln sowie der ihnen bei der Gesetzesanwendung zustehende Ermessensspielraum in erheblichem Umfang eingeschränkt werden.[585]

Die Ende der sechziger Jahre eingeführten Gemeinschaftsaufgaben stellen eine weitere Form der „parakonstitutionellen Einflussnahme“[586] des Bundes auf die Landesverwal-

---

[581] Vgl. § 8 VII 4 a); hierzu auch *Fritz Ossenbühl*, a. a. O., S. 300 ff.: *Wolf-Rüdiger Schenke*, Die Verfassungsorgantreue, 1977, S. 70 ff.

[582] Bundesgesetze, die ausnahmsweise ein Recht zur Erteilung von Einzelweisungen enthalten, bedürfen nach Art. 84 Abs. 5 S. 1 GG der Zustimmung des Bundesrats. Demzufolge ist die Befugnis der Bundesregierung, Weisungen für den Einzelfall zu erteilen, die Ausnahme zu der Regel, dass die Länder Bundesgesetze grundsätzlich in eigenem Ermessen ausführen, hierzu auch *Siegfried Broß*, in: von Münch/Kunig, GG, Bd. 3, 5. Aufl. 2003, Art. 84 Rdn. 41 ff.

[583] Vgl. oben § 2 VII 3 b) cc).

[584] Den Einflusses des Bundes auf die Landesverwaltung hat erstmals *Arnold Köttgen* analysiert, in: JöR N.F. 3 (1954), 67 (83 ff.); unter Berufung hierauf *Konrad Hesse*, Der unitarische Bundesstaat, 1962, S. 17.

[585] *Konrad Hesse*, Der unitarische Bundesstaat, 1962, S. 17; *Arnold Köttgen*, JöR N. F. 3 (1954), S. 67 (83 f.).

[586] Zu sonstigen Formen dieser Einflussnahme wie der Koordinierung des Verwaltungsvollzugs durch Rundschreiben, Richtlinien und zweckgebundene Bundeszuschüsse *Konrad Hesse*, a. a. O., S. 18; *Arnold Köttgen*, a. a. O., S. 89 f., 142 f.; zur unitarisierenden Wirkung der gemeinschaftlichen Wahrneh-

tungshoheit dar. Die Artt. 91a und 91b GG sehen vor, dass der Bund auf Gebieten mitwirkt, die eigentlich den Ländern vorbehalten sind. Dies sind der Aus- und Neubau von Hochschulen und Hochschulkliniken, der Bereich der regionalen Wirtschaft, der Küstenschutz, die Agrarwirtschaft, die Bildungsplanung und die Forschungsförderung. Als Grund für die Mitwirkung des Bundes an diesen Länderangelegenheiten nennt Art. 91a Abs. 1 GG die Verbesserung der Lebensverhältnisse auf Gebieten, die „für die Gesamtheit bedeutsam" sind. Auffallend an dieser Bestimmung ist, dass auch sie sozialstaatliche Züge aufweist und das Erfordernis einer einheitlichen Entwicklung – vergleichbar mit Art. 72 Abs. 2 GG – betont.

Dieser Grundgedanke gilt auch für Art. 104 Abs. 4 GG, der besondere Zuweisungen des Bundes an die Länder und Gemeinden vorsieht, um eine Störung des gesamtwirtschaftlichen Gleichgewichts abzuwehren, unterschiedliche Wirtschaftskraft im Bundesgebiet auszugleichen und wirtschaftliches Wachstum zu fördern. Hierdurch sollte das noch aus der Weimarer Republik stammende System der Fondswirtschaft in geordnete Bahnen gelenkt werden.[587] Tatsächlich führt diese Mischfinanzierung zu einer verstärkten finanziellen Abhängigkeit der Länder vom Gesamtstaat,[588] denn die Länder können sich angesichts ihrer allgemeinen Finanznot kaum den Finanzierungsangeboten des Bundes entziehen. Auch wenn es dem Bund verfassungsrechtlich verwehrt ist, die Zuweisung von Mitteln an die Erfüllung politischer Forderungen zu knüpfen,[589] bringt dies zumindest die Gefahr einer mittelbaren Einflussnahme auf die Landespolitik mit sich.

Zusammenfassend ist festzustellen, dass der Bund die verfassungsrechtlich zulässigen Möglichkeiten einer Einflussnahme auf die Landesverwaltung so weit wie möglich ausgeschöpft hat. Je mehr der Bund auf diese Weise in die Verwaltungshoheit der Länder eindringt, desto größer wird das Gewicht des Bundesrates, dessen Einschaltung den Verlust bzw. die Minderung der Länderkompetenzen ausgleichen soll.

e) Die Selbstkoordinierung von Bund und Ländern

Die Tendenz zur Vereinheitlichung der Lebensverhältnisse ist auch auf den Gebieten bestimmend, die der Bund noch nicht an sich gezogen hat. Die Länder kommen einer einheitlichen Normierung durch den Bund zuvor,[590] indem sie die Regelung der ihnen

---

mung von Staatsaufgaben durch Bund und Länder *Konrad Hesse*, in: Festschrift für Gebhard Müller, 1970, S. 141 (151).

[587] Zur so genannten Fondsverwaltung unter dem Grundgesetz *Gunter Kisker*, Kooperation im Bundesstaat, 1971, S. 34 ff., 283 ff.

[588] *Konrad Hesse*, Der unitarische Bundesstaat, 1962, S. 18; *Gunter Kisker*, a. a. O., S. 283.

[589] BVerfGE 39, 96 ff.; 41, 291 (307 f.).

[590] Diese Entwicklung zeichnete sich schon unter der Bismarckschen Reichsverfassung ab, vgl. oben § 2 V 2 e); zur Selbstpreisgabe von Kompetenzen durch die Länder *Wilhelm Haegert*, NJW 1961, S. 1137 ff.; *Konrad Hesse*, Der unitarische Bundesstaat, 1962, S. 19 ff., *ders.*, in: Festschrift für Gebhardt Müller, 1970, S. 141 ff. (dort mit m. w. N. in Fußn. 3-6) und *Gunter Kisker*, Kooperation im Bundesstaat, 1971, S. 194 ff., *ders.*, DÖV 1977, S. 689 ff. Zur Kooperation auch *Rolf Grawert*, Der Staat 14 (1975),

verbliebenen Sachgebiete im Wege von Staatsverträgen und Verwaltungsabkommen[591] aufeinander abstimmen. Eine Unitarisierung vollzieht sich somit nicht nur von oben durch den Bund, sondern auch von unten seitens der Länder. Beispiele hierfür sind die gemeinsamen Beschlüsse der Landesministerkonferenzen[592] sowie deren Musterentwürfe, durch die Landesgesetze einander angeglichen werden.

Auffällig hieran ist, dass sich eine Vereinheitlichung auch auf den Gebieten durchsetzt, die einer Einflussnahme des Bundes nicht zugänglich sind, wie zum Beispiel im Bereich des Polizei- und Ordnungsrechts. Die Tendenz der Länder zur Selbstkoordinierung beruht demnach nicht nur auf dem Bestreben, einer Regelung durch den Bund zuvorzukommen.[593]

2. Erscheinungsformen und Wirkungen des kooperativen Föderalismus

Ein Grund für die Unitarisierung, das heißt, die Verlagerung von Gesetzgebungs- und Verwaltungsbefugnissen auf den Gesamtstaat, ist der kooperative Föderalismus. Hierunter ist das mehr oder weniger arbeitsteilige Zusammenwirken der Länder und des Bundes bei der Bewältigung staatlicher Aufgaben zu verstehen.[594]

Im Unterschied zur sonst vorherrschenden Unitarisierung wird jedoch im Zuge der Kooperation staatliche Macht auf mehrere gleichberechtigte Entscheidungsträger verteilt. Kooperation setzt voraus, dass sich an der Entscheidungsfindung Beteiligte gegenüberstehen, die selbständig über eigene Kompetenzen und Rechte verfügen können. Nur auf diese Weise wird ein Machtgleichgewicht hergestellt, aus dem heraus eine Zusammenarbeit möglich ist. Aus diesem Grund ist in den Beziehungen zwischen Staatsorganen beziehungsweise in den formellen und informellen Gremien, in denen Entscheidungen nach dem Mehrheitsprinzip getroffen werden, keine Kooperation möglich, da im Zweifelsfall die Mehrheit entscheidet.[595]

Die historischen Grundlagen für diese Kooperationen liegen in dem Wandel, den der Föderalismus bereits unter der Bismarckschen Reichsverfassung nahm: Der traditionelle Bundesstaat verlor allmählich seine Legitimation, die ursprünglich darin bestand, die

---

S. 229 ff. mit umfangreichen Nachweisen in Fußn. 10; *Rolf Groß*, DVBl. 1969, S. 93 ff., 125 ff.; *Hartmut Klatt*, in: Aus Politik und Zeitgeschehen 1982, B 31, S. 3 ff.; hierzu in jüngerer Zeit *Wolf-Rüdiger Schenke*, in: Schneider/Zeh (Hrsg.), Parlamentsrecht und Parlamentspraxis, 1989, § 55 Rdn. 60 ff.

[591] Allein für die Zeit von 1949 bis 1960 wurden 339 Staatsverträge und Verwaltungsabkommen gezählt, so *Hans Schneider*, in: VVDStRL 19 (1961), S. 1 (36 ff.); vgl. auch die systematische Einteilung bei *Josef Kölble*, DÖV 1960, 650 (652 ff.).

[592] *Karlheinz Neunreither* bezifferte die Zahl der zwischenstaatlichen Einrichtungen schon Ende der 50er Jahre auf über 82, in: Der Bundesrat zwischen Politik und Verwaltung, 1959, S. 105 f.

[593] *Konrad Hesse*, Der unitarische Bundesstaat, 1962, S. 19.

[594] Zu den einzelnen Merkmalen einer solchen Kooperation *Konrad Hesse*, in: Festschrift für Gebhardt Müller, 1970, S. 141 (144 ff.).

[595] *Ders.*, a. a. O., S. 141 (153), zum Einstimmigkeitserfordernis im Rahmen des kooperativen Föderalismus auch *Hartmut Klatt*, in: Aus Politik und Zeitgeschehen 1982, B 31, S. 3 (7).

einzelnen Gliedstaaten zur Herstellung und Bewahrung der Deutschen Einheit in den Gesamtstaat zu integrieren. Sinn dieser föderalistischen Ordnung war vor allem, die Kompetenzen der Einzelstaaten gegenüber dem Gesamtstaat abzugrenzen. Dieser Zweck überlagerte die föderalistische Komponente einer gemeinsamen Willensbildung von Gesamt- und Gliedstaaten. Unter Führung des hegemonialen Preußen war der Bundesrat als Zusammenschluss der einzelnen Regenten Träger der Souveränität. Das Parlament hatte nur insoweit Bedeutung, als ihm im Rahmen der Gewaltenteilung die Funktion eines Korrektivs der mächtigen aus Kaiser, Reichskanzler und Bundesrat bestehenden Reichsexekutive zukam.[596] Mit der Beseitigung der Dynastien in den Einzelstaaten und der Einführung der parlamentarischen Demokratie schwand auch die Bedeutung des Föderalismus als integrierendes Element des deutschen Bundesstaats: Aus dem ursprünglichen auf bündischen Grundlagen aufbauenden Wesensprinzip wurde mehr und mehr ein Formalprinzip, das einer neuen Legitimation bedurfte.[597] Verstärkt wurde diese Entwicklung vor dem Hintergrund des Verlustes der historischen Individualität der Einzelstaaten.

Diese neue Sinngebung wurde ganz überwiegend in der Herstellung einer vertikalen Gewaltenteilung gesehen, welche die traditionelle horizontale Gewaltenteilung ergänzen sollte.

Die Bildung und Ausnutzung der vielfältigen Kommunikationsmöglichkeiten von Gesamtstaat und Gliedstaaten ließ schon unter der Bismarckschen Reichsverfassung Formen der Kooperation zutrage treten. Hauptbeispiel für ein solches arbeitsteiliges Vorgehen von Gesamt- und Gliedstaaten war die frühzeitige Konzentration der Länder auf ihre Verwaltungshoheit. Auf diesem Verwaltungsföderalismus[598] baut auch das Bonner Grundgesetz auf.

Diese Aufgabenteilung spiegelt sich wiederum in der dem Bundesrat eigenen Struktur wieder, der einerseits Gesetzgebungsorgan des Bundes, andererseits Exekutivorgan der Landesregierungen ist, wodurch eine optimale Abstimmung von Gesetzgebung und Gesetzesvollzug ermöglicht wird.[599]

Die Zusammenarbeit von Bund und Ländern findet neben dem landeseigenen Vollzug von Bundesgesetzen ihren Ausdruck in der Rahmengesetzgebung des Bundes, der Koor-

---

[596] Vgl. hierzu ausführlich oben § 2 V 1 a) sowie die Zusammenfassung unter § 2 VI.

[597] *Werner Weber*, Spannungen und Kräfte im westdeutschen Verfassungssystem, 3. Aufl. 1970, S. 292, der den Ländern nur noch eine fiktive Staatlichkeit mit dem Argument zubilligt, dass es sich um künstliche Gebilde handele, die auf einen gesamtstaatlichen und eben nicht bündischen Gründungsvorgang zurückzuführen seien, was sich auch im Verfassungsziel einer Neugliederung – Art. 29 a. F. GG – bestätige.

[598] Vgl. statt vieler *Konrad Hesse*, Der unitarische Bundesstaat 1962, S. 16 f.; *Hartmut Klatt*, in: Aus Politik und Zeitgeschehen 1982, B 31, S. 3 (7); *Wolf-Rüdiger Schenke*, JuS 1989, 698 (700); *Kurt Sontheimer/Wilhelm Bleek*, Grundzüge des politischen Systems Deutschlands, 14. Aufl. 2002, S. 357 ff.; *Werner Weber*, a. a. O., S. 294 ff.

[599] Vgl. *Konrad Hesse*, in: Festschrift für Gebhardt Müller, 1970, S. 141 (157 f.), der hierin einen deutlichen Vorzug des Bundesrats sieht. Auf die damit zusammenhängende Frage, ob der Bundesrat ein Organ des kooperativen Föderalismus ist, wird unten eingegangen, § 4 II 3 b); zum Bundesrat als „Weichensteller" auch *Fritz W. Scharpf*, in: Bundesrat (Hrsg.), Vierzig Jahre Bundesrat, 1989, S. 121 (140 ff.).

dinierungspraxis der Länder sowie in der Wahrnehmung von Aufgaben durch gemeinsame Einrichtungen. Beispiele hierfür sind die Rahmenplanung bei den Gemeinschaftsaufgaben nach Art. 91a GG, das Zusammenwirken im Konjunktur- bzw. Finanzplanungsrat[600], die Koordination auf dem Gebiet der Bildungsplanung und wissenschaftlichen Forschung nach Art. 91b GG und die Möglichkeit einer Zusammenarbeit von Bundes- und Landesfinanzbehörden nach Art. 108 Abs. 1 und 4 GG.

Die bundesstaatliche Kooperation findet schließlich ihren Ausdruck in dem Zusammenwirken der unterschiedlichen gesellschaftlichen und politischen Kräfte der Länder. Beispiele für eine solche Kooperation aus jüngerer Zeit sind die zahlreichen informellen Gremien wie der Nationale Ethikrat, die Einwanderungskommission und die Wehrstrukturkommission, die in der 14. Legislaturperiode eingerichtet wurden.[601]

3. Vor- und Nachteile der Kooperation im Bundesstaat

a) Vorteile des kooperativen Föderalismus

aa) Arbeitsteilung zwischen Bund und Ländern

Die Aufteilung der Staatsgewalt auf Bund und Länder ist vor allem unter dem Gesichtspunkt der Arbeitsteilung von Vorteil, weswegen Einheitsstaaten wie Frankreich schon früh zu einer Dezentralisation übergingen.[602] Die Verteilung von Staatsaufgaben von größeren auf immer kleiner werdende Einheiten führt zu einer höheren Effizienz. Nur die kleineren Organisationseinheiten wie die Länder und die Gemeinden können das Ausmaß sozialer und wirtschaftlicher Probleme abschätzen und Problemlösungen entwickeln. Angesichts der unterschiedlichen strukturellen Probleme in den einzelnen Bundesländern, wie beispielsweise dem Strukturwandel im Ruhrgebiet und im Saarland sowie den infrastrukturellen Problemen in den neuen Bundesländern, wäre eine zentralistische Bürokratie überfordert. Die Lösung bestimmter Probleme kann idealerweise nur auf der Ebene erfolgen, auf der sie auftreten.

So wirken Bund und Länder beispielsweise im Rahmen der Wirtschaftsförderung arbeitsteilig zusammen, indem der Gesamtstaat das gesetzliche und finanzielle Instrumentarium zur Verfügung stellt und die Länder die Fachplanung und Gesetzesdurchführung übernehmen. Gerade durch die Länderregierungen und die ihnen nachgeordneten Verwaltungen können regionale Aspekte wesentlich wirksamer zur Geltung gebracht werden, als dies in einem dezentralisierten Einheitsstaat möglich wäre.

Daneben ermöglicht diese Vorgehensweise ein Feed-back im Sinne eines Informations- und Erfahrungsaustausches von den kleineren zu den größeren Einheiten, so dass territorial gebundene Partikularinteressen berücksichtigt werden können und die vorhan-

---

[600] Diese Mitwirkung richtet sich nach § 18 des Stabilitätgesetzes (Gesetz vom 08.06.1967, BGBl. I S. 582) bzw. nach den §§ 51 ff. des Haushaltsgrundsätzegesetzes (Gesetz vom 19.08.1969, BGBl. I S. 1273).

[601] Zu diesen Beispielen *Roland Kirbach*, in: DIE ZEIT vom 18.04.2002.

[602] Zu dieser Tendenz *Renate Mayntz*, AöR 115 (1990), S. 232 (233).

denen Regelungsmechanismen an die besonderen Bedingungen des Einzelfalls angepasst werden.[603]

Schließlich dient die informelle Kooperation in unterschiedlichen Gremien der Konsensbildung, so dass gesellschaftliche Gruppen nicht übergegangen, sondern integriert werden.

Dem könnte entgegengehalten werden, dass das Bestehen der Länder keine unabdingbare Voraussetzung zur Erreichung dieser Ziele ist, sondern diese Art der Koordinierung auch in einem dezentralisierten Einheitsstaat erreicht werden kann. Hiergegen spricht jedoch, dass die Bundesländer aufgrund ihrer Eigenständigkeit ein höheres Problembewusstsein und eine größere Problemlösungsfähigkeit aufweisen als Selbstverwaltungskörperschaften[604] und der unitarische Bundesstaat eine effektive Kontrolle der Bundesexekutive gewährleistet, die nicht nur vom Parlament und der richterlichen Gewalt, sondern auch von den Landesregierungen – über den Bundesrat – ausgeübt wird.[605]

Eine vom Zentralstaat ausgehende und abhängige Bürokratie kann eine Einbringung regionaler Besonderheiten nicht leisten. So ist beispielsweise die nordrhein-westfälische Landesregierung am besten darüber informiert, wie die sozialen Härten kommender Zechenstillegungen am wirksamsten abgemildert werden können, denn sie weiß, wo und wie die Struktur- und Investitionshilfen, Arbeitsförderungsprogramme und sonstigen Maßnahmen des Bundes am besten eingesetzt werden.

bb) Demokratieprinzip und regionale Identifikation

Darüber hinaus entfaltet der kooperative Föderalismus eine freiheitssichernde Wirkung. Da er gerade nicht eine Gewaltentrennung im Sinne einer bloßen Gewaltenhemmung bezweckt[MD47], sondern die unterschiedlichen, einander gleichberechtigt gegenüberstehenden Entscheidungsträger beteiligt, werden durch ihn Minderheiten integriert.

Dies gilt insbesondere für die in einem Teil der Bundesländer regierende Opposition. Sie trifft in den unterschiedlichen Kooperationsgremien als gleichberechtigter Kooperationspartner auf den Bund. Auf diese Weise ermöglicht der kooperative Föderalismus nicht nur eine Integration der bundespolitischen Minderheit, sondern ihre Teilhabe an staatlicher Macht.[606] An die Stelle einer Hemmung, Über- und Unterordnung von Bund und Ländern tritt – im Idealfall – ein Miteinander, im Sinne einer gegenseitigen Information, Fühlungnahme und Auseinandersetzung.

---

[603] *Dies.*, a. a. O., S. 239 ff.; *Fritz W. Scharpf/Bernd Reissert/Fritz Schnabel*, Politikverflechtung, 1976, S. 28 f.

[604] *Renate Mayntz*, AöR 115 (1990), S. 232 (239); zum kooperativen Föderalismus als Formel einer verbesserten Zusammenarbeit von Bund, Ländern und Gemeinden auch *Ulrich Scheuner*, DÖV 1966, 513 (518 f.); kritisch hierzu *Konrad Hesse*, in: Festschrift für Gebhardt Müller, 1970, S. 141 (143) mit Fußn. 7.

[605] *Karlheinz Neunreither*, Der Bundesrat zwischen Politik und Verwaltung, 1959, S. 132 f.; *Konrad Hesse*, Der unitarische Bundesstaat, 1962, S. 25.

[606] Zur Gewaltenteilung sogleich unter cc).

Diese Formen der Zusammenarbeit gelten nicht nur für den Staat und seine Untergliederungen, sondern auch für eine Vielzahl von Organisationen in Bund und Ländern. Neben der Einbeziehung politischer Minderheiten bietet der kooperative Föderalismus somit den Vorteil, dass er zu einer „Auflockerung" der in Bund und Ländern vertretenen Parteien und sozialen Verbände führt, indem sich deren interne Willensbildung von unten nach oben vollzieht.[MD48][607] Die föderalistische Struktur setzt sich im Aufbau der Parteien und Verbände fort, die von den Gemeinden bis zum Bund in mehrere Entscheidungsebenen untergliedert sind.[608] Auf diese Weise wird die pluralistische Gesellschaftsstruktur von innen heraus gestärkt, wie dies Art. 21 Abs. 1 S. 3 GG für den inneren Aufbau der Parteien fordert.[609]

Kooperation funktioniert jedoch nur, wenn den Entscheidungsträgern eigenständige Kompetenzen und Handlungsspielräume verbleiben. Sie scheitert in den Bereichen, in denen die Eigenstaatlichkeit der Länder so weit vermindert ist, dass ihnen aufgrund ihrer Abhängigkeit nur noch ein Nachgeben möglich ist, weil sie dem Gesamtstaat keine eigenständigen Kompetenzen mehr entgegenzusetzen haben.

cc) Gewaltenteilung

Neben den Vorteil der effizienteren Bewältigung staatlicher Aufgaben tritt der freiheitssichernde Aspekt vertikaler Gewaltenteilung, der ein Übergewicht des Gesamtstaates durch die Einbeziehung der Länder in Entscheidungsprozesse verhindern soll. Das horizontale gewaltenteilende System gegenseitiger Mitwirkungs- und Kontrollbefugnisse wird auf diese Weise um eine föderalistische Komponente ergänzt, die auf einer Vielfalt der Initiativen, Zusammenarbeit und Leistungsfähigkeit aufbaut.[610]

dd) Zwischenergebnis

Der kooperative Föderalismus als wesentliches Strukturprinzip des Bonner Grundgesetzes ist nicht nur ein reines Organisationsprinzip, das eine Optimierung staatlicher Aufgabenerfüllung gewährleisten soll. Ihm kommt vielmehr auch eine freiheitssichernde Funk-

---

[607] Zur demokratischen Binnenstruktur der Parteien unter der Weimarer Reichsverfassung oben § 2 VII 3 d) bb).

[608] Vgl. statt vieler *Konrad Hesse*, Grundzüge des Verfassungsrechts, 20. Aufl. 1995, Rdn. 223 ff., insbes. Rdn. 227 sowie *Renate Mayntz*, AöR 115 (1990), S. 232 (240).

[609] *Konrad Hesse* hält diese Wirkungen des kooperativen Föderalismus für wesentlich effizienter als die verfassungsrechtliche Vorgabe des Art. 21 Abs. 1 S. 3 GG, in: Grundzüge des Verfassungsrechts, 20. Aufl. 1995, Rdn. 227.

[610] Vgl. *Wilhelm Kewenig*, AöR 93 (1968), 431 (479 f.) zur Situation in den U.S.A., der darauf hinweist, dass der dort praktizierte kooperative Föderalismus weniger der Machtbeschränkung des Staates dient, sondern vielmehr eine Antwort auf komplexer werdende wirtschaftliche Verhältnisse ist, welche die Freiheit des Einzelnen bedrohen.

tion zu, indem er auf Information, Koordination und Zusammenarbeit angelegt ist. Die Länder sind nicht bloß dem Gesamtstaat unterworfene Objekte, sondern werden – durch ihre Regierungen vertreten – in die gesamtstaatliche Willensbildung integriert. Damit nehmen auch diejenigen Parteien- bzw. Parteikoalitionen an der staatlichen Entscheidungsfindung teil, die in den einzelnen Ländern die Regierungsverantwortung tragen, jedoch auf der Bundesebene in der Opposition sind. Der kooperative Föderalismus wirkt somit in zwei Richtungen freiheitssichernd: Zum einen führt er durch die Beteiligung der Länder und die Einbeziehung der Bundes-Opposition zu einer Gewaltenteilung. Zum anderen schwächt er die Folgen des demokratischen Mehrheitsprinzips ab, indem er der Parteienminderheit im Bund die Chance vermittelt, über die Länder am politischen Geschehen teilzunehmen.

Diese Machtbalance funktioniert jedoch nur, wenn sich annähernd gleichberechtigte Beteiligte gegenüberstehen. Überall dort, wo ein Verlust selbständiger und eigenverantwortlich wahrzunehmender Kompetenzen auftritt, kommt es zu einem Machtgefälle, das zur Dominanz eines Entscheidungsträgers führen kann, so dass statt eines ausgewogenen Systems der „checks and balances" die Wahrscheinlichkeit von Blockaden steigt.[611]

b) Die Stellung des Bundesrats im kooperativen Föderalismus

Die Tatsache, dass mit der gestiegenen Zahl von Zustimmungsgesetzen beziehungsweise zustimmungsbedürftigen Rechtsverordnungen und Verwaltungsvorschriften die Bedeutung des Länderorgans gestiegen ist, wirft die Frage auf, ob der Bundesrat kooperative Tendenzen im Bundesstaat verstärkt.

Hauptmerkmal des kooperativen Föderalismus ist, dass Entscheidungen in den jeweiligen Gremien einstimmig beschlossen werden. Da im Bundesrat Mehrheitsentscheidungen getroffen werden, wäre eine Bezeichnung der Ländervertretung als ein Organ des kooperativen Föderalismus insoweit unzutreffend.[612]

Hiergegen spricht jedoch, dass sich die Stellung des Bundesrats derjenigen eines gleichberechtigten Gesetzgebungsorgans angenähert hat.[613] Vor dem Hintergrund, dass die Länder dem Bund im Bundesrat als mehr oder weniger geschlossene Einheit gegenüberstehen und der Bundesrat, wenn er seine Zustimmung verweigert, einen Parlamentsbeschluss zu Fall bringen kann, sind der Bundestag und die Bundesregierung gezwungen, den Konsens mit dem Länderorgan zu suchen. Diese Notwendigkeit besteht vor allem dann, wenn Bundestag und Bundesrat parteipolitisch unterschiedlich zusammengesetzt sind. Auch wenn der Bundesrat aufgrund des Mehrheitsprinzips keine typische Einrichtung des kooperativen Föderalismus ist, sind die zwischen ihm und dem Bundestag bzw. der Bundesregierung stattfindenden Entscheidungsvorgänge durchaus mit denen des ko-

---

[595] *Konrad Hesse*, Der unitarische Bundesstaat, 1962, S. 20.

[612] *Konrad Hesse*, in: Festschrift für Gebhardt Müller, 1970, S. 141 (153).

[613] Hierzu bereits oben § 4 II 1 b).

operativen Föderalismus vergleichbar.[614] Denn ebenso wie in den paritätisch zusammengesetzten Gremien des kooperativen Föderalismus, können Beschlüsse, denen der Bundesrat zustimmen muss, nur in breitem Konsens unter Beteiligung aller politischen Kräfte getroffen werden.[615] Stellt man demnach auf eine funktionale Zuordnung ab, treten die Länder dem Bund im Bundesrat je nach parteipolitischer bzw. landespolitischer Interessenlage geschlossen gegenüber.[616]

Dies gilt in noch stärkerem Maße für den Vermittlungsausschuss, der nach § 1 GO VermAussch aus je 16 Mitgliedern des Bundestages und Bundesrates besteht. Zwar werden nach § 8 GO VermAussch auch in ihm die Beschlüsse mehrheitlich gefasst, doch beruht seine paritätische Zusammensetzung im Ergebnis auf dem für den kooperativen Föderalismus charakteristischen Konsensgedanken.[RB49]

c) Nachteile des Kooperativen Föderalismus

aa) Minderung der staatlichen Problemlösungsfähigkeit

Je nach wirtschaftlicher und politischer Lage verhindert das Erfordernis eines parteiübergreifenden Konsenses die notwendigen Reformen. Dies galt sowohl für die 13. Legislaturperiode, in der die konservativ-liberale Koalition ihre Reformvorhaben – wenn überhaupt – nur rudimentär durchsetzen konnte, als auch für die rot-grüne Regierungskoalition der 14. und 15. Legislaturperiode. Unabhängig von der parteipolitischen Zugehörigkeit besteht jedoch weitgehend Einigkeit über die Reformbedürftigkeit der finanziell überforderten sozialen Sicherungssysteme bzw. des unübersichtlichen Steuersystems.[617]

Die föderalistische Eigenstaatlichkeit der Länder eröffnet ihnen grundsätzlich die Möglichkeit, selbständige Problemlösungsstrategien zu entwickeln, die auf regionaler Ebene umgesetzt, erprobt und gegebenenfalls auf den Gesamtstaat angewandt werden können.

Diese Vorzüge werden durch die mit der Unitarisierung einhergehenden Kompetenzverschiebungen gemindert. Das Gleiche gilt für den kooperativen Föderalismus. Der Zwang zum Konsens führt dazu, dass Kompromisse mühsam ausgehandelt werden müssen, was zu einer Verlangsamung von Entscheidungsprozessen führt. Diese Reibungsverluste spiegeln sich in den Kompromissen wieder, die sich oftmals auf dem kleinsten gemein-

---

614 *Gunter Kisker*, DÖV 1977, 689 (690); *Hartmut Klatt*, in: Aus Politik und Zeitgeschehen 1982, B 31, S. 3 (6); *Gerhard Lehmbruch*, Parteienwettbewerb im Bundesstaat, 1976, S. 136.

615 Auf die Frage, welche Auswirkungen der *Bundesrat* auf das Demokratieprinzip hat, wird unten eingegangen, § 7 IV.

616 *Gunter Kisker*, DÖV 1977, 689 (690), der auf die rechtsdogmatische Angreifbarkeit dieser These hinweist; hiergegen *Konrad Hesse*, in: Festschrift für Gebhardt Müller, 1970, S. 141 (153).

617 Zur Reformbedürftigkeit des Steuersystems vgl. statt vieler *Herbert von Arnim*, ZRP 1998, 138 (139), *Hans Peter Bull*, DÖV 1999, S. 269 ff.; vgl. auch die Vorschläge zur Vereinfachung des Steuersystems von *Paul Kirchhof*, in: Dieter Wild (Hrsg.), Zeit zum Aufstehen, 2002, S. 125 ff.

samen Nenner bewegen. Die einstimmig getroffenen Entscheidungen führen zwangsläufig zu einer sachlichen Minimalisierung, denn das Ergebnis des politischen Verhandlungsprozesses ist nicht der sachlich gebotene, sondern der unter Beteiligung der oppositionellen Minderheit realisierbare Weg.

Wenn dem vereinzelt entgegengehalten wird, dass es in einer Demokratie keine „Patentrezepte" für die Lösung wirtschaftlicher und gesellschaftlicher Probleme gibt, trifft diese Argumentation nur teilweise zu. Zwar ist die Fähigkeit zum Kompromiss eine der Grundvoraussetzungen der Demokratie, auch wäre eine Unterscheidung zwischen Sachpolitik und Parteipolitik verfehlt.[618] Doch besteht hiervon unabhängig die Notwendigkeit, klare richtungsweisende Entscheidungen zu treffen, die in sich schlüssig und systemkonform sind.[619]

bb) Reduzierung demokratischer Teilhabe

Wesentliches Grundprinzip der parlamentarischen Demokratie ist die Verantwortlichkeit der Regierung gegenüber dem Parlament. Die Volksvertretung ist wiederum gegenüber dem Wähler verantwortlich, dessen Votum sie sich nach jeder Legislaturperiode zu stellen hat. Für die demokratische Willensbildung des Wählers ist somit eine klare Zurechenbarkeit politischer Entscheidungen von erheblicher Bedeutung.[620]

Dieser Zurechnungszusammenhang wird durch die Verflechtungen des kooperativen Föderalismus gestört. Die Verantwortungsbereiche sind für den Wähler nicht mehr hinreichend transparent. Hinzu kommt, dass sich Bund und Länder gegenseitig die Verantwortung für das Misslingen politischer Entscheidungen zuschieben oder die andere Seite für unpopuläre Maßnahmen verantwortlich machen. Symptomatisch für die gestörte Kommunikation zwischen den divergierenden Mehrheiten in Bundestag und Bundesrat ist, dass nicht erst eine Blockade[621] des einen durch das andere Organ das Verhalten der Beteiligten steuert. Vielmehr beeinflusst schon die bloße Wahrscheinlichkeit, dass die Opposition das Gesetzesvorhaben zu Fall bringt, das Verhalten der Bundesregierung. Entweder droht die Regierung den Ländern für den Fall der Ablehnung mit finanziellen Konsequenzen oder versucht den Widerstand der Opposition durch Aufsplittung von Gesetzen in zustimmungspflichtige und zustimmungsfreie Teile zu umgehen.

---

[618] Zu der immer wieder auftretenden Forderung nach „parteipolitischer Enthaltsamkeit" der Bundesratsmitglieder § 8 I.

[619] Zu den Lösungsvorschlägen, die dies ermöglichen sollen, unten § 8 VII 4 b) sowie § 8 VII 5 c).

[620] BVerfGE 20, 56 (99 f.); 44, 125 (139 f.); 57, 295 (320 ff.); *Ernst-Wolfgang Böckenförde*, in: Isensee/Kirchhof (Hrsg.), HbStR, Bd. II, 1987, § 30 Rdn. 15 ff., 23 ff.; *Rudolf Dolzer*, in: VVDStRL 58 (1999), S. 7 (25); *Roman Herzog*, in: Maunz/Dürig, GG, Bd. II, Art. 20 – Die Verfassungsentscheidung für die Demokratie - Rdn. 69 f.

[621] Zum Begriff der Blockade und dessen rechtlicher Bewertung unten § 6.

Anhand dieser Beispiele wird deutlich, dass sowohl die Bundesregierung als auch die oppositionellen Landesregierungen den Föderalismus als Druckmittel zur Erreichung ihrer Ziele einsetzen. Inwieweit es sich hierbei um zulässige Erscheinungsformen des Parteienbundesstaats oder bereits um verfassungswidrige Obstruktion handelt, soll weiter unten geklärt werden.[622] Jedenfalls sind die Folgen für die Demokratie absehbar. Die politischen Verflechtungen des kooperativen Föderalismus führen dazu, dass die Verantwortung für die jeweilige Politik nicht mehr eindeutig den einzelnen Entscheidungsträgern zugerechnet werden kann. Am deutlichsten wird dieses Defizit in der Institution des Vermittlungsausschusses. Das geheim tagende Vermittlungsorgan, dessen Protokolle erst nach Jahren veröffentlicht werden, soll eine Einigung der Parteien außerhalb der parlamentarischen Öffentlichkeit bewirken. Das Abstimmungsverhalten der in ihn entsandten Mitglieder des Bundestags und Bundesrats soll also bewusst im Dunkeln bleiben, wodurch eine Zurechnung politischer Verantwortung unmöglich ist. Diese Regelung mag für den Ausnahmefall sachgerecht sein, bei hochumstrittenen und vieldiskutierten Gesetzesvorhaben führt sie zu einem Defizit an Information und Öffentlichkeit, das sich negativ auf das Demokratieprinzip auswirkt.

cc) Mitwirkungsdefizite innerhalb der Landesregierungen

Ein weiterer bedeutender Nachteil des kooperativen Föderalismus besteht in der Verringerung des Einflusses der Länderparlamente auf die Landesregierungen.[623] Die Koordination überregionaler Aufgaben wird im kooperativen Föderalismus weitgehend von den Landesregierungen wahrgenommen. So führen beispielsweise die Zusammenarbeit von Bund und Ländern im Rahmen der Gemeinschaftsaufgaben und die Finanzhilfen des Bundes zu einer Machtverschiebung zulasten der Landesparlamente.

Hierbei werden letztlich auch die Landesregierungen in ihrem politischen Gestaltungsspielraum eingeschränkt. Aufgrund der Dominanz der Fachbürokratien sind ihre Mitwirkungsmöglichkeiten erheblich vermindert. So werden beispielsweise die Entwürfe zu den einzelnen Rahmenplänen von der Ministerialbürokratie eingebracht, deren Beamte an den Ausschussverhandlungen beteiligt sind. Eine Mitgestaltung durch die Landesregierung als Kollegialorgan findet nur noch in eingeschränktem Umfang statt. Die Funktion des Kabinetts im Bereich der Rahmenplanung reduziert sich auf die nachträgliche Zustimmung zum bereits ausgehandelten Kompromiss.[624]

Durch den kooperativen Föderalismus wird nicht nur die Entscheidungsfindung von den Regierungen auf überregionale Gremien verlagert, sondern es vermindern sich auch die Kontrollmöglichkeiten innerhalb der Regierung. Die vertikale Kooperation stärkt die Stellung einzelner Ministerien und der ihnen nachgeordneten Verwaltungszweige gegenüber den Nachbarressorts: Findet beispielsweise die von einem Minister mitgetragene

---

[622] Zur Zulässigkeit einer Aufteilung von Gesetzesvorhaben § 8 VII 4 b) aa).

[623] Vgl. zum Bedeutungsschwund der Länderparlamente auch *Roland Kirbach*, in: DIE ZEIT vom 18.04.2002.

[624] *Hartmut Klatt*, in: Aus Politik und Zeitgeschehen 1982, B 31, S. 3 (8).

Entscheidung nicht die Zustimmung seiner Kabinettskollegen, kann er im Nachhinein darauf verweisen, dass er nicht der Einzige war, der sich zu Zugeständnissen genötigt sah.[625] Der für den kooperativen Föderalismus charakteristische Konsens verhindert demnach auch im Bereich der Exekutive eine klare Zurechnung von politischer Verantwortung.

dd) Mitwirkungsdefizite im parlamentarischen Bereich

Da ausschließlich die Landesregierungen an den Koordinierungs-, Planungs- und Entscheidungsprozessen des kooperativen Föderalismus beteiligt sind, nimmt deren Bedeutung gegenüber den Landesparlamenten in erheblichem Umfang zu. Die Landtage sind von der gestaltenden Einflussnahme – etwa auf die Rahmenplanung der Gemeinschaftsaufgaben – ausgeschlossen.

Zwar besteht die Möglichkeit, dass die Parlamente ihre Regierung parlamentarisch zur Verantwortung ziehen. Doch ist dies nur wenig praktikabel. Der zuständige Minister kann gegenüber dem Parlament einwenden, dass sein Konzept, das nicht berücksichtigt wurde, nur eines unter vielen war und er sich dem mühsam ausgehandelten Kompromiss beugen musste, um den Erfolg der Verhandlungen nicht zu gefährden.

Insoweit bestehen Parallelen zur Staatspraxis bei der Ratifizierung völkerrechtlicher Verträge: Der Bundestag beschränkt sich in der Regel darauf, den Gesamtvertrag anzunehmen, um nicht den Erfolg der vorangegangenen Verhandlungen zu vereiteln, auch wenn er grundsätzlich berechtigt wäre, Vertragspassagen zu beanstanden und vor der Ratifizierung eine Korrektur zu fordern.[626]

Dies gilt insbesondere mit Blick auf Ministerkonferenzen und Verwaltungsabkommen. Auch in diesem Bereich föderalistischer Zusammenarbeit sind ausschließlich die Exekutivspitzen und die ihr nachgeordnete Ministerialbürokratie an dem Prozess des Aushandelns und Koordinierens beteiligt. Während aber den Länderparlamenten im Bereich der Staatsverträge die Ratifikationsbefugnis zukommt, unterliegen weder Beschlüsse der Ministerkonferenzen noch Verwaltungsabkommen ihrer Zustimmung.[627]

Auf diese Weise beeinträchtigt der kooperative Föderalismus den über Art. 28 Abs. 1 GG in den Ländern geltenden Grundsatz der parlamentarischen Demokratie. Eine Grundvoraussetzung parlamentarischer Demokratie ist, dass Regierte und Regierende durch eine ununterbrochene Legitimationskette verbunden sein müssen, die eine effekti-

---

[625] Hierauf weist *Gunter Kisker*, DVBl. 1977, 689 (693) hin.

[626] *Gunter Kisker*, DVBl. 1977, 689 (693 f.); *ders.*, in: Kooperation im Bundesstaat, 1971, S. 216 ff.

[627] *Hartmut Klatt*, in: Aus Politik und Zeitgeschehen 1982, B 31, S. 3 (12 ff.); *Gunter Kisker*, Kooperation im Bundesstaat, 1971, 216 ff.

ve Kontrolle durch den Wähler ermöglicht.[628] Die nur schwer zurechenbare Verantwortlichkeit und die undurchsichtigen Entscheidungsvorgänge führen zu einem Kontrolldefizit, das sowohl das Verhältnis zwischen Landesregierung und Landtag als auch die Beziehung zwischen Volk und Volksvertretung erfasst. Die Verlagerung von Kompetenzen auf gemeinsame Einrichtungen zieht demnach nicht nur eine Störung der innerstaatlichen Machtbalance nach sich, sondern führt auch zu einer Beeinträchtigung der für die Demokratie unerlässlichen Rückkoppelung zwischen Parlament und Wähler.[629]

Neben die Beeinträchtigung demokratischer Verantwortlichkeit tritt eine Verringerung der horizontalen Gewaltenteilung in den Ländern.[630] Je mehr Kompetenzen der Länder auf zwischenstaatliche Einrichtungen bzw. Gremien vertikaler Kooperation übertragen werden, desto mehr verschiebt sich das Gewaltengleichgewicht in den Ländern zulasten der Legislative.[631]

Dies gilt nicht nur für die oben angesprochenen Kooperationsformen im engeren Sinn, sondern auch für die Mitwirkung der Länder an der Gesetzgebung und Verwaltung im Bundesrat. Die dort vertretenen Landesregierungen sind das einzige Bindeglied zwischen dem Bund und den Ländern. Indem sie eine Erweiterung der Bundeskompetenzen zulassen, bewirken sie gleichzeitig eine Schwächung der Landtage.[632]

Die Landtage sind darauf angewiesen, dass sich die Regierungen an die von der jeweiligen Parlamentsmehrheit formulierten Vorstellungen halten, eine weitergehende Instruktion der Bundesratsmitglieder ist ihnen verwehrt.[633] Zwar können sie die Regierung im Nachhinein durch ein Misstrauensvotum zur Rechenschaft ziehen, doch wird diese Möglichkeit eher die Ausnahme sein.[634]

---

[628] Vgl. die in Fußn. 620 Genannten sowie *Ulrich Scheuner*, in: Festschrift f. Gebhard Müller, 1970, S. 379 (381 f.); *Klaus Stern*, Staatsrecht, Bd. I, 2. Aufl. 1984, S. 617; sehr plastisch *Ekkehart Stein*, Staatsrecht, 16. Auflage 1998, § 9 V, S. 79, der von einem Rückkoppelungsverhältnis spricht.

[629] So die Vorgenannten; zur Beeinträchtigung dieser Rückbeziehung durch den *Bundesrat* unten § 7 IV 4 c).

[630] *Walter Leisner*, DÖV 1968, S. 389 (392 f.).

[631] So auch *Matthias Heger*, Deutscher Bundesrat und Schweizer Ständerat, 1990, S. 105, der von einer paradox wirkenden Gegenläufigkeit spricht; *Otger Kratzsch*, DÖV 1974, 109 (110); *Walter Leisner*, a. a. O., S. 392 f; *Rupert Scholz*, in: Wilke/Schulte (Hrsg.), Der Bundesrat, 1990, S. 252 ff.

[632] *Matthias Heger*, a. a. O., S. 105 f., 147 ff.

[633] Hierzu im Einzelnen unten § 8 VII 2 c).

[634] *Walter Leisner* (oben Fußn. 630), S. 391. Die jeweilige Parlamentsmehrheit ist oft gezwungen, die von ihrer Regierung im Bundesrat getragenen Beschlüsse umzusetzen, um sie nicht zu schwächen. Die Annahme, dass im Ergebnis die Volksvertretungen von den Regierungen abhängig sind und nicht umgekehrt, geht indes zu weit, so aber *Matthias Heger*, a. a. O., S. 105 f. Dass die parlamentarische Verantwortung auch – umgekehrt – ein Druckmittel der *Regierung* sein kann, hat die bereits fünffache „Drohung" Bundeskanzler *Schröders* mit der Vertrauensfrage gezeigt, die er bewusst mit der Abstimmung über einzelne Gesetzesvorlagen verknüpft hat, hierzu sowie zu den Reformprojekten der rot-grünen Bundesregierung: DIE ZEIT vom 1.10.2003.

§ 5 Zusammenfassung und Ergebnis

Einerseits ist der kooperative Föderalismus grundsätzlich geeignet, zu mehr Effizienz in der staatlichen Aufgabenbewältigung beizutragen, andererseits hat er eine weitgehende Auszehrung der politischen Substanz in den Ländern zur Folge.

Der Verlust eigenstaatlicher Befugnisse ist demnach nicht nur auf den Verlust gliedstaatlicher Kompetenzen, sondern auch auf die Praxis der Selbstkoordinierung von Bund und Ländern zurückzuführen. Die selbständige Lösung von Problemen durch eigene Initiativen und regional begrenzte Experimente wurde mehr und mehr durch eine länderübergreifende Planung ersetzt. Hierdurch wurden die Vorteile des Föderalismus, das heißt die Berücksichtigung und Einbringung regionaler Aspekte, die Bürgernähe der auf Landesebene getroffenen Entscheidungen und die Integration der politischen Minderheit unterlaufen. Der Zwang zum partei- und länderübergreifenden Kompromiss verdeckt die Verantwortung für einzelne politische Entscheidungen. An die Stelle einzelner Entscheidungsträger treten übergeordnete Gremien und Kommissionen, auf welche die Landtage nur einen beschränkten Einfluss ausüben können, so dass sich das Gewaltengleichgewicht in den Ländern zulasten der Legislative verschiebt.

§ 6 Der Bundesrat als Blockadeinstrument – Versuch einer Begriffsbestimmung

Die Schwierigkeit, den Begriff der „Blockade“ zu definieren, ist vor allem darauf zurückzuführen, dass er subjektive Elemente enthält: Zu einer Blockade ist nur derjenige imstande, der sich über die Folgen seines Tuns im Klaren ist und diese zumindest billigend in Kauf nimmt.

Damit läuft eine verfassungspolitische Betrachtung zwangsläufig Gefahr, politisches Handeln auf seinen Wert oder Unwert zu überprüfen. Die Festlegung politischer Ziele ist in einer Demokratie jedoch ausschließlich dem durch die Parteien artikulierten Wählerwillen überlassen.

Versucht man, den vor allem in den Medien[635] häufig anzutreffenden Begriff der Blockade näher zu bestimmen, stößt man auf zwei Wesensmerkmale. Zunächst drückt er einen gewissen Stillstand aus, der zu Funktionsstörungen im Zusammenspiel der Verfassungsorgane führt. Darüber hinaus weist er auf ein rechtsmissbräuchliches Verhalten hin, da eine Blockade stets ein zielgerichtetes Vorgehen beinhaltet.[636]

In der verfassungsrechtlichen Literatur wurde bislang kein Definitionsversuch unternommen. Stattdessen wird allgemein darauf verwiesen, dass es der politischen Verantwortung der einzelnen Akteure obliegt, ob sie eine vorhandene Rechtsposition ausnutzen.[637] Damit rückt die Problematik in die Nähe politischer Moral. Die Tatsache aber,

---

[635] Wegen seiner „Griffigkeit“ wurde der Begriff vielfach in die rechtswissenschaftliche Literatur übernommen, so beispielsweise durch *Herbert von Arnim*, ZRP 1998, S. 138 ff.

[636] So geht beispielsweise *Ekkehart Stein* in diesen Fällen von einem Missbrauch aus, vgl. die 13. Auflage seines Staatsrechtslehrbuchs, § 34 V, S. 324.

[637] *Ders.*, a. a. O., § 34 V, S. 324.

dass eine wertende Unterscheidung zwischen Sach- und Parteipolitik unmöglich ist und eine solche Betrachtungsweise an die zum Teil parteienfeindliche Verfassungslehre der Weimarer Republik anknüpfen würde,[638] kann nicht über die durch Blockaden entstehenden Reibungsverluste hinwegtäuschen. Misst man Effizienzgesichtspunkten eine verfassungsrechtliche Bedeutung zu, kann es nicht gewollt sein, die Handlungsfähigkeit des Staates vom Zufall unterschiedlicher Mehrheitsverhältnisse in beiden Gesetzgebungsorganen abhängig zu machen.

Aus der Einrichtung des in der deutschen Verfassungsgeschichte einmaligen Vermittlungsausschusses geht hervor, dass der Verfassungsgeber an die Möglichkeit eines nur schwer überwindbaren parteipolitischen Gegensatzes gedacht hat. Demnach müssen auch gravierende parteipolitische Spannungen zwischen den Gesetzgebungsorganen grundsätzlich hingenommen werden. Nicht jede Störung des Zusammenwirkens von Verfassungsorganen kann als Blockade bezeichnet werden, sondern nur dauerhafte Funktionsbeeinträchtigungen staatlicher Willensbildungsprozesse. Wann aber solche Reibungsverluste ein verfassungsrechtlich nicht mehr hinnehmbares Ausmaß annehmen, kann nicht allgemein beantwortet werden.[639]

Sicherlich spielt in diesem Zusammenhang eine Rolle, ob auch Gesetze, die Länderinteressen unberührt lassen, im Bundesrat scheitern oder ob die Parteien von vornherein jeglichen Einigungsversuch abgelehnt haben.[640] Letzteres Kriterium gewinnt gerade vor dem Hintergrund des kooperativen Föderalismus maßgebliche Bedeutung.[641] In den Fällen, in denen im Vorfeld der Abstimmung im Bundesrat Änderungsvorschläge der Bundesopposition berücksichtigt worden sind und die oppositionellen Landesregierungen das Gesetz dennoch scheitern lassen, drängt sich der Verdacht einer wahltaktischen Instrumentierung des Verfassungsorgans geradezu auf.[642]

Bei diesen Kriterien handelt es sich jedoch nur um Indizien, die einen Missbrauchsverdacht nahe legen. Eine Definition können auch sie angesichts der Vielfalt der in Bund und Ländern vertretenen politischen Motive nicht liefern, so dass letztlich nicht bestimmt werden kann, wann im Einzelfall die Grenze zum Rechtsmissbrauch überschritten ist.[643]

---

[638] Vgl. die Erläuterungen oben bei Fußn. 424.

[639] Auch frühere Versuche einer Definition haben sich als Tautologie erwiesen, insbesondere lässt sich eine solche Verfassungsstörung nicht definieren als „staatsrechtlich abnorme Lage, die besteht, wenn ein von der Verfassung zur Erfüllung bestimmter Aufgaben verordnetes oberstes Organ nicht imstande ist, seine Funktion im Verfassungsleben auszufüllen", so aber *Johannes Heckel*, AöR N.F. 22 (1932), 257 (275) mit Bezug auf die mehrheitsunfähig gewordenen Reichstage der Weimarer Republik.

[640] Dieses Kriterium versagt jedoch in den Fällen, in denen das Gesetz trotz vorheriger Einigung an der fehlenden Zustimmung im Bundesrat scheitert.

[641] Zu den Mechanismen des kooperativen Föderalismus oben § 4 II 2.

[642] So geschehen in der Debatte um das Zuwanderungsgesetz, vgl. zum Gang der Verhandlungen: DER SPIEGEL vom 30.3.2002.

[643] *Dieter Wyduckel* spricht in diesem Zusammenhang von einer „verfassungsrechtlichen Missbrauchsgrenze", ohne jedoch auf deren Grenzen einzugehen, in: DÖV 1989, 181 (191).

§ 7 Die organschaftlichen Beziehungen des Bundesrats zum Bundestag und zur Bundesregierung

I. Die Einbeziehung in das Gesetzgebungsverfahren

Die Stellung des Bundesrats gegenüber dem Bundestag soll zunächst anhand seiner Kompetenzen und Befugnisse innerhalb des Gesetzgebungsverfahrens bestimmt werden.

Eine Gemeinsamkeit beider Verfassungsorgane besteht zunächst darin, dass es sich um Gesetzgebungsorgane handelt. Dies geht zunächst aus Art. 50 GG hervor, wonach der Bundesrat an der Gesetzgebung mitwirkt. Aus dem Begriff der „Mitwirkung" wird vereinzelt gefolgert, dass die Gesetzgebungstätigkeit ein Miteinander beider Verfassungsorgane und nicht ein Gegeneinander voraussetzt.[644] Diese Sichtweise versperrt jedoch eine differenzierte Sicht auf seine Stellung im Gesetzgebungsverfahren, so dass ihr nicht gefolgt werden kann.

Verglichen mit seinen Vorläufern befindet sich der Bundesrat ungefähr in der Mitte zwischen dem Föderativorgan der Bismarckschen Reichsverfassung und dem Reichsrat der Weimarer Reichsverfassung.[645] Einerseits gleicht er dem Bundesrat Bismarckscher Prägung, da sein Veto bei Zustimmungsgesetzen nicht vom Parlament überwunden werden kann, Art. 78 1. Var. GG. Das Gleiche gilt nach Art. 79 II GG in Bezug auf Verfassungsänderungen. Andererseits hat er mit seinem direkten Vorgänger gemeinsam, dass ein Einspruch nach Art. 77 Abs. 4, Art. 78 letzte Var. GG grundsätzlich überwindbar ist. Während der Einspruch des Reichsrats vom Reichstag nur mit Zwei-Drittel-Mehrheit zurückgewiesen werden konnte,[646] reicht hierzu nach Art. 77 Abs. 4, 121 GG die absolute Mehrheit aus. Eine Ausnahme gilt, wenn der Bundesratsbeschluss mit Zwei-Drittel-Mehrheit gefasst worden ist, Art. 77 Abs. 4 S. 2 GG..

Aus diesen Regelungen geht hervor, dass der Bundesrat nur ausnahmsweise in die Nähe eines gleichberechtigten Gesetzgebungsorgans rückt.[647]

---

[644] In diese Richtung geht wohl die am Wortlaut des Art. 50 GG orientierte Argumentation *Gerhard Jahns*, der betont, dass den Bundesrat eine Verantwortung für „das Ganze" treffe, in: Wilke/Schulte (Hrsg.), Der Bundesrat, 1990, S. 370 f.; deutlicher in diese Richtung gehend *Klaus Lange*, ebenda, S. 226 (237).

[645] So wohl auch *Theodor Heuss*' Bemerkung im Parlamentarischen Rat, der davon sprach, dass der Bundesrat „über Weimar noch bismärckischer" geworden sei; zitiert bei *Rudolf Morsey*, in: Der Bundesrat als Verfassungsorgan und politische Kraft, 1974, S. 64 (77).

[646] Siehe oben § 2 VII 3 c) cc).

[647] BVerfGE 37, 363 (380 f.); so auch *Konrad Reuter*, Praxishandbuch Bundesrat, 1991, Art. 50 Rdn. 64 sowie Rdn. 154, nach dessen Auffassung selbst bei Zustimmungsgesetzen keine Gleichberechtigung vorliegt, sondern vielmehr auch in diesem Fall der Bundestag das primäre Gesetzgebungsorgan ist; anders wohl *Hans-Josef Vonderbeck*, Der Bundesrat – ein Teil des Parlaments der Bundesrepublik Deutschland?, 1964, S. 81, 110, der davon ausgeht, dass ein Beschluss des Bundestags bis zum Ablauf der Einspruchsfrist schwebend unwirksam bleibt und der Bundesrat eine „zweite Kammer darstellt sowie *Dieter Wyduckel*, DÖV 1989, 181 (191) und *Theodor Maunz/Rupert Scholz*, in: Maunz/Dürig, GG, Bd. III, Art. 50 Rdn. 16, die zumindest bei Zustimmungsgesetzen von einer Gleichberechtigung beider Gesetzgebungsorgane ausgehen; wie hier *Ernst Friesenhahn*, in: Der Bundesrat als Verfassungsorgan und

Auch das Ergebnis der Verhandlungen im Parlamentarischen Rat und die anfänglich nur geringe Zahl zustimmungspflichtiger Gesetze zeigen, dass die Zustimmungsbedürftigkeit von Gesetzen die Ausnahme sein sollte.

Schließlich deutet auch der Wortlaut der Artt. 77 Abs. 1, 78 GG darauf hin, dass primär der Bundestag für den Beschluss der Gesetze zuständig ist, während sich die Rolle des Bundesrats auf die eines mitwirkenden Organs beschränkt.

Darüber hinaus übernahm das Grundgesetz in Art. 77 Abs. 3 S. 1 und Art. 78, 3. Var. GG die Regelung aus der Weimarer Reichsverfassung,[648] derzufolge das Verstreichenlassen der Einspruchsfrist zum Zustandekommen des Gesetzes führt. Der Bundesrat verliert mit Ablauf der Zwei-Wochen-Frist sein Einspruchsrecht. Dieser Automatismus verdeutlicht, dass seine Mitwirkung bei der Verabschiedung von Einspruchsgesetzen verzichtbar ist. Wäre der Bundesrat ein gegenüber dem Bundestag gleichberechtigtes Legislativorgan, wäre die Regelung in Anlehnung an die Bismarcksche Reichsverfassung formuliert worden, nach der Gesetze durch übereinstimmende Beschlüsse von Bundestag und Bundesrat zustande kamen.[649] Dies hatte zur Folge, dass schon bei Untätigkeit des Letzteren ein Gesetzgebungsvorhaben endgültig gescheitert war.

Andererseits gestaltet das Grundgesetz das Mitwirkungsrecht der Länder bei der Gesetzgebung umfassend aus.

So wird beispielsweise die Möglichkeit einer Stellungnahme der Regierung zu Gesetzesvorlagen des *Bundesrats*[650] dahingehend konkretisiert, dass nach Art. 76 Abs. 3 GG die Auffassung der Bundesregierung innerhalb einer Frist von drei bis maximal neun Wochen dargelegt werden soll. Die Bundesregierung muss im Regelfall eine Stellungnahme abgeben, die – abhängig davon, ob der Bundesrat die Vorlage als besonders eilbedürftig bezeichnet hat – innerhalb der in Art. 76 Abs. 3 GG bestimmten Fristen erfolgt. Ihr politisches Ermessen ist weitgehend reduziert.[651]

Ebenso kann der Bundesrat nach Art. 76 Abs. 3 S. 6 GG verlangen, dass der Bundestag innerhalb einer angemessenen Frist über seine Vorlage berät und Beschluss fasst. Die

---

politische Kraft, 1974, S. 251 (258 ff.); *Jürgen Jekewitz*, in: Alternativkommentar zum GG, 3. Aufl. 2001, Art. 50 Rdn. 2; *Stefan Korioth*, in: Das Bonner GG, Bd. 2, 4. Aufl. 2000, Art. 50 Rdn. 24; *Walter Krebs*, in: von Münch/Kunig, GG, Bd. 2, 5. Aufl. 2001, Art. 50 Rdn. 7, 16; *Gerhard Robbers*, in: Sachs (Hrsg.), GG, 3. Aufl. 2003, Art. 50 Rdn. 19 ff.

648 *Ernst Friesenhahn*, a. a. O., S. 258 ff.; *Stefan Korioth*, a. a. O., Art. 50 Rdn. 24; *Konrad Reuter*, a. a. O., Art. 50 Rdn. 64 und 154.

649 Vgl. die Vorgenannten; hierzu auch oben § 2 V 1 a).

650 Dieses Recht war schon in früheren Verfassungen enthalten, vgl. oben § 2 VII 3 c) cc).

651 Vor Inkrafttreten des 43. Änderungsgesetzes – Gesetz vom 27.10.1994; BGBl. I S. 3146 – war die Vorschrift strenger formuliert, indem sie eine ausnahmslose Pflicht der Bundesregierung zur Stellungnahme vorsah. Dies gilt indes auch für die Neufassung, hierzu *Jörg Lücke*, in: Sachs (Hrsg.), GG, 3. Aufl. 2003, Art. 76 Rdn. 29. Die gegenteilige Ansicht, derzufolge sich die unverbindlichere Formulierung nur auf die Lockerung der Fristvorgabe bezieht, ist abzulehnen, da die Sätze 3-5 eine abschließende Regelung für diesen Fall enthalten; a. A.: *Johannes Masing*, in: von Mangoldt/Klein/Starck, Das Bonner GG, Bd. 2, 4. Aufl. 2000, Art. 76 Rdn. 109 jeweils mit umfangreichen Nachweisen.

Regelung des Art. 76 Abs. 3 S. 1 GG a. F., nach der die Vorlagen des Bundesrats dem Bundestag innerhalb von drei Monaten durch die Bundesregierung zuzuleiten waren, wurde durch das 43. Änderungsgesetz dahingehend modifiziert, dass eine Weiterleitung nunmehr innerhalb von sechs Wochen zu erfolgen hat. Damit wurde die Kritik aufgegriffen, dass Art. 76 Abs. 3 S. 1 GG aufgrund seiner langen Frist das Gesetzesinitiativrecht des Bundesrats weitgehend entwertet hatte.[652] Die Neuregelung soll verhindern, dass Gesetzesinitiativen des Bundesrats von der Regierung beziehungsweise dem Parlament verschleppt werden und „im Sande verlaufen".

Dem Zweck einer gegenseitigen Information und Fühlungnahme dient auch der so genannte erste Durchgang beim Bundesrat nach Art. 76 Abs. 2 S. 2 GG, der dem Länderorgan eine rechtzeitige Befassung mit einer *Regierungs*vorlage ermöglichen soll. Im Normalfall kann diese gemäß Art. 76 Abs. 2 S. 2 und 3 GG dem Bundestag erst nach Ablauf einer sechswöchigen – bei besonders umfangreichen Vorlagen neunwöchigen – Frist zugeleitet werden. Selbst wenn die Regierung eine Vorlage als besonders eilbedürftig bezeichnet hat, muss sie nach Art. 76 Abs. 2 S. 4 GG eine Frist von drei Wochen – bei umfangreichen Vorlagen von sechs Wochen – abwarten bis sie die Vorlage dem Bundestag zur Beschlussfassung zuleitet.

Diesen Regelungen liegt der Gedanke einer gegenseitigen Information, Fühlungnahme und Koordination zugrunde, die schon im Initiativstadium eine Berücksichtigung der unterschiedlichen Belange ermöglichen sollen. Das Parlament soll möglichst früh in die Lage versetzt werden, den im Bundesrat zum Ausdruck gebrachten Standpunkt der Länder in das Gesetzgebungsverfahren einzubeziehen.[653] Angesichts der Tatsache, dass im Allgemeinen Gesetzesinitiativen der Bundesregierung überwiegen,[654] kommt dem Recht des Bundesrats, durch seine Stellungnahme föderalistische Aspekte in die parlamentarische Debatte einfließen zu lassen, eine erhebliche Bedeutung zu.

Auffällig an diesen Regelungen ist ihre unterschiedliche rechtliche Verbindlichkeit: Nach Art. 76 Abs. 3 S. 2 GG ist die Bundesregierung zu einer Stellungnahme verpflichtet, während der Bundesrat Art. 76 Abs. 2 S. 2 GG zur Darlegung seiner Auffassung bloß berechtigt ist. Diese starke Rechtsstellung gegenüber der Regierung soll ihn in die Lage versetzen, die Interessen der Länder möglichst früh im Gesetzgebungsverfahren geltend zu machen.

---

[652] *Wolf-Rüdiger Schenke*, in: Schneider/Zeh (Hrsg.), Parlamentsrecht und Parlamentspraxis, 1989, § 55 Rdn. 17.

[653] *Brun-Otto Bryde*, in: von Münch/Kunig, GG, Bd. 3, 5. Aufl. 2003, Art. 76 Rdn. 17, der von einer „antizipativen Konfliktvermeidung" spricht; so auch *Konrad Hesse*, Grundzüge des Verfassungsrechts, 20. Aufl. 1995, Rdn. 513; *Ekkehart Stein*, Staatsrecht, 16. Aufl. 1998, § 14 III 1, S. 125 f.

[654] *Klaus Stern*, Staatsrecht, Bd. II, 1980, S. 618 mit Fußn. 618; vgl. hierzu auch die Angaben in der Gesamtstatistik des Bundesrats (abrufbar unter http://www.bundesrat.de); zur Bedeutung der Einbringung von Gesetzen als Mittel der Regierungspolitik unten § 8 III.

Darüber hinaus ermöglicht das Recht des Bundesrates, sowohl bei Einspruchs- als auch bei Zustimmungsgesetzen den Vermittlungsausschuss[655] anzurufen, eine weitgehende Einbeziehung von Länderinteressen in das Gesetzgebungsverfahren. Bei Zustimmungsgesetzen sind hierzu gemäß Art. 77 Abs. 2 S. 4 GG auch die Bundesregierung und der Bundesrat berechtigt.

Bei Einspruchsgesetzen ist der Bundesrat *verpflichtet*, vor der Erklärung seines Vetos den Vermittlungsausschuss anzurufen, um auf diese Weise eine Verständigung zu ermöglichen, Art. 77 Abs. 3 S. 1 und Abs. 2 S. 1 GG.[656] Wird der Vermittlungsausschuss nicht innerhalb von drei Wochen angerufen oder beschließt der Bundesrat nach Abschluss des Vermittlungsverfahrens nicht innerhalb von zwei Wochen den Einspruch, ist das Gesetz zustande gekommen, Art. 78 i. V. m. Art. 77 Abs. 3 GG. Demzufolge soll das Föderativorgan nur dann Einspruch einlegen können, wenn Vermittlungsversuche endgültig gescheitert sind.

Gegen ein Zustimmungsgesetz jedoch *kann* der Bundesrat sein Veto einlegen, ohne dass vorher der Vermittlungsausschuss angerufen werden muss. Da Zustimmungsgesetze nach dem Willen des Verfassungsgebers die Ausnahme sein sollten, war es nicht erforderlich, auch bei ihnen eine Pflicht zur Anrufung zu statuieren.

Insgesamt ist festzustellen, dass sowohl bei Einspruchs- als auch bei Zustimmungsgesetzen das Grundgesetz die Möglichkeit einer Vermittlung vorsieht, so dass die Länder über den Bundesrat in die Konsensbildung einbezogen werden. Demnach soll eine Obstruktionspolitik auf beiden Seiten nur unter erschwerten Bedingungen möglich sein.

Eine ähnliche Konzeption liegt der Einrichtung des Vermittlungsausschusses zugrunde. Dieser setzt sich nach § 1 GO VermAussch paritätisch aus Mitgliedern des Bundestags und Bundesrats zusammen. Nach Art. 77 Abs. 2 S. 3 GG sind die in den Vermittlungsausschuss entsandten Bundesratsvertreter nicht an Weisungen gebunden. Die Bundesregierung, die nach § 5 GO VermAussch das Recht hat, an den Sitzungen teilzunehmen, wird in den Einigungsprozess einbezogen. Auf diese Weise soll ihr, ähnlich wie im Fall des Art. 76 Abs. 3 GG, jedoch nur auf einfachgesetzlicher Grundlage, die Gelegenheit zur Stellungnahme gegeben werden. Dies, die paritätische Zusammensetzung des Vermittlungsausschusses und die Weisungsfreiheit der Bundesratsvertreter sind grundsätzlich geeignet, eine von parteipolitischen und partikularen Interessen unabhängige Einigung zu fördern.

Diese rechtlichen Vorgaben zeigen, dass das Verhältnis des Bundesrats zur Bundesregierung und zum Bundestag vor allem vom Grundgedanken der Kooperation bestimmt ist.

---

[655] Zur Einflussnahme des Vermittlungsausschusses auf das Demokratieprinzip unten § 7 IV 4 c) bb.

[656] *Christoph Degenhart*, Staatsrecht I, 19. Aufl. 2003, Rdn. 683 ff.; *Ekkehart Stein*, Staatsrecht, 16. Aufl. 1998, § 14 III 2, S. 125 f.; *Klaus Stern*, Staatsrecht, Bd. II, 1980, S. 619 f.

Aus der Tatsache, dass dem Bundesrat im föderalen Mitwirkungsstadium[657] eine koordinierende Funktion zukommt, kann jedoch nicht geschlossen werden, dass er ein gegenüber dem Bundestag gleichberechtigtes Legislativorgan ist. Seine Mitwirkung beschränkt sich auf die oben beschriebenen von der Verfassung explizit genannten Fälle. Eine darüber hinausgehende Teilhabe ist ihm verwehrt.

Das Grundgesetz stellt mit den oben beschriebenen Mitwirkungs- und Einflussrechten Bundestag, Bundesregierung und Bundesrat ein verfassungsrechtliches Instrumentarium zur Konfliktschlichtung zur Verfügung. Eine dauerhafte Störung zwischen den Gesetzgebungsorganen im Sinne einer gegenseitigen Blockade ist verfassungsrechtlich unerwünscht.

Diese Konsensorientierung ist jedoch insoweit lückenhaft, als im Fall des Zustimmungsrechts eine Anrufung des Vermittlungsausschusses nicht obligatorisch ist. Das wirkt sich besonders nachteilig vor dem Hintergrund des Anstiegs zustimmungsbedürftiger Materien aus, da der Bundesrat ein Gesetzgebungsvorhaben zum Scheitern bringen kann, ohne dass zuvor ein institutionalisierter in verfassungsrechtlichen Bahnen verlaufender Einigungsversuch unternommen wurde.

II. Vergleichbarkeit des Bundesrats mit einer parlamentarischen Körperschaft

Die beschriebenen Gegensätze könnten verfassungsrechtlich hinnehmbar sein, wenn der Bundesrat auf ähnlichen Strukturprinzipien aufgebaut ist wie der Bundestag, so dass es sich bei seiner Mitwirkung an der Gesetzgebung nur um eine besondere föderalistische Variante des Parlamentarismus handeln würde.[658] In diesem Zusammenhang ist die vielfach gebrauchte Bezeichnung des Bundesrats als zweite Kammer nur wenig hilfreich. Der Begriff ist mehrdeutig und lässt keine Schlüsse auf die Stellung des Bundesrats gegenüber dem Bundestag zu[MD50],[659] so dass das Bundesverfassungsgericht einer solchen Deutung eine klare Absage erteilt hat.[660]

1. Parlamentarische Strukturelemente

Trotz seiner föderalistischen Struktur weist der Bundesrat zum Teil typische Strukturmerkmale eines Parlaments auf.[661] So verfügt er gemäß Art. 52 Abs. 3 S. 2 GG über Ge-

---

[657] So die Terminologie von *Jörg Lücke*, in: Sachs (Hrsg.), GG, 3. Aufl. 2003, Art. 77 Rdn. 1 f. und Art. 78 Rdn. 1 unter Hinweis darauf, dass der Bundesrat im Fall zustimmungsbedürftiger Gesetze zu einer „nicht völlig gleichwertigen zweiten Kammer" werde.

[658] Hiervon geht *Hans-Josef Vonderbeck* aus, in: Der Bundesrat – ein Teil des Parlaments der Bundesrepublik Deutschland?, 1964, passim, vgl. dort auch die Zusammenfassung auf den S. 106 ff.

[659] *Hans H. Klein*, AöR 108 (1983), S. 329 (331); *Konrad Reuter*, in: 30 Jahre Bundesrat, 1979, S. 47 ff.

[660] BVerfGE 37, 363 (380 f.).

[661] Auf die Ähnlichkeit beider Gesetzgebungsorgane wies schon *Paul Laband* hin, der anmerkte, dass bei oberflächlicher Betrachtungsweise der „Bundesrat mit einem Oberhause [also einer zweiten Kammer,

schäftsordnungsautonomie, ihm steht nach Art. 52 Abs. 2 GG ein Selbstversammlungsrecht zu und in den Plenarsitzungen gilt gemäß Art. 52 Abs. 3 S. 3 GG der Grundsatz der Öffentlichkeit. Wie im Parlament wird ein Großteil der Arbeit in Ausschüssen geleistet, §§ 11, 12 GO BR. Ebenso gilt das Mehrheitsprinzip, Art. 51 Abs. 2 GG i.V.m. § 30 GO BR.[662] Diese Gemeinsamkeiten lassen jedoch keine Rückschlüsse auf eine strukturelle Gleichheit beider Legislativorgane zu, denn es handelt sich um verfassungsrechtliche Befugnisse, welche die Entscheidungsfindung und Mehrheitsbildung absichern beziehungsweise erleichtern sollen und für Beschlussorgane typisch sind.

Auch die Stellung des Bundesrats als Rechtssetzungsreserve kann nicht als Argument für seine Gleichberechtigung mit dem Bundestag angeführt werden. Denn Art. 81 Abs. 2 GG normiert eine Ausnahmebefugnis, die nach Abs. 1 von der Mitwirkung der Bundesregierung und des Bundespräsidenten abhängig und nicht verallgemeinerungsfähig ist.

2. Die Artikel 43 und 53 GG

Parallelen zwischen Bundestag und Bundesrat ergeben sich auch aus den zum Teil übereinstimmenden Vorschriften der Artt. 43 und 53 GG. Beide Normen enthalten Teilnahme-, Zitier- und Anhörungsrechte sowie Informationspflichten. Die Kehrseite des Art. 43 Abs. 1 GG, wonach jedes Mitglied der Bundesregierung vor den Bundestag zitiert werden kann, ist Art. 43 Abs. 2 GG, der ein Recht der Regierungsmitglieder auf Anhörung und Teilnahme an den Bundestagssitzungen normiert. Das Gleiche gilt nach Art. 43 Abs. 2 GG für die Mitglieder des Bundesrats und ihre Bevollmächtigten.

Die Vergleichbarkeit des Bundesrats mit einer parlamentarischen Körperschaft könnte sich somit daraus ergeben, dass die Bundesregierung möglicherweise auch ihm gegenüber zur Rechenschaft verpflichtet ist.

Jedoch ist schon im Verhältnis Bundestag – Bundesregierung streitig, ob Art. 43 Abs. 1 GG mit dem Zitierrecht gleichzeitig ein Recht des Bundestags auf Information normiert. Denn dort heißt es lediglich, dass der Bundestag und seine Ausschüsse jederzeit die Anwesenheit jedes Mitglieds der Bundesregierung verlangen können.

Teilweise wird die Auffassung vertreten, dass Art. 43 Abs. 1 GG mit dem allgemeinen Interpellationsrecht identisch sei bzw. dieses konkretisiere. Da aber schon das allgemeine Interpellationsrecht einen Informationsanspruch des Bundestags begründe, gelte dies auch für Art. 43 Abs. 1 GG.[663]

Anm. des Verfassers] verwechselt wird“, *ders.*, in: Wilke/Schulte (Hrsg.), Der Bundesrat, 1990, S. 40 (41).

[662] *Konrad Reuter*, Praxishandbuch Bundesrat, 1991, Art. 50 Rdn. 67; *Hans-Josef Vonderbeck*, Der Bundesrat – ein Teil des Parlaments der Bundesrepublik Deutschland?, 1964, S. 19 ff.

[663] Ohne Begründung *Konrad Hesse*, Grundzüge des Verfassungsrechts, 20. Aufl. 1995, Rdn. 590; *Siegfried Magiera*, in: Sachs (Hrsg.), GG, 3. Aufl. 2003, Art. 43 Rdn. 6; *Martin Morlok*, in: Dreier (Hrsg.), GG, Bd. II, 1998, Art. 43 Rdn. 11; *Ludger-Anselm Versteyl*, in: von Münch/Kunig, GG, Bd. 2, 5. Auf. 2001, Art. 43 Rdn. 22; anders das Bundesverfassungsgericht, welches das Fragerecht auf Art. 38 Abs. 1

Das allgemeine aus dem Abgeordnetenstatus folgende Frage- und Auskunftsrecht,[664] das einfachgesetzlich in den §§ 105 ff. GeschO BT konkretisiert ist, kann jedoch nicht ohne weiteres mit den aus Art. 43 Abs. 1 GG folgenden verfassungsrechtlichen Rechten gleichgesetzt werden. Wenn überhaupt, steht letzterer Anspruch dem Bundestag und nicht dem einzelnen Abgeordneten zu.[665] Demzufolge können die Maßstäbe des allgemeinen Interpellationsrechts schon wegen der Unterschiedlichkeit der Normadressaten nicht ohne weiteres auf das Zitierrecht aus Art. 43 Abs. 1 GG übertragen werden. Eine solche Sichtweise würde zudem den unterschiedlichen Rang der Rechtsnormen ignorieren.

Andererseits wäre es verkürzt, lediglich auf den Wortlaut des Art. 43 Abs. 1 GG abzustellen, demzufolge nur die *Anwesenheit* der Bundesregierung verlangt werden kann. Ein bloßes Dabeisitzen der Regierungsmitglieder würde keinen Sinn machen, so dass mit ihrer Teilnahme an der Bundestagssitzung notwendigerweise eine Auskunftspflicht einhergehen muss.[666] Vor dem Hintergrund, dass der Sinn des Zitierrechts eine effektive parlamentarische Kontrolle ist[667] und dass schon zur Zeit der Weimarer Reichsverfassung eine Auskunftspflicht der Regierung bestand,[668] ist im Ergebnis eine Informationspflicht der Regierungsmitglieder zu bejahen.

Fraglich ist, ob dies auch für das Verhältnis Bundesrat – Bundesregierung gilt.

Dies ist zu bejahen, denn die Vorschrift des Art. 53 S. 3 GG überträgt die gegenüber dem Bundestag bestehende Informationspflicht der Bundesregierung auf ihr Verhältnis zum Bundesrat. Die aus Art. 53 S. 3 GG folgende Pflicht geht über die in Art. 43 Abs. 1 GG normierte hinaus: Die Bundesregierung ist vom Bundesrat „auf dem laufenden zu halten...“. Die Regierung hat sich demnach im Gegensatz zu Art. 43 Abs. 1 GG nicht erst auf Verlangen des Bundesrats über ihre Politik zu erklären, sondern muss die Ländervertretung von sich aus, das heißt ohne gesonderte Aufforderung, über den Stand ihrer Ar-

---

GG stützt, BVerfGE 13, 123 (125 f.); 57, 1 (5); 67, 100 (129); 70, 324 (355), dem zustimmend *Norbert Achterberg/Martin Schulte*, in: von Mangoldt/Klein/Starck, Das Bonner GG, Bd. 2, 4. Aufl. 2000, Art. 43 Rdn. 17.

[664] Vgl. statt vieler *Norbert Achterberg/Martin Schulte*, in: von Mangoldt/Klein/Starck, Das Bonner GG, Bd. 2, 4. Aufl. 2000, Art. 38 Rdn. 90 f. sowie *Hans-Peter Schneider*, in: Alternativkommentar zum GG, 3. Aufl. 2001, Art. 38 Rdn. 30 f. jeweils m. w. N.; zur Stellung des Abgeordneten im Fall parteipolitischer Konfrontation der Gesetzgebungsorgane § 7 IV 1 d).

[665] *Siegfried Magiera*, in: Sachs (Hrsg.), GG, 3. Aufl. 2003, Art. 43 Rdn. 1-3; *Hans-Peter Schneider*, in: Alternativkommentar zum GG, Art. 43 Rdn. 6 ff.; *Meinhard Schröder*, in: Bonner Kommentar (Zweitbearbeitung Art. 43), Art. 43 Rdn. 5 ff..

[666] *Siegfried Magiera*, in: Sachs (Hrsg.), GG, 3. Aufl. 2003, Art. 43 Rdn. 6; *Hans Nawiasky*, Grundgedanken des Grundgesetzes, 1950, S. 89; *Ludger-Anselm Versteyl*, in: von Münch/Kunig, GG, Bd. 2, 5. Aufl. 2001, Art. 43 Rdn. 22.

[667] Zur Effektivität parlamentarischer Kontrolle BVerfGE 67, 100 (130); 77, 1 (48); *Siegfried Magiera*, in: Schneider/Zeh (Hrsg.), Parlamentsrecht und Parlamentspraxis, 1989, § 52 Rn. 51 f.; *ders.*, in: Sachs (Hrsg.), GG, 3. Aufl. 2003, Art. 43 Rdn. 6; *Hans-Peter Schneider*, in: Alternativkommentar zum GG, Art. 43 Rdn. 3; *Klaus Stern*, Staatsrecht, Bd. II, 1980, S. 55; wie hier *Walter Krebs*, in: von Münch/Kunig, GG, Bd. 2, 5. Aufl. 2001, Art. 53 Rdn. 5.

[668] *Gerhard Anschütz*, Die Verfassung des deutschen Reichs, 14. Aufl. 1933, Art. 33 Anm. 1.

beit informieren. Diese besondere Informationspflicht umfasst auch die zukünftige Politik und verfolgt den Zweck, den Bundesrat über den Fortgang der Regierungsarbeit und die Ziele der Regierung in Kenntnis zu setzen.[669]

Somit stellt sich die Frage, welche Schlüsse aus dieser umfassenden Unterrichtungspflicht zu ziehen sind.

Teilweise wird vertreten, dass die Regelung den Bundesrat zu einem Mitregieren berechtige, denn sie gehe weit über die Informationspflicht der Bundesregierung gegenüber dem Bundestag hinaus. Die Vorschrift sei Ausdruck der Stellung des Bundesrats als politisches Führungsorgan.[670] Nach dieser Auffassung würde der Bundesrat nicht nur an der Gesetzgebung und Verwaltung mitwirken wie dies Art. 50 GG normiert, sondern ihm käme auch eine eigenständige politische Entscheidungsmacht zu, so dass er die Mitverantwortung für die Gesamtpolitik der Bundesregierung tragen würde.[671]

Diese Auffassung ist jedoch abzulehnen. Hätte der Parlamentarische Rat beabsichtigt, den Bundesrat in Anlehnung an die Bismarcksche Tradition an der Regierungsgewalt zu beteiligen, wäre die Formulierung des Herrenchiemseer Entwurfs übernommen worden. Sie bestimmte, dass der Bundesrat an der Gesetzgebung, Verwaltung *und* Regierung mitwirken sollte.[672] Darüber hinaus würde man den Wandel verkennen, dem der Bundesrat im Laufe der bundesstaatlichen Entwicklung unterlag. Wie der Reichsrat ist auch der Bundesrat nicht mehr Teil der Exekutive des Gesamtstaats, sondern ein Verfassungsorgan, durch das die Gliedstaaten an der gesamtstaatlichen Willensbildung mitwirken. Wenn eine Beteiligung an der Regierungsgewalt gewollt gewesen wäre, hätte es sich angeboten, den Bundesrat organisatorisch in die Regierung einzugliedern, wie dies Preuß in seinen ersten beiden Entwürfen zur Weimarer Reichsverfassung vorgesehen hatte.[673]

Vor diesem Hintergrund wird von Teilen der Literatur die Ansicht vertreten, dass die Unterrichtspflicht der Regierung dort endet, wo ihre Funktionsfähigkeit als selbständige Entscheidungsträgerin durch die Preisgabe von Regierungsinterna berührt ist.[674] Einen ähnlichen Weg geht das Bundesverfassungsgericht, das mit Blick auf die Gewaltenteilung einen Kernbereich exekutiver Eigenverantwortung[675] anerkennt.

---

[669] *Jürgen Jekewitz*, in: Alternativkommentar zum GG, 3. Aufl. 2001, Art. 53 Rdn. 5 f.; *Walter Krebs*, in: von Münch/Kunig, GG, Bd. 2, 5. Aufl. 2001, Art. 53 Rdn. 5; *Gerhard Robbers*, in: Sachs (Hrsg.), GG, 3. Aufl. 2003, Art. 53 Rdn. 7.

[670] *Roman Herzog*, in: Wilke/Schulte (Hrsg.), Der Bundesrat, 1990, S. 194 (203).

[671] *Hans Hugo Klein*, in: Wilke/Schulte (Hrsg.), Der Bundesrat, S. 351 (362) unter Bezugnahme auf *Roman Herzog* (oben Fußn. 654); zum Verhältnis des Bundesrats zur Bundesregierung vor dem Hintergrund der Gewaltenteilung § 7 IV 2.

[672] Vgl. § 4 I.

[673] Zu diesen Entwürfen oben § 2 VII 1 a) u. b).

[674] In dieser Hinsicht kritisch *Harald Bogs*, Der Staat 13 (1974), 209 (234 ff.), der auf Abgrenzungsschwierigkeiten hinweist; *Ulrich Scheuner*, DÖV 1974, 433 (437); *ders.*, in: Festschrift für Gebhard Müller, 1970, S. 379 (391 f.; 401 ff.); *Hans-Peter Schneider*, AöR 99 (1974), 629 (643 ff.); *Meinhard Schröder*, in: Bonner Kommentar (Zweitbearbeitung Art. 43), Art. 43 Rdn. 43a.

[675] BVerfGE 9, 268 (281); 67, 100 (139).

Schließlich lässt auch der Wortlaut des Art. 53 S. 3 GG keinen gegenteiligen Schluss zu. Der Bundesrat ist lediglich kontinuierlich über die gegenwärtigen und zukünftigen Vorhaben der Bundesregierung zu informieren, eine Pflicht der Regierung, sich mit dem Bundesrat über grundlegende politische Fragen zu verständigen, normiert die Vorschrift nicht. Insbesondere ist die Regierung nicht zu einer Konsultation verpflichtet im Sinne einer Besprechung, gemeinsamen Beratung und Berücksichtigung unterschiedlicher Standpunkte, welches den Schluss auf ein „Mitregieren" des Bundesrats zuließe. Man würde den Wortlaut der Vorschrift überdehnen, wenn man in ihr einen Ausdruck politischer Verantwortung sähe.[676]

3. Keine Einbeziehung des Bundesrats in das System parlamentarischer Verantwortlichkeit

Nach den Artt. 62 und 65 S. 1 GG ist der Bundeskanzler dem Bundestag gegenüber verantwortlich. Diese Verantwortlichkeit äußert sich insbesondere in der Befugnis des Parlaments, den Bundeskanzler im Wege eines Misstrauensvotums abzuwählen.

Im Gegensatz zur Weimarer Reichsverfassung unterliegen die einzelnen Minister nicht dieser parlamentarischen Verantwortlichkeit. Sie sind vom Vertrauen des Bundestags lediglich mittelbar abhängig, indem sie im Falle eines Misstrauensvotums mit dem abgewählten Regierungschef abtreten müssen. Umgekehrt kann der Bundeskanzler den Bundespräsidenten nach Art. 68 Abs. 1 GG um Auflösung des Bundestages ersuchen, wenn sein Antrag, ihm das Vertrauen auszusprechen, keine Mehrheit findet, es sei denn, dass sich das Parlament auf einen anderen Kanzler einigt.

In dieses Gefüge gegenseitiger Kontrolle und Abhängigkeit ist der Bundesrat nicht eingeschaltet. Hauptschnittpunkt[677] zwischen Regierung und Ländervertretung ist stattdessen die Vorschrift des Art. 53 GG, die den föderalistischen Kontakt zwischen Bundesregierung und Bundesrat herstellt und den Austausch von Informationen und Ansichten ermöglicht. Sie fügt sich in das dem Grundgesetz eigene System der gegenseitigen Fühlungnahme und Koordination ein und ist Ausdruck der Konsensorientierung der Verfassung: Die fehlende Beteiligung des Bundesrats an der Regierungsgewalt soll durch die

[676] Hierzu sogleich; zur Fragwürdigkeit einer solchen Mitverantwortung *Fritz Ossenbühl*, in: Wilke/Schulte (Hrsg.), Der Bundesrat, 1990, S. 300 (317 ff. – dort mit Bezug auf die vom Bundesverfassungsgericht im Zusammenhang mit Art. 84 Abs. 1 GG vertretene Einheitsthese); zu diesem Problemkreis unten § 8 VII 4 a).

[677] Die Regierung ist dem Bundesrat außerdem nach Art. 114 Abs. 1 GG zur Auskunft im Bereich der Rechnungslegung verpflichtet. Ein Informationsrecht gilt nach Art. 23 Abs. 2 S. 2 GG auch hinsichtlich der Beziehungen Deutschlands zur europäischen Union, vgl. die Nachweise bei *Konrad Reuter*, Praxishandbuch Bundesrat, 1991, Art. 53 Rdn. 36, der betont, dass aus Art. 53 GG eine Unterrichtungspflicht folgt, obwohl die Bundesregierung rechtlich nicht vom Vertrauen des Bundesrats abhängig ist. Zur Bedeutung der Unterrichtungspflicht unter der Weimarer Reichsverfassung oben § 2 VII 3 d) cc).

Möglichkeit einer engen Kooperation zwischen der Bundesregierung und den Landesregierungen über die „Ländervertretung“ ausgeglichen werden.[678]

Es ist demnach festzuhalten, dass das Grundgesetz kein Verfahren vorsieht, in dem sich die Bundesregierung gegenüber dem Bundesrat zu verantworten hätte.[679] Und auch aus der Ähnlichkeit von Art. 43 und Art. 53 GG folgt keine Einbeziehung des Bundesrats in das System parlamentarischer Kontrolle und Abhängigkeit. Das Bonner Grundgesetz hat eben nicht die institutionelle Einbindung der Ländervertretung in die Regierung des Gesamtstaats übernommen, wie sie unter der Bismarckschen Reichsverfassung bestanden hatte.[680]

4. Strukturelle Unterschiede zum Bundestag

Während es sich beim Bundestag um eine parlamentarische Körperschaft handelt, ist der Bundesrat vom Gedanken der föderalen Mitbestimmung geprägt.

Demgemäß liegt der Hauptunterschied zwischen beiden Gesetzgebungsorganen in der unterschiedlichen Rechtsstellung ihrer Mitglieder. Im Gegensatz zum Bundestag, der aus Abgeordneten als Vertretern des ganzen Volkes besteht, sind die Mitglieder des Bundesrats Vertreter ihrer Landesregierungen.[681] Während der Bundestag unitarisch-demokratisch geprägt ist, ist der Bundesrat föderalistisch-exekutiv strukturiert. In der Kombination beider Prinzipien verwirklicht sich die Gewaltenteilung des Grundgesetzes, die weniger in einer Trennung der unterschiedlichen Gewalten als in der gezielten Teilhabe und Mitwirkung an staatlicher Macht liegt.[682] Insoweit treffen in der Beteiligung des Bundesrats an der Gesetzgebung das unitarisch-demokratische und das föderalistisch-exekutive Prinzip aufeinander.[683]

Während es sich bei den Abgeordneten des demokratischen Verfassungsorgans um Vertreter des ganzen Volkes handelt, die nur ihrem Gewissen unterworfen sind, besteht der Bundesrat aus instruierten Mitgliedern der Landesregierungen beziehungsweise aus deren Bevollmächtigten. Zwar betont das Grundgesetz im Gegensatz zur Bismarckschen

---

[678] *Jürgen Jekewitz*, in: Alternativkommentar zum GG, 3. Aufl. 2001, Art. 53 Rdn. 3; *Stefan Korioth*, in: von Mangoldt/Klein/Starck, Das Bonner GG, Bd. 2, 4. Aufl. 2000, Art. 53 Rdn. 11; *Konrad Reuter*, Praxishandbuch Bundesrat, 1991, Art. 53 Rdn. 33 ff.; *Hans Schäfer*, Der Bundesrat, 1955, S. 57; *Adolf Schüle*, in: Festschrift für Bilfinger, 1954, S. 441 (451 f.).

[679] *Rudolf Dolzer*, in: VVDStRL 58 (1999), 7 (S. 21 – These 4 sowie S. 26); *Fritz Ossenbühl*, AöR 99 (1974), 369 (409); *Werner Weber*, Spannungen und Kräfte im westdeutschen Verfassungssystem, 3. Aufl. 1970, S. 80, der darauf hinweist, dass der Bundesrat keine „sichtbaren Verantwortungsbeziehungen zu einer demokratischen Instanz“ unterhält und aufgrund seiner starken Stellung „Einflüsse ... auf Vorgänge der Staatsführung auszuüben [vermag], die ihm sonst nicht zugängig sind“.

[680] Beispielsweise konnte der Bundesrat nach Art. 24 S. 2 BRV mit Zustimmung des Kaisers den Bundestag auflösen, hierzu oben § 2 V 1 c) dd).

[681] Zu den hieraus folgenden Konsequenzen für das freie Mandat unten § 7 IV 1 d).

[682] Vgl. § 7 IV 1 b).

[683] Sehr plastisch zu dieser Doppelfunktion des Bundesrats *Werner Weber* (oben Fußn. 679), S. 80 ff;

Reichsverfassung nicht mehr die Weisungsgebundenheit der Ländervertreter,[684] doch folgt ihre Beibehaltung aus der Entscheidung des Parlamentarischen Rates gegen das Senatsprinzip.

Aus der Pflicht zur einheitlichen Stimmabgabe nach Art. 51 Abs. 3 S. 2 GG kann indes nicht auf die Weisungsabhängigkeit der Ländervertreter geschlossen werden, da auch unabhängige Bundesratsmitglieder sich vor der Stimmabgabe einigen können.[685] Auch folgt aus Art. 77 Abs. 2 S. 3 und Art. 53a Abs. 1 S. 3 GG, wonach die in den Vermittlungsausschuss beziehungsweise Gemeinsamen Ausschuss entsandten Bundesratsmitglieder weisungsfrei sind, nicht der zwingende Umkehrschluss, dass die Bundesratsvertreter weisungsgebunden sind.[686] Ebenso wenig lässt sich aus dem Recht der Landesregierungen nach Art. 51 Abs. 1 S. 1 GG, ihre Vertreter zu bestellen und abzuberufen, eine Weisungsbefugnis herleiten.[687]

Wie bereits angedeutet, folgt aus der Entscheidung des Parlamentarischen Rates für das traditionelle Bundesratsprinzip, dass die Bundesratsmitglieder weisungsgebunden sind. Ihre Weisungsfreiheit wäre nicht systemkonform. Ein solcher in der deutschen Verfassungsgeschichte einmaliger „Bundesrat mit senatorialer Schleppe" hätte einer ausdrücklichen Normierung im Grundgesetz bedurft. Dem erteilte der Parlamentarische Rat jedoch eine ausdrückliche Absage.[688]

Auch die zahlreichen Sonderregelungen, die eine freie Stimmabgabe der Bundesratsvertreter vorsehen, deuten zumindest ansatzweise darauf hin, dass die Bundesratsvertreter im Regelfall weisungsgebunden sind,[689] auch wenn dieser Umkehrschluss nicht zwingend ist.

Angesichts dessen könnte der Schluss nahe liegen, dass parteipolitische Spannungen zwischen den Gesetzgebungsorganen auf der grundsätzlichen Unvereinbarkeit beider Konzeptionen beruhen.

---

[684] Auch in der Weimarer Reichsverfassung fehlte eine dementsprechende Vorschrift, mit der Folge, dass die Weisungsgebundenheit schon damals aus der Verfassungstradition hergeleitet wurde, vgl. statt vieler *Gerhard Anschütz*, Die Verfassung des deutschen Reichs, 14. Aufl. 1933, Art. 63 Anm. 6; *Axel Freiherr von Freytagh-Loringhoven*, Die WRV in Lehre und Wirklichkeit, 1924, S. 178; und auch Art. 7 Abs. 3 S. 2 BRV, nach dem „nicht instruierte Stimmen" unberücksichtigt blieben, setzte die Weisungsgebundenheit der Vertreter voraus, ohne sie ausdrücklich festzuschreiben.

[685] Hierzu *Konrad Reuter*, in: Schneider/Zeh (Hrsg.), Parlamentsrecht und Parlamentspraxis, 1989, § 56 Rdn. 36 mit Fußn. 49, der auf den Verfassungsentwurf der Reichsregierung vom 21.02.1919 hinweist; dessen Art. 21 lautete: „Die Mitglieder des Reichsrates sind an Weisungen nicht gebunden. Indessen können die Stimmen eines Gliedstaates nur einheitlich abgegeben werden".

[686] So aber *Matthias Heger*, Deutscher Bundesrat und Schweizer Ständerat, 1990, S. 100.

[687] Zu diesem Argument auch *Konrad Reuter*, in: Schneider/Zeh (Hrsg.), Parlamentsrecht und Parlamentspraxis, 1989, § 56 Rdn. 36.

[688] BVerfGE 8, 104 (120 f.); *Matthias Heger* (oben Fußn. 686), a. a. O., S. 100; *Konrad Reuter* (Fußn. 687), § 56 Rdn. 37 ff.

[689] *Matthias Heger* (oben Fußn. 686), S. 100; *Klaus Stern*, Staatsrecht, Bd. I, 2. Aufl. 1984, S. 733 m. w. N.; a. A.: *Konrad Reuter*, a. a. O., § 56 Rdn. 36.

Das Bundesstaatsprinzip und das Demokratieprinzip stehen jedoch nicht in einem unauflösbaren Widerspruch zueinander.

Vielmehr traten die oben beschriebenen Systemverschiebungen ein, weil die Zahl der Berührungspunkte von Bund und Ländern kontinuierlich zunahm. Der hierdurch verursachte Bedeutungszuwachs des Länderorgans hatte zwangsläufig eine Zunahme von Konflikten zur Folge. Überall dort, wo es infolge von Kompetenzverlagerungen oder aufgrund des kooperativen Föderalismus zu einer Unitarisierung kam, verschob sich das Schwergewicht gliedstaatlicher Tätigkeit von der Wahrnehmung eigener Zuständigkeiten auf die Willensbildung beim Gesamtstaat. Auf diese Weise wurde aus dem Kompetenzföderalismus ein Beteiligungsföderalismus,[690] der den Bundesrat zu einem Ort parteipolitischer Auseinandersetzungen werden ließ.[691]

Hieraus jedoch eine Unvereinbarkeit beider Organe sowie der ihnen zugrunde liegenden Strukturprinzipien zu folgern,[692] wäre übereilt und würde ihre unterschiedliche Zweckbestimmung verkennen. Während es sich bei dem Bundestag primär um ein Legislativorgan handelt,[693] liegt die Hauptaufgabe des Bundesrats in der Einbringung föderalistischer Belange und bürokratischen Sachverstandes. Seine Besonderheit besteht gerade in seinem legislativ-exekutiven Doppelcharakter,[694] der zu einer „Verzahnung" von Gesetzgebung und Gesetzesvollzug beitragen soll.

III. Ergebnis

Auch wenn der Bundesrat entscheidenden Anteil an der Gesetzgebung des Bundes hat und Ähnlichkeiten zum Bundestag aufweist, bedeutet dies nicht, dass er ein gleichberechtigt an der Gesetzgebung beteiligtes Verfassungsorgan ist. Demnach lassen sich Be-

---

[690] Vgl. hierzu auch *Hans-Jürgen Papier* auf der Tagung des Bundesrats anlässlich des 50-jährigen Jubiläums des Herrenchiemseer Verfassungskonvents, zitiert bei *Joachim Lang*, DÖV 1999, 507 (511).

[691] Teilweise werden parteipolitische Rivalitäten unter dem Gesichtspunkt der Gewaltenteilung befürwortet, so in jüngerer Zeit wieder *Michael Sachs*, VVDStRL 58 (1999), 39 (59), der eine „differenzierte Zuordnung gemeinsam getragener Verantwortung" fordert, ohne jedoch die verfassungsrechtlichen Grundlagen und Grenzen einer solchen *gemeinsamen* Verantwortung aufzuzeigen.

[692] So für die Weimarer Zeit *Carl Bilfinger*, in: Anschütz/Thoma (Hrsg.), HbdStR, Bd. I, 1930, S. 553; zur Diskussion im Parlamentarischen Rat oben § 4 I.

[693] *Konrad Hesse*, Grundzüge des Verfassungsrechts, 20. Aufl. 1995, Rdn. 610, der betont, dass *in erster Linie* dem Bundestag die Gesetzgebungsfunktion zugewiesen ist; *Konrad Reuter*, Praxishandbuch Bundesrat, 1991, Art. 50 Rdn. 154; *Rudolf Dolzer*, VVDStRL 58 (1999), 7 (S. 21 – Thesen 3 und 4), wonach die „politische Gesamtleitung" beim Bundestag und der Bundesregierung liegt, deutlicher auf S. 37 – These 19, wo von einem „prinzipiellen Vorrang der Legislative" die Rede ist; hiervon ausgehend auch *Ernst Heinsen/Fritz Rietdorf/Ernst-Wolfgang Böckenförde* in ihrem Sondervotum zum Abschlussbericht der Enquête-Kommission Verfassungsreform, BT-Drs. 7/5924, S. 103 f.; so wohl auch *Klaus Stern*, Staatsrecht, Bd. II, 1980, S. 538; *Hans-Josef Vonderbeck*, Der Bundesrat – ein Teil des Parlaments?, 1964, S. 107; vgl. auch BVerfGE 37, 363 (380 f.), wonach der Bundesrat keine mit dem Bundestag gleichberechtigte „zweite Kammer" ist.

[694] Hierzu *Hans Nawiasky*, Grundgedanken des Grundgesetzes, 1950, S. 57 ff.; dementsprechend charakterisiert *Klaus Stern* den Bundesrat in einer Gesamtbetrachtung seiner Funktionen, Staatsrecht, Bd. II, 1980, S. 124, 126 f. sowie Bd. I, 2. Aufl. 1984, S. 739 f.

denken gegen eine parteipolitisch motivierte Konfrontation nicht mit dem Hinweis entkräften, dass der Bundesrat nur eine besondere föderalistische Variante des Parlamentarismus darstelle, so dass Konflikte zwischen beiden Gesetzgebungsorganen hinzunehmen seien.[695]

IV. Die Einflussnahme der Parteien auf die Bundespolitik über den Bundesrat und ihre Auswirkungen auf das Demokratieprinzip und das Gewaltenteilungsprinzip

1. Die Position des Bundesrats in der Parteiendemokratie

a) Die Stellung der Parteien im politischen Leben

Während die Verfassungen von 1871 und 1919 die Parteien noch ignorierten und auch die Wissenschaft erst relativ spät ihre Bedeutung für die demokratische Willensbildung aufzeigte,[696] erhielten sie durch Art. 21 GG einen Status, der sie in die Nähe einer verfassungsrechtlichen Institution rückte. Hierdurch wurden sie nicht nur faktisch, wie bisher, sondern auch rechtlich zu integrierenden Bestandteilen des politischen Lebens.[697] Mit der Anerkennung der politischen Parteien war die letzte Stufe eines Prozesses erreicht, der von einer völligen Ablehnung und Ignorierung zu ihrer Legalisierung und Einbeziehung in die Verfassung führte.[698]

Infolge des Homogenitätsgebots des Art. 28 GG wurde die parlamentarische Demokratie auch in den Ländern eingeführt.[699] Auf diese Weise drangen die Parteien in den Bundesrat vor. Das Hineinwirken der Parteien in den Bundesrat über die von der jeweiligen Landtagsmehrheit gestellte Regierung ist somit nur die notwendige Konsequenz des parlamentarischen Regierungssystems in den Ländern. Gefördert wurde dies durch ihre fö-

---

[695] Zu diesem Ansatz *Wolf-Rüdiger Schenke*, in: Schneider/Zeh (Hrsg.), Parlamentsrecht und Parlamentspraxis, 1989, § 55 Rdn. 23 ff. unter Bezugnahme auf *Hans-Josef Vonderbeck*, Der Bundesrat – ein Teil des Parlaments der Bundesrepublik Deutschland, 1964, passim sowie die Zusammenfassung auf den S. 106 ff.

[696] *Richard Schmidt*, Allgemeine Staatslehre, 1901, Bd. 1, S. 239 mit Fußn. 1 und S. 243.

[697] BVerfGE 24, 260 (264); 41, 399 (416); 44, 125 (145 f.); jedoch handele es sich nicht um „formierte verfassungsrechtliche Staatsorgane" BVerfGE 1, 208 (224 f.); diese Argumentation steht im Widerspruch zu BVerfGE 4, 27 (31), wo von einer „organschaftlichen Qualität" der Parteien die Rede ist; kritisch zu dieser Rechtsprechung *Christoph Gusy*, in: Alternativkommentar zum GG, 3. Aufl. 2001, Art. 21 Rdn. 25; ähnlich schon *Heinrich Triepel*, Die Staatsverfassung und die politischen Parteien, 2. Aufl. 1930, S. 29 ff.

[698] In BVerfGE 24, 260 (264) ist vom „Rang [der Parteien als] einer verfassungsrechtlichen Institution" die Rede; So bereits *Heinrich Triepel*, in: Die Staatsverfassung und die politischen Parteien, 2. Aufl. 1930, S. 12 ff.; zum Prozess der verfassungsrechtlichen Anerkennung der Parteien auch *Klaus Stern*, Staatsrecht, Bd. I, 2. Aufl. 1984, S. 436 ff.

[699] *Gerhard Leibholz*, in: Der Bundesrat als Verfassungsorgan und politische Kraft, 1974, S. 99 (106). Hierbei erhebt die parlamentarische Regierungsform des Grundgesetzes jedoch keinen Ausschließlichkeitsanspruch, Art. 28 GG schreibt keine Uniformität der Landesverfassungen mit dem Grundgesetz vor, so BVerfGE 9, 268 (279); 27, 44 (56); 90, 60 (84 f.); hierzu auch *Horst Dreier*, in: Dreier (Hrsg.), GG, Bd. II, 1998, Art. 28 Rdn. 20, 53.

deralistische Binnenstruktur, die sich von der Bundespartei über die Landesverbände bis zu den einzelnen Ortsvereinen erstreckt.

Dieses als Parteienbundesstaat bezeichnete Phänomen trug dazu bei, dass der Bundesrat immer mehr zu einem politischen Organ wurde. Die oft geforderte Beschränkung des Abstimmungsverhaltens im Bundesrat auf Länderinteressen würde bedeuten, dass der Einfluss der Parteien dort aufhören müsste, wo das föderalistische Prinzip beginnt[MD51]. Dies wäre jedoch mit der Stellung der Parteien als unerlässlichen Mittlern zwischen Wähler und Staat unvereinbar.[700] Die Parteien wirken nicht nur nach Art. 21 Abs. 1 S. 1 GG an der politischen Willensbildung mit, sondern sind die eigentlichen „Sprachrohre",[701] über die sich der Wählerwille artikuliert. Sie befinden sich in einem ständigen Rückkoppelungsprozess mit ihrer Wählerschaft, indem sie einerseits Ziele formulieren, die sie dem Wähler zur Billigung vorlegen, andererseits Meinungen und Vorstellungen ihrer Wähler aufgreifen, um sie programmatisch umzusetzen. Die Parteien sammeln insoweit Meinungen, Interessen und Bestrebungen, gleichen sie aus, formen sie und versuchen, ihnen im staatlichen Bereich Geltung zu verschaffen.[702] Der demokratische Willensbildungsprozess verläuft somit in beide Richtungen und nicht ausschließlich von „unten nach oben".

Die Mehrheitsparteien stellen die Verbindung zwischen Regierung und Volk her; in der Minderheit wird durch sie die Opposition wirksam.[703] Sie halten die Verbindung zwischen dem Einzelnen und dem Staat[704] aufrecht und sind Instrumente, durch die der Bürgerwille auch zwischen den Wahlen verwirklicht werden kann.[705] Sie beeinflussen die Bildung des Staatswillens, indem sie auf Beschlüsse und Maßnahmen von Parlament und Regierung einwirken.[706]

Diese „Allgegenwärtigkeit" der Parteien wird indes von der Ansicht missachtet, nach der das Volk nur im Bundestag nach Parteien gegliedert ist, dagegen im Bundesrat nach Ländern in Erscheinung tritt.[707] Sie setzt sich darüber hinweg, dass sich Bundes- und

---

[700] *Heinz Laufer*, Das föderative System der Bundesrepublik Deutschland, 4. Aufl. 1981, S. 104 f.; *Gerhard Leibholz*, a. a. O., S. 99 (110).

[701] BVerfGE 1, 208 (224); *Wilhelm Grewe*, Festgabe f. Erich Kaufmann, 1950, S. 65 (78 ff.); *Gerhard Leibholz*, DVBl. 1950, 194 (196 f.) sowie in jüngerer Zeit kritisch *Rudolf Streinz*, in: von Mangoldt/Klein/Starck, Das Bonner GG, Bd. 2, 4. Aufl. 2000, Art. 21 Rdn. 1, 8, 17 zum Transformationsgedanken sowie Rdn. 21 m. w. N.

[702] BVerfGE 8, 104 (113); *Konrad Hesse*, in: VVDStRL 17 (1959), S. 11 (24 f.).

[703] BVerfGE 20, 56 (101).

[704] In BVerfGE 20, 56 (101); 44, 125 (145 f.) werden sie als Zwischenglieder zwischen dem Einzelnen und dem Staat bezeichnet; *Konrad Hesse* (Fußn. 702), S. 19.

[705] BVerfGE 20, 56 (100 f.); 44, 125 (145); 52, 63 (82).

[706] BVerfGE 20, 56 (101).

[707] Diese These wird zumindest *Theodor Maunz* zugeschrieben, Deutsches Staatsrecht, 18. Aufl. 1971, S. 361 ff.; *ders.*, in: Maunz/Dürig, GG, Bd. III, Art. 50 Rdn. 25, f.; *ders.*, in: Der Bundesrat als Verfassungsorgan und politische Kraft, 1974, S. 193 (209). Eine derart eindeutige Stellungnahme lässt sich den

Landespolitik aufgrund der vielfachen Verflechtungen des kooperativen Föderalismus nicht scharf voneinander abgrenzen lassen. Ebenso wenig kann zwischen einer objektiven an Gemeinwohlinteressen orientierten Politik und Parteipolitik unterschieden werden,[708] wie dies vielfach die Staatsrechtslehre der Weimarer Republik versuchte[709]. Vielmehr wird die Regierungs- beziehungsweise Oppositionspolitik erst durch die Parteien gestaltet.[710]

Im Parteienbundesstaat bilden die Parteien das Bindeglied von Landes- und Bundespolitik. Hinzu tritt der Umstand, dass die Wählerschaft in den Ländern teilidentisch mit dem Wahlvolk im Bund ist. Die Bürger eines Landes unterscheiden, wenn sie ihre Stimme bei Landtagswahlen abgeben, nicht zwischen Bundes- und Landespolitik. Sie sanktionieren mit ihrem Wahlverhalten sowohl die Landes- als auch die Bundespolitik ihrer Partei.

Die verfassungsrechtliche Realität entspricht demnach nur teilweise den im Parlamentarischen Rat geäußerten Vorstellungen. Nach diesem Idealbild sollten die Mitglieder der Landesregierungen in Distanz zum politischen Tagesgeschäft die Gesamtkräfte der Länder zum Ausdruck bringen.[711] Das Grundgesetz trifft jedoch keine Aussage darüber, welche Motivationen die Mitglieder des Bundesrats ihrem Abstimmungsverhalten zugrunde zu legen haben. Abgesehen von der Tatsache, dass die „Bundesratslösung" vor allem die Folge eines Parteienkompromisses war, wurde das „Senatsmodell" vor allem deswegen abgelehnt, weil es zu einer Verdoppelung der Grundlagen politischer Willensbildung und damit zu einer parteigespaltenen Parallele des Bundestags geführt hätte.[712]

Das Ziel einer sachlichen Einbringung bürokratischen Sachverstands durch die Länder ließ sich nur teilweise verwirklichen, da die Ländervertreter bei bundespolitischen Fragen nicht nur nach Länderinteressen abstimmen, sondern auch die Interessen ihrer Partei auf der Bundesebene im Auge haben.[713] Die Vermischung bundes- und landespolitischer Gesichtspunkte in der Entscheidungsfindung ist demnach eine zwangsläufige Folge des

---

vorgenannten Stellen nicht entnehmen, vielmehr ist die Tätigkeit des Bundesrats auch nach *Theodor Maunz* eine politische, a. a. O., S. 361; deutlicher in diese Richtung indes *Hans Schneider*, NJW 1954, 937 (940).

[708] *Rudolf Dolzer*, in: VVDStRL 58 (1999), S. 7 (17); *Michael Stolleis*, VVDStRL 44 (1986), S. 7 (S. 43 – These 10); hierzu auch unten § 8 I.

[709] Vgl. die Zusammenfassung oben § 2 VI 2 d) mit Fußn. 424.

[710] BVerfGE 8, 104 (113); 20, 56 (100 f.); 44, 125 (145); 52, 63 (82); *Hans Hugo Klein*, in: Wilke/Schulte (Hrsg.), Der Bundesrat, 1990, S. 351 (368) unter Hinweis darauf, dass die „Politik des Bundes [im Bundesrat] erst gemacht" werde und die Bundespolitik für die Bundesratsmitglieder nicht „etwas Fertiges" sei, dem sie sich unterzuordnen hätten.

[711] Hierzu *Gerhard Lehmbruch*, Parteienwettbewerb im Bundesstaat, 1976, S. 78.

[712] *Klaus-Berto von Doemming*, JöR N. F. 1 (1951), S. 379 (380); diesem im Parlamentarischen Rat vorgebrachtem Argument misst *Hans Hugo Klein* zu Recht keine entscheidende Bedeutung bei, *ders.* in: Wilke/Schulte (Hrsg.), Der Bundesrat, 1990, S. 351 (360).

[713] Hierzu schon *Hans Schneider*, DVBl. 1953, S. 257 ff.; *ders.*, in: NJW 1954, S. 937 ff.; *Gerhard Leibholz*, in: Der Bundesrat als Verfassungsorgan und politische Kraft, 1974, S. 99 (112).

Parteienbundesstaats und der parlamentarischen Demokratie in Bund und Ländern. Der Bundesrat ist trotz seines administrativen Charakters nicht das „Parlament der Oberregierungsräte“,[714] als das er gedacht war. Das System der gemischten Verfassung[MD52],[715] welche die einzelnen Strukturprinzipien nicht „fein säuberlich“ auf die unterschiedlichen Staatsorgane verteilt, nimmt dabei zumindest im Konfliktfall eine Überlagerung des föderalistischen durch das parteienstaatliche Prinzip in Kauf.[716]

b) Die Verzahnung des Demokratie- und Bundesstaatsprinzips durch die Parteien

Die sowohl im Bundestag als auch im Bundesrat vertretenen Parteien sind das Glied, das demokratische und föderalistische Elemente der Entscheidungsfindung miteinander verbindet. Personelle Überschneidungen in der Parteispitze sowie die durch die Unitarisierung bedingten Berührungsflächen von Landes- und Bundespolitik haben zur Folge, dass sowohl die Regierungs- als auch die Oppositionsparteien die Unterstützung ihrer Parteikollegen aus den Ländern finden.

Vor dem Hintergrund der nur mittelbaren demokratischen Legitimation der Bundesratsmitglieder[717] könnte man versuchen, Spannungen zwischen den Gesetzgebungsorganen zugunsten des Demokratieprinzips aufzulösen: In Konfliktfällen würde dann das Demokratieprinzip dem Bundesstaatsprinzip vorgehen.

Dem ist jedoch entgegenzuhalten, dass das Grundgesetz als gemischte Verfassung beide Prinzipien gleichberechtigt zur Geltung bringt. Die demokratisch-parlamentarische Willensbildung soll ja gerade um eine föderalistische Komponente ergänzt werden. Folgerte man aus der nur mittelbaren demokratischen Legitimation der Bundesratsmitglieder eine Nachrangigkeit des Bundesrats gegenüber dem Bundestag, würde man das Demokratieprinzip auch für die Ländervertretung zum entscheidenden Maßstab erklären. Das Kriterium der demokratischen Legitimation kann jedoch nicht allein ausschlaggebend sein,[718]

---

[714] Diese Äußerung wird *Theodor Heuss* im Parlamentarischen Rat zugeschrieben, wiedergegeben bei *Klaus Stern*, Staatsrecht, Bd. I, 2. Aufl. 1984, S. 745 und *Heinz Laufer*, in: Der Bundesrat als Verfassungsorgan und politische Kraft, 1974, S. 395 (411).

[715] Zu den entstehungsgeschichtlichen Grundlagen dieses Topos *Klaus Stern*, Staatsrecht, Bd. I, 2. Aufl. 1984, S. 735 .

[716] *Heinz Laufer*, Das föderative System der Bundesrepublik Deutschland, 4. Aufl. 1981, S. 105; *Gerhard Leibholz*, a. a. O., S. 99 (111); zu dieser Überlagerung implizit *Wolf-Rüdiger Schenke*, in: Schneider/Zeh (Hrsg.), Parlamentsrecht und Parlamentspraxis, 1989, § 55 Rdn. 32 ff.

[717] Zur mittelbaren demokratischen Legitimation des Bundesrats auch *Ernst Heinsen*, *Fritz Rietdorf* und *Ernst-Wolfgang Böckenförde* in ihrem Sondervotum zum Abschlussbericht der *Enquête-Kommission Verfassungsreform*, BT-Drs. 7/5924, S. 103 f.; gegen eine Stufenordnung demokratischer Legitimation auch *Wolfgang Knies*, in: Wilke/Schulte (Hrsg.), Der Bundesrat, 1990, S. 210 (219 f.).

[718] *Wolfgang Knies* (oben Fußn. 717), S. 220.

da der Bundesrat nicht die einzelnen Landes*völker*, sondern die Regierungen der einzelnen Länder repräsentiert.[719]

In der Verfassungswirklichkeit kommt dem Bundesrat über die vermittelnde Wirkung der Parteien eine entscheidende Rolle im Gesetzgebungsverfahren zu. Aufgrund der Vielzahl zustimmungsbedürftiger Materien hat er das letzte Wort über das Zustandekommen eines Gesetzes.

Folglich kommt es in den Fällen, in denen die Parteien – insbesondere die Opposition – ihre Politik über den Bundesrat verfolgen, zu einer Gewichtsverschiebung zwischen den Gesetzgebungsorganen: In den Fällen der Zustimmungsbedürftigkeit ist die bundesstaatliche Komponente staatlicher Entscheidungsfindung nicht mehr nur *ein* ergänzendes Element, sondern überlagert das Demokratieprinzip. Das Bundesstaatsprinzip verliert seine eigentliche föderalistische Funktion, indem es durch die Parteien instrumentalisiert und durch parteienstaatliche Elemente verdrängt wird.[720]

c) Der Abgeordnete im Spannungsfeld von Art. 21 und Art. 38 Abs. 1 S. 2 GG

Von dieser Systemverschiebung bleibt auch die Stellung des Abgeordneten in der repräsentativen Demokratie nicht unberührt.

Die demokratische Ordnung des Grundgesetzes, die kaum plebiszitäre Elemente enthält,[721] beruht auf der Repräsentation des Volks durch gewählte Parlamentarier. Im Unterschied zu plebiszitär-demokratischen Entscheidungen handelt das Volk nicht selbst, sondern „durch" die Abgeordneten. Das heißt nicht, dass die Abgeordneten aufgrund einer Vollmacht handeln; auch bringen sie im Gegensatz zur Botenschaft keinen fremden Willen zum Ausdruck, sondern agieren aus eigenem Recht und Willen.

Da das Volk nicht in der Lage ist, sich selbst zu regieren,[722] baut die Repräsentation auf dem Unterschied zwischen Regierten und Regierenden auf. Repräsentation beruht auf dem Grundgedanken, dass das nicht unmittelbar an der Staatsleitung beteiligte Volk vergegenwärtigt werden soll.[723] Da das Volk in seiner Gesamtheit repräsentiert wird und der

---

719 Zu der heute noch umstrittenen Frage, ob die Länder oder die jeweiligen Regierungsmitglieder Mitglieder im Bundesrat sind, *Walter Krebs*, in: von Münch/Kunig, GG, Bd. 2, 5. Aufl. 2001, Art. 51 Rdn. 2; *Klaus Stern*, Staatsrecht, Bd. I, 2. Aufl. 1984, S. 731 f. jeweils m. w. N.

720 *Dieter Grimm*, Die Zukunft der Verfassung, 1991, S. 285, 350; *Heinz Laufer*, Das föderative System, 4. Aufl. 1981, S. 104 ff.; *Gerhard Leibholz/Dieter Hesselberger*, in: Der Bundesrat (Hrsg.), Der Bundesrat als Verfassungsorgan und politische Kraft, 1974, S. 99 (111).

721 So sieht das Grundgesetz nur für die Neugliederung des Bundesgebiets nach Art. 29 GG eine unmittelbare Beteiligung der Landesvölker vor.

722 Grundlegend *Ernst-Wolfgang Böckenförde*, in: Isensee/Kirchhof (Hrsg.), HbStR, Bd. II, 1987, § 30 Rdn. 4 ff.

723 Nach *Gerhard Leibholz* gehört zum Wesen der Repräsentation, „dass etwas, was nicht präsent ist, gegenwärtig gemacht wird", vgl. *denselben*, in: Evangelisches Staatslexikon, 1. Aufl. 1966, Sp. 1859 – Ziffer 1.

Abgeordnete nicht „Vertreter" bestimmter Gruppen ist, muss er auch gegenüber seinen Wählern Unabhängigkeit bewahren. Inhalt dieses in Art. 38 Abs. 1 S. 2 GG zum Ausdruck gebrachten freien Mandats ist, dass er Vertreter des ganzen Volkes, an Aufträge und Weisungen nicht gebunden und nur seinem Gewissen unterworfen ist.

Die Bestimmung bringt eine verfassungsrechtlich gewollte Distanz des Abgeordneten gegenüber dem Volk zum Ausdruck. Der Parlamentarier ist nicht absolut an den wie auch immer ermittelten Wählerwillen gebunden, sondern ausschließlich dem Allgemeinwohl verpflichtet.

Dies lässt sich dahingehend zusammenfassen, dass die von ihm verkörperte Repräsentation zwar nicht auf Demoskopie hinausläuft, sich andererseits aber auch nicht in einem einmaligen Wahlakt erschöpft. Vielmehr formt sich die Repräsentation in Verantwortung und ständigen Rückbeziehungen zum Wähler aus.[724] Um diese Repräsentationsaufgabe erfüllen zu können, muss der Abgeordnete frei von übermäßigen Bindungen an seine Partei sein.[725]

Die Parteien als Bindeglieder zwischen Volk und Staat bilden neben dem Abgeordneten eine weitere Grundlage parlamentarischer Repräsentation.[726] Angesichts der faktischen Abhängigkeit des Abgeordneten von seiner Partei, der er die Aufnahme in die Liste und damit seinen Sitz im Bundestag verdankt, wird vielfach ein unauflösbarer Widerspruch zwischen der Beherrschung der politischen Meinungsbildung durch die Parteien und der Unabhängigkeit des Parlamentariers angenommen. Hieraus wird vereinzelt gefolgert, dass die Aussagen der Artikel 21 und 38 Abs. 1 S. 2 GG von Grund auf unvereinbar seien.[727]

Dem steht jedoch entgegen, dass eine auf Repräsentation aufbauende Demokratie weder ohne die Person des Parlamentariers noch ohne die Mitwirkung der Parteien auskommen kann.[728] Tatsächlich bringen die Artikel 21 und 38 GG Funktionsprinzipien zum Ausdruck, die einander in der Weise ergänzen, dass das eine nicht ohne das andere denkbar ist: Die Parteien können die ihr vom Grundgesetz anvertraute Aufgabe der Meinungsbildung nur erfüllen, wenn nicht nur ihre innere Organisation gemäß Art. 21 Abs. 1 S. 3 GG

---

[724] *Ernst-Wolfgang Böckenförde* spricht insoweit von einem „Wiedererkennen der Repräsentierten im Repräsentanten", oben Fußn. 722, § 30 Rdn. 23.

[725] *Klaus Stern*, Staatsrecht, Bd. I, 2. Aufl. 1984, S. 1075. Im Gegensatz zum imperativen Mandat und Fraktionszwang ist Fraktionsdisziplin zulässig, da sie durch innerfraktionelle Willensbildung die notwendige Einheit innerhalb der Partei herstellt und auf diese Weise eine funktionsgerechte parlamentarische Arbeit ermöglicht, *Peter Badura*, in: Bonner Kommentar (Zweitbearbeitung Art. 38), Art. 38 Rdn. 78 sowie *Gerhard Leibholz*, Strukturprobleme der modernen Demokratie, 3. Aufl. 1974, S. 114 f.

[726] *Klaus Stern*, Staatsrecht, Bd. I, 2. Aufl. 1984, S. 964.

[727] *Gerhard Leibholz*, Strukturprobleme der modernen Demokratie, 3. Aufl. 1974, S. 112, 117.

[728] Diese Zweigleisigkeit deutet sich auch im Kompromiss der personalisierten Verhältniswahl nach § 4 BWG an, wonach die Listenmandate durch Direktmandate ergänzt werden, der Wähler also – unabhängig von der Zweitstimme für eine Partei – seine Erststimme einem bestimmten Abgeordneten geben kann, vgl. zu diesem „Kombinationssystem" *Klaus Stern*, Staatsrecht, Bd. 1, 2. Aufl. 1984, S. 301.

demokratischen Grundsätzen entspricht, sondern auch die ihnen angehörenden Parlamentarier in freier Verantwortung an der innerparteilichen Willensbildung mitwirken.[729] Artikel 38 GG ermöglicht dem einzelnen Abgeordneten die Ausformung seiner politischen Individualität und Persönlichkeit. Auf diese Weise ergänzen sich politische Handlungsfreiheit und parteienstaatlicher Parlamentarismus. Das Spannungsverhältnis besteht demnach nicht zwischen Art. 21 und Art. 38 GG,[730] sondern zwischen Verfassungsrecht und Verfassungswirklichkeit.[731]

Auch wenn die Parteienstaatlichkeit die Gefahr mit sich bringt, dass das im Idealfall bestehende Gleichgewicht zwischen Unabhängigkeit und Parteigebundenheit gestört wird, zeigen Richtungsstreitigkeiten innerhalb der Parteien, dass es sich bei dem freien Mandat um mehr als nur ein formales Prinzip handelt.[732]

Das freie Mandat des einzelnen Abgeordneten trägt dafür Sorge, dass auch andere Meinungen in der Partei Gehör finden und zwingt zum Konsens, um nicht ein vom Kurs abweichendes Abstimmungsverhalten der Parlamentarier zu riskieren. Darüber hinaus ermöglicht die Unabhängigkeit der Parlamentarier die Bildung parteiübergreifender Kompromisse.[733]

Auch aus der Amtsstellung des Abgeordneten[734] geht hervor, dass er nicht aus eigenem Recht gegenüber dem Staat tätig wird; seine Rechtsstellung ist vielmehr vom Gedanken der Fremdnützigkeit bestimmt.[735] Nicht nur der Wille des Parlamentariers als Individuum ist entscheidend, was die Gewissensbindung zum Ausdruck bringt, sondern sein amtlicher, öffentlicher auf die Belange der Allgemeinheit ausgerichteter Wille.[736] Das freie Mandat gilt demnach nicht nur für den einzelnen Abgeordneten, sondern hat Auswirkungen auf die parlamentarische Entscheidungsfindung insgesamt. So wie Art. 38 Abs. 1 S. 2 GG dem einzelnen Abgeordneten eine selbst bestimmte Entscheidung ermöglicht, bezieht sich diese Unabhängigkeit auf das ganze Parlament.[737]

---

[729] *Michael Stolleis*, in: VVDStRL 44 (1985), S. 8 (16).

[730] So aber das Bundesverfassungsgericht in BVerfGE 2, 1 (72 f.); hiergegen *Michael Stolleis*, a. a. O., S. 15 f., der von unterschiedlichen, den jeweiligen Normen zugrunde liegenden, Regelungsbereichen ausgeht.

[731] *Peter Badura*, in: Bonner Kommentar, Zweitbearb. Art. 38, Art. 38 Rdn. 29 ff.; *Ulrich Scheuner*, in Festschrift für Hans Huber, 1961, S. 222 (238 ff.); *Michael Stolleis* (oben Fußn 729), S. 16; *Walter Wiese*, AöR 101 (1976), 548 (559).

[732] *Winfried Steffani*, in: *ders.* (Hrsg.), Parlamentarismus ohne Transparenz, 2. Aufl. 1973, S. 17 (S. 35 – These 1).

[733] Zur Bedeutung des freien Mandats für die innerparlamentarische Kompromissfindung *Ralf Poscher*, AöR 122 (1997), 444 (448); *Klaus Stern*, Staatsrecht, Bd. I, 2. Aufl. 1984, S. 1070.

[734] *Hans-Peter Schneider*, in: Alternativkommentar zum GG, 3. Aufl. 2001, Art. 38 Rdn. 22 ff.; *Klaus Stern*, Staatsrecht, Bd. I, 2. Aufl. 1984, S. 1048 ff.

[735] *Ernst-Wolfgang Böckenförde*, in: Isensee/Kirchhof (Hrsg.), HbStR, Bd. II, 1987, § 30 Rdn. 19.

[736] *Ders.*, a. a. O., § 30 Rdn. 19.

[737] *Klaus Stern* (oben Fußn. 733), S. 1070 f.

d) Unterschiede in der Stellung des Bundestagsabgeordneten im Vergleich zu der eines Bundesratsmitglieds

In dieses – im Idealfall – zwischen Art. 21 und Art. 38 Abs. 1 S. 2 GG bestehende Gleichgewicht greift der Bundesrat ein.
Die Mitglieder des Bundesrates gehören den einzelnen Landesregierungen an, die wiederum aus der Parteienmehrheit der Landtage hervorgegangen sind. Auf diese Weise werden durch die „Hintertür" des Bundesrats *partei*politische Gesichtspunkte in den Gesetzgebungsprozess eingebracht, so dass die in Wahrnehmung des freien Mandats getroffenen parlamentarischen Entscheidungen nachträglich relativiert werden.

Zwar muss diese Beeinträchtigung des freien Mandats grundsätzlich hingenommen werden. So wie im Grundgesetz das Demokratie- und Bundesstaatsprinzip nebeneinander zur Geltung kommen,[738] steht auch die Beteiligung weisungsunabhängiger Parlamentarier und instruierter Bundesratsvertreter nicht in einem unüberwindbaren Gegensatz. Rückt jedoch ein an der staatlichen Willensbildung beteiligtes Verfassungsorgan derart in den Vordergrund, dass ihm ein absolutes Vetorecht zukommt, werden die Vorzüge parlamentarischer Entscheidungsfindung unterlaufen. Auch wenn immer wieder hervorgehoben wird, dass die Verhandlungen im Bundesrat überwiegend von Sachlichkeit geprägt sind,[739] kann dies nicht über die Tatsache hinwegtäuschen, dass das parteienstaatliche Moment über den Umweg des Bundesrats wieder seine volle Geltung erlangt.[740] Die Unabhängigkeit der Parlamentarier wird durch die Einwirkung der Parteispitze über den Bundesrat weitgehend relativiert.

Die Dominanz der Parteien sowohl auf der Bundes- als auch auf der Landesebene hat die Konsequenz, dass Landtagswahlen in den Augen der Bevölkerung zu Abstimmungen über den Kurs der jeweiligen Bundesregierung werden.[741] Diese Entwicklung wird dadurch gefördert, dass sich der politische Willensbildungsprozess nicht in einem vierjährigen Turnus jeweils zu den Wahlen wiederholt.[742] Es findet vielmehr auch zwischen den Terminen der Bundestags- bzw. Landtagswahlen ein Prozess ständiger Rückkoppelung zwischen Wähler und Parteien statt. Da in den Landtagswahlen indirekt über den Kurs der Bundesregierung abgestimmt wird, treten landespolitische Themen zunehmend in den Hintergrund.[743] Durch ihre Umfunktionierung zu „indirekten Bundestagswahlen",

---

[738] Hierzu bereits oben § 7 IV 1 b).

[739] Vgl. *Helmut Herles*, in: 30 Jahre Bundesrat, 1979, S. 23 ff.; *ders.*, in: Vierzig Jahre Bundesrat, 1. Aufl. 1989, S. 231 ff.

[740] *Wolf-Rüdiger Schenke*, in: Schneider/Zeh (Hrsg.), Parlamentsrecht und Parlamentspraxis, 1989, § 55 Rdn. 50. Diese Entwicklung ist umso bedenklicher, als das parteienstaatliche Element durch Art. 38 Abs. 1 S. 2 GG zurückgedrängt werden sollte, kritisch zu diesem Versuch *Gerhard Leibholz*, Strukturprobleme der modernen Demokratie, 3. Aufl. 1974, S. 117.

[741] Zu dieser Folge vgl. die in Fußn. 713 Genannten.

[742] *Dieter Grimm*, Die Zukunft der Verfassung, 1991, S. 266; BVerfGE 20, 56 (100 f.); 44, 125 (145); 52, 63 (82).

[743] So *Wolf-Rüdiger Schenke*, in Schneider/Zeh (Hrsg.), Parlamentsrecht und Parlamentspraxis, 1989, § 55 Rdn. 50 ff. sowie die in Fußn. 713 Genannten.

bekommen sie einen fast plebiszitären Charakter, so dass das Schicksal der Landesregierungen davon abhängt, ob die im Zeitpunkt der Landtagswahl aktuelle Bundespolitik vom jeweiligen Landesvolk gebilligt oder abgelehnt wird.[744]

2. Das Verhältnis des Bundesrats zur Bundesregierung vor dem Hintergrund der Gewaltenteilung

a) Existenz eines materiellen Regierungsbegriffs

Vor dem Hintergrund, dass die Rechtsetzung durch das Zusammenwirken mehrerer Staatsorgane erfolgt, stellt sich die Frage, ob die Bundesregierung in vergleichbarer Weise von der Mitwirkung eines anderen Verfassungsorgans abhängig ist, oder ob es einen Kernbereich von Regierungsaufgaben gibt, der dem Zugriff anderer Staatsorgane entzogen ist. Wird das Bestehen eines unantastbaren Kernbereichs bejaht, ergeben sich hieraus verfassungsrechtliche Konsequenzen für die Beurteilung parteipolitischer Konfrontationen zwischen Bundesregierung und Bundesrat.

aa) Das Fehlen definitorischer Ansätze im Grundgesetz

Aus Art. 62 GG als „reiner" Organisationsvorschrift lassen sich keine Kompetenzen herleiten.[745] Fraglich ist, ob Art. 65 GG einen konkreteren Ansatzpunkt für die Bestimmung der Regierungstätigkeit bietet.

Der in ihm enthaltene Begriff der „Politik" umschreibt die Tätigkeit der Bundesregierung jedoch nur unzureichend und stellt allenfalls ein Synonym dar.[746] Aus dem Wortlaut und systematischen Zusammenhang wird deutlich, dass es sich auch bei Art. 65 GG um eine Organisationsvorschrift handelt, welche die Verteilung der Zuständigkeitsbereiche innerhalb der Bundesregierung regelt.[747] Eine Kompetenzzuweisung im Verhältnis zu anderen Verfassungsorganen kann weder aus der Richtlinienkompetenz des Bundeskanzlers noch aus der Ressortverantwortlichkeit der Minister oder dem Kabinettsprinzip abgeleitet werden.

Ebenso wenig enthält das Grundgesetz eine konkrete Definition des Regierungsbegriffs, auch wenn sich in den Artikeln 32, 65a und 115b GG rudimentäre Funktionsbeschreibungen finden wie „Die Pflege der Beziehungen zu auswärtigen Staaten" oder „Die Befehls- und Kommandogewalt über die Streitkräfte".

---

[744] Vgl. die Vorgenannten.

[745] Hierbei geht es um die Frage, ob es neben dem formellen Regierungsbegriff des Art. 62 GG einen materiellen gibt, *Roman Herzog*, in: Maunz/Dürig, GG, Bd. IV, Art. 62 Rdn. 51.

[746] *Roman Herzog*, in: Maunz/Dürig, GG, Bd. IV, Art. 62 Rdn. 55.

[747] *Roman Herzog*, a. a. O., Art. 65 Rdn. 1; *Karl-Ulrich Meyn*, in: von Münch/Kunig, GG, Bd. 2, 5. Aufl. 2001, Art. 65 Rdn. 1; *Martin Oldiges*, in: Sachs (Hrsg.), GG, 3. Aufl. 2003, Art. 65 Rdn. 8. jeweils m. w. N.

Eine normative Umschreibung der Regierungstätigkeit wäre auch angesichts der Vielzahl staatlicher Aufgaben zum Scheitern verurteilt. Bislang haben Versuche einer positiven Definition eher die Unmöglichkeit einer fest umrissenen Kompetenzbeschreibung aufgezeigt, als handhabbare Abgrenzungskriterien geliefert: So wurden Regierungsgeschäfte als staatsleitende Akte definiert, die als „spezielle Aufgaben staatlicher Führung der Regierung allein vorbehalten sind oder von ihr zwar gemeinschaftlich mit dem Parlament, aber unter gesteigerter Selbständigkeit diesem gegenüber zu erledigen sind“.[748] Eine Abgrenzung der Regierungstätigkeit von den Befugnissen anderer Staatsorgane lässt sich auch mit Hilfe dieses Definitionsversuchs nicht erreichen. So gibt er keine Antwort auf die Frage, *welche* staatsleitenden Aufgaben von der Regierung ohne Mitwirkung des Parlaments wahrzunehmen sind und wo die Grenze zwischen gemeinschaftlicher und alleiniger Staatsführung verläuft. Die Definition umschreibt vielmehr das Problem mit anderen Worten, nämlich die Tatsache, dass wesentliche Grundentscheidungen in einer parlamentarischen Demokratie nicht ausschließlich durch die Regierung, sondern nur im Zusammenwirken mit anderen Staatsorganen getroffen werden können.[749]

Die Tatsache, dass sich Regierungspolitik gewandelten Verhältnissen und Wertvorstellungen anpassen muss,[750] lässt eine erste – wenn auch nur grobe – Charakterisierung typischer Regierungsaufgaben zu: Regierungstätigkeit ist vor allem offen und zukunftsorientiert. Ihr Inhalt sind politische Führungs- und Grundentscheidungen, die der Umsetzung durch konkrete Rechtsetzungsakte bedürfen, wodurch sie vorwiegend allgemein und richtungsweisend wirkt. Dieser Versuch einer Umschreibung ähnelt dem Begriff der „Richtlinienkompetenz“ des Art. 65 S. 1 GG,[751] ohne sich jedoch vollständig mit ihm zu decken.

bb) Die Regierung in der Rechtsprechung des Bundesverfassungsgerichts

Im weiteren Verlauf soll der Frage nachgegangen werden, ob der Rechtsprechung des Bundesverfassungsgerichts definitorische Ansätze entnommen werden können.

Das Bundesverfassungsgericht nimmt zum Teil auf die in Art. 65 GG enthaltene Richtlinienkompetenz beziehungsweise Ressortverantwortlichkeit Bezug, derzufolge jeder Minister seinen Geschäftsbereich innerhalb der vom Bundeskanzler bestimmten Grundzüge der Politik eigenverantwortlich führt. Aus dem Kanzlerprinzip in Verbindung mit dem

---

[748] Hierzu schon *Johannes Heckel*, HbdStR, Bd. 2., 1932, S. 389 mit Bezug auf das Haushaltsrecht; indes dürfte diese Charakterisierung auch auf andere Bereiche des Regierungshandelns zutreffen, so *Ernst Friesenhahn*, VVDStRL 16 (1958), 9 (S. 38 mit Fußn. 72).

[749] Als ein Beispiel hierfür kann der Vorbehalt des Gesetzes gesehen werden, vgl. auch *Roman Herzog*, in: Maunz/Dürig, GG, Bd. II, Art. 20 – Die Verfassungsentscheidung für die Gewaltenteilung, Rdn. 102 ff sowie in Bd. IV, Art. 62 Rdn. 58 ff. Grundlegend *Ernst Friesenhahn*, VVDStRL 16 (1958), 9 (38).

[750] *Roman Herzog*, a. a. O., Bd. II, Art. 20 – Die Verfassungsentscheidung für die Gewaltenteilung, Rdn. 102.

[751] Hierzu sogleich unter bb).

Ressortprinzip leitet das Gericht eine Rechtsvermutung für die Ausschließlichkeit dieser Zuständigkeiten ab, es sei denn, dem Bundestag seien ausdrücklich Regierungsaufgaben zugewiesen.[752] Als Beispiel führt es den Bereich der auswärtigen Gewalt an: Nach Art. 59 Abs. 2 GG bedürfen völkerrechtliche Verträge der Ratifikation durch das Parlament in Form eines Gesetzes, so dass das Parlament ausnahmsweise an der auswärtigen Gewalt beteiligt sei. Im Gegensatz hierzu komme dem Bundestag im Bereich des Art. 67 GG eine überwiegend kontrollierende Funktion zu.

An anderer Stelle betont das Gericht, dass der Regierung ein Kernbereich exekutiver Eigenverantwortung verbleiben müsse.[753] Begründet wird dies mit der demokratischen Verantwortung der Regierung gegenüber Volk und Parlament. Politische Verantwortung setze voraus, dass der Wähler die einzelnen politischen Entscheidungen den jeweiligen Entscheidungsträgern zuordnen könne. Dies sei aber nur möglich, wenn die Regierung zu selbständigem Handeln in der Lage sei,[754] da sie nur für diejenigen Entscheidungen die Verantwortung übernehmen könne, die sie eigenverantwortlich getroffen habe.[755] Das Bundesverfassungsgericht zieht zur Begründung Art. 20 Abs. 2 S. 2 GG heran und betont, dass keine der Gewalten ihrer verfassungsmäßigen Zuständigkeiten beraubt werden dürfe. Zwar führe das Grundgesetz die Gewaltenteilung nicht strikt im Sinne einer absoluten Gewaltentrennung durch, sondern es enthalte zugleich Gewaltenverschränkungen und –balancierungen zum Zweck gegenseitiger Kontrolle, Mäßigung und Hemmung, doch habe jede der drei Gewalten einen unantastbaren Kernbereich.[756] Dieser Kernbereich diene dazu, dass keine der Gewalten ein Übergewicht über die andere erhalte.[757]

Jedoch liefert auch die Kernbereichsthese keine handhabbaren Abgrenzungskriterien.[758] Darüber hinaus stößt die Heranziehung des Art. 65 GG auf rechtsdogmatische Bedenken, da die Vorschrift nicht die Kompetenzen der Bundesregierung im Verhältnis zu anderen Verfassungsorganen festlegt, sondern lediglich die Verteilung von Befugnissen innerhalb des Kollegialorgans regelt [MD53].[759]

Im Zusammenhang mit der Kernbereichsthese betont das Bundesverfassungsgericht, dass sich der Gewaltenteilungsgrundsatz nicht in einer Kontrolle der Regierung und der anderen Gewalten erschöpft. Die Gewaltenteilung diene auch der Verteilung von politischer Macht und Verantwortung, indem staatliche Entscheidungen „möglichst richtig,

---

[752] BVerfGE 1, 372 (394).

[753] BVerfGE 9, 268 (281); 34, 52 (59 f.); 67, 100 (139).

[754] BVerfGE 9, 268 (281).

[755] BVerfGE 9, 268 (281 f.).

[756] BVerfGE 67, 100 (139); 68, 1 (87 f.).

[757] BVerfGE 34, 52 (59).

[758] So auch *Matthias Heger*, Deutscher Bundesrat und Schweizer Ständerat, 1990, S. 109 f. mit Blick auf das kompetenzielle Verhältnis der Landesregierungen zu den Landtagen; kritisch auch *Meinhard Schröder*, in: Isensee/Kirchhof (Hrsg.), HbStR, Bd. III, 1987, § 50 Rdn. 11 f.

[759] Vgl. die in Fußn. 747 Genannten.

das heißt von den Organen getroffen werden, die dafür nach ihrer Organisation, Zusammensetzung, Funktion und Verfahrensweise über die besten Voraussetzungen verfügen".[760] Mit diesem funktionalen Verständnis nimmt das Gericht auf Definitionsansätze in der Literatur Bezug, die auf eine sachgemäße Aufgabenbewältigung durch Staatsorgane abstellen und der Gewaltenteilung eine stabilisierende Funktion zuschreiben.[761]

b) Gewaltenverschränkungen zwischen Bundesregierung und Bundestag

aa) Gewaltenverbindung aufgrund der parlamentarischen Demokratie

Mit der Verfassungsorganstellung der Bundesregierung ist nicht notwendigerweise ihre Unabhängigkeit von anderen Verfassungsorganen verbunden. Der in Art. 20 Abs. 2 S. 2 GG erwähnte Gewaltenteilungsgrundsatz wird im Grundgesetz vielmehr insoweit modifiziert, als die parlamentarische Demokratie in Bund und Ländern zu einer Gewaltenverzahnung führt.[762] Die Mehrheitsfraktionen des Bundestags wählen nach Art. 63 Abs. 1, Abs. 2 GG den aus der Parlamentsmehrheit hervorgehenden Bundeskanzler. Auch die Minister entstammen in der Regel den Mehrheitsfraktionen. Parteilose Regierungsmitglieder sind die Ausnahme. Kennzeichnend für die parlamentarische Demokratie des Grundgesetzes ist neben der personellen Teilidentität der Regierung mit der sie tragenden Parlamentsmehrheit ihre politische Verantwortung, die sich darin äußert, dass der Bundeskanzler jederzeit durch ein Misstrauensvotum abgewählt werden kann[MD54]. Hierbei ist nach Art. 67 GG eine Abwahl nur möglich, wenn sich die Parlamentsmehrheit vorher auf einen Alternativkandidaten geeinigt hat. Das konstruktive Misstrauensvotum dient der parlamentarischen Stabilität und soll die Regierbarkeit des Staates sicherstellen.[763]

Ausdruck dieser engen Verbindung von Parlamentsmehrheit und Regierung ist auch Art. 68 GG, wonach der Bundespräsident auf Vorschlag des Bundeskanzlers innerhalb von drei Wochen den Bundestag auflösen kann, wenn sich die Mehrheit weigert, dem Kanzler das Vertrauen auszusprechen und nicht innerhalb dieser Frist einen Gegenkandidaten benennt.

Die Regelungen zeigen, dass ein Regierungswechsel vor Ablauf der Legislaturperiode entweder in der Hand des Bundeskanzlers oder in den Händen der Parlamentsmehrheit liegt. Eine unabhängige, demokratisch legitimierte Instanz wie die des Reichspräsidenten

---

[760] BVerfGE 34, 52 (59), wo von einem Ineinandergreifen der Gewalten die Rede ist; vgl. auch BVerfGE 68, 1 (86); 90, 286 (357, 364).

[761] So erstmals *Otto Küster*, AöR 75 (1949), 397 (404); hieran anknüpfend *Konrad Hesse*, Grundzüge des Verfassungsrechts, 1. Aufl. 1967, S. 182 f.; *Klaus Stern*, Staatsrecht, Bd. I, 2. Aufl. 1984, S. 793; Bd. II, 1980, S. 536; auf Effizienzgesichtspunkte wurde in jüngerer Zeit wieder von *Christof Gramm* hingewiesen, in: AöR 124 (1999), S. 212 (220).

[762] BVerfGE 68, 1 (86) sowie die in Fußn. 761 Genannten.

[763] Zum Konsens- und Stabilitätsgedanken der parlamentarische Demokratie *Christoph Gusy*, DVBl. 1998, 917, (919 f.) sowie zur politischen Stabilität des parlamentarischen Regierungssystems *Roman Herzog*, in: Maunz/Dürig, GG, Bd. IV, Art. 62 Rdn. 81 ff.

unter der Weimarer Reichsverfassung, die ein Gewaltengleichgewicht zwischen Parlament und Regierung herstellen sollte, gibt es nicht mehr. Während unter der Weimarer Reichsverfassung der Reichspräsident als vermittelndes Organ zwischen Kanzler und Parlament auftrat, übernehmen diese Rolle nun die Parteien. Die parlamentarische Demokratie hat demnach – mehr noch als unter der Weimarer Reichsverfassung – zu einer Gewaltenverschränkung von Exekutive und Legislative geführt.

Als Folge dieser „Staatsleitung zur gesamten Hand“[764] entzieht sich das Wechselspiel von Bundestagsmehrheit und Bundesregierung weitgehend einer rechtlichen Regelungsmöglichkeit.[765] Vielmehr bleibt die Konfliktlösung faktischen Gegebenheiten wie der Führungskraft des Bundeskanzlers und der Durchsetzungsfähigkeit der Parlamentsmehrheit überlassen.[766] Infolgedessen ist eine einseitige Zuweisung von Kompetenzen nicht möglich, so dass die Staatsführung zu einer „gesamthänderischen Verpflichtung“ wird.[767]

bb) Gewaltenverbindung durch die Notwendigkeit einer gesetzlichen Regelung

Neben dem Verfassungsgrundsatz der parlamentarischen Demokratie haben rein tatsächliche Entwicklungen dazu beigetragen, dass ein Teil staatsleitender Entscheidungen nur im Zusammenwirken von Bundestag und Bundesregierung getroffen werden kann.

Neben dem traditionellen Budgetrecht des Parlaments, das seinen Ausdruck in der Verabschiedung des Haushaltsgesetzes nach Art. 110 Abs. 2 GG und der Rechnungslegung nach Art. 114 Abs. 1 GG findet, hat der Bundestag über seine Gesetzgebungsgewalt auch an anderen politischen Entscheidungen wesentlichen Anteil. Zu nennen sind hier die haushaltswirtschaftlichen Befugnisse, die er nach den Artt. 109 und 110 GG unter Beteiligung des Bundesrats in Gesetzesform wahrnimmt oder seine Teilhabe an der auswärtigen Gewalt nach Art. 59 Abs. 2 GG.

Die Ausdehnung der Lehre vom Vorbehalt des Gesetzes hat dazu geführt, dass die Notwendigkeit einer gesetzlichen Regelung weit über die Fälle hinausgeht, in denen in Frei-

---

[764] *Ernst Friesenhahn*, VVDStRL 16 (1958), 9 (38).

[765] *Roman Herzog*, in: Maunz/Dürig, GG, Bd. II, Art. 20 – Die Verfassungsentscheidung für die Gewaltenteilung, Rdn. 103; zwar kommt im äußersten Fall ein Organstreitverfahren nach Art. 93 Nr. 1 GG in Betracht. Politische Entscheidungsvorgänge sind jedoch überwiegend injustiziabel, so ist beispielsweise die Einhaltung von Koalitionsvereinbarungen nicht „einklagbar“, vgl. statt vieler *Georg Hermes*, in: Dreier (Hrsg.), GG, Bd. II, 1998, Art. 63 Rdn. 15 m w. N.

[766] So ist beispielsweise die Vertrauensfrage ein zweischneidiges Schwert; mit dem nicht nur der Bundeskanzler, sondern auch – umgekehrt – die ihn tragende parlamentarische Mehrheit unter Druck gesetzt werden kann. In fünf Fällen verband *Gerhard Schröder* streitige politische Abstimmungen mit der Vertrauensfrage, hierzu DIE ZEIT vom 1.10.2003.

[767] *Ernst Friesenhahn*, VVDStRL 16 (1958), 9 (38); im Anschluss hieran auch *Roman Herzog*, in: Maunz/Dürig, GG, Bd. IV, Art. 62 Rdn. 60 unter Hinweis auf die Ungenauigkeit der Formulierung, da einzelne Maßnahmen nur vom jeweils zuständigen Organ getroffen werden können (dort mit Fußn. 30).

heit und Eigentum eingegriffen wird. Hierzu trägt auch die Weiterentwicklung des Parlamentsvorbehalts durch den Wesentlichkeitsgrundsatz bei, demzufolge wichtige politische Entscheidungen der Gesetzesform bedürfen,[768] so dass auch er zu einem erheblichen Anstieg der Gesetzgebungstätigkeit geführt hat.[769]

Trotz alledem kann jedoch nicht von einem Parlamentsvorbehalt in dem Sinne gesprochen werden, dass dem Bundestag ein Vorrang gegenüber der Bundesregierung zukommt.[770] Einer solchen Annahme steht zum einen die selbständige Stellung der Bundesregierung als Verfassungsorgan entgegen, zum anderen die Wertung der Artt. 64, 65, 67 und 68 GG: Nicht der Bundestag, sondern der Bundeskanzler als Regierungsorgan schlägt die Minister vor und bestimmt die Richtlinien der Politik. Die Volksvertretung ist auf die grundsätzliche Frage beschränkt, ob der aus ihr hervorgegangene Bundeskanzler noch das Vertrauen der Mehrheit besitzt. Eine Einflussnahme auf konkrete Regierungsentscheidungen ist ihr verwehrt.

Die Regierung ist kein Unterorgan des Parlaments im Sinne eines Exekutivausschusses,[771] sondern selbständiges Verfassungsorgan. Diese Selbständigkeit folgt auch aus einem historischen Vergleich. Die Beschränkung der Vertrauensfrage auf den Bundeskanzler, verhindert, dass gegen seinen Willen einzelne Minister aus dem Kabinett „herausgewählt" werden, wie dies noch unter der Geltung der Weimarer Reichsverfassung möglich war.[772]

Der Stabilisierung der Regierung und der Regierbarkeit des Staates dient darüber hinaus, wie bereits erwähnt, die Einführung des *konstruktiven* Misstrauensvotums.

Für eine solche Beschränkung des Parlaments sprechen auch Praktikabilitätsgesichtspunkte. Auch wenn der Bundestag grundsätzlich nicht an einer Einflussnahme auf politische Führungsentscheidungen gehindert ist, ist er organisatorisch nicht in der Lage, die politische Führung an sich zu ziehen. So muss sich beispielsweise das Parlament gegenüber dem Informationsvorsprung[773] der Bundesministerien behaupten. Zwar sollen das

---

[768] Zur Entwicklung des Parlamentsvorbehalts und der Wesentlichkeitslehre *Klaus Stern*, Staatsrecht, Bd. I, 2. Aufl. 1984, S. 811 ff. sowie *ders.*, Staatsrecht, Bd. II, 1980, S. 571 ff.

[769] *Wolf-Rüdiger Schenke*, in: Schneider/Zeh (Hrsg.), Parlamentsrecht und Parlamentspraxis, 1989, § 55 Rdn. 1. Dass der Wesentlichkeitsgrundsatz nur ein grobes Kriterium ist, hat der Streit um die Rechtschreibreform gezeigt: in der Frage, ob die staatliche Regelung der Orthografie einer gesetzlichen Regelung bedarf, gehen die Meinungen weit auseinander, Nachweise bei *Michael Sachs*, in: Sachs (Hrsg.), GG, 3. Aufl. 2003, Art. 20 Rdn. 116 und *Karl-Peter Sommermann*, in: von Mangoldt/Klein/Starck, Das Bonner GG, 4. Aufl. 2000, Art. 20 Rdn. 269.

[770] Ein solcher totaler Parlamentsvorbehalt wird durchweg abgelehnt, vgl. nur *Klaus Stern*, Staatsrecht, Bd. I, 2. Aufl. 1984, S. 808; *ders.*, Staatsrecht, Bd. II, 1980, S. 575 jeweils mit weiteren Nachweisen.

[771] Vgl. statt vieler *Roman Herzog*, in: Maunz/Dürig, GG, Bd. IV, Art. 62 Rdn. 65; *Klaus Stern*, Staatsrecht, Bd. II, 1980, S. 274 ff.

[772] Art. 54 der WRV bestimmte: „Der Reichskanzler und die Reichsminister bedürfen zu ihrer Amtsführung des Vertrauens des Reichstags. Jeder von ihnen muss zurücktreten, wenn ihm der Reichstag durch ausdrücklichen Beschluss das Vertrauen entzieht", vgl. § 2 VII 2 c) bb).

[773] *Roman Herzog*, in: Maunz/Dürig, GG, Bd. II, Art. 20 – Die Verfassungsentscheidung für die Gewaltenteilung, Rdn. 108. Zur Bundesregierung als „informierter Gewalt" auch *Meinhard Schröder*, in: Isen-

Interpellationsrecht sowie die Zitier-, Zutritts- und Rederechte neben einer parlamentarischen Kontrolle eine rechtzeitige Information der Volksvertretung ermöglichen,[774] doch können sie das allgemeine Informationsdefizit des Bundestages nicht beseitigen.

Demzufolge existiert zwar kein rechtlicher Vorbehaltsbereich der Regierung, wohl aber ein rein tatsächlicher Handlungsspielraum, innerhalb dessen sie agieren kann.[775]

c) Gewaltenverschränkungen zwischen Bundesregierung und Bundesrat

Auch wenn in Art. 50 GG nur von der Mitwirkung des Bundesrats an der Verwaltung die Rede ist, wird ihm durch das Zustimmungsrecht zu Rechtsverordnungen und Verwaltungsvorschriften nach den Artikeln 80 Abs. 2, 84 Abs. 2, 85 Abs. 2 und 108 Abs. 7 GG ein erheblicher Einfluss auf die Regierungstätigkeit eingeräumt. Er hat nicht nur ein Vetorecht gegen die von der Bundesregierung erlassenen Rechtsverordnungen und Verwaltungsvorschriften, sondern kann selbst die Initiative ergreifen, indem er der Regierung nach Art. 80 Abs. 3 GG Vorlagen zu Rechtsverordnungen zuleitet. Der Bundesrat wird jedoch aufgrund dieser 1994 eingeführten Regelung[776] nicht selbst zum Verordnungsgeber und erhält keinen Kompetenzgewinn, sondern genießt nur eine verfahrensrechtliche Besserstellung. Einen Anspruch auf Beschlussfassung durch die Bundesregierung innerhalb angemessener Frist hat er nicht, da eine mit Art. 76 Abs. 3 S. 6 GG vergleichbare Regelung bewusst ausgelassen wurde. Auch bleibt es der Regierung überlassen, ob sie dem Vorschlag des Bundesrats folgt und eine entsprechende Rechtsverordnung erlässt.[777] Demnach ist das Initiativrecht des Bundesrats gegenüber dem der Bundesregierung von untergeordneter Bedeutung.

Der Bundesrat kann nach den Artikeln 109 Abs. 2, 110 Abs. 2 GG auch über die Haushaltswirtschaft und Haushaltsplanung Einfluss auf die Regierungspolitik nehmen.[778] Das Gleiche gilt für Kreditaufnahmen des Bundes nach Art. 115 Abs. 1 S. 1 GG, gegen die er jedoch nur ein Einspruchsrecht hat.

Seine sonstige Mitwirkung an Regierungsaufgaben bezieht sich nur auf Ausnahmebefugnisse, die keine Relevanz für das politische Tagesgeschehen haben, wie das Zustimmungsrecht im Rahmen des Bundeszwangs nach Art. 37 GG, der Katastrophenhilfe und

---

see/Kirchhof (Hrsg.), HbStR, Bd. II, § 50 Rdn. 14, der von „faktischen Möglichkeiten" der Bundesregierung spricht, die „vorbehaltsähnlich" wirken.

[774] Zu diesen Rechten oben § 7 II 2.

[775] *Roman Herzog*, a. a. O., Bd. IV, Art. 62 Rdn. 64 ff.; *Meinhard Schröder*, a. a. O., § 50 Rdn. 14; hierzu sogleich unter § 7 IV 2 e).

[776] Gesetz vom 27.10.1994 (BGBl. I S. 3146).

[777] Weitergehend in der Beurteilung des Initiativrechts nach Art. 80 Abs. 3 GG aber *Hartmut Maurer*, in: Festschrift für Günther Winkler, 1997, S. 615 (622).

[778] *Hartmut Maurer*, a. a. O., S. 623.

des inneren Notstandes nach den Artikeln 35 Abs. 3 und 91 Abs. 2 GG sowie im Verteidigungsfall, Art. 53a und Art. 115a ff. GG.

Bedeutsamer dagegen ist die Zustimmung des Bundesrats zu Gesetzen, durch die nach Art. 87 Abs. 3 S. 3 GG bundeseigene Mittel- und Unterbehörden errichtet werden und seine Mitwirkung nach Art. 84 GG bei der Aufsicht des Bundes über die Ausführung der Bundesgesetze durch die Länder.

Aus diesen Mitwirkungsrechten kann jedoch nicht geschlossen werden, dass der Bundesrat *gleichberechtigt* an der Regierungsgewalt beteiligt ist. In seinen vielfachen Beziehungen zur Bundesregierung fehlt das System der Abhängigkeit und Verantwortlichkeit, wie es für die parlamentarische Demokratie kennzeichnend ist.[779] Das Grundgesetz sieht weder ein Misstrauensvotum noch eine Vertrauensfrage im Verhältnis zur Bundesregierung vor. Ebenso wenig hat der Bundesrat die Befugnis, dass auf seinen Vorschlag das Parlament aufgelöst wird, wie dies unter der Bismarckschen Reichsverfassung der Fall war. Der Bundesrat ist auf eine politische Nebenrolle beschränkt und nimmt an der Staatsführung als solcher nicht teil.

d) Zwischenergebnis

Das Grundgesetz gewährt der Bundesregierung keinen materiellen Kern- bzw. Vorbehaltsbereich. Stattdessen regelt die Verfassung Teilausschnitte von Regierungstätigkeiten, die von ihr im Zusammenwirken mit anderen Staatsorganen wahrgenommen werden.

Die Tatsache, dass das Grundgesetz nur Teilbereiche der Regierungstätigkeit regelt und auch in der Literatur ein materieller Regierungsbegriff fehlt,[780] bedeutet jedoch nicht zwangsläufig, dass der Regierung kein eigenständiger Handlungsspielraum vorbehalten ist.

Vor dem Hintergrund der Tatsache, dass dieser Kernbereich rechtlich nicht fest umrissen ist, soll im Folgenden untersucht werden, welche Merkmale in der Literatur als kennzeichnend für die Aufgaben und Befugnisse der Regierung angesehen werden. Im weiteren Verlauf wird der Frage nachzugehen sein, ob die verfassungsrechtliche Ausgestaltung der Beziehungen der Bundesregierung zu anderen Verfassungsorganen ihr ein bestimmtes Maß an Freiräumen und Unabhängigkeit lässt.

---

[779] *Wolf-Rüdiger Schenke*, in: Schneider/Zeh (Hrsg.), Parlamentsrecht und Parlamentspraxis, 1989, § 55 Rdn. 26, 42; *Rudolf Dolzer*, in: VVDStRL 58 (1999), S. 7 (S. 21 – These 4); hierzu bereits oben § 8 II 3.

[780] Vgl. kritisch hierzu *Roman Herzog*, in: Maunz/Dürig, GG, Bd. II, Art. 20 – Die Verfassungsentscheidung für die Gewaltenteilung, Rdn. 101 ff. sowie *ders.*, a. a. O., Bd. IV, Art. 62 Rdn. 51 ff.

e) Der faktische Vorbehaltsbereich von Regierungskompetenzen

aa) Die Eigenständigkeit der Bundesregierung aufgrund tatsächlicher Notwendigkeiten und rechtsstaatlicher Vorgaben

Neben dem bereits erwähnten Informationsvorsprung der Bundesregierung, unterliegt die Tätigkeit des Gesetzgebers weiteren Grenzen, die eine Übernahme von Regierungsaufgaben erschweren. Da ist zunächst der Umstand, dass das Parlament zu einer übergreifenden Planung kaum imstande ist.

Demgegenüber laufen die Fäden vielfach bei der Bundesregierung zusammen. Sie ist aufgrund des ihr zur Verfügung stehenden organisatorischen Apparates in der Lage, die von ihr eingeleiteten Initiativen bis zur Beschlussreife zu begleiten. Die Bundesregierung ist imstande, ihre Ziele zu artikulieren und gegenüber anderen Verfassungsorganen zu vertreten, während der Volksvertretung die hierzu erforderliche Homogenität und Geschlossenheit fehlt.

Hinzu kommt der Umstand, dass generell-abstrakte Normen nur insoweit erlassen werden können, als die ihnen zugrunde liegenden Sachverhalte vorhersehbar und beschreibbar sind. Vor allem wirtschaftliche und konjunkturpolitische Zusammenhänge entziehen sich hinreichend sicheren Prognosen, so dass bei plötzlich auftretenden wirtschaftspolitischen Krisen schnell und effektiv gehandelt werden muss, wozu sich Gesetze in nur beschränktem Umfang eignen. Angesichts globaler Zusammenhänge sind unternehmens- und arbeitsmarktpolitische Vorgänge nur noch schwer erfassbar. Ebenso stellt die Außen- und Verteidigungspolitik immer wieder neue Anforderungen an die verantwortlichen Akteure.

Demnach verbleibt der Bundesregierung in tatsächlicher Hinsicht ein Handlungsspielraum.

bb) Die Stärkung der verfassungsrechtlichen Position des Bundeskanzlers gegenüber seinem Vorgänger

Die Stellung der Bundesregierung wird von der Position des Bundeskanzlers mitgeprägt.

Hierfür wird zum Teil angeführt, dass die Befugnisse des Reichspräsidenten[781] auf den Bundeskanzler übergegangen seien, woraus seine bedeutende Position innerhalb des Verfassungsgefüges folge.[782]

Diese Ansicht ist jedoch unzutreffend, denn der Großteil der Befugnisse des Reichspräsidenten ist ersatzlos weggefallen bzw. wesentlich modifiziert worden:

---

[781] Vgl. § 2 VII 2 c) bb).

[782] So die bei *Roman Herzog* Genannten, a. a. O. (Fußn. 780), Art. 62 Rdn. 38. Zum Verhältnis von Richtlinienkompetenz und Ermessen des Bundespräsidenten siehe auch unten § 8 V 8 sowie dort die in den Fußn. 1041 ff. Genannten.

Da ist zum einen das Notverordnungsrecht des Reichspräsidenten, das der Parlamentarische Rat bewusst nicht in das Grundgesetz übernommen hat.[783] Anstelle des Reichspräsidenten verfügt nun nicht etwa der Bundeskanzler über diktatorische Befugnisse. Blockiert sich der Bundestag im Fall des Gesetzgebungsnotstands selbst, sind der Bundespräsident, die Bundesregierung und der Bundesrat an der Notstandsgesetzgebung gemäß Art. 81 GG beteiligt.

Auch hat das Staatsoberhaupt nur noch in verfassungsrechtlichen Krisensituationen das Recht der Parlamentsauflösung, Artt. 63 Abs. 4 S. 3 GG und 68 GG. Während der Fall des Art. 63 Abs. 4 S. 3 GG wohl kaum relevant werden dürfte, ist der wahrscheinlichere Fall einer Bundestagsauflösung nach Art. 68 GG nur unter der Voraussetzung möglich, dass sie vorher vom Bundeskanzler beantragt wurde; eine eigene Ermessentscheidung trifft der Bundespräsident auch hier nicht mehr.[784]

Der Oberbefehl über die Streitkräfte ging zwar vom Reichspräsidenten auf den Bundeskanzler über, doch gilt dies nach Art. 115b GG nur für den Verteidigungsfall, in Friedenszeiten führt gemäß Art. 65a GG der Bundesverteidigungsminister die Befehlsgewalt. Auch wird der Kanzler nicht mehr – wie noch unter der Weimarer Reichsverfassung – nach eigenem Ermessen vom Staatsoberhaupt ernannt, sondern gemäß Art. 63 GG unmittelbar vom Parlament gewählt. Auch die Ernennung der Bundesminister steht nicht mehr im Ermessen des Präsidenten, sondern hat auf Vorschlag des Bundeskanzlers zu erfolgen; das Gleiche gilt für ihre Entlassung.[785]

Nach allgemeiner Auffassung steht dem Bundespräsidenten auch hinsichtlich der Ausfertigung von Gesetzen kein Ermessen mehr zu, es sei denn, er würde sehenden Auges ein formell nicht ordnungsgemäß zustande gekommenes Gesetz ausfertigen.[786]

Schließlich wird das Staatsoberhaupt nicht mehr direkt vom Volk, sondern nach Art. 54 GG durch die Bundesversammlung gewählt.

Der Vergleich zeigt, dass die Befugnisse des ehemaligen Reichspräsidenten nicht auf den Bundeskanzler übergegangen sind, sondern auf ein Minimum reduziert worden beziehungsweise ersatzlos weggefallen sind.

Die verfassungsrechtliche Stellung des Regierungschefs wurde jedoch – im Vergleich zu früheren Verfassungen – insoweit gefestigt, als er nur noch abgewählt werden kann, wenn sich die Mehrheit auf einen Gegenkandidaten geeinigt hat. Somit ist eine Abwahl praktisch nur noch möglich, wenn es zu einem eklatanten Vertrauensbruch zwischen dem Kanzler und der hinter ihm stehenden Parlamentsmehrheit gekommen ist. Das konstruktive Misstrauensvotum beschränkt den Einfluss des Parlaments auf die grundsätzliche Frage, ob es noch mit den Grundzügen der Politik des Bundeskanzlers einverstanden ist. Zum Sturz des Regierungschefs kommt es erst dann, wenn sich seine Politik derart

---

783 *Roman Herzog*, in: Maunz/Dürig, GG, Bd. IV, Art. 62 Rdn. 68.

784 Ders., a. a. O., Art. 62 Rdn. 69 f.

785 Vgl. statt vieler *Karl-Uwe Meyn*, in: von Münch/Kunig, GG, Bd. 2, 5. Aufl. 2001, Art. 64 Rdn. 2; *Meinhard Schröder*, in: von Mangoldt/Klein/Starck, Das Bonner GG, 4. Aufl. 2000, Art. 64 Rdn. 9 jeweils m. w. N.

786 *Brun-Otto Bryde*, in: von Münch/Kunig, Bd. 3, 5. Aufl. 2003, Art. 82 Rdn. 5 ff. m. w. N.

weit von der parlamentarischen Basis entfernt hat, dass er auf keinen Rückhalt mehr in seiner Fraktion hoffen kann. Dies ist aber nur dann der Fall, wenn die Ansichten von Regierung und Bundestagsmehrheit in entscheidenden Fragen auseinander gehen. Kleinere Meinungsverschiedenheiten wird die Koalitionsmehrheit schon aus eigenem Interesse nicht zum Anlass nehmen, den mühsam im Wahlkampf aufgebauten Kanzler zu demontieren.

Ein Überhandnehmen des parlamentarischen Einflusses auf die Regierungspolitik verhindert auch die fehlende Möglichkeit des Parlaments, einzelne Minister „abzuwählen“. Die verbindliche Entscheidung, wer in das Kabinett aufgenommen und wieder entlassen wird, obliegt allein dem Regierungschef.

Damit ist der Kanzler aus der *doppelten* Abhängigkeit befreit, in der er noch unter der Weimarer Reichsverfassung stand: Der Reichskanzler musste sowohl auf die Vorstellungen des vom Volk legitimierten Reichspräsidenten Rücksicht nehmen als auch seine Politik am Kurs der Parlamentsmehrheit ausrichten.

cc) Die Bestimmung der Richtlinien der Politik im Spannungsfeld von Kanzler-, Ressort- und Kabinettsprinzip

Innerhalb der Bandbreite der mit der Parteibasis abgestimmten Grundrichtung kann der Kanzler nach Art. 65 GG die Richtlinien der Politik bestimmen. Zwar enthält Art. 65 GG keine Aussage über die Kompetenzen des Bundeskanzlers gegenüber anderen Verfassungsorganen, doch vermittelt die Vorschrift dem Regierungschef im Zusammenwirken mit den oben geschilderten Umständen einen weiten politischen Ermessensspielraum.

Dieser Spielraum findet seine Grenzen im Ressort- und Kabinettsprinzip. Insbesondere darf der Kanzler nicht in die ministeriellen Ressorts „hineinregieren“. Umgekehrt ist es den Ministern versagt, die vom Bundeskanzler vorbestimmten Grundzüge der Politik zu unterlaufen.[787]

Als Instrument der politischen Führung beinhaltet die Richtlinienkompetenz des Kanzlers all diejenigen Befugnisse, mit denen er seinen Führungsanspruch behaupten und durchsetzen kann.[788] Hierzu gehört seine Organisationsgewalt, die ihren Ausdruck in den Geschäftsführungsbefugnissen nach der GO BReg sowie in der Möglichkeit findet, bei unüberwindbaren Meinungsverschiedenheiten dem Bundespräsidenten gemäß Art. 64 Abs. 1 GG die Entlassung des betreffenden Ministers vorzuschlagen. Als eigenständige Kategorie einer politischen Führungsentscheidung soll die Richtlinienkompetenz den Kanzler in die Lage versetzen, auf die von ihm zu verantwortende Politik Einfluss zu nehmen. Da Richtlinienentscheidungen keiner bestimmten Form bedürfen, also sowohl

---

[787] Zum Zusammenspiel von Richtlinienkompetenz, Ressort- und Kabinettsprinzip *Meinhard Schröder*, in: Isensee/Kirchhof (Hrsg.), HbStR, Bd. III, 1987, § 50 Rdn. 15 ff.

[788] *Meinhard Schröder*, a. a. O., § 50 Rdn. 16 ff.

konkrete als auch abstrakte Zielvorgaben beinhalten können, sind die Grenzen zwischen allgemeinen richtungweisenden Direktiven und detaillierten den jeweiligen Ministern vorbehaltenen Entscheidungen fließend.[789]

Neben das Kanzlerprinzip tritt das Kabinettsprinzip, demzufolge die Regierung sowohl die Beschluss- als auch die Sachentscheidungskompetenz in den verfassungsrechtlich zugewiesenen Fällen trägt. Kommt es zu Meinungsverschiedenheiten innerhalb des Kabinetts, entscheidet die Regierung nach Art. 65 S. 3 GG als Kollegialorgan.

Zu den Kompetenzen des Kabinetts gehört die Beteiligung am Gesetzgebungsverfahren nach den Artt. 76, 77 Abs. 2 S. 4 und 115d GG, das Recht zum Erlass von Rechtsverordnungen nach den Artt. 80 und 109 Abs. 4 S. 2 GG, die Einwirkung auf die Bundes- beziehungsweise Landesverwaltung nach den Artt. 84 Abs. 2-5, 85 Abs. 2-4 und 86 sowie die Einflussnahme auf die Haushaltsgesetzgebung nach den Artt. 110, 113 und 114 GG. Die Willensbildung innerhalb der Regierung vollzieht sich dabei weder von oben nach unten noch in umgekehrter Richtung. Vielmehr müssen die einzelnen Entscheidungskompetenzen zu einem schonenden Ausgleich gebracht werden,[790] so dass die Regierung nach außen hin geschlossen auftreten kann.

Das Zusammenspiel von Kanzler-, Ressort- und Kabinettsprinzip zeigt, dass die Regierung nicht nur nach außen hin zur Konsensbildung mit der sie tragenden Parlamentsmehrheit gezwungen ist, sondern sich auch im innerorganisatorischen Bereich um Verständigung und Kompromissfindung bemühen muss, wenn sie der Politik eine bestimmte Richtung geben will.

dd) Der Konsens- und Stabilitätsgedanke

Demnach sind nicht nur die Beziehungen zwischen Bundestag und Bundesrat, sondern auch das Verhältnis von Bundesregierung und Bundestag sowie die Abstimmungsvorgänge innerhalb der Regierung stark vom Konsens geprägt. Aufgrund der Tatsache, dass die Koalitionspartner voneinander abhängig sind, ist ein schonender Ausgleich widerstreitender Interessen erforderlich. Durch diesen Konsens wird eine gewisse Stabilität erreicht,[791] die der Regierung die notwendigen Freiräume gegenüber der parlamentarischen Opposition verschafft.

Aus der Beschränkung des Parlaments auf die Vertrauensfrage, aus der dominierenden Stellung des Bundeskanzlers innerhalb der Bundesregierung und aus der Stabilität der bundesdeutschen Parteienlandschaft folgen somit Handlungsspielräume der Bundesregierung gegenüber anderen Verfassungsorganen. Hierzu gehört zum Beispiel die „Initia-

---

[789] *Ders.*, a. a. O., § 50 Rdn. 15.

[790] *Ders.*, ebenda.

[791] Zum Konsens- und Stabilitätsgedanken der parlamentarische Demokratie *Christoph Gusy*, DVBl. 1998, 917, (919 f.) sowie zur politischen Stabilität des parlamentarischen Regierungssystems *Roman Herzog*, in: Maunz/Dürig, GG, Bd. IV, Art. 62 Rdn. 81 ff.

tivgewalt", die weit über die verfassungsrechtlich geregelten Teilbereiche der Artt. 76 Abs. 1, 110 Abs. 3 und des Art. 59 Abs. 2 GG, an denen Parlament und Bundesrat beteiligt sind, hinausgeht: Aufgrund des administrativen Sachverstandes der Bundesministerien und nachgeordneten Behörden, ist es der Regierung am ehesten möglich, auf Probleme aufmerksam zu werden, Vorgänge und Entwicklungen aufzugreifen und zur „Staatsaufgabe zu machen." Im Gegensatz zur Verwaltung wird die Regierung gestaltend tätig, indem sie Prioritäten setzt und die politische Richtung vorgibt.[792]

Hierin bestätigt sich die allgemeine vom Bundesverfassungsgericht aus der Literatur übernommene Definition, nach der es zu den Aufgaben der Regierung gehört, in Verantwortlichkeit gegenüber der Volksvertretung der gesamten Staatstätigkeit eine bestimmte Richtung zu geben und für die Einhaltung dieser Linie durch die ihr unterstellten Instanzen zu sorgen.[793] Im Gegensatz zur Verwaltung handelt es sich damit um eine führende, leitende und auf das Ganze bezogene Tätigkeit.[794]

Die Initiativ- und Anstoßfunktion der Bundesregierung geht vor allem aus ihrem Recht zur Haushaltsplanung hervor. Das Haushaltsgesetz wird nach Art. 110 Abs. 3 GG durch die Bundesregierung eingebracht, über- und außerplanmäßige Aufgaben bedürfen nach Art. 111 GG der Genehmigung des Bundesfinanzministers, Ausgabenerhöhungen und Einnahmeminderungen sind nach Art. 113 GG von der Bundesregierung zu genehmigen. Diese Rechte sowie ihre spezielle haushaltsrechtliche Verantwortlichkeit nach Art. 114 GG gegenüber Bundestag und Bundesrat lassen darauf schließen, dass die Verfassung der Bundesregierung planerische Befugnisse einräumt.[795]

Der Aufgabenbereich der Bundesregierung ist vor allem von der Übernahme neuer Aufgaben und der Vorsorge für die Zukunft geprägt. Auf diesen Aspekt der Regierungstätigkeit weist auch § 15 GO BReg hin, demzufolge der Bundesregierung alle Angelegenheiten von allgemeiner innen- oder außenpolitischer, wirtschaftlicher, sozialer, finanzieller oder kultureller Bedeutung zur Beschlussfassung zu unterbreiten sind. Auch wenn sich aus dieser Vorschrift keine verfassungsrechtliche Kompetenz der Bundesregierung ableiten lässt, ist sie Ausdruck der beschriebenen Initiativgewalt.

Schließlich gewährleistet die Fünf-Prozent-Hürde eine gewisse Stabilität innerhalb von Regierung und Parlament, indem sie die Bildung von Splitterparteien verhindert, ohne

---

[792] Zu dieser Anstoß- und Initiativfunktion *Georg Hermes*, in: Dreier (Hrsg.), GG, Bd. II, 1998, Art. 62 Rdn. 32 ff.; *Meinhard Schröder*, in: Isensee/Kirchhof (Hrsg.), HbStR, Bd. III, 1987, § 50 Rdn. 26.

[793] BVerfGE 9, 268 (281) unter Bezugnahme auf *Erich Kaufmann*, VVDStRL 9 (1952), 1 (7).

[794] So wohl auch *Roman Herzog*, in: Maunz/Dürig, GG, Bd. II, Art. 20 – Die Verfassungsentscheidung für die Gewaltenteilung, Rdn. 102; *Meinhard Schröder*, in: Isensee/Kirchhof (Hrsg.), HbStR, Bd. III, 1987, § 50 Rdn. 29; *ders.*, in: von Mangoldt/Klein/Starck, Das Bonner GG, Bd. 2, 4. Aufl. 2000, Art. 62 Rdn. 22.

[795] Hierzu *Georg Hermes*, in: Dreier (Hrsg.), GG, Bd. II, 1998, Art. 62 Rdn. 32 ff.; *Meinhard Schröder*, in: Isensee/Kirchhof (Hrsg.), HbStR, Bd. II, § 50 Rdn. 27.

die Bildung neuer Parteien übermäßig zu erschweren[796] und für eine konstante Parteienlandschaft sorgt.

Sieht man von kleineren auf der Bundesebene weniger ins Gewicht fallenden Parteien wie der PDS und der „Schill-Partei" ab, hat sich im Laufe der fünfzigjährigen Geschichte des Grundgesetzes eine Art Zwei-Parteien-System entwickelt. Nach dem Verbot links- und rechtsradikaler Parteigruppierungen bildete sich ein konstantes Wahlverhalten heraus. Entweder fiel die Mehrheit der Stimmen auf die CDU/CSU oder aber auf die SPD, wobei die FDP als Koalitionspartner sowohl der einen wie der anderen Partei fast durchgängig zur absoluten Mehrheit verhalf. Auch nach den Bundestagswahlen vom 27. September 1998 und 22. September 2002 stehen sich wieder die beiden großen Volksparteien gegenüber. Inwieweit sich die GRÜNEN auch als Koalitionspartner der Christdemokraten eignen, wird abzuwarten sein und hängt von der Stärke der FDP ab. Die Stabilität der Regierung wird somit neben der 5%-Klausel vor allem durch eine relativ konstante Parteienlandschaft gewährleistet.[797]

Dies führt zu einer gewissen Stabilität zwischen Regierung und Parlament. Andererseits müssen einmal gebildete Koalitionen mangels Alternative beibehalten werden, was bei unterschiedlichen Mehrheitsverhältnissen in Bundestag und Bundesrat den Parteiengegensatz steigert. Aufgrund dieser in der Parteienlandschaft angelegten Polarität werden die Bundestagswahlen weniger durch den Kurs der verschiedenen politischen Richtungen als durch die Persönlichkeit der zur Wahl antretenden Kanzlerkandidaten geprägt, so dass sie mittelbar zu „Kanzlerwahlen" werden.[798]

ee) Versuch einer typisierenden Aufgabenbeschreibung

Aus den oben beschriebenen Umständen lassen sich typische Wesensmerkmale ableiten, aufgrund derer sich die Regierung von anderen Staatsorganen zwar weniger in rechtlicher, dafür aber in tatsächlicher Hinsicht unterscheidet.

Aus ihrem Recht zur Gesetzesinitiative, wie etwa nach den Artt. 76 Abs. 1, 59 Abs. 2 und 110 Abs. 3 GG,[799] ihrem rein tatsächlichen Informations- und Wissensvorsprung,[800]

---

[796] Bestes Beispiel dafür, dass die 5 %-Hürde auch kleineren Parteien reale Chancen eröffnet, sind die GRÜNEN, die sich von einer reinen Oppositions- zu einer Regierungspartei entwickelt haben.

[797] Trotz der „Regierungsfähigkeit" der GRÜNEN und des Bedeutungsverlustes der FDP haben sich bei den großen Volksparteien keine gravierenden Veränderungen eingestellt; zur Stabilität der deutschen Parteienlandschaft schon *Roman Herzog*, in: Maunz/Dürig, GG, Bd. IV, Art. 62 Rdn. 83.

[798] Diese Analyse *Roman Herzogs*, der von „Kanzlerwahlen" in einer „Kanzlerdemokratie" spricht, bestätigte sich auch im Vorfeld der Bundestagswahl vom 22.09.2002, in der die beiden großen Volksparteien einen eher persönlichkeitsorientierten Wahlkampf führten, vgl. *denselben*, in: Maunz/Dürig, GG, Bd. IV, Art. 62 Rdn. 72, 83 sowie *ders.*, a. a. O., Bd. II, Art. 20 – Die Verfassungsentscheidung für die Gewaltenteilung, Rdn. 108.

[799] Vgl. zu dieser Initiativfunktion die in Fußn. 795 Genannten.

[800] *Christoph Gusy*, DVBl. 1998, 917 (922 ff.); *Georg Hermes*, in: Dreier (Hrsg.), GG, Bd. II, 1998, Art. 62 Rdn. 37; *Meinhard Schröder*, in: Isensee/Kirchhof (Hrsg.), HbStR, Bd. III, 1987, § 50 Rdn. 14.

der Möglichkeit zu schnellen Reaktionen in Krisen[801] sowie der Richtlinienkompetenz des Kanzlers folgt, dass der Regierung vor allem eine Anstoß- und Initiativfunktion zukommt. Es gehört zu ihren Aufgaben, Vorgänge und Entwicklungen im Staat und in der Gesellschaft aufzugreifen und sie nach Notwendigkeit und Dringlichkeit zur Staatsaufgabe zu machen, indem sie die jeweiligen Aufgaben in eine Wichtigkeitsskala einordnet. Dies setzt wiederum voraus, dass die Regierung ein Aktionsprogramm aufstellt, aufgrund dessen sie Vorsorge für unerwartete Fälle und kommende Lagen treffen kann. Hierfür ist es unerlässlich, dass sie vorausschauend und planend tätig wird. Dies geht beispielhaft aus ihrer Befugnis zur Aufstellung eines Haushaltsplans hervor, der nach Art. 110 Abs. 2 GG im Voraus festzustellen ist. Darüber hinaus ist sie nach den Vorschriften der Artt. 53a Abs. 2, 106 Abs. 3 S. 4 Nr. 1 und Art. 109 Abs. 3 GG zur Planung im Bereich der Verteidigung und des Finanzhaushalts befugt.

Die Durchsetzung des auf diese Weise aufgestellten Programms setzt voraus, dass sie zwischen den programmatischen Zielen ihrer Partei, den Staatsbedürfnissen und unterschiedlichen parteipolitischen bzw. gesellschaftspolitischen Anschauungen vermittelt. Dies kann sie nur, indem sie den Konsens mit den politischen, wirtschaftlichen, sozialen und kulturellen Kräften sucht und dabei unter Einsatz ihrer verfassungsrechtlichen Kompetenzen dem Ziel der Integration dient. Dementsprechend ist ihr die Aufgabe zugewiesen, „in Verantwortlichkeit gegenüber der Volksvertretung der gesamten Staatstätigkeit eine bestimmte Richtung zu geben und für die Einhaltung dieser Linie durch die ihr unterstellten Instanzen zu sorgen“.[802]

Des Weiteren obliegt es ihr, „die Mannigfaltigkeit der Interessen und Bedürfnisse des staatlichen und gesellschaftlichen Lebens zu erkennen und mit den eigenen Zielen und Erkenntnissen zur Einheit eines Programms zu verarbeiten, die für dessen Durchführung notwendigen Impulse zu geben und so die allgemeine Richtung der Staatstätigkeit zu bestimmen“. Mit anderen Worten: In der „Kompetenz“ der Bundesregierung liegen schwerpunktmäßig die Aufgaben der Initiative, Vorausschau, Planung und Integration.

3. Ergebnis

Der in Rechtsprechung und Literatur verwendete Begriff des „Kernbereichs“ von Regierungskompetenzen legt die Deutung nahe, dass es sich um einen dem Zugriff anderer Gewalten entzogenen Grundbestand verfassungsrechtlicher Kompetenzen handelt. Dieser Eindruck täuscht. Zwar eröffnen einzelne Vorschriften der Bundesregierung ein gewisses Tätigkeitsfeld, jedoch schaffen sie keinen juristisch abgrenzbaren, dem Zugriff anderer Verfassungsorgane entzogenen, Vorbehaltsbereich.[803]

---

[801] *Meinhard Schröder* spricht von einer „Obliegenheit, Vorgänge und Entwicklungen in Staat und Gesellschaft aufzugreifen und ... zur Staatsaufgabe zu machen“, *ders.*, a. a. O., § 50 Rdn. 26; ähnlich *Roman Herzog*, der einen „ständig wechselnden Regierungsbedarf“ annimmt, *ders.*, in: Mauz/Dürig, GG, Bd. IV, Art. 62 Rdn. 57.

[802] Insoweit kann dem Ansatz *Erich Kaufmanns*, VVDStRL 9 (1952), 1 (7), gefolgt werden.

[803] Zu einer positiven Beurteilung der tatsächlichen Handlungsspielräume der Regierung kommt indes *Ulrich Scheuner*, in: Festschrift für Gebhard Müller, 1970, S. 379 (398 ff.), der auf die Gesetzgebungs-

Der Bundesregierung steht vielmehr ein tatsächlicher Kernbereich typischer Regierungsaufgaben zu, der in der Planung und Entwicklung von Initiativen unter Berücksichtigung des Staatsganzen und Allgemeinwohls jenseits partikularer Interessen liegt.

Für das Problem parteipolitischer Konfrontation zwischen Bundestag und Bundesrat bedeutet dies, dass es der Bundesregierung gerade im Hinblick auf größere Reformvorhaben nur in beschränktem Umfang möglich ist, ihre eigenen Vorstellungen durchzusetzen.[804] Dies gilt sowohl für die initiatorische als auch für die planerische Tätigkeit der Bundesregierung. Das Recht des Bundesrats zur Gesetzesinitiative beziehungsweise sein Zustimmungsrecht erlaubt den Landesregierungen, eigene Problemlösungsstrategien einzubringen oder die von der Bundesregierung mit Unterstützung der Parlamentsmehrheit auf den Weg gebrachten Konzepte zu modifizieren. Um ihre planerischen Konzepte wenigstens ansatzweise durchzusetzen, muss die Regierung den Konsens nicht nur mit der Parteibasis und Parlamentsmehrheit suchen, sondern auch mit den Landesregierungen. Dabei trifft sie nicht nur auf den Widerstand der Bundesländer, in denen die Bundesopposition regiert. Oftmals muss sie aufgrund unterschiedlicher Koalitionen in den Ländern auch mit Widerstand aus dem eigenen „Lager" rechnen. Der „Initiativ- und Planungsgewalt" der Bundesregierung sind somit enge Grenzen gesetzt.

Einerseits entsprechen diese Notwendigkeiten ihrer Integrationsfunktion. Andererseits werden infolge der Zunahme zustimmungsbedürftiger Materien die regierungstypischen Aufgaben der Vorausschau und Planung von der Notwendigkeit der Integration der oppositionellen Bundesratsmehrheit überlagert.

Berücksichtigt man die Tatsache, dass grundlegende Reformvorhaben einer einheitlichen, über lange Zeiträume tragfähigen Konzeption bedürfen, liegt die Annahme nahe, dass die Bundesregierung in nur unzureichendem Maße ihrer Vorsorgeaufgabe nachkommen kann. Für den Fall, dass die Opposition im Bundesrat über die Mehrheit verfügt, muss die Bundesregierung stets die – unter Umständen konträren – Vorstellungen des politischen Gegners im Auge behalten. Dadurch verlieren planerische Konzepte ihre Einheitlichkeit, sie sind – bildlich gesprochen – nicht mehr „aus einem Guss". Dies wirft weitere verfassungsrechtliche Probleme auf, wie die umstrittene Frage, ob und wenn ja,

---

flut des modernen Sozialstaats hinweist, der dem Parlament die Möglichkeit einer effektiven Kontrolle der Regierung nehme.

So besteht entgegen den missverständlichen Äußerungen des Bundesverfassungsgerichts in BVerfGE 9, 268 (281 f.) Einigkeit in der Literatur, dass es keinen verfassungsrechtlichen Vorbehaltsbereich von Regierungsaufgaben gibt, sondern nur tatsächliche Handlungsspielräume: *Georg Hermes*, in: Dreier (Hrsg.), GG, Bd. II, 1998, Art. 62 Rdn. 37; *Roman Herzog* (oben Fußn. 794), Bd. II, Art. 20 Rdn. 104 sowie *ders.*, a. a. O., Bd. IV, Art. 62 Rdn. 62 a. E., der von einer „faktischen Gewichteverteilung" spricht; *Meinhard Schröder*, in: Isensee/Kirchhof (Hrsg.), HbStR, Bd. III, 1987, § 50 Rdn. 11 ff.

804 Ein Beispiel hierfür ist das Angebot der Opposition von CDU und FDP, an der von der SPD angestrebten Rentenreform mitzuarbeiten, vgl. die WAZ vom 23.11.1999. Dieses „Angebot" stand damals noch im Gegensatz zum Konfrontationskurs hinsichtlich der Gesundheitsreform, auf die sich die beiden großen Parteien mittlerweile geeinigt haben und die Anfang 2004 in Kraft getreten ist.

inwieweit der Widerstand des Bundesrats durch eine Aufspaltung von Gesetzen umgangen werden kann.[805]

Das Fehlen einer einheitlichen Konzeption führt dazu, dass die von der Bundesregierung erarbeiteten Lösungsansätze ihre Wirkung verlieren. Darüber hinausgehend stellt sich die Frage, ob die Bundesregierung noch die parlamentarische Verantwortung für Konzepte übernehmen kann, deren Gestalt sich durch den letztlich gefundenen Gesetzeskompromiss maßgeblich verändert hat.[806] Denn das Gesetz ist nicht mehr ausschließlich ihr „Werk", sondern berücksichtigt eine Vielzahl parteipolitischer und föderalistischer Aspekte, so dass es am Ende des Gesetzgebungsprozesses ihren Zielsetzungen nur noch in begrenztem Umfang entspricht.[807]

4. Der Einfluss des Bundesrats auf wesentliche Prinzipien der parlamentarischen Demokratie

a) Die Relativierung des Mehrheitsprinzips

Grundlegendes Strukturprinzip der Demokratie ist die Orientierung staatlicher Willensbildung an der Mehrheit.[808] Die Akzeptanz von Mehrheitsentscheidungen beruht vor allem auf dem Gedanken, dass das Mehrheitsprinzip eine zuverlässige Methode der Entscheidungsfindung darstellt, durch die sich der Volkswille ermitteln lässt.[809] Aufgrund der Tatsache, dass sich das Volk nicht selbst regieren kann, muss die Staatsgewalt des Volks „in Wahlen und Abstimmungen und durch besondere Organe" ausgeübt werden, Art. 20 II 2 GG. Die auf der Repräsentation des Volks aufbauende demokratische Ordnung des Grundgesetzes ist demnach darauf angewiesen, dass der Wählerwille so unverfälscht wir nur möglich zum Ausdruck kommt. Nach dem System des personalisierten Verhältniswahlrechts überträgt der Wähler mit seiner Stimme einer bestimmten Partei und einem bestimmten Abgeordneten die Verantwortung.

Aus der Partei oder Parteienkoalition, welche die Mehrheit der Stimmen für sich beansprucht, geht für die Dauer von vier Jahren die Regierung hervor. Das Mehrheitsprinzip trifft somit eine klare Entscheidung darüber, welche Partei- oder Parteienkoalition für eine bestimmte Dauer die Staatsführung übernehmen soll.[810]

---

[805] Hierzu unten § 8 VII 4 b). So brachte beispielsweise die rot-grüne Bundesregierung ihre erste Gesundheitsreform durch, indem sie die zustimmungspflichtigen Teile aus dem Gesamtpaket nahm, vgl. die WAZ vom 30.11.1999

[806] Zu den Auswirkungen des kooperativen Föderalismus auf das Demokratieprinzip oben § 4 II 3 c) bb).

[807] Auf die Unfähigkeit der Regierung, ihr Regierungsprogramm zu verwirklichen, weist vor allem *Dieter Grimm* hin, in: Die Zukunft der Verfassung, 1991, S. 287.

[808] *Klaus Stern*, Staatsrecht, Bd. I, 2. Aufl. 1984, S. 612.

[809] *Ders.*, a. a. O., S. 611 f.; *Ulrich Scheuner*, Das Mehrheitsprinzip in der Demokratie, 1973, S. 13.

[810] In BVerfGE 5, 85 (199) ist sehr deutlich von der „Macht durch die politische Mehrheit die Rede"; BVerfGE 1, 208 (247 f.) betont den Auftrag des Parlaments, eine politisch aktionsfähige Regierung zu schaffen; ähnlich BVerfGE 82, 322 (338) mit Bezug auf die Volksvertretung; *Rudolf Dolzer*, VVDStRL 58 (1999), S. 7 (21); *Christoph Gusy*, DVBl. 1998, 917 (919); zur Demokratie als Organisationsprinzip für die Innehabung und Ausübung von Hoheitsgewalt *Ernst-Wolfgang Böckenförde*, in: Isensee/Kirchhof

Dabei kann Demokratie jedoch nur bedingt als „Herrschaft der Mehrheit“[811] definiert werden, denn das Mehrheitsprinzip wird im Grundgesetz vielfach modifiziert, worauf Art. 42 Abs. 2 S. 1 GG in seinem zweiten Halbsatz ausdrücklich hinweist. Die Geltung des Mehrheitsgrundsatzes ist nicht absolut, sondern wird an vielen Stellen durchbrochen. Ein Beispiel hierfür ist das Erfordernis der Zwei-Drittel-Mehrheit für Verfassungsänderungen nach Art. 79 Abs. 2 GG.

Eine weitere Relativierung erfährt das Mehrheitsprinzip durch das Zusammenwirken von Bundestag und Bundesrat bei der Gesetzgebung. Die im Bundestag nach Art. 42 Abs. 2 S. 1 GG getroffenen Mehrheitsentscheidungen unterliegen dem Einspruchsrecht des Bundesrats oder bedürfen seiner Zustimmung. Einspruch und Zustimmung sind wiederum nach Art. 52 Abs. 3 S. 1 GG von der Mehrheit der im Bundesrat abgegebenen Stimmen abhängig. Der Grund für diese Relativierung der parlamentarischen Mehrheitsentscheidung liegt im Demokratieprinzip selbst. Wenn die Demokratie nicht in eine „Diktatur“ der Mehrheit über die Minderheit ausarten soll, muss die Verfassung Vorkehrungen gegen eine absolute Geltung des Mehrheitsprinzips treffen. Die Minderheit muss die faire Chance bekommen, dass sie zur Mehrheit wird und an die Regierung kommt.[812] Umgekehrt trägt die Regierung das Risiko, in der nächsten Wahl zur Minderheit zu werden, so dass die Mehrheitsentscheidung erst durch die Möglichkeit des Wechsels ihre demokratische Legitimität gewinnt.[813] Dieser Voraussetzung sollen die öffentliche Meinungsbildung[814] und die bundesstaatliche Gewaltenteilung[815] Rechnung tragen.

Die Entscheidung des Wählers für eine bestimmte Partei oder Parteienkoalition beinhaltet, dass diese Partei bzw. dieses Parteienbündnis in der Lage sein muss, den Wahlauftrag zu erfüllen. Das parlamentarische Regierungssystem ist nicht nur auf Stabilität ausgerichtet, sondern verfolgt auch den Zweck, dem Wähler zu einer möglichst linearen Realisierung seines „Willens“ zu verhelfen.[816] Die Durchsetzung des Wählerwillens richtet sich hierbei nicht nach demoskopischen Vorgaben, sondern findet in der Repräsentation ihren konkreten Bezug zum Allgemeinwohl.[817]

(Hrsg.), HbStR, Bd. I, 1987, § 22 Rdn. 8 f.; *Peter Badura*, ebenda, § 23 Rdn. 27 ff.; *Volker Epping*, Der Staat 36 (1997), S. 349 (353, Fußn. 17).

[811] *Roman Herzog*, in: Maunz/Dürig, GG, Bd. II, Art. 20 – Die Verfassungsentscheidung für die Demokratie - Rdn. 14.

[812] BVerfGE 44, 125 (145); *Klaus Stern*, Staatsrecht, Band I, 2. Aufl. 1984, S. 614.

[813] *Konrad Hesse*, Grundzüge des Verfassungsrechts, 20. Aufl. 1995, Rdn. 143.

[814] BVerfGE 20, 56 (99 f.); 44, 125 (139 f.); 57, 295 (323 ff.).

[815] BVerfGE 12, 205 (229); 44, 125 (141); 55, 274 (318 f.); *Konrad Hesse*, Grundzüge des Verfassungsrechts, 20. Aufl. 1995, Rdn. 223 ff., 231 f.; *Hans Peter Schneider*, in: Benda/Maihofer/Vogel (Hrsg.); Handbuch des Verfassungsrechts, 2. Auflage 1994, § 13 Rdn. 57 f.; eher skeptisch gegenüber der minderheitenschützenden Funktion bundesstaatlicher Gewaltenteilung *Heinz Liebrecht*, DVBl. 1969, 97 (199).

[816] BVerfGE 1, 208 (247 f.); 6, 84 (92 ff.); 51, 222 (236); 82, 322 (338); *Christoph Gusy*, DVBl. 1998, 917 (919).

[817] *Ulrich Scheuner*, in: Festschrift für Hans Huber, 1961, S. 222 (231).

Indem die Opposition die parlamentarische Entscheidungsfindung über den Bundesrat beeinflusst, stört sie den am Allgemeinwohl ausgerichteten Re- präsentationsvorgang.

Andererseits wird der Allgemeinwohlbezug der parlamentarischen Repräsentation dadurch relativiert, dass es abgesehen von einem verfassungsrechtlichen Grundkonsens [MD55]in einer pluralistischen Gesellschaft keine absoluten objektiven Werte gibt. Angesichts der Vielfalt der Ansichten und Meinungen fehlt dem Gemeinwohlbegriff ein fester Bezugspunkt.[818] Aufgrund dieses Werterelativismus ist das Mehrheitsprinzip lediglich ein formaler Ansatzpunkt auf der Basis eines gesellschaftlichen Grundkonsenses.[819]

Demnach ist die Mitwirkung des Bundesrats an der Gesetzgebung und Verwaltung Ausdruck dieser Meinungsvielfalt und – verfassungsrechtlich gesehen – kein Störfaktor. Mit der Annahme des Gegenteils würde das Demokratieprinzip gegen das Bundesstaatsprinzip ausgespielt.[820]

Abgesehen hiervon drängen sich in anderer Hinsicht Bedenken auf. In einer parlamentarischen Demokratie kommt dem Parlament von Verfassungs wegen die Aufgabe zu, eine politisch aktionsfähige Regierung zu schaffen.[821] Dasselbe gilt für die Funktionsfähigkeit der zu wählenden Volksvertretung.[822] Erhält die oppositionelle Minderheit Einwirkungsrechte, welche die Handlungsspielräume der Regierung[823] in erheblichem Umfang beeinträchtigen, kommt ihr eine Aufgabe zu, die dem Mehrheitsprinzip widerspricht.[824] Dessen entscheidende Funktion ist es, einer bestimmten Partei oder Parteienkoalition für die Dauer von vier Jahren die Regierungsverantwortung zu übertragen. Es ist zwar grundsätzlich hinzunehmen, dass die demokratische Wahlentscheidung durch das Bundesstaatsprinzip modifiziert wird. Infolge der unkontrollierten Zunahme zustimmungsbedürftiger Materien ist das demokratische Mehrheitsprinzip jedoch in erheblichem Maße relativiert worden. Sein Sinn, „klare Verhältnisse" zu schaffen, wird bei unterschiedlichen Mehrheitsverhältnissen in Bundestag und Bundesrat unterlaufen, so dass die Entscheidung des Wählers durch die Einbeziehung der Opposition im Bundesrat in ihr Gegenteil verkehrt wird.[825] Dies bedeutet, dass sich auf der Bundesebene Mehrheit und

---

[818] *Dieter Grimm*, Die Zukunft der Verfassung, 1991, S. 299 f.; *Michael Sachs*, VVDStRL 58 (1999), S. 39 (59); *Michael Stolleis*, VVDStRL 44 (1986), S. 7 (24 f.); *Ulrich Scheuner*, in: Festschrift für Gebhard Müller, 1970, S. 379 (392 – Fn. 45); *Ders.*, in: Festschrift für Hans Huber, 1961, S. 222 (242 ff) mit Bezug auf die demokratische Repräsentation.

[819] *Theo Mayer-Maly*, in: Festschrift für Günther Winkler, 1997, S. 639 (642).

[820] Aus diesem Grund ist auch der Einwand abzulehnen, dass den Landesregierungen für eine Blockade die „bundespolitische demokratische Legitimation" fehle, so aber *Hans-Herbert von Arnim*, ZRP 1998, S. 138 (140).

[821] BVerfGE 1, 208 (248).

[822] BVerfGE 82, 322 (338).

[823] Vgl. hierzu die Zusammenfassung oben unter § 7 IV 3.

[824] Hierbei soll Demokratie weniger Konsens als mehrheitsfähige Entscheidungen herbeiführen, anders wohl *Volker Epping*, Der Staat 36 (1997), S. 349 (352).

[825] *Dieter Grimm*, Die Zukunft der Verfassung, 1. Auflage 1991, S. 287, 346. Zum „Instrumentcharakter" des Bundesrats schon *Karl Schmid*, DÖV 1949, 201 (204).

Minderheit in einer Weise vermischen,[826] die es erlaubt, dass die parlamentarische Minderheit über den Bundesrat, das heißt auf außerparlamentarischem Weg entscheidenden Einfluss auf die gesamtstaatliche Willensbildung bekommt. Hierdurch entsteht ein Zwang zum Konsens, der de facto auf eine informelle Große Koalition hinausläuft.[827]

Der Grund hierfür liegt weniger in der verfassungsrechtlich gewollten Relativierung des Mehrheitsprinzips infolge der Einbeziehung der Länder in die staatliche Willensbildung als in der Zunahme zustimmungsbedürftiger Materien, die im Zeitpunkt der Verabschiedung des Grundgesetzes nicht vorhersehbar war.[828]

An die Stelle eindeutiger Entscheidungen der jeweiligen Regierungsmehrheit tritt demnach der Zwang zum Kompromiss. Die hierdurch bewirkte Ausrichtung der Verfassung am partei- und interessenübergreifenden Konsens hat zwar den entscheidenden Vorteil größerer Stabilität, da Mehrheitsentscheidungen von der Minderheit mitgetragen werden.[829] Kommt man sich in der Mitte entgegen, verringert sich die Gefahr, dass bei einem Regierungswechsel Entscheidungen getroffen werden, die in einem völligen Gegensatz zur bisherigen Politik stehen.[830] Andererseits bedeutet die Einigung auf den Mittelweg, dass überfällige strukturelle Reformen nicht realisiert werden können, da stimmige und in sich geschlossene Konzepte nicht im Wege des erzwungenen Konsenses durchsetzbar sind.[831]

Der demokratische Grundgedanke der „Herrschaft auf Zeit" beinhaltet aber, wenn das Mehrheitsprinzip nicht entwertet werden soll, dass der Regierung die notwendigen Freiräume zur Erfüllung ihres Wahlauftrags belassen werden müssen.

---

[826] *Dieter Grimm* , a. a. O., S. 350.

[827] *Dieter Grimm*, a. a. O., S. 287 unter Bezugnahme auf *Gerhard Lehmbruch*, Parteienwettbewerb im Bundesstaat, 1976, S. 136.

[828] Oben § 4 II 1 b).

[829] *Konrad Hesse*, in: Festschrift für Gebhard Müller, 1970, S. 141 (158); *Wolf-Rüdiger Schenke*, in: Schneider/ Zeh (Hrsg.), Parlamentsrecht und Parlamentspraxis, 1989, § 55 Rdn. 39; *Ulrich Scheuner* spricht in diesem Zusammenhang von einer Mitverantwortung der Opposition, die sie auf Dauer zu einem stillen Teilhaber der Regierung werden lasse, ZParl 1976, 307 (308).

[830] So wurden nach der Bundestagswahl am 27.09.1998 zahlreiche Entscheidungen der christ-liberalen Koalition rückgängig gemacht, wie zum Beispiel die Einschränkungen im Kündigungsschutz und bei der Lohnfortzahlung im Krankheitsfall.

[831] Zu diesem unüberwindbaren Gegensatz *Dieter Grimm*, Die Zukunft der Verfassung, 2. Aufl. 1994, S. 349; *Konrad Hesse*, in: Festschrift für Gebhard Müller, 1970, S. 141 (146, 150, 154); *ders.*, in: Grundzüge des Verfassungsrechts, 20. Aufl. 1995, Rdn. 142; *Gunter Kisker*, DÖV 1977, 689 (693); *Hartmut Klatt*, Aus Politik und Zeitgeschichte 1982, B 31, S. 3 (6); *Wolf-Rüdiger Schenke*, in: Schneider/Zeh (Hrsg.), Parlamentsrecht und Parlamentspraxis, 1989, § 55 Rdn. 38 f.; *ders.*, JuS 1989, 698 (700); hierzu in jüngerer Zeit *Rudolf Dolzer*, VVDStRL 58 (1999), S. 7 (17, 24); eher positiv gesehen wird dieser Umstand von *Michael Sachs*, ebenda, S. 39 (59). Wie hier auch *Christof Gramm*, AöR 124 (1999), S. 212 (228), der betont, dass sich föderale Systeme mit hohem Verständigungsbedarf nicht gerade als innovationsfreudig erweisen.

Markantes Beispiel dafür, dass strukturelle Entscheidungen nur noch in einer „faktischen großen Koalition“ getroffen werden können, ist die Reformdebatte über „Sofortmaßnahmen“ zur Bekämpfung der Arbeitslosigkeit, die auf mittlerweile über 5 Millionen Erwerbslose gestiegen ist. Sowohl die Regierung aus SPD und den GRÜNEN als auch die CDU/CSU-Opposition reklamierten den anlässlich des „Job-Gipfels“ am 17.03.2005 gefundenen Kompromiss als ihren Erfolg.

Deutlicher kann kaum zutage treten, dass große Reformprojekte wie beispielsweise die Reform der Unternehmenssteuer und die „Neuauflage“ der Föderalismus-Kommission nur im Konsens realisiert werden können.

Ob der Regierung das Nachgeben gegenüber der Opposition geschadet, letzterer dagegen genutzt hat, da diese hiermit ihre Regierungsfähigkeit unter Beweis stellen konnte, kann nicht beantwortet werden. Es dürfte jedoch feststehen, dass es für den Wähler äußerst schwierig, wenn nicht sogar unmöglich, ist, die in den Kompromiss eingeflossenen Konzepte auf die jeweiligen politischen Akteure zurückzuführen.

b) Die Rolle der Opposition

Verstärkt wird diese Problematik dadurch, dass das Grundgesetz weder den Status der Fraktionen noch den der parlamentarischen Opposition regelt.[832] Die Hervorhebung der Opposition als „wesentlicher, grundlegender und notwendiger Bestandteil“ der parlamentarischen Demokratie[833] gibt keine Antwort auf die Frage nach ihrer Rechtsstellung gegenüber der Regierungsfraktion. Ebenso wenig trifft die Ableitung des Rechts auf Opposition aus der in Art. 21 Abs. 2 GG normierten freiheitlich-demokratischen Grundordnung[834] eine Aussage über ihre konkreten Rechte und Pflichten. Wäre aber eine Bestimmung des Oppositionsbegriffs möglich, könnte hieraus eine Lösung des Problems entwickelt werden.

Zunächst bietet es sich an, den Oppositionsbegriff formal zu bestimmen.[835] Zur Opposition zählen hiernach alle Abgeordneten, die nicht der Regierungspartei angehören.[836] Diese Abgrenzung folgt aus dem Gegensatz von Parlamentsmehrheit und Regierung auf der einen Seite und den Minderheitsfraktionen auf der anderen Seite, sie lässt jedoch keine Schlüsse auf Stellung und Funktion der Opposition innerhalb des parlamentarischen Regierungssystems zu.

---

[832] *Stephan Haberland*, Die verfassungsrechtliche Bedeutung der Opposition nach dem Grundgesetz, 1995, S. 150; *Ralf Poscher*, AöR 122 (1997), 444 (450).

[833] So die Umschreibungen in den einzelnen Landesverfassungen, Artt. 55 Abs. 2 Bbg. Verf., 23a Hbg. Verf., 12 Abs. 1 SH. Verf., 59 Abs. 1 Th. Verf., 25 Abs. 3 Bln. Verf.; zum Oppositionsbegriff einzelner Landesverfassungen auch *Stephan Haberland*, a. a. O., S. 150 ff.

[834] BVerfGE 2, 1 (12); 5, 85 (140).

[835] *Hans-Peter Schneider*, in: Benda/Maihofer/Vogel (Hrsg.), Handbuch des Verfassungsrechts, 2. Aufl. 1994, § 13 Rdn. 98; *ders.*, in: Alternativkommentar zum GG, 3. Auflage 2001, vor Art. 62 Rdn. 4; *Winfried Steffani*, ZParl 1995, S. 621 (633).

[836] Vgl. die Vorgenannten.

Teilweise wird versucht, den Oppositionsbegriff materiell auszufüllen, indem darauf abgestellt wird, ob die jeweilige Fraktion die Regierung stützt.[837] Nach diesem Ansatz kommt es nicht auf die organisatorische Eingliederung in das Organ Bundesregierung an, sondern auf eine funktionale Betrachtungsweise. Die Fraktion, die der Regierung zur Seite steht, müsse auch als Teil von ihr betrachtet werden, da sie von der Zusammenarbeit mit ihr profitiere.[838]

Dieser Definitionsversuch begegnet jedoch vor dem Hintergrund des Verhältniswahlrechts Bedenken. Im Gegensatz zu Systemen mit Mehrheitswahlrecht, spaltet sich das bundesdeutsche Parlament nicht in zwei Blöcke, wie dies zum Beispiel in England oder in den U.S.A. der Fall ist. Angesichts der Tatsache, dass oppositionelle Taktik oftmals nicht nur auf einem Gegeneinander, sondern auch auf der Kooperation mit der Regierungsmehrheit aufbaut, dürfte es nach dieser Definition – vor allem bei geduldeten Minderheitsregierungen – keine Opposition geben. Während im dualistischen Zweiparteiensystem aufgrund des Mehrheitswahlrechts die Grenzen von Regierung und Opposition klar abgesteckt sind, ermöglichen pluralistische auf der Verhältniswahl aufbauende Systeme komplexere Konstellationen. So ist es beispielsweise möglich, dass sich die Opposition eben nicht nur auf die Herbeiführung von Konfrontationen mit der Regierung beschränkt, sondern sich in Grundfragen anpasst. Dies würde je nach der gewählten Strategie zu dem nicht haltbaren Ergebnis führen, dass die jeweilige Minderheitsfraktion das eine Mal der Regierung, das andere Mal der Opposition zugerechnet würde. Die materielle Sichtweise würde außer Acht lassen, dass Oppositionsarbeit nicht nur in der Konfrontation mit der Regierung besteht, auch wenn die Minderheit langfristig auf den Machtwechsel hinarbeitet.[839] Auch würde die Zugrundelegung der Alternative „stützen oder stürzen“[840] die Opposition nicht nur im Bundesrat in die Rolle des Blockierers drängen.[841]

Die Unzuverlässigkeit dieser Definitionsversuche zeigt, dass sich Aufgaben und Mechanismen der Oppositionsarbeit nicht lückenlos bestimmen lassen. Zusammenfassend lässt sich jedoch feststellen, dass die Opposition bestimmte für sie typische Merkmale aufweist, die sich vereinfacht auf die Begriffe der Kontrolle, Kritik und Alternativenbildung

---

[837] *Klaus Stern*, Staatsrecht, Bd. I, 2. Aufl. 1984, S. 1039 m. w. N.

[838] *Hans- Peter Schneider*, in: Alternativkommentar zum GG, 3. Aufl. 2001, vor Art. 62 Rdn. 4.

[839] Skeptisch gegenüber einem Oppositionsverständnis, das ausschließlich auf der Herbeiführung eines Machtwechsels aufbaut *Ralf Poscher*, AöR 122 (1997), 444 (464); so auch *Stephan Haberland*, Die verfassungsrechtliche Bedeutung der Opposition nach dem Grundgesetz, 1995, S. 45 ff., der in den Aufgaben der Opposition ihre Mitentscheidungs- und Optimierungsfunktion sieht.

[840] *Ralf Poscher*, a. a. O., S. 464.

[841] So auch *Gerhard Jahn*, der das Problem parteipolitischer Konfrontation weniger in der Behinderung des Bundestags durch den Bundesrat sieht, als darin, dass die *Opposition* den Bundestag unter Verwendung des Bundesrats blockiert, ZParl 1976, 307 (314).

bringen lassen.[842] Sie kann beispielsweise einen quasi-gouvernementalen Kurs verfolgen, indem sie versucht, Gegenkonzepte zu entwickeln, die dann zum Gegenstand von Kompromissen gemacht werden. Daneben kann sie Lücken der Regierungspolitik mit eigenen Alternativlösungen ausfüllen, die ihrem Bild in der Öffentlichkeit entsprechen.[843] Beide Strategien haben gemeinsam, dass sie auf der Ausarbeitung konstruktiver Lösungen beruhen. Sowohl die Hemmung der Regierung durch Konfrontation als auch die Alternativenbildung müssen hierbei in einem ausgewogenen Verhältnis zueinander stehen, wenn sich die Opposition nicht selbst schaden will. Überwiegt das Moment der Kontrolle und Konfrontation, kommt sie leicht in den Ruf, notwendige Entwicklungen zu blockieren. Ist sie allzu kompromissbereit und bringt sie in hohem Maße eigene Konzepte in die Diskussion ein, besteht die Gefahr, dass Erfolge nicht ihr, sondern der Regierung zugerechnet werden.

Damit kann sich die Bandbreite ihrer Strategien schon aus taktischen Gründen nicht auf bloße Obstruktion reduzieren,[844] auch wenn man zu den Hauptfunktionen der Opposition den verfassungsrechtlichen Auftrag zählt, den Machtwechsel herbeizuführen.[845] Vielmehr folgt aus der „Alternanzdemokratie",[846] dass die Opposition als „Regierung im Wartestand", den Machtwechsel herbeiführt, indem sie klare Alternativen entwickelt.

Auch die Konsensorientierung der Verfassung[847] zwingt die Opposition dazu, sich sachlich mit dem Kurs ihres politischen Gegners auseinander zu setzen, das heißt, Alternativen und Gegenmodelle zu entwickeln.

Denn für die Möglichkeit eines verfassungspolitischen Stillstands sieht die Verfassung nur an wenigen Stellen eine Lösung vor: Nach Art. 68 GG hat der Bundespräsident den Bundestag aufzulösen, wenn der Kanzler keine Mehrheit mehr findet und aufgrund dessen regierungsunfähig wird. In dem Fall des Art. 67 GG, in dem die Vertrauensfrage vom Parlament aufgeworfen wird, muss sich die Parlamentsmehrheit im Sinne eines konstruktiven Misstrauensvotums auf einen Gegenkandidaten einigen. Eine schlichte Verweigerungshaltung ohne das Angebot einer Alternative wäre verfassungswidrig und damit unbeachtlich im Sinne des Art. 67 Abs. 1 GG. Einen Stillstand wollte der Verfassungsgeber auch verhindern, indem er vorsah, dass der Bundestag den Einspruch des Bundesrats nach Art. 77 Abs. 4 S. 1 GG mit einfacher Mehrheit überwinden kann und nur im Ausnahmefall des Satzes 2 eine Zwei-Drittel-Mehrheit erforderlich ist.

Anhand dieser Beispiele wird deutlich, dass das Bonner Grundgesetz – von seiner Grundkonzeption her – den Konsens an die Stelle des offenen Konflikts setzt. Dieses auf

---

[842] *Stephan Haberland* (oben Fußn. 823), S. 39 ff.; *Werner Kaltefleiter*, Aus Politik und Zeitgeschichte 1973, B 31 – S. 3 (6 f.); vgl. auch die beispielhafte Aufzählung in Art. 23a II Hbg. Vf. und Art. 12 I 2, 3 SH. Verf.; zu den Oppositionsfunktionen auch *Ralf Poscher* (Fußn. 823), S. 460 ff.

[843] *Werner Kaltefleiter* (oben Fußn. 842), S. 3 (6 ff.).

[844] *Ralf Poscher* (Fußn. 839), S. 462 ff.; *Stephan Haberland* (Fußn. 839), S. 45 ff.

[845] *Hans-Peter Schneider*, in: Schneider/ Zeh (Hrsg.), Parlamentsrecht und Parlamentspraxis, 1989, § 38 Rdn. 18.

[846] *Hans-Peter Schneider*, in: Alternativkommentar zum GG, 3. Auflage 2001, vor Art. 62 Rdn. 4.

[847] *Christoph Gusy*, DVBl. 1998, 917 (919 f., 928); hierzu bereits oben § 7 IV 2 e) dd).

Konsens aufgebaute System der Verständigung versagt bei unterschiedlichen Mehrheitsverhältnissen in Bundestag und Bundesrat, da Konfliktlösungsmechanismen im Fall der Zustimmungsverweigerung fehlen: Während die Weimarer Reichsverfassung es dem Reichspräsidenten als dritter Instanz überließ, den Konflikt zwischen Parlament, Regierung oder Ländervertretung aufzulösen,[848] bleibt die Konfliktlösung unter dem Bonner Grundgesetz den Parteien überlassen.[849]

Vor diesem Hintergrund wird die Opposition erst durch die Bildung sachlicher und personeller Alternativen glaubwürdig und in die Lage versetzt, den Regierungswechsel herbeizuführen. Dies kann sie nicht, wenn sie permanent einen Konfrontationskurs „fährt", indem sie ihre Mehrheitsposition im Bundesrat dazu benutzt, außerparlamentarische Opposition zu betreiben[MD56].[850]

Aus dem Verfassungsauftrag der Opposition, den Wechsel herbeizuführen, lässt sich somit eine Politik der Blockade nicht rechtfertigen. Vielmehr ist sie darauf beschränkt, durch die Ausarbeitung sachlicher und personeller Alternativen den Ausgang der nächsten Wahl zu ihren Gunsten zu beeinflussen und die Regierung als demokratische „Herrschaft auf Zeit" zu dulden.[851]

c) Die Relativierung der Wahlentscheidung

aa) Die nachträgliche Beeinträchtigung der Wahlentscheidung durch die Entwertung des Mehrheitsprinzips

Die schleichende Entwertung des Mehrheitsprinzips[852] führt dazu, dass die Entscheidung des Wählers für eine bestimmte Partei- oder Parteienkoalition beeinträchtigt wird. Zwar ist es im System einer gemischten Verfassung hinzunehmen, wenn die parlamentarische Entscheidungsfindung durch bundesstaatliche Elemente der Mitwirkung und Kontrolle modifiziert wird.[853] Das „Mitregieren" der parlamentarischen Opposition über den Bundesrat hat jedoch zur Folge, dass Regierung und Mehrheitsfraktionen die ihnen vom

---

[848] Zu diesem Verständnis der „checks and balances" oben § 2 VII 2 c) bb).

[849] *Hartmut Maurer* wirft angesichts des Fehlens von Konfliktlösungsmechanismen die Frage auf, ob das Grundgesetz mit einem Versagen des Parlamentarismus, nicht aber des Föderalismus gerechnet habe, in: Festschrift für Günther Winkler, 1997, S. 615 (633); zum Fehlen von Konfliktlösungsverfahren auch *Rudolf Dolzer*, VVDStRL 58 (1999), S. 7 (26); *Fritz Ossenbühl*, AöR 99 (1974), S. 369 (409); *ders.*, in: Wilke/Schulte (Hrsg.), Der Bundesrat, 1990, S. 300 (317 ff.); *Wolf-Rüdiger Schenke*, JuS 1989, 698 (700); anders *Michael Sachs*, der besondere Patt-Auflösungsmechanismen für überflüssig hält, VVDStRL 58 (1999), S. 39 (60).

[850] Stattdessen kommt es zu einer Verdoppelung des Forums der Opposition, *Rudolf Dolzer*, VVDStRL 58 (1999), S. 7 (26).

[851] So weist *Rudolf Dolzer* darauf hin, dass andernfalls die zentralen Rollen von Regierung und Opposition verwischen, VVDStRL 58 (1999), S. 7 (22).

[852] Siehe § 7 IV 4 a).

[853] Zum Prinzip der gemischten Verfassung und dessen historischen Grundlagen *Wolf-Rüdiger Schenke*, in: Parlamentsrecht und Parlamentspraxis, 1989, § 55 Rdn. 70; *Klaus Stern*, Staatsrecht, Bd. I, 2. Aufl. 1984, S. 735 f.

Wähler anvertraute „Herrschaft auf Zeit" in nur erheblich eingeschränktem Umfang wahrnehmen können. Das Votum für eine bestimmte Partei und für den von ihr schon im Wahlkampf angekündigten politischen Kurs wird auf diese Weise im Nachhinein beeinträchtigt.[854]

Die Verfassung trifft keine Aussage darüber, wann eine solche Beeinträchtigung nicht mehr zumutbare Ausmaße annimmt. Demzufolge soll im weiteren Verlauf der Arbeit versucht werden, handhabbare Kriterien für die Beantwortung der Frage zu entwickeln, wann eine verfassungswidrige Beeinträchtigung des demokratischen Wahlrechts anzunehmen ist.[855]

bb) Die Beeinträchtigung der Wahlentscheidung durch die Verdeckung von Verantwortlichkeitszusammenhängen

Der Zwang zur informellen großen Koalition mit der oppositionellen Bundesratsmehrheit hat die Konsequenz, dass die Mehrheitsfraktionen zur überparteilichen Kompromissfindung gezwungen sind. Dadurch werden die maßgeblichen Entscheidungsvorgänge verschleiert. Gleichgültig, in welchem Stadium die Parteien zu einem Kompromiss finden, ob vor dem eigentlichen Gesetzgebungsverfahren des Art. 76 GG, nach dem ersten Durchgang im Bundesrat oder im Vermittlungsausschuss, der letzten Endes gefundene Kompromiss verdeckt nicht nur die politische Verantwortung für eine Entscheidung, sondern verhindert eine klare Zurechnung von politischer Verantwortung.[856] Denn die gefundene Lösung ist nicht überwiegend das Werk der Regierung und der Mehrheitsfraktionen, sondern geht entscheidend auf die Mitwirkung der parlamentarischen Minderheit über den Bundesrat zurück.[857]

---

[854] Wohl zu einseitig *Schäfer* in seinem Sondervotum zum Schlussbericht der *Enquête-Kommission Verfassungsreform*, BT-Drs. 7/5924, S. 109, der eine uneingeschränkte Letztentscheidungsbefugnis des Parlaments annimmt; hiergegen auch *Michael Sachs*, VVDStRL 58 (1999), S. 39 (12) sowie *Klaus Stern*, Staatsrecht, Bd. I, 2. Aufl. 1984, S. 739 f.

[855] Zur Relativierung des Parlamentarismus durch die Mitwirkung des Bundesrats auch *Hartmut Klatt*, „Aus Politik und Zeitgeschichte" 1982, B 31 – S. 3 (20), *Gerhard Lehmbruch*, Parteienwettbewerb im Bundesstaat, 1976, S. 158 ff.

[856] So auch *Wolfgang Zeh*, der die Frage aufwirft, ob man es dem Wähler zumuten kann, „zum einen Organ direkt zu wählen, wenn oft im anderen Organ endgültig entschieden wird", ZParl 1976, 307 (316); hierzu mit Blick auf die Erscheinungsformen des kooperativen Föderalismus auch *Gunter Kisker*, DÖV 1977, 689 (691), *Hartmut Klatt*, „Aus Politik und Zeitgeschichte" 1982, B 31 – S. 3 (9); anders in jüngerer Zeit *Michael Sachs*, der eine „Verwischung" von Verantwortlichkeiten als erwünscht betrachtet und von einer „gemeinsam getragenen Verantwortung" spricht, VVDStRL 58 (1999), S. 39 (58 ff.). Dieser Ansatz leidet jedoch an der Schwäche, dass die Beteiligten angesichts hochkomplexer und umfangreicher „Gesetzespakete" nicht deutlich machen können, in welchem Umfang sie sich bei einem Gesetzesvorhaben haben durchsetzen können, wovon aber *derselbe* ausgeht. Deswegen auch kritisch *Klaus Stern*, in: VVDStRL 58 (1999), S. 88.

[857] Die Gefahr, dass die parlamentarische Minderheit *außer*parlamentarisch Einfluss auf Mehrheitsentscheidungen nimmt, bewog die *Enquête-Kommission Verfassungsreform* auch dazu, die Einführung von Plebisziten abzulehnen, BT-Drs. 7/5924, S. 14.

Unerlässliche Voraussetzung dafür, dass der Wähler von seinem Wahlrecht Gebrauch machen kann, ist aber nicht nur die Einhaltung der in Art. 38 Abs. 1 GG aufgestellten Voraussetzungen, sondern auch die Gewährleistung der öffentlichen Meinungsbildung. Die Willensbildung vollzieht sich nicht nur von unten nach oben, sondern auch von oben nach unten, das heißt, von den Staatsorganen zum Volk.[858] Die Willensbildung innerhalb der Staatsorgane und die Willensbildung zwischen dem Volk und den Staatsorganen beeinflussen sich damit wechselseitig, so dass eine ständige Rückkoppelung zwischen Volk und Staat stattfindet. Sind die Verantwortungszusammenhänge nicht mehr klar ersichtlich, wird der Informationsfluss vom Staat zum Bürger gestört, wodurch die Volkswillensbildung erschwert wird. Die Konsequenzen dieser Störung der öffentlichen Meinungsbildung liegen in einer sich allmählich ausbreitenden Politikverdrossenheit, aufgrund derer immer weniger Bürger zur Wahl gehen oder Wahlentscheidungen den Charakter eines klaren Votums verlieren.[859]

Das auf Kooperation und Konsens ausgerichtete System des Grundgesetzes bringt zwangsläufig eine Übertragung von Entscheidungskompetenzen auf mehrere Institutionen und Staatsorgane mit sich. Dies hat zur Folge, dass die Regierung den Großteil staatlicher Aufgaben nur „zur gesamten Hand" mit anderen Staatsorganen wahrnehmen kann[MD57]. Im Fall parteipolitischer Konfrontation der Gesetzgebungsorgane entscheiden die gewählten politischen Akteure immer weniger selbst, so dass die demokratische Kontrolle letzten Endes leer läuft. Zu den Voraussetzungen wirksamer demokratischer Kontrolle gehört aber, dass die dem Wähler verantwortlichen Parlamentarier eine selbständige Entscheidungsbefugnis besitzen.[860] Werden Zurechnungszusammenhänge gestört und Entscheidungsspielräume reduziert, verringert sich die Möglichkeit demokratischer Kontrolle.[861] Verantwortung und Kontrolle zählen jedoch zu den grundlegenden

---

[858] BVerfGE 20, 56 (99 f.) mit der Forderung, dass sich die Willensbildung vom Volk zu den Staatsorganen zu vollziehen hat; zu den *tatsächlichen* Wechselwirkungsmechanismen von Volks- und Staatswillensbildung aber BVerfGE 44, 125 (139 f.) sowie BVerfGE 57, 295 (320 ff.); *Dieter Grimm*, Die Zukunft der Verfassung, 1. Aufl. 1991, S. 268, betont, dass auch die von den Parteien bestimmten Staatsorgane an der Volkswillensbildung beteiligt sind und der Willensbildungsprozess beidseitig verläuft; so auch *Ulrich Scheuner*, in: Festschrift f. Gebhard Müller, 1970, S. 379 (381 f.); *Klaus Stern*, Staatsrecht, Bd. I, 2. Aufl. 1984, S. 617; sehr plastisch *Ekkehart Stein*, Staatsrecht, 16. Auflage 1998, § 9 V, S. 79, der von einem Rückkoppelungsverhältnis spricht.

[859] So bildeten die Nichtwähler bei der Wahl zum Landtag von Sachsen-Anhalt am 21.04.2002 mit 40 % die größte „Partei". Auch bei den Landtagswahlen am 02.02.2003 in Hessen lag die Wahlbeteiligung bei nur ca. 64 %, in Niedersachsen bei ungefähr 67 %, vgl. die Wahlberichterstattung von infratest-dimap im Internet unter www.infratest-dimap.de/wahlen/landtags-wahlen/default.htm. Zur Politikverdrossenheit auch *Michael Stolleis*, in: VVDStRL 44 (1986), S. 7 (17 ff.).

[860] *Ulrich Scheuner*, in: Festschrift für Gebhard Müller, 1970, S. 379 (391 ff.); nach BVerfGE 9, 268 (281 f.) steht die selbständige Entscheidungsgewalt der Regierung im unmittelbaren Zusammenhang mit ihrer Funktionsfähigkeit.

[861] Nach *Hans-Herbert von Arnim* handelt es sich um eine „Asymmetrie der Erfolgszurechnung", ZRP 1998, 138 (141); *Rudolf Dolzer*, in: VVDStRL 58 (1999), S. 7 (25); *Wolf-Rüdiger Schenke*, in: Schneider/ Zeh (Hrsg.), Parlamentsrecht und Parlamentspraxis, 1989, § 55 Rdn. 48.

Voraussetzungen repräsentativer Demokratie;[862] ohne sie können die Repräsentanten nicht politisch „zur Rechenschaft gezogen" werden. Denn der Wähler kann nur dann einer bestimmten Partei seine Stimme geben, wenn er in die Lage versetzt wird, sich unter Abwägung des Für und Wider, das heißt, unter Berücksichtigung ihrer Erfolge und Misserfolge der vergangenen Legislaturperiode zu entscheiden.

d) Das Hineinwirken der Landtagswahlen in die Bundespolitik

Bundespolitische Interessenlagen spielen in Landtagswahlkämpfen eine bedeutsame Rolle. Die Bundespolitiker unterstützen ihre Kollegen im Land nicht nur aus uneigennützigen Motiven. Die Bundesparteizentralen streben einen Wahlsieg in den Ländern auch deswegen an, um in den Besitz der Mehrheit im Bundesrat zu gelangen und von dort aus ihre bundespolitischen Zielsetzungen zu verfolgen.[863] Diese Tendenz zeigt, wie sehr der Föderalismus zu parteitaktischen Manövern benutzt wird.

Die Dominanz der Parteienstaatlichkeit ist aber nur ein Grund für die Entwertung demokratischer Mehrheitsentscheidungen. Die unübersichtliche Gemengelage von Bundes- und Landespolitik aufgrund formeller und informeller Verflechtungen führt dazu, dass der Wähler nicht eindeutig zwischen Bundes- und Landtagswahlen unterscheidet.[864] Zunehmend geraten die Landtagswahlen zu Abstimmungen über den Kurs der Bundesregierung.[865] Angesichts der Tatsache, dass innerhalb der vierjährigen Legislaturperiode fast durchgehend Landtagswahlen stattfinden, steht die Politik in einem ständigen Wahlkampf. Aufgrund permanenter Landtagswahlen ist sie auf das kurzfristige Ziel, die Mehrheit in den einzelnen Ländern zu bekommen oder zu erhalten, fixiert. Der Zweck periodisch stattfindender Wahlen ist aber nicht nur, dass sich die Regierung in festgeleg-

---

862 *Ernst-Wolfgang Böckenförde*, in: HdbStR, Bd. II, 1987, § 30 Rdn. 15 ff., 26 ff.; *Rudolf Dolzer*, in: VVDStRL 58 (1999), S. 7 (25); *Roman Herzog*, in: Maunz/Dürig, GG, Bd. II, Art. 20 – Die Verfassungsentscheidung für die Demokratie - Rdn. 69 f.; *Ulrich Scheuner* (oben Fußn. 860), S. 379 (384 f.).

863 *Rudolf Dolzer*, in: VVDStRL 58 (1999), S. 7 (13); *Friedrich Karl Fromme*, in: Wilke/Schulte (Hrsg.), Der Bundesrat, 1990, S. 381 (388 f.); *Hans Hugo Klein*, ebenda, S. 351 (357 ff.); *Gerhard Lehmbruch*, Parteienwettbewerb im Bundesstaat, 2. Aufl. 1988, S. 143 f.; *Karlheinz Neunreither*, Der Bundesrat zwischen Politik und Verwaltung, 1959, S. 115 f.; *Fritz W. Scharpf*, in: Bundesrat (Hrsg.), Vierzig Jahre Bundesrat, 1989, S. 121 (127 ff.); zu dieser Tendenz eher positiv *Bernhard Vogel*, in: Res Publica, Studien zum Verfassungswesen, 1977, 384 (386 ff.).

864 So wurden beispielsweise die enormen Verluste der SPD bei den Landtagswahlen vom 02.02.2003 in Hessen und Niedersachsen mit der Unzufriedenheit der Wähler über die Bundespolitik erklärt, vgl. nur die Wahlberichterstattung von *infratest-dimap* im Internet unter www.infratest-dimap.de/wahlen/landtagswahlen/default.htm. Das Gleiche gilt angesichts der desaströsen Niederlage der SPD bei der Wahl zum bayerischen Landtag am 21.09.2003.

865 Der Trend bei Landtagswahlen läuft dem bei Bundestagswahlen geradezu entgegen, so schon *Gunter Kisker*, DÖV 1977, 689 (693). Von Landtagswahlen als Testwahlen für die Bundesregierung spricht auch *Hartmut Maurer*, in: Festschrift für Günther Winkler, 1997, S. 615 (630); sehr deutlich auch *Rudolf Dolzer*, nach dessen Ansicht „Macht ...im Kontext eines Kräftefelds [verteilt wird], das sich aus Faktoren der Bundestagswahl und der Summe der Landtagswahlen in ihrer sich jeweils ändernden Zusammensetzung ergibt", VVDStRL 58 (1999), S. 7 (21 f.).

ten, dem Zugriff politischer Kräfte entzogenen Zeitabständen, dem Votum des Wählers stellen muss. Die Periodizität der Wahlen hat auch die Funktion, die Arbeitsfähigkeit des Parlaments zu gewährleisten[866] und der Regierung eine „Herrschaft auf Zeit" zu ermöglichen. Der nahezu permanente Wahlkampf infolge zeitlich versetzter Wahlen in den Ländern erschwert diese Kontinuität staatlicher Aufgabenerfüllung.[867] Hinzu kommt, dass der Bundesrat ständig tagt und einen konstanten parteipolitischen Einfluss auf die Bundespolitik ausübt.[868]

Dass die immer wieder in die Diskussion gebrachte Bündelung von Landtagswahl-Terminen[869] zu einer Entzerrung führen kann, ist nicht unwahrscheinlich. Man würde der Opposition zumindest die Möglichkeit nehmen, sich kurz vor den Landtagswahlen durch eine Einflussnahme auf die Bundespolitik zu profilieren. Auf diese Weise würde eine Vermischung von Bundes- und Landespolitik ansatzweise unterbunden, so dass konsensfähige Entscheidungen „von langer Hand" geplant werden könnten.[870]

5. Ergebnis

Der gewachsene Einfluss des Bundesrats im System des kooperativen Föderalismus hat erhebliche Auswirkungen auf sein Verhältnis zu anderen Verfassungsorganen. Sowohl der kooperative Föderalismus als auch die Tendenz zur Unitarisierung haben zur Folge, dass sich die Opposition im Bundesrat nicht auf die Einbringung föderalistischer Aspekte beschränkt, sondern die Ländervertretung zur Verfolgung bundespolitischer Zwecke benutzt. Dieses Phänomen ist insoweit nicht überraschend, als es die notwendige Folge der Parteienstaatlichkeit in Bund und Ländern darstellt. Da die Mitwirkung der Länder an der gesamtstaatlichen Willensbildung über die Wahrung föderalistischer Interessen hinausgeht, fließen immer wieder bundespolitische Gesichtspunkte in die Entscheidungs-

---

[866] BVerfGE 62, 1 (32, 44); zur Arbeitsfähigkeit des Parlaments BVerfGE 41, 399 (422); 70, 324 (359); 80, 188 (243); 102, 224 (236 ff.).

[867] *Rudolf Dolzer*, VVDStRL 58 (1999), S. 7 (20); *Wolf-Rüdiger Schenke*, in: Hans- Schneider/ Zeh (Hrsg.), Parlamentsrecht und Parlamentspraxis, 1989, § 55 Rdn. 50; *Wolfgang Zeh* in einer Forumsdiskussion der Deutschen Vereinigung für Parlamentsfragen unter dem Titel „Fehlentwicklungen im Verhältnis von Bundesrat und Bundestag?", abgedruckt in: ZParl 1976, S. 307 (316); etwas zurückhaltender *Hartmut Maurer*, in: Festschrift für Günther Winkler, 1997, S. 615 (630).

[868] Zum Bundesrat als permanentem Organ *Hartmut Maurer*, in: Festschrift für Günther Winkler, 1997, S. 615 (619); *Klaus Stern*, Staatsrecht, Bd. II, 1980, S. 125.

[869] Dieser Vorschlag wurde schon in der *Enquête-Kommission Verfassungsreform* erörtert, BT-Drs. 7/5924, S. 46 sowie in der *Gemeinsamen Verfassungskommission* von Bundestag und Bundesrat, BT-Drs. 12/6000, S. 99. Letztlich wurde eine Verfassungsänderung jedoch in beiden Kommissionen mit dem Argument abgelehnt, dass hierzu nur die Länder im Wege einer freiwilligen Selbstverpflichtung imstande seien.

[870] Ein Beispiel für konsensfähige Reformlösungen sind die gemeinsam von der Bundesregierung und der CDU/CSU-Opposition unter Vorsitz der Bundesgesundheitsministerin *Ulla Schmidt* und des ehemaligen Bundesgesundheitsministers *Horst Seehofer* ausgearbeiteten Vorschläge zum Umbau des Gesundheitswesens. Diese fanden Eingang in die Gesundheitsreform, die seit dem 1.1.2004 in Kraft ist.

findung mit ein. Die Bundesregierung muss bei der Mehrzahl der in Angriff genommenen Projekte nicht nur die Interessen der Länder, was im Sinne der Bundesstaatlichkeit wäre, sondern auch die der Opposition im Auge behalten. Die typischen Regierungstätigkeiten der Initiative, Vorausschau und Planung sowie die Entwicklung umfassender Problemlösungskonzepte werden dadurch beeinträchtigt. Vor dem Hintergrund zum Teil konträrer wirtschafts- und finanzpolitischer Positionen der beiden großen Volksparteien führt der informelle Zwang zur großen Koalition zu erheblichen Reibungsverlusten in der staatlichen Willensbildung. Aus der Perspektive der Länder hat die Konzentration auf bundespolitische Aspekte einen zunehmenden Schwund ihrer – ohnehin schon durch die Erscheinungsformen des kooperativen Föderalismus geschwächten – politischen Substanz zur Folge.

Das zunehmende Gewicht des Bundesrats gegenüber anderen Verfassungsorganen wirkt sich auch nachteilig auf die Grundlagen der repräsentativen Demokratie aus. Infolge der Zunahme zustimmungsbedürftiger Materien hat die Ländervertretung bei über der Hälfte der verabschiedeten Gesetze ein unüberwindbares Vetorecht. Das Gleiche gilt in noch stärkerem Maße für den Erlass von Rechtsverordnungen und Verwaltungsvorschriften. Dies zieht eine Entwertung parlamentarischer Beschlussfassung nach sich, denn die letzte Entscheidung liegt nicht bei der parlamentarischen Mehrheit, sondern bei der Opposition, die im Bundesrat die Mehrheit stellt. Die repräsentative Entscheidungsfindung verliert an Bedeutung, indem letztlich nicht mehr die Stimme unabhängiger Mandatsträger zählt, sondern das Abstimmungsverhalten der Landesregierungen im Bundesrat ausschlaggebend ist[MD58]. Die Länder können auf diese Weise die Durchsetzung der parteiübergreifenden Kompromisse vereiteln, die in offener parlamentarischer Diskussion „ausgehandelt" wurden.

Dadurch, dass die vom Wähler „beauftragte" parlamentarische Mehrheit ihr Wahlprogramm nur noch „bruchstückhaft" umsetzen kann, werden Mehrheitsentscheidungen nachträglich relativiert. Durch den Zwang zum überparteilichen Kompromiss werden Verantwortungszusammenhänge verdeckt, so dass politische Entscheidungen nur noch unter erschwerten Bedingungen auf die jeweiligen Entscheidungsträger zurückgeführt werden können. Hierdurch wird der Rückkoppelungsprozess zwischen Volks- und Staatswillensbildung empfindlich gestört und die öffentliche Meinungsbildung erheblich beeinträchtigt. Dem Wähler ist es nur noch unter großen Anstrengungen möglich, nach Ablauf einer Wahlperiode „Bilanz zu ziehen", denn der Großteil der verabschiedeten Gesetze und Maßnahmen ist nicht das „Werk" der ursprünglich von ihm gewählten oder abgelehnten Regierungskoalition, sondern das Ergebnis eines mehr oder weniger undurchschaubaren Parteienkompromisses.

Indem die Parteien das föderalistische System zur Durchsetzung ihrer bundespolitischen Ziele instrumentalisieren, erfahren die Länder nicht etwa eine Stärkung, Vielmehr werden sie auf diese Weise zu einer „Bastion" der Bundesopposition umfunktioniert, die sich, wenn sie über die Mehrheit im Bundesrat verfügt, der Regierung und Parlamentsmehrheit im Bund entgegenstellt. Damit geraten konstruktive Aspekte der Oppositionsarbeit wie beispielsweise die Alternativenbildung zunehmend in den Hintergrund. Stattdessen überwiegen tendenziell auf Konfrontation hinauslaufende Oppositionsstrategien, die der Orientierung des Grundgesetzes am Konsens widersprechen.

6. Die Stellung des Bundesrats innerhalb der Gewaltenteilung vor dem Hintergrund der Kernbereichsthese und der These von der Organadäquanz

Darüber hinaus stellt sich die Frage, wie sich die aufgezeigten Gewichtsverschiebungen auf das Gewaltenteilungsprinzip auswirken.
Vor dem Hintergrund, dass die Legitimation des Bundesrats schon im Parlamentarischen Rat sowohl im Bundesstaatsprinzip als auch im Gewaltenteilungsprinzip[871] gesehen wurde, bildet die Ländervertretung den Dreh- und Angelpunkt[872] vertikaler Gewaltenteilung.

a) Die Ersatzfunktion vertikaler Gewaltenteilung

Aufgrund der abnehmenden Bedeutung der horizontalen Gewaltenteilung wird der vertikalen bundesstaatlichen Gewaltenteilung eine weitaus größere freiheitssichernde Wirkung zuerkannt.[873]

Angesichts der Tatsache, dass die Kompetenzen des Bundesrats über Bereiche hinausgehen, in denen spezifische Länderinteressen berührt sind,[874] wird die Auffassung vertreten, dass sich die Kompetenzen der Ländervertretung nur mit dem Gewaltenteilungsprinzip rechtfertigen lassen.[875] Diese Ansicht lässt jedoch unberücksichtigt, dass der Bundesrat erst im Zuge der Unitarisierung einen Einfluss gewonnen hat, der bei weitem über die Wahrung von Länderinteressen hinausgeht. Erst die Zunahme seiner Zustimmungsrechte machte ihn zu einem Legislativ- und Exekutivorgan mit entscheidendem Mitbestimmungsrecht, durch das der Gewaltenteilungsaspekt immer mehr in den Vordergrund rückte.

Tatsächlich aber lagen der Entscheidung des Parlamentarischen Rates für den Bundesrat zwei Leitbilder zugrunde. Der eine Grundgedanke bestand darin, dass die Macht des Gesamtstaats durch die Mitwirkung der Länder bei der Gesetzgebung und Verwaltung begrenzt werden sollte. Insoweit wurden die Vorgaben der Alliierten aufgenommen, die den hemmenden Aspekt bundesstaatlicher Gewaltenteilung in den Vordergrund stell-

---

871 *Klaus Lange*, in: Wilke/Schulte (Hrsg.), Der Bundesrat, 1990, S. 226 (227 ff.).

872 *Klaus Ebke*, Bundesstaat und Gewaltenteilung, 1965, S. 84 ff. sieht in ihm ein Kernstück föderativer Gewaltenteilung; *Walter Strauß* bezeichnet ihn als Schlüsselpunkt des föderalistischen Prinzips, in: Gedächtnisschrift für Walter Jellinek, 1955, S. 113 (116).

873 *Roman Herzog*, ZParl 1976, 298 (306); *Konrad Hesse*, Der unitarische Bundesstaat, 1962, S. 26 ff.; *Werner Kägi*, in: Festschrift für Hans Huber, 1961, S. 151 (169); *Walter Leisner*, in: Festgabe für Theodor Maunz, S. 267 (275); *Werner Weber*, in: Festschrift für Carl Schmitt, 1959, S. 253 (266 ff.) jeweils m. w. N.; kritisch dagegen *Ulrich Scheuner*, in: Festschrift für Gebhard Müller, 1970, S. 379 (395); zu den umfangreichen Formen der Gewaltenteilung vgl. die Aufzählung bei *Werner Kägi*, a. a. O., S. 151 (164 ff.); mit Blick auf diesbezügliche Entwicklungen im Ausland *Peter Lerche*, VVDStRL 21 (1964), 66 (S. 102 – These 5).

874 *Hans Hugo Klein*, in: Wilke/Schulte (Hrsg.), Der Bundesrat, 1990, S. 351 (361) m. w. N.

875 *Klaus Lange* (Fußn. 871), S. 226 (239).

ten.[876] Der andere lag in der traditionellen Bundesstaatlichkeit, die der Stärkung der Position der Länder dienen sollte.[877]

Zum einen verteilt die bundesstaatliche Gewaltenteilung die Staatsfunktionen der Legislative und Exekutive auf unterschiedliche Staatsorgane, zum anderen führt sie zu einer Pluralität politischer Leitungsgewalt.[878] An die Stelle der klassischen Trennung von Regierung und Parlament trat infolge der allmählichen Einführung der parlamentarischen Demokratie[879] der Gegensatz von Regierung und Parlamentsmehrheit auf der einen Seite und Opposition auf der anderen Seite. Um dieses „Machtgefälle“ abzumildern, soll der oppositionellen Minderheit im Bund die Gelegenheit gegeben werden, ihre Regierungsfähigkeit in den Ländern unter Beweis zu stellen, so dass unterschiedliche Mehrheitsverhältnisse in Bund und Ländern bewusst in Kauf genommen werden. Die vertikale Gewaltenteilung verhindert auf diese Weise eine uneingeschränkte Herrschaft der demokratischen Mehrheit[880] und eröffnet der Opposition die Möglichkeit, den Wechsel auf der Bundesebene herbeizuführen, indem sie sich in den Bundesländern profiliert.[881]

Eine weitere Komponente der vertikalen Gewaltenteilung liegt darin, dass sie nicht nur der gegenseitigen Hemmung der Staatsorgane dient, sondern auch die staatsorganisatorische Funktion hat, Bund und Länder zum Zweck einer optimalen Erfüllung staatlicher Aufgaben miteinander zu verzahnen.[882] Der Bundesrat, durch den die Länderbürokratien ihren administrativen Sachverstand in die Gesetz- und Verordnungsgebung einbringen, stellt damit das Zentrum kooperativer Bundesstaatlichkeit dar. Bund und Länder sind als sich ergänzende, komplementäre Teile eines Ganzen gedacht, so dass diejenigen Organe tätig werden, die nach Organisation und Verfahren am besten dafür geeignet sind, möglichst „richtige“ Entscheidungen[883] zu treffen. Dieser Grundgedanke wird besonders deutlich am Beispiel des bundesdeutschen „Verwaltungsföderalismus“: Da die hoheitli-

---

[876] *Klaus Ebke*, (Fußn. 872), S. 42 ff. m. w. N .

[877] *Karlheinz Neunreither*, Der Bundesrat zwischen Politik und Verwaltung, 1959, S. 129 ff.

[878] *Konrad Hesse*, Der unitarische Bundesstaat, 1962, S. 26 ff.; *Klaus Stern*, Staatsrecht, Band I, 2. Auflage, 1984, S. 657 f..

[879] Vgl. hierzu die oben beschriebene Entwicklung, § 2 V 2 d) und f).

[880] So schon *Carl Schmitt*, Der Hüter der Verfassung, 2. Aufl. 1969, S. 94 ff. *Roman Herzog* sieht in der Mitwirkung des Bundesrats neben der bundesstaatlichen Gewaltenteilung einen Ausdruck politischer Gewaltenteilung, in: Isensee/Kirchhof (Hrsg.); HbStR, Bd. II, 1987, § 44 Rdn. 42; so auch *Josef Isensee*, ebenda, Bd. IV, 1990, § 98 Rdn. 252 f.; *Wolf-Rüdiger Schenke*, JuS 1989, S. 698 (700 f.).

[881] *Werner Kaltefleiter*, „Aus Politik und Zeitgeschichte“ 1973, B 31, S. 3 (7); zur „Machtwechselfunktion“ der Opposition auch *Ralf Poscher*, AöR 122 (1997), 444 (461).

[882] *Klaus Stern*, Staatsrecht, Bd. II, 1980, S. 539 ff.; in diese Richtung gehend auch *Konrad Hesse*, in: Festschrift für Gebhard Müller, S. S. 141 (148); *Klaus Ebke* weist darauf hin, dass dieser Aspekt der Montesquieuschen Gewaltenteilungslehre stets vernachlässigt wurde, in: Bundesstaat und Gewaltenteilung, 1965, S. 24 ff.

[883] So das Bundesverfassungsgericht in BVerfGE 68, 1 (86); 90, 286 (364) in Anlehnung an den von *Konrad Hesse* entwickelten Ansatz, erstmals in: Grundzüge des Verfassungsrechts, 11. Aufl. 1978, S. 195-200, insbesondere S. 198.

chen Aufgaben der Länder schwerpunktmäßig im Gesetzesvollzug liegen, ist die Einbringung ihres bürokratischen Sachverstandes geboten, um Gesetzeserlass und Gesetzesvollzug aufeinander abzustimmen. Auf diese Weise tritt neben die hemmende, kontrollierende und balancierende Wirkung[884] der Gewaltenteilung die eines Funktionsordnungsprinzips.[885] Die Staatsfunktionen sollen nicht willkürlich auf die jeweiligen Verfassungsorgane verteilt werden, sondern zweckdienlich und funktionsadäquat.

Diese politischen und funktionalen Wirkungen der Gewaltenteilung geraten durch die Zunahme zustimmungsbedürftiger Materien aus dem Gleichgewicht. Infolge der gestiegenen Zahl zustimmungsbedürftiger Regelungsgegenstände ergänzt sich nicht mehr die Entscheidungsfindung in Bund und Ländern. Stattdessen überlagert die bundesstaatliche die demokratische Komponente staatlicher Entscheidungsfindung.[886] Darüber hinaus können die oppositionellen Landesregierungen aufgrund des Kompetenzverlustes der Länder keine Alternativen mehr zur Bundespolitik entwickeln. Damit tritt die funktionale Wirkung der vertikalen Gewaltenteilung in den Hintergrund, während ihre politische Komponente überbetont wird, so dass die Mitwirkung der Länder an der gesamtstaatlichen Willensbildung im Bundesrat nicht mehr nur hemmend, wie ursprünglich beabsichtigt, sondern blockierend wirkt.

Zur Bestätigung dieses vorläufigen Befundes soll im weiteren Verlauf der Arbeit das Zusammenwirken der Gesetzgebungsorgane vor dem Hintergrund der Kernbereichsthese und der These von der Organadäquanz untersucht werden.

b) Die Kernbereichsthese als Ausgangspunkt für eine sachgerechte Kompetenzverteilung

Nach der Kernbereichsthese hat jedes Organ bestimmte und begrenzte Aufgaben, die es in ihrem Kernbestand wahrzunehmen hat,[887] während in den Randbereich auch andere Verfassungsorgane hineinwirken können.[888] Hierbei soll die Zuordnung der Gewalten einen differenzierten, auf einheitliches Zusammenwirken angelegten staatlichen Aufbau

[884] *Klaus Stern*, Staatsrecht, Bd. II, 1980, S. 518 f., 539 ff.

[885] *Ders.*, a. a. O., S. 536. Das Bundesverfassungsgericht spricht vereinzelt auch von einem „Organisations- bzw. Funktionsprinzip“, so in BVerfGE 3, 225 (247); 34, 52 (59); zur funktionalen Gewaltenteilung auch BVerfGE 55, 274 (318 f.).

[886] So implizit auch *Rudolf Dolzer*, in: VVDStRL 58 (1999), S. 7 (S. 37-These 19). Zu dieser Überlagerung auch *Wolf-Rüdiger Schenke*, in: Schneider/Zeh (Hrsg.), Parlamentsrecht und Parlamentspraxis, 1989, § 55 Rdn. 50, 69 f. *Werner Kägi* stellt deswegen die Forderung nach einer „neuen bzw. klareren Gewaltenteilung“ auf, in: Festschrift für Hans Huber zum 60. Geburtstag, Bern 1961, S. 151 (164); für eine neue Sicht der Gewaltenteilung auch *Rudolf Dolzer*, VVDStRL 58 (1999), S. 7 (28).

[887] BVerfGE 9, 268 (279 f.); 22, 106 (111); 30, 1 (27 f.); 34, 52 (59); *Konrad Hesse*, Grundzüge des Verfassungsrechts, 12. Aufl. 1980, S. 194; 198 ff.; *Friedrich E. Schnapp*, in: von Münch/Kunig, GG, Bd. 2, 5. Aufl. 2001, Art. 20 Rdn. 41; *Karl-Peter Sommermann*, in: von Mangoldt/Klein/Starck, Das Bonner GG, Bd. 2, 4. Aufl. 2000, Art. 20 Rdn. 204 ff.; *Klaus Stern*, Staatsrecht, Bd. II, 1980, S. 541.

[888] *Klaus Stern*, a. a. O., S. 542.

gewährleisten, der die Handlungsfähigkeit des Staates erhält.[889] Jedem Funktionsträger muss trotz der Möglichkeit von Überlappungen in Randbereichen das Schwergewicht, das heißt, die Substanz der Tätigkeiten verbleiben, die für seine Funktion charakteristisch sind.[890] Die identitätsbegründenden und wesenstypischen Aufgaben dürfen dem jeweiligen zu ihrer Wahrnehmung bestimmten Organ nicht genommen werden.[891] Das bedeutet im Umkehrschluss, dass es für jede materielle Funktion einen Hauptträger geben muss, für den diese eigentliches Lebenselement ist.[892] Solange nicht dieser Wesensgehalt bzw. Kernbereich einer staatlichen Funktion betroffen ist, gestattet das Gewaltenteilungsprinzip Ausnahmen.[893]

Damit stellt sich zunächst die Frage, wie dieser unantastbare Kernbereich bestimmt werden kann. Versuche einer abstrakten Definition haben bislang keine handhabbaren Abgrenzungskriterien liefern können.[894] So wird vereinzelt danach gefragt, ob durch die Verflechtung von Funktionen die für das jeweilige Verfassungsorgan typische Tätigkeit preisgegeben wird.[895]

Für die Lösung parteipolitischer Konfrontationen zwischen den Gesetzgebungsorganen scheinen diese Ansätze zunächst nicht viel herzugeben, denn der Verfassungsgeber hat für den Fall der Zustimmungsgesetze ein Hineinwirken des Bundesrates in die Gesetzgebungsaufgabe des Bundestages beabsichtigt. Der Bundesrat ist selbst Gesetzgebungsorgan.

Etwas anderes könnte sich jedoch ergeben, wenn man den Bundesrat aus einer anderen Perspektive betrachtet: aufgrund seiner exekutivisch-föderalistischen Struktur ist das Länderorgan im Gegensatz zum Bundestag eher der vollziehenden Gewalt zuzurechnen, während die Staatsfunktion Gesetzgebung primär dem Bundestag vorbehalten ist.[896] Damit kann die Kernbereichsthese –ungeachtet ihrer Unschärfe – zum Versuch einer Problemlösung herangezogen werden.

---

[889] *Konrad Hesse*, a. a. O., S. 202.

[890] *Fritz Fleiner* sprach insoweit von einem Lebensbereich der jeweiligen Gewalt im Sinne ihrer Hauptfunktion, in: Institutionen des deutschen Verwaltungsrechts, 6. u. 7. Aufl. 1922, S. 12.

[891] BVerfGE 9, 268 (279 f.); 22, 106 (111); 34, 52 (59).

[892] *Fritz Fleiner*, Institutionen des deutschen Verwaltungsrechts, 6. u. 7. Aufl. 1922, S. 12; *Klaus Stern*, Staatsrecht, Bd. II, 1980 , S. 542.

[893] *Klaus Stern*, a. a. O., S. 542.

[894] Eher skeptisch auch *Konrad Hesse*, Grundzüge des Verfassungsrechts, 20. Aufl. 1995, Rdn. 478 sowie *Roman Herzog*, in: Maunz/Dürig, Bd. II, Art. 20 – Die Verfassungsentscheidung für die Gewaltenteilung – Rdn. 115.

[895] Ähnlich BVerfGE 9, 268 (279 f.), wo davon die Rede ist, dass „keine Gewalt der für die Erfüllung ihrer verfassungsmäßigen Aufgaben erforderlichen Zuständigkeiten beraubt werden [darf]"; so auch BVerfGE 34, 52 (59).

[896] BVerfGE 37, 363 (380 f.); *Ernst Friesenhahn*, in: Der Bundesrat als Verfassungsorgan und politische Kraft, 1974, S. 251 ff.; *Konrad Hesse*, Grundzüge des Verfassungsrechts, 20. Aufl. 1995, Rdn. 610 f.

Der These lässt sich eine weitere Grundaussage entnehmen, die unmittelbar aus den vom Bundesverfassungsgericht aufgestellten Voraussetzungen folgt: Das Gericht bejaht einen Eingriff in den Kernbereich bzw. in die Substanz einer Gewalt, wenn diese dadurch ihrer Zuständigkeiten beraubt wird, dass eine andere Gewalt ein Übergewicht erhält, das verfassungsrechtlich nicht vorgesehen ist.[897] Hierbei ist ein Hineinwirken in kompetenzielle Randbereiche noch zulässig,[898] wenn dem Hauptträger die wesenstypischen Aufgaben in ihrer Substanz erhalten bleiben.[899] Hiervon ausgehend kommt eine Verletzung des Gewaltenteilungsgrundsatzes immer dann in Betracht, wenn die Durchbrechungen der Funktionentrennung so zahlreich werden, dass die ausnahmsweise gegebene Eingriffsbefugnis eines anderen Organs zur Regel wird.

In den Fällen, in denen die Verfassung ein Regel-Ausnahme-Verhältnis für das Hineinwirken in den Kompetenzbereich einer anderen Gewalt aufstellt, bietet dieser Ansatz den Vorteil, dass er ein quantifizierbares Abgrenzungskriterium liefert, so dass er weiter unten zur Erfassung des Problems parteipolitischer Konfrontation herangezogen werden soll.[900]

c) Die Organadäquanz als Ausdruck eines funktionalen Verständnisses der Gewaltenteilung

Nach einem weiteren Ansatz in Literatur[901] und Rechtsprechung[902] soll die Gewaltenteilung einer adäquaten Zuordnung von Staatsaufgaben dienen. Hiernach besteht die Funktion der Gewaltenteilung nicht mehr nur darin, die Ausübung der Staatsgewalt zu mäßigen, eine gegenseitige Kontrolle der Verfassungsorgane sicherzustellen und den Einzelnen vor staatlicher Machtkonzentration zu schützen, sondern auch eine sachgerechte und rationale Organisation des Staates zu gewährleisten,[903] indem sie eine stabilisierende

---

[897] So zuletzt BVerfGE 95, 1 (15).

[898] *Helmuth Schulze-Fielitz*, in: Dreier (Hrsg.), GG, Bd. II, 1998, Art. 20 – Rechtsstaat, Rdn. 70; *Klaus Stern*, Staatsrecht, Bd. II, 1980, S. 542.

[899] BVerfGE 9, 268 (279 f.); 22, 106 (111); 34, 52 (59).

[900] An der Kernbereichsthese trotz ihrer Unschärfe festhaltend auch *Eberhard Schmidt-Aßmann*, in: HbStR, Bd. I, 1987, § 24 Rdn. 56.

[901] Zum Prinzip funktionsgerechter Organstruktur erstmals *Otto Küster*, AöR 75 (1949), 397 (404) sowie hieran anknüpfend *Konrad Hesse*, Grundzüge des Verfassungsrechts, 1. Aufl. 1967, S. 182 f.; *Klaus Stern*, Staatsrecht, Bd. II, 1980, S. 536; auf Effizienzgesichtspunkte wurde in jüngerer Zeit wieder von *Christof Gramm* hingewiesen, in: AöR 124 (1999), S. 212 (220).

[902] Das Bundesverfassungsgericht folgt sowohl der Kernbereichsthese als auch der These von der Organadäquanz, BVerfGE 9, 268 (279 f.); 22, 106 (111); 34, 52 (59); 95, 1 (15); zu letzterer BVerfGE 68, 1 (86); 90, 286 (357, 364).

[903] BVerfGE 68, 1 (86); so schon *Georg Jellinek*, Allgemeine Staatslehre, 3. Aufl. 1929, S. 614 f.; *Stefan v. Danwitz*, Der Staat 35 (1996), S. 329 ff.; *Rudolf* Dolzer, VVDStRL 58 (1999), S. 7 (24); *Christoph Gusy*, DVBl. 1998, S. 917 (919); *Konrad Hesse*, Grundzüge des Verfassungsrechts, 20. Aufl. 1995, Rdn. 489; kritisch zu der hiermit verbundenen Gefahr einer Gewaltenverbindung *Peter Lerche*, in: Isensee (Hrsg.), Gewaltenteilung heute, 2000, S. 57 (77 ff.); *Fritz Ossenbühl*, DÖV 1980, 545 (548 ff.); *Helmuth Schulze-Fielitz*, in: Dreier (Hrsg.), GG, Bd. II 1998, Art. 20 (Rechtsstaat) Rdn. 160.

Wirkung entfaltet.[904] Staatliche Entscheidungen sollen möglichst richtig, das heißt von den Organen getroffen werden, die dafür nach ihrer Organisation, Zusammensetzung, Funktion und Verfahrensweise über die besten Voraussetzungen verfügen. Dieser Ansatz trägt der Erkenntnis Rechnung, dass das Grundgesetz keine klare Trennung der Gewalten vorsieht, sondern sich die Gewalten vielfach überschneiden und überlagern.[905] Die parlamentarische Demokratie in Bund und Ländern sowie die Zusammenarbeit von Bundestag, Regierung und Bundesrat bei der Gesetzgebung und in Verwaltungsangelegenheiten sind nur wenige Beispiele für eine funktionsübergreifende Kooperation von Legislative und Exekutive. Ergänzt wird das funktionelle Ineinandergreifen verfassungsrechtlicher Kompetenzen durch eine Hemmung und Balancierung realer Machtfaktoren, wie denen der politischen Parteien und der öffentlichen Meinungsbildung.[906] Der Hauptgrund für diese Gewaltenverbindungen liegt in der pragmatischen Erkenntnis, dass sich die staatlichen Aufgaben nur im Zusammenspiel der unterschiedlichen Verfassungsorgane und realen Machtfaktoren wirksam wahrnehmen lassen.[907]

Trotz dieser zahlreichen Mitwirkungs-, Mitsprache-, Widerspruchs- und Kontrollbefugnisse, die keine scharfe Abgrenzung der Staatsfunktionen zulassen, beruht die Struktur der einzelnen Verfassungsorgane auf einem bestimmten Grundtypus.

Dies folgt allgemein aus Art. 20 Abs. 2 S. 2 GG, der bestimmt, dass die Staatsfunktionen von *besonderen* Organen wahrgenommen werden[908] und speziell aus der jeweiligen Kompetenznorm. Diese besonderen Verfassungsorgane haben gemeinsam, dass ihre Funktion und Struktur derart miteinander verknüpft sind, dass hieraus ein „prinzipielles Verbot der Wahrnehmung oder Zuweisung von Funktionen [folgt], die der Struktur des Organs und der von ihm wahrzunehmenden Grundfunktion nicht entsprechen".[909] Hiernach dient die Gewaltenteilung des Grundgesetzes einer funktionsgerechten Aufgabenerfüllung.[910] Staatliche Entscheidungen sollen möglichst richtig, das heißt von Organen getroffen werden, die in ihrer Struktur, Organisation und Verfahrensweise sowie in ihrer Zusammensetzung und Besetzung über die besten Voraussetzungen verfügen.[911]

---

[904] *Konrad Hesse*, Grundzüge des Verfassungsrechts, 20. Aufl. 1995, Rdn. 498.

[905] So schon *Georg Jellinek*, Allgemeine Staatslehre, 3. Aufl. 1929, 1966, S. 615, der sehr plastisch von einem ineinander greifenden Räderwerk sprach.

[906] Kritisch zu einer Überbetonung pluralistischer Elemente *Konrad Hesse* (Fußn. 887)., Rdn. 483; zu neuen Deutungen der Gewaltenteilung auch *Friedrich E. Schnapp*, in: von Münch/Kunig, GG, Bd. 2, 5. Aufl. 2001, Art. 20 Rdn. 40 sowie *Klaus Stern*, Staatsrecht, Bd. I, 2. Aufl. 1984, S. 794; ders. Staatsrecht, Bd. II, 1980, S. 546 ff.

[907] So betont *Konrad Hesse*, Grundzüge des Verfassungsrechts, 12. Aufl. 1980, S. 198, dass die staatliche Aufgabenerfüllung starre Grenzziehungen nicht zulässt. Zur gewaltenverbindenden Wirkung solcher „Sachzwänge" auch *Peter Lerche*, in: Isensee (Hrsg.), Gewaltenteilung heute, 2000, S. 75 (77 f.).

[908] *Fritz Ossenbühl*, DÖV 1980, 545 (548).

[909] *Konrad Hesse*, Grundzüge des Verfassungsrechts, 20. Aufl. 1995, Rdn. 489.

[910] *Konrad Hesse*, a. a. O.; Rdn. 489; *Otto Küster*, AöR 75 (1949), S. 402 f., 404 f.; diesem Ansatz ist das Bundesverfassungsgericht in BVerfGE 68, 1 (86) gefolgt.

[911] BVerfG, a. a. O.

Die Organadäquanz[912] als ein Prinzip staatlicher Gewaltenteilung hat den Vorteil, dass sie einerseits die zahlreichen Schnittmengen berücksichtigt, die infolge des Zusammenwirkens von Volksvertretung, Regierung und Bundesrat bei der Gesetzgebung entstehen. Andererseits trägt sie dem Umstand Rechnung, dass Bundestag, Bundesregierung und Bundesrat diejenigen Aufgaben wahrzunehmen haben, die sich, auch wenn sie verfassungsrechtlich nicht scharf umrissen sind, aus ihrem jeweiligen Grundtypus ergeben. Deswegen sollen im weiteren Verlauf der Arbeit die Auswirkungen parteipolitischer Konfrontation auch vor dem Hintergrund der These von der Organadäquanz untersucht werden.

d) Das Verhältnis von Bundestag und Bundesrat vor dem Hintergrund der Kernbereichsthese und der These von der Organadäquanz

Infolge der Tendenz zur Unitarisierung und Kooperation stieg die Zahl der Berührungspunkte von Bundes- und Landesinteressen in erheblichem Umfang. Die formelle und informelle Zusammenarbeit im Bundesstaat sowie die Kompensation des Verlusts originärer Länderzuständigkeiten durch Zustimmungserfordernisse[913] hatten zur Folge, dass der Bundesrat als Schnittstelle der vertikalen Gewaltenteilung immer mehr an Bedeutung gewann. Das Problem dieser Entwicklung liegt darin, dass neuere Deutungen die Gewaltenteilung in zweierlei Hinsicht, nämlich in ihrer funktionalen und in ihrer politischen Komponente, überstrapaziert haben: Zum einen werfen die durch parteipolitische Kollisionen auftretenden Reibungsverluste die Frage auf, ob angesichts des zunehmenden Konsensbedürfnisses staatliche Entscheidungen noch funktional getroffen werden können. Zum anderen liegt die Annahme nahe, dass das zunehmende Gewicht des Bundesrats weniger eine freiheits- und grundrechtssichernde Wirkung entfaltet, indem es zur Mäßigung, Hemmung und Kontrolle der Gewalten beiträgt, sondern vielmehr der Opposition bei divergierenden Mehrheitsverhältnissen die Möglichkeit einer parteipolitischen Blockade eröffnet.[914]

---

[912] So die gängige Bezeichnung dieses funktionalen Ansatzes, vgl. statt vieler *Helmuth Schulze-Fielitz*, in: Dreier (Hrsg.), GG, Bd. II 1998, Art. 20 (Rechtsstaat) Rdn. 66.

[913] Siehe § 4 II 1 b); *Christoph Gusy*, DVBl. 1998, 917 (927); *Hans Hablitzel*, BayVBl. 1979, 1 (3); *Klaus Lange*, in: Wilke/Schulte (Hrsg.), Der Bundesrat, 1990, S. 226 (241 ff.); *Wolf-Rüdiger Schenke*, in: Schneider/Zeh (Hrsg.), Parlamentsrecht und Parlamentspraxis, 1989, § 55 Rdn. 60 ff.; zur Kompetenzkompensation über den Bundesrat auch *Rupert Scholz*, Landesparlamente und Bundesrat, in: Wilke/Schulte (Hrsg.), Der Bundesrat, 1990, S. 252 (258 ff.); *Gunter Kisker*, DÖV 1977, 689 (690), der diese Entwicklung treffend mit der Formel „Mitbestimmung statt Selbstbestimmung" charakterisiert. Zu vergleichbaren Tendenzen im Ausland *Peter Lerche*, VVDStRL 21 (1964), S. 66 (S. 101 – These 3); Die Erfolglosigkeit einer solchen Kompensation kritisiert auch *Hans-Jürgen Papier* auf der Tagung des Bundesrats anlässlich des 50jährigen Bestehens des Herrenchiemseer Konvents, vgl. den Bericht von *Joachim Lang*, DÖV 1999, 507 (511).

[914] Dies wiegt umso schwerer, als die Parteien nicht vom Gewaltenteilungsschema erfasst werden, hierzu *Konrad Hesse* (oben Fußn. 909), Rdn. 479; *Michael Sachs*, in: Sachs (Hrsg.), GG, 3. Aufl. 2003, Art. 20 Rdn. 92; *Friedrich E. Schnapp*, in: von Münch/Kunig, GG, Bd. 2, 5. Aufl. 2001, Art. 20 Rdn. 40; *Helmuth Schulze-Fielitz*, in: Dreier (Hrsg.), Grundgesetz Kommentar, Bd. II, 1998, Art. 20 (Rechtsstaat) Rdn. 71.

Die sachgerechte Organisation des Staates erfordert eine ausgewogene Balancierung sowohl hinsichtlich der an der staatlichen Entscheidungsfindung beteiligten Organe als auch in Bezug auf das Zusammenspiel realer Machtfaktoren. Voraussetzung hierfür ist, dass kein Verfassungsorgan Funktionen eines anderen wahrnimmt, die seinem Grundtypus widersprechen, so dass jedes Organ – abgesehen von Überschneidungen in Randbereichen – seinen spezifischen Kernbereich von Funktionen wahrnehmen kann. Entscheidungen können demnach nur von denjenigen Organen richtig getroffen werden, die in ihrer Organisation, Zusammensetzung, Funktion und Verfahrensweise über die besten Voraussetzungen verfügen.

Seinem Grundtypus nach nimmt der Bundestag die Gesetzgebungsfunktion wahr. Abgesehen vom Ausnahmefall des Art. 115k Abs. 2 GG weisen die Artt. 77 Abs. 1 und 3, 78, 113 GG dem Bundestag die Legislativgewalt zu. Auch wenn man berücksichtigt, dass der Bundesrat, die Bundesregierung und der Bundespräsident am Zustandekommen eines Gesetzes beteiligt sind, gehört es zu der Kernaufgabe des Parlaments, die Gesetze zu beschließen.

Nach Art. 78 GG kommt ein vom Bundestag beschlossenes Gesetz zustande, wenn der Bundesrat zustimmt, den Antrag gemäß Artikel 77 Abs. 2 GG nicht stellt, innerhalb der Frist des Artikels 77 Abs. 3 GG keinen Einspruch einlegt bzw. ihn zurücknimmt oder wenn der Einspruch vom Bundestage überstimmt wird. Das heißt, dass im Regelfall die Letztentscheidung bei der Volksvertretung liegt. Dies gilt auch hinsichtlich der vom Vermittlungsausschuss vorgeschlagenen Änderungen des Gesetzesbeschlusses, über die der Bundestag nach Art. 77 Abs. 2 S. 5 GG erneut zu beschließen hat.

Der Bundestag verfügt auch in seiner Organisation, Zusammensetzung, Funktion und Verfahrensweise über die besten Voraussetzungen, den ihm verfassungsrechtlich zugewiesenen Kernbereich der Gesetzgebung auszufüllen. Das heißt, dass die aus unabhängigen Mandatsträgern zusammengesetzte Volksvertretung am ehesten in der Lage ist, die unterschiedlichen und gegenläufigen gesellschaftlichen Interessen miteinander zu vereinbaren. Denn im Zweifelsfall ist der Abgeordnete nur seinem Gewissen unterworfen, auch wenn er rein tatsächlich an die Partei gebunden ist, der er seinen Listenplatz verdankt. Der Gesetzesbeschluss ist das Ergebnis eines freien politischen Willensbildungsprozesses, an dem die unterschiedlichen Parteien und Verbände in öffentlicher Diskussion und Meinungsbildung mitwirken, wodurch eine optimale Berücksichtigung der unterschiedlichen Belange gewährleistet wird.[915] Die Entscheidung über die inhaltliche Ausgestaltung des Gesetzesbeschlusses trifft das Parlament, dessen Mehrheit in der parlamentarischen Demokratie im Zusammenwirken mit der Regierung die Staatsleitung anvertraut ist. Demzufolge ist dem Bundestag in seinem verfassungsrechtlichen Grundtypus der Kernbereich der Gesetzgebungsfunktion zugewiesen.[916]

---

[915] Zur Stellung des Abgeordneten und zum Einfluss des Bundesrats auf das Verhältnis von Art. 21 und 38 Abs. 1 S. 2 GG oben § 7 IV 1 d).

[916] *Konrad Hesse*, Grundzüge des Verfassungsrechts, 20. Aufl. 1995, Rdn. 610, der betont, dass *in erster Linie* dem Bundestag die Gesetzgebungsfunktion zugewiesen ist; *Klaus Stern*, Staatsrecht, Bd. II, 1980,

Aus den Artt. 50, 76-78 GG geht hervor, dass ein Gesetz erst dann zustande kommt, wenn die mitwirkenden Organe beteiligt worden sind. Diese Organe, das heißt die Bundesregierung und der Bundesrat, werden in den Randbereichen der Gesetzgebung tätig. So steht beispielsweise im Vorfeld des eigentlichen Gesetzesbeschlusses auch der Bundesregierung oder dem Bundesrat das Gesetzesinitiativrecht zu. Bundestag, Bundesregierung und Bundesrat haben das Recht bzw. die Pflicht, zu den Vorlagen des anderen Organs Stellung zu nehmen.

Dem Gesetzesbeschluss folgt die Beteiligung des Bundesrats. Hinsichtlich dieser Beteiligung bringen die Vorschriften der Artt. 50 und 77 Abs. 1 GG zum Ausdruck, dass diesem nur die Rolle eines mitwirkenden Organs zugewiesen ist. Im Gegensatz zur Bismarckschen Reichsverfassung und ihren Vorläuferinnen ist das Länderorgan kein gegenüber dem Bundestag gleichberechtigtes Beschlussorgan mehr.[917]

Auch aus der Unterscheidung des Grundgesetzes zwischen Zustimmungs- und Einspruchsgesetzen folgt, dass der Verfassungsgeber den Bundesrat in den Randbereich der Gesetzgebung verwiesen hat. In diesem Randbereich soll er das Machtgefälle zwischen der Bundesregierung und der parlamentarischen Mehrheit auf der einen Seite und der Opposition auf der anderen Seite zu einem gewissen Ausgleich bringen und eine effektive Einbringung des bürokratischen Sachverstands der Länder ermöglichen.

Eine gleichberechtigte Beteiligung der parlamentarischen Opposition an der Bundesgesetzgebung war vom Verfassungsgeber hingegen nicht gewollt – auch nicht über den Bundesrat. Dies wird deutlich, wenn man sich vor Augen führt, dass die Integration der Opposition in das Gesetzgebungsverfahren weniger von verfassungsrechtlichen Vorgaben als vom Zufall der parteipolitischen Mehrheitsverhältnisse im Bundesrat abhängt.[918] Wäre im parlamentarischen Rat eine auch nur annähernd gleichberechtigte Einbeziehung der Opposition beabsichtigt gewesen, wären hierfür verfassungsrechtliche Vorkehrungen getroffen worden. Darüber hinaus heißt es in Art. 77 Abs. 1 S. 1 GG: „Die Bundesgesetze werden vom Bundestage"[919] und nicht „vom Bundestag und Bundesrat" beschlossen.

In den Fällen der Zustimmungsbedürftigkeit – und nur in diesen Fällen – wird der Bundesrat zu einem gleichberechtigten Beschlussorgan. Während das Länderorgan im Rahmen der Verordnungsgebung und des Erlasses von Verwaltungsvorschriften ein absolutes Vetorecht besitzt, hat sich der Verfassungsgeber in bewusster Abkehr von den Vor-

---

S. 538; *Hans-Josef Vonderbeck*, Der Bundesrat – ein Teil des Parlaments?, 1964, S. 107; vgl. auch BVerfGE 37, 363 (380 f.), wonach der Bundesrat eben keine mit dem Bundestag gleichberechtigte „zweite Kammer" ist.

[917] Hierzu oben § 2 II sowie § 2 V 1 a); *Rudolf Dolzer* betont in diesem Zusammenhang, dass andernfalls in Art. 50 GG nicht von einer *Mitwirkung*, sondern von einer *Mitentscheidung* die Rede wäre, in: VVDStRL 58 (1999), S. 7 (15); ähnlich *Gerhard Jahn*, in: Wilke/Schulte (Hrsg.), Der Bundesrat, 1990, S. 370; *Hans-Josef Vonderbeck*, a. a. O., S. 107; zu dieser Wortlautinterpretation des Art. 50 GG auch BVerfGE 37, 363 (380 f.).

[918] *Gunter Kisker* spricht in diesem Zusammenhang von einem Kondominium zwischen Bundestag und Bundesrat, DÖV 1977, 689 (690); kritisch zu diesem Zufallsmoment schon *Carl Bilfinger* im Jahr 1929 (oben Fußn. 524).

[919] *Konrad Reuter*, Praxishandbuch Bundesrat, 1991, Art. 50 Rdn. 172.

läuferinnen des Grundgesetzes für ein abgestuftes Gewicht des Bundesrats bei der Gesetzgebung entschieden. Historisch gesehen befindet sich der Bundesrat damit ungefähr in der Mitte zwischen dem Bundesrat der Reichsverfassung von 1871 und dem Reichsrat der Verfassung von Weimar. Die Zunahme zustimmungsbedürftiger Gesetze von 10 auf 50-60 % führte zu einer Umkehrung des Regel-Ausnahme-Verhältnisses, wonach Zustimmungsgesetze den verfassungsrechtlichen Sonderfall darstellen sollen. Dementsprechend beruhen mittlerweile etwas über die Hälfte[920] der Bundesgesetze auf übereinstimmenden Beschlüssen von Bundestag und Bundesrat. Unter Berücksichtigung der oben aufgezeigten Entwicklung des deutschen Bundesstaates[921] handelt es sich um einen systemwidrigen Anachronismus.

Infolge der Umkehrung dieses Regel-Ausnahmeverhältnisses rückte der Bundesrat aus dem Randbereich in den Kernbereich gesamtstaatlicher Gesetzgebung. Seine gleichberechtigte Stellung in mittlerweile 50-60 % aller Gesetzgebungsvorhaben lässt ihn mit dem Bundestag eine Funktion wahrnehmen, die seinem Grundtypus widerspricht. Auch wenn er nicht mehr die Gesetze mitbeschließt wie der Bundesrat der Bismarckschen Reichsverfassung, läuft sein unüberwindbares Vetorecht faktisch auf dasselbe hinaus. Mit dem Vordringen des Bundesrats in den Kernbereich gesamtstaatlicher Gesetzgebung, in den Gesetzesbeschluss, werden Entscheidungen nicht mehr „richtig“, das heißt nicht mehr von demjenigen Organ getroffen, das in seiner Organisation, Zusammensetzung, Funktion und Verfahrensweise über die besten Voraussetzungen verfügt.[922]

Hierdurch wird die funktionsadäquate Zuordnung der Gewalten erheblich gestört. Anders ausgedrückt: Es kommt nicht mehr nur zu einer teilweisen Überlappung von Funktionsbereichen[923], sondern zu deren vollständiger Überlagerung. Der Bundesrat hat ein Gewicht erhalten, das die dem Parlament vorbehaltene identitätsbegründende und wesenstypische Aufgabe der Gesetzgebung weitgehend relativiert hat, da das Länderorgan aufgrund seines absoluten Vetorechts über die Hälfte aller Gesetzgebungsvorhaben scheitern lassen kann. Mit ihm hat ein Organ „das letzte Wort“, dem ursprünglich nur eine korrigierende Funktion zugedacht war.

Überträgt man den Grundsatz funktionsadäquater Zuordnung staatlicher Befugnisse auf das Verhältnis von Mehrheitsfraktionen und Opposition, so ergibt sich auch aus dem Blickwinkel der demokratischen Integration der Opposition in die gesamtstaatliche Entscheidungsfindung kein anderes Ergebnis: Es widerspricht nicht nur dem Grundsatz einer adäquaten Zuordnung von Kompetenzen, sondern auch dem einer ausgewogenen Balancierung realer Machtfaktoren, wenn das für das Funktionieren einer Demokratie unerlässliche Gleichgewicht von parlamentarischer Mehrheit und Minderheit gestört ist.

---

[920] Vgl. die Zahlenangaben in den Fußn. 561 ff.

[921] Vgl. die Zusammenfassungen unter § 2 IV; § 2 VI und § 3.

[922] So mit Blick auf die „nach demokratisch optimal befundenen Kriterien gewählte Volksvertretung“ *Klaus Lange*, in: Wilke/Schulte (Hrsg.), Der Bundesrat, 1990, S. 226 (245).

[923] *Klaus Stern*, Staatsrecht, Bd. II, 1980, S. 542.

Dies ist bei divergierenden Mehrheiten in beiden Gesetzgebungsorganen der Fall. Die Möglichkeit der Opposition, unter Umständen völlig konträre Interessen über den Bundesrat durchzusetzen, widerspricht ihrer Hauptfunktion, die in der Alternativenbildung und konstruktiven Kritik der regierenden parlamentarischen Mehrheit liegt. Aus einer Regierung „im Wartestand"[924] wird auf diese Weise eine Mitregierung.

Das auf Konsens ausgerichtete bundesstaatliche System stößt an seine Grenzen, wenn eine Einigung zwischen der Bundestags- und Bundesratsmehrheit nur unter erschwerten Bedingungen möglich ist. Dieser Mangel wiegt im Fall der Zustimmungsverweigerung besonders schwer, da außer dem Vermittlungsausschuss besondere Konfliktlösungsmechanismen zwischen Bundestag und Bundesrat fehlen.[925] Und selbst die Einführung weiterer Schlichtungsverfahren würde dem Problem nicht abhelfen, da diese wiederum von der Konsensbereitschaft der Beteiligten abhängen würden.

Was demnach fehlt, ist eine Letztentscheidungskompetenz. Denn genauso wenig wie die Verfassung materielle Gerechtigkeit herstellen kann,[926] kann sie die politischen Akteure zum Beschluss sachlich optimaler Maßnahmen anhalten. Die verfassungsrechtliche Ordnung stellt lediglich die verfahrensmäßigen Rahmenbedingungen für eine ausgewogene Entscheidungsfindung auf.

Hinzu tritt der Umstand, dass die Exekutive in den Ländern eine bedenkliche Stärkung erfährt. Zwar handelt es sich beim Bundesrat um ein gewaltenübergreifend ausgerichtetes Organ, doch führt die Zunahme seiner Bedeutung im Gesetzgebungsprozess dazu, dass letztlich die Regierungen der Länder darüber entscheiden, ob ein Zustimmungsgesetz zustande kommt. Auch wenn dieses Einwirkungsrecht vor dem Hintergrund einer ausnahmsweise zulässigen Gewaltenverschränkung grundsätzlich hingenommen werden muss, kommt den oppositionellen Landesregierungen eine Entscheidungsbefugnis zu, die sie gegenüber dem Bundestag tendenziell bevorzugt.

e) Zwischenergebnis

Durch die Zunahme zustimmungsbedürftiger Materien dringen der Bundesrat und die in ihm vertretenen Oppositionsparteien in den Kernbereich des Gesetzgebungsorgans Bundestag vor. Unter dem Gesichtspunkt der Organadäquanz hat dies zur Folge, dass der legislative Gestaltungsspielraum des Parlaments erheblich eingeschränkt ist, so dass

---

[924] Hierzu sowie zu den Oppositionsfunktionen oben § 7 IV 4 b).

[925] *Konrad Hesse* geht deswegen davon aus, dass die Funktion des Bundesrats als „Einrichtung gegenseitiger Information, Fühlungnahme und Absprache nicht hinreichend entwickelt worden ist", in: Festschrift für Gebhard Müller, 1970, S. 141 (158).

[926] Hierzu *Eberhard Schmidt-Aßmann*, in: HbStR, Bd. I, 1987, § 24 Rdn. 18 f.; *Helmuth Schulze-Fielitz*, in: Dreier (Hrsg.), GG, Bd. II 1998, Art. 20 (Rechtsstaat) Rdn. 44 ff.

Zweifel angebracht sind, ob die Gesetzgebungstätigkeit noch schwerpunktmäßig beim Bundestag als dem eigentlichen Gesetzgebungsorgan liegt.[927]

f) Das Verhältnis von Bundesregierung und Bundesrat vor dem Hintergrund der Kernbereichsthese und der These von der Organ-adäquanz

Wie oben festgestellt, werden die regierungstypischen Aufgaben der Initiative, Vorausschau und Planung durch das Mitregieren der Opposition über den Bundesrat beeinträchtigt.[928] Ob hierdurch in einen wie auch immer gearteten Vorbehalts- oder Kernbereich der Regierungstätigkeit[929] eingegriffen wird, lässt sich indessen nicht feststellen. Im Gegensatz zum oben erwähnten Regel-Ausnahme-Verhältnis von Einspruchs- und Zustimmungsgesetzen fehlen für das Verhältnis von Bundesrat und Bundesregierung Kriterien, an denen sich ein Vordringen des Bundesrats in den Kernbereich der Regierungspolitik festmachen ließe.

Hingegen bestehen Zweifel, ob sich ein Mitregieren des Bundesrats vor dem Hintergrund einer funktionsadäquaten Zuordnung der Gewalten rechtfertigen lässt. Artikel 50 GG bestimmt nämlich, dass der Bundesrat an der Gesetzgebung und Verwaltung, nicht aber an der Regierung mitwirkt. Zum Teil wird vertreten, dass sich der Parlamentarische Rat bewusst gegen eine solche Erweiterung des Mitwirkungsrechts gestellt hat.[930]

Betrachtet man aber einen Teil der Kompetenzen des Bundesrats unter dem Gesichtspunkt regierungstypischer Aufgaben wie denen der Initiative, Vorausschau und Planung, stellt man fest, dass der Bundesrat an diesen staatsleitenden Befugnissen teilhat. So bestimmt Art. 76 Abs. 1 GG, dass der Bundesrat das Recht zur Gesetzesinitiative hat. Nach Art. 109 Abs. 4 und Art. 110 Abs. 2 S. 1, Abs. 3 GG wirkt er an der Haushaltsplanung und Konjunktursteuerung mit und nimmt nach Art. 59 Abs. 2 S. 1 und Art. 77 Abs. 2 GG i.V.m. Artt. 84 Abs. 2 und 85 Abs. 2 GG Einfluss auf völkerrechtliche Verträge und Verwaltungsabkommen, um nur einige Beispiele zu nennen. Der Bundesrat hat demnach ein eigenständiges Initiativrecht und ist an den wesentlichen Planungsentscheidungen, mithin an der gestaltenden Gesamtleitung des Bundes, beteiligt.[931]

---

[927] Hierüber setzt sich *Michael Sachs* hinweg, wenn er behauptet, dass sich aus dem Demokratieprinzip kein Vorrang des Parlaments gegenüber dem Bundesrat ableiten lässt, in: VVDStRL 58 (1999), S. 39 (44). Meines Erachtens lässt sich die Blockadeproblematik nicht auf die Frage eines wie auch immer gearteten Rangverhältnisses von Staatsorganen reduzieren. Ausschlaggebend ist vielmehr, ob ein Verfassungsorgan ein vom Grundgesetz nicht vorgesehenes Gewicht über ein anderes erhält.

[928] § 7 IV 3.

[929] Zum faktischen Vorbehaltsbereich der Regierung § 7 IV 2 e).

[930] Vgl. § 4 I; dies betont in jüngerer Zeit *Michael Sachs*, VVDStRL 58 (1999), S. 39 (69).

[931] *Roman Herzog*, in: Wilke/Schulte (Hrsg.), Der Bundesrat, 1990, S. 194 (203 ff.); *Michael Sachs*, VVDStRL 58 (1999), S. 39 (69 ff.).

Etwas anderes könnte sich jedoch daraus ergeben, dass der Bundesrat nicht in das System parlamentarische Abhängigkeit und Kontrolle einbezogen ist,[932] das zwischen Parlamentsmehrheit und Regierung besteht, sondern nur in den verfassungsrechtlich geregelten Fällen Einfluss nehmen kann. Während der Bundesrat unter der Reichsverfassung von 1871 noch eng mit dem Amt des Reichskanzlers verknüpft und auf diese Weise an der Staatsleitung beteiligt war, wurde er bereits unter der Verfassung von Weimar in die Rolle eines mitwirkenden Organs verwiesen. Hieraus könnte folgen, dass der Bundesrat generell von der Staatsleitung ausgeschlossen ist.

Andererseits wird ihm im Rahmen der Haushalts- und Finanzplanung eine wesentliche Einflussnahme auf die Regierungspolitik eingeräumt.[933] Vergegenwärtigt man sich die Erkenntnis, dass die (Finanz-)Gesetzgebung ein wesentliches Gestaltungsmittel der Regierungspolitik ist, ist der Bundesrat über sein Mitwirkungsrecht in diese Gestaltung miteinbezogen.[934]

Demnach ist eine Beantwortung der Frage, wann ein „Hineinregieren" in die Politik der Bundesregierung nicht mehr organadäquat ist, unmöglich. Feststellen lässt sich jedoch, dass die Regierung infolge der Zunahme zustimmungsbedürftiger Materien ihren Aufgaben der Vorausschau und Planung nur in erheblich eingeschränktem Maße nachkommen kann.

7. Ergebnis

Das Problem parteipolitischer Konfrontation zwischen Bundestag und Bundesrat hat zu einer Störung des Gewaltengleichgewichts zwischen der Ländervertretung auf der einen und der parlamentarischen Mehrheit und der Regierung auf der anderen Seite geführt. In den Fällen, in denen die Zustimmung des Bundesrats erforderlich ist, hat er das entscheidende Wort. Diese Gewaltenverschränkung führt dazu, dass der Bundestag in über der Hälfte der Gesetzgebungsvorhaben nicht mehr Hauptträger der Legislativfunktion ist.

---

932 *Wolf-Rüdiger Schenke*, in: Schneider/Zeh (Hrsg.), Parlamentsrecht und Parlamentspraxis, 1989, § 55 Rdn. 26.

933 So beispielsweise nach Art. 109 Abs. 3, Art. 110 Abs. 2 S. 1 i. V. m. 78 sowie nach Art. 115 Abs. 1 S. 1 i. V. m. Art. 78 GG.

934 *Roman Herzog*, in: Wilke/Schulte (Hrsg.), Der Bundesrat, 1990, S. 194 (206 f.); so wohl auch *Hartmut Maurer*, in: Festschrift für Günter Winkler, 1997, S. 615 (623); im Ergebnis auch *Dieter Blumenwitz*, der von einer Teilhabe an materiellen Regierungsfunktionen spricht, in: Bonner Kommentar, Art. 50 (Zweitbearbeitung Art. 50) Rdn. 7, 33 ff.

§ 8 *Lösungsversuche*

Im Folgenden soll auf unterschiedliche Möglichkeiten eingegangen werden, das Problem parteipolitischer Konfrontation zwischen Bundesrat und Bundestag bzw. Bundesregierung zu lösen.

I. Die Forderung nach „parteipolitischer Enthaltsamkeit"

Teilweise wird verlangt, dass sich die verantwortlichen Akteure parteipolitische Zurückhaltung auferlegen.[935] Diese Selbstbeschränkung ist jedoch fern liegend, da die Parteienstaatlichkeit auch den Bundesrat erfasst hat und das Länderorgan nicht mehr auf die Wahrung länderspezifischer Belange und die Einbringung seines administrativen Sachverstandes beschränkt ist. Der Parteienbundesstaat hat zwangsläufig dazu geführt, dass die Bundesratsmitglieder die Möglichkeit, Parteipolitik zu betreiben, ausschöpfen. Es wäre illusorisch, anzunehmen, dass sie ihr Abstimmungsverhalten an rechtsdogmatischen Kategorien ausrichten und parteipolitische von föderalistischen Belangen trennen.[936]

II. Das Prinzip der Bundestreue

Teile der Literatur sehen einen Ausweg in dem gegen Ende des Kaiserreichs entwickelten und von der Weimarer Staatsrechtslehre übernommenen Prinzip der Bundestreue.[937] Gegen die Geltung dieses ungeschriebenen Verfassungsgrundsatzes wird vereinzelt angeführt, dass er dem von der Verfassung geforderten demokratischen Gegeneinander der politischen Kräfte nicht gerecht werde. Es handele sich nur nach außen um föderative

---

[935] Die These von der Unzulässigkeit parteipolitischen Verhaltens im Bundesrat wird zu Unrecht *Theodor Maunz* zugeschrieben, vgl. *denselben*, in: Maunz/Dürig, GG, Bd. III, Art. 50 Rdn. 25 f. sowie in: Der Bundesrat als Verfassungsorgan und politische Kraft, 1974, S. 193 (209). Eine derart eindeutige Stellungnahme lässt sich den vorgenannten Stellen jedoch nicht entnehmen, vielmehr ist die Tätigkeit des Bundesrats auch nach *Theodor Maunz* eine politische, Deutsches Staatsrecht, S. 361. Zur Verbindung föderalistischer und parteipolitischer Elemente durch den Bundesrat schon *Hans Nawiasky*, Grundgedanken des Grundgesetzes, 1950, S. 56.

[936] *Friedrich Karl Fromme*, Gesetzgebung im Widerstreit, 2. Aufl. 1979, S. 179 ff.: *Hans Hablitzel*, BayVBl. 1979, S. 39 (41 f.); *Roman Herzog*, in: Der Bundesrat als Verfassungsorgan und politische Kraft, S. 235 (237); *ders.*, in: Wilke/Schulte (Hrsg.), Der Bundesrat 1990, S. 194 ff.; *Hans Hugo Klein*, ebenda, S. 351 (368); *ders.*, ZParl 1976, 307 (311); *Wolfgang Knies*, in: Wilke/Schulte (Hrsg.), Der Bundesrat, 1990, S. 210 (223); *Klaus Lange*, in: Wilke/Schulte (Hrsg.), Der Bundesrat, 1990, S. 226 (246); *Heinz Laufer*, Das föderative System, 4. Aufl. 1981, S. 88 ff.; *Karlheinz Neunreither*, Der Bundesrat zwischen Politik und Verwaltung, S. 162; hiergegen in jüngerer Zeit Bundespräsident *Johannes Rau* in seiner Rede anlässlich des 50jährigen Jubiläums des Herrenchiemseer Konvents, in der er von den Beteiligten Konsensbereitschaft einfordert; vgl. den Bericht von *Joachim Lang*, DÖV 1999, 507 (508).

[937] *Hans-Josef Vonderbeck*, Der Bundesrat – ein Teil des Parlaments der Bundesrepublik Deutschland, 1964, S. 76; *Hermann-Wilfried Bayer*, Die Bundestreue, 1961, S. 81 jeweils mit weiteren Nachweisen.

Konflikte, die in Wirklichkeit politischer Natur seien.[938] Ebenso wird eingewandt, dass die Wurzeln dieses Verfassungsrechtssatzes in der Bundesstaatlichkeit der Reichsverfassung von 1871 lägen, deren Bundesstaatsverständnis sich nicht ohne weiteres auf die heutigen Verhältnisse übertragen lasse.[939] Andere weisen schließlich auf die Weite und Unbestimmtheit dieses Maßstabs hin.[940]

Gegen die Ansicht, dass das Prinzip auf die heutige Bundesstaatlichkeit nicht übertragbar sei, lässt sich einwenden, dass der Bund und die Gliedstaaten nach wie vor gehalten sind, dem Wesen des Bündnisses entsprechend zusammenzuwirken und zur Festigung und Wahrung seiner und der wohlverstandenen Belange seiner Glieder beizutragen.[941] Das Gebot bundesfreundlichen Verhaltens dient dazu, die notwendigen gemeinsamen Entscheidungen von Bund und Ländern sachgerecht herbeizuführen, wobei es sowohl dem Einfluss des Gesamtstaats als auch dem der Gliedstaaten Schranken setzen soll.[942] In der vom Konsensgedanken und der Kooperation getragenen bundesstaatlichen Ordnung des Grundgesetzes ist es ein notwendiges Korrektiv, um die an der staatlichen Entscheidungsfindung beteiligten Partner zusammenzuführen und den staatlichen Integrationsprozess zu fördern.[943]

Die Kernaussage des Grundsatzes bundesfreundlichen Verhaltens liegt im bundestreuen Gebrauch bestehender Kompetenzen. Nach seinem Zweck als Kompetenzausübungsschranke[944] darf eine Maßnahme, auch wenn sie formal von einer Kompetenzvorschrift gedeckt ist, nicht rechtsmissbräuchlich, das heißt, ohne Rücksicht auf die Interessen des Gesamtstaats oder die Belange der Länder getroffen werden.[945] Im Fall einer Blockade von Bundestagsbeschlüssen durch die Bundesratsmehrheit, steht dem Bundesrat formalrechtlich ein solches Zustimmungsrecht zu. Erst die parteipolitische Verweigerungshaltung unter dem Deckmantel der Wahrung föderalistischer Interessen lässt die Ausnutzung der Rechtsposition rechtsmissbräuchlich erscheinen.

Es stellt sich aber die schwierig zu beantwortende Frage, wann die Schwelle zum Rechtsmissbrauch überschritten ist.[946] Vor dem Hintergrund der oben vertretenen Auf-

---

[938] *Konrad Hesse*, Grundzüge des Verfassungsrechts, 20. Aufl. 1995, Rdn. 269; *ders.*, Der unitarische Bundesstaat, 1962, S. 8.

[939] *Ders.*, in: Der unitarische Bundesstaat, 1962, S. 8 unter Hinweis auf die historischen Grundlagen dieses Grundsatzes.

[940] Hierzu sowie zu den vorgenannten Gesichtspunkten auch *Klaus Stern*, Staatsrecht, Bd. I, 2. Aufl. 1984, S. 700 dort mit weiteren Nachweisen in Fußn. 315.

[941] BVerfGE 1, 299 (315) – unter Berufung auf *Rudolf Smend*, in: Festschrift für Otto Mayer, 1916, S. 245 (261); zu diesem Grundsatz unter der WRV oben § 2 VII 3 d) dd).

[942] BVerfGE, 1, 299 (315 f.)

[943] *Klaus Stern*, Staatsrecht, Bd. I, 2. Aufl. 1984, S. 701 f.

[944] BVerfGE 12, 205 (239); 14, 197 (215); 43, 291 (348).

[945] BVerfGE 12, 205 (239 ff.); 14, 197 (215); 32, 199 (238); 34, 216 (232); 43, 291 (348).

[946] Skeptisch auch *Armin Dittmann*, DÖV 1974, 398 (403).

fassung, dass im demokratischen Parteienbundesstaat keine Unterscheidung zwischen Parteipolitik und Sachpolitik getroffen werden kann, ist der Grundsatz bundesfreundlichen Verhaltens ein Scheinkriterium. Dies gilt insbesondere angesichts der Tatsache, dass die Auseinandersetzungen im Bundesrat oft eher parteipolitischer und weniger föderalistischer Natur sind. Es wäre widersprüchlich, dort, wo die Verfassung parteipolitische Gegensätze zulässt, von den Parteien neutrales Verhalten zu verlangen.[947]

Darüber hinaus stieße eine Anwendung dieses Grundsatzes auf rechtsdogmatische Bedenken. Die Adressaten des Gebots bundesfreundlichen Verhaltens sind der Bund und das einzelne Land.[948] Dessen Wille geht jedoch in der Mehrheitsentscheidung der im Bundesrat vertretenen Länder auf. Im Zusammenhang mit der hier behandelten Problemstellung ist es aber nicht das einzelne Land, das handelt und damit Adressat der Bundestreue wäre,[949] sondern es sind die Länder in ihrer Gesamtheit, die bei Zustimmungsgesetzen durch das Organ Bundesrat an der gesamtstaatlichen Willensbildung mitwirken.[950]

Schließlich kann der Grundsatz bundesfreundlichen Verhaltens auch den Bundesrat als Verfassungsorgan des Bundes[951] nicht gegenüber dem Bund verpflichten.[952] Weil sein Handeln dem Bund zuzurechnen ist, wäre dieser zugleich Berechtigter und Verpflichteter.

Eine Anwendung des Gebots bundesfreundlichen Verhaltens scheitert zudem an seiner Subsidiarität: Die aus der Organstellung des Bundesrats resultierenden Pflichten sind umfassender als diejenigen, die aus der Bundestreue folgen.[953] Der Bundesrat ist schon allein aufgrund seiner Rechtsstellung als Verfassungsorgan des Bundes zur Förderung

---

[947] *Konrad Hesse*, Der unitarische Bundesstaat, 1962, S. 9; *Ulrich Scheuner*, ZParl 1976, 307 (308).

[948] BVerfGE, 12, 205 (254 ff.); *Hans Hugo Klein*, ZParl 1976, 307 (312).

[949] So aber *Armin Dittmann*, DÖV 1974, 397 (402), der dem Bundesrat lediglich die verfassungsrechtliche Stellung eines Forums zuweist, in dem die einzelnen Länder ihre Interessen geltend machen.

[950] Für das Verhältnis des Bundesrates zu anderen Verfassungsorganen gilt deswegen der Grundsatz der Verfassungsorgantreue, vgl. statt vieler *Wolf-Rüdiger Schenke*, Die Verfassungsorgantreue, 1977, S. 30 f. sowie *Klaus Stern*, Staatsrecht, Bd. I, 2 Aufl. 1984, S. 731; hierzu sogleich unten § 8 III.

[951] BVerfGE 1, 299 (311); 8, 104 (120); 105, 313 (339) unter Bezugnahme auf BVerfGE 37, 363 (381); BVerfGE 106, 310 (330); *Dieter Blumenwitz*, in: Bonner Kommentar, (Zweitbearbeitung) Art. 50 Rdn. 3; *Gerhard Leibholz/ Dieter Hesselberger*, in: Der Bundesrat als Verfassungsorgan und politische Kraft, 1974, S. 99 (103 f.); *Hans Nawiasky*, Die Grundgedanken des Grundgesetzes, 1950, S. 54 f.; *Hans Pollmann*, Repräsentation und Organschaft, 1969, S. 119; *Hans Schäfer*, Der Bundesrat, 1955, S. 29.

[952] *Walter Krebs*, in: von Münch/Kunig, GG, Bd. 2, 5. Aufl. 2001, Art. 50 Rdn. 5; *Klaus Lange*, in: Wilke/Schulte (Hrsg.), Der Bundesrat, 1990, S. 226 (238); *Theodor Maunz*, in: Maunz/Dürig, GG, Bd. III, Art. 50 Rdn. 5; *Wolf-Rüdiger Schenke*, Die Verfassungsorgantreue, 1977, S. 90; *Klaus Stern*, Staatsrecht, Bd. I, 2 Aufl. 1984, S. 731.

[953] *Klaus Lange*, a. a. O., S. 238; zu der aus der Verfassungsorganstellung folgenden Rücksichtnahmepflicht auch *Rudolf Dolzer*, VVDStRL 58 81999), S. 7 (15).

von Bundesinteressen verpflichtet, wogegen eine Politik der Blockade verstößt.[954] Eine Zuhilfenahme der Bundestreue scheidet somit schon aufgrund ihrer Subsidiarität aus.[955]

Auch die Unbestimmtheit des Prinzips, dessen Kernaussagen weitgehend ungeklärt sind,[956] spricht gegen seine Anwendung im kompetenziellen Verhältnis von Bundestag und Bundesrat. Um nicht Spekulationen Raum zu geben, ist es erforderlich, dass sich eine Lösung von Kompetenzproblemen an den Fallgruppen orientiert, die von der verfassungsgerichtlichen Rechtsprechung zur Konkretisierung des Grundsatzes entwickelt wurden.[957] Diese bieten aber – wie die oben erwähnte Missbrauchsschranke – entweder ein zu grobes Raster oder sind nicht einschlägig.

Und selbst wenn man die aus der Bundestreue folgenden Pflichten zu gegenseitiger Rücksichtnahme, Information und Mitwirkung heranzöge, führte dies nicht weiter, denn kennzeichnend für eine Blockade im Bundesrat ist oftmals, dass ihr zahlreiche Vermittlungsversuche vorangehen,[958] es also an einer gegenseitigen Fühlungnahme gerade nicht mangelt.

Schließlich gäbe der Grundsatz keine Antwort auf die sich im konkreten Fall stellende Frage, wann eine Verweigerungshaltung die Missbrauchsschwelle überschreitet.

Angesichts dessen stellt sich die Frage, ob sich aus der Verfassungsorganstellung des Bundesrats Pflichten ableiten lassen. Auf der einen Seite ist der Bundesrat an der gesamtstaatlichen Willensbildung beteiligt, so dass er Bundesinteressen zu verfolgen hat,[959] auf der anderen Seite soll er Landesinteressen in die staatliche Entscheidungsfindung einbringen. Das Problem besteht damit in seiner Doppelfunktion, aufgrund derer erst Interessenkollisionen entstehen können.[960] Diese Konfliktlage kann nur im Interesse des Gesamtstaats gelöst werden, wenn eine Trennung von Bundes- und Landesinteressen möglich ist.

Aufgrund der zahlreichen Berührungspunkte von Bundes- und Landespolitik im Rahmen des kooperativen Föderalismus ist aber eine solche Unterscheidung kaum durchführbar.[961] Das Zustimmungsrecht des Bundesrats bezieht sich eben nicht nur auf Materien,

---

[954] *Klaus Lange*, a. a. O., S. 238.

[955] *Klaus Stern* (Fußn. 952), S. 701.

[956] *Konrad Hesse*, Der unitarische Bundesstaat, 1962, S. 9.

[957] Vgl. den Überblick bei *Josef Isensee*, in: Isensee/Kirchhof (Hrsg.), HbStR, Bd. IV, 1990, § 98 Rdn. 158 mit umfangreichen Rechtsprechungsnachweisen.

[958] Ein Beispiel hierfür aus jüngerer Zeit war der Streit um das Zuwanderungsgesetz, zur Chronologie der Ereignisse: DER SPIEGEL vom 30.3.2002.

[959] *Rudolf Dolzer*, in: VVDStRL 58 (1999), S. 7 (15).

[960] *Klaus Lange*, in: Wilke/Schulte (Hrsg.), Der Bundesrat, 1990, S. 226 (235); dies kommt auch in der Formulierung von *Hans Nawiasky* (oben Fußn. 935), S. 57 zum Ausdruck, nach dessen Auffassung der Bundesrat von Rechts wegen ein Bundesorgan, politisch aber ein Organ der Länder ist.

[961] *Rudolf Dolzer*, a. a. O., S. 7 (15 f.).

welche die Interessen der Länder berühren.[962] Hinzu tritt der Umstand, dass die Interessen des Bundes nicht schon im Voraus feststehen. Vielmehr wird die Politik erst im Bundesrat gemacht,[963] wo die gegenläufigen Interessen von Gesamt- und Gliedstaaten zu einem Ausgleich gebracht werden. Aus diesem Grund hilft auch nicht der Verweis darauf, dass der Bundesrat als Bundesorgan das Ganze und nicht die Teile repräsentieren solle,[964] denn die unterschiedlichen föderalistischen und parteipolitischen Interessen fügen sich erst in ihm zu einem Ganzen.

III. Der Grundsatz der Verfassungsorgantreue

Ebenfalls auf dem Gedanken staatlicher Integration beruht der ungeschriebene Grundsatz der Verfassungsorgantreue. Die Unmöglichkeit, sämtliche Rechtsbeziehungen in verfassungsrechtlichen Bestimmungen zu normieren, macht es erforderlich, die Verfassungsorgantreue ergänzend neben der jeweiligen Kompetenznorm heranzuziehen.[965] Wie der Bundestreue liegt auch ihr eine Vielzahl verfassungsrechtlicher Normen zugrunde, die auf gegenseitiger Fühlungnahme, Abstimmung und loyaler Zusammenarbeit aufbauen.[966] Während die Bundestreue nur im Verhältnis von Bund und Ländern gilt, findet das Prinzip der Verfassungsorgantreue auf die Beziehungen der Verfassungsorgane untereinander Anwendung. Beide Prinzipien sollen ein Zerfallen des Staates in eine Vielzahl isolierter, sich gegenseitig blockierender Machtzentren verhindern.[967]

Der Grundsatz hat besonders in den Fällen Bedeutung, in denen es an einer Instanz fehlt, die Konkurrenzen und Reibungen, wie sie zwischen Parlament und Regierung oder zwischen Parlament, Regierung und Bundesrat auftreten können, beseitigt. Eine solche Vermittlerrolle nahm unter der Bismarckschen Reichsverfassung der Reichskanzler ein.[968] Unter der Reichsverfassung von 1919 hatte der Reichspräsident die Aufgabe, Spannungen zwischen Reichstag, Reichsrat und Reichsregierung aufzulösen. Die Wiedereinführung einer vergleichbaren letztentscheidenden und schlichtenden Instanz hielt man bei der Schaffung des Grundgesetzes für nicht erforderlich, da das Zustimmungsrecht des Bundesrats die Ausnahme sein sollte.[969]

---

[962] So *Christoph Gusy* mit Bezug auf das Einspruchsrecht des Bundesrats, DVBl. 1998, 917; vgl. auch *Hans Hugo Klein*, in: Wilke/Schulte (Hrsg.), Der Bundesrat, 1990, S. 351 (361 f., 367 f.); *Klaus Lange*, ebenda, S. 226 (239).

[963] *Hans Hugo Klein*, a. a. O., S. 368; zu den Gewaltenverschränkungen zwischen Bundesrat und Bundesregierung oben § 7 IV 2 c).

[964] *Hans Schäfer*, Der Bundesrat, 1955, S. 28; *Theodor Maunz*, Deutsches Staatsrecht, 18. Aufl. 1971, S. 358; indes hebt *Theodor Maunz* an anderer Stelle das *politische* Element der Entscheidungsfindung hervor, das notwendigerweise ein Gegeneinander der verschiedenen Kräfte voraussetze, ebenda, S. 217.

[965] *Wolf-Rüdiger Schenke*, Die Verfassungsorgantreue, 1977, S. 43 ff.

[966] Vgl. mit Bezug auf die Bundestreue oben § 8 II.

[967] *Wolf-Rüdiger Schenke*, a. a. O., S. 27.

[968] Oben § 2 V 1 c) dd).

[969] Siehe oben § 4 I.

Angesichts des Fehlens besonderer verfassungsrechtlich normierter Konfliktlösungsmechanismen, ist die Verfassungsorgantreue grundsätzlich anwendbar.[970]

Wie das Prinzip bundesfreundlichen Verhaltens hat auch die Verfassungsorgantreue die Funktion einer Missbrauchsschranke.[971] Sie soll verhindern, dass ein Organ nur deswegen von einer ihm formal-rechtlich zustehenden Kompetenz Gebrauch macht, um ein anderes Verfassungsorgan in illoyaler Weise zu behindern. Da die Verfassungsorgantreue keine bestimmte Aussage darüber trifft, wie eine loyale Zusammenarbeit auszusehen hat, bedarf sie der Rückkoppelung an die jeweilige Kompetenzvorschrift, deren Interpretation und praktischer Handhabung sie dienen soll.[972]

Abgesehen von den Fällen, die ein Zustimmungsrecht der Länder zur Wahrung der Verwaltungshoheit vorsehen,[973] ist der Bundesrat nicht auf die Wahrung föderalistischer Belange beschränkt. Zwar sind die Interessen der Länder in der überwiegenden Zahl zustimmungsbedürftiger Materien in besonders starkem Maße berührt,[974] doch ist eine strikte Trennung von Bundes- und Landesinteressen nicht durchführbar. Demzufolge lässt sich auch nicht ohne weiteres bestimmen, in welchen Fällen die Zustimmung aus sachfremden – dem Grundsatz der Verfassungsorgantreue widersprechenden Gründen – verweigert wird. Dies gilt insbesondere vor dem Hintergrund, dass die Bundespolitik, deren wesentliches Gestaltungsmittel die Gesetzgebung ist,[975] erst im Bundesrat konkrete Gestalt annimmt und dieser in bestimmten Fällen an der gestaltenden Gesamtleitung des Bundes teilhat.[976] Schließlich dürfte sich auch das rein praktische Problem stellen, dass die Bundesratsmehrheit wohl kaum eine etwaige Blockadehaltung zugeben würde. Überdies ist der Bundesrat nicht zur Begründung seiner Zustimmungsverweigerung verpflichtet,[977] so dass ein treuewidriges Verhalten im Zweifel nicht belegbar wäre.
Demnach ist auch dieser Grundsatz nicht geeignet, konkrete Maßstäbe für ein Abstimmungsverhalten der Länder im Bundesrat vorzugeben.

---

[970] Eine Problemlösung mit Hilfe der Verfassungsorgantreue halten für möglich *Michael Sachs*, VVDStRL 58 (1999), S. 39 (72), *Wolf-Rüdiger Schenke*, Die Verfassungsorgantreue, 1977, S. 70 ff, 91 ff; andeutungsweise auch *Klaus Stern*, Staatsrecht, Bd. I, 2. Aufl. 1984, S. 731.

[971] *Wolf-Rüdiger Schenke*, a. a. O., S. 43 f..

[972] *Wolf-Rüdiger Schenke*, a. a. O., S. 38 f.; die Rückanknüpfung an die durch die Verfassungsorgantreue auszulegende Norm führt nicht zur Bedeutungslosigkeit des Grundsatzes, wie dies *Christian Pestalozza*, Formenmissbrauch des Staates, 1973, S. 100, sieht.

[973] *Wolf-Rüdiger Schenke*, a. a. O., S. 75 sowie statt vieler *Armin Dittmann*, in: Michael Sachs (Hrsg.), GG, 3. Auflage 2003, Art. 84 Rdn. 1 ff., 14.

[974] BVerfGE 1, 76 (79); *Konrad Reuter*, in: Praxishandbuch Bundesrat, 1991, Art. 50 Rdn. 159.

[975] So schon *Richard Thoma*, in: HbDStR, Bd. II, 1932, S. 108 (137); *Wolf-Rüdiger Schenke* greift den prägnanten Begriff „gouverner, c'est légiférer" auf, in: Die Verfassungsorgantreue, 1977, S. 72.

[976] *Roman Herzog*, in: Wilke/Schulte (Hrsg.), Der Bundesrat, 1990, S. 194 (204); *Michael Sachs*, VVDStRL 58 (1999), S. 39 (69 ff.).

[977] *Fritz Ossenbühl*, AöR 99 (1974), 369 (417).

Und selbst wenn man sich dazu entschließen sollte, das Problem parteipolitischer Konfrontation mit Hilfe dieser ungeschriebenen Verfassungsgrundsätze anzugehen: Eine Anwendung auf den konkreten Konflikt würde nur die Symptome beseitigen. Wenn überhaupt, würde eine solche Lösung nur den Fall betreffen, dass es schon zu blockadeähnlichen Spannungen gekommen ist, ohne dass der Vermittlungsausschuss einen Ausweg aufzeigen konnte. Das Problem parteipolitischer Konfrontation liegt aber im Verhältnis von parlamentarischer Demokratie, Bundesstaatsprinzip und Parteienstaatlichkeit. Angesichts der Verschiebungen und Überlagerungen innerhalb dieser Verfassungsprinzipien besteht die Notwendigkeit, das Verhältnis von Bund und Länder neu zu überdenken und strukturelle Reformen ins Auge zu fassen.[978] Diesem Versuch sollen die folgenden Ausführungen dienen.

IV. Die Zulässigkeit von Reformen

Die Ewigkeitsgarantie des Art. 79 Abs. 3 GG steht einer Reform des Bundesstaats nicht entgegen, vorausgesetzt, die grundsätzliche Mitwirkung der Länder an der Gesetzgebung und die bundesstaatliche Ordnung bleiben unangetastet. Die Bestandsgarantie der Länder bezieht sich nur auf die bundesstaatliche Ordnung als solche,[979] einzelne Länder können aus ihr kein Recht auf Existenz herleiten, was auch aus der Neugliederungsbestimmung des Art. 29 GG hervorgeht.[980] Den bestehenden Ländern muss aufgrund ihrer Staatsqualität eine eigene Gesetzgebungs-, Verwaltungs- und Rechtsprechungshoheit gewährleistet sein,[981] wobei ihnen ein ausreichender Anteil am Gesamtsteueraufkommen im Bundesstaat zusteht.[982] Maßnahmen, welche die Eigenstaatlichkeit und den Kern ihrer eigenen Aufgaben gefährden, sind daher unzulässig. Umgekehrt folgt hieraus jedoch kein Bestandsschutz zugunsten bestehender Gesetzgebungskompetenzen und Steuerertragshoheiten.[983]

Im Folgenden soll der Frage nachgegangen werden, ob dies ebenso für das Verfassungsorgan Bundesrat gilt, oder ob dieser in seiner konkreten Ausprägung von der Ewigkeitsgarantie des Art. 79 Abs. 3 GG umfasst ist.

---

[978] *Rudolf Dolzer*, in: VVDStRL 58 (1999), S. 7 (28 ff.); *Wolf-Rüdiger Schenke*, in: Schneider/Zeh (Hrsg.), Parlamentsrecht und Parlamentspraxis, 1989, § 55 Rdn. 69.

[979] *Brun-Otto Bryde*, in: von Münch/Kunig, GG, Bd. 3, 5. Aufl. 2003, Art. 79 Rdn. 30 f.; *Horst Dreier*, in: *ders.* (Hrsg.), GG, Bd. II, 1998, Art. 79 Abs. 3 Rdn. 39; *Theodor Maunz/Günter Dürig*, in: Maunz/Dürig, GG, Bd. IV, Art. 79 Rdn. 33 f.; zum Problem einer angemessenen „Kompetenzausstattung" der Länder auch *Karl-E. Hain*, in: von Mangoldt/Klein/Starck, Das Bonner GG, Bd. 3, 4. Aufl. 2001, Art. 79 Abs. 3 Rdn. 127 ff.

[980] Art. 29 GG enthielt bis zu seiner Änderung im Jahr 1976 einen auf Neugliederung gerichteten Verfassungsauftrag, der einer Kann-Vorschrift wich (Änderungsgesetz vom 23.08.1976 – BGBl. I, S. 2381); hierzu auch *Wilfried Erbguth*, in: Sachs (Hrsg.), GG, 3. Aufl. 2003, Art. 29 Rdn. 13

[981] *Jörg Lücke*, in: Sachs (Hrsg.), GG, 3. Aufl. 2003, Art. 79 Rdn. 26.

[982] BVerfGE 34, 9 (19); 87, 181 (196); *Josef Isensee*, in: Isensee/Kirchhof (Hrsg.), HbStR, Bd. IV, 1990, § 98 Rn. 276.

[983] Vgl. die in Fußn. 979 und 981 Genannten sowie *Wolf-Rüdiger Schenke*, in: Schneider/Zeh (Hrsg.), Parlamentsrecht und Parlamentspraxis, 1989, § 55 Rdn. 11.

V. Abschaffung oder Reform des Bundesrats

Die durch unterschiedliche Mehrheitsverhältnisse ermöglichten Blockaden haben zur Folge, dass bei der Verabschiedung von Zustimmungsgesetzen das bundesstaatliche Element gesamtstaatlicher Entscheidungsfindung das parlamentarisch-demokratische Element überlagert. Darüber hinaus hat die Parteienstaatlichkeit des Grundgesetzes die föderalistischen Aspekte der Beteiligung der Länder an der Gesetzgebung in den Hintergrund gedrängt.[984]

Im Folgenden soll darauf eingegangen werden, ob vor dem Hintergrund dieser Entwicklung der Bundesrat nicht reformiert oder abgeschafft werden sollte.

1. Verfassungsrechtliche Zulässigkeit der Abschaffung des Bundesrats

Da dem Bundesrat heute weitgehend die Rolle des Blockierers zugeschrieben wird, stellt sich die Frage, ob das Spannungsverhältnis zwischen den Gesetzgebungsorganen nicht durch seine Abschaffung aufgelöst werden kann.[985] Dieser radikale Schritt wird von weiten Teilen der Literatur für verfassungsrechtlich zulässig gehalten.[986]

Dem könnte die „Ewigkeitsgarantie des Art. 79 Abs. 3 GG entgegenstehen, die eine „Änderung [des] Grundgesetzes, durch welche ... die grundsätzliche Mitwirkung der Länder an der Gesetzgebung ... berührt [wird]“, für unzulässig erklärt. Wie oben dargelegt, kann hieraus jedoch nur geschlossen werden, dass die Länder prinzipiell an der Gesetzgebung des Bundes zu beteiligen sind. Über ein Mindestmaß von Mitwirkungsrechten und die Art der Mitwirkung trifft Art. 79 Abs. 3 GG keine konkrete Aussage.[987]

Auch die Entstehungsgeschichte der Vorschrift im Parlamentarischen Rat rechtfertigt keine andere Sichtweise,[988] da die Entscheidung für den Bundesrat eine Kompromisslösung darstellte und im Parlamentarischen Rat auch Senatsmodelle diskutiert wurden.[989]

---

[984] Zum diesem Ungleichgewicht oben § 4 II 3 c) cc) u. dd).

[985] Je unpopulärer die Rolle des Bundesrats als „Verhinderer eines unmittelbar demokratisch legitimierten Gesetzgebungsprogramms“ ist, desto lauter wird der Ruf nach seiner Abschaffung; so *Ernst Heinsen/Fritz Rietdorf/Ernst-Wolfgang Böckenförde* in ihrem Sondervotum zum Abschlussbericht der *Enquête-Kommission Verfassungsreform*, BT-Drs. 7/5924, S. 106.

[986] Die Vertreter dieser Ansicht sprechen sich überwiegend für eine Senatslösung aus, so *Horst Dreier*, in: Dreier (Hrsg.), Grundgesetz, Band II, 1998, Art. 79 Abs. 3 Rdn. 19; *Axel Elgeti*, Inhalt und Grenzen der Föderativklausel des Art. 79 Abs. 3 GG, 1968, S. 72.; *Konrad Hesse*, AöR 98 (1973), 1 (18); *Hans Nawiasky*, Die Grundgedanken des Grundgesetzes, 1950, S. 63; *Klaus Stern*, Staatsrecht, Bd. I, 2. Aufl. 1984; S. 170; hiergegen *Hans-Ulrich Evers*, in: Bonner Kommentar, Zweitbearbeitung (1982), Art. 79 Abs. 3 Rdn. 222; *Theodor Maunz/Günter Dürig*, in: Maunz/Dürig, GG, Bd. IV, Art. 79 Abs. 3 Rdn. 36, dort bei Fußn. 1. Auch wenn ursprünglich vorgesehen war, die „Bundesratskonstruktion“ dem Schutz des Art. 79 Abs. 3 GG zu unterstellen, wurde dies bei der Verabschiedung des Verfassungstextes im Hauptausschuss fallengelassen, *Rudolf Werner Füsslein*, JöR n. F. 1 (1951), S. 584.

[987] Zu den Grenzen einer Einschränkung der Mitwirkungsrechte unten § 8 VII 4.

[988] So aber *Hans-Ulrich Evers*, in: Bonner Kommentar, Zweitbearbeitung (1982), Art. 79 Abs. 3 Rdn. 221, der sich auf die historische Tradition des Bundesratsmodells beruft.

Gegen eine ersatzlose Abschaffung des Bundesrats könnten jedoch teleologische Gesichtspunkte sprechen. Die Vorschrift des Art. 79 Abs. 3 GG soll den Ländern ein Minimum an effektiver Einflussnahme auf die Bundesgesetzgebung gewähren. Die gewaltenteilende Wirkung des bundesstaatlichen Aufbaus setzt voraus, dass sich Bund und Länder als annähernd gleichberechtigte Gewalten gegenüberstehen, so dass eine Reduzierung der Mitwirkung der Länder auf eine bloß formale Beteiligung ohne die Möglichkeit einer sachlichen Einflussnahme unzulässig ist.[990] Den Ländern muss zur Wahrung ihrer Eigenstaatlichkeit ein Mindestmaß an Effektivität bei der Mitwirkung im Gesetzgebungsverfahren bleiben, wozu die Willensbildung in einem geordneten Verfahren gehört.[991]

Eine ersatzlose Abschaffung des Bundesrats würde bedeuten, dass die Länder über kein Organ mehr verfügen, in dem sie ihre Interessen bündeln und dem Bund gegenüber mit einem gewissen Gegengewicht auftreten können. Das einzelne Land dürfte kaum in der Lage sein, seine Belange gegen den Gesamtstaat durchzusetzen. Wenn der Bundesrat ersatzlos wegfiele, stellte sich die Frage, ob die Länder überhaupt noch sachgerecht Einfluss auf die Bundesgesetzgebung ausüben könnten. Die vereinzelt vorgeschlagene Alternative einer Zustimmung der Länderparlamente oder des Landesvolkes zu Bundesgesetzen erscheint wenig praktikabel.[992]

Eine Abschaffung des Bundesrats lässt sich auch nicht mit dem Argument rechtfertigen, dass er nur mittelbar demokratisch legitimiert sei. Insbesondere folgt aus der demokratischen Legitimation des Parlaments kein Vorrang gegenüber dem Bundesrat.[993] Vielmehr stehen Demokratie- und Bundesstaatsprinzip in Art. 20 Abs. 1 GG gleichberechtigt nebeneinander. Die Ewigkeitsgarantie des Art. 79 Abs. 3 GG erfasst beide Prinzipien gleichermaßen.[994] Gerade die Mitwirkung eines primär föderativ strukturierten Organs an der Gesetzgebung sollte nach Art. 50 und Art. 70 Abs. 1 2. HS GG die vertikale Gewal-

---

[989] Vgl. oben § 4 I; zur Zulässigkeit der Einführung eines Senatsmodells sogleich unter § 8 V 2.

[990] *Karl-E. Hain*, in: von Mangoldt/Klein/Starck, Das Bonner GG, Bd. 3, 4. Aufl. 2001, Art. 79 Abs. 3 Rdn. 134; *Konrad Hesse* AöR 98 (1973), 1, (15, 18 f.); *Theodor Maunz/Günter Dürig*, in: Maunz/Dürig, GG, Bd. IV, Art. 79 Rdn. 37; *Klaus Stern*, Staatsrecht, Bd. I, 2. Aufl. 1984; S. 170.

[991] *Karl E. Hain*, a. a. O., Art. 79 Abs. 3 Rdn. 134.

[992] So aber etwa *Hans-Ulrich Evers*, in: Bonner Kommentar (Zweitbearbeitung 1982), Art. 79 Abs. 3 Rdn. 222; *Karl-E. Hain*, a. a. O., Art. 79 Rdn. 133 f.; *Jörg Lücke*, in: Sachs (Hrsg.), GG, 3. Aufl. 2003, Art. 79 Rdn. 28 f. jeweils m. w. N. Zur rechtlichen Zulässigkeit einer solchen Konstruktion unten § 8 VII 2 b).

[993] *Hans Hugo Klein*, ZParl 1976, 307 (311); *Hartmut Maurer*, in: Festschrift für Günther Winkler, 1997, S. 615 (637) ; *Michael Sachs*, in : VVDStRL 58 (1999), S. 39 (44f.); *Klaus Stern*, Staatsrecht, Bd. I, 2. Aufl. (1984), S. 739 f.; *Enquête-Kommission Verfassungsreform*, BT-Drucks. 7/5924, Kap. 7, S. 96.

[994] *Hans Hugo Klein*, in: Bundesrat (Hrsg.), Vierzig Jahre Bundesrat, 1989, S. 95 (102); *Michael Sachs*, in: VVDStRL 58 (1999), S. 39 (44).

tenteilung des Grundgesetzes verwirklichen, so dass der Bundesrat nicht ohne weiteres entbehrlich ist.[995]

Auch aus der nur mittelbaren demokratischen Legitimation der Bundesratsvertreter folgt nichts Gegenteiliges. Das Grundgesetz kennt keine „mindere" demokratische Legitimation. So lässt sich Art. 28 GG nur entnehmen, dass die Grundsätze der parlamentarischen Demokratie auch in den Ländern gelten, etwaige Anforderungen an den Grad dieser Legitimation stellt diese Vorschrift nicht.[996] Vielmehr reicht es aus, dass die im Bundesrat vertretenen Mitglieder der Landesregierungen durch eine ununterbrochene vom Volk ausgehende und über die gewählte Volksvertretung bis hin zu den Regierungsorganen und Amtswaltern reichende Legitimationskette berechtigt sind.[997]

Eine schwächere demokratische Legitimation und damit Nachrangigkeit des Bundesrats gegenüber dem Bundestag kann auch nicht daraus hergeleitet werden, dass die im Bundesrat vertretenen Mitglieder der Landesregierungen ihre Legitimation nicht vom Bundesvolk, sondern vom jeweiligen Landesvolk herleiten. Das Bundesstaatsprinzip nimmt in Kauf, dass es nur partiell zu Überschneidungen hinsichtlich der demokratischen Legitimationsbasis kommt; Bundes- und Landesvolk sind nur teilidentisch.[998] Dies bedeutet jedoch nicht, dass Bundesvolk und Landesvölker als unterschiedliche „Legitimationsspender"[999] und damit das Demokratie- und das Bundesstaatsprinzip gegeneinander ausgespielt werden können.[1000] Umgekehrt folgt hieraus aber auch nicht, dass beide Staatsorgane gleichberechtigt nebeneinander stehen.[1001]

---

[995] *Konrad Hesse*, AöR 98 (1973, 1 (38).

[996] Auch die Erkenntnis, dass je bedeutsamer die Hoheitsausübung, desto kürzer die Legitimationskette ist, führt nicht weiter. Das Grundgesetz sieht gerade vor, dass mit dem Bundesrat ein Verfassungsorgan an der Gesetzgebung mitwirkt, dessen Mitglieder im Vergleich zu den Parlamentariern eine „längere Legitimationskette mit dem Volk verbindet. Zur Höhe des Legitimationsniveaus auch *Volker Epping*, Der Staat 36 (1997), S. 349 (366), mit Bezug auf die Wahl der Bundesverfassungsrichter; gegen eine Stufenfolge demokratischer Legitimation auch *Hans Hablitzel*, BayVBl. 1979, S. 39 (49) und *Wolfgang Knies*, in: Wilke/Schulte (Hrsg.), Der Bundesrat, 1990, S. 210 (219).

[997] Zu dieser Voraussetzung BVerfGE 83, 60 (73); 93, 37 (67); *Ernst-Wolfgang Böckenförde*, in: Isensee/Kirchhof (Hrsg.), Handbuch des Staatsrechts, Bd. I, 1987, S. 887, 894 f.; *Hartmut Maurer*, in: Festschrift für Günther Winkler, 1997, S. 615 (636); die Annahme des Gegenteils würde ignorieren, dass der Bundesrat keiner *bundes*demokratischen Legitimation bedarf, hierzu *Michael Sachs*, in: VVDStRL 58 (1999), S. 39 (44).

[998] Das übersieht *Hartmut Maurer*, wenn er generell von der mittelbaren demokratischen Legitimation durch das „Volk" spricht, in: Festschrift für Günther Winkler, 1997, S. 615 (636); wie hier *Wolf-Rüdiger Schenke*, in: Schneider/Zeh (Hrsg.), Parlamentsrecht und Parlamentspraxis, 1989, § 55 Rdn. 50.

[999] Begriff bei *Bodo Pieroth*, in: Jarass/ Pieroth, GG, 6. Aufl. 2002, Art. 20 Rdn. 9; *Hans Hugo Klein* weist in diesem Zusammenhang auf die Einzigartigkeit des Bundesrats hin und betont, dass sich hieraus keine mindere demokratische Legitimation herleiten lasse, in: Der Bundesrat (Hrsg.), Vierzig Jahre Bundesrat, 1989, S. 95 (102 ff.).

[1000] So aber *Hans-Herbert von Arnim*, wenn er betont, dass dem Bundesrat die „bundespolitische demokratische Legitimation" fehle, ZRP 1998, 138 (140); hiergegen *Hans Hablitzel*, BayVBl. 1979, 1 (40); *Hartmut Klatt*, „Aus Politik und Zeitgeschichte" 1982, B 31 – S. 3 (21); *Hartmut Maurer*, in: Festschrift für Günther Winkler, 1997, S. 615 (637); Michael *Sachs*, in : VVDStRL 58 (1999), S. 39 (44 f.); vgl. auch die Verhandlungen der *Enquête-Kommission Verfassungsreform*, BT-Drucks. 7/5924, Kap. 7, S.

Somit führt auch die Feststellung, dass beide Staatsorgane eine unterschiedliche demokratische Legitimation aufweisen, nicht weiter.[1002]

Eine ersatzlose Abschaffung des Bundesrats würde nicht nur die Effektivität der Mitwirkung der Länder an der Gesetzgebung des Bundes nach Art. 79 Abs. 3 GG, sondern auch die gewaltenteilende und demokratiesichernde Funktion des Bundesstaatsprinzips beeinträchtigen.[1003] Demnach kommt nur eine vorsichtige Anpassung der Ländervertretung an die bestehenden Verhältnisse in Betracht.

2. Verfassungsrechtliche Zulässigkeit der Einführung eines Senatsmodells bzw. senatsähnlichen Modells

Vor dem Hintergrund der partiellen Überlagerung des Demokratieprinzips durch das Bundesstaatsprinzip[1004] stellt sich die Frage, ob eine stärkere demokratische Legitimierung des Bundesrats geeignet ist, beide Prinzipien zu einem schonenden Ausgleich zu bringen. Hingegen ist eine solche Annäherung des Bundesrats an das Demokratieprinzip unzulässig, wenn das Bundesratsmodell der „Ewigkeitsgarantie" des Art. 79 Abs. 3 GG unterfällt.[1005]

Vereinzelt wird vertreten, dass der Bundesrat als solcher vom Schutz des Art. 79 Abs. 3 GG erfasst sei.[1006] Dies wird vor allem aus dem Wortlaut und dem Zweck der Vorschrift hergeleitet. Von einer „Mitwirkung der Länder" bei der Gesetzgebung könne nur die Rede sein, wenn sie als Körperschaften, das heißt als juristisch-politische Einheiten an der gesamtstaatlichen Willensbildung beteiligt seien.[1007] Eine effektive Mitwirkung der Länder erfordere, dass nicht vom Parlament bestimmte oder vom Landesvolk gewählte Senatoren, sondern ausschließlich Regierungsmitglieder als Vertreter der Länder die gliedstaatlichen Interessen in einem eigens dafür vorgesehenen Organ zum Ausdruck brächten. Nur eine einheitliche, landesbezogene und gebundene Stimmabgabe gewähr-

---

96. Die Relevanz dieser Fragen gänzlich verneinend *Wolfgang Knies*, in: Wilke/Schulte (Hrsg.), Der Bundesrat, 1990, S. 210 (217 ff.).

[1001] *Matthias Heger*, Deutscher Bundesrat und Schweizer Ständerat, 1990, S. 252.

[1002] Aus diesem Grund betont *Wolfgang Knies*, dass „die demokratische Legitimation [zwar] eine notwendige, ...aber keine hinreichende Bedingung [der] bundespolitischen Mitgestaltungsmacht [des Bundesrates ist], in: Wilke/Schulte (Hrsg.), Der Bundesrat, 1990, S. 210 (220).

[1003] So auch *Karl-E. Hain*, in: von Mangoldt/Klein/Starck, Das Bonner GG, 4. Aufl. 2001, Art. 79 Rdn. 134 a. E.

[1004] Vgl. oben § 7 IV 6 a) und § 8 V.

[1005] *Brun-Otto Bryde*, in: Verfassungsentwicklung, 1982, S. 238 f.

[1006] So *Hans-Ulrich Evers*, in: Bonner Kommentar, Zweitbearbeitung (1982), Art. 79 Abs. 3 Rdn. 220 f.; *Theodor Maunz*, in: Maunz/Dürig, GG, Art. 79 Rdn. 36 bei Fn. 1; hiergegen *Brun-Otto Bryde*, in: von Münch/Kunig (Hrsg.), GG, Bd. 3, 5. Auflage, 2003, Art. 79 Rdn. 32; *ders.* noch a. A. in der Vorauflage sowie in: Verfassungsentwicklung, 1. Aufl. 1982, S. 238.

[1007] *Jürgen Harbich*, Der Bundesstaat und seine Unantastbarkeit, 1965, S. 131 ff.

leiste, dass die politische Auffassung eines Landes in die Willensbildung mit einfließe.[1008] Eine freie Stimmabgabe durch vom Volk gewählte Senatoren stelle dies nicht sicher, da die Senatoren das Volk repräsentierten und nicht das Land.[1009] Darüber hinaus sei das Bundesratsmodell fest in der deutschen bundesstaatlichen Tradition verankert.[1010]

Letztere Feststellung ignoriert, dass auch das Senatsmodell seine historischen Vorläufer hat[1011] und die Entscheidung für den Bundesrat einen Minimalkonsens darstellte. Verfolgt man den Gang der Verhandlungen im Parlamentarischen Rat,[1012] gewinnt man den Eindruck, dass sich die Parteien nicht einmal auf eine Zwischenlösung einigen konnten, die in der Kombination beider Modelle bestanden hätte. Mangels kompromissfähiger Alternativen verständigte man sich stattdessen auf eine Übernahme des tradierten Bundesratsmodells. Somit ist es zweifelhaft, ob die eher aus der Not entstandene Entscheidung für den Bundesrat dem Schutzgehalt des Art. 79 Abs. 3 GG zugerechnet werden kann.[1013]

Auch geht die Argumentation, dass nur Regierungsvertreter den Willen des Landes als Gebietskörperschaften geltend machen können, in die falsche Richtung.[1014] Der Begriff der *Mitwirkung* der Länder in Art. 79 Abs. 3 GG setzt keine besondere Form der Repräsentation von Landesinteressen voraus, sondern nur eine grundsätzliche Teilhabe an der gesamtstaatlichen Willensbildung,[1015] vorausgesetzt sie ist Ausdruck eines wie auch immer geäußerten souveränen Landeswillens.[1016] Die Herleitung des Gegenteils würde nicht nur den Wortlaut der Norm überdehnen.

Auch die Begründung, dass nur Regierungen – nicht aber Senatoren – ihr Land vertreten können, geht in die falsche Richtung. Sie setzt sich darüber hinweg, dass auch die Landesregierungen ihre Legitimation von den Landtagen – und damit vom Volk – herleiten. Der behauptete Gegensatz zwischen Landesregierung und Landesvolksvertretung, der

---

[1008] *Jürgen Harbich*, a. a. O., S. 132 f.; *Hans-Ulrich Evers*, a. a. O., Rdn. 220.

[1009] *Jürgen Harbich*, a. a. O., S. 132 f.; *Hans-Ulrich Evers*, a. a. O., Rdn. 220.

[1010] *Hans-Ulrich Evers*, a. a. O., Rdn. 220.

[1011] Zweifel an der Argumentationsfigur der bundesstaatlichen Tradition äußert auch *Karl-E. Hain*, in: von Mangoldt/Klein/Starck, Das Bonner GG, 4. Aufl. 2001, Art. 79 Rdn. 133 - dort Fußn. 487; gegen diese historische Sichtweise auch *Axel Elgeti*, Inhalt und Grenzen der Föderativklausel des Art. 79 Abs. 3 GG, 1968, S. 70

[1012] Vgl. den Überblick oben § 4 I.

[1013] Hierauf weisen vor allem *Axel Elgeti*, a. a. O., S. 71 und *Karl-E. Hain* hin, a. a. O., Rdn. 133 – dort Fußn. 487.

[1014] *Karl-E. Hain* (oben Fußn. 1011), Art. 79 Rdn. 133 – Fußn. 487.

[1015] *Brun-Otto Bryde*, in: von Münch/Kunig, GG, Bd. 3, 3. Aufl. 2003, Art. 79 Rdn. 32; *Hans Elgeti*, Inhalt und Grenzen der Föderativklausel des Art. 79 Abs. 3 GG, 1968, S. 72; *Karl-E. Hain*, in: von Mangoldt/Klein/Starck, Das Bonner GG, Bd. 3, 4. Auflage 2001, Art. 79 Abs. 3 Rdn. 133; so implizit auch *Konrad Hesse* AöR 98 (1973), S. 38 f.; hiervon ging auch die *Enquête-Kommission Verfassungsreform* aus, BT-Drucks. 7/5924, Kap. 7, S. 97.

[1016] *Klaus Stern*, Staatsrecht, Bd. I, 2. Aufl. 1984, S. 170.

dieser Sichtweise zugrunde liegt, besteht in einer parlamentarischen Demokratie in nur eingeschränktem Maße.[1017]

Schließlich trifft auch die allgemeine Behauptung nicht zu, dass es sich bei dem Senat um ein verkleinertes Spiegelbild des Parlaments handele, das parteipolitische Konfrontationen fördere.[1018] Die in den Verhandlungen des Parlamentarischen Rates betonte Versachlichung des Gesetzgebungsverfahrens durch den Bundesrat hat sich in Zeiten unterschiedlicher parteipolitischer Zusammensetzung beider Organe gerade nicht bewahrheitet,[1019] so dass dieser Argumentation die Grundlage entzogen ist.

Die Ersetzung des Bundesrats durch einen Senat bzw. ein senatsähnliches Modell weist somit keinen Ausweg aus der Blockadeproblematik

3. Einführung eines mit der Paulskirchenverfassung vergleichbaren Senatsmodells

Ausgehend von der oben getroffenen Feststellung, dass das Grundgesetz nicht auf eine bestimmte Form der Ländervertretung festgelegt ist, kommt zunächst eine Übertragung des Modells der Paulskirchenverfassung auf heutige Verhältnisse in Betracht. Dies würde bedeuten, dass an die Stelle des Bundesrats ein mit dem Staatenhaus der Paulskirchenverfassung vergleichbares Länderorgan treten würde. Die dorthin entsandten Vertreter wären nicht mehr weisungsgebundene Mitglieder bzw. Bevollmächtigte der einzelnen Landesregierungen, sondern hätten einen Status, der mit dem freien Mandat eines Bundestagsabgeordneten vergleichbar wäre. Demokratische und exekutive Elemente der Entscheidungsfindung könnten insoweit miteinander kombiniert werden, als die Gesandten der Länder zu der einen Hälfte von den Landtagen und zu der anderen Hälfte von den Landesregierungen gestellt würden.[1020] Dieser Lösungsansatz hätte angesichts des Verwaltungsföderalismus des Grundgesetzes den Vorteil, dass die von den Regierungen entsandten Vertreter weiterhin den administrativen Sachverstand der Länder in den Gesetzgebungsprozess einbringen könnten.[1021]

a) Einführung eines nur aus Senatoren bestehenden Länderorgans

Dagegen würde ein Länderorgan, das ausschließlich aus Vertretern der Landtage besteht, den Erfordernissen einer sachgerechten Verwaltungsplanung nicht gerecht. Angesichts

---

[1017] *Axel Elgeti* (Fußn. 1015), S. 70.

[1018] *Hans-Ulrich Evers*, in: Bonner Kommentar (Zweitbearbeitung 1982), Art. 79 Abs. 3 Rdn. 220.

[1019] So *Hans Nawiasky*, in: Die Grundgedanken des Grundgesetzes, 1950, S. 63, der schon damals von einer „Angleichung" des Bundesrats an die Volksvertretung infolge parteipolitischer Einflussnahme ausging.

[1020] Zur Kombination dieser Elemente in der Paulskirchenverfassung oben § 2 II 2 sowie sogleich unter b).

[1021] Dieser Vorteil des Bundesrats ist im bundesdeutschen „Verwaltungsföderalismus" unverzichtbar, *Michael Sachs*, VVDStRL 58 (1999), S. 39 (52).

der Dominanz des parteienstaatlichen Elements wäre es zwar denkbar, das föderalistische Organ einer stärkeren demokratischen Legitimierung zu öffnen und damit den tatsächlichen Verhältnissen anzupassen.[1022] Hierdurch würde aber der unitarisierende Einfluss der Parteien noch verstärkt. Angesichts der Tendenz, dass Landtagswahlen zunehmend zu Abstimmungen über die Politik der Bundesregierung geworden sind, hätte eine Entsendung unabhängiger Landtagsabgeordneter noch viel gravierendere Spannungen zwischen den Gesetzgebungsorganen zur Folge als dies gegenwärtig der Fall ist.[1023] Die Bedeutung der Länder als eigenständige politische Entscheidungszentren würde weiter schrumpfen.

Eine Entsendung weisungsgebundener Senatoren würde somit nichts an der bisherigen Praxis parteipolitischer Einflussnahme ändern.

b) Die unmittelbare Übernahme der Konzeption der Paulskirchenverfassung

Demnach scheidet das Modell einer ausschließlich aus Senatoren zusammengesetzten Ländervertretung aus. Fraglich ist, ob eine unmittelbare Übernahme der Konzeption der Paulskirchenverfassung weiterführt.[1024] Auch wenn die von den Landtagen bzw. Landesregierungen entsandten Vertreter weisungsfrei und nur ihrem Gewissen verpflichtet wären, würde dies nicht notwendigerweise bedeuten, dass sie unabhängig von parteipolitischen Interessen abstimmen. Dies gälte sowohl für die Senatoren als auch für die Bevollmächtigten der Landesregierungen. Letztere würden nur solche Vertreter entsenden, die auf ihrem politischen Kurs liegen.

In Bezug auf die Senatoren müsste außerdem geklärt werden, ob nur die jeweilige Landtagsmehrheit oder auch die Opposition Abgeordnete stellen darf. Hier kämen mehrere Möglichkeiten in Betracht:

Erstens, nur die Parlamentsmehrheit entsendet ihre Vertreter. Zweitens, die parlamentarische Mehrheit und die Opposition stellen ihre Vertreter nach Proporz. Drittens, Mehrheit und Opposition schicken – ähnlich wie in den Vermittlungsausschuss auf Bundesebene – gleich viele Senatoren. Die Einführung der ersten Variante würde dazu führen, dass die von der jeweiligen Landtagsmehrheit Entsandten aufgrund der parlamentarischen Demokratie in den Ländern kein Gegengewicht zu den Regierungsvertretern bilden würden. Im Ergebnis stärkte dies doch wieder die Landesregierungen. Eine Entsendung nach Proporz würde die Ländervertretung in die Nähe eines zweiten Parlaments rücken. Die dritte Variante hätte zur Folge, dass eine Art zweiter Vermittlungsausschuss entstände.

[1022] So auch die von der *Enquête-Kommission Verfassungsreform* angestellte Erwägung, BT/Drs. 7/5924, S. 96 f.

[1023] *Hans-Ulrich Evers*, in: Bonner Kommentar, Zweitbearbeitung 1982, Art. 79 Rdn. 220 f.; *Jürgen Harbich*, Bundesstaat und seine Unantastbarkeit, 1965, S. 133; *Theodor Maunz/Günter Dürig*, in: Maunz/Dürig, GG, Bd. III, Art. 79 Rdn. 36 (mit Fußn. 1); vgl. auch den Bericht der *Enquête-Kommission Verfassungsreform*, BT-Drucks. 7/5924, Kap. 7, S. 96 f.

[1024] § 2 II 2.

Keine der aufgezeigten Varianten würde das Problem parteipolitischer Konfrontation zufriedenstellend lösen: Ein zweites unter Umständen spiegelbildlich zusammengesetztes Parlament, wie es schon im Parlamentarischen Rat abgelehnt wurde, würde die Wahrscheinlichkeit parteipolitischer Konfrontation nur erhöhen. Und auch ein weiterer aus Landtagsgesandten zusammengesetzter „Vermittlungsausschuss" hätte keine eigenständige Bedeutung.

4. Übertragung des Modells des dritten Preußschen Entwurfs

Während die ersten beiden Entwürfe zur Weimarer Reichsverfassung noch eine Übernahme des Zentralparlaments der Paulskirchenverfassung vorsahen, einigte man sich unter Beteiligung der Länder im Staatenausschuss auf einen Kompromiss. Hierbei handelte es sich um einen Mittelweg zwischen dem traditionellen Bundesratsmodell und der Konzeption der Paulskirchenverfassung. Der Reichsrat sollte sich nicht mehr aus Senatoren und Vertretern der Landesregierungen zusammensetzen, sondern nur noch aus Gesandten der Regierungen bestehen, die als Inhaber eines freien Mandats nicht zur einheitlichen Stimmabgabe verpflichtet waren. Auch hatte das Länderorgan erstmals nur ein Einspruchsrecht.[1025]

Vor dem Hintergrund des oben Ausgeführten muss aber auch hinsichtlich dieser Variante bezweifelt werden, ob die Einführung eines freien Mandats einen Ausweg aus der Blockadeproblematik aufzeigen würde.

5. Übernahme des Systems der Weimarer Reichsverfassung

Der Weimarer Verfassungskompromiss übernahm das traditionelle Bundesratsmodell aus instruierten Länderbevollmächtigten. Mit dem Argument, dass der Einfluss der Parteien zurückgedrängt und die Politik durch den Einfluss der Länderregierungen im Reichsrat versachlicht werden sollte, entschied man sich für eine einheitliche Stimmabgabe und gegen ein freies Mandat.

Die Beschränkung des Reichsrats auf ein Einspruchsrecht wurde aus dem letzten Verfassungsentwurf übernommen. Faktisch kam es aber insoweit einem absoluten Vetorecht gleich, als es nur durch eine Zwei-Drittel-Mehrheit vom Reichstag überwunden werden konnte, so dass die Stellung der Ländervertretung im Verhältnis zum Parlament wieder aufgewertet wurde.[1026]

Eine Übernahme dieser Regelung würde bedeuten, dass nunmehr auch bei Einspruchsgesetzen eine Obstruktion möglich wäre, da für die Überwindung des Einspruchs eine einfache Bundestagsmehrheit nicht mehr ausreichen würde. Darüber hinaus wäre diese Lö-

---

[1025] § 2 VII 1 g).

[1026] § 2 VII 1 g).

sung in sich widersprüchlich. Einerseits würde der Einfluss des Bundesrats durch eine Beschränkung auf das Einspruchsrecht geschwächt, andererseits würde seine Stellung durch das Erfordernis einer qualifizierten parlamentarischen Mehrheit gestärkt.

6. Einführung der im Parlamentarischen Rat diskutierten Mischmodelle

Vor dem Hintergrund, dass eine unmittelbare Mitwirkung der Landesregierungen an der Bundesgesetzgebung als Fremdkörper im System demokratischer Entscheidungsfindung empfunden wurde,[1027] diskutierte man im Parlamentarischen Rat zahlreiche Mischmodelle. Der Vorzug des Bundesratssystems, den bürokratischen Sachverstand in die gesamtstaatliche Entscheidungsfindung einzubringen, sollte mit demokratischen Elementen kombiniert werden. Man wollte den gewaltenhemmenden Gegensatz zwischen demokratischer und föderativer Entscheidungsfindung nicht erst im Zusammenwirken von Bundesrat und Bundestag, sondern schon innerhalb des Länderorgans verwirklichen.

Die diskutierten Modelle beruhten auf der Grundlage einer Körperschaft, die zwei Kurien vereinigen sollte. Hiernach bestand die Bundesratskurie aus Mitgliedern bzw. Bevollmächtigten der Landesregierungen, während sich die Senatskurie aus Vertretern der Landtage zusammensetzen sollte. Nur die exekutiv zusammengesetzte Bundesratskurie wirkte an der Verwaltung mit, während über Bundesgesetze beide Kurien Beschluss fassten.[1028]

Diese Konzeption wurde in den Beratungen der *Enquête-Kommission Verfassungsreform*[1029] aufgegriffen. Zwei Drittel der Bundesratsvertreter sollten von den Landtagen gestellt werden, während sich das restliche Drittel aus Regierungsmitgliedern zusammensetzte, die auf Vorschlag der Regierungen von den Landtagen gewählt wurden. Letztere Vertreter bildeten den so genannten Regierungsausschuss.

Soweit der Bundesrat an der Gesetzgebung mitwirkte, waren sämtliche Bundesratsmitglieder als Inhaber eines freien Mandats an der Beschlussfassung im Bundesratsplenum beteiligt. Ging es hingegen um die Mitwirkung der Länder in Verwaltungsangelegenheiten, sollten ausschließlich die auf Vorschlag der Landesregierungen in den Regierungsausschuss gewählten Vertreter zuständig sein. Diese waren instruktionsgebunden.[1030]

Dieses Modell hätte den Vorteil, dass die Länderparlamente gegenüber ihren Regierungen an Einfluss gewännen. Infolge der mittelbaren Einbeziehung der Landtage würde der Bundesrat besser in die demokratisch-repräsentative Entscheidungsfindung integriert, so dass sich das Problem der mittelbaren demokratischen Legitimation der Bundesratsmitglieder nur noch in abgeschwächter Form stellte. Auf der anderen Seite würden Instruk-

---

[1027] Vgl. auch die Erläuterungen von *Rudolf Werner Füsslein*, in: JöR 1 N. F. (1951), S. 384 f.

[1028] Zu den dort diskutierten Mischmodellen oben § 4 I.

[1029] BT-Drs. 7/5924, S. 97 f.

[1030] BT-Drs. 7/5924, S. 97 f.

tionsgebundenheit und Zwang zur einheitlichen Stimmabgabe eine wirksame Wahrnehmung föderativer Interessen gewährleisten.

Einer derartigen Modifizierung des Bundesrats stehen jedoch funktionale und dogmatische Gesichtspunkte entgegen. So ist bedenklich, dass die Landesregierungen den Landtagen die zu wählenden Regierungsmitglieder vorgeben. Es stellte sich die Frage, welche Konsequenzen die Ablehnung eines oder mehrer zur Auswahl gestellter Regierungsmitglieder hätte und ob diese Ablehnung die parlamentarische Verantwortlichkeit der Landesregierung berühren würde.[1031] Die Entscheidung des Landtages, dass nur ein Teil der vorgeschlagenen Regierungsmitglieder in den Bundesrat entsandt wird, liefe im Ergebnis auf ein partielles Misstrauensvotum hinaus. Würde es doch bedeuten, dass der Landtag den abgelehnten Regierungsmitgliedern eine gouvernementale Repräsentation des Landes nicht zutraut.

Auch die Abgrenzung der Kompetenz des Regierungsausschusses von der des Plenums wäre problematisch. Die materielle Anknüpfung an die Art des Entscheidungsgegenstands ist mit erheblichen Unsicherheiten verbunden, da eine klare Grenzziehung zwischen Verwaltungs- und Gesetzgebungsaufgaben kaum möglich ist.[1032] Eine Umsetzung dieses Modells hätte zur Folge, dass sich im Einzelfall nicht bestimmen ließe, ob das Plenum oder der Regierungsausschuss tagt, und ob die Bundesratsmitglieder bei der Stimmabgabe frei oder weisungsgebunden sind. Deswegen ist vereinzelt vorgeschlagen worden, nach formellen Kriterien abzugrenzen.[1033] Hiernach sollten die im Plenum zu treffenden Beschlüsse an die Zuständigkeit des Bundestages und die im Regierungsausschuss zu treffenden Entscheidungen an die Kompetenz der Bundesregierung anknüpfen, so dass in der Mehrzahl der Fälle eine Generalklausel ausreichen würde.

Indes ist auch dieser Ansatz nicht unproblematisch. Vor dem Hintergrund der verfassungsgerichtlichen Rechtsprechung, derzufolge schon die Aufnahme einer einzigen zustimmungsbedürftigen Verwaltungsvorschrift die Zustimmungsbedürftigkeit des gesamten Gesetzes auslöst,[1034] wäre weitgehend ungeklärt, ob das Plenum, der Regierungsausschuss oder beide Gremien über das Gesetz und die in ihm enthaltene Verwaltungsvorschrift zu entscheiden haben.

Auch würde der Grundsatz der freien Abstimmung in Konfliktfällen mit der parlamentarischen Verantwortung der Landesregierung kollidieren.[1035] Das jeweilige Bundesratsmitglied könnte sich gegenüber dem Landtag auf die Argumentation zurückziehen, dass

---

[1031] BT-Drs. 7/5924, S. 98.

[1032] *Hartmut Maurer*, Allgemeines Verwaltungsrecht, 14. Auflage, 2002, § 1 Rdn. 8; *Ders.*, in: VVDStRL 43 (1985), S. 135 (154 ff.).

[1033] Vgl. das Sondervotum von *Jaeger* zum Abschlussbericht der *Enquête-Kommission Verfassungsreform*, BT-Drs. 7/5924, S. 111.

[1034] Hierzu unten § 8 VII 4 a), dort auch mit ausführlichen Nachweisen.

[1035] Diese Gefahr sieht *Jaeger*, a. a. O., S. 111, indes nicht.

es aufgrund seines freien Mandats von jeglicher parlamentarischer Verantwortung entbunden sei.[1036]

Schließlich vermindert auch dieses Mischmodell nicht die Wahrscheinlichkeit parteipolitischer Einflussnahme, denn die Landtage würden wohl kaum Regierungsmitglieder oder Abgeordnete aus ihrer Mitte bestimmen, die im Bundesrat vom politischen Grundkurs abweichen.

Das Problem parteipolitischen Abstimmungsverhaltens könnte im Gegenteil dadurch verstärkt werden, dass sich diejenigen Landesvertreter, die vom Kurs ihrer Delegation abweichen, mit den Vertretern anderer Länder zusammenschließen. Hierdurch würde die Repräsentation des einzelnen Landes im Bundesrat geschwächt. Die Länder wären nicht mehr im gleichen Maße wie bisher an der Bundesgesetzgebung beteiligt.[1037] Überdies würde das Abstimmungsverhalten der Bundesratsmitglieder undurchschaubar, so dass eine Zurechnung politischer Verantwortung noch schwerer möglich wäre, als dies ohnehin schon der Fall ist.

7. Zwischenergebnis

Eine Übertragung historischer Modelle auf die heutige Situation weist somit keinen Weg aus der Blockadeproblematik. Eine Umstrukturierung der Ländervertretung zu einem senatsähnlichen Organ würde das Problem parteipolitischer Konfrontation eher noch verstärken als zu seiner Lösung beitragen. Auch die Einführung eines freien Mandats im Bundesrat und die Abschaffung des Gebots der einheitlichen Stimmabgabe durch jedes Land würde eine Politisierung des Bundesrats begünstigen, so dass das Abstimmungsverhalten noch weitaus stärker als bisher an bundespolitischen Belangen orientiert wäre. Die unitarische Entwicklung des Bundesstaats bekäme hierdurch einen weiteren Schub, wodurch die Landtage – entgegen der verfassungspolitischen Zielsetzung einer solchen Reform – weiter geschwächt würden.

8. Übernahme der Konfliktlösungsmechanismen früherer Verfassungen

Das Grundgesetz sieht abgesehen vom Bundesverfassungsgericht keine neutrale Instanz vor, die rechtlich imstande ist, Konflikte zwischen Verfassungsorganen zu beseitigen.[1038] Dies wirft die Frage auf, ob Interessengegensätze zwischen beiden Gesetzgebungsorganen nicht dadurch gelöst werden können, dass einem anderen Verfassungsorgan die Funktion eines „Schlichters" zugewiesen wird.

[1036] So auch *Konrad Hesse*, AöR 98 (1973), 1 (39); Zur Schwächung parlamentarischer Verantwortlichkeit infolge der Kooperation auf Regierungsebene *Gunter Kisker*, DÖV 1977, 689 (693), hierzu auch oben § 4 II 3 c) bb).

[1037] Zur Untauglichkeit solcher „Mischmodelle" auch *Konrad Hesse*, AöR 98 (1973), 1 (39).

[1038] Vgl. die in Fußn. 849 Genannten.

Vorbild hierfür könnte der Vermittlungsausschuss sein. Die Einschaltung des Vermittlungsausschusses hat vor dem Hintergrund der Konsensorientierung des Grundgesetzes den Vorteil, dass die parlamentarische Minderheit inte-griert wird. Wenn ein Gesetzesvorhaben sowohl das „Werk" der Regierungsmehrheit als auch der über den Bundesrat beteiligten Opposition ist, führt dies zu größtmöglicher Stabilität, was in Zeiten geringen Reformbedarfs vor überraschenden politischen Richtungswechseln schützt. Die Entscheidungsfindung im nicht-öffentlich tagenden Vermittlungsausschuss ist jedoch mit dem Nachteil verbunden, dass der Wähler nicht mehr verfolgen kann, wessen „Werk" das letztlich verabschiedete Gesetz ist, so dass eine klare Zurechnung politischer Verantwortung unmöglich wird.

Fraglich ist deswegen, ob und wenn ja, welchem Verfassungsorgan die Funktion einer letztentscheidenden Instanz zugewiesen werden soll. In Anknüpfung an die Weimarer Reichsverfassung könnte der Bundespräsident diese vermittelnde Stellung einnehmen. Problematisch hieran könnte sein, dass der Bundespräsident von der politischen Leitungsmacht im Bund ausgeschlossen ist.

Wirft man indes einen genaueren Blick auf die einzelnen Kompetenzbestimmungen, ergibt sich ein differenziertes Bild. Zwar hat das Staatsoberhaupt weniger politische Befugnisse als der Reichspräsident der Weimarer Reichsverfassung,[1039] doch verbleiben ihm ungeachtet seiner grundsätzlichen Beschränkung auf Repräsentation und staatsnotarielle Funktionen selbständige politische Entscheidungsbefugnisse.[1040] So hat der Bundespräsident nach eigenem Ermessen zu entscheiden, ob er im Fall des Art. 63 Abs. 4 S. 3 GG den mit einfacher Mehrheit gewählten Bundeskanzler ernennt und eine Minderheitenregierung in Kauf nimmt oder den Bundestag mit der Folge von Neuwahlen auflöst.[1041] Dies geht sowohl aus dem Wortlaut des Art. 63 Abs. 4 S. 3 GG als auch aus Art. 58 S. 2 GG hervor.

Andererseits hat das Staatsoberhaupt im Gegensatz zur Weimarer Reichsverfassung nicht mehr die Befugnis, den Kanzler und die Regierung selbständig zu ernennen und zu entlassen. Nach Art. 63 Abs. 2 und Art. 64 Abs. 1 GG ist er verpflichtet, den mit der „Kanzlermehrheit" gewählten Regierungschef bzw. die von ihm vorgeschlagenen Minister zu ernennen.[1042]

Im Gegensatz zur Rechtslage unter der Weimarer Reichsverfassung kann der Präsident das Parlament nur noch in den Fällen der Artikel 63 Abs. 4 S. 3, 68 Abs. 1 S. 1 und 81 GG, das heißt, nur in politisch instabilen Situationen und im Fall des Gesetzgebungsnotstands auflösen. Auch wenn der Bundespräsident grundsätzlich befugt ist, das Vorliegen einer Auflösungslage nach Art. 63 Abs. 4 S. 3 und Art. 68 Abs. 1 S. 1 GG selbstän-

---

[1039] Zu dessen Hüterstellung oben § 2 VII 2 c) bb).

[1040] Vgl. auch den ausführlichen Überblick bei *Klaus Stern*, Staatsrecht, Bd. II, 1980, S. 250 ff.

[1041] Dies gilt jedoch nur für die Fälle, in denen der Gewählte nicht die absolute Mehrheit erreicht: *Hans-Peter Schneider*, in: Alternativkommentar zum GG, 3. Aufl. 2001, Art. 63 Rdn. 11; *Meinhard Schröder*, in: von Mangoldt/Klein/Starck, Das Bonner GG, Bd. 2, 4. Aufl. 2001, Art. 63 Rdn. 41; *Klaus Stern*, Staatsrecht, Bd. II, 1980, S. 253 ff. jeweils m. w. N.

[1042] Vgl. die Vorgenannten.

dig zu prüfen, hat die Einschätzung des Bundeskanzlers vor dem Hintergrund seiner Richtlinienkompetenz Vorrang.[1043] Stellt dieser dem Parlament die Vertrauensfrage, räumt ihm die verfassungsgerichtliche Rechtsprechung bezüglich der Frage der politischen Instabilität eine Einschätzungsprärogative ein, an die das Staatsoberhaupt gebunden ist.

Ähnliches gilt mit Bezug auf Art. 63 Abs. 4 S. 3 GG. Das Ermessen des Bundespräsidenten ist dahingehend eingeschränkt, dass er seine Entscheidung vorrangig an der Wahrung der politischen Stabilität auszurichten hat.[1044]

Trotz dieser Handlungsspielräume ist der Bundespräsident grundsätzlich nicht zu eigenständigen politischen Entscheidungen befugt. Dies geht insbesondere aus dem Gegenzeichnungserfordernis des Art. 58 GG hervor, wonach seine Anordnungen und Verfügungen der Gegenzeichnung des Bundeskanzlers bzw. der Minister bedürfen, die hierdurch die politische Verantwortung übernehmen.[1045] Schließlich wird dem Staatsoberhaupt auch bei der Ausfertigung von Gesetzen keine materielle Prüfungskompetenz zugebilligt, sondern nur eine Kontrolle auf evidente Verfassungsverstöße.[1046]

Aus diesen Beschränkungen geht hervor, dass der Bundespräsident nur in verfassungsrechtlichen Ausnahmefällen zu einer – wenn auch eingeschränkten – Ermessensentscheidung befugt sein soll. Dies ist der Fall politischer Instabilität, in dem sich die Regierung nicht mehr auf die Parlamentsmehrheit stützen kann oder der des Gesetzgebungsnotstandes nach Art. 81 GG. Politisch motivierte Blockaden von Gesetzgebungsvorhaben durch den Bundesrat sind mit diesen Ausnahmesituationen nicht vergleichbar. Es handelt sich vielmehr um politische Reaktionen auf Fragen der Regierungstätigkeit, von der das Staatsoberhaupt ausgeschlossen ist. Es widerspräche demnach der Konzeption des Grundgesetzes, wenn man dem Präsidenten die Rolle eines „Hüters der Verfassung"[1047] zuweisen würde, wie er sie unter der Weimarer Reichsverfassung innehatte.

Und selbst wenn man sich für eine Stärkung der Position des Staatsoberhaupts in Fällen parteipolitischer Konfrontation aussprechen würde, wäre damit noch nicht die Frage

---

[1043] Zum Verhältnis der Einschätzungsprärogative des Bundeskanzlers zum Ermessenspielraum des Bundespräsidenten BVerfGE 62, 1 (50 f.); dem ist die Literatur in weiten Teilen gefolgt: *Udo Fink*, in: von Mangoldt/Klein/Starck, Das Bonner GG, Bd. 2, 4. Aufl. 2000, Art. 58 Rdn. 27; *Georg Hermes*, in: Dreier (Hrsg.), GG, Bd. II, 1998, Art. 68 Rdn. 10 ff.; *Ute Mager*, in: von Münch/Kunig, GG, Bd. 2, 5. Aufl. 2001, Art. 68 Rdn. 12 f.; *Martin Oldiges*, in: Sachs (Hrsg.), GG, 3. Aufl. 2003, Art. 68 Rdn. 33 f.; *Klaus Stern*, Staatsrecht, Bd. I, 2. Aufl. 1984, S. 983, 994 f; Bd. II, 1980, S. 257 f. jeweils mit weiteren Nachweisen.

[1044] Hierzu zusammenfassend *Wolf-Rüdiger Schenke*, in: Bonner Kommentar (Zweitbearbeitung Art. 63), Art. 63 Rdn. 105 ff., Art. 68 (Zweitbearbeitung) Rdn. 173 ff. sowie *Hans-Peter Schneider*, in Alternativkommentar zum GG, 3. Aufl. 2001, Art. 63 Rdn. 11 f., Art. 68 Rdn. 4-8, 13.

[1045] Eine Ausnahme hierzu sieht nur Art. 58 S. 2 GG vor.

[1046] Vgl. statt vieler *Brun-Otto Bryde*, in: von Münch/Kunig, Bd. 3, 5. Aufl. 2003, Art. 82 Rdn. 5 ff. m. w. N.

[1047] *Carl Schmitt*, Der Hüter der Verfassung, 2. Aufl. 1969, S. 159.

nach ihrer konkreten Ausgestaltung beantwortet. Das Staatsoberhaupt als „Zünglein an der Waage“ konnte beispielsweise unter der Weimarer Reichsverfassung Plebiszite anordnen, wenn beide Gesetzgebungsorgane im Fall parteipolitischer Konfrontation aneinander gerieten.[1048] Über diese Möglichkeit verfügt der Bundespräsident nicht. Vielmehr hat sich der parlamentarische Rat bewusst gegen die Aufnahme plebiszitärer Elemente in die Verfassung ausgesprochen.[1049]

Darüber hinaus muss bezweifelt werden, ob eine Ergänzung der repräsentativen Demokratie des Grundgesetzes um direkt-demokratische Elemente parteipolitische Gegensätze zwischen Bundestag und Bundesrat auflösen würde. Für Plebiszite in Fällen parteipolitischer Konfrontation spricht, dass die Entscheidung, zu der die Gesetzgebungsorgane gemeinsam nicht in der Lage sind, ausnahmsweise in die Hände des Volks gelegt wird.[1050] Einer Aufnahme von Plebisziten in die Verfassung steht andererseits entgegen, dass es sich in den meisten Fällen um hoch umstrittene und komplexe Gesetzgebungsvorhaben handelt. Vor dem Hintergrund der Tatsache, dass umfangreiche Gesetzesänderungen eine ausgiebige Vorbereitung in Kommissionen und Ausschüssen erforderlich machen, ist dem Wähler eine eingehende Beschäftigung mit der zugrunde liegenden Materie unmöglich. Hinzu tritt der Umstand, dass der Wähler seine plebiszitäre Entscheidung nicht frei vom Einfluss der Parteien treffen würde, so dass Plebiszite einer sachlichen parlamentarischen Diskussion eher hinderlich sind.[1051]

Aus den gleichen Gründen muss auch eine Volkswahl des Staatsoberhaupts abgelehnt werden. Die sich zur Wahl stellenden Präsidentschaftskandidaten müssten notwendigerweise, um sich zu profilieren, parteipolitisch Stellung beziehen, so dass das Amt des Bundespräsidenten einen politischen Charakter bekäme.[1052] Ein Bundespräsident, der seine Neutralität aufgibt, wäre jedoch zur Schlichtung parteipolitischer Konflikte kaum in der Lage.

VI. Ergebnis

Demnach hilft auch die Übernahme präsidialer bzw. direkt-demokratischer Elemente aus der Weimarer Reichsverfassung nicht weiter, sondern würde als Gegenreaktion den par-

---

[1048] *Ders.*, a. a. O., S. 137 ff, 156 ff.; zu Plebisziten unter der WRV § 2 VII 2 b).

[1049] Oben § 4 I.

[1050] So auch *Michael Sachs*, der diesen Vorschlag aber im Ergebnis ablehnt, VVDStRL 58 (1999), S. 39 (60).

[1051] Optimistisch aber *Michael Stolleis*, der in Plebisziten ein effektives Mittel zur Bekämpfung der „Politikverdrossenheit“ sieht, VVDStRL 44 (1986), S. 7 (35 ff.). Skeptisch im Hinblick auf die Überschaubarkeit von Sachfragen durch die Bürger auch die *Enquête-Kommission Verfassungsreform*, BT-Drs. 7/5924, S. 14 sowie die *Gemeinsame Verfassungskommission* von Bundestag und Bundesrat, BT-Drs. 12/6000, S. 85, die zu Recht betonen, dass sich hochkomplexe, kompromissbedürftige Entscheidungen nicht auf ein „Ja oder Nein“ reduzieren lassen.

[1052] *Roman Herzog*, in: Maunz/Dürig, GG, Bd. IV, Art. 54 Rdn. 11.

teipolitischen Einfluss der Opposition über die Ländermehrheit im Bundesrat noch verstärken.

VII. Das Gebot praktischer Konkordanz als Ausweg

Die Unmöglichkeit, parteipolitische Spannungen zwischen den Gesetzgebungsorganen zugunsten des Bundesstaats- oder des Demokratieprinzips aufzulösen, legt den Schluss nahe, dass Demokratie- und Bundesstaatsprinzip nicht beliebig einander zugeordnet werden können.[1053] Wie oben aufgezeigt, würde eine Betonung demokratischer Entscheidungsfindung durch eine Einbeziehung der Landtage zu einer stärkeren Politisierung des Bundesrates beitragen.

Einen möglichen Ansatzpunkt könnte deswegen das Gebot praktischer Konkordanz darstellen, nach dem Verfassungsprinzipien, die in einem Spannungsverhältnis zueinander stehen, zu einem möglichst schonenden Ausgleich gebracht werden, so dass sowohl bei dem einen als auch bei dem anderen Abstriche hinzunehmen sind.[1054] Demokratie- und Bundesstaatsprinzip wären in ein möglichst spannungsarmes Verhältnis zu bringen, indem man sich darauf zurückbesinnte, dass die Rechtfertigung der Gewaltenteilung nicht lediglich in der Gewaltenhemmung, sondern in der Herstellung eines Gewaltengleichgewichts besteht.[1055] Nur auf diese Weise könnte sichergestellt werden, dass kein Verfassungsorgan ein vom Grundgesetz nicht vorgesehenes Übergewicht über das andere bekommt.

[1053] Zu diesem Spannungsverhältnis auch *Rudolf Dolzer*, VVDStRL 58 (1999), S. 7 (20) unter Bezugnahme auf BVerfGE 1, 14 (50), wonach „...sich...im Bundesstaat das föderalistische und das demokratische Prinzip [widerstreiten]. Der Ausgleich zwischen ihnen kann nur gefunden werden, wenn beide gewisse Einschränkungen erleiden." Die Bezugnahme auf das Urteil ist jedoch insoweit ungenau, als sich das Zitat auf Einschränkungen des demokratischen Selbstbestimmungsrechts des *Landes*volks durch das Bundesstaatsprinzip bezieht.

[1054] So auch das Bundesverfassungsgericht in BVerfGE 1, 14 (50), das von einem Spannungsverhältnis zwischen beiden Prinzipien ausgeht und eine Möglichkeit des Ausgleichs in der Einschränkung des Demokratie- *und* des Bundesstaatsprinzips sieht. In die gleiche Richtung ging die Forderung von *Peter Häberle* auf der Tagung des Bundesrats zum 50jährigen Jubiläum des Herrenchiemseer Verfassungskonvents, vgl. den Bericht von *Joachim Lang*, DÖV 1999, 507 (509). Zur Notwendigkeit eines solchen Ausgleichs auch *Rudolf Dolzer*, VVDStRL 58 (1999), S. 7 (20), der betont, dass sich Widersprüchlichkeiten zwischen den Prinzipien „nur bis zur Grenze der Funktionsfähigkeit des Systems ertragen [lassen]"; *Wolf-Rüdiger Schenke*, in: Schneider/Zeh (Hrsg.), Parlamentsrecht und Parlamentspraxis, 1989, § 55 Rdn. 11.

[1055] Neuere Verfassungen weisen ausdrücklich auf die Notwendigkeit eines Gewaltengleichgewichts hin, so beispielsweise Art. 10 Abs. 1 der Verfassung der Republik Polen vom 2. April 1997: „Das Regierungssystem der Republik Polen beruht auf der Trennung und dem Gleichgewicht der gesetzgebenden, vollziehenden und der rechtsprechenden Gewalt"; hierzu unter anderem *Friedrich E. Schnapp*, Osteuropa Recht 2001, S. 171 (173). Zu einer Herstellung des Gewaltengleichgewichts schon *Heinz Liebrecht*, DVBl. 1969, 97 (99). Skeptisch gegenüber einer Wiederherstellung der Gewaltenteilung *Christoph Gusy*, DVBl. 1998, 917 (920), der jedoch leugnet, dass die Legitimationskonkurrenz von Bundestag und Bundesrat dieses Gewaltengleichgewicht berührt.

Auf die Frage, wie dieses Gleichgewicht sowohl im Verhältnis zwischen Gesamt- und Gliedstaaten als auch in den Beziehungen zwischen Bundestag und Bundesrat erreicht werden kann, soll im Folgenden eingegangen werden. In den verfassungsrechtlichen Konfliktlagen, in denen bisher entweder dem Bund oder den im Bundesrat vertretenen Ländern ein dominierender Einfluss auf legislative bzw. kompetenzielle Entscheidungen eingeräumt wurde, ist das hierdurch entstehende Spannungsverhältnis auszugleichen.

1. Kooperativer oder kompetetiver Föderalismus

Die Herstellung klarer Verantwortungszusammenhänge ist nur dann möglich, wenn die Beziehungen zwischen Bund und Ländern entflochten werden. Die Frage ist jedoch, in welche Richtung die zukünftige bundesstaatliche Kompetenzverteilung geht, ob die bundesstaatliche Ordnung eher auf Solidarität oder auf Konkurrenz angelegt sein soll. Die Verfassung gibt hierauf keine definitive Antwort. Ein Ausweg kann nicht in der einseitigen Entscheidung zugunsten des einen oder anderen Prinzips gesehen werden.[1056] Denn einerseits beruht die bundesstaatliche Ordnung des Grundgesetzes auf der rechtlichen und finanziellen Selbständigkeit sowie Eigenverantwortung der Gliedstaaten, andererseits sind die Länder nach dem Gedanken der bundesstaatlichen Solidarität zu gegenseitiger Hilfe verpflichtet.[1057]

Das Bundesverfassungsgericht führt in einer jüngeren Entscheidung zum Länderfinanzausgleich aus, dass es in der Gestaltungsfreiheit des Gesetzgebers liege, nach welchen Maßstäben er die horizontale und vertikale Verteilung des Steueraufkommens bemesse und betont, dass der Gesetzgeber die richtige Mitte finden müsse zwischen der finanziellen Einstandspflicht der Länder für ihre politischen Entscheidungen und solidarischer Hilfeleistung.[1058]

Der Föderalismus lebt von einer Spannung zwischen gewollter Vielfalt und ebenso gewollter Einheit, so dass er nicht einseitig auf ein Solidar- oder Konkurrenzmodell reduziert werden kann. Letzteres würde gerade in Anbetracht der noch immer bestehenden strukturellen Probleme in den neuen Bundesländern zu unüberwindbaren Gegensätzen führen.

Darüber hinaus macht der Verwaltungsföderalismus des Grundgesetzes eine Koordination von Bundes- und Länderinteressen erforderlich, da nur eine Berücksichtigung letzterer einen optimalen Gesetzesvollzug gewährleistet. Eine Betonung kompetetiver Elemente – wie dies oft vorgeschlagen wird[1059] – bietet keinen Ausweg aus der Blockadeproblematik. Für eine solche strikte Trennung von Kompetenzen im Sinne eines Konkurrenzföderalismus müsste die grundgesetzliche Kompetenzordnung völlig umstruktu-

---

[1056] So aber *Christian Callies*, DÖV 1997, 889 (890 ff.); *Hartmut Klatt*, „Aus Politik und Zeitgeschichte“ 1982, B 31, S. 3 ff.; hierzu kritisch mit Bezug auf die bundesstaatliche Finanzverfassung *Hans Peter Bull*, DÖV 1999, S. 269 (269, 275); skeptisch auch *Rudolf Dolzer*, VVDStRL 58 (1999), S. 7 (18).

[1057] *Hans Peter Bull*, DÖV 1999, S. 269 (275); *Rudolf Dolzer*, VVDStRL 58 (1999), S. 7 (18).

[1058] BVerfGE 72, 330 (386 f., 398); 101, 158 (222).

[1059] Vgl. die in Fußn. 1056 Genannten.

riert werden, so dass nicht nur eine Vielzahl von Gesetzgebungskompetenzen auf die Länder zurück zu übertragen wären,[1060] sondern auch die Ausführung von Bundesgesetzen neu geregelt werden müsste. So träte an die Stelle des heutigen Verwaltungsföderalismus ein Trennsystem, innerhalb dessen Bund und Länder für die Ausführung ihrer jeweiligen Gesetze allein zuständig wären. Die Chancen auf die Verwirklichung eines solchen „Umbaus" sind indes gering, so dass sich der Verfasser im weiteren Verlauf der Arbeit anderen Ansatzpunkten zuwendet.

2. Die Stärkung der Staatlichkeit der Länder

Vor dem Hintergrund, dass eine Umstrukturierung des Bundesrats nicht geeignet ist, die zwischen Bundestag, Bundesregierung und Bundesrat bestehenden Spannungen abzubauen, stellt sich die Frage, auf welche andere Weise das Verhältnis von Bund und Ländern zu einem schonenden Ausgleich gebracht werden kann.

In diesem Zusammenhang wird zu berücksichtigen sein, dass die Ursache für den Wandel der deutschen Bundesstaatlichkeit von einem Kompetenz- zu einem Beteiligungsföderalismus vor allem im Schwund selbständiger Kompetenzen der Länder liegt, wobei der Verlust durch die gesteigerte Mitwirkung der Landesregierungen an der Bundesgesetzgebung ausgeglichen werden sollte.[1061] Diese verstärkte Beteiligung an der gesamtstaatlichen Willensbildung äußerte sich nicht zuletzt in dem Anwachsen zustimmungsbedürftiger Materien, wodurch Blockaden erst möglich wurden.

Ein Ausweg aus dieser Problematik könnte in der Stärkung der Eigenstaatlichkeit der Länder liegen, so dass eine Kompensation verlorener Länderzuständigkeiten durch eine gesteigerte Mitwirkung an der gesamtstaatlichen Gesetzgebung nicht mehr erforderlich wäre.[1062] Auf die zu diesem Zweck gemachten Vorschläge soll im weiteren Verlauf eingegangen werden.

a) Die Einrichtung eines Länderrats

Vereinzelt wird deswegen vorgeschlagen, die im Rahmen des kooperativen Föderalismus getroffenen Entscheidungen zu bündeln, so dass die Kooperation zwischen Bund und Ländern sowie der Länder untereinander institutionalisiert würde. Die Vorschläge reichen von einer Zusammenfassung kooperativer Entscheidungsformen im Bundesrat bis

---

[1060] *Wolf-Rüdiger Schenke* betont in diesem Zusammenhang, dass der Kompetenzverlust der Länder wenig Raum für einen Konkurrenzföderalismus lässt, JuS 1989, 698 (700).

[1061] Zu dieser Entwicklung *Rudolf Dolzer*, VVDStRL 58 (1999), S. 7 (13 f.); *Jochen Abr. Frowein*, in: Der Bundesrat (Hrsg.), Der Bundesrat als Verfassungsorgan und politische Kraft, 1974, S. 115 (118 ff.).; *Hans Hugo Klein*, in: Wilke/Schulte (Hrsg.), Der Bundesrat, 1990, S. 352 (365); *Fritz W. Scharpf*, in: Bundesrat (Hrsg.), Vierzig Jahre Bundesrat, 1. Auflage 1989, S. 121 (127 ff.).

[1062] Zur Erfolglosigkeit diesbezüglicher Versuche *Hans-Jürgen Papier* auf der Tagung des Bundesrats zum 50jährigen Jubiläum des Herrenchiemseer Verfassungskonvents, siehe den Bericht von *Joachim Lang*, DÖV 1999, 507 (511).

hin zur Einrichtung eines Länderrats.[1063] Dieser Länderrat soll sich aus weisungsunabhängigen Landesparlamentariern zusammensetzen, die entweder die Tätigkeiten der Landtage koordinieren oder in einer „beratenden Versammlung" unterstützend tätig sind.[1064]

Auf diese Weise könnte einer weiteren Verlagerung von Rechtssetzungszuständigkeiten auf den Bund, die aus Gründen der Rechtsvereinheitlichung erfolgt, vorgebeugt werden. Denn in den Fällen, in denen die Bundesländer im Länderrat ihre Gesetzgebungspraxis aufeinander abstimmen, wäre eine bundesgesetzliche Regelung nicht mehr erforderlich im Sinne des Art. 72 Abs. 2 GG.[1065] Des Weiteren wäre denkbar, den Länderrat darüber entscheiden zu lassen, ob eine bundeseinheitliche Regelung erforderlich ist.[1066]

Diesen Vorteilen stehen indes erhebliche Nachteile gegenüber. Mit der Einrichtung eines Länderrats neben Bundestag und Bundesrat etablierte sich eine dritte Entscheidungsebene, in der das Mehrheitsprinzip das Einstimmigkeitsprinzip ablösen würde, das bislang auf der Ebene zwischenstaatlicher Kooperation vorherrscht. Durch die mehrheitlich im Länderrat gefassten Beschlüsse würde die Eigenstaatlichkeit der Länder weiter geschwächt, denn der Wille des einzelnen Landes ginge nun auch in der Mehrheitsentscheidung des Länderrats auf.[1067] Daneben bestände die Gefahr, dass sich einzelne Landtagsabgeordnete über Partei- und Landesgrenzen hinweg mit den Parlamentariern anderer Bundesländer zusammenschließen und länderübergreifende Fraktionen bilden, was die Wahrscheinlichkeit parteipolitischer Konfrontationen eher erhöhen würde.[1068] Ferner ständen die im Länderrat entwickelten Gesetzentwürfe in direkter Konkurrenz zu den in den Bundesrat eingebrachten Vorlagen einzelner Länder, mit der Folge, dass eigenständige Initiativen der Länderparlamente und Landesregierungen weiter abnähmen.

Schließlich würden die Landtage durch eine solche Institutionalisierung der Bund-Länder-Kooperation weiter in die schon heute bemängelte „Ratifizierungssituation" gedrängt. An die Stelle einer direkten inhaltlichen Einflussnahme der Landtage auf Gesetzesvorlagen träte die Ausarbeitung von Gesetzentwürfen im Länderrat, die von den Länderparlamenten zu beschließen wären.[1069]

[1063] Vgl. den Abschlussbericht der *Enquête-Kommission Verfassungsreform*, BT-Drucks. 7/5924, S. 98

[1064] Abschlussbericht der *Enquête-Kommission Verfassungsreform*, a. a. O., S. 99

[1065] Anders das Bundesverfassungsgericht, das eine koordinierte Gesetzgebung der Länder nicht ausreichen lässt, um einen Zugriff des Bundes auf Materien der konkurrierenden Gesetzgebung abzuwenden, *BVerfG*, NJW 2003, 41 (53); zu diesem Urteil unten § 8 VII 8.

[1066] So die Erwägungen der *Enquête-Kommission Verfassungsreform*, BT-Drs. 7/5924, S. 99; *Lemke, Barbarino u. a.* befürworten in ihrem Sondervotum zum Abschlussbericht der *Enquête-Kommission Verfassungsreform*, den Bundesrat über die Erforderlichkeit einer bundeseinheitlichen Regelung entscheiden zu lassen, BT-Drs. 7/5924, S. 135 ff.; vgl. unten § 8 VII 5 c) aa) (Zustimmungsrecht); § 8 VII 5 c) dd) (Einspruchsrecht des Bundesrats).

[1067] Zu diesem Grundproblem des „Beteiligungsföderalismus" auch *Rudolf Dolzer*, VVDStRL 58 (1999), S. 7 (13, 20 f.); hierzu im Zusammenhang mit der Bundestreue § 8 II.

[1068] So mit Bezug auf die erörterten „Mischmodelle" auch die Überlegungen der *Enquête-Kommission Verfassungsreform*, a. a. O., S. 98.

[1069] *Enquête-Kommission Verfassungsreform*, a. a. O., S. 99.

b) Die Zustimmung der Länderparlamente zu Änderungen des Grundgesetzes

Dieser „Ratifizierungssituation“ könnte entgegengewirkt werden, indem man die Landtage gegenüber den Landesregierungen stärkt.

So ist es beispielsweise denkbar, die Länderparlamente unmittelbar an Verfassungsänderungen zu beteiligen, durch die Kompetenzen auf den Bund verlagert werden. Dementsprechend ist vorgeschlagen worden, Verfassungsänderungen, die Gesetzgebungskompetenzen der Länder berühren, nicht nur von einer Zwei-Drittel-Mehrheit in den Gesetzgebungsorganen, sondern auch von der Genehmigung der Landtage abhängig zu machen.[1070] Hierbei gälte die als Einspruchsrecht konzipierte Genehmigung erst dann als erteilt, wenn nicht innerhalb von drei Monaten mindestens die Hälfte der Länderparlamente dem verfassungsändernden Gesetz widerspricht.[1071]

Ein Vorteil dieser Regelung liegt darin, dass die Landesregierungen im Bundesrat Kompetenzverlagerungen nicht mehr ohne die Mitwirkung der Landtage zustimmen könnten. In einer zwischen Landesregierung und Landtag bestehenden Konfliktlage behielte dasjenige Organ das „letzte Wort“, um dessen Kompetenz es geht.

Ob in einer parlamentarischen Demokratie solche unüberwindbaren Interessengegensätze zwischen Regierung und Parlament überhaupt bestehen, ist aber höchst zweifelhaft. In Fragen von erheblicher politischer Bedeutung wie beispielsweise Verfassungsänderungen werden die Regierung und die sie stellende Parlamentsmehrheit im Zweifel denselben politischen Kurs verfolgen, so dass einem selbständigen Vetorecht der Landtage nur geringe Bedeutung zukäme.

Ferner würde durch eine unmittelbare Beteiligung der Landtage die Stellung von Bundestag und Bundesrat erheblich geschwächt. Insbesondere wäre unklar, welche Bedeutung dann noch dem Bundesrat zukommen würde, der nach dem Willen des Verfassungsgebers die Interessen der Länder wahrnehmen soll. Überdies bewegte sich das Grundgesetz in die Richtung einer staatenbündischen Verfassung, wenn nicht mehr nur der Bundesrat als Bundesorgan, sondern auch die Landtage als Landesorgane über Verfassungsänderungen entscheiden würden.

Abgesehen von den damit verbundenen Verzögerungen würden Konflikte zwischen Landesregierungen und Landtagen auf die bundespolitische Ebene übertragen, was eine weitere Politisierung des Gesetzgebungsverfahrens zur Folge hätte.

[1070] So die Erörterungen der *Gemeinsamen Verfassungskommission* von Bundestag und Bundesrat, BT-Drs. 12/6000, S. 38 f.

[1071] Diese Vorschläge wurden jedoch sowohl von der *Enquête-Kommission* als auch von der *Gemeinsamen Verfassungskommission* verworfen, vgl. BT-Drs. 7/5924, S. 129 und BT-Drs. 12/6000, S. 38 f.

c) Das Befassungsrecht der Länderparlamente mit Angelegenheiten des Bundesrats

Einem weiteren Verlust politischer Gestaltungsrechte könnte durch eine stärkere Einbeziehung der Länderparlamente in Bundesratsangelegenheiten vorgebeugt werden. So wäre es beispielsweise denkbar, dass die Landtage im Fall von Kompetenzverlagerungen auf den Bund ein verbindliches Weisungsrecht gegenüber den Landesregierungen für sich beanspruchen oder doch zumindest das Recht, unverbindliche Empfehlungen auszusprechen.

aa) Bestehen eines Weisungsrechts der Landtage in Bundesratsangelegenheiten

Teile der Literatur halten in bestimmten Fällen ein verbindliches Weisungsrecht der Landtage gegenüber den Landesregierungen für verfassungsrechtlich zulässig.[1072] Dies wird damit begründet, dass Mitglieder im Bundesrat nach Art. 50 GG die Länder seien und die Vorschrift bezüglich des Innenverhältnisses von Landesregierung und Parlament keine Aussage treffe. Vielmehr könnten die Landesverfassungen ein Instruktionsrecht der Länderparlamente festschreiben, wie es auch im Verhältnis zwischen Bundesratsvertretern und Landesregierung gelte. Die Weisungsbefugnis der Länderparlamente stelle ein dem Bundesverfassungsgeber nach Art. 28 GG entzogener Prozess dar, welcher der eigentlichen Entscheidungsfindung im Bundesrat vorgelagert sei.[1073] Die Bedenken der überwiegenden Meinung in Rechtsprechung[1074] und Literatur[1075] seien insoweit unbegründet, als Verstöße gegen Weisungen nicht die Stimmabgabe als solche berührten, sondern nur Konsequenzen im Innenverhältnis hätten.[1076]

Hiergegen spricht jedoch, dass die Länderparlamente in die Zuständigkeit des Bundes hinüber greifen und damit die grundgesetzliche Kompetenzordnung verletzen würden.[1077] Die Artikel 50 und 51 GG treffen die Aussage, dass die an der Bundesgesetzgebung und Verwaltung beteiligten Länder im Bundesrat durch ihre Regierungen vertreten werden.[1078] Aus der Entscheidung des Parlamentarischen Rates für den Bundesrat folgt, dass diese Mitwirkung nicht auf dem Gedanken der Repräsentanz des Landesstaatsvolks

---

1072 *Ernst Friesenhahn*, VVDStRL 16 (1958), S. 9 (S. 36 f., S. 70 – Leitsatz 2, S. 72 – Leitsatz 13) mit der Einschränkung, dass es sich um „hochpolitische" bzw. „politisch wichtige Entscheidungen" handeln müsse; *Ernst-Werner Fuss*, AöR 83 (1958), S. 383 (420 f.); *Walter Leisner*, DÖV 1968, 389 (391).

1073 So die Vorgenannten.

1074 BVerfGE 8, 104 (120 f.)

1075 *Matthias Heger*, Deutscher Bundesrat und Schweizer Ständerat, 1990, S. 108 f.; *Otger Kratzsch*, DÖV 1975, 109 (112); *Joachim Linck*, DVBl. 1974, 861 (863); *Konrad Reuter*, in: Schneider/Zeh (Hrsg.), Parlamentsrecht und Parlamentspraxis, 1989, § 56 Rdn. 41; *Wolf-Rüdiger Schenke*, in: Schneider/Zeh (Hrsg.), Parlamentsrecht und Parlamentspraxis, 1989, § 55 Rdn. 53.

1076 *Ernst-Werner Fuss*, AöR 83 (1958), S. 383 (420); *Friedrich Klein*, in: von Mangoldt/Klein, Bonner Grundgesetz, 2. Aufl. 1964, Art. 51 Anm. IV 3 b.

1077 *Otger Kratzsch* DÖV 1975, 109 (112).

1078 BVerfGE 8, 104 (120 f.).

durch das Senatsprinzip beruht, sondern auf der Vertretung der Landesregierungen in dem föderativen Bundesorgan.[1079]

Auch kann aus der Weisungsbefugnis der Landesregierungen gegenüber ihren Mitgliedern im Bundesrat nicht geschlossen werden, dass gleichfalls die Landtage zu einer Einflussnahme auf das Abstimmungsverhalten ihrer Regierungen im Bundesrat befugt sind.[1080] Über diese mittelbare Einflussnahme würden die Landtage zu Quasi-Mitgliedern im Bundesrat, was der Wertung des Art. 51 GG widersprechen würde, wonach Mitglieder im Bundesrat nicht die Länder, sondern die Landes*regierungen* sind.[1081]

Dem kann auch nicht entgegengehalten werden, dass die Länder nach Art. 28 GG zu einer vom Bund weitgehend unabhängigen Ausgestaltung ihres parlamentarischen Regierungssystems berechtigt sind, denn die Vorschrift des Art. 51 GG geht Art. 28 GG für den Bereich der bundesstaatlichen Kompetenzverteilung vor.[1082]

Ein die Landesregierung bindender Landtagsbeschluss widerspricht ferner den Grundsätzen der parlamentarischen Demokratie in den Ländern und damit Art. 28 Abs. 1 GG.[1083] Die parlamentarisch-demokratische Verantwortung der Landesregierung gegenüber dem Parlament setzt voraus, dass die Regierung einen selbständigen Handlungsspielraum besitzt, aus dem heraus sie eigenständige Entscheidungen treffen kann.[1084] Das Grundgesetz verknüpft Entschließungsfreiheit und Verantwortung in der Weise, dass nur dasjenige Verfassungsorgan Verantwortung tragen kann, das für den Inhalt seiner Entscheidungen selbst verantwortlich ist.[1085] Dies gilt sowohl für das Verhältnis von Bundesregierung und Bundestag als auch über Art. 28 GG für das Verhältnis von Landesregierung und Landesparlament.[1086] Eine völlige Abhängigkeit der Regierung vom Parlament im Sinne der Verpflichtung zu einem bestimmten Abstimmungsverhalten im Bundesrat würde diesem Prinzip zuwiderlaufen.[1087]

[1079] BVerfGE 8, 104 (120). Dieser in den Artt. 50, 51 GG zum Ausdruck kommende Grundgedanke unterliegt jedoch nicht der „Ewigkeitsgarantie" des Art. 79 Abs. 3 GG, hierzu bereits oben § 8 IV.

[1080] BVerfGE 8, 104 (120 f.).

[1081] BVerfGE 8, 104, (120 f.).

[1082] Dies folgt aus Art. 30 GG; *Otger Kratzsch* DÖV 1975, 109 (113); *Theodor Maunz/Rupert Scholz*, in: Maunz/Dürig, GG, Bd. III, Art. 50 Rdn. 6; Art. 51 Rdn. 17 f.

[1083] *Matthias Heger*, Deutscher Bundesrat und Schweizer Ständerat, 1990, S. 109; *Otger Kratzsch* DÖV 1975, 109 (112); *Joachim Linck* DVBl. 1974, 861 (863).

[1084] Unter Betonung dieses Aspekts vor allem *Matthias Heger*, Deutscher Bundesrat und Schweizer Ständerat, 1990, S. 108 f.: *Joachim Linck*, DVBl. 1974, S. 861 (863); *Konrad Reuter*, in: Schneider/Zeh (Hrsg.), Parlamentsrecht und Parlamentspraxis, 1989, § 56 Rdn. 41.

[1085] BVerfGE 9, 268 (281 f.); *Matthias Heger*, Deutscher Bundesrat und Schweizer Ständerat, 1990, S. 108; *Otger Kratzsch* DÖV 1975, 109 (112).

[1086] *Joachim Linck* DVBl. 1974, 861 (863).

[1087] Zu diesem funktionalen Ansatz *ders.*, a. a. O., S. 863.

Darüber hinaus ist es nicht erforderlich, aus den Artikeln 50 und 51 GG ein vermeintliches Weisungsrecht der Landtage gegenüber ihren Regierungen abzuleiten.[1088] Nach den Grundsätzen der parlamentarischen Demokratie unterliegt die Regierung in ihrem gesamten Kompetenzbereich der parlamentarischen Kontrolle, wozu auch ihr Abstimmungsverhalten im Bundesrat gehört.[1089] Zwar beschäftigen sich hierdurch die Länderparlamente über den Umweg der parlamentarischen Verantwortung mit Bundesratsangelegenheiten. Dieser Widerspruch zwischen Art. 28 GG und den Artt. 50, 51 GG lässt sich jedoch dahingehend auflösen, dass letztere Vorschriften die allgemeine parlamentarische Verantwortlichkeit der Landesregierung unberührt lassen.[1090]

Die Landtage haben somit kein verbindliches Weisungsrecht in Bundesratsangelegenheiten, wohl aber ein Kontrollrecht zur Wahrung der parlamentarischen Verantwortlichkeit der Landesregierungen.

bb) Der Umfang des parlamentarischen Kontrollrechts der Landtage in Bundesratsangelegenheiten

Ebenso umstritten ist die Frage nach der konkreten Ausgestaltung und dem Umfang dieses Kontrollrechts. Zum Teil wird nicht nur ein bindender Parlamentsbeschluss, sondern auch eine empfehlende Einflussnahme der Landtage gegenüber den Landesregierungen für unzulässig[1091] oder doch zumindest für bedenklich[1092] gehalten. Begründet wird dies damit, dass auch unverbindliche Empfehlungen der Entscheidung des Verfassungsgebers für das Bundesratsprinzip zuwiderlaufen und gegen die Trennung von Bundes- und Landesstaatsgewalt verstoßen.[1093]

Hiergegen spricht jedoch, dass es sich bei der empfehlenden Einflussnahme um rechtlich unverbindliche Parlamentsbeschlüsse handelt, die weder in die Kompetenz des Bundesrats „hinüber greifen" noch im Widerspruch zum Bundesratsprinzip stehen,[1094] das – wie

---

[1088] So aber *Ernst-Werner Fuss,* AöR 83 (1958), S. 383 (421 f.); *Friedrich Klein,* in: von Mangoldt/Klein, Das Bonner Grundgesetz, Bd. II, 2. Aufl. 1964, Art. 51 Anm. IV 3 b.

[1089] BVerfGE 8, 104 (121); *Otger Kratzsch* DÖV 1975, 109 (114); *Konrad Reuter,* in: Schneider/Zeh (Hrsg.), Parlamentsrecht und Parlamentspraxis, 1989, § 56 Rdn. 41; vgl. auch den Bericht der *Enquête-Kommission Verfassungsreform,* BT-Drucks. 7/5924, S. 102.

[1090] So *Otger Kratzsch* DÖV 1975, 109 (112). Ähnlich das Bundesverfassungsgericht, wenn es betont, dass sich der Landtag in diesen Fällen „nicht mit Bundesratsangelegenheiten, sondern „mit der von ihm abhängigen Regierung [befasst]", BVerfGE 8, 104 (121).

[1091] *Theodor Maunz* hält diesbezügliche Beschlüsse für nicht bindend, BayVBl. 1958, 305; *Georg August Zinn,* DÖV 1956, 209 (210).

[1092] *Joachim Linck* DVBl. 1974, 861 (865).

[1093] *Theodor Maunz,* a. a. O., S. 305; *Georg August Zinn,* a. a. O., S. 210.

[1094] *Otger Kratzsch,* DÖV 1975, 109 (113 f.); *Joachim Linck,* DVBl. 1974, 861 (864 f.) jeweils mit umfangreichen Nachweisen. Sehr restriktiv BVerfGE 8, 104 (116 f.), wonach der Versuch der Länder unzulässig ist, eine bestimmte bundespolitische Entscheidung zu erzwingen, die außerhalb ihrer Zuständigkeit

oben erläutert – die Grundsätze der parlamentarischen Demokratie in den Ländern unberührt lässt.

Zur Ermöglichung einer wirksamen parlamentarischen Kontrolle können die Landtage *vor* der Beschlussfassung im Bundesrat Empfehlungen abgeben, ohne dass sie in unzulässiger Weise in den Funktionsbereich der Landesregierungen eingreifen oder die Regierungen in bedenklicher Weise unter Druck setzen.[1095] Denn eine Beschränkung des parlamentarischen Kontrollrechts auf ein repressives Einschreiten würde das Prinzip der parlamentarischen Demokratie leer laufen lassen. Die hier diskutierten Verfassungsänderungen, die eine Verlagerung von Gesetzgebungskompetenzen auf den Bund zur Folge gehabt haben, sind mit den üblichen Mitteln einer nachträglichen parlamentarischen Kontrolle nicht zu revidieren, so dass die Landtage ihrer Überwachungsfunktion nur durch vorherige Meinungsäußerungen und Empfehlungen wirksam nachkommen können.[1096]

Das Parlament ist demnach im Rahmen eines mitlaufenden Kontrollrechts[1097] berechtigt, durch vorherige Diskussion und Beschlussfassung den Entscheidungsprozeß der Regierung zu beeinflussen.[1098] Unverbindliche an die Landesregierungen gerichtete Empfehlungen der Landtage sind vor der Beschlussfassung im Bundesrat zulässig und notwendig, um eine effektive parlamentarische Kontrolle zu ermöglichen.

Fraglich ist jedoch, wie weit solche Empfehlungen gehen dürfen. Einerseits sind die Landesregierungen der parlamentarischen Kontrolle durch die Landtage ausgesetzt, andererseits muss den Regierungen ein Kernbereich von Kompetenzen verbleiben, der ihnen eine sach- und funktionsgerechte Wahrnehmung ihrer Aufgaben ermöglicht.[1099] Deswegen wird teilweise die Befürchtung geäußert, dass politische Empfehlungen im Einzelfall das Ausmaß rechtlich verbindlicher Verpflichtungen annehmen könnten. Dies sei der Fall, wenn die Landesregierung mit der Drohung eines Misstrauensvotums so unter Druck gesetzt werde, dass ihr Abstimmungsverhalten im Bundesrat nicht mehr das Ergebnis eines freien Entschlusses sei.[1100] Zu einer solchen Konfliktlage wird es jedoch

---

liegt. Dies gelte selbst dann, wenn es sich um eine rechtlich unverbindliche Form der Einflussnahme wie eine Volksbefragung innerhalb des jeweiligen Bundeslandes handele.

1095 Diesen Aspekt spricht *Joachim Linck* an, DVBl. 1974, 861 (865).

1096 *Wilhelm A. Kewenig*, DÖV 1973, 23 (30); *Otger Kratzsch*, DÖV 1975, 109 (115); *Joachim Linck*, DVBl. 1974, 861 (864 f.); *Ulrich Scheuner*, AöR 95 (1970), 321 (378); *ders.*, DÖV 1974, 433 (438).

1097 *Wilhelm A. Kewenig*, a. a. O., S. 30; *Otger Kratzsch*, a. a. O., S. 115.

1098 *Wilhelm A. Kewenig*, a. a. O., S. 30; *Ulrich Scheuner*, AöR 95 (1970), 321 (378); *ders.*, DÖV 1974, 433 (438); *Joachim Linck*, DVBl. 1974, 861 (865), weist zutreffend darauf hin, dass das Parlament ansonsten gezwungen wäre, zum schärfsten Mittel, der Abwahl der Regierung, zu greifen.

1099 Vgl. zum „Kernbereich" von Regierungskompetenzen die Zusammenfassung oben § 7 IV 3.

1100 *Joachim Linck* DVBl. 1974, 861 (865).

wohl kaum kommen, da die Parlamentsmehrheit in den meisten Fällen mit der Regierung auf einer politischen Linie liegt.[1101]

Um eine rechtliche Beschränkung politischer Empfehlungen geht es auch denjenigen in der Literatur, welche die Landtage bei der Ausübung ihres parlamentarischen Kontrollrechts auf die Wahrnehmung landestypischer Interessen beschränken wollen.[1102] Vor dem Hintergrund der zahlreichen Berührungspunkte von Landes- und Bundespolitik ist diese Forderung in ihrer Wirkungslosigkeit mit der Aufforderung an die Bundesratsmitglieder zu parteipolitischer Zurückhaltung vergleichbar.[1103] Eine scharfe Trennung von Bundes- und Landesinteressen ist aber, wenn überhaupt, nur in den seltensten Fällen möglich. Angesichts der Überschneidungen von Bundes- und Landespolitik ist die Forderung nach einer Zurückhaltung der Länderparlamente in bundespolitischen Fragen, nicht realisierbar.[1104]

Vor diesem Hintergrund ist immer wieder eine – wenn auch nur deklaratorische – Festschreibung des parlamentarischen Befassungsrechts gefordert worden.[1105]

Obwohl die Abgabe parlamentarischer Stellungnahmen und Empfehlungen im Vorfeld von Bundesratsbeschlüssen zu einer Stärkung der Länderparlamente beiträgt, wäre die verfassungsrechtliche Verankerung eines solchen Befassungsrechts eher nachteilig. Denn hierdurch würde die Stellung des Bundesrats als *zentrales* Organ gesamtstaatlicher Willensbildung geschwächt und das Gesetzgebungsverfahren verkompliziert und verzögert.[1106]

d) Verlängerung der Beratungsfrist des Art. 76 Abs. 2 GG

Als eine mögliche Alternative ist deswegen die Verlängerung der Beratungsfrist des Art. 76 Abs. 2 GG bei Verfassungsänderungen auf drei Monate erörtert worden.[1107] Die längere Frist soll den Länderparlamenten ermöglichen, sich ausgiebig mit den Vorlagen zu beschäftigen.

Angesichts der Tatsache, dass Appelle an die politischen Akteure – in diesem Fall die Landtagsabgeordneten – nicht weiterhelfen, ist dieser Versuch, die Länderparlamente stärker einzubeziehen, wenig Erfolg versprechend. Auch unter Berücksichtigung einer

---

[1101] *Joachim Linck*, a. a. O., S. 865; *Enquête-Kommission Verfassungsreform*, BT-Drucks. 7/5924, S. 102.

[1102] *Gerhard Konow* DÖV 1970, 22 (25); *Hans-Jürgen Schmidt*, DÖV 1973, 469 (475).

[1103] Zu diesem untauglichen Ansatz schon oben § 8 I.

[1104] Um der Umfunktionierung von Landtagswahlen zu Abstimmungen über die Bundespolitik entgegenzuwirken, fordert *Joachim Linck* eine solche Selbstbeschränkung, DVBl. 1974, 861 (865).

[1105] Hierzu *Ernst-Werner Fuss*, AöR 83 (1958), S. 383 (421 f.); *Friedrich Klein*, in: von Mangoldt/Klein, Das Bonner Grundgesetz, Bd. II, 2. Aufl. 1964, Art. 51 Anm. IV 3 b.

[1106] *Enquête-Kommission Verfassungsreform*, BT-Drucks. 7/5924, S. 102.

[1107] *Enquête-Kommission Verfassungsreform*, a. a. O., S. 100.

verlängerten Beratungsfrist besteht kein Anlass zur Annahme, dass sich die Landtage in Zukunft weiteren Kompetenzverlagerungen auf den Bund widersetzen.

Demzufolge ist ein unmittelbares Befassungsrecht der Landtage mit Bundesratsangelegenheiten abzulehnen. Vielmehr ist es ausreichend, wenn die Landtage über ihr allgemeines parlamentarisches Kontrollrecht Einfluss auf die in den Bundesrat entsandten Regierungsmitglieder bzw. deren Vertreter ausüben.

e) Berücksichtigung der Bevölkerungsverteilung bei der Stimmengewichtung im Bundesrat

Das unüberwindbare Vetorecht des Bundesrats hat zu einer Verzerrung demokratischer Repräsentation auf der Ebene des Bundes geführt, indem die mehrheitlich im Bundesrat vertretene Bundesopposition entscheidenden Einfluss auf die von der Parlamentsmehrheit verabschiedeten Gesetze nimmt.

Um der im Bundestag vertretenen Bevölkerungsmehrheit wieder mehr Geltung zu verschaffen, wird zum Teil gefordert, dass sich die Verteilung der Länderstimmen arithmetisch exakt an den jeweiligen Bevölkerungszahlen orientieren soll.[1108] Die Vorschrift des Art. 51 Abs. 2 GG wählt bislang einen Mittelweg zwischen einer proportional an den Bevölkerungszahlen ausgerichteten Stimmenverteilung und einer gleichwertigen Verteilung der Länderstimmen.

Dies würde jedoch einen enormen Machtzuwachs für die bevölkerungs-stärksten Länder bedeuten, die dann ähnlich wie Preußen unter der Bismarckschen Reichsverfassung über die kleineren Länder, vor allem die Stadtstaaten, dominieren und deren Eigenstaatlichkeit aushöhlen würden.[1109]

Die Möglichkeit, dass eine Bevölkerungsminderheit in den Ländern die im Bundestag repräsentierte Bevölkerungsmehrheit an der Durchsetzung „ihrer" Beschlüsse hindern kann, ist zwar denkbar, hat sich jedoch bislang nicht bewahrheitet. In den Ländern, die beispielsweise in der 13. Legislaturperiode nach 1996 die oppositionelle rot-grüne Bundesratsmehrheit stellten, lebte auch die Mehrheit der Wahlberechtigten zum Bundestag.[1110]

Das Problem parteipolitischer Konfrontation entsteht aber nicht dadurch, dass eine Bevölkerungsminderheit in den Ländern Entscheidungen der Bevölkerungsmehrheit im Bund blockiert. Deswegen muss auch der Versuch leer laufen, parteipolitischen Konfrontationen dadurch entgegenzuwirken, dass hinter der Mehrheit der Länderstimmen

---

[1108] So zumindest ein Teil der Mitglieder der Kommission, vgl. den Bericht der *Enquête-Kommission Verfassungsreform* (Fußn. 1089), S. 100.

[1109] *Enquête-Kommission Verfassungsreform* (Fußn. 1106), S. 100.

[1110] So schon die *Enquête-Kommission Verfassungsreform*, ebenda; hierzu in jüngerer Zeit *Michael Sachs*, in: VVDStRL 58 (1999), S. 39 (53).

nach Art. 52 Abs. 2 GG die Mehrheit der Bundesbürger „steht". Neben der Gefahr einer Hegemonie der bevölkerungsstärksten Länder hätte dies den Nachteil, dass eine Repräsentativität in die Entscheidungsfindung einfließen würde, die der föderativen von Gleichberechtigung der einzelnen Länder geprägten Struktur des Bundesrats[1111] widerspräche.

Problematisch ist, dass der Wille des mit dem Bundesvolk teilidentischen Landesvolks uneinheitlich ist. Diese Uneinheitlichkeit des Wählerwillens führte dazu, dass die Mehrheiten in Bundestag und Bundesrat über einen Zeitraum von mittlerweile 20 Jahren auseinander fielen – ein Problem, dass sich seit Mitte 2002 wiederholt.

3. Ergebnis

Eine institutionelle Einbindung der Länderparlamente, sei es durch die Einrichtung eines Länderrates oder die Festschreibung eines Zustimmungs- beziehungsweise Befassungsrechts der Landtage stößt auf erhebliche Bedenken. Zum einen besteht die Wahrscheinlichkeit, dass landespolitische Konflikte auf die Bundesebene übertragen würden. Eine Einbeziehung der Landtage würde im Gegenteil eine weitere Politisierung fördern, indem die unabhängigen Parlamentarier länderübergreifende Fraktionen bilden könnten, wodurch das Element „Land" bei der staatlichen Entscheidungsfindung noch stärker zurückträte.

Eine unmittelbare oder mittelbare Beteiligung der Parlamente der Länder an der Gesetzgebung bzw. an Verfassungsänderungen würde ferner dazu führen, dass sich der Schwerpunkt der politischen Tätigkeit der Länder weiterhin auf die gesamtstaatliche Willensbildung konzentrierte. Hierdurch würde die Bedeutung der Länder im Hinblick auf eigenständige Initiativen und Problemlösungsstrategien weiter abnehmen.[1112] Auch muss angesichts der Versäumnisse in der Vergangenheit bezweifelt werden, dass eine Verlängerung der Beratungsfrist des Art. 76 Abs. 2 GG zu einer verstärkten Beschäftigung der Länderparlamente mit Verfassungsänderungen führt.

4. Die Reduzierung des Einflusses des Bundesrats durch die Abschaffung seines Zustimmungsrechts

Fraglich ist, ob das Verhältnis von Bundestag und Bundesrat dadurch zu einem schonenden Ausgleich gebracht werden kann, dass das Zustimmungsrecht des Bundesrats abgeschafft wird.

[1111] *Enquête-Kommission Verfassungsreform*, a. a. O., S. 100.

[1112] Zu eigenständigen Problemlösungsstrategien der Länder *Heinz Liebrecht*, DVBl. 1969, 97 (98); vgl. hierzu oben § 4 II 1 sowie § 7 IV 5.

Das Grundgesetz trifft keine konkrete Aussage über die Ausgestaltung der Mitwirkung der Länder im Bundesrat: So wenig wie der Verfassungsgeber eine bestimmte Form der Ländervertretung auf „ewig“ festlegen wollte,[1113] entschied er sich für die dauerhafte Festschreibung einer bestimmten Form der Einflussnahme. [1114] Gegen die Abschaffung des Zustimmungsrechts bestehen somit keine verfassungsrechtlichen Bedenken.[1115]

Demgegenüber wird von Teilen der Literatur die Schaffung eines adäquaten Ersatzes für das Zustimmungsrecht gefordert, da nur auf diese Weise ein „partnerschaftliches“ Zusammenwirken von Bund und Ländern gewährleistet sei.[1116] Dem kann jedoch aus den vorgenannten Gründen nicht gefolgt werden; unzulässig ist lediglich die Abschaffung des Einspruchsrechts, da dem Bundesrat hierdurch die geringste Form der Mitwirkung genommen würde.[1117]

Die Frage nach einem adäquaten Ersatz des Zustimmungsrechts kann letztlich unbeantwortet bleiben, denn es ist fragwürdig, ob seine Abschaffung zu einer Lösung der Blockadeproblematik beitragen würde. Ein Blick auf die Normen des Grundgesetzes, die ein Zustimmungsrecht des Bundesrates vorsehen,[1118] zeigt, dass in den meisten Fällen „der Interessenbereich der Länder besonders stark berührt wird“.[1119] Die Erhöhung der Zahl zustimmungspflichtiger Gesetze von unter dreißig auf über sechzig Prozent[1120] sollte vor

---

[1113] Oben § 8 V.

[1114] *Brun-Otto Bryde*, in: von Münch/Kunig, GG, Bd. 3, 5. Aufl. 2003, Art. 79 Rdn. 32; skeptisch *Hans-Ulrich Evers*, in: Bonner Kommentar (Zweitbearbeitung 1982), Art. 79 Abs. 3 Rdn. 218.

[1115] *Brun-Otto Bryde*, a. a. O, Art. 79 Rdn. 32; *Horst Dreier*, in: Dreier (Hrsg.), GG, Bd. II, 1998, Art. 79 Abs. 3 Rdn. 18 f.; *Axel Elgeti*, Inhalt und Grenzen der Föderativklausel des Art. 79 Abs. 3 GG, 1968, S. 65 ff.; *Karl-E. Hain*, in: von Mangoldt/Klein/Starck, Das Bonner GG, Bd. 3, 4. Aufl. 2001, Art. 79 Abs. 3 Rdn. 133; *Konrad Hesse*, AöR 98 (1973), 1 (18 f.); *Gunter Kisker*, DÖV 1977, 689 (696).

[1116] *Hans-Ulrich Evers*, in: Bonner Kommentar, Zweitbearb., 1983, Art. 79 Abs. 3 Rdn. 218; schwächer, jedoch unter deutlicher Betonung von Effizienzgesichtspunkten *Karl-E. Hain*, a. a. O., Art. 79 Abs. 3 Rdn. 134; a. A. *Brun-Otto Bryde*, a. a. O., Art. 79 Rdn. 32.

[1117] Sehr plastisch *Horst Dreier*, nach dessen Ansicht zwar kein Vetorecht, wohl aber mehr als eine Anhörung erforderlich ist, in: Dreier (Hrsg.), GG, Bd. II, 1998, Art. 79 Abs. 3 Rdn. 19; so auch *Brun-Otto Bryde*, in: von Münch/Kunig, GG, 5. Aufl. 2003, Art. 79 Rdn. 32; *Axel Elgeti* (oben Fußn. 1098), S. 72 f.; *Karl-E. Hain*, in: von Mangoldt/Klein/Starck, Das Bonner GG, 4. Aufl. 2001, Art. 79 Abs. 3 Rdn. 134; *Theodor Maunz/ Günter Dürig*, in: Maunz/Dürig, GG, Art. 79 Rdn. 36; so wohl auch schon *Hans Nawiasky*, Die Grundgedanken des Grundgesetzes, 1950, S. 63.

[1118] Dies geht insbesondere aus dem Überblick bei *Jörg Lücke* hervor, in: Sachs (Hrsg.), GG, 3. Aufl. 2003, Art. 77 Rdn. 13.

[1119] So der Maßstab des Bundesverfassungsgerichts, vgl. BVerfGE 1, 76 (79); 37, 363 (381), mit der Klarstellung, dass sich ein „allgemeines Kontrollrecht“ des Bundesrats nicht aus diesem Grundsatz herleiten lasse; so auch *Brun-Otto Bryde*, in: von Münch/Kunig, GG, Bd. III, 5. Aufl. 2003, Art. 77 Rdn. 20; *Rudolf Dolzer*, in: VVDStRL 58 (1999), S. 7 (15); *Michael Sachs*, ebenda, S. 39 (61); *Jörg Lücke*, a. a. O., Art. 77 Rdn. 14; *Johannes Masing*, in: von Mangoldt/Klein/Starck, Das Bonner GG, Bd. 2, 4. Aufl. 2000, Art. 77 Rdn. 49 m. w. N.

[1120] So zumindest der Stand im Jahr 1999, vgl. die Zusammenstellung bei *Christof Gramm*, AöR 124 (1999), S. 212 (S. 217 – Fußn. 24).

allem Kompetenzverlagerungen von den Ländern auf den Bund kompensieren,[1121] so dass das Hauptproblem zum einen im Verlust originärer Gesetzgebungszuständigkeiten der Länder liegt.[1122] Zum anderen wird die Zustimmungsbedürftigkeit in circa 70 % der Fälle von Art. 84 GG ausgelöst,[1123] der in Verbindung mit der Einheitsthese des Bundesverfassungsgerichts das Gesetz insgesamt zustimmungsbedürftig werden lässt, sobald es eine Verwaltungsvorschrift im Sinne des Art. 84 GG enthält.[1124] Zu dieser Entwicklung hat auch Art. 85 GG beigetragen, der bestimmt, dass der Bundesrat im Rahmen der Bundesauftragsverwaltung ein Zustimmungsrecht hat, wenn Fragen berührt werden, welche die Einrichtung von Bundesbehörden und den Erlass von Verwaltungsvorschriften betreffen.

Eine Abschaffung des Zustimmungsrechts würde dem Problem parteipolitischer Konfrontation somit nicht gerecht. Nachdem die den Ländern verbliebenen Kompetenzen auf ein Minimum geschrumpft sind,[1125] nähme man ihnen auch noch das Mitbestimmungsrecht in Bereichen, in denen ihre Interessen in besonderem Maße berührt sind. Dies gilt vor allem für die Zustimmungsbedürftigkeit nach den Artikeln 84 und 85 GG, durch die der Verwaltungsföderalismus des Grundgesetzes abgesichert werden soll. So würde eine Abschaffung dieses Zustimmungsrechts die Verwaltungshoheit der Länder erheblich beeinträchtigen, da sie bei der Errichtung von Behörden und dem Erlass von Verwaltungsvorschriften vom Bund übergangen werden könnten.[1126]

Stattdessen sollte unmittelbar an die Konfliktlösungsmechanismen der Verfassung angeknüpft werden, indem Art. 77 Abs. 3 GG um die Pflicht des Bundesrats ergänzt wird, auch vor der Verweigerung seiner *Zustimmung* den Vermittlungsausschuss anzurufen.[1127]
Aber letztlich kann auch dieser Ansatz nicht verhindern, dass es zu blockadeähnlichen Spannungen zwischen den Gesetzgebungsorganen kommt, denn eine Einigung im Vermittlungsausschuss ist nicht erzwingbar. Deswegen soll im Folgenden der Frage nachgegangen werden, wie einer weiteren Ausuferung der Zustimmungsrechte vor dem Hinter-

---

[1121] Hierzu bereits oben § 4 II 1 b); § 7 IV 6 d); § 8 VII 2.

[1122] Dies ist spätestens seit Abschluss der Arbeiten der Enquête-Kommission Verfassungsreform im Jahr 1976 allgemeine Erkenntnis, ohne dass sich hieran etwas geändert hat.

[1123] *Fritz Ossenbühl*, in: Wilke/Schulte (Hrsg.), Der Bundesrat, 1990, S. 300 (302).

[1124] Erstmals in BVerfGE 8, 274 (295 f.); so in jüngster Zeit, wenn auch zweifelnd, wieder BVerfGE 105, 313 (339).

[1125] Hierzu ausführlich oben § 4 II 1.

[1126] Zu Sinn und Zweck der Artt. 84, 85 GG statt vieler *Peter Lerche*, in: Maunz/Dürig, GG, Bd. IV, Art. 84 Rdn. 7 ff. sowie *Hans-Heinrich Trute*, in: von Mangoldt/Klein/Starck, Das Bonner GG, Bd. 2, 4. Aufl. 2000, Art. 84 Rdn. 1 ff.

[1127] So betont *Johannes Masing*, dass die Verfassung in den Fällen der Anrufung des Vermittlungsausschusses den Konsens über die rigide Durchsetzung des Willens eines Verfassungsorgans stellt, in: von Mangoldt/Klein/Starck, Das Bonner GG, Bd. 2, 4. Aufl. 2000, Art. 77 Rdn. 15 m. w. N; wie hier auch *Ernst Heinsen*, *Fritz Rietdorf* und *Ernst-Wolfgang Böckenförde* in ihrem Sondervotum zum Abschlussbericht der *Enquête-Kommission Verfassungsreform*, BT-Drs. 7/5924, S. 107.

grund der Einheitsthese begegnet werden kann, die das Bundesverfassungsgericht im Zusammenhang mit den Artikeln 80 Abs. 2, 84 und 85 GG vertritt.

a) Die Einheitsthese des Bundesverfassungsgerichts und die auf ihr aufbauende Mitverantwortungstheorie

Nach der Einheitsthese führt eine einzige Verfahrensvorschrift, die nach den Artikeln 80 Abs. 2, 84 und 85 GG zustimmungsbedürftig ist, zur Zustimmungspflichtigkeit des gesamten Gesetzes. Das Gericht begründet die These damit, dass der einheitliche Beschluss des Parlaments das Gesetz formell zusammenhalte, so dass es sich bei jedem vom Bundestag beschlossenen Gesetz um eine gesetzgebungstechnische Einheit handele, die nicht auseinander gerissen werden dürfe. Für diesen Gesetzesbeschluss trage neben dem Bundestag der Bundesrat die Mitverantwortung, die sich sowohl auf die zustimmungsbedürftigen als auch auf die zustimmungsfreien Teile des Gesetzes beziehe.[1128]

In der Literatur hingegen wird zur Begründung weniger auf die formale Einheit des parlamentarischen Beschlusses als auf die inhaltliche Abhängigkeit von Verfahrensvorschriften und materiellrechtlichen Vorschriften abgestellt. Da das formelle Recht der Durchsetzung materieller Vorgaben diene, stehen nach der Auffassung beide Arten von Normen in einem untrennbaren Zusammenhang. Eine Trennung von Verfahrensvorschriften und materiellrechtlichen Vorschriften sei nicht realisierbar,[1129] so dass eine einheitliche Betrachtungsweise geboten sei.[1130]

Die Rechtfertigung für den verfahrensrechtlichen Ansatz des Bundesverfassungsgerichts liegt darin, dass der einheitliche Gesetzesbeschluss des Parlaments nicht auseinander gerissen werden soll. In dieser Hinsicht kann der Auffassung des Gerichts grundsätzlich gefolgt werden. Der Bundestag macht mit der Zusammenfassung formeller und materieller Vorschriften in einem Gesetz von seiner Gestaltungsfreiheit Gebrauch. Durch eine nur partielle Zustimmungsverweigerung würde der vom Parlament als einheitliches Ganzes betrachtete Gesetzesbeschluss zu einem nicht mehr gewollten Torso deformiert und der Gesetzeswille des Bundestages verfälscht.[1131] Die Einheitsthese verfolgt dem-

---

[1128] BVerfGE 8, 274 (295); 24, 184 (197) zurückgehend auf *Hans Kutscher*, DÖV 1952, 710 (713); vgl. auch *Diether Haas*, AöR 80 (1955/56), 81 (85 ff.) und *Kurt Held*, AöR 80 (1955/65), 50 (57 ff.); indes hat das Bundesverfassungsgericht in jüngster Zeit angedeutet, dass es die Einheitsthese für überprüfungsbedürftig hält, BVerfGE 105, 313 (339).

[1129] *Hans Schäfer*, Der Bundesrat, 1955, S. 89, der sich dadurch bestätigt sieht, dass die Praxis bis dato den Weg einer Aufspaltung kein einziges Mal gegangen sei. In diesen Fällen liege oftmals eine „dichte Gemengelage" bzw. „innerer Zusammenhang" von materiell- und verfahrensrechtlichen Vorschriften vor, so auch *Arnold Köttgen*, DÖV 1952, 422 (423) und *Diether Haas*, AöR 80 (1955/56), 81 (990); hierzu auch *Kurt Held*, AöR 80 (1955/56), 50 (55 f.).

[1130] So *Peter Weides*, JuS 1973, 337 (340), der auf einen organischen Zusammenhang beider Normkomplexe hinweist.

[1131] So wohl BVerfGE 8, 274 (295); *Fritz Gräber*, DÖV 1959, 893 (895); *Peter Weides*, JuS 1973, 337 (339); nach *Theodor Maunz* ist ein aus zustimmungs- und einspruchsbedürftigen Normen bestehendes Gesetz deswegen als Einheit zu behandeln, weil es aus einem Gesetzgebungs*verfahren* hervorgeht, in:

nach den Zweck, den Gesetzesbeschluss des Bundestages in seiner Gesamtheit zu erhalten und vor einer inhaltlichen Verfremdung durch eine partielle Zustimmung des Bundesrats zu schützen.[1132]

Die Befugnis, dem Gesetz seine Gestalt zu geben, liegt beim Parlament und nicht beim Bundesrat, der es nur im Ganzen billigen oder ablehnen kann. Die Herstellung dieser vom Bundesrat zu respektierenden Einheit steht ausschließlich im Ermessen des Bundestags, der auch mehrere Beschlüsse fassen könnte; sie haftet dem Gesetz jedoch nicht a priori an.[1133] Die Einheitsthese entfaltet demzufolge nur eine Schutzwirkung zugunsten des Bundestages, über die sich das Parlament ohne weiteres hinwegsetzen kann, indem es materielle und verfahrensrechtliche Regelungen in verschiedenen Gesetzen unterbringt.[1134]

Damit beruht die Einheitsthese auf einer gesetzestechnischen Notwendigkeit, aus der kein materielles Zustimmungsrecht des Länderorgans hergeleitet werden kann, das nicht schon nach dem Grundgesetz besteht.[1135]

Dagegen kann der materiellen Variante der Einheitsthese, wie sie von Teilen der Literatur vertreten wird, nicht gefolgt werden. Die Vertreter der Theorie von der Doppelgesichtigkeit einer Norm gehen davon aus, dass Verfahrensnormen und materiellrechtliche Vorschriften nicht voneinander getrennt werden können, ohne dass die Durchsetzung des gesetzgeberischen Zwecks gefährdet würde.[1136]

Aus der allgemeinen Erkenntnis, dass das Verfahrensrecht der Durchsetzung des materiellen Rechts dient, kann jedoch nicht gefolgert werden, dass beide Kategorien untrennbar miteinander verbunden sind, wenn sie einmal in einem Gesetz zusammengefasst wurden. Vielmehr setzt die Vorschrift des Art. 84 Abs. 1 GG das Gegenteil voraus, nämlich, dass zwischen materiellen und verfahrensrechtlichen Vorschriften unterschieden

---

Maunz/Dürig, GG, Bd. IV, Art. 77 Rdn. 8 unter Verweis auf *Diether Haas*, AöR 80 (1955/56), 81 (85), der dessen ungeachtet von einer generellen Aufspaltungsbefugnis des Gesetzgebers ausgeht; für eine aus dem Gesetzgebungs*verfahren* folgende Einheit auch *Kurt Held*, AöR 80 (1955/65), 50 (60 f.).

[1132] *Fritz Ossenbühl*, in: Wilke/Schulte (Hrsg.), Der Bundesrat, 1990, S. 300 (307).

[1133] *Fritz Ossenbühl*, a. a. O., S. 307, der darauf hinweist, dass die Einheit nicht naturgegeben, sondern vom Bundestag gewollt sei.

[1134] So im Ergebnis BVerfGE 24, 184 (199), wo die Frage nach den Grenzen der Dispositionsbefugnis des Bundestages ausdrücklich offen gelassen wird, ähnlich in BVerfGE 37, 363 (382); *Diether Haas*, a. a. O., S. 85; *Kurt Held*, a. a. O., S. 57; *Gerhard Konow*, ZRP 1973, 158 (160); *Hans Schneider*, in: Wilke/Schulte (Hrsg.), Der Bundesrat, 1990, S. 283 (295); *Dieter Wilke*, AöR 98 (1973), 196 (220); a. A. *Hans Kutscher*, DÖV 1952, 710 (713); eher vorsichtig *Wolf-Rüdiger Schenke*, Die Verfassungsorgantreue, 1977, S. 78 ff.; 86 ff.; *Brun-Otto Bryde*, in: von Münch/Kunig, GG, Bd. 3, 5. Aufl. 2003, Art. 77 Rdn. 23 mit Bezugnahme auf *Diether Haas*, der schon sehr früh den durch Art. 84 GG ausgelösten Systemverschiebungen mit einer Aufspaltung begegnen wollte; zum Ganzen auch *Jörg Lücke*, in: Michael Sachs (Hrsg.), GG, 3. Aufl. 2003, Art. 77 Rdn. 15 ff. sowie *Hartmut Maurer*, Staatsrecht I, 2. Aufl. 2001, § 17 Rn. 74 ff.

[1135] BVerfGE 8, 274 (295); *Bernd Janson*, DVBl. 1978, 318 (322); *Fritz Ossenbühl*, in: Wilke/Schulte (Hrsg.), Der Bundesrat, 1990, S. 300 (312).

[1136] Vgl. die in den Fußn. 1129 und 1130 Genannten; hiergegen *Armin Dittmann*, DÖV 1974, 398 (400).

wird,[1137] sonst ergäbe sie keinen Sinn. Zöge nämlich eine zustimmungspflichtige Verfahrensvorschrift stets auch die Zustimmungspflichtigkeit materiellrechtlicher Regelungen nach sich, würde sich die Unterscheidung des Grundgesetzes zwischen Einspruchs- und Zustimmungsgesetzen erübrigen.[1138] Auch bräuchte der Bund nicht abzuwarten, ob die Länder von ihrem Recht aus Art. 83 GG Gebrauch machen, sondern müsste den Gesetzesvollzug sofort an sich ziehen.[1139]

Gegen die Einheitsthese spricht zudem der Wortlaut des Art. 84 Abs. 1 GG, nach dem die Zustimmungsbedürftigkeit eines Gesetzes nur *soweit* gilt, wie es das Verwaltungsverfahren oder die Behördenorganisation regelt.[1140]

Auch aus der Vorschrift des Art. 80 Abs. 2 GG wird deutlich, dass das Grundgesetz abgestufte Mitwirkungsrechte des Bundesrats kennt. So bestimmt Art. 80 Abs. 2 GG, dass sämtliche Rechtsverordnungen, die aufgrund eines zustimmungspflichtigen Gesetzes ergehen, ohne Rücksicht auf ihren Inhalt der Zustimmung des Bundesrats bedürfen. Nach Sinn und Zweck der Vorschrift soll das Zustimmungsrecht des Bundesrats nicht dort enden, wo die Rechtssetzungsbefugnis auf die Exekutive übertragen wird.[1141] Hat der Bundesrat einmal einem Gesetz seine Zustimmung erteilt, bedarf auch jede auf der Grundlage dieses Gesetzes ergehende Rechtsverordnung seiner Zustimmung. Es kommt nicht darauf an, ob die in der Rechtsverordnung geregelte Materie zustimmungspflichtig ist. Das Zustimmungsrecht gilt vielmehr einheitlich für jede Rechtsverordnung, so dass die Einheitsthese rechtsdogmatisch eigentlich dieser Vorschrift zugrunde liegen müsste.[1142] Im Gegensatz zu dieser ausnahmslosen Anordnung des Zustimmungsrechts, wird in den Artikeln 77 und 84 GG jedoch nach der jeweiligen Regelungsmaterie differenziert.

Somit trifft das Grundgesetz hinsichtlich des Zustimmungsrechts eine klare Unterscheidung zwischen stets zustimmungsbedürftigen Rechtsverordnungen auf der einen und Gesetzen bzw. Verwaltungsvorschriften auf der anderen Seite, die von der Einheitsthese unterlaufen wird.[1143]

[1137] *Fritz Ossenbühl* (Fußn. 1135), S. 309 f.

[1138] *Christof Gramm*, AöR 124 (1999), 212 (225).

[1139] *Armin Dittmann* (Fußn. 1136), S. 400.

[1140] *Christof Gramm* (Fußn. 1138)., S. 224.

[1141] *Brun-Otto Bryde*, in: von Münch/Kunig, GG, Bd. 3, 5. Aufl. 2003, Art. 80 Rdn. 26.

[1142] *Christof Gramm*, AöR 124 (1999), 212 (225).

[1143] *Christof Gramm*, a. a. O., S. 225; umso erstaunlicher ist es, dass das Bundesverfassungsgericht hinsichtlich der Zustimmungspflichtigkeit von *Änderungs*gesetzen diese systematischen Bedenken teilt, so in BVerfGE 37, 363 (383): „[die Folge einer Beibehaltung des Zustimmungserfordernisses wäre, Anm. des Verf.] eine erhebliche Verschiebung der Gewichte zwischen dem die Interessen der Länder vertretenden Bundesrat einerseits und dem Bundestag und der Bundesregierung andererseits im Bereich des Gesetzgebungsverfahrens insofern..., als das Zustimmungsgesetz dann die Regel wäre und das Einspruchsgesetz die Ausnahme ... Die Zahl der Zustimmungsgesetze würde sich erheblich vermehren. Dies aber widerspräche der Gesamtkonzeption des Grundgesetzes, die von einer Gleichgewichtigkeit zwi-

Selbst wenn man der Einheitsthese in ihrem Schutzzweck, den Bundestag vor einer Verfremdung des Gesetzesbeschlusses zu schützen, folgt: Aus ihrer gesetzgebungstechnischen Notwendigkeit können keine Kompetenzen des Bundesrats hergeleitet werden, die nicht ohnehin schon bestehen.[1144] Dies wird deutlich, wenn man sich ihre Folgen im Hinblick auf Gesetzesänderungen vergegenwärtigt. Infolge der Einheitsthese wird dem Bundesrat bei jeder Gesetzesänderung auch hinsichtlich derjenigen Materien ein Vetorecht eingeräumt, die an sich zustimmungsfrei sind. Der einzige Grund für eine Beibehaltung seines Zustimmungsrechts liegt demnach nur darin, dass das Gesetz irgendwann einmal in der Vergangenheit wegen einer einzigen Verfahrensvorschrift seinem Vetorecht unterlag.

Auch die an die Einheitsthese anknüpfende Mitverantwortungstheorie kann im Ergebnis nicht überzeugen. Nach ihr trägt der Bundesrat nicht nur beim Gesetzesbeschluss, sondern auch bei jeder nachfolgenden Änderung des Gesetzes die inhaltliche Mitverantwortung, so dass jedes Änderungsgesetz seiner Zustimmung bedarf.[1145] Die Mitverantwortung des Bundesrats ist jedoch nicht die Voraussetzung, sondern die Folge seines verfassungsrechtlichen Zustimmungsrechts.[1146]

Darüber hinaus ist schon die dogmatische Berechtigung der Mitverantwortungsthese fraglich, denn der Bundesrat ist im Gegensatz zum Bundestag und zur Bundesregierung nicht in das System parlamentarischer Verantwortung einbezogen und unterliegt auch keiner staatsrechtlichen Verantwortung.[1147] In der These klingt die überholte staatsrechtliche Stellung an, die der Bundesrat bzw. Reichsrat unter der Geltung früherer Verfassungen innehatte, nämlich den letztverbindlichen Gesetzesbefehl zu erteilen.[1148]
Demnach ist sowohl die Einheitsthese als auch die auf ihr aufbauende Mitverantwortungstheorie abzulehnen.

---

schen allen am Gesetzgebungsverfahren beteiligten Verfassungsorganen ausgeht." Gegen die Aufstellung eines Regel-Ausnahmeverhältnisses aber *Konrad Reuter*, Praxishandbuch Bundesrat, 1991, Art. 50 Rdn. 158, der betont, dass die Aufzählung zustimmungsbedürftiger Materien im Grundgesetz lediglich gesetzgebungstechnisch bedingt sei. Wie hier *Brun-Otto Bryde*, in: von Münch/Kunig, GG, Bd. 3, 5. Aufl. 2003, Art. 77 Rdn. 20; *Johannes Masing*, in: von Mangoldt/Klein/Starck, Das Bonner GG, Bd. 2, 4. Aufl. 2000, Art. 77 Rdn. 48.

1144 In BVerfGE 8, 274 (294 f.) ist dementsprechend von einer „gesetzgebungstechnischen Einheit" die Rede; *Fritz Ossenbühl*, a. a. O., S. 316.

1145 *Hans Kutscher*, DÖV 710 (713); *Theodor Maunz*, in: Maunz/Dürig, GG, Bd. IV, Art. 77 Rdn. 8 f.: *Hans Schäfer*, Der Bundesrat, 1955, S. 91 f.; hierzu auch die zusammenfassende Darstellung bei *Fritz Ossenbühl*, in: Wilke/Schulte (Hrsg.), Der Bundesrat, 1990, S. 300 (313 ff.).

1146 *Ernst Friesenhahn*, in: Der Bundesrat als Verfassungsorgan und politische Kraft, 1974, S. 251 (261 ff.); *Juliane Kokott*, in: Bonner Kommentar (Zweitbearbeitung), Art. 77 Rdn. 37; *Fritz Ossenbühl*, a. a. O., S. 321.

1147 *Ernst Friesenhahn*, a. a. O., S. 261 f.; *Fritz Ossenbühl*, a. a. O., S. 319.

1148 Zum Begriff der gesetzlichen Sanktion oben § 2 V 1 c) dd) mit Fußn. 213

b) Praktische Konsequenzen – Die Aufspaltung von Gesetzgebungsvorhaben in zustimmungspflichtige und zustimmungsfreie Teile

Ein Teil der Literatur sieht den Grund für die Spannungen zwischen den Gesetzgebungsorganen weniger in den Vorschriften der Artikel 80 Abs. 2, 84 und 85 GG in Verbindung mit der Einheitsthese als in der verfassungsrechtlichen Normierung des Zustimmungserfordernisses.[1149] Dem ist insoweit zuzustimmen, als sich der Bundestag nicht über einen von der Verfassung angeordneten Zustimmungsvorbehalt hinwegsetzen kann, während das Parlament in den Fällen der Art. 84 und 85 GG verschiedene Möglichkeiten hat, das Zustimmungserfordernis zu umgehen.[1150]

Da diese Umgehungsmöglichkeiten die Frage ihrer verfassungsrechtlichen Zulässigkeit aufwerfen, soll im Anschluss an ihre Erörterung nach einer vermittelnden Lösung gesucht werden.

Der Bundesregierung bzw. dem Bundestag stehen zwei Möglichkeiten zur Verfügung, materielle und formelle Regelungen voneinander zu trennen: Die Gesetzesvorlagen werden entweder von Anfang an separat in das Gesetzgebungsverfahren eingebracht – aktive Aufteilung – oder ein zunächst einheitlicher Gesetzentwurf wird erst nach der Stellungnahme des Bundesrats durch den Bundestag oder die Bundesregierung aufgespalten – reaktive Aufteilung.[1151]

aa) Rechtliche Probleme einer aktiven Aufteilung von Gesetzen

Eine Trennung verfahrens- und materiellrechtlicher Vorschriften wird vereinzelt für unzulässig gehalten. Begründet wird dies damit, dass einer solchen Trennung die Einheit verfahrens- und materiellrechtlicher Vorschriften entgegenstehe.[1152]

Dieser Meinung ist aber entgegenzuhalten, dass Art. 84 GG die Trennung von Verfahrensregelungen und materiellen Vorschriften voraussetzt. Der Bundestag kann in Ausübung seiner gesetzgeberischen Freiheit ein Gesetzgebungsvorhaben grundsätzlich in mehreren Gesetzen regeln.[1153]
Nur in wenigen Ausnahmefällen kann davon ausgegangen werden, dass beide Normkategorien untrennbar miteinander verbunden sind. Dies ist beispielsweise der Fall, wenn Verfahrensregelungen zugleich materiellrechtliche Wirkungen haben können wie bei Antragserfordernissen oder Sanktionen von Frist- und Formverstößen[1154], wenn zustim-

---

[1149] So beispielsweise *Christof Gramm*, AöR 124 (1999), 212 (228); hiergegen *Michael Sachs*, VVDStRL 58 (1999), 39 (61).

[1150] So schließlich auch *Christof Gramm*, AöR 124 (1999), 212 (223 f.).

[1151] Terminologie erstmals bei *Christian Pestalozza*, ZRP 1976, 153 (154).

[1152] Vgl. die in den Fußn. 1112 f. Genannten; hiergegen die überwiegende Meinung in der Literatur, vgl. statt vieler *Armin Dittman*, DÖV 1974, 397 (400 ff.) m. w. N.

[1153] Vgl. die in Fußn. 1134 Genannten.

[1154] Siehe auch die beispielhafte Aufzählung in BVerfGE 37, 363 (390 f.); 55, 274 (320 f.).

mungsfreie und zustimmungspflichtige Regelungen sachlogisch aufeinander aufbauen[1155] oder wenn dem materiellen zustimmungsfreien Teil eines Gesetzes verfahrensrechtliche Elemente fehlen, um ihn sinnvoll in die Praxis umzusetzen.[1156] In letzterem Fall müssten die Länder aufgrund ihrer Vollzugspflicht aus Art. 83 GG die notwendigen Verfahrensvorschriften zur Ausführung des Bundesgesetzes erlassen, so dass sich die Frage der Zustimmungsbedürftigkeit nicht stellt.[1157] Allein die Notwendigkeit, eigene Ausführungsbestimmungen erlassen zu müssen, berührt sie noch nicht in ihren föderalistischen Interessen. Das Zustimmungserfordernis des Art. 84 GG greift vielmehr erst dann ein, wenn der Bund den Ländern eine Verwaltungsorganisation bzw. ein Verwaltungsverfahren vorschreibt, das ihre Vollzugskompetenz beschränkt. Hierzu reicht es nicht aus, dass eine bestimmte materielle Vorschrift ihre ohnehin nach Art. 83 GG bestehende Vollzugspflicht auslöst oder beendet.[1158]

Somit kann allein der Umstand, dass eine materiellrechtliche Regelung der Umsetzung durch die Länder bedarf, das Verbot einer aktiven Aufteilung von Gesetzen nicht rechtfertigen.

Dies gilt auch, wenn zum Vollzug des zustimmungsfreien Gesetzesteils eine bundeseinheitliche Verfahrensregelung erforderlich ist. Auch in diesen Fällen sind die Länder nicht zur Ausführung des Gesetzes gezwungen, sondern können vom Bund unter dem Gesichtspunkt der Bundestreue verlangen, dass er die unvollständige Norm um die fehlende zustimmungsbedürftige Verfahrensregelung ergänzt.[1159] Eine verfassungswidrige Umgehung des Bundesrats scheidet aus. Denn entweder sind die Länder allein in der Lage, das Gesetz umzusetzen, so dass es keiner zustimmungsbedürftigen bundeseinheitlichen Regelung bedarf, oder sie können das Gesetz nicht ohne eine bundeseinheitliche Vollzugsregelung ausführen. Dann sind sie aber auch nicht zum Vollzug des Gesetzes gezwungen, sondern können den Beschluss einer entsprechenden Regelung abwarten, auf die sie dann regulär über Art. 84 GG Einfluss nehmen.[1160]

In diesen Fällen hätte eine Aufspaltung den Vorteil, dass das Zustimmungsrecht des Bundesrats wieder auf das verfassungsrechtlich erforderliche Maß zurückgeführt würde. Die Länder hätten die Gelegenheit, sich in einem gesonderten Gesetzgebungsverfahren auf die zustimmungsbedürftige Verfahrens- bzw. Organisationsvorschrift zu konzentrieren, ohne dass die verfahrensrechtliche Regelung zum Anlass genommen würde, das Gesetz insgesamt abzulehnen.

[1155] *Wolf-Rüdiger Schenke* spricht hier von einem unlösbaren Zusammenhang, in: Die Verfassungsorgantreue, 1977, S. 80.

[1156] *Christian Pestalozza*, ZRP 1976, 153 (157).

[1157] *Wolf-Rüdiger Schenke*, a. a. O., S.80; *Armin Dittmann*, DÖV 1974, 397 (398); hierauf deutet auch *Hans Schneider* hin, der betont, dass eine materiellrechtliche Norm oft gültig [bleibt], auch wenn sie nicht exekutiert werden kann", DVBl. 1953, 257 (260).

[1158] BVerfGE 55, 274 (321); 75, 108 (150 f.).

[1159] *Wolf-Rüdiger Schenke* (Fußn. 1155), 80 f.

[1160] *Ders.* (Fußn. 1155), S. 81.

Sind verfahrens- und materiellrechtliche Regelungen untrennbar miteinander verknüpft[1161] oder bilden zustimmungsfreie und zustimmungsbedürftige Normen eine logische Einheit, müssen Gesetzesvorlagen ausnahmsweise in einem Gesetzesbeschluss zusammengefasst werden. In Zweifelsfällen ist der Bund unter dem Aspekt der Verfassungsorgantreue[1162] verpflichtet, systematisch oder sachlogisch zusammengehörende Regelungsmaterien einheitlich zu regeln. Gegen verfassungswidrige Versuche des Parlaments oder der Regierung, das Zustimmungsrecht des Bundesrats durch Aufspaltung von Gesetzen zu umgehen, könnte weiterhin das Bundesverfassungsgericht gemäß Art. 93 Abs. 1 Nr. 1 GG angerufen werden.

Dies führt jedoch zu dem Problem, dass die Konsensmechanismen des Grundgesetzes, die darauf gerichtet sind, schon im ersten Durchgang beim Bundesrat oder spätestens im Vermittlungsausschuss eine parteiübergreifende Einigung zu erzielen, durch eine verfrühte Einschaltung des Bundesverfassungsgerichts umgangen werden. Vielfach tritt schon heute bei politisch hochumstrittenen Gesetzgebungsvorhaben die verfassungsgerichtliche Entscheidung an die Stelle einer politischen Einigung. Die Tendenz, Konflikte in Karlsruhe auszutragen, wird auf diese Weise verstärkt. Dieser Weg ist nicht nur zeitaufwendig, sondern auch mit erheblichen Unsicherheiten verbunden, denn das Bundesverfassungsgericht hält sich eine Auslegung des Art. 84 GG weitgehend offen.[1163]

Die Grenzen zwischen einer verfassungswidrigen Umgehung der Länder und der Ausnutzung der gesetzgeberischen Gestaltungsfreiheit sind demnach – auch unter Zugrundelegung der hier aufgeführten Maßstäbe – fließend und damit unbefriedigend.[1164]

bb) Rechtliche Probleme einer reaktiven Aufteilung von Gesetzen

Vereinzelt wird eine Unterbringung verfahrens- und materiellrechtlicher Regelungen in unterschiedlichen Gesetzen insbesondere dann für unzulässig gehalten, wenn sie nach dem ersten Durchgang beim Bundesrat erfolgt.[1165]

Zur Begründung dieser Ansicht wird angeführt, dass auch eine *Regierungs*vorlage nicht mehr zurückgenommen werden könne, wenn sie bereits dem Bundesrat zugeleitet worden sei.[1166] Ein Gesetzentwurf der Bundesregierung sei mit einer Initiative aus der Mitte

---

[1161] In der Regel verpflichtet die Akzessorietät materiell- und verfahrensrechtlicher Bestimmung jedoch nicht zu einer Zusammenfassung in einem Gesetz, so auch *Armin Dittmann*, DÖV 1974, 398 (400).

[1162] Eine Anwendbarkeit der Bundestreue ablehnend *Armin Dittmann*, a. a. O., S. 402, zur Anwendbarkeit der Bundes- bzw. Verfassungsorgantreue auch oben § 8 II u. III.

[1163] BVerfGE 24, 184 (199 f.); 77, 84 (103); 105, 313 (340 f.).

[1164] So übereinstimmend *Armin Dittmann*, DÖV 1974, 397 (403); *Christof Gramm*, AöR 124 (1999), 212 (228); *Wolf-Rüdiger Schenke*, a. a. O., S. 87.; *Hans Schneider*, DVBl. 1953, 257 (261), der die von Art. 84 Abs. 1 GG ausgelösten Gewichtsverschiebungen zwischen Bundestag und Bundesrat schon damals prognostizierte und erheblichen Klärungsbedarf sah.

[1165] So wohl nur *Christian Pestalozza*, ZRP 1976, 153 (154 f.); differenzierend *Wolf-Rüdiger Schenke*, Die Verfassungsorgantreue, 1977, S. 82 ff.

[1166] *Christian Pestalozza*, ZRP 1976, 153 (154 f.); in kritischer Erwiderung hierauf *Jürgen Fiedler*, ZRP 1977, 9 (10 f.) sowie Wolf-Rüdiger *Schenke*, a. a. O., S. 82 ff. m. w. N., der betont, dass diese Auffasdes Bundestags vergleichbar, die, nachdem sie einen Ausschuss durchlaufen habe, nicht mehr rückgängig gemacht werden könne. Ferner habe die Vorlage einen parlamentarischen Aufwand verursacht, dessen Ergebnis durch ihre Rücknahme in Frage gestellt werde.[1167]

Dem ist zu Recht entgegengehalten worden, dass die Verfassung die Rücknahme einer Vorlage nicht verbietet, es sei denn, über sie wurde bereits endgültig abgestimmt.[1168] Folgte man erstgenannter Ansicht, hätte dies die merkwürdige Konsequenz, dass die Gesetzgebungsorgane zur Abstimmung über eine Vorlage gezwungen wären, die unter Umständen schon sachlich überholt ist, wodurch ein vermeidbarer parlamentarischer Aufwand entstehen würde.[1169] Schließlich entspricht es der Konsensorientierung des Grundgesetzes,[1170] dass Gesetzentwürfe den im Vorlageverfahren geäußerten Bedenken und Vorschlägen angepasst werden. Vor diesem Hintergrund wäre es widersinnig, der parlamentarischen Mehrheit die Möglichkeit zu nehmen, die Vorlage bzw. den Beschluss noch so zu fassen, dass mit einer Zustimmung des Bundesrats gerechnet werden kann.

Auch die Argumentation, die einen funktionswidrigen Einsatz des Art. 76 Abs. 2 GG annimmt, da der Bundesrat im ersten Durchgang „ausgehorcht“ werde, um ihn dann „beiseite zu schieben“,[1171] kann nicht überzeugen. Der Bundesrat genießt hinsichtlich der Vorlagen, über die das Parlament noch nicht beschlossen hat, keinen Vertrauensschutz.[1172] Auch macht sich der Bundesrat die Gesetzesvorlage nicht durch seine Stellungnahme zu Eigen. Die Behauptung, dass eine solche Stellungnahme nach Art. 76 Abs. 2 GG einer eigenen Gesetzesinitiative gleichstehe, über die das Parlament bzw. die Bundesregierung nicht mehr verfügen könne,[1173] findet weder in der parlamentarischen Tradition[1174] noch im Wortlaut des Art. 76 Abs. 2 GG eine Stütze. Darüber hinaus ist der Bundesrat befugt, eine eigene Gesetzesinitiative einzubringen, über die weder Bundestag noch Bundesregierung verfügen können, so dass allein schon hierdurch seine Interessen gewahrt sind.

Somit ist auch eine reaktive Aufteilung von Gesetzesvorlagen grundsätzlich zulässig. Dient hingegen die nachträgliche Aufspaltung von Vorlagen allein dem Zweck, die Mit-

---

sung nur zu Art. 69 WRV vertreten wurde und dies auch nur vereinzelt, vgl. statt vieler *Fritz Poetzsch-Heffter*, Handkommentar der Reichsverfassung, 3. Aufl. 1928, Art. 69 Anm. 3.

1167 *Christian Pestalozza*, ZRP 1976, 152 (154).

1168 *Jürgen Fiedler*, ZRP 1977, 9 (10).

1169 *Ders.*, a. a. O., S. 10 sowie *Wolf-Rüdiger Schenke* (Fußn. 1165), S. 83.

1170 Zur Konsensorientierung der Verfassung insbesondere oben § 7 IV 2 e) dd).

1171 *Christian Pestalozza*, ZRP 1976, 152 (155).

1172 *Bernd Janson*, DVBl. 1978, 318 (321); *Jörg Lücke*, in : Sachs (Hrsg.), GG, 3. Aufl. 2003, Art. 77 Rdn. 16.

1173 *Christian Pestalozza*, ZRP 1976, 152 (155).

1174 Hierauf weist Wolf-Rüdiger *Schenke*, a. a. O., S. 84, hin unter Bezugnahme auf *Fritz Poetzsch-Heffter* (Fußn. 1166).

wirkung des Bundesrates zu umgehen, verstößt die Bundesregierung bzw. der Bundestag gegen den Grundsatz der Verfassungsorgantreue.[1175] Ein rechtsmissbräuchliches Verhalten wird jedoch in diesen Fällen nur schwer nachzuweisen sein.

c) Verfassungsrechtliche Normierung einer Aufspaltungsbefugnis – Ergebnis

Von der Zielsetzung der Einheitsthese ausgehend stellt sich die Frage, wie die grundsätzlich anerkannte Gestaltungsfreiheit des parlamentarischen Gesetzgebers auf verfassungsrechtlich „sicheren Boden" gestellt werden kann.

Wenn dem entgegengehalten wird, dass es der Gesetzgeber im Hinblick auf Art. 84 GG ohnehin in der Hand habe, den Umfang des Zustimmungserfordernisses zu bestimmen, trifft dies nur zum Teil zu. Wie anlässlich des Streits um das Zuwanderungsgesetz sind Situationen denkbar, in denen die Opposition einem – außerparlamentarischen – Kompromiss zugestimmt hat, um dann in letzter Minute im Bundesrat die nach Art. 84 GG erforderliche Zustimmung zu verweigern.[1176]

Auch wenn dem Einwand insoweit zuzugeben ist, als der Bundestag die Fassung des Gesetzesbeschlusses ohnehin in der Hand hat, widerspricht es einer einheitlichen gesetzlichen Konzeption, zustimmungsbedürftige und zustimmungsfreie Teile auseinander zu reißen. Hinzu kommt, dass auch die Länder – unabhängig von der parteipolitischen Zusammensetzung ihrer Regierungen – ein legitimes Interesse an der Verständlichkeit und Normklarheit[1177] eines Entwurfs haben, der ihnen die oftmals weitreichenden Folgen eines Gesetzes vor Augen führt. Als Beispiel hierfür kann erneut das gescheiterte Zuwanderungsgesetz genannt werden, dessen Inkrafttreten den Ländern enorme Integrationslasten auferlegt hätte, deren Finanzierung durch die Kommunen ungeklärt war.

Angesichts dessen vergrößert man ein etwaiges Konfliktpotential, wenn man die Bundesregierung bzw. den Bundestag darauf verweist, von der Aufspaltungsbefugnis Gebrauch zu machen.[1178] Da – wie bereits erwähnt – eine klare Grenzziehung zwischen

---

[1175] Zur Bundestreue auch oben § 8 II.

[1176] Ausführlich zur Entstehung des Gesetzes DER SPIEGEL vom 30.3.2002.

[1177] *Jürgen Fiedler*, ZRP 1977, 9 (11); die äußerste Grenze dieser Aufteilungsbefugnis wird von der Normklarheit markiert, wonach eine Aufspaltung unzulässig ist, wenn ein unverständlicher „Gesetzestorso" übrig bleibt, so wohl die mittlerweile überwiegende Auffassung, vgl. statt vieler *Christof Gramm*, AöR 124 (1999), 212 (223); *Jörg Lücke*, in: Sachs (Hrsg.), GG, 3. Aufl. 2003, Art. 77 Rdn. 17; *Klaus Stern*, Staatsrecht, Bd. II 1980, S. 145; *Hans-Heinrich Trute*, in: von Mangoldt/Klein/Starck, Das Bonner Grundgesetz, Bd. 2, 4. Aufl. 2000, Art. 84 Rdn. 24;

[1178] Dies ist mehrfach vorgeschlagen worden, hierzu. in jüngerer Zeit *Christof Gramm*, AöR 124 (1999), 212 (227), der darauf hinweist, dass sich ein an Art. 84 GG gescheitertes Gesetz auch noch nachträglich durch Einbringung seiner nicht zustimmungsbedürftigen Teile „heilen" lasse, ähnlich *Jörg Lücke*, in: Sachs (Hrsg.), GG, 3. Aufl. 2003, Art. 77 Rdn. 17 sowie *Michael Sachs*, in: VVDStRL 58 (1999), 39 (61); so auch das Bundesverfassungsgericht, das ausdrücklich auf das Aufteilungsrecht des Bundestages hingewiesen hat: erstmals in BVerfGE 37, 363 (382 f.), zuletzt in BVerfGE 105, 313 (340 f.) hierzu

einer verfassungswidrigen Umgehung des Bundesrats und einer legitimen Ausnutzung gesetzgeberischer Gestaltungsspielräume nicht möglich ist, würden bestehende politische Konflikte eher noch verstärkt als gelöst.[1179]

Deswegen sollte der Streit um den Umfang der Zustimmungsbedürftigkeit im Wege einer Verfassungsänderung beendet werden.

Nach der Einheitsthese soll der Bundestag davor geschützt werden, dass der Sinngehalt seines Beschlusses durch eine partielle Zustimmung des Bundesrats entstellt wird. Mithin könnte der Bundestag dem Bundesrat schon im Gesetzesbeschluss signalisieren, dass er, auch wenn das Länderorgan gegen die zustimmungsbedürftigen Gesetzesteile stimmt, an der ursprünglichen Fassung des Beschlusses festhalten wird. Mit diesem klarstellenden Hinweis würde den Interessen beider Gesetzgebungsorgane Rechnung getragen. Es würde nicht nur das Zustimmungsrecht des Bundesrats gewahrt, sondern es herrschte auch Klarheit darüber, ob die parlamentarische Mehrheit mit den Folgen einer partiellen Zustimmung einverstanden ist oder sie als Deformierung eines einheitlichen Gesetzes betrachtet.

Gesetzgebungstechnisch könnte der Bundestag hierzu einen Vorratsbeschluss fassen, mit dem er zum Ausdruck bringt, dass er das Gesetz auch ohne die vom Bundesrat abgelehnten zustimmungsbedürftigen Teile gelten lassen will. Bezüglich der streitigen Teile des Gesetzesbeschlusses könnte weiterhin der Vermittlungsausschuss angerufen werden. Stimmt der Bundestag dem im Vermittlungsausschuss gefundenen Kompromiss zu, hat er nach Art. 77 Abs. 2 S. 5 GG erneut Beschluss zu fassen. Lehnt das Parlament den Vorschlag ab, richtet sich das weitere Verfahren unverändert nach Art. 77 Abs. 2a bis Abs. 4 GG.[1180] Diese Vorgehensweise hat den entscheidenden Vorteil, dass das Gesetz in seinen zustimmungsfreien Teilen zustande kommt und das Zustimmungsrecht des Bundesrats langfristig wieder auf die ausdrücklich im Grundgesetz genannten Materien beschränkt wird.[1181]

Einen solchen Vorratsbeschluss könnte der Bundestag aufgrund seiner Gestaltungsfreiheit auch nach der heutigen Rechtslage fassen.[1182] Denn wenn der Gesetzgeber zu

kritisch *Karin Graßhof*, in: Bonner Kommentar zum Grundgesetz, 107. Liefg., Ergänzungen zu Art. 50 GG – zu Rdn. 27.

1179 Das Bundesverfassungsgericht lässt es in dem letztgenannten Urteil ausdrücklich dahingestellt, ob und – wenn ja – welche verfassungsrechtlichen Grenzen dem Gesetzgeber bei der Aufspaltung von Gesetzen gezogen sind, BVerfGE 105, 313 (340 f.): „Ob an dieser Rechtsprechung angesichts der Kritik im Schrifttum (...) festzuhalten ist, bedarf im vorliegenden Fall keiner Entscheidung, da der Gesetzgeber diesen Weg nicht gewählt hat".

1180 Dieser Vorschlag tauchte zuerst bei *Hans Schneider* auf, vgl. *denselben* in: Wilke/Schulte (Hrsg.), Der Bundesrat, 1990, S. 283 (295 ff.) und wurde in neuerer Zeit von Christof *Gramm*, AöR 124 (1999), 212 (226) wieder aufgegriffen; vgl. hierzu auch schon *Klaus Lange*, in: Wilke/Schulte (Hrsg.), Der Bundesrat, 1990, S. 226 (248).

1181 Hierzu schon *Ernst Heinsen/Fritz Rietdorf/Ernst-Wolfgang Böckenförde* in ihrem Sondervotum zum Schlussbericht der *Enquête-Kommission Verfassungsreform*, BT-Drucks. 7/5924, S. 106

1182 *Christof Gramm*, AöR 124 (1999), 212 (226).

einer aktiven bzw. reaktiven Aufspaltung von Gesetzen befugt ist, kann er erst recht über das weitere Schicksal eines Gesetzesbeschlusses entscheiden, dessen zustimmungsbedürftige Teile der Bundesrat abgelehnt hat. Auf diese Weise wären Regierung und Parlamentsmehrheit zumindest im Bereich der Artikel 84 und 85 GG wieder in der Lage, eine einheitliche Konzeption zu verwirklichen, die nicht mehr an wenigen zustimmungsbedürftigen Regelungen scheitert.[1183] Die „Notwendigkeit", das Gesetz vor der Zuleitung an den Bundesrat um seine zustimmungsbedürftigen Teile zu „bereinigen",[1184] bestände dann nicht mehr. Und auch die Länder wären in ihrem Abstimmungsverhalten nicht mehr auf ein „Alles oder Nichts" beschränkt, so dass der Weg für eine sachliche Diskussion geebnet wäre.

Alternativ zu einem Vorratsbeschluss könnte Art. 77 GG ein fünfter Absatz angefügt werden, der dem Bundestag die Befugnis einräumt, das vom Bundesrat abgelehnte Gesetz in seinen zustimmungsfreien Teilen zu bestätigen, wie dies die Verfassung bei Einspruchsgesetzen vorsieht.[1185] In Anlehnung an die Regelung des Art. 77 Abs. 4 GG bedürfte diese Bestätigung durch das Parlament der gleichen – unter Umständen qualifizierten – Mehrheit, mit der das Gesetz vom Bundesrat abgelehnt wurde.[1186] Dieser Ansatz hätte den Vorteil, dass die Volksvertretung zunächst das Verhalten des Bundesrats und dessen Begründung abwarten könnte,[1187] um dann darüber zu entscheiden, ob sie an der ursprünglichen Fassung des Gesetzes festhält. Dies bietet sich vor allem in den Fällen an, in denen nicht nur wenige Vorschriften im Sinne des Art. 84 GG zur Zustimmungsbedürftigkeit des gesamten Gesetzes führen, sondern auch umfangreiche materiellrechtliche Teile. Die Regierung und die sie tragende Parlamentsmehrheit könnten auf diese Weise abwägen, ob eine Durchsetzung des Gesetzes überhaupt noch Sinn macht.

Die vorgenannten Ansätze unterscheiden sich lediglich hinsichtlich des Zeitpunkts, in dem die Gesetzeseinheit aufgelöst wird. Fasst der Gesetzgeber einen Vorratsbeschluss, macht er schon von vornherein, also vorbeugend für den Fall einer Ablehnung des Gesetzes, von seiner Aufspaltungsbefugnis Gebrauch. Bestätigt das Parlament hingegen das Gesetz in seinen zustimmungsfreien Teilen erst nach dem Veto des Bundesrats, spaltet es das bis dahin einheitliche Gesetz nachträglich auf. In beiden Fällen würde der „heraus gebrochene" zustimmungsbedürftige Teil gesondert zum Verhandlungsgegenstand, ohne dass ein umfassendes Vetorecht des Bundesrats von der Bundesratsmehrheit als Druckmittel gebraucht werden könnte, um das Gesetz insgesamt scheitern zu lassen.

Gegenüber einer willkürlichen Aufspaltung von Gesetzen haben diese Lösungen den Vorzug, dass sie die Möglichkeit einer Trennung in zustimmungsfreie und zustim-

---

[1183] *Ernst Heinsen/Fritz Rietdorf/Ernst-Wolfgang Böckenförde*, a. a. O., S. 102 ff.

[1184] Zu dieser Tendenz *Christof Gramm*, AöR 124 (1999), 212 (227) mit Beispielen dort in Fußn. 72, *Jörg Lücke*, in: Sachs (Hrsg.), GG, 3. Aufl. 2003, Art. 77 Rdn. 17 f.

[1185] So der Vorschlag von *Ernst Heinsen/Fritz Rietdorf/Ernst-Wolfgang Böckenförde*, a. a. O., S. 106

[1186] *Ernst Heinsen/Fritz Rietdorf/Ernst-Wolfgang Böckenförde*, ebenda.

[1187] *Ernst Heinsen/Fritz Rietdorf/Ernst-Wolfgang Böckenförde*, a. a. O., S. 107.

mungsbedürftige Teile institutionalisieren. Abgesehen von den wenigen Fällen der verfassungsrechtlichen Unzulässigkeit einer Aufspaltung, bleibt kein Raum mehr für die Streitfrage, ob die Aufteilung im Einzelfall einer rechtsmissbräuchlichen Umgehung des Zustimmungsrechts dient. Auf diese Weise bliebe die Gestaltungsfreiheit des Gesetzgebers erhalten und das Zustimmungsrecht des Bundesrats würde wieder auf die verfassungsrechtlich normierten Fälle beschränkt.

Die hier vorgeschlagene Festschreibung einer Aufspaltungsbefugnis des Gesetzgebers führt jedoch dann nicht weiter, wenn das Grundgesetz auch in Zukunft Sachmaterien in großem Umfang der Zustimmung des Bundesrates unterwirft. Strukturelle Änderungen lassen sich nur erreichen, wenn Kompetenzverlagerungen von den Ländern auf den Bund verfassungsrechtlich erschwert bzw. weitgehend rückgängig gemacht werden, um die Gesetzgebungstätigkeit der Länder zu stärken.

In diese Richtung ging die Neufassung der Artikel 72, 74 und 75 GG sowie die Einfügung des Art. 125a GG vor mittlerweile neun Jahren,[1188] auf die im Folgenden eingegangen werden soll.

5. Die Beschränkung der konkurrierenden Gesetzgebungszuständigkeit des Bundes durch die Neufassung des Art. 72 GG

Ausgangslage für die Änderung des Art. 72 GG[1189] war seine bundesfreundliche Auslegung durch das Bundesverfassungsgericht. Nach dieser Rechtsprechung konnte die politische Entscheidung des Bundes, ob er eine der in Art. 74 GG enthaltenen Regelungsmaterien an sich zieht, grundsätzlich nur auf Ermessenfehler überprüft werden.[1190] Erklärtes Ziel sowohl der *Gemeinsamen Verfassungskommission* von Bundestag und Bundesrat als auch der *Enquête-Kommission Verfassungsreform* war, die Voraussetzungen des Art. 72 GG präziser und enger zu formulieren. Durch die Neufassung soll nunmehr die Entscheidung des Gesetzgebers, eine Materie der konkurrierenden Gesetzgebung an sich zu ziehen, einer verstärkten Justiziabilität unterworfen werden.[1191]

Diesem Zweck dient auch die Einfügung des neuen Art. 93 Abs. 1 Nr. 2a GG, mit dem ein besonderes Verfahren der abstrakten Normenkontrolle geschaffen wurde. Nach Art. 93 Abs. 1 Nr. 2 a GG i.V.m. §§ 13 Nr. 6 a, 76 Abs. 2 BVerfGG steht nunmehr auch den Landtagen, den Landesregierungen oder dem Bundesrat der Rechtsweg vor das Bundesverfassungsgericht offen. Die Einführung des neuen Verfassungsstreitverfahrens soll die Durchsetzbarkeit der verschiedenen Voraussetzungen des Art. 72 Abs. 2 GG si-

---

1188 42. Gesetz zur Änderung des Grundgesetzes vom 27.10.1994 (BGBl. I S. 3146).

1189 Einen ausführlichen Überblick über die umfangreichen Vorberatungen zum 42. Änderungsgesetz geben *Hubertus Rybak/Hans Hofmann*, NVwZ 1995, 230 ff.; *Rüdiger Sannwald*, DÖV 1994, 629; *Rüdiger Sannwald/Stephan Rohn*, ZRP 1994, 65.

1190 Vgl. die Darstellung oben § 4 II 1 c).

1191 Vgl. den Abschlussbericht der *Enquête-Kommission Verfassungsreform*, BT-Drs. 7/5924, S. 131 f. sowie den Bericht der *Gemeinsamen Verfassungskommission* von Bundestag und Bundesrat, BT-Drs. 12/6000, S. 33.

cherstellen, die Position der Länderparlamente als den eigentlichen Verlierern der Kompetenzverlagerung stärken[1192] und einer weiteren Verlagerung von Gesetzgebungszuständigkeiten auf den Bund entgegenwirken.[1193] Ob die Länderparlamente von der Erweiterung der Antragsbefugnis Gebrauch machen werden, muss jedoch aufgrund der politischen Übereinstimmung der Landtagsmehrheit mit der jeweiligen Landesregierung bezweifelt werden.[1194] So war es auch die bayerische Staatsregierung und nicht der bayerische Landtag, die unter Hinweis auf eine Verletzung des Art. 72 Abs. 2 GG vor dem Bundesverfassungsgericht eine einstweilige Anordnung gegen das In-Kraft-Treten des Bundesaltenpflegegesetzes vom 01.08.2001 erwirkte.[1195]

a) Der Erforderlichkeitsmaßstab des Art. 72 Abs. 2 GG

Nach der Neufassung des Art. 72 GG stellt sich die Frage, ob durch die präzisere Formulierung der Vorschrift tatsächlich eine erhöhte Justiziabilität durch das Bundesverfassungsgericht gewährleistet ist.[1196]

Einerseits ermöglicht die Vorschrift dem Gesetzgeber, die rechts- und sozialstaatlich gebotene Rechts- und Wirtschaftseinheit herzustellen, die insbesondere aus der Grundrechtsverantwortung des Staates folgt.[1197] Andererseits dient sie der ausgewogenen Verteilung von Gesetzgebungskompetenzen zwischen Bund und Ländern und soll einer weiteren Auszehrung von Länderkompetenzen entgegenwirken.

Mit der Reform rückte die Voraussetzung der „Erforderlichkeit einer bundesgesetzlichen Regelung", die zuvor schon in Art. 72 Abs. 2 Nr. 3 GG a. F. enthalten war, in den Mittelpunkt der Norm. Die Formulierung ist nun insoweit präziser, als sie objektiver gefasst

---

[1192] Zur Auszehrung der Länderkompetenzen oben § 4 II 1 und § 4 II 3 c) cc); diese Zielsetzung wurde in den Verfassungskommissionen übereinstimmend genannt: so schon in der *Enquête-Kommission Verfassungsreform* des Bundestages, BT-Drs. 7/5924, S. 126 f.; *Verfassungskommission des Bundesrates*, BR-Drs. 360/92, S. 10 f. und *Gemeinsamen Verfassungskommission* von Bundestag und Bundesrat, BT-Drs. 12/6000, S. 32 f.

[1193] Bericht der *Gemeinsamen Verfassungskommission*, BT-Drs. 12/6000, S. 33 f.; hierzu der Abschlussbericht der *Enquête-Kommission Verfassungsreform*, BT-Drs. 7/5924, S. 126 f., 130 f.

[1194] So *Arndt Schmehl*, DÖV 1996, 724 (729); *Christof Gramm*, AöR 124 (1999), 212 (231) bezweifelt im Zusammenhang mit der Öffnungsklausel des Art. 125a GG, ob die Länder überhaupt eine Rückkehr zu mehr Eigenstaatlichkeit auf dem Gebiet der Gesetzgebung wollen.

[1195] Abgedruckt in NJW 2001, 3253; hierzu sowie zum Urteil des Bundesverfassungsgerichts in der Hauptsache, unten § 8 VII 8.

[1196] Hiervon gehen die *Enquête-Kommission Verfassungsreform*, BT-Drs. 7/5924, S. 131 und die *Gemeinsame Verfassungskommission* aus, BT-Drs. 12/6000, S. 33; vgl. auch *Arndt Schmehl*, DÖV 1996, 724 (727) m. w. N.

[1197] Auf diesen Aspekt weist insbesondere *Christoph Degenhart* hin, in: Sachs (Hrsg.), GG, 3. Aufl. 2003, Art. 72 Rn. 16 hin.

ist.[1198] Sie deutet auf die Terminologie des Übermaßverbots hin, woraus ein Teil der Literatur die Notwendigkeit einer an Verhältnismäßigkeitsgrundsätzen ausgerichteten Abwägung folgert.[1199]

In Anbetracht der Tatsache, dass das Bundesverfassungsgericht eine Anwendung des Verhältnismäßigkeitsgrundsatzes auf die kompetenziellen Beziehungen von Bund und Ländern verneint,[1200] stellt sich die Frage, ob diesem Ansatz ohne weiteres gefolgt werden kann. Die Verhältnismäßigkeit ist grundsätzlich Maßstab für die Abwägung von Individual- und Allgemeininteressen bei hoheitlichen Eingriffen des Staates in die Rechte des Einzelnen. Im Rahmen der Prüfung des Übermaßverbots werden die subjektiv-öffentlichen Rechte des Einzelnen dem Allgemeinwohl gegenübergestellt. Gegen eine Übertragung des Verhältnismäßigkeitsgrundsatzes auf die Beziehungen von Bund und Ländern spricht, dass die Verfassung den Ländern grundsätzlich keine subjektiven Rechte verleiht,[1201] sondern eine objektive Kompetenzordnung normiert.

Auch wenn hinsichtlich einer Übertragung des Verhältnismäßigkeitsgrundsatzes auf das kompetenzielle Verhältnis von Bund und Ländern Vorsicht geboten ist,[1202] bietet der Erforderlichkeitsmaßstab im Kontext mit den Kompetenzvorschriften der Artt. 70 ff. GG einen Anhaltspunkt für eine Austarierung der Gesetzgebungszuständigkeiten von Bund und Ländern. Hierauf soll im Folgenden eingegangen werden.

Aus Art. 70 GG geht hervor, dass die gesetzgebende Gewalt grundsätzlich den Ländern vorbehalten ist, es sei denn, die Vorschriften über die ausschließliche und konkurrierende Gesetzgebung treffen eine abweichende Regelung, Art. 70 Abs. 2 GG. Die konkurrierende Gesetzgebungszuständigkeit von Bund und Ländern ist ihrerseits von einem Re-

---

1198 Nach der Zielsetzung der *Gemeinsamen Verfassungskommission* sollen durch die neue Klausel die Voraussetzungen für eine Inanspruchnahme der konkurrierenden Gesetzgebungskompetenz konzentriert, verschärft und präzisiert werden „mit dem Ziel, die als unzureichend empfundene Justiziabilität der Bedürfnisklausel durch das Bundesverfassungsgericht zu verbessern". BT-Drs. 12/6000, S. 33. Zusammenfassend mit weiteren Nachweisen *Hubertus Rybak/Hans Hofmann*, NVwZ 1995, 230 (231 f.).

1199 So im Ergebnis auch *Christian Callies*, DÖV 1997, 889 (895 f.) unter Verweis auf *Arndt Schmehl*, DÖV 1996, 724 (726); *Detlef Kröger/Flemming Moos*, BayVBl. 1997, 705 (709 f.); *Rupert Stettner*, in: Dreier (Hrsg.), GG, Bd. II, 1998, Art. 72 Rdn. 16; a. A. *Christoph Degenhart*, in: Sachs (Hrsg.), GG, 3. Aufl. 2003, Art. 72 Rdn. 10; *Philip Kunig*, in: von Münch/Kunig, GG, Bd. III, 5. Aufl. 2003, Art. 72 Rdn. 28; *Stefan Oeter*, in: von Mangoldt/Klein/Starck, Das Bonner GG, Bd. 2, 4. Aufl. 2001, Art. 72 Rdn. 109; die eigenständige Bedeutung der „Erforderlichkeit" wird indes von *Hubertus Rybak* und *Hans Hofmann* verneint. Die Feststellung des Gesetzgebers, dass an der Rechts- und Wirtschaftseinheit ein konkretes „gesamtstaatliches Interesse" besteht, indiziert nach ihrer Auffassung die „Erforderlichkeit", NVwZ 1995, 230 (232).

1200 BVerfGE 79, 311 (341); 81, 310 (338).

1201 In diesem Sinne ablehnend *Christoph Degenhart*, a. a. O., Art. 72 Rdn. 10 m. w. N.

1202 Anders *Arndt Schmehl*, DÖV 1996, 724 (726), der in Art. 72 Abs. 2 GG eine spezielle Regelung des Verhältnismäßigkeitsgrundsatzes sieht, von der jedoch die Verhältnismäßigkeitsprüfung i. e. S. ausgenommen sei; *Christian Callies*, DÖV 1997, 889 (896) und *Rupert Stettner*, in: Dreier (Hrsg.), GG, Bd. II, 1998, Art. 72 Rdn. 16 f., sehen hingegen die Prüfung nicht auf die Erforderlichkeit beschränkt.

gel-Ausnahme-Verhältnis bestimmt. Zwar entfaltet die Verabschiedung eines Bundesgesetzes eine Sperrwirkung, so dass die Länder dann am Erlass eines dem Katalog des Art. 74 GG unterfallenden Gesetzes gehindert sind. Bevor der Bund jedoch tätig werden kann, müssen die Voraussetzungen des Art. 72 Abs. 2 GG erfüllt sein, das heißt, die Länder müssen an einer Herstellung gleichwertiger Lebensverhältnisse oder der Wahrung der Rechts- und Wirtschaftseinheit gehindert sein. Die gegensätzlichen Pole der Rechts- und Wirtschaftseinheit und der Gleichwertigkeit der Lebensverhältnisse auf der einen und der Eigenständigkeit der Länder auf der anderen Seite sollen hierdurch zu einem schonenden Ausgleich gebracht werden.

Mit Blick auf diese Abwägung kann eine an die Verhältnismäßigkeitsprüfung angelehnte gerichtliche Prüfung gerechtfertigt werden. Das gilt insbesondere vor dem Hintergrund, dass der verfassungsändernde Gesetzgeber 1994 den Begriff der „Erforderlichkeit" bewusst an die Stelle des „Bedürfnisses" einer bundesgesetzlichen Regelung gesetzt hat.[1203] Der Terminus wird in der Rechtswissenschaft überwiegend als Verhältnismäßigkeitskriterium rezipiert.[1204] So wurde in den Kommissionsberatungen immer wieder betont, dass durch den Begriff der Erforderlichkeit die Gesetzgebungstätigkeit des Bundes auf das „unbedingt notwendige Maß" reduziert werden soll.[1205] Der Erforderlichkeitsmaßstab, der präziser als die Bedürfnisklausel gefasst sei, ermögliche dem Bundesverfassungsgericht eine eingehende Überprüfung des Bundesgesetzes in dem eigens hierfür eingerichteten Normenkontrollverfahren.[1206] Dementsprechend findet sich in den Kommissionsberichten durchgängig die Forderung, dass der Bund nur dann von seiner konkurrierenden Gesetzgebungszuständigkeit Gebrauch machen soll, wenn dies unerlässlich ist, also kein „milderes" Mittel zur Verfügung steht, das gleich geeignet ist, die drei Ziele des Art. 72 Abs. 2 GG zu erreichen.[1207]

Eine Parallele zum Übermaßverbot besteht demnach insoweit, als auch der Gebrauch der konkurrierenden Gesetzgebungszuständigkeit durch den Bund mit dem Ziel des geringsten Eingriffs in die föderale Selbständigkeit der Länder vereinbar sein muss.[1208] Dies

---

[1203] Zu dieser Zielsetzung schon die *Enquête-Kommission Verfassungsreform*, BT-Drs. 7/5924, S. 131: „An die Stelle des relativ weiten Ermessensbegriffs eines Bedürfnisses soll also das *Erfordernis* treten, dass das Ziel ausschließlich durch ein Bundesgesetz gesichert werden kann"; vgl. auch den Bericht der *Gemeinsamen Verfassungskommission* von Bundestag und Bundesrat, BT-Drs. 12/6000, S. 33 sowie den Bericht der *Verfassungskommission des Bundesrates*, BR-Drs. 360/92, Rdn. 58 f.

[1204] So auch *Rupert Stettner*, in: Dreier (Hrsg.), GG, Bd. II, 1998, Art. 72 Rn. 16, der es für kaum denkbar hält, dass der Begriff der Erforderlichkeit in einem anderen Sinne verwendet wird, als er „Gemeingut" ist.

[1205] So schon die *Enquête-Kommission Verfassungsreform*, BT-Drs. 7/5924, S. 130; hierzu auch die *Gemeinsame Verfassungskommission* von Bundestag und Bundesrat, BT-Drs. 12/6000, S. 32 f. sowie die *Verfassungskommission des Bundesrates*, BR-Drs. 360/92, Rdn. 58.

[1206] *Arndt Schmehl*, DÖV 1996, 724 (728); *Hans Hugo Klein*, in: Isensee/Kirchhof (Hrsg.), HbStR, Bd. VIII, 1995, § 198 Rdn. 75.

[1207] Vgl. die vorgenannten Abschlussberichte.

[1208] *Christian Callies*, DÖV 1997, 889 (896); *Detlef Kröger/Flemming Moos*, BayVBl. 1997, 705 (710); *Arndt Schmehl*, DÖV 1996, 724 (726 ff.); so schon *Theodor Maunz*, in: Maunz/Dürig, GG, Art. 72 Rdn.

geht auch aus der bisherigen Rechtsprechung des Bundesverfassungsgerichts zum Bund-Länder-Verhältnis hervor. Zwar hat das Bundesverfassungsgericht die grundsätzliche Anwendbarkeit des Verhältnismäßigkeitsgrundsatzes auf Kompetenzvorschriften verneint.[1209] In seiner Rechtsprechung zur Rahmengesetzgebung nach Art. 75 GG und zu ungeschriebenen Gesetzgebungszuständigkeiten des Bundes hat es jedoch immer wieder auf Kriterien abgestellt, die einen mit der Erforderlichkeitsprüfung vergleichbaren Sinngehalt haben. So hat das Gericht in Bezug auf die Rahmenkompetenz des Bundes gefordert, dass das Rahmengesetz den Ländern noch einen Regelungsspielraum von „substantiellem Gewicht" lassen müsse.[1210] Hinsichtlich ungeschriebener Gesetzgebungszuständigkeiten des Bundes hat es betont, dass der Bund nur zu einer Regelung befugt ist, wenn dies „unerlässlich" ist und „zwingende Erfordernisse unter Ausschluss anderer Möglichkeiten sachgerechter Lösung" hierfür sprechen.[1211] Vor allem letztere Formulierung ähnelt der zweiten Stufe der Verhältnismäßigkeitsprüfung, nach der bei mehreren gleich geeigneten Mitteln das mildere vorzuziehen ist.[1212] Insgesamt ist festzustellen, dass das Gericht – entgegen seiner ausdrücklich geäußerten Auffassung – auch in Zuständigkeitsfragen eine an Erforderlichkeitskriterien orientierte Abwägung vornimmt.[1213]
Zum Teil wird in der Literatur eine vollständig am Verhältnismäßigkeitsmaßstab ausgerichtete Prüfung befürwortet, nach der die Kompetenzentscheidung des Bundes auch auf ihre Angemessenheit kontrolliert werden soll.[1214]

Dem steht zunächst der Wortlaut der Vorschrift entgegen, in der von Angemessenheit keine Rede ist.[1215] Eine Angemessenheitsprüfung würde darüber hinaus zu keinen neuen Erkenntnissen führen, da die Vorteile einer bundeseinheitlichen Regelung schon im Rahmen der Erforderlichkeitsprüfung mit den Nachteilen des Kompetenzverlusts abgewogen wurden. Wenn darüber hinaus vorgeschlagen wird, die Angemessenheitsprüfung

---

19 mit Bezug auf die alte Rechtslage; hierzu auch *Peter Lerche*, BayVBl. 1958, 231 (235): „Aber das Bundesverfassungsgericht ist genauso Hüter des Landesbereichs gegenüber Zugriffen des Bundes wie Hüter der Individualinteressen gegenüber Zugriffen des Staates. Hier sollte fortan nicht mehr mit zweierlei Maß gemessen werden."

[1209] BVerfGE 81, 310 (338).

[1210] BVerfGE 4, 115 (129).

[1211] BVerfGE 3, 407 (421) zu Kompetenzen kraft Sachzusammenhangs; BVerfGE 11, 89 (99) zu Zuständigkeiten kraft Natur der Sache; BVerfGE 22, 180 (210) bezüglich ungeschriebener Annexkompetenzen des Bundes.

[1212] Vgl. statt vieler *Helmuth Schulze-Fielitz*, in: Dreier (Hrsg.), GG Kommentar, Bd. II, 1998, Art. 20 (Rechtsstaat) Rdn. 167 ff.

[1213] *Wolfgang Kahl*, Die Staatsaufsicht – Entstehung, Wandel und Neubestimmung unter besonderer Berücksichtigung der Aufsicht über die Gemeinden, Tübingen 2000, S. 448 f.; wie hier auch *Stefan Oeter*, in: von Mangoldt/Klein/Starck, Das Bonner GG, Bd. 2, 4. Aufl. 2000, Art. 72 Abs. 2 Rdn. 89.

[1214] *Christian Callies*, DÖV 1997, 889 (896); *Rupert Stettner*, in: Dreier (Hrsg.), GG Kommentar, Bd. II, 1998, Art. 70 Rdn. 38.

[1215] Hiervon gehen auch *Detlef Kröger/Flemming Moos*, BayVBl. 1997, 704 (709 f.) aus. Gegen eine strikte Anwendung des Verhältnismäßigkeitsprinzips, jedoch im Verhältnis von Ländern und Gemeinden, schon *Rüdiger Breuer*, Der Staat 1977, 21 (39); gegen die Prüfung der Angemessenheit im Bund-Länder-Verhältnis auch *Arndt Schmehl*, DÖV 1996, 724 (726).

am Raster eines kompetitiven Föderalismusverständnisses auszurichten,[1216] ist dem entgegenzuhalten, dass die Bundesstaatlichkeit des Grundgesetzes überwiegend auf der Kooperation von Bund und Ländern aufbaut und Anhaltspunkte für einen föderativen Wettbewerb fehlen.[1217] Darüber hinaus würde eine solche Abwägung jeden Bezug zu verfassungsrechtlichen Kompetenznormen verlieren.[1218]

b) Die tatbestandlichen Voraussetzungen des Art. 72 GG aus dem Blickwinkel der Erforderlichkeit

Wie bereits erörtert, bezweckte der Verfassungsgeber mit der Konzentrierung, Verschärfung und Präzisierung der Voraussetzungen des Art. 72 Abs. 2 GG eine Erhöhung der Kontrolldichte durch das Bundesverfassungsgericht. Dies geht sowohl aus den Gesetzgebungsmotiven[1219] als auch aus der Begriffswahl der „Erforderlichkeit" im „gesamtstaatlichen Interesse" sowie der strafferen Fassung der ehemaligen Bedürfnisgründe hervor. Mit der Abschaffung der Ziffern 1 und 2 des Art. 72 Abs. 2 a. F. reagierte der Verfassungsgeber auf den Umstand, dass sie nur geringe praktische Bedeutung hatten. Hingegen legte er besonderen Wert auf eine präzisere Ausgestaltung der ehemaligen Ziffer 3, auf die in der Vergangenheit hauptsächlich abgestellt worden war.[1220]

Die Neufassung des Art. 72 Abs. 2 GG findet ihre prozessuale Entsprechung in der Einführung des besonderen Normenkontrollverfahrens in Art. 93 Abs. 1 Nr. 2a GG. Der Gesetzgeber hat auch in verfahrensrechtlicher Hinsicht klarstellen wollen, dass eine Kehrtwende in der Rechtsprechung des Bundesverfassungsgerichts eingeleitet werden soll. Dies wird umso deutlicher, wenn man sich vergegenwärtigt, dass die Erweiterung des Kreises der Antragsberechtigten auf die Länderparlamente keiner Einführung eines gesonderten Verfahrens bedurft hätte. Ein etwaiger Verstoß gegen Art. 72 GG hätte sich auch weiterhin mit der Normenkontrolle nach Art. 93 Abs. 2 Nr. 2 GG oder dem Bund-Länder-Streit nach Art. 93 Abs. 2 Nr. 3 GG verfolgen lassen,[1221] wenn man die Länderparlamente für antragsberechtigt erklärt hätte. Die Einführung des „neuen" Verfahrens diente somit nicht der Schließung von Lücken im Rechtsschutzsystem, sondern sollte ausschließlich auf die Verbesserung der Justiziabilität des Art. 72 Abs. 2 GG hinwirken.

[1216] *Christian Callies*, DÖV 1997, 889 (896); kritisch zu einem auf Konkurrenz aufbauenden Föderalismusverständnis auch *Hans Peter Bull*, DÖV 1999, S. 269 ff.

[1217] Zum Problem des kompetitiven Föderalismus § 8 VII 1.

[1218] Zur Notwendigkeit der alleinigen Ausrichtung an Kompetenznormen auch *Detlef Kröger/Flemming Moos*, BayVBl. 1997, 704 (710).

[1219] Vgl. die Nachweise oben § 8 VII 5.

[1220] *Christoph Degenhart*, in: Sachs (Hrsg.), GG, 3. Aufl. 2003, Art. 72 Rdn. 6 ff.; *Rupert Stettner*, in: Dreier, GG, Bd. II, 1998, Art. 72 Rdn. 12 f. m. w. N.

[1221] Das Bundesverfassungsgericht hält beide Verfahren für nebeneinander anwendbar, BVerfGE 1, 14 (30); 20, 56 (95).

Mit diesem Hinweis ist jedoch noch nicht die Frage beantwortet, anhand welcher Kriterien der Erforderlichkeitsbegriff ausgefüllt und konkretisiert werden kann. Um eine von den eigentlichen verfassungsrechtlichen Zielsetzungen losgelöste Diskussion zu vermeiden, muss die Erforderlichkeitsprüfung im normativen Zusammenhang mit den wesentlichen in Art. 72 GG zum Ausdruck gebrachten Prinzipien gesehen werden. So sind die Zielvorgaben der „gleichwertigen Lebensverhältnisse" und der „Rechts- und Wirtschaftseinheit im gesamtstaatlichen Interesse" wesentlich enger gefasst als die tatbestandlichen Voraussetzungen des Art. 72 GG a. F. An die Stelle des Gebots der „Wahrung einheitlicher Lebensverhältnisse" ist die Zielvorgabe der „Herstellung gleichwertiger Lebensverhältnisse" getreten. Das heißt, der Gesetzgeber soll nicht mehr die Befugnis haben, durch bundesgesetzliche Regelungen eine – ohnehin unrealistische – Einheitlichkeit der sozialen Bedingungen anzustreben.[1222]

Hiergegen könnte man jedoch einwenden, dass die Eingriffsschwelle insgesamt abgesenkt worden sei, da schon die gesetzgeberische Zielsetzung *gleichwertiger* und nicht erst *einheitlicher* Lebensverhältnisse ausreiche, um den Bund tätig werden zu lassen.[1223] Der Zweck der Verfassungsreform, Unitarisierungstendenzen zurückzudrängen, spricht indes für erstere einschränkende Auslegung.[1224]

Da Art. 72 Abs. 2 GG nicht mehr einheitliche, sondern nur noch gleichwertige Lebensverhältnisse fordert, bleibt den Ländern ein größerer Handlungsspielraum. Nach der Neufassung erzwingt nicht schon jeder regionale Unterschied ein Handeln des Bundes.[1225] Vielmehr müssen sich die Lebensverhältnisse in den Ländern in erheblicher, das bundesstaatliche Sozialgefüge beeinträchtigender Weise auseinander entwickelt haben, oder es muss sich eine derartige Entwicklung konkret abzeichnen.[1226] Dies bedeutet beispielsweise mit Blick auf die vieldiskutierte zweite PISA-Studie, dass einerseits erhebliche Unterschiede in der Schulbildung beseitigt werden müssen. Andererseits dürfte der Grundsatz der Chancengleichheit auch bei geringen Bildungsunterschieden noch gewahrt sein, da der Föderalismus notwendigerweise eine regional unterschiedliche Schwerpunktsetzung voraussetzt, wodurch den Ländern Freiräume für innerstaatliche Vielfalt eröffnet werden.[1227] So würde beispielsweise die Einführung bundeseinheitlicher Lehr-

---

[1222] Zu dieser Beurteilung kam schon die *Enquête-Kommission*, BT-Drs. 7/5924, S. 131; vgl. auch *Christian Callies*, DÖV 1997, 889 (896); *Arndt Schmehl*, DÖV 1996, 724 (726); zur egalisierenden Wirkung der Industrie- und Wohlfahrtsgesellschaft auch *Rudolf Dolzer*, VVDStRL 58 (1999), S. 7 (14).

[1223] *Christian Callies*, DÖV 1997, 889 (896); *Rupert Stettner*, in: Dreier (Hrsg.), GG, Bd. II, 1998, Art. 72 Rdn. 19 – dort Fußn. 44.

[1224] So auch *Christian Callies*, a. a. O., S. 896; *Arndt Schmehl*, a. a. O., S. 726; *Rupert Stettner*, a. a. O., Art. 72 Rdn. 19 – dort Fußn. 44.

[1225] *Christian Callies*, a. a. O., S. 896; *Bodo Pieroth*, in: Jarass/Pieroth, GG, 6. Aufl. 2002, Art. 72 Rdn. 11, Art. 3 Rdn. 6; *Hubertus Rybak/Hans Hofmann*, NVwZ 1995, 230 (233); *Arndt Schmehl*, a. a. O., S. 726.

[1226] BVerfG, NJW 2003, 41 (52).

[1227] *Christian Callies*, DÖV 1997, 889 (896); *Detlef Kröger/Flemming Moos*, BayVBl. 1997, 705 (708); *Hubertus Rybak/Hans Hofmann*, NVwZ 1995, 230 (233); *Arndt Schmehl*, DÖV 1996, 724 (726).

pläne die Schulhoheit der einzelnen Länder erheblich einschränken.[1228] Dies hätte zur Folge, dass keine Möglichkeit mehr zu regional begrenzten Experimenten bestände, von denen andere Bundesländer profitieren könnten.

Die Voraussetzungen der zweiten Zielvorgabe sind wesentlich enger gefasst. Nach ihr ist eine bundeseinheitliche Regelung nur dann erforderlich, wenn sie zur Wahrung der „Rechts- und Wirtschaftseinheit" im „gesamtstaatlichen Interesse" erfolgt. Dieser neu eingefügte Zusatz wird zum Teil für überflüssig gehalten, da die Wahrung der Rechts- und Wirtschaftseinheit stets im gesamtstaatlichen Interesse liege.[1229] Der Hauptgrund für die Zunahme der Bundesgesetze in der Vergangenheit war jedoch die weite Auslegung des Begriffspaares der Rechts- und Wirtschaftseinheit. Der Zusatz soll sicherstellen, dass eine bundeseinheitliche Regelung nicht mehr um ihrer selbst willen zulässig ist. Aus diesem Grund bezieht sich der Abwägungsmaßstab des „gesamtstaatlichen Interesses" nicht auch auf die erste Tatbestandsalternative.[1230]

Unter Rechtseinheit ist die Geltung identischer oder inhaltlich übereinstimmender Rechtsnormen für die gleiche Angelegenheit in mehreren oder allen Ländern zu verstehen.[1231] Auch bei der Auslegung dieses Tatbestandsmerkmals ist Zurückhaltung geboten.[1232] So läuft die von Bundesland zu Bundesland verschiedene Behandlung von Bürgern nicht zwangsläufig auf eine Unzulässigkeit unterschiedlicher Landesgesetze hinaus. Das Grundgesetz lässt grundsätzlich unterschiedliche Regelungen in den Ländern zu, ohne dass Art. 3 Abs. 1 GG verletzt ist.[1233] Die bundesstaatlich erwünschte Rechtsvielfalt findet ihre Grenzen erst dort, wo eine Rechtszersplitterung und damit eine Beeinträchtigung der Rechtsgemeinschaft droht. Eine bundeseinheitliche Regelung ist demnach nur dann geboten, wenn die Ungleichbehandlung der Einwohner einzelner Bundesländer aus gesamtstaatlicher Perspektive Ausmaße angenommen hat, die zu Verwerfungen führen, die sich auf den Gesamtstaat auswirken und deswegen nicht mehr hinnehmbar sind.[1234]

Dies gilt auch in Bezug auf die Zielvorgabe der Wirtschaftseinheit, die annähernd gleiche Bedingungen für die wirtschaftliche Betätigung im Bundesgebiet gewährleisten

---

[1228] Zum Wunsch der Bevölkerung nach Vereinheitlichung im Bereich des Bildungswesens schon *Werner Weber*, Spannung und Kräfte im westdeutschen Verfassungssystem, 3. Aufl. 1970, S. 300.; auch in jüngerer Zeit werden vor dem Hintergrund der PISA-Studien wieder diesbezügliche Forderungen laut.

[1229] *Rüdiger Sannwald*, DÖV 1994, 629 (633).

[1230] Vgl. den Abschlussbericht der *Gemeinsamen Verfassungskommission* von Bundestag und Bundesrat, BT-Drs. 12/6000, S. 33 f.; *Christoph Degenhart*, in: Sachs (Hrsg.), GG, 3. Aufl. 2003; Art. 72 Rdn. 13 ; *Detlef Kröger/Flemming Moos*, BayVBl. 1997, 705 (708 f.); *Philip Kunig*, in: von Münch/Kunig, GG, Bd. 3, 5. Aufl. 2003, Art. 72 Rdn. 27; *Hubertus Rybak/Hans Hofmann*, NVwZ 1995, 230 (231 f.); nunmehr bestätigt durch *BVerfG*, NJW 2003, 41 (52).

[1231] Vgl. statt vieler *Hubertus Rybak/Hans Hofmann*, a. a. O., S. 232; *Detlef Kröger/Flemming Moos*, a. a. O., S. 709; so auch *BVerfG*, NJW 2003, 41 (52).

[1232] Zu den Grenzen im Einzelnen, *BVerfG*, NJW 2003, 41 (52).

[1233] BVerfGE 10, 354 (371); 12, 139 (143).

[1234] *Hubertus Rybak/Hans Hofmann*, NVwZ 1995, 230 (232); *BVerfG*, NJW 2003, 41 (52).

soll.[1235] Maßnahmen des Bundes auf diesem Gebiet sind auch hier nur erforderlich, wenn Strukturschwächen in den einzelnen Ländern überregionale Auswirkungen haben, so dass gesamtstaatliche Interessen betroffen sind. Grundsätzlich sind auch die Länder in der Lage, die Verantwortung für die Wahrung der Rechts- und Wirtschaftseinheit auf ihrem Hoheitsgebiet zu tragen.[1236]

In diesem Zusammenhang ist immer wieder kontrovers diskutiert worden, ob gleich lautende oder inhaltlich übereinstimmende Landesgesetze die Notwendigkeit einer bundesgesetzlichen Regelung entfallen lassen. Das Bundesverfassungsgericht hat diese Frage in Bezug auf eine ungeschriebene Gesetzgebungskompetenz des Bundes kraft Natur der Sache bejaht.[1237] Dem wird von Teilen der Literatur entgegengehalten, dass eine Koordination der Landesgesetzgebung nicht zu einem Wegfall der Erforderlichkeit führe, weil es nicht das Ziel der Verfassungsreform gewesen sei, die Länder weiter in die zwischenstaatliche Koordinierungspraxis hineinzudrängen. Vielmehr habe der Reform der Gedanke zugrunde gelegen, den Ländern wieder mehr Raum für eigenverantwortliche gesetzgeberische Initiativen zu geben.[1238] Da somit eine koordinierte Landesgesetzgebung keine Alternative mehr zu einem Bundesgesetz darstelle, beinhalte die Neuregelung keine Verschärfung der Voraussetzungen für eine bundeseinheitliche Regelung.[1239]

Diese Annahme ist jedoch nicht zwingend, denn die Koordination landesgesetzlicher Bestimmungen kann unvollständig oder in sonstiger Hinsicht unzureichend sein, so dass trotz ihres Bestehens eine einheitliche Bundesregelung geboten ist.[1240] Auch haben die Länder einen viel größeren Gestaltungsspielraum, wenn sie ihre Regelungen aus eigener Initiative aufeinander abstimmen, so dass der Zweck des Art. 72 Abs. 2 GG, ein weiteres Vordringen des Bundes zu verhindern, auch durch die zwischenstaatliche Koordinierungspraxis gewahrt bleibt. Schließlich führt auch die Meinung, die den Ländern eine gesetzgeberische Vielfalt abverlangt, nicht weiter. Sie erzeugt einen vom verfassungsändernden Gesetzgeber nicht gewollten Zwang zur Verschiedenheit, der den gesetzgeberischen Gestaltungsspielraum einengt.[1241]

[1235] So noch zur alten Rechtslage *Theodor Maunz*, in: Maunz/Dürig, GG, Bd. IV, Art. 72 Rdn. 23, BVerfG, NJW 2003, 41 (52 f.) sowie *Hubertus Rybak* und *Hans Hofmann*, a. a. O., S. 232.

[1236] *BVerfG*, NJW 2003, 41 (52 f.).

[1237] BVerfGE 26, 246 (257); demgegenüber mit Bezug auf Art. 72 Abs. 2 GG *BVerfG*, NJW 2003, 41 (53 f.).

[1238] Zu dieser Einschätzung kommen *Detlef Kröger/Flemming Moos*, BayVBl.1997, 705 (712); *Hubertus Rybak/Hans Hofmann*, NVwZ 1995, 230 (232) und *Arndt Schmehl*, DÖV 1996, 724 (726). Vgl. auch den Abschlussbericht der *Gemeinsamen Verfassungskommission*, BT-Drs. 12/6000, S. 33 f.; den Bericht der *Enquête-Kommission* des Bundestags, BT-Drs. 7/5924, S. 126 f. sowie die Zusammenfassung der *Kommission Verfassungsreform* des Bundesrates, BR-Drs. 360/92, Rdn. 55

[1239] So *Christoph Degenhart*, in: Sachs (Hrsg.), GG, 3. Aufl. 2003, Art. 72 Rdn. 15.

[1240] *Arndt Schmehl*, DÖV 1996, 724 (726).

[1241] So auch im Ergebnis *Detlef Kröger/Flemming Moos*, a. a. O., S. 712; *Dagmar Müller*, RdJB, 1994, 467 (486); *Rüdiger Sannwald*, DÖV 1994, 629 (633); *Arndt Schmehl*, a. a. O., S. 724; *Rupert Stettner*, in: Dreier (Hrsg.), GG, Bd. II, 1998, Art. 72 Rdn. 18; a. A. *Hubertus Rybak/Hans Hofmann*, a. a. O., S. 232 unter Hinweis auf die Intention des Gesetzgebers, die Vielfalt der Landesgesetzgebung zu stärken,

c) Die Entscheidung der Erforderlichkeitsfrage

aa) Die Entscheidungskompetenz des Bundes

Die Entscheidung über die Erforderlichkeit einer bundesgesetzlichen Regelung liegt auch nach der Reform des Art. 72 GG beim Bundesgesetzgeber. Dies ist umso erstaunlicher, als mit der Verfassungsänderung eine Stärkung der Eigenstaatlichkeit der Länder bezweckt wurde.[1242]

Vor diesem Hintergrund wurden sowohl in der *Enquête-Kommission* des Bundestages als auch in der *Kommission Verfassungsreform* des Bundesrates Alternativlösungen erörtert, die eine stärkere Beteiligung der Länder vorsahen. Der Vorschlag der *Kommission Verfassungsreform* des Bundesrates ging dahin, die Erforderlichkeitsfrage durch ein Bundesgesetz zu regeln, das der Zustimmung des Bundesrats bedarf. Hierbei sollte der Bundesrat seine Zustimmung unabhängig von der jeweiligen Sachmaterie erklären.[1243]

Diese Regelung hätte den Vorteil, dass die Landtage über die Landesregierungen an der Klärung der Kompetenzfrage beteiligt wären.

Dass hierdurch der Einfluss der Landtage gestärkt würde, muss indes bezweifelt werden. Die Position des Bundesrates würde in noch erheblicherem Umfang gefestigt, während die Gestaltungsfreiheit der Länderparlamente weiter abnähme. Der Bundesrat hätte schon im Vorfeld des eigentlichen Gesetzesbeschlusses die Möglichkeit, das Gesetzgebungsvorhaben unter Hinweis auf die fehlende Kompetenz des Bundes zu blockieren. Er besäße über den Umweg der Kompetenzentscheidung ein unüberwindbares Vetorecht.

Hierdurch würde der Grundsatz unterlaufen, der auch innerhalb der konkurrierenden Gesetzgebungszuständigkeit und Rahmenkompetenz des Bundes gilt, nämlich, dass das Zustimmungsrecht des Bundesrates die Ausnahme sein soll; lediglich Art. 74 Abs. 1 Nr. 25, Abs. 2 GG und Art. 74a Abs. 2, Abs. 3 GG sehen ein absolutes Veto des Länderorgans vor.

Die Länder wären weiterhin auf die Mitwirkung an der gesamtstaatlichen Gesetzgebung beschränkt, anstatt eigenständige Alternativen zu entwickeln.[1244]

---

was durch eine Koordination nicht erreicht werde; gegen diese Argumentation *Stefan Oeter*, in: von Mangoldt/Klein/Starck, Bonner Grundgesetz, Bd. 2, 4. Aufl. 2000, Art. 72 Rdn. 109, der eine koordinierte Landesgesetzgebung zwar nicht für erstrebenswert, wohl aber für ausreichend hält, um ein Tätigwerden des Bundes abzuwehren; hierzu sowie zur Auffassung des BVerfG § 8 VII 2 a) und § 8 VII 9 b).

[1242] Dies war das erklärte Ziel der Verfassungskommissionen, vgl. BT-Drs. 7/5924, S. 127 f.; 12/6000, S. 33; BR-Drs. 360/92, Rdn. 55.

[1243] Ein gesondertes Entscheidungsverfahren über die „Erforderlichkeit" eines Bundesgesetzes wurde letztlich aber abgelehnt, BR-Drs. 360/92, Rdn. 58 f., siehe auch den abweichenden Vorschlag im Sondervotum von *Lemke* u. a. im Schlussbericht der *Enquête-Kommission Verfassungsreform*, BT-Drs. 7/5924, S. 135.

[1244] Eher skeptisch auch *Detlef Kröger* und *Flemming Moos*, BayVBl. 1997, 705 (713), die darauf hinweisen, dass hierdurch die gliedstaatliche Teilnahme an der gesamtstaatlichen Willensbildung gestärkt, die Eigenstaatlichkeit der Länder aber weiter geschwächt würde. So auch die übereinstimmende Meinung in der *Enquête-Kommission Verfassungsreform* des Bundestages, BT-Drs. 7/5924, S. 129.

Daneben könnte nicht ausgeschlossen werden, dass in die Abstimmung über die Erforderlichkeit nicht nur Kompetenzfragen, sondern auch sachliche Inhalte hineinspielen. Die Zustimmungspraxis in den Fällen der Artikel 84 und 85 GG hat gezeigt, dass der Bundesrat Verfahrens- und Organisationsvorschriften oft genug zum Anlass nahm, um ein Gesetz zu Fall zu bringen, dessen materiellrechtlichen Inhalt er ablehnte. Hieran würde auch der Vorschlag, den Feststellungsbeschluss zur Erforderlichkeit vom Beschluss über den sachlichen Inhalt des Gesetzes zu trennen, nichts ändern.[1245]

Deswegen wurde in den Beratungen der *Enquête-Kommission* erwogen, dem Bundesrat hinsichtlich der Zuständigkeitsfrage nur einen kompetenzwahrenden Einspruch zu gewähren,[1246] den das Parlament nach vorheriger Anrufung des Bundesverfassungsgerichts zurückweisen kann.[1247] Dieser kompetenzielle Einspruch sollte nach den Vorstellungen der Kommission gleichberechtigt neben das herkömmliche Einspruchsrecht des Bundesrats aus Art. 77 Abs. 3 GG treten.

Einer isolierten Umsetzung dieses Modells steht jedoch entgegen, dass die vorherige Anrufung des Bundesverfassungsgerichts zu einer erheblichen Verzögerung des Gesetzgebungsverfahrens führen würde. Ferner besteht kein praktisches Bedürfnis, die Zurückweisung des Einspruchs von der Durchführung eines verfassungsgerichtlichen Hauptsacheverfahrens abhängig zu machen. Wie der Streit um das Altenpflegegesetz gezeigt hat, reicht die derzeitige Rechtslage aus, um den Bundesrat vor einer „voreiligen" Überstimmung durch das Parlament zu schützen.[1248] Überdies würde der Zwang zur Einschaltung des Bundesverfassungsgerichts die Gewohnheit, politische Streitigkeiten gerichtlich auszutragen, festschreiben und der Politik jeden Anreiz zur Konsensbildung nehmen.[1249]

Ungeachtet dieser Nachteile, haben letztgenannte Kommissionsvorschläge den Vorzug, dass sie die politische Frage der bundesstaatlichen Kompetenzverteilung vorrangig den Akteuren überlassen und die Einschaltung der rechtsprechenden Gewalt die ultima ratio darstellt. Deswegen sollen diese Anregungen im weiteren Verlauf der Arbeit unter einem anderen Blickwinkel aufgegriffen werden.[1250]

1245 So der Vorschlag im Sondervotum von *Lemke u. a.* zum Bericht der *Enquête-Kommission Verfassungsreform* des Bundestages, BT-Drs. 7/5924, S. 135 ff.

1246 Vgl. den Schlussbericht, BT-Drs. 7/5924, S. 129

1247 So *Klaus Stern* in seinem Sondervotum im Schlussbericht der *Enquête-Kommission*, BT-Drs. 7/5924, S. 139.

1248 Die bayerische Staatsregierung hatte am 22.05.2001 eine einstweilige Anordnung nach § 32 BVerfGG erwirkt, die ein Inkrafttreten des Gesetzes verhinderte; NJW 2001, 3253.

1249 Ablehnend auch die *Verfassungskommission des Bundesrates*, BR-Drs. 360/92, Rdn. 59.

1250 Zu diesem Lösungsansatz unten § 8 VII 5 c) dd); eher positiv gegenüber einer politischen Lösung auch *Arndt Schmehl*, DÖV 1994, 724 (725) sowie die Stellungnahme der Bundesregierung, BT-Drs. 12/7109, S. 15.

Diese Modelle blieben aber bei der Verabschiedung des 42. Gesetzes zur Änderung des Grundgesetzes unberücksichtigt. Vielmehr hielt der verfassungsändernde Gesetzgeber an einer Streitentscheidung durch das Bundesverfassungsgericht – nunmehr im Rahmen des Art. 93 Abs. 1 Nr. 2a GG – fest.[1251] Weder den Ländern noch dem Bundesrat wurde eine kompetenzielle Entscheidungsbefugnis im Vorfeld des eigentlichen Gesetzgebungsverfahrens eingeräumt.

Kompetenzkonflikte werden demnach weiterhin im Gesetzgebungsverfahren bzw. Vermittlungsausschuss ausgetragen. Damit wird aber die Klärung von Kompetenzstreitigkeiten unnötig lange hinauszögert und im Extremfall fehlender Einigung an das Bundesverfassungsgericht delegiert.

bb) Die Letztentscheidungskompetenz des Bundesverfassungsgerichts

Vor diesem Hintergrund stellt sich die Frage, ob es der politischen Natur der Kompetenzentscheidung nach Art. 72 Abs. 2 GG nicht am ehesten entspräche, wenn man das Bundesverfassungsgericht aus dem Entscheidungsprozess ausklammern würde. Hierfür wurde schon in den Beratungen der *Enquête-Kommission Verfassungsreform* des Bundestages angeführt, dass die Entscheidung des Gesetzgebers auch nach der Neufassung des Art. 72 GG noch immer politischer Natur sei – ein Argument, mit dem das Bundesverfassungsgericht schon nach der alten Rechtslage seine judizielle Zurückhaltung begründete.[1252]

Die Einhaltung der Vorgaben des Art. 72 Abs. 2 GG muss jedoch gerichtlich überprüfbar sein.[1253] Mit Bezug auf die alte Fassung der Vorschrift ist dies damit begründet worden, dass Art. 72 Abs. 2 GG einen Verfassungsauftrag enthalte, dessen Einhaltung justiziabel zu sein habe. Denn in Verbindung mit dem Sozialstaatsprinzip erfordere Art. 72 Abs. 2 GG den Erlass einer bundeseinheitlichen Regelung immer dann, wenn eine nicht mehr hinnehmbare regional bedingte Ungleichheit bestehe.[1254]

1251 *Detlef Kröger/Flemming Moos*, BayVBl. 1997, 705 (713). Ebenso *Arndt Schmehl*, der den Ansatz als materielle (im Gegensatz zu einer verfahrensmäßigen) Lösung bezeichnet, DÖV 1996, 724 (725); kritisch dazu *Stefan Oeter*, in: von Mangoldt/Klein/Starck, Das Bonner GG, Bd. 2, 4. Aufl. 2000, Art. 72 Rdn. 36.

1252 BVerfGE 13, 230 (233 f.); 26, 338 (382). Trotz ihrer Skepsis angesichts des politischen Charakters der Kompetenzentscheidung hielt die Kommission an der alleinigen Überprüfung durch das Bundesverfassungsgericht fest, BT-Drs. 7/5924, S. 132; kritisch hierzu auch *Arndt Schmehl*, DÖV 1996, 724 (728).

1253 Im Bericht der *Kommission Verfassungsreform* des Bundesrates wird diese Notwendigkeit verneint, vgl. BR-Drs. 360/92, Rdn. 59; auch *Arndt Schmehl*, DÖV 1996, 724 (725) überbetont den Aspekt der politischen Lösung, indem er die „Bundesratslösung“ der „Bundesverfassungsgerichtslösung“ gegenüberstellt; wie hier *Detlef Kröger/Flemming Moos*, BayVBl. 1997, 705 (713).

1254 Kritisch zu diesem Ansatz *Peter Lerche*, in: Festschrift für Berber, 1973, S. 299 ff.; *Stefan Oeter*, Integration und Subsidiarität, 1998, S. 533 ff.; *ders.*, in: von Mangoldt/Klein/Starck, Bonner GG, 4. Aufl. 2000, Art. 72 Rdn. 98 jeweils m. w. N. In der Literatur bekannte sich nur eine Minderheit ausdrücklich zu einer Interpretation des Art. 72 Abs. 2 GG a. F. als Staatszielbestimmung bzw. mittelbaren Verfassungsauftrag, so *Karl Maria Hettlage*, VVDStRL 31 (1973), 100; *Helmuth C. F. Liesegang*, in: von

Man überdehnt jedoch den normativen Gehalt des Art. 72 GG als Kompetenzvorschrift, wenn man in sie einen auf Wahrung des Sozialstaatsprinzips gerichteten Verfassungsauftrag hineinliest. Eine Verpflichtung zu einheitlicher Gesetzgebung lässt sich der Bestimmung – auch nicht in Verbindung mit dem Sozialstaatsgebot – entnehmen. Das Sozialstaatsgebot fordert lediglich die Einhaltung bestimmter Mindeststandards und bedarf selbst der Konkretisierung durch den Gesetzgeber.[1255] Vorgaben für ein Tätigwerden des Bundes zur Erfüllung eines Verfassungsauftrags lassen sich aus ihm nicht ableiten.[1256] Auch würde der Regelungszweck, den der verfassungsändernde Gesetzgeber mit der Neufassung des Art. 72 Abs. 2 GG verfolgt, unterlaufen, wenn man ihn mit der unbestimmten Weite des Sozialstaatsgebots in Verbindung brächte.[1257]

Auch die Vorgabe der „Wahrung der Rechts- und Wirtschaftseinheit im Bundesgebiet" stellt keine Staatszielbestimmung dar.[1258] Die Zielvorgabe des Art. 72 Abs. 2, 2. Alt. GG trägt den Erfordernissen des Rechtsstaatsgebots Rechnung. Dies verpflichtet den Gesetzgeber, in Fragen von überregionaler Bedeutung durch einheitliche Regelungen ordnend und lenkend einzugreifen, wenn unterschiedliche Landesgesetze zu einer Rechtszersplitterung führen würden,[1259] infolge derer Bund und Länder nicht mehr ihrer Grundrechtsverantwortung nachkämen.[1260][D.D.59] In den Fällen, in denen es um die länderübergreifende Verwirklichung von Grundrechten geht, bedeutet dies aber nicht, dass nur der Bund zuständig und damit automatisch zum Erlass einer einheitlichen Regelung berechtigt ist.[1261] Aus der einheitlichen Behandlung von Bund und Ländern als Grundrechtsverpflichtete[1262] folgt, dass Gesamtstaat *und* Gliedstaaten in einer Mitverantwortung für eine kooperative Verwirklichung des Grundrechtsschutzes stehen.[1263] Angesichts dieser Mitverantwortung soll Art. 72 Abs. 2 GG verhindern, dass sich der Bund oder die Länder auf das Fehlen ihrer jeweiligen Kompetenz berufen können.[1264] Eine konkrete Pflicht

---

Münch/Kunig, GG, Bd. 3, 2. Auflage 1983, Art. 91a Rdn. 2; zuletzt *Harald Hohmann*, DÖV 1991, 191, (194 f.).

[1255] Zur Ausgestaltung des Sozialstaatsprinzips BVerfGE 51, 115 (125); 59, 231 (262 f.); 65, 182 (193); 71, 66 (80).

[1256] BVerfGE 52, 283 (298); 82, 60 (80).

[1257] *Stefan Oeter*, Integration und Subsidiarität, 1998, S. 540 f., der darauf hinweist, dass aus Art. 72 Abs. 2 GG auch i. V. m. dem Gleichheitsgebot kein Gesetzgebungsauftrag hergeleitet werden kann.

[1258] Dies ist schon allein begrifflich ausgeschlossen, da der Gesetzgeber lediglich zur Bewahrung der Rechts- bzw. Wirtschaftseinheit aufgerufen ist, nicht aber zu ihrer Herstellung, *Stefan Oeter*, in: von Mangoldt/Klein/Starck, Bonner GG, Bd. 2, 4. Aufl. 2000, Art. 72 Rdn. 100.

[1259] Zu dieser Funktion *Hubertus Rybak/Hans Hofmann*, NVwZ 1995, 230 (232).

[1260] Zu diesem Aspekt der Rechtseinheit *Christoph Degenhart*, in: Sachs (Hrsg.), GG, 3. Auflage 2003, Art. 72 Rdn. 16

[1261] Das Bundesverfassungsgericht vertritt auch nur im „Numerus-clausus-Urteil" den Standpunkt, dass es in erster Linie Sache des Bundes sei, das Notwendige zu tun, BVerfGE 33, 303 (357 f.).

[1262] BVerfGE 7, 377 (443); 33, 303 (358).

[1263] BVerfGE 7, 377 (443), 33, 303 (358); *Walter Schmitt Glaeser*, AöR 107 (1982), 337 (362).

[1264] BVerfGE 33, 303 (358).

des Bundes zum Erlass einer einheitlichen Regelung oder der Länder zur Verabschiedung aufeinander abgestimmter Gesetze lässt sich aus der Vorschrift jedoch nicht herleiten; Bund und Länder stehen vielmehr gleichberechtigt nebeneinander.[1265] Das Gleiche gilt für die Zielvorgabe der Wirtschaftseinheit, die überwiegend über den „Umweg" der Rechtsvereinheitlichung verwirklicht wird.[1266]

Die Notwendigkeit einer Einschaltung des Bundesverfassungsgerichts folgt somit nicht daraus, dass Art. 72 Abs. 2 GG einen unmittelbaren Verfassungsauftrag enthält, dessen Einhaltung einer gerichtlichen Überprüfung bedarf.[1267]

Vielmehr folgt die Unverzichtbarkeit einer gerichtlichen Nachprüfung aus dem bundesstaatlichen Integrationsinteresse, dessen Wahrung Art. 72 Abs. 2 GG dient.[1268] Die übermäßige Inanspruchnahme konkurrierender Gesetzgebungszuständigkeiten durch den Bund hat gezeigt, dass die politischen Akteure nicht in der Lage waren, den voranschreitenden Zuständigkeitsverlust der Länder abzuwenden. Sinn und Zweck des Art. 72 GG war und ist es, die vorrangige aus den Artikeln 30 und 70 GG folgende Gesetzgebungszuständigkeit der Länder gegen eine Aushöhlung durch den Bund zu schützen.[1269] Dieser Gesetzeszweck würde unterlaufen, wenn man die endgültige Kompetenzentscheidung nach Art. 72 GG zur Disposition der Beteiligten stellen würde.[1270]

Die Neufassung des Art. 72 Abs. 2 GG ist auch geeignet, den Gebrauch der konkurrierenden Gesetzgebungskompetenz durch den Bund einer intensiveren Prüfung als bisher zu unterziehen. Der Antrag auf abstrakte Normenkontrolle nach Art. 93 Abs. 1 Nr. 2a GG braucht nur von einem Bundesland gestellt zu werden. Im Hinblick auf die Wahrung der Gesetzgebungszuständigkeit des *einzelnen* Landes aus Art. 70 GG ist eine Überprüfung damit wesentlich effizienter, als wenn der Antrag nur von der Bundesratsmehrheit gestellt werden könnte, in welcher der Wille des jeweiligen Landes aufginge.

Zudem würde ein Fernhalten des Bundesverfassungsgerichts an die noch aus der Weimarer Zeit stammende These von der Injustiziabilität politischer Entscheidungen anknüpfen, der das Grundgesetz in Artikel 93 Abs. 1 Nr. 2, 2a, 3 und 4 sowie Artikel 126 eine ausdrückliche Absage erteilt hat.[1271]

[1265] In BVerfGE 33, 303 (357 f.) sieht das Bundesverfassungsgericht in einem kooperativen Vorgehen der Länder eine Alternative zu einer bundeseinheitlichen Regelung. Zu diesem Problem auch unten § 8 VII 6 e) und § 8 VII 9 b) mit Fußn. 1409.

[1266] Zu der Schnittmenge von Wirtschaftseinheit und Rechtseinheit § 8 VII 5 b).

[1267] So wohl aber *Hubertus Rybak/Hans Hofmann*, NVwZ 1995, 230 (233); dies lehnt das Bundesverfassungsgericht ab, NJW 2003, 41 ff., indem dort ausschließlich von Zielvorgaben die Rede ist.

[1268] BVerfG, NJW 2003, 41 (52); *Stefan Oeter* (oben Fußn. 1241), Art. 72 Rdn. 105.

[1269] So jetzt auch das *BVerfG*, NJW 2003, 41 (51).

[1270] *BVerfG*, NJW 2003, 41 (51): „Dem Wortlaut der Vorschrift lässt sich kein Vorrang des Bundesgesetzgebers gegenüber den Ländern bei der Interpretation der Norm oder Kompetenzausübung entnehmen."

[1271] *Klaus Stern* im Sondervotum zum Abschlussbericht der *Enquête-Kommission Verfassungsreform* des Bundestages, BT-Drs. 7/5924, S. 139; *Detlef Kröger/Flemming Moos*, BayVBl. 1997, 705 (713).

Somit ist festzuhalten, dass in Kompetenzstreitigkeiten auf das Bundesverfassungsgericht als letztentscheidende Instanz nicht verzichtet werden kann; dies jedoch nicht, weil Art. 72 Abs. 2 GG einen Verfassungsauftrag an den Bund beinhaltet, sondern, weil wegen der oben beschriebenen Gewaltenverschiebungen eine gerichtliche Korrektur kompetenzieller Entscheidungen im bundesstaatlichen Integrationsinteresse möglich sein muss.[1272]

cc) Die Beteiligung der Länder an einer sachgerechten Ausfüllung des Erforderlichkeitsbegriffs

Mit der erhöhten Justiziabilität der Voraussetzungen des Art. 72 Abs. 2 GG entschied sich der verfassungsändernde Gesetzgeber für eine gerichtliche Entscheidung von Kompetenzkonflikten und gegen eine Mitwirkung der Länder an Kompetenzentscheidungen des Bundes.

Fraglich ist, ob hierdurch tatsächlich eine Stärkung der Landesgesetzgebung erreicht werden kann. Dies wird zum Teil mit dem Argument angezweifelt, dass Art. 72 Abs. 2 GG auch nach seiner Neufassung eine politische Vorentscheidung des Bundes erfordere.[1273] Der Gesamtstaat habe nach wie vor einen Beurteilungsspielraum, der ihn zu der Entscheidung ermächtige, ob eine bundesgesetzliche Regelung zur Wahrung gleichwertiger Lebensverhältnisse bzw. zur Herstellung der Rechts- und Wirtschaftseinheit erforderlich sei.[1274] Dieser Argumentation soll im Folgenden nachgegangen werden.

Für die Annahme eines Beurteilungsspielraums könnte zunächst sprechen, dass die Beantwortung der Erforderlichkeitsfrage nur aus gesamtstaatlicher Perspektive möglich ist. Nur der Bund kann in seiner Rolle als Repräsentant des Gesamtstaats die politische Vorentscheidung treffen, ob er von seiner konkurrierenden Gesetzgebungskompetenz Gebrauch macht.[1275] Auch das systematische Verhältnis von Art. 72 Abs. 2 GG zum ers-

---

[1272] *Klaus Stern* spricht vom Bundesverfassungsgericht als „logischer Instanz" zur Überprüfung dieser Entscheidungen, Sondervotum im Schlussbericht zur *Enquête-Kommission Verfassungsreform*, BT-Drs. 7/5924, S. 139; so auch *Detlef Kröger/Flemming Moos*, BayVBl. 1997, 705 (713); eher kritisch *Arndt Schmehl*, DÖV 1996, 724 (725).

[1273] *Christoph Degenhart*, in: Sachs (Hrsg.), GG, 3. Aufl. 2003, Art. 72 Rdn. 11; *Philip Kunig*, in: von Münch/Kunig, GG, Bd. 3, 5. Aufl. 2003, Art. 72 Rdn. 25.

[1274] *Christoph Degenhart*, im Gegensatz zu seiner Position in ZfA 1993, 409 (417), und *Philip Kunig*, jeweils a. a. O.; *Christoph Neumeyer*, in: Festschrift für Kriele, 1997, S. 543 (563); *ders.*, Der Weg zur neuen Erforderlichkeitsklausel des Bundes, 1999, S. 155 ff.; *Hubertus Rybak/Hans Hofmann*, NVwZ 1995, 230 (231); so schon *Lemke, Barbarino u.a.* im Sondervotum zum Schlussbericht der *Enquête-Kommission Verfassungsreform* des Bundestages, BT-Drs. 7/5924, S. 136. Es ist jedoch übereilt, aus der politischen Vorentscheidung, die der Bund bei der Auslegung der unbestimmten Rechtsbegriffe des Art. 72 Abs. 2 GG trifft, ohne weiteres auf einen fortbestehenden uneingeschränkten Beurteilungsspielraum zu schließen.

[1275] *Christoph Degenhart*, ZfA 1993, 409 (417); *Detlef Kröger/Flemming Moos*, BayVBl. 1997, 705 (712); *Christoph Neumeyer*, in: Festschrift für Kriele, 1997, S. 543 (565); *ders.*, Der Weg zur neuen Erforderlichkeitsklausel des Bundes, 1999, S. 155 ff.; *Hubertus Rybak/Hans Hofmann*, NVwZ 1995, 230

ten Absatz der Vorschrift deutet darauf hin, dass der Bund weiterhin einen Beurteilungsspielraum hat. Er kann nach Art. 72 Abs. 1 GG nur dann auf die Materien des Art. 74 GG zugreifen, wenn die Voraussetzungen des Art. 72 Abs. 2 GG gegeben sind. Um aber dessen Beschränkungen einhalten zu können, muss er zu einer eigenständigen Prüfung befugt sein.[1276]

Dem stehen jedoch – wie bereits oben erörtert – die Neufassung des Art. 72 Abs. 2 GG und die Einführung des besonderen Normenkontrollverfahrens des Art. 93 Abs. 1 Nr. 2a GG entgegen, durch die eine volle richterliche Überprüfung der Erforderlichkeitsentscheidung des Bundes herbeigeführt werden soll. Der Bund hat bei der Interpretation der unbestimmten Rechtsbegriffe des Art. 72 Abs. 2 GG keinen Beurteilungsspielraum mehr, der mit einer injustiziablen Einschätzungsprärogative verbunden ist.

Aus der Notwendigkeit einer Vorentscheidung des Bundes folgt jedoch nicht zwingend, dass andere Beteiligte wie die Landesregierungen und vor allem die Landesparlamente, um deren Kompetenzen es letztlich geht, aus dem Entscheidungsprozess ausgeklammert sein müssen.[1277] Die Vorschriften der Artikel 70 ff. GG stehen einer solchen Beteiligung nicht entgegen.[1278] Dies wird aus folgenden Erwägungen deutlich.

Die Grundaussage des Art. 72 Abs. 1 GG stimmt mit derjenigen des Art. 70 Abs. 1 GG insoweit überein, als beide Normen die Residualkompetenz regeln, nach der vorrangig die Länder zur Gesetzgebung befugt sind und das Gesetzgebungsrecht des Bundes die Ausnahme darstellt. Im Gegensatz zu Art. 71 GG weist Art. 72 GG jedoch dem Bund die Gesetzgebungszuständigkeit nicht ausschließlich aufgrund eines Kompetenztitels zu, sondern unterwirft sie ergänzend den Voraussetzungen des Art. 72 Abs. 2 GG. Die in Art. 74 GG enthaltenen Materien der konkurrierenden Gesetzgebung fallen dem Bund demnach nicht „bedingungslos" wie nach Art. 73 GG zu. Vielmehr sind der Bund und die Länder zunächst konkurrierend, das heißt, gleichberechtigt zur Gesetzgebung befugt.[1279]

Dieser anfänglichen Gleichberechtigung steht auch nicht die Sperrwirkung des Art. 72 Abs. 1 GG entgegen. Die Sperre tritt erst dann in Kraft, wenn das Gesetzgebungsverfah-

---

(233); *Rüdiger Sannwald*, NJW 1994, 3313 (3316); *Arndt Schmehl*, DÖV 1996, 724 (728); *Rupert Stettner*, in: Dreier (Hrsg.), GG, Bd. II, 1998, Art. 72 Rdn. 13 m. w. N; zur alten Rechtslage *Rupert Scholz*, in: Festgabe 25 Jahre Bundesverfassungsgericht, 1976, Bd. II, S. 252 (260).

1276 Vgl. die Vorgenannten.

1277 Die Forderung nach einer Beteiligung der Länder an Kompetenzentscheidungen findet sich auch bei *Michael Sachs*, VVDStRL 58 (1999), S. 39 (55), im Ergebnis jedoch zu weitgehend, wenn dort von einer Beteiligung der Landtage ausgegangen wird, zu dieser „Ratifizierungssituation" oben § 8 VII 2 b); kritisch gegenüber der Ansicht, dass allein der Bund die Kompetenz hat, das gesamtstaatliche Interesse zu formulieren auch *Stefan Oeter*, in: von Mangoldt/Klein/Starck, Bonner GG, Bd. 2, 4. Aufl. 2000, Art. 72 Rdn. 106 – dort Fußn. 389.

1278 So nunmehr das BVerfG in seinem Urteil vom 24.10.2002 zum Altenpflegegesetz, NJW 2003, 41 (51).

1279 *Reinhard Hendler*, ZG 1987, 210 (216); *Rupert Scholz*, in: Festgabe 25 Jahre Bundesverfassungsgericht, 1976, Bd. II, S. 252 (256).

ren abgeschlossen ist. Für eine zeitliche Vorverlagerung der Sperrwirkung auf das Gesetzgebungsstadium ist nach der Neufassung des Art. 72 Abs. 1 GG kein Raum. Dort heißt es nicht mehr „solange und soweit der Bund ... Gebrauch macht", sondern „Gebrauch gemacht hat".[1280]

Vor dem Hintergrund dieser Konkurrenz von Gesamt- und Gliedstaaten würde es sich in die bundesstaatliche Ordnung des Grundgesetzes einfügen, die Länder im Laufe des Gesetzgebungsverfahrens an der Kompetenzentscheidung zu beteiligen, denn: Solange der Bund noch nicht abschließend auf eine der Materien des Art. 74 GG zugegriffen hat, stehen ihm die Länder gleichberechtigt gegenüber.

Darüber hinaus soll die Vorschrift des Art. 72 GG eine angemessene Abwägung von gesamt- und gliedstaatlichen Interessen ermöglichen.[1281] Wenn aber Art. 72 Abs. 2 GG einem solchen flexiblen Ausgleich dienen soll, ist nicht einzusehen, warum nicht auch die Länder als Mitbetroffene in den Abwägungsvorgang einbezogen werden sollen.[1282] Hinsichtlich der Neufassung des Art. 72 GG ist demnach festzuhalten, dass der verfassungsändernde Gesetzgeber einerseits die Unzulänglichkeiten der bisherigen Rechtsprechung aufgegriffen hat. So hat er versucht, durch eine Präzisierung der Wortwahl und die Einführung eines besonderen Normenkontrollverfahrens die Justiziabilität des Art. 72 GG zu erhöhen.

Andererseits hat es der Gesetzgeber insoweit bei der alten Rechtslage belassen, als weiterhin ausschließlich der Bund die politische Vorentscheidung trifft, ob und inwieweit eine bundesgesetzliche Regelung erforderlich ist.[1283]

Die nach Art. 72 Abs. 2 GG zu treffende Prognoseentscheidung ist demnach nicht notwendigerweise mit einer injustiziablen Einschätzungsprärogative des Gesetzgebers verbunden, wie dies das Bundesverfassungsgericht noch in seiner früheren Rechtsprechung zur Bedürfnisklausel angenommen hatte und wie dies noch ein Teil der jüngeren Literatur annimmt.[1284]

So hat das Gericht hat in seiner Rechtsprechung zu Prognoseentscheidungen – außerhalb des Art. 72 Abs. 2 GG – nicht ohne weiteres von einem Beurteilungsspielraum auf das

[1280] Hierzu nur *Christoph Degenhart*, in: Sachs (Hrsg.), GG, 3. Aufl. 2003, Art. 72 Rdn. 27; *Philip Kunig*, in: von Münch/Kunig, GG, 5. Aufl. 2003, Art. 72 Rdn. 9; *Rupert Stettner*, in: Dreier (Hrsg.), GG Kommentar, Bd. II, 1998, Art. 72 Rdn. 28.

[1281] *Reinhard Hendler*, ZG 1987, 210 (216); BVerfG, NJW 2003, 41, (52).

[1282] In diese Richtung tendiert mittlerweile auch das Bundesverfassungsgericht, wenn es betont, dass „sich dem Wortlaut der Vorschrift kein Vorrang des Bundesgesetzgebers gegenüber den Ländern bei der Interpretation der Norm oder der Kompetenzausübung entnehmen [lässt]", NJW 2003, 41 (51).

[1283] Vgl. die in Fußn. 1275 Genannten.

[1284] § 4 II 1 c) sowie die in Fußn. 1274 Genannten; zur Kehrtwende des Bundesverfassungsgerichts in seinem Urteil zum Bundesaltenpflegegesetz, wo es dem Bund keinen, mit einer Einschätzungsprärogative verbundenen, Beurteilungsspielraum mehr zubilligt unten § 8 VII 8.

Bestehen einer Einschätzungsprärogative geschlossen. Dies wird weiter unten aufzuzeigen sein.[1285]

Vor dem Hintergrund, dass sich die einschränkenden Voraussetzungen des Art. 72 Abs. 2 GG an den Bund richten, muss diesem die Möglichkeit einer politischen Vorentscheidung zugebilligt werden, die ihm die Möglichkeit einer Abwägung zwischen den Vorteilen einer bundeseinheitlichen Regelung und dem Festhalten an unterschiedlichen Landesregelungen ermöglicht. Diese Abwägung kann als politische „Weichenstellung" nur in einer freien wertenden Entscheidung getroffen werden, die an den Zielvorgaben der gleichwertigen Lebensverhältnisse beziehungsweise Rechts- und Wirtschaftseinheit ausgerichtet ist.

Der im Mittelpunkt der juristischen Diskussion stehenden Frage, inwieweit der dem Bundesgesetzgeber eingeräumte Beurteilungsspielraum nachträglich durch eine gerichtliche Nachprüfung eingeschränkt werden kann,[1286] ist eine jedoch eine andere vorgelagert, nämlich ob den Ländern eine Mitwirkung hieran versagt bleiben muss.[1287] Wenn die gesetzgeberische Gestaltungsfreiheit von Bund und Ländern miteinander konkurriert, ist es vor dem Hintergrund einer funktionsadäquaten Verteilung von Gesetzgebungskompetenzen sachgerecht, die Länder an diesem Abwägungsvorgang zu beteiligen,[1288] zumal die Vergangenheit gezeigt hat, dass der Bund Unitarisierungstendenzen eher Vorschub geleistet als sie abgewehrt hat. Stattdessen steht die Kompetenzentscheidung weiterhin zur Disposition eines der Beteiligten.[1289]

Dem kann auch nicht entgegengehalten werden, dass die Belange der Länder durch die verstärkte Justiziabilität des Art. 72 Abs. 2 GG in hinlänglichem Maße berücksichtigt werden.

Die alleinige Kontrolle durch das Bundesverfassungsgericht ist nicht ausreichend, denn sie setzt nachträglich an. Berücksichtigt man aber den Zweck der Vorschrift, einen Ausgleich der widerstreitenden Interessen von Bund und Ländern im Sinne des besonderen bundesstaatlichen Integrationsinteresses zu ermöglichen, sollte der Ausgleich von *denjenigen* Kompetenzträgern, die an ihm beteiligt sind und in dem *Zeitpunkt*, in dem die Frage aufgeworfen wird, vorgenommen werden: Dies sind der Bund und die Länder im

---

[1285] Hierzu § 8 VII 6.

[1286] Hierzu eingehend unten § 8 VII 6.

[1287] Kritisch hierzu schon *Lemke, Barbarino u. a.* in ihrem Sondervotum zum Schlussbericht der *Enquête-Kommission Verfassungsreform*, BT-Drs. 7/5924, S. 136 f. und *Klaus Stern*, ebenda, S. 139; *Reinhard Hendler* mit Bezug auf Art. 72 GG a. F., ZG 1987, 210 (216) sowie in jüngerer Zeit *Stefan Oeter*, in: von Mangoldt/Klein/Starck, Bonner GG, Bd. 2, 4. Aufl. 2000, Art. 72 Rdn. 106 – dort Fußn. 389.

[1288] So *Reinhard Hendler*, ZG 1987, 210 (216); diesen nahe liegenden Schluss zieht das Bundesverfassungsgericht in seinem Urteil zum Altenpflegegesetz indes nicht, NJW 2003, 41 (51).

[1289] *Kay Waechter* weist darauf hin, dass sich die Rechsprechung des Bundesverfassungsgerichts zu Art. 72 Abs. 2 GG a. F. im kompetenziellen Verhältnis der Länder zu den Gemeinden wiederholt hat, Die Verwaltung 1996, 47 (68 f.).

Gesetzgebungsverfahren. Dem unverzichtbaren Moment politischer Gestaltung[1290] würde am ehesten auf diese Weise Rechnung getragen.

Die Einschaltung des Bundesverfassungsgerichts ohne ein vorangehendes gesondertes Entscheidungsverfahren hat hingegen den Nachteil, dass die politische Frage der bundesstaatlichen Kompetenzverteilung weiterhin der rechtsprechenden Gewalt aufgebürdet wird, was langfristig nachteilige Auswirkungen auf die Gewaltenteilung hat.[1291]

dd) Prozedurale Voraussetzungen für eine Beteiligung der Länder

Steht nunmehr die grundsätzliche Notwendigkeit einer Beteiligung der Länder fest, stellt sich die Frage, wie die Länder an Kompetenzentscheidungen des Bundes beteiligt werden können.

Hierfür bietet sich die Einrichtung eines Ausschusses an. Die Einrichtung unabhängiger Gremien, in denen sämtliche Beteiligte an der Konkretisierung und Auslegung unbestimmter Rechtsbegriffe mitwirken, könnte auch für den Bereich der politischen Vorentscheidung nach Art. 72 Abs. 2 GG nutzbar gemacht werden, vorausgesetzt die tatbestandlichen Voraussetzungen des Art. 72 Abs. 2 GG stellen unbestimmte Rechtsbegriffe dar.[1292]

So handelt es sich beispielsweise bei der nach § 8 GjSM eingerichteten Bundesprüfstelle für jugendgefährdende Schriften um ein weisungsfreies pluralistisch zusammengesetztes Gremium, in dem nach § 9 GjSM die unterschiedlichsten Interessengruppen vertreten sind. Das Gremium soll eine unabhängige, § 10 GjSM, und auf den Ausgleich der unterschiedlichen Interessen bedachte Abwägung der Frage vornehmen, ob die betreffende Schrift jugendgefährdend im Sinne des § 1 Abs. 1 GjSM ist.[1293] Der Zweck dieser Einrichtung sowie anderer pluralistisch zusammengesetzter Gremien liegt darin, zu verhindern, dass von der Entscheidung betroffene Gruppen übergangen und unbestimmte Rechtsbegriffe einseitig ausgefüllt werden.[1294]

Auch wenn sich diese Fälle aus dem Bereich des Verwaltungsrechts nur in begrenztem Umfang auf die Problematik des Art. 72 Abs. 2 GG übertragen lassen, ist die Interessenlage insoweit vergleichbar, als auch im Fall der Erforderlichkeitsentscheidung eine Einbeziehung der unterschiedlichen Belange unerlässlich ist. Im Zusammenhang mit Prog-

---

[1290] *Christoph Degenhart*, in: Sachs (Hrsg.), GG, 3. Aufl. 2003, Art. 72 Rdn. 14; *Philip Kunig*, in: von Münch/Kunig, GG, 5. Aufl. 2003, Art. 72 Rdn. 27 f.

[1291] So bezieht sich das *Bundesverfassungsgericht* in der Wiedergabe der Entstehungsgeschichte des Art. 72 GG n. F ausdrücklich auf die Bedenken der damaligen Opposition, die eine „berechenbare tatbestandliche [Normierung forderte], damit das Verfassungsgericht bei Kompetenzkonflikten... das Recht auslegend den Streit entscheiden kann und nicht zur politischen Dezision genötigt wird", NJW 2003, 41 (51).

[1292] Hierzu sogleich.

[1293] BVerwG DVBl. 1993, 498 (500).

[1294] BVerwGE 39, 197 (203 ff.); OVG Berlin NJW 1988, 365 (366).

noseentscheidungen der Verwaltung hat das Bundesverwaltungsgericht betont, dass diese unter Berücksichtigung aller verfügbaren Daten gefällt werden müssen.[1295] Das ist aber nur gewährleistet, wenn die Entscheidung in einem angemessenen, rechtlich abgesicherten Verfahren unter Beteiligung der Betroffenen vorbereitet wird.[1296]

Um solche unbestimmten Rechtsbegriffe handelt es sich auch bei den tatbestandlichen Voraussetzungen des Art. 72 Abs. 2 GG, die sich nur durch Prognoseentscheidungen ausfüllen lassen. Definiert man nämlich die Prognose als Aussage, die – aufbauend auf ausdrücklichen Bedingungen und möglichst rational – den zukünftigen Eintritt eines Zustandes oder Ereignisses angibt,[1297] trifft dies in vollem Umfang auf die Voraussetzungen des Art. 72 Abs. 2 GG zu:[1298] Dem Gesetzgeber wird abverlangt, von der gegenwärtigen Situation ausgehend zu prüfen, ob eine bundeseinheitliche Regelung geeignet ist, zumindest eine der Zielvorgaben zu erfüllen. Die komplexen Vorgänge der Industriegesellschaft, die Entwicklung der Lebensverhältnisse und die Auswirkungen normativer Regelungen sind jedoch überaus schwierig vorherzusehen. Auch ist eine vorausschauende Planung wiederum von subjektiven Wertungen abhängig, die einem ständigen Wandel unterliegen. Dieses Rationalitäts- und Objektivierungsdefizit der im Rahmen des Art. 72 GG zu treffenden Entscheidungen ist der Grund für die Annahme eines Prognosespielraums.[1299]

Um jedoch zu verhindern, dass rechtspolitische Bewertungen in Spekulationen und Scheinbegründungen abdriften, muss der Prognose eine sichere Basis, das heißt verlässliches Tatsachenmaterial unter Berücksichtigung bisheriger Erfahrungen zugrunde gelegt werden.[1300] Hierbei wird sich der Bund in der Regel eigener Zahlen bedienen. Er muss sich jedoch auch ein Bild über die Sach- und Rechtslage in den Ländern verschaffen, wozu ein Rückgriff auf die Erfahrungen der Länderbürokratien und deren statistisches Material unerlässlich ist.

[1295] BVerwG, DVBl. 1978, 845 (Leitsatz 3); *Rüdiger Breuer*, Der Staat 16 (1977), 21 (40), *Werner Hoppe*, in: Festgabe 25 Jahre Bundesverwaltungsgericht, 1978, S. 295 (311); *ders.*, in: Festgabe 25 Jahre Bundesverfassungsgericht, Bd. I, 1976, S. 663 (688).

[1296] *Peter J. Tettinger*, DVBl. 1982, 421 (427); *Werner Hoppe* spricht in diesem Zusammenhang von prozeduralen Maßstäben gesetzlicher Planung, in: Festgabe 25 Jahre Bundesverfassungsgericht, 1976, Bd. I, S. 663 (691).

[1297] Vgl. statt vieler *Peter J. Tettinger*, DVBl. 1982, 421 (423) unter Berufung auf *Werner Hoppe*, Festgabe 25 Jahre Bundesverwaltungsgericht, 1978, S. 295 (308).

[1298] So übereinstimmend *Christian Callies*, DÖV 1997, 889 (897 f.); *Christoph Degenhart*, in: Sachs (Hrsg.), GG, 3. Aufl. 2003, Art. 72 Rdn. 14; *Philip Kunig*, in: von Münch/Kunig, GG, Bd. 3, 3. Aufl. 2003, Art. 72 Rdn. 28 f.; *Stefan Oeter*, in: von Mangoldt/Klein/Starck, Bonner GG, Bd. 2, 4. Aufl. 2000, Art. 72 Rdn. 112 ff.; *Arndt Schmehl*, DÖV 1996, 724 (728); *Rupert Stettner*, in: Dreier (Hrsg.), GG, Bd. II, 1998, Art. 72 Rdn. 17 jeweils m. w. N.

[1299] *Rüdiger Breuer*, Der Staat 16 (1977), S. 21 (38); *Peter J. Tettinger*, DVBl. 1982, 421 (423).

[1300] Vgl. zu dieser Notwendigkeit mit Bezug auf Art. 72 Abs. 2 GG *Christian Callies*, DÖV 1997, 889 (897).

Diese Erwägungen lagen auch den in der *Enquête-Kommission Verfassungsreform* erörterten Modellen zugrunde. So wurde beispielsweise die Einrichtung eines Länderrates diskutiert.[1301] Eine solche zusätzliche an Kompetenzentscheidungen und Verfassungsänderungen beteiligte Ländervertretung wäre indes mit erheblichen Nachteilen verbunden.[1302] Deswegen sollen nachfolgend Beteiligungsformen erörtert werden, die sich weitgehend an den Konsensmechanismen des Grundgesetzes orientieren und den Ländern eine effektive Einbringung ihrer Interessen ermöglichen, so dass auf diese Weise ein Ausgleich des bundesstaatlichen Spannungsverhältnisses herbeigeführt werden kann. Eine Partizipation der Länder an Kompetenzentscheidungen würde die Abwanderung weiterer Zuständigkeiten erschweren, so dass sie nicht mehr darauf angewiesen wären, Einfluss auf den sachlichen Inhalt eines Gesetzes auszuüben, um Zuständigkeitsverluste zu kompensieren.[1303]

Nach einem der in der *Enquête-Kommission Verfassungsreform* erörterten Alternativvorschläge sollte dem Bundesrat – unabhängig von seinem regulären Einspruchs- bzw. Zustimmungsrecht – ein gesondertes Einspruchsrecht gegen den Zugriff des Bundes auf den Katalog des Art. 74 GG zustehen. Über diesen kompetenzwahrenden Einspruch sollte das Parlament erst nach vorheriger Anrufung des Bundesverfassungsgerichts entscheiden können.[1304]

Ergänzend hierzu sprach man sich dafür aus, sowohl den Einspruch des Bundesrates als auch dessen eventuelle Zurückweisung durch die Volksvertretung von einer Zwei-Drittel-Mehrheit abhängig zu machen.[1305]

Zwar verhindern diese Vorschläge ein Übergewicht des einen Gesetzgebungsorgans über das andere. Doch haben sie den Nachteil, dass dem Einspruch kein gesondertes Verfahren *voran*geht, das einen Ausgleich divergierender Bund-Länder-Interessen ermöglicht. Auch werden die Länder im Bundesrat ausschließlich durch ihre Landesregierungen vertreten, die sich in der Vergangenheit nur selten für die Wahrung von Landeszuständigkeiten eingesetzt haben. Deswegen könnte der Schwerpunkt auf einer unmittelbaren Einflussnahme der Länderparlamente liegen.

Vor diesem Hintergrund bietet es sich an, die Landtage neben dem Bundesrat so früh wie möglich an der Kompetenzentscheidung zu beteiligen. Bei einer Gesetzesinitiative der

---

[1301] Vgl. den Abschlussbericht der *Enquête-Kommission Verfassungsreform*, BT-Drs. 7/5924, S. 98 f.

[1302] Zum Länderrat § 8 VII 2 a); zum Zustimmungsrecht des Bundesrats bzgl. der Erforderlichkeitsfrage § 8 VII 5 c) aa).

[1303] So *Klaus Stern* in seinem Sondervotum zum Abschlussbericht der *Enquête-Kommission Verfassungsreform*, BT-Drs- 7/5924, S. 139.

[1304] *Enquête-Kommission Verfassungsreform*, BT-Drs- 7/5924, S. 129; sich ausdrücklich für eine Einschaltung des Bundesverfassungsgerichts aussprechend *Klaus Stern* in seinem Sondervotum, a. a. O., S. 139. Die *Verfassungskommission des Bundesrats* ging fast zwanzig Jahre später noch weiter, als sie forderte, dass der Bundesrat dem Gebrauch der konkurrierenden Gesetzgebungskompetenz durch den Bund *zustimmen* müsse, vgl. den Bericht in BR-Drs. 360/92, Rdn. 59.

[1305] *Enquête-Kommission Verfassungsreform*, a. a. O., Sondervotum von *Klaus Stern*, ebenda.

Bundesregierung wäre dies das Vorlageverfahren nach Art. 76 Abs. 2 GG. Stammt die Vorlage vom Bundesrat, könnten die Länderparlamente noch während der Frist des Art. 76 Abs. 3 GG Stellung beziehen.

Kommen Bund und Länder innerhalb dieser Fristen zu keiner Einigung, könnte auf Antrag eines Drittels der Mitglieder einer Landesvolksvertretung, einer Landesregierung, des Bundestages oder des Bundesrates ein Ausschuss zusammentreten. Dieser würde darüber beraten, ob das geplante Gesetz den Voraussetzungen des Art. 72 Abs. 2 GG entspricht. Hierfür eignet sich wegen seiner paritätischen Zusammensetzung und der Weisungsfreiheit seiner Mitglieder am ehesten der Vermittlungsausschuss.

Im Rahmen dieses besonderen Verfahrens sollte sich die Einflussnahme der Landtage nicht auf das Recht beschränken, die Einberufung des Vermittlungsausschusses zu verlangen. So wäre es beispielsweise denkbar, dass in den Ausschuss auch Abgeordnete der Landesparlamente entsandt werden, die dort eine beratende Funktion wahrnehmen. Die Beschränkung auf eine Beratungsfunktion verhindert die oben erläuterten Systemverschiebungen, die mit einem Zustimmungsrecht der Landtage zu Verfassungsänderungen verbunden wären.[1306] Auch müsste nicht befürchtet werden, dass die Landtage in den Bundesrat hineinregieren, da der Einigungsvorschlag des Vermittlungsausschusses nicht die Wirkung eines Bundesratsbeschlusses hat. Die Gesetzesvorlagen könnten vor ihrer Verabschiedung im Bundestag den Vorschlägen des Vermittlungsausschusses angepasst werden.

Hieran könnte sich die Abstimmung im Bundesrat über die Erforderlichkeit anschließen. Insoweit wäre den bereits oben erwähnten[1307] Kommissionsvorschlägen – trotz ihrer aufgezeigten Nachteile – zu folgen. Um einer parteipolitischen Instrumentalisierung des Bundesrats entgegenzuwirken, sollte ihm im Rahmen der Kompetenzentscheidung nach Art. 72 Abs. 2 GG nur ein Einspruchsrecht zustehen[1308] – und dies auch nur dann, wenn vorher eine Einigung im Vermittlungsverfahren angestrebt worden ist. Eine solche Pflicht zur Anrufung des Vermittlungsausschusses innerhalb des Kompetenzverfahrens würde den Grundgedanken des Art. 77 Abs. 3 S. 1 GG aufgreifen, demzufolge sich der Bundesrat erst dann gegen ein Gesetz stellen kann, wenn zuvor ein Einigungsversuch unternommen wurde.[1309] Um eine gegenseitige Blockade der Gesetzgebungsorgane zu erschweren, sollten sowohl der Einspruch des Bundesrats als auch das Zurückweisungsrecht des Bundestages von der Erreichung einer qualifizierten Mehrheit abhängig ge-

---

1306 Zu den nachteiligen Auswirkungen einer solchen Ratifizierungssituation oben § 8 VII 2 b); kritisch hierzu auch die *Enquête-Kommission Verfassungsreform*, S. 101, 129.

1307 Hierzu oben § 8 VII 2 b).

1308 Zu den Nachteilen eines „kompetenziellen *Zustimmungs*rechts" oben § 8 VII 5 c) aa).

1309 Hinsichtlich der Pflicht zur Anrufung des Vermittlungsausschusses bei Zustimmungsgesetzen, oben § 8 VII 4.

macht werden.[1310] Die Anrufung des Vermittlungsausschusses bedürfte hingegen keiner besonderen Mehrheit, da sie lediglich eine Einigungsmöglichkeit eröffnet.

Zwar sollten die Vorteile einer Mitwirkung der Landtage an Kompetenzentscheidungen nicht überschätzt werden.[1311] Doch hat ein separates Entscheidungsverfahren, in dem die Erforderlichkeitsfrage unter Beteiligung der Landtage geklärt wird, entscheidende Vorteile. So könnten die Landesregierungen nicht mehr ohne weiteres über die Kompetenzen der Landesparlamente verfügen, wie dies bislang innerhalb und außerhalb des Bundesrates praktiziert wurde.[1312] Die frühzeitige Einschaltung des Vermittlungsausschusses würde sicherstellen, dass die Interessen und Erfahrungen der Länder in die Prognoseentscheidung miteinfließen.[1313]

Auch wenn ein gesondertes Kompetenzverfahren auf den ersten Blick zeitaufwendig zu sein scheint, lenkt es die Aufmerksamkeit der Beteiligten auf die lange Zeit vernachlässigte Kompetenzfrage des Art. 72 GG.[1314] Selbst wenn nicht ausgeschlossen werden kann, dass sich die Beteiligten in ihrem Abstimmungsverhalten von inhaltlichen Aspekten des Gesetzes leiten lassen, eröffnet ein solches Verfahren Bund und Ländern grundsätzlich die Möglichkeit, die gegensätzlichen bundesstaatlichen Interessen früh zu einem angemessenen Ausgleich zu bringen. Es verhindert vor allem, dass die Länder, insbesondere die Landtage, übergangen werden bzw. der Bund um die Früchte seiner Arbeit gebracht wird, indem der Bundesrat dem Gesetz letztlich seine Zustimmung aus kompetenziellen Gründen versagt.[1315]

Die Vorzüge eines solchen Verfahrens sollen weiter unten anhand der Entstehungsgeschichte des Bundesaltenpflegegesetzes erläutert werden.[1316]

[1310] Dies befürwortete ein Teil der Mitglieder der *Enquête-Kommission Verfassungsreform* in ihrem Sondervotum, BT-Drs- 7/5924, S. 135.

[1311] So wäre abzuwarten, ob die Landtage von ihren Rechten Gebrauch machen.

[1312] Zu diesem Nachteil des kooperativen Föderalismus oben § 4 II 3 c). In diesem Zusammenhang wäre es zweckmäßig, Art. 93 Abs. 1 Nr. 2a GG und die §§ 13 Nr. 6a, 76 Abs. 2 BVerfGG dahingehend zu ändern, dass ein Drittel der Mitglieder einer Landesvolksvertretung antragsberechtigt ist. Auf diese Weise würde verhindert, dass Kompetenzverlagerungen weiterhin von den Landesregierungen und den mit ihnen im Einklang stehenden Parlamentsmehrheiten Vorschub geleistet wird.

[1313] Zur Notwendigkeit einer umfassenden Interessenberücksichtigung *Peter J. Tettinger*, DVBl. 1982, 421 (427).

[1314] Zur Warn- und Hinweisfunktion von Verfahrens und Formvorschriften nur *Helmut Heinrichs*, in: Palandt, BGB, 64. Aufl. 2005, § 125 Rdn. 1 f.

[1315] So wäre es beispielsweise zweckmäßig gewesen, die Zuständigkeitsfrage hinsichtlich des Altenpflegegesetzes, zu klären, bevor das Gesetz verabschiedet wird.

[1316] § 8 VII 9 c).

6. Die Überprüfung legislativer Prognoseentscheidungen durch die höchstrichterliche Rechtsprechung in der Vergangenheit

Vor dem Hintergrund der Neufassung des Art. 72 GG konnte sich das Bundesverfassungsgericht kaum mehr auf die Prüfung beschränken,[1317] ob der Gesetzgeber die maßgeblichen Rechtsbegriffe zutreffend ausgelegt und sich in dem hierdurch vorgezeichneten Rahmen gehalten hat.[1318]

Dem wird von Teilen der Literatur entgegengehalten, dass dem Bundesgesetzgeber weiterhin eine Einschätzungsprärogative zustehe, so dass sich im Vergleich zur alten Rechtslage nichts geändert habe.[1319]

Dies trifft jedoch nicht zu. Bei den verfassungsrechtlichen Zielvorgaben des Art. 72 Abs. 2 GG handelt es sich um unbestimmte Rechtsbegriffe, die durch gesetzgeberische Prognoseentscheidungen ausgefüllt werden.[1320] Hieraus weiterhin auf eine umfassende Einschätzungsprärogative des Gesetzgebers zu schließen, ist übereilt, da Prognosen nicht kraft Natur der Sache mit einem uneingeschränkten Einschätzungsvorrang verbunden sind.[1321] Vielmehr werden die Grenzen des Beurteilungsspielraums von den normativen Vorgaben der Prognoseentscheidung bestimmt.[1322]

Eine nähere Konkretisierung der Voraussetzungen des Art. 72 GG fehlt jedoch auch nach dessen Neufassung,[1323] so dass im Folgenden auf die Frage eingegangen werden soll, wie der Prognosespielraum des Bundesgesetzgebers eingegrenzt werden kann.

Ob der Bundesgesetzgeber von der Ermächtigung in Art. 72 Abs. 2 GG Gebrauch macht, hängt vom Ergebnis der Prognoseentscheidung ab. Erst wenn feststeht, ob und auf welche Weise der Gesetzgeber die Zielvorgaben des Art. 72 Abs. 2 GG erreichen kann, ist es ihm möglich, die Entscheidung zu treffen, ob er ein Bundesgesetz erlässt oder die Regelung der betreffenden Materie den Ländern überlässt. Diese Prognose beruht neben einer wertenden Entscheidung des Gesetzgebers auf einer kognitiven Tatsachenerfas-

---

[1317] Zur Aufgabe der bisherigen Rechtsprechung des Bundesverfassungsgerichts in der Entscheidung vom 24.10.2002 unten § 8 VII 8.

[1318] BVerfGE 4, 115 (127 f.); 13, 230 (233 f.); 26, 338 (382 f.); 78, 249 (270), zu den Widersprüchen innerhalb dieser Rechtsprechung oben § 4 II 1 c).

[1319] *Christoph Degenhart*, in: Sachs (Hrsg.), GG, 3. Aufl. 2003, Art. 72 Rdn. 15; *Detlef Kröger/Flemming Moos*, BayVBl. 1997, 705 (710); *Hubertus Rybak/Hans Hofmann*, NVwZ 1995, 230 (231, 233); *Arndt Schmehl*, DÖV 1996, 724 (728).

[1320] Vgl. oben § 8 VII 5 c) dd).

[1321] Differenzierend auch BVerfGE 50, 290 (332 f.); *Rüdiger Breuer*, Der Staat 16 (1977), 21 (35, 48); *Christian Callies*, DÖV 1997, 889 (898); *Werner Hoppe*, in: Festgabe 25 Jahre Bundesverwaltungsgericht, 1978, S. 295 (310); *Fritz Ossenbühl*, in: Festgabe 25 Jahre Bundesverfassungsgericht, Bd. I, 1976, S. 458 (502); *Uwe Seetzen*, NJW 1975, 429 (431 ff.); *Peter J. Tettinger*, DVBl. 1982, 421 (425).

[1322] *Rüdiger Breuer*, Der Staat 16 (1977), 21 (34 f., 41 ff.); *Peter J. Tettinger*, DVBl. 1982, 412 (423, 425).

[1323] *Christoph Neumeyer*, in: Festschrift für Kriele, 1997, S. 543 (561 ff.).

sung, die prinzipiell objektivierbar ist.[1324] Die Unsicherheit der Prognose ist demnach nicht auf ihre Subjektivität, sondern auf ihre Zukunftgerichtetheit zurückzuführen.[1325] In der Zukunft liegende Vorgänge und Zustände lassen sich nur in den seltensten Fällen mit hinreichender Sicherheit vorhersehen. Diese Unwägbarkeiten gelten indes nicht für die Prognosebasis, die auf empirischen Befunden, also einer Diagnose der Gegenwart und Vergangenheit, beruht.[1326] Hieraus folgt, dass der objektivierbare Tatsachenkern einer Prognoseentscheidung in vollem Umfang einer gerichtlichen Überprüfung zugänglich ist,[1327] ohne dass das Bundesverfassungsgericht seine Würdigung an die Stelle der Wertung des Gesetzgebers setzt.

In der Vergangenheit verfolgte das Bundesverfassungsgericht bei seiner Überprüfung legislativer Prognoseentscheidungen keinen einheitlichen Kurs. So hat es beispielsweise die Verhältnismäßigkeit von Grundrechtseingriffen nur daraufhin überprüft, ob das eingesetzte Mittel „objektiv untauglich",[1328] „objektiv ungeeignet"[1329] oder „schlechthin ungeeignet"[1330] zur Erreichung der legitimen Zielsetzung war. Hierbei hielt sich das Gericht umso mehr zurück, desto unsicherer es die Tatsachenlage beurteilte.[1331] Andererseits machte es die richterliche Kontrolldichte vom normativen Bezug der Prognoseentscheidung abhängig,[1332] wonach für die Bestimmung der Prüfungsdichte die Bedeutung der auf dem Spiel stehenden Grundrechte und ihre Einschränkbarkeit maßgeblich waren.

Auf diese Weise führte die der jeweiligen Prognoseentscheidung zugrunde liegende tatsächliche Ungewissheit zu einer Erweiterung des Prognosespielraums, während der

---

[1324] *Rüdiger Breuer*, a. a. O., S. 23 m. w. N.; *Werner Hoppe* betont in diesem Zusammenhang, dass es sich nicht um einen Willens-, sondern um einen Erkenntnisakt handelt, der richterlich nachvollzogen werden kann, Festgabe 25 Jahre Bundesverfassungsgericht, Bd. I, 1976, S. 663 (689).

[1325] *Rüdiger Breuer*, a. a. O., S. 23; *Fritz Ossenbühl*, in: Festgabe 25 Jahre Bundesverfassungsgericht, Bd. I, 1976, S. 458 (501); *Peter J. Tettinger*, DVBl. 1982, 421 (423).

[1326] Zum grundsätzlichen Unterschied zwischen Diagnose und Prognose *Peter J. Tettinger*, DVBl. 1982, 421 (423).

[1327] Das Bundesverfassungsgericht spricht hier von einem Wahrscheinlichkeitsurteil, „dessen Grundlagen ausgewiesen werden können... [und] einer Beurteilung nicht entzogen [sind]", BVerfGE 50, 290 (332); *Rüdiger Breuer* (oben Fußn. 1305), S. 23.

[1328] BVerfGE 16, 147 (181).

[1329] BVerfGE 17, 306 (317).

[1330] BVerfGE 19, 119 (126 f.).

[1331] Zum Beispiel in BVerfGE 30, 250 (263); 30, 292 (317); 38, 61 (88); *Fritz Ossenbühl*, in: Festgabe 25 Jahre Bundesverfassungsgericht, 1976, Bd. I, S. 458 (498), mit Bezug auf legislative Generalprognosen. Eher kritisch zur Herleitung verallgemeinerungsfähiger Maßstäbe *Rüdiger Breuer*, a. a. O., S. 33 f.

[1332] Das Bundesverfassungsgericht spricht hier von „auf dem Spiele stehenden Rechtsgütern", BVerfGE 50, 290 (333) dagegen weiter BVerfGE 30, 250 (263); 31, 33 (42); für einen konkreten Normbezug als „externe Grenzen des legislativen Prognosespielraums" *Rüdiger Breuer*, a. a. O., S. 34 und 41, dem zustimmend *Christian Callies*, DÖV 1997, 889 (898); hierzu auch *Fritz Ossenbühl*, in: Festgabe 25 Jahre Bundesverfassungsgericht, 1976, Bd. I, S. 458 (500).

Rang der gefährdeten Rechtsgüter seine Verengung zur Folge hatte.[1333] Die Prüfungsdichte des Bundesverfassungsgerichts reichte demnach in ihrer Intensität von einer Evidenzkontrolle über eine Vertretbarkeitsprüfung bis hin zu einer intensivierten inhaltlichen Kontrolle.[1334]

Vor dem Hintergrund dieser und weiterer von der höchstrichterlichen Rechtsprechung entwickelten Kriterien soll nachfolgend untersucht werden, in welchem Maße die einzelnen Stufen einer im Rahmen des Art. 72 Abs. 2 GG zu treffenden legislativen Prognoseentscheidung justiziabel sind.[1335]

a) Prozedurale Maßstäbe für eine Überprüfung der Prognosebasis

Zunächst ist fraglich, inwieweit die Prognosebasis einer gerichtlichen Kontrolle unterliegt.

Vor dem Hintergrund einer umfassenden Berücksichtigung von Länderinteressen scheint eine Vollkontrolle der Ermittlung der verfügbaren Daten, das heißt der Prognosebasis, geboten zu sein. Dem könnte jedoch entgegenstehen, dass schon die Auswahl des Datenmaterials auf einer wertenden Entscheidung des Gesetzgebers beruht, die nicht vertretbar ist.[1336] Hiernach wäre schon auf dieser Entscheidungsebene von einer nur eingeschränkten Kontrolle auszugehen, die sich lediglich auf die Frage erstreckt, ob der Gesetzgeber gewichtige Belange erkannt und in das Prognoseverfahren eingestellt hat.[1337]

Dieses Problem stellt sich indes nicht, wenn sich die verfassungsgerichtliche Prüfung an einem prozeduralen Maßstab ausrichtet.[1338] So bräuchte das Bundesverfassungsgericht nur anhand der Protokolle nachzuvollziehen, ob der Gesetzgeber sämtliche während des kompetenziellen Verfahrens von den Ländern vorgetragenen Belange in die Abwägung eingestellt hat. Die eingeschränkte materielle Überprüfbarkeit der gesetzgeberischen Ent-

---

[1333] Für eine Zugrundelegung dieser Abwägungsbandbreite auch *Werner Hoppe*, in: Festgabe 25 Jahre Bundesverwaltungsgericht, 1978, S. 295 (312) sowie *Fritz Ossenbühl*, in: Festgabe 25 Jahre Bundesverfassungsgericht, 1976, Bd. I, S. 458 (508 f.)

[1334] Vgl. hierzu den Überblick in BVerfGE 50, 290 (332) m. w. N.

[1335] Einteilung in Anlehnung an *Werner Hoppe*, in: Festgabe 25 Jahre Bundesverwaltungsgericht, 1978, S. 295 (308 ff.); *ders.*, in: Festgabe 25 Jahre Bundesverfassungsgericht, Bd. I, 1976, S. 663 (688, 704 ff.), dieser Unterscheidung soll im weiteren Verlauf gefolgt werden.

[1336] Hierauf deutet *Werner Hoppe* hin, wenn er hinsichtlich der Auswahl der relevanten Fakten darauf hinweist, dass die Entscheidungsinstanz einen Beurteilungsspielraum haben kann, in: Festgabe 25 Jahre Bundesverwaltungsgericht, 1978, S. 295 (311).

[1337] *Werner Hoppe*, in: Festgabe 25 Jahre Bundesverwaltungsgericht, 1978, S. 295 (303 ff., S. 310 f.) sowie *ders.*, in: Festgabe 25 Jahre Bundesverfassungsgericht, Bd. I, 1976, S. 663 (705 f.), wo er die aus der Bauleitplanung bekannte Abwägungsfehlerlehre des Bundesverwaltungsgerichts heranzieht.

[1338] Zum Begriff eines solchen prozeduralen Maßstabs *ders.*, Festgabe 25 Jahre Bundesverfassungsgericht, Bd. I, 1976, S. 663 (691).

scheidung würde auf diese Weise durch eine Kontrolle des Prognosevorgangs kompensiert.[1339][D.D.60]

b) Sachinhalt der Prognoseentscheidung

Des Weiteren stellt sich die Frage, in welchem Umfang der Prognoseschluss gerichtlich nachprüfbar ist. Die in Teilen der Literatur vertretenen Extremlösungen werden dem Problem nicht gerecht. Dies gilt sowohl für die Forderung nach einer durchgehenden und unbeschränkten richterlichen Kontrolle[1340] als auch für die Befürwortung eines weitgehenden Prognosespielraums.[1341] Erstere Ansicht vernachlässigt die Gewaltenteilung, letztere den Zweck der Neuregelung, welche die Eigenstaatlichkeit der Länder gegenüber dem Bund stärken soll.

In der Vergangenheit wandte das Bundesverfassungsgericht unterschiedliche Maßstäbe zur Bestimmung der Kontrolldichte von Prognoseschlüssen an.[1342] Hierbei differenzierte es zum Teil nach dem Sachinhalt legislativer Prognosen. So nahm es beispielsweise den größten Spielraum bei außenpolitischen Entscheidungen an. Dies begründete es mit der erheblichen Unsicherheit außenpolitischer Entwicklungen, auf die der Gesetzgeber nur wenig Einfluss habe.[1343] Engere Grenzen setzte das Gericht dem Gesetzgeber im Rahmen wirtschaftspolitischer Entscheidungen.[1344] Den geringsten Prognosefreiraum billigte es der Legislative in den Fällen zu, in denen Grundrechtspositionen definiert, konkretisiert, ausgestaltet oder beschränkt wurden.[1345]

Nach diesen Maßstäben würde der Prognosespielraum des Bundes stark variieren. Während die Realisierbarkeit der Rechtseinheit noch von Variablen abhängt, auf die der

---

1339 Somit „[tritt] die exakte Nachprüfung des Anhörungs- und Abwägungsverfahrens... als Kompensation an die Stelle der... nur beschränkt durchführbaren materiellen Kontrolle des Planprodukts“, *Werner Hoppe*, in: Festschrift 25 Jahre Bundesverfassungsgericht, Bd. I, 1976, S. 663 (690, 705) vgl. auch *Fritz Ossenbühl*, in: Festgabe 25 Jahre Bundesverfassungsgericht, 1976, Bd. I, S. 458 (513), in diese Richtung tendierend wohl auch *Rüdiger Breuer*, Der Staat 16 (1977), 21 (40).

1340 *Michael Kloepfer*, NJW 1971, 1585 (1588).

1341 *Friedrich Klein*, Bundesverfassungsgericht und richterliche Beurteilung politischer Fragen, 1966, S. 24; *Christian Friedrich Menger*, VerwArch 66 (1975), 397 (401); für eine differenzierende Lösung *Fritz Ossenbühl*, in: Festgabe 25 Jahre Bundesverfassungsgericht, Bd. I, 1976, S. 458 (502) m. w. N.

1342 Ein ausführlicher Überblick findet sich bei *Fritz Ossenbühl*, in: Festgabe 25 Jahre Bundesverfassungsgericht, Bd. I, 1976, S. 458 (505 ff.).

1343 *Ders.*, a. a. O., S. 505; *Folke Schuppert*, Die verfassungsgerichtliche Kontrolle der auswärtigen Gewalt, 1973, S. 179 ff.

1344 *Fritz Ossenbühl*, in: Festgabe 25 Jahre Bundesverfassungsgericht, Bd. I, 1976, S. 458 (506); in BVerfGE 30, 292 (319) ist von einem „weiten Bereich des Ermessens“ die Rede.

1345 *Fritz Ossenbühl*, in: Festgabe 25 Jahre Bundesverfassungsgericht, Bd. I, 1976, S. 458 (506 f.) unter Hinweis auf BVerfGE 17, 306 (314); 35, 185 (190); sehr deutlich auch BVerfGE 50, 290 (333), wo das Gericht die unbestimmte Weite der Prognoseentscheidung gegen die „auf dem Spiele stehenden Rechtsgüter abwägt“. Für eine Einschränkung des legislativen Gestaltungsspielraums bei grundrechtsrelevantem Handeln auch *Hans-Joachim Mertens*, RdA 1975, 89 (98).

Bund weitgehend Einfluss hat, entziehen sich die wirtschaftspolitischen Zielvorgaben der Gleichwertigkeit der Lebensverhältnisse und der Wirtschaftseinheit einer hinreichenden Bestimmbarkeit. So wäre dem Gesetzgeber nach diesem Ansatz eher ein weitgehender Prognosespielraum zuzubilligen.

c) Legitimität gesetzlicher Entscheidungen

In der Literatur wurde teilweise vorgeschlagen, die gerichtliche Überprüfung von Prognoseentscheidungen von der Legitimität gesetzlicher Entscheidungen abhängig zu machen. So soll dem Gesetzgeber ein umso größerer Prognosespielraum zustehen, desto mehr das Gesetz der Konkretisierung von Verfassungszielen dient.[1346] Andere fragen danach, in welchem Ausmaß das entsprechende Gesetzesvorhaben in der Öffentlichkeit diskutiert wurde.[1347] Ein breiter Konsens in der öffentlichen Meinung erweitere die gesetzgeberische Gestaltungsfreiheit, während ein tiefer Dissens das Gegenteil bewirke.[1348]

Verstände man die Voraussetzungen des Art. 72 Abs. 2 GG als Verfassungsziele bzw. Verfassungsauftrag,[1349] hätte der Bund nach dem ersten Ansatz einen weiten Gestaltungsfreiraum. Nach dem zweiten Ansatz würde der Prognosespielraum davon abhängen, auf welche Resonanz das Gesetzgebungsvorhaben in der Öffentlichkeit stößt. Beide Maßstäbe sind jedoch abzulehnen – ersterer, weil Verfassungsziele selbst konkretisierungsbedürftig sind, letzterer, weil er plebiszitäre Elemente enthält, die in der parlamentarischen Demokratie des Grundgesetzes keine Stütze finden.

d) Experiment und Irreversibilität

Bei komplexen wirtschaftspolitischen und verkehrspolitischen Sachverhalten, die sich einer hinreichend sicheren Vorhersehbarkeit entziehen, wird der Legislative nicht nur ein „Recht auf Fehlentscheidung", sondern auch eine längere Frist zugebilligt, „innerhalb derer [sie] die Wirkung einzelner ... versuchsweise getroffener Anordnungen beobachten und für [ihre] weiteren Entschließungen auswerten darf."[1350] Dies gilt jedoch nur in Bezug auf so genanntes Situationsrecht, das heißt auf Gesetze, die der „Steuerung gesellschaftlicher Prozesse nach soziologischen Erkenntnissen und Prognosen" dienen.[1351] Dauerrecht hingegen, als bleibender Ausdruck sozialethischer und – ihr folgend – recht-

---

[1346] So etwa *Hans-Joachim Mertens*, a. a. O., S. 98, der dem Gesetzeber in diesen Fällen einen weiten Entscheidungsspielraum gewähren will.

[1347] *Peter Häberle*, JZ 1975, 297 (303).

[1348] *Ders.*, a. a. O., S. 303.

[1349] Dies ist nach fast einhelliger Auffassung abzulehnen, vgl. oben § 8 VII 5 c) bb) sowie die dort in den Fußn. 1254, 1257 Genannten.

[1350] BVerfGE 16, 147 (188).

[1351] So erstmals *Hans Huber*, in: Rechtstheorie, Verfassungsrecht, Völkerrecht, 1971, S. 27 (47), der „spezialisiertes und standardisiertes Situationsrecht" vom „Dauerrecht" abgrenzt.

licher Bewertung menschlicher Handlungen“ ist grundsätzlich experimentierfeindlich.[1352]

Diese Unterscheidung zwischen Situations- und Dauerrecht wird nicht nur im grundrechtsrelevanten Bereich getroffen,[1353] sondern auch bei Gesetzgebungsvorhaben mit weittragenden, unabsehbaren Folgen für die Gesellschafts- und Staatsordnung, welche die Gefahr einer irreversiblen Systemänderung mit sich bringen.[1354] Dies gilt nach der Rechtsprechung der Landesverfassungsgerichte vor allem für kommunale Gebietsreformen, bei denen ein „Experimentieren“ unumkehrbare rechtliche und gesellschaftliche Konsequenzen hat.[1355]

Fraglich ist, ob diese Kriterien zur Eingrenzung des legislativen Prognosespielraums herangezogen werden können.

Die dauerhafte Inanspruchnahme konkurrierender Gesetzgebungszuständigkeiten durch den Bund führte zu Systemverschiebungen, die nicht zuletzt für die bundesstaatliche Ordnung negative Folgen hatten. Die seit 1994 mögliche Rückübertragung von Materien in die Zuständigkeit der Länder wurde kaum in Anspruch genommen,[1356] so dass sich die Verlagerung von Kompetenzen auf den Bund als faktisch unumkehrbar herausgestellt hat. In Anbetracht dieser irreversiblen bundesstaatlichen Systemverschiebungen[1357] ist eine umfassende judikative Kontrolle der Prognoseentscheidung geboten. Maßstab für eine solche Justiziabilität ist neben den Wertungen der Artikel 72 und 74 GG[1358] das Bundesstaatsprinzip.[1359] Der Maßstab, nach dem die Anforderungen an die Kontrolldichte umso höher anzusetzen sind, desto stärker das Eingriffs-, Beeinflussungs-

---

[1352] Diese Unterscheidung greift *Fritz Ossenbühl* zur Bestimmung der richterlichen Kontrolldichte legislativer Prognoseentscheidungen auf, in: Festgabe 25 Jahre Bundesverfassungsgericht, Bd. I, 1976, S. 458 (511 f.)

[1353] Markantes Beispiel hierfür ist das Abtreibungsurteil des BVerfG, in dem es ausführt, dass „das Gesetz nicht nur Instrument zur Steuerung gesellschaftlicher Prozesse nach soziologischen Erkenntnissen und Prognosen [ist], [sondern auch] auch *bleibender* Ausdruck sozialethischer und - ihr folgend - rechtlicher Bewertung menschlicher Handlungen; es soll sagen, was für den Einzelnen Recht und Unrecht ist [Hervorhebung vom Verfasser], BVerfGE 39, 1 (59).

[1354] *Hans-Joachim Mertens*, RdA 1975, 89 (98) betont, dass in diesen Fällen „das unüberschaubare Risiko der Systemveränderung“ zu berücksichtigen ist.

[1355] StGH Baden-Württemberg, DÖV 1975, 385 (389).

[1356] Zur fehlenden Bereitschaft des Bundesrats, auf die Freigabe nicht mehr erforderlicher Bundesgesetze hinzuwirken unten § 8 VII 11 e) aa) sowie § 8 VII 11 e) cc).

[1357] Für eine Berücksichtigung bundesstaatlicher Kompetenzverschiebungen bei der Auslegung von Normen, die den Bundesrat betreffen, sprach sich *Klaus Lange* schon Anfang der 80er Jahre aus, in: Wilke/Schulte (Hrsg.), Der Bundesrat, 1990, S. 226 (247). So nunmehr auch das Bundesverfassungsgericht als Reaktion auf die Änderung des Art. 72 GG, hierzu unten § 8 VII 8.

[1358] Oben § 8 VII 5 c) cc).

[1359] *Werner Hoppe* zufolge stellen solche Strukturprinzipen finale Maßstäbe planerischer Prognoseentscheidungen dar, vgl. *denselben*, in: Festgabe 25 Jahre Bundesverfassungsgericht, Bd. I, 1976, S. 663 (691) mit Bezug auf das Rechts- und Sozialstaatsprinzip sowie das Demokratiegebot.

und Gestaltungspotential der jeweiligen gesetzgeberischen Entscheidung ist,[1360] führt demnach zu einer gesteigerten Kontrolldichte. Diese Kontrolle wird sich an der Erkenntnis auszurichten haben, dass die kontinuierliche Inanspruchnahme konkurrierender Gesetzgebungszuständigkeiten durch den Bund in der Vergangenheit zu irreversiblen Systemverschiebungen innerhalb des bundesstaatlichen Aufbaus geführt hat.

Vor diesem Hintergrund kann eine eingehende richterliche Kontrolle des Beurteilungsspielraums des Bundesgesetzgebers befürwortet werden.

e) Alternativenbildung

Ein weiterer Maßstab für die Kontrolle legislativer Prognoseentscheidungen ist die Erforderlichkeitsprüfung, innerhalb derer zu prüfen ist, ob zur Erreichung des gesetzlichen Zwecks Alternativen bestehen, die „sachlich dasselbe leisten und dabei die Freiheit des Einzelnen weniger beschränken.[1361] In Anbetracht der Tatsache, dass die Mittelwahl zum Kernbereich legislativer Gestaltungsfreiheit gehört, hielt sich das Bundesverfassungsgericht in der Vergangenheit vor allem bei wirtschaftspolitischen Maßnahmen entschieden zurück.[1362] Hinsichtlich legislativer Prognoseentscheidungen im Bereich des Art. 72 GG wird jedoch zu berücksichtigen sein, dass der verfassungsändernde Gesetzgeber mit der Begriffswahl der „Erforderlichkeit" die prognostische Alternativenbildung einer verstärkten Justiziabilität unterwerfen wollte. Vor diesem Hintergrund ist die Prognose auch darauf zu untersuchen, ob der Bund andere Regelungsalternativen, wie eine koordinierte Landesgesetzgebung,[1363] in Betracht gezogen hat.

f) Die Frage nach der Beweislast

In der Diskussion um die Kontrolle legislativer Prognosen ist von der Literatur immer wieder die Frage der Beweislast aufgeworfen worden.[1364] So wird in Art. 72 Abs. 2 GG n. F. vielfach eine Regelung der Begründungspflicht, Darlegungslast, Notwendigkeit

---

[1360] *Ders.* , in: Festgabe 25 Jahre Bundesverwaltungsgericht, 1978, S. 295 (312); *Fritz Ossenbühl*, in: Festgabe 25 Jahre Bundesverfassungsgericht, Bd. I, 1976, S. 458 (511 f.), der den Grad der von der Prognoseentscheidung ausgehenden Gefahr zum Maßstab nimmt sowie *Michael Nierhaus*, DVBl. 1977, 19 (24), der von „gegenwartsübergreifenden Einwirkungen auf fundamentale Grundfreiheitsrechte" spricht.

[1361] BVerfGE 25, 1 (20), hierzu auch *Fritz Ossenbühl*, a. a. O., S. 515.

[1362] *Fritz Ossenbühl*, Festgabe 25 Jahre Bundesverfassungsgericht, Bd. I, 1976, S. 458 (515); das Ermessen des Gesetzgebers wird in diesem Zusammenhang sehr weit gefasst BVerfGE 25, 1 (20) sowie BVerfGE 30, 292 (319), wo betont wird, dass „die sachliche Gleichwertigkeit zur Zweckerreichung ... bei dem als Alternative vorgeschlagenen geringeren Eingriff in *jeder* Hinsicht *eindeutig* feststehen [muss]" [Hervorhebungen vom Verfasser].

[1363] Vgl. oben § 8 VII 5 c) bb) mit Fußn. 1256 sowie unten § 8 VII 9 b) mit Fußn. 1409.

[1364] Kritisch hierzu schon *Rüdiger Breuer*, Der Staat 1977, 21 (37) sowie mit Bezug auf die Diskussion um Art. 72 Abs. 2 GG n. F. *Arndt Schmehl*, DÖV 1996, 724 (729).

einer substantiierten Darlegung, Beweislast bzw. materiellen Beweislast gesehen.[1365] Der Nutzen dieses Ansatzes ist indes fraglich.

Die Darlegungs- bzw. Beweislast regelt die prozessuale Frage, wer die Nachteile mangelnder Substantiierung bzw. des nicht oder nicht ausreichend geführten Beweises trägt.[1366] Im Verfahren vor dem Bundesverfassungsgericht gilt jedoch gemäß § 26 Abs. 1 BVerfGG der Untersuchungsgrundsatz.[1367] Auch aus dem Wortlaut des Art. 72 GG lässt sich nichts Gegenteiliges herleiten.[1368] Darüber hinaus unterliegen Parlamentsgesetze keiner Begründungspflicht.[1369] Die Kompetenzordnung des Grundgesetzes verfolgt den Zweck einer funktionsadäquaten Verteilung von Zuständigkeiten. Beweisrechtliche Ansätze, die den Beteiligten die nachteiligen Folgen unzureichender Substantiierung und Beweisführung auferlegen, passen nicht zum objektiv-rechtlichen Charakter der verfassungsrechtlichen Zuständigkeitsverteilung. Schließlich vermengt dieser Ansatz formell- und materiellrechtliche Maßstäbe und setzt zu spät an. Beweisrechtliche Fragen stellen sich nämlich erst, wenn die hier erörterte materiellrechtliche Frage nach der Weite des Prognosespielraums, geklärt ist.[1370]

Der Gegenansicht ist jedoch zuzugeben, dass nur eine Darlegung der Motive des Gesetzgebers dem Bundesverfassungsgericht eine Überprüfung der Erforderlichkeitsentscheidung ermöglicht.[1371]

[1365] *Christoph Degenhart*, in: Sachs (Hrsg.), GG, 3. Aufl. 2003, Art. 72 Rdn. 15; *Markus Kenntner*, ZRP 1995, 367 (368); *Hubertus Rybak/Hans Hofmann*, NVwZ 1995, 230 (231); *Rüdiger Sannwald*, NJW 1994, 3313 (3316) jeweils m. w. N.

[1366] Vgl. statt vieler *Peter Hartmann*, in: Baumbach/Lauterbach/Albers/Hartmann, ZPO, 61. Aufl. 2003, § 253 Rdn. 32 zur Darlegungslast, Anh. § 286 zur Beweislast.

[1367] Auf der Grundlage des Amtsermittlungsgrundsatzes hat das Bundesverfassungsgericht im Verfahren zum Altenpflegegesetz selbständig Beweis erhoben durch Sachverständigengutachten. Das Gutachten sollte zu der Frage Stellung nehmen, ob die unterschiedlichen Landesregelungen geeignet sind, die Zielvorgaben des Art. 72 Abs. 2 GG zu beeinträchtigen; vgl. *BVerfG*, NJW 2003, 41 (54 f., 56). Von einer Darlegungs- oder Beweislastverteilung zulasten des Bundes war indes nicht die Rede.

[1368] So wohl aber *Markus Kenntner*, ZRP 1995, 367 (368).

[1369] *Christoph Gusy*, in: Schneider/Zeh (Hrsg.), Parlamentsrecht und Parlamentspraxis, 1989, § 60 Rdn. 35 f.

[1370] *Rüdiger Breuer*, Der Staat 16 (1977), 21 (37).

[1371] Wie hier auch *Christoph Neumeyer*, der zwischen Darlegungs- und Beweislast unterscheidet. Ihm ist darin zuzustimmen, dass es sich hierbei nicht um eine Frage der *Beweis*last handeln kann, da zukunftgerichtete Prognosen dem Beweis nicht zugänglich sind, in: Der Weg zu neuen Erforderlichkeitsklausel des Bundes, 1999, S. 155 ff. So auch *Eckart Klein*, in: Benda/Klein, Verfassungsprozessrecht, 2. Aufl. 2001, § 14 Rdn. 264; anders *Markus Kenntner*, ZRP 1995, 367 (368), der aus Art. 72 Abs. 2 GG eine Beweislastumkehrregel herleitet. Jedoch sollte auch nicht von einer Darlegungs*last* gesprochen werden. Wie das Bundesverfassungsgericht in seinem Urteil zum Bundesaltenpflegegesetz erneut bestätigt, braucht der Gesetzgeber angesichts möglicher Fehlprognosen nicht die Verfassungswidrigkeit eines Gesetzes zu befürchten, wenn er seine Beweggründe nur in nachvollziehbarer plausibler Weise darlegt, was in der Regel der Fall sein wird, BVerfGE 106, 62 (151 f.). Ähnlich *Eckart Klein*, a. a. O., Rdn. 270, der ein non-liquet in Verfassungsstreitigkeiten für wenig wahrscheinlich hält. Darüber hinaus fügt sich eine solche Regel nicht in das objektive Beanstandungsverfahren des Art. 93 Abs. 1 Nr. 2a GG ein, auch

Dem Bund jedoch die Last einer nicht erfolgten Substantiierung aufzuerlegen, führt am Charakter der Normenkontrolle als objektives Beanstandungsverfahren vorbei. Dies wird vor allem dann deutlich, wenn man die Kontrollfrage stellt, ob ein an sich „erforderliches" Bundesgesetz nur deswegen verfassungswidrig ist, weil der Bund nicht in ausreichendem Maße vorgetragen hat.

Schließlich ist der Bundestag auch nicht zur Abgabe einer Begründung der von ihm verabschiedeten Gesetze verpflichtet. Und selbst wenn man dies – ausnahmsweise – im Kontext des Art. 72 Abs. 2 GG annähme, hätte es kaum praktische Relevanz, da er im verfassungsgerichtlichen Verfahren noch ohne weiteres Gründe nachschieben kann.[1372]

7. Ergebnis

Die Zuhilfenahme eines prozeduralen Maßstabes bei der Ermittlung der Prognosebasis, die Überprüfung der Erforderlichkeitsentscheidung auf die notwendige Berücksichtigung von Alternativen sowie die Erkenntnis, dass die aus ihr folgende Kompetenzverteilung von einer faktischen Unumkehrbarkeit gekennzeichnet ist, rechtfertigen demnach eine eingehende richterliche Überprüfung legislativer Prognoseentscheidungen. Das Bundesverfassungsgericht, die Landesverfassungsgerichte und das Bundesverwaltungsgericht haben damit in der Vergangenheit den Weg einer richterlichen Kontrolle vorgezeichnet. Umso erstaunlicher ist, dass es einer Verfassungsreform bedurfte, um das Bundesverfassungsgericht zu einer Abkehr von seiner bisherigen „Bedürfnis-Rechtsprechung" zu bewegen.[1373]

Nachdem nunmehr feststeht, dass die im Rahmen des Art. 72 Abs. 2 GG getroffenen Prognoseentscheidungen einer eingehenden verfassungsgerichtlichen Kontrolle zugänglich sind, kann auf die von der verwaltungsgerichtlichen Rechtsprechung entwickelten Kriterien zurückgegriffen werden. Hiernach ist zunächst zu prüfen, ob der Gesetzgeber sämtliche abwägungsrelevanten Belange in die Prognosebasis eingestellt und verwertet hat, wobei sich das Gericht von dem oben erörterten prozeduralen Ansatz leiten lassen könnte. Sodann müsste sich die Kontrolle auf die Frage erstrecken, ob der Gesetzgeber das Schlussverfahren an ernstzunehmenden Erfahrungssätzen bzw. rationalen Erkenntnismöglichkeiten ausgerichtet hat. Vor allem im Zusammenhang mit der Beantwortung wirtschaftspolitischer Fragen wird die Wahl und Einhaltung der richtigen Prognosemethode von entscheidender Bedeutung sein. Da der Prognoseschluss mangels sicherer

---

wenn die verfassungsgerichtliche Normenkontrolle in bestimmten Fällen kontradiktorische Züge annehmen kann, *ders.*, a. a. O. , Rdn. 739.

[1372] *Christoph Gusy* (Fußn. 1352), § 60 Rdn. 35; so ausdrücklich bestätigt in BVerfGE 106, 62 (153), wonach dem Gesetzgeber die Offenlegung der die „prognostische Einschätzung tragenden Gesichtspunkte ... [noch] im Normenkontrollverfahren möglich ist." Und selbst wenn der Gesetzgeber dieser Pflicht nicht nachkäme, müsste er nicht das Urteil der Verfassungswidrigkeit befürchten, denn das Bundesverfassungsgericht erhebt von Amts wegen Beweis; so geschehen im Verfahren zum Bundesaltenpflegegesetz, BVerfGE 106, 62 (154 f.).

[1373] Ausführlich zu dieser Kehrtwende unten § 8 VII 8.

Vorhersehbarkeit keiner Richtigkeitskontrolle unterliegen kann, muss das Wahrscheinlichkeitsurteil daraufhin überprüft werden, ob es unter Einhaltung der Schlüssigkeitskriterien der Rationalität, Plausibilität und Vertretbarkeit zustande gekommen ist.[1374] Schließlich ist das Ergebnis der Prognoseentscheidung darauf zu überprüfen, ob es vor dem Hintergrund von Art. 72 GG und dem Bundesstaatsprinzip verfassungsrechtlich geboten ist.[1375]

Die Annahme einer weitgehenden, allein dem Bund zustehenden, Einschätzungsprärogative des Bundesgesetzgebers ist somit – unter Berücksichtigung der früheren Rechtsprechung des Bundesverfassungsgerichts, der Landesverfassungsgerichte und des Bundesverwaltungsgerichts – nicht zwingend, wie dies von einem Teil der jüngeren Literatur behauptet wird.[1376]

8. Das Urteil des Bundesverfassungsgerichts zum Altenpflegegesetz vom 24.10.2002

In seinem Urteil zum Bundesaltenpflegegesetz[1377] vollzieht das Bundesverfassungsgericht die seit langem in der Literatur erwartete Wende. In der Entscheidung weist es Artikel 72 Abs. 2 GG die Funktion zu, die er unter der früheren Rechtsprechung zur Bedürfnis-Klausel eingebüßt hatte. Das Gericht betont die Funktion der Vorschrift als bundesstaatliche Kompetenzverteilungsregel, die dem Zugriff des Bundes auf die Materien des Art. 74 Abs. 1 GG Schranken setzen soll.[1378] Die Länder seien auf dem Gebiet der konkurrierenden Gesetzgebung vorrangig zuständig, mit der Folge, dass eine bundesgesetzliche Regelung der in Art. 74 Abs. 1 GG aufgeführten Materien vom Vorliegen der Voraussetzungen des Art. 72 Abs. 2 GG abhänge, der die Kompetenz des Bundesgesetzgebers zusätzlich beschränke.[1379]

Das Gericht sieht sich zur Aufgabe seiner bisherigen Rechtsprechung vor allem durch die Neufassung des Art. 72 GG und die Einführung der erweiterten Normenkontrolle nach Art. 93 Abs. 1 Nr. 2a GG veranlasst. Die Neuerungen enthielten eine klare Anweisung des verfassungsändernden Gesetzgebers an das Bundesverfassungsgericht zur Änderung seiner Judikatur.[1380] Der zunehmende Kompetenzverlust der Länder habe zu den

---

[1374] Zusammenfassend *Werner Hoppe*, in: Festgabe 25 Jahre Bundesverfassungsgericht, Bd. I, 1976, S. 663 (705 ff.); *ders.*, in: Festgabe 25 Jahre Bundesverwaltungsgericht, 1978, S. 295 (306 ff.); *Fritz Ossenbühl*, in: Festgabe 25 Jahre Bundesverfassungsgericht, Bd. I, 1976, S. 458 (513).

[1375] *Werner Hoppe*, in: Festgabe 25 Jahre Bundesverwaltungsgericht, 1978, S. 295 (311), will hingegen das Ergebnis einer richterlichen Überprüfung entziehen.

[1376] *Christoph Degenhart*, in: Sachs (Hrsg.), GG, 3. Aufl. 2003, Art. 72 Rdn. 15; *Detlef Kröger/Flemming Moos*, BayVBl. 1997, 705 (710); *Hubertus Rybak/Hans Hofmann*, NVwZ 1995, 230 (231, 233); *Arndt Schmehl*, DÖV 1996, 724 (728).

[1377] BVerfG, NJW 2003, S. 41 ff.; BVerfGE 106, 62 ff.

[1378] BVerfGE 106, 62 (135).

[1379] BVerfGE 106, 62 (135 f.); zum Regel-Ausnahme-Verhältnis der Artt. 70 ff. GG oben § 8 VII 5 a).

[1380] BVerfGE 106, 62 (137, 142 f.).

Reformüberlegungen geführt, die mit den Empfehlungen der *Enquête-Kommission* des Bundestages aus dem Jahr 1977 ihren Anfang nahmen,[1381] mit den Beratungen der *Gemeinsamen Verfassungskommission* von Bundestag und Bundesrat im Jahr 1992 fortgesetzt wurden[1382] und schließlich in das 42. Gesetz zur Änderung des Grundgesetzes vom 27.10.1994 eingingen.[1383] Das Bundesverfassungsgericht nimmt die im Zuge der Reform eingeführte Erforderlichkeitsklausel zum Anlass, in den Voraussetzungen des Art. 72 Abs. 2 GG nunmehr unbestimmte Rechtsbegriffe zu sehen, die dem Gesetzgeber einen Beurteilungsspielraum eröffneten. Diese seien in vollem Umfang justiziabel und ständen nicht mehr – wie noch nach der alten Rechtsprechung – im subjektiven Ermessen des Bundes, dessen Kompetenzen sie einschränken sollen.[1384]

Dabei hätte sich die Rechtsprechung des Bundesverfassungsgerichts nicht zu einem „Motor der Vereinheitlichung"[1385] entwickeln müssen.[1386] Weit vor der Verfassungsänderung vertrat ein erheblicher Teil der Literatur die Ansicht, dass es sich bei den Voraussetzungen des Art. 72 GG a. F. um unbestimmte Rechtsbegriffe handelt, zu deren Ausfüllung es einer legislativen Prognoseentscheidung bedürfe, die gerichtlich voll überprüfbar sei.[1387] Wie im vorherigen Abschnitt erörtert, hat das Bundesverfassungsgericht in der Vergangenheit methodische Ansätze aufgezeigt, mit deren Hilfe sich der Beurteilungsspielraum des Gesetzgebers auch im Rahmen des Art. 72 Abs. 2 GG a. F. hätte eingrenzen lassen.[1388] Schließlich war auch der schleichende Kompetenzverlust der Länder spätestens seit Konrad Hesses Untersuchung zum unitarischen Bundesstaat bekannt.[1389] Das Gericht sieht nunmehr in Übereinstimmung mit weiten Teilen der Literatur[1390] in den Voraussetzungen des Art. 72 Abs. 2 GG unbestimmte Rechtsbegriffe, die nach ihrer Verschärfung und Präzisierung sowie der Einführung eines besonderen Normenkontrollverfahrens, stärker justiziabel seien. Der Gesetzgeber habe mit der Reform einer weiteren Auszehrung der Länderzuständigkeiten begegnen wollen, so dass in Abkehr von der bisherigen Rechtsprechung dem Bund weder ein politisches Ermessen noch ein Beurteilungsspielraum zuzubilligen sei. Indes widerspricht sich das Gericht, wenn es am Anfang seiner Ausführungen zu Art. 72 Abs. 2 GG einen Beurteilungsspielraum des Bundes ge-

---

[1381] BT-Drs. 7/5924, S. 123, 131 ff..

[1382] BT-Drs. 12/6000, S. 16 ff.

[1383] BGBl. I, S. 3146; ein ausführlicher Überblick über die Entstehungsgeschichte und die sich für das Bundesverfassungsgericht ergebenden Konsequenzen findet sich in BVerfGE 106, 62 (136 ff.).

[1384] BVerfGE 106, 62 (136) unter Bezugnahme auf die restriktive Auslegung des Art. 73 GG, dort m. w. N.

[1385] *Klaus Stern*, Staatsrecht, Bd. II, 1980, S. 597.

[1386] Diese Ansicht vertritt nun auch das Bundesverfassungsgericht BVerfGE 106, 62 (136).

[1387] Oben Fußn. 1199, 1208, 1214 f.

[1388] Vgl. den Überblick zur höchstrichterlichen Rechtsprechung zu Prognoseentscheidungen § 8 VII 6.

[1389] *Konrad Hesse*, Der unitarische Bundesstaat, 1962.

[1390] Oben Fußn. 1199, 1208, 1214 f.

nerell ausschließt,[1391] um dem Bundesgesetzgeber fünf Absätze weiter einen Einschätzungsspielraum zuzubilligen, dessen Weite von der Konkretisierungsfähigkeit der unbestimmten Rechtsbegriffe des Art. 72 Abs. 2 GG abhänge.

Das Bundesverfassungsgericht schließt sich insoweit der Auffassung der *Gemeinsamen Verfassungskommission* und großer Teile der Literatur an, als bloße Verbesserungen des allgemeinen Lebensstandards nicht ausreichen, um ein Tätigwerden des Bundes zur Herstellung gleichwertiger Lebensverhältnisse zu legitimieren. Wäre dies gewollt gewesen, hätte sich eine Übernahme der Voraussetzungen des Art. 91a GG angeboten, die eine gemeinsame Aufgabenerfüllung von Bund und Ländern gestatten, wenn sie „zur Verbesserung der Lebensverhältnisse erforderlich" ist.[1392] Auch sei das Rechtsgut der „Wahrung der Rechts- und Wirtschaftseinheit" nicht schon durch eine unterschiedliche Landesgesetzgebung und Wirtschaftspolitik gefährdet. Der Föderalismus setze vielmehr eine solche Differenzierung voraus, so dass eine Berufung auf Art. 3 Abs. 1 GG ausgeschlossen sei. Hinsichtlich beider Alternativen reiche es nicht aus, wenn die Verbesserung der Lebensverhältnisse oder die Herstellung und Wahrung der Rechts- und Wirtschaftseinheit den Bürgern zugute komme. Vielmehr müsse sich das bundesstaatliche Sozialgefüge in beeinträchtigender Weise auseinander entwickelt haben oder sich eine derartige Entwicklung abzeichnen.[1393] Damit folgt das Bundesverfassungsgericht seiner bisherigen Rechtsprechung, nach der es sich bei Art. 72 GG um eine Kompetenzbestimmung handelt, der kein Verfassungsauftrag zur Angleichung der Lebensverhältnisse bzw. Herstellung der Rechts- und Wirtschaftseinheit zu entnehmen ist.[1394]

9. Fortbestehende Widersprüche

Das Urteil des Bundesverfassungsgerichts zum Altenpflegegesetz des Bundes weist indirekt auf systembedingte Widersprüchlichkeiten hin, die auch durch seine Abkehr von der alten Rechtsprechung nicht beseitigt werden können. Nach einer Erörterung dieser Widersprüche soll am Ende dieses Kapitels der Versuch unternommen werden, Auswege aufzuzeigen.

a) Das Fehlen institutioneller Vorkehrungen für eine angemessene Beteiligung der Länder an der Prognoseentscheidung

Die Länder genießen gemäß Artikel 30 und 70 GG den Vorrang bei der Erfüllung der Zielvorgaben des Art. 72 Abs. 2 GG.[1395] In diesen kompetenziellen Vorbehaltsbereich

---

[1391] BVerfGE 106, 62 (142 f.): „...; dem Bundesgesetzgeber sollte [nach dem Willen des verfassungsändernden Gesetzgebers, Anm. des Verf.] kein Beurteilungsspielraum gelassen werden".

[1392] BVerfGE 106, 62 (144).

[1393] BVerfG, ebenda.

[1394] § 8 VII 5 c) bb). Das Gericht betont ausdrücklich, dass der Bund hierzu nicht verpflichtet ist, a. a. O., S. 146.

[1395] BVerfGE 106, 62 (149).

kann der Bund eingreifen, wenn eine bundeseinheitliche Regelung erforderlich ist. Dies ist aber nur dann der Fall, wenn die Zielvorgaben des Art. 72 Abs. 2 GG durch die Landesgesetzgebung nicht oder nicht hinlänglich erreicht werden können.[1396] Der Zugriff des Bundes auf die Materien des Art. 74 GG stellt somit nur die ultima ratio dar im Sinne eines geringstmöglichen Eingriffs in die Gesetzgebungszuständigkeit der Länder.[1397] Das Gericht bedient sich zur Abgrenzung der Kompetenzbereiche von Bund und Ländern der aus der Grundrechtsdogmatik bekannten Eingriffsterminologie, obwohl es deren Anwendung auf das bundesstaatliche Kompetenzverhältnis in der Vergangenheit stets abgelehnt hat.[1398] Hierbei nimmt es bezüglich der Erforderlichkeit eine Folgenabwägung vor, die es am Maßstab des gesamtstaatlichen Interesses ausrichtet.[1399]

Die prognostische vom Bundesgesetzgeber zu treffende Abwägung unterzieht das Gericht einer vollständigen Kontrolle, indem es die gängigen von der verwaltungsgerichtlichen Rechtsprechung zur Überprüfung von Prognoseentscheidungen entwickelten Kriterien anwendet.[1400]

Unter der Prämisse, dass die der Prognoseentscheidung zugrunde liegende Tatsachenfeststellung in vollem Umfang nachvollziehbar ist, ist zunächst zu untersuchen, ob der Gesetzgeber sämtliche relevanten Tatsachen sorgfältig ermittelt und keine übersehen hat.[1401] Der Unsicherheit prognostischer Einschätzungen trägt das Gericht insoweit Rechnung, als es dem Gesetzgeber ein Recht auf Fehleinschätzung zubilligt, ohne dass dieser gleich das Urteil der Verfassungswidrigkeit befürchten muss. Können prognostische Unsicherheiten jedoch durch Daten und verlässliche Erfahrungssätze ausgeräumt werden, scheidet ein Beurteilungsspielraum aus.[1402] Die Art und Weise der Ermittlung dieser Daten überlässt das Gericht dem Gesetzgeber, wobei es sich vorbehält, die Wahl und Einhaltung eines angemessenen Prognoseverfahrens zu überprüfen, dessen Ergebnis mit den tragenden Gesichtspunkten in hinreichender Weise offen zu legen ist.[1403] Ange-

---

[1396] BVerfGE 106, 62 (150).

[1397] BVerfGE 106, 62 (149).

[1398] BVerfGE 81, 310 (338); 79, 311 (341).

[1399] BVerfGE 106, 62 (149); damit stellt das Bundesverfassungsgericht zweierlei klar: Zum einen haben die Tatbestandsmerkmale der „Erforderlichkeit“ und des „gesamtstaatlichen Interesses“ eine eigenständige Bedeutung bzgl. sämtlicher Zielvorgaben; insbesondere folgt aus der Bejahung des gesamtstaatlichen Interesses nicht ohne weiteres die Erforderlichkeit einer bundeseinheitlichen Regelung wie dies *Hubertus Rybak* und *Hans Hofmann* annehmen, in: NVwZ 1995, 230 (232). Die Prüfung der Erforderlichkeit und die Abwägung am Maßstab des gesamtstaatlichen Interesses sind vielmehr gesondert vorzunehmen, wodurch sich der Beurteilungsspielraum des Gesetzgebers noch weiter verengt. Zum anderen dürfte sich nunmehr die Streitfrage erledigt haben, auf welche der beiden Tatbestandsalternativen des Art. 72 Abs. 2 GG sich das „gesamtstaatliche Interesse“ bezieht, vgl. BVerfG, a. a. O., S. 143 f. (Gleichwertigkeit der Lebensverhältnisse) bzw. S. 145 f. (Rechtseinheit) und S. 146 f. (Wirtschaftseinheit).

[1400] § 8 VII 5 c) cc).

[1401] BVerfGE 106, 62 (151).

[1402] BVerfG, ebenda.

[1403] Von einer Darlegungs*last* ist in dem Urteil nicht die Rede, BVerfGE 106, 62 (153).

sichts der Besonderheiten des jeweils in Rede stehenden Sachverhalts und der Unsicherheiten, die mit der Vorhersage zukünftiger Entwicklungen verbunden sind, kann der Prognosespielraum nur im Wege einer sachbezogenen Gesamtbetrachtung ermittelt werden, welche die zu schützenden Interessen berücksichtigt.[1404]

Die Kompetenzausübungsschranke des Art. 72 Abs. 2 GG richtet sich an den Bund als die Gesetzgebungskörperschaft, die auf die jeweilige Materie des Art. 74 GG zugreifen will. Als Adressat der Vorschrift muss der Bund notwendigerweise zu einer freien Einschätzung der oben aufgezeigten Umstände in der Lage sein, so dass er zwangsläufig eine Vorentscheidung trifft.[1405]

Auch wenn dem – aus den oben genannten Gründen – grundsätzlich zuzustimmen ist, liegt hierin der eigentliche Widerspruch: Einerseits soll Art. 72 Abs. 2 GG der Gesetzgebungstätigkeit des Bundes Schranken setzen, andererseits ist auch nach der Neufassung allein der Bund zur Beurteilung der Frage berechtigt und verpflichtet, ob eine einheitliche Regelung erforderlich ist. Auch nach der vom Gesetzgeber intendierten und vom Bundesverfassungsgericht im Altenpflegeurteil umgesetzten Verschärfung der Voraussetzungen des Art. 72 Abs. 2 GG hat sich nichts daran geändert, dass die Prüfung von dessen Voraussetzungen allein dem Bund obliegt. Die „neu“ eingeführte Möglichkeit einer verfassungsgerichtlichen Kontrolle setzt nur repressiv an, das heißt, zu einem Zeitpunkt, in dem entweder der Bund oder die Länder schon erhebliche Ressourcen zur Verabschiedung eines Gesetzes aufgewandt haben. Das Grundgesetz sieht weder in der Planungsphase noch im Gesetzgebungsverfahren eine Beteiligung der Länder an der Prognoseentscheidung vor. Die Feststellung des Gerichts, dass sich der Norm kein Vorrang des Bundesgesetzgebers bei der Interpretation oder der Kompetenzausübung entnehmen lässt,[1406] läuft somit zwangsläufig leer.

b) Die Aufgabe richterlicher Zurückhaltung und der Zwang zu landesgesetzlicher Vielfalt

Wenn auch die Hinwendung des Bundesverfassungsgerichts zu einer verstärkten Justiziabilität geeignet ist, einer weiteren Ausuferung der konkurrierenden Gesetzgebung des Bundes entgegenzuwirken, begegnet die Kehrtwende doch unter einem anderen Gesichtspunkt Bedenken. Mit Blick auf die Gewaltenteilung hat sich das Gericht bei legislativen Entscheidungen stets in richterlicher Zurückhaltung geübt. So prüfte es im Rahmen von legislativen Planungsentscheidungen nur, ob der Gesetzgeber den Sachverhalt zutreffend ermittelt, die Belange und Interessen der Beteiligten zugrunde gelegt und diese umfassend und in nachvollziehbarer Weise gegeneinander abgewogen hat.[1407] Das

---

[1404] BVerfGE 106, 62 (149).

[1405] BVerfG, a. a. O., S. 152 sowie oben § 8 VII 5 c) cc).

[1406] BVerfG, a. a. O., S. 143; diesen Ansatz verfolgt das Gericht jedoch nicht weiter. Damit steht die Einhaltung der Voraussetzungen des Art. 72 Abs. 2 GG weiterhin zur Disposition des Bundes.

[1407] BVerfGE 76, 107 (121 f.).

Gericht betonte stets, dass die Beurteilung der Zweckmäßigkeit als Teil des gesetzgeberischen Gestaltungsspielraums nicht überprüfbar ist, wenn die Entscheidung nur sachgerecht und vertretbar ist.[1408]

Diesen Kurs verfolgt das Gericht nur zum Teil weiter. Das Bundesverfassungsgericht folgt der Literaturmeinung, derzufolge gleich lautende oder aufeinander abgestimmte Ländergesetze nicht ausreichen, um die Erforderlichkeit einer bundesgesetzlichen Regelung auszuschließen.[1409] Denn wäre dies der Fall, so das Gericht, würde schon die theoretische Möglichkeit gleich lautender Gesetze ein Tätigwerden des Bundes ausschließen, so dass die Vorschrift des Art. 72 Abs. 2 GG leer liefe, weil die Erforderlichkeit stets zu verneinen sei.[1410]

Zwar sind die Länder nicht daran gehindert, aufeinander abgestimmte Gesetze zu erlassen. Mittelbar wirkt sich diese Rechtsprechung jedoch auf die Gestaltungsfreiheit der Landtage aus, die, um einen Zugriff des Bundes abzuwehren, zur Verabschiedung *unterschiedlicher* Regelungen gezwungen sind. Dies ist umso bedenklicher, als das Gericht damit dem Bund eine Prärogative hinsichtlich des Konzepts und der Ausgestaltung des jeweiligen Gesetzes einräumt,[1411] die den Ländern versagt bleibt. Die Entscheidung der Artikel 30 und 70 GG, nach der primär die Länder zur Gesetzgebung befugt sind, wird durch diesen Zwang zur Diversifizierung ausgehöhlt.

Gebührt aber den Ländern gegenüber dem Bund der Vorrang auf dem Gebiet der konkurrierenden Gesetzgebung, muss den Landtagen auch das Recht zugestanden werden, frei über den Inhalt ihrer Gesetze zu entscheiden. Die Forderung, dass die Länder dem Bund mit möglichst vielgestaltigen Regelungen zuvor zu kommen haben, findet in Art. 72 Abs. 2 GG keine Stütze. So wünschenswert eine Vielfalt auf der Ebene der Landesgesetzgebung auch ist;[1412] ein Fortschreiten der Unitarisierung und des kooperativen Föderalismus[1413] lässt sich durch eine Einengung des gesetzgeberischen Gestaltungsspielraums nicht verhindern, zumal selbst aufeinander abgestimmte Gesetze den Ländern immer noch größere Spielräume eröffnen als ein Bundesgesetz.[1414]

Ein Zwang zur Vielfalt würde zudem den Maßstab des Art. 72 Abs. 2 GG verkennen: Die Vorschrift soll eine Abwägung der Vor- und Nachteile eines Bundesgesetzes gegen-

---

1408 BVerfGE 4, 7 (17 f.); 38, 61 (82, 87 ff.); 50, 290 (336 ff.); 95, 267 (309).

1409 So in BVerfGE 33, 303 (357 f.); hierzu bereits oben § 8 VII 5 c) bb).

1410 BVerfGE 106, 62 (150).

1411 BVerfGE 106, 62 (143, 149 f.).

1412 *Stefan Oeter*, in: von Mangoldt/Klein/Starck, Bonner Grundgesetz, Bd. 2, 4. Aufl. 2000, Art. 72 Rdn. 109, der – im Gegensatz zum BVerfG – diese gesetzgeberische Zielsetzung nicht zum Anlass nimmt, die legislative Gestaltungsfreiheit der Länder einzuengen.

1413 Oben § 4 II 3 c).

1414 *Arndt Schmehl*, DÖV 1996, 724 (726).

über landesgesetzlichen Regelungen ermöglichen und nicht die föderale Eigenständigkeit der Länder prämieren.

Und selbst wenn man einen solchen Maßstab anerkennen würde, bliebe weitgehend ungeklärt, wann eine landesrechtliche Bestimmung „erhaltenswert" wäre. Im Konfliktfall würde das Bundesverfassungsgericht zum Ersatzgesetzgeber, der Landesgesetze auf ihre Eigenständigkeit kontrolliert, um über die Erforderlichkeitsfrage zu entscheiden.

Hiergegen lässt sich auch nicht einwenden, dass im Fall einer koordinierten Landesgesetzgebung für ein Tätigwerden des Bundes kein Raum mehr sei,[1415] so dass Art. 72 Abs. 2 gegenstandslos würde.[1416] Landesgesetze können im Einzelfall immer noch erhebliche Unterschiede aufweisen, welche die Erreichung der Zielvorgaben des Art. 72 Abs. 2 GG gefährden. Darüber hinaus lassen sich manche Sachverhalte nur einheitlich durch den Gesamtstaat regeln.[1417]

Auch die übrigen Gegenargumente können im Ergebnis nicht überzeugen. So wird zum Teil kritisiert, dass der Bund ein Gesetz nur noch mit Zustimmung der Länder erlassen könne, wenn man ein koordiniertes Vorgehen der Länder ausreichen ließe. Denn sie müssten zunächst auf eine koordinierte Gesetzgebung verzichten, damit der Bund tätig werden könne.[1418]

Dieser Schluss ist nicht zwingend. Angesichts der möglichen Defizite landesgesetzlicher Regelungen steht es dem Bund unter Wahrung der Voraussetzungen des Art. 72 Abs. 2 GG grundsätzlich frei, ob er tätig wird und das unzureichende Landesrecht durch ein Bundesgesetz ersetzt. Wenn er aber damit nach Art. 31 GG *bestehendes* Landesrecht „brechen" kann, ist nicht einzusehen, warum die *theoretische* Möglichkeit einer koordinierten Landesgesetzgebung eine „Sperrwirkung" für ihn entfalten soll.

Auch der Kritik, dass der verfassungsändernde Gesetzgeber nicht beabsichtigt habe, eine einheitliche *Bundes*gesetzgebung durch eine bundeseinheitliche *Landes*gesetzgebung zu

---

[1415] *Rybak/Hofmann*, NVwZ 1995, 230 (232).

[1416] BVerfGE 106, 62 (150); In seiner früheren Rechtsprechung sah das Gericht die Möglichkeit einer koordinierten Landesgesetzgebung als durchaus praktikabel an, BVerfGE 26, 246 (257). So leitete es beispielsweise in BVerfGE 73, 118 (196 f.) eine Pflicht der Länder zur Koordination ihrer rundfunkrechtlichen Bestimmungen aus dem Gebot der Bundestreue her; ähnlich im „Fernsehurteil", BVerfGE 12, 205 (251 ff.).

[1417] Hierauf weist auch *Arndt Schmehl* hin, DÖV 1996, 724 (726). Für die Möglichkeit einer koordinierten Gesetzgebung der Länder auch *Detlef Kröger/Flemming Moos*, BayVBl. 1997, 705 (712) *Rupert Stettner*, in: Dreier (Hrsg.), GG Kommentar, Bd. II, 1998, Art. 72 Rdn. 18.

[1418] *Hubertus Rybak/Hans Hofmann*, NVwZ 1995, 230 (232).

ersetzen,[1419] kann nicht gefolgt werden, da auch sie auf einen faktischen Zwang zur Diversifizierung hinausläuft, der im Grundgesetz keine Stütze findet.[1420]

Somit ist nicht einzusehen, warum nach der Auffassung des Bundesverfassungsgerichts eine koordinierte Landesgesetzgebung, etwa durch gleich lautende Gesetze, nicht ausreicht, um die Erforderlichkeit einer bundeseinheitlichen Regelung entfallen zu lassen.

So betont das Gericht auch in jüngster Zeit in seiner Entscheidung zum 5. Hochschulrechtsrahmenänderungsgesetz[1421], dass die Rahmengesetzgebung des Bundes den Ländern die Möglichkeit geben muss, „die Sachmaterie entsprechend den besonderen Verhältnissen des Landes zu regeln".[1422] Die Länder sind nicht gezwungen, die ihnen zur Ausfüllung überlassenen Materien einheitlich zu ordnen.[1423]

Hiernach bleibt es im Umkehrschluss der legislativen Gestaltungsfreiheit der Landesparlamente überlassen, den vom Bund vorgegebenen Rahmen mit verschiedenartigen oder *einheitlichen* Vorschriften auszufüllen. Wenn aber die Länder auf dem Gebiet der Rahmengesetzgebung ein Recht auf Selbstkoordinierung haben, besteht kein sachlich gerechtfertigter Grund, ihnen dies auf dem Gebiet der konkurrierenden Gesetzgebung zu verwehren.

Demnach sind inhaltlich auf einander abgestimmte Landesgesetze grundsätzlich geeignet, ein Tätigwerden des Bundes im Sinne des Art. 72 Abs. 2 GG abzuwenden.

c) Die Notwendigkeit einer Einbeziehung der Länder in die Kompetenzentscheidung nach Art. 72 Abs. 2 GG erläutert am Beispiel der Entstehung des Bundesaltenpflegegesetzes.

Soll eine bundeseinheitliche Regelung erst in Betracht kommen, wenn die Länder nicht in der Lage sind, die Zielvorgaben des Art. 72 Abs. 2 GG zu erfüllen, muss der Bund zu einer zuverlässigen Erfassung und Beurteilung der Gesetzeslage in den Ländern imstande sein. Hierzu gehört auch die Einschätzung der Folgen, welche unterschiedliche Landesgesetze auf die Entwicklung der jeweils geregelten Materie haben. Nur auf diese Weise lässt sich das gesamtstaatliche, das heißt, das gemeinsame Interesse von Bund und Ländern,[1424] ermitteln. Die Weichenstellung im Rahmen des Art. 72 Abs. 2 GG erfordert neben einer Berücksichtigung der Eigenarten des zu regelnden Sachverhalts eine Einbe-

---

[1419] *Dieselben*, a. a. O.

[1420] Bei Annahme des Gegenteils müsste man danach fragen, wie vielfältig unterschiedliche Landesgesetze sein müssen, damit sie „erhaltenswert" sind und nicht durch den Bund ersetzt werden können.

[1421] Fünftes Gesetz zur Änderung des Hochschulrahmengesetzes und anderer Vorschriften vom 16.02.2002 – 5. HRGÄndG –, BGBl. I, 693; hierzu ausführlich unten auf S. 316 ff.

[1422] BVerfG NJW 2004, 2803 (2804).

[1423] BVerfG, a.a.O., S. 2804 unter Verweis auf BVerfGE 4, 115 (129 f.); 30, 90 (103).

[1424] *BVerfG*, NJW 2003, 41 (53).

ziehung der Interessen sämtlicher Beteiligter in den prognostischen Abwägungsvorgang.[1425]

Die Notwendigkeit einer Koordination und umfassenden Interessenabwägung wird besonders deutlich, wenn man sich das „Hin und Her" vergegenwärtigt, das dem Altenpflegegesetz voranging. Erste Versuche zu einer bundesgesetzlichen Vereinheitlichung der Altenpflegeausbildung erfolgten schon 1965 und 1980 durch den Deutschen Verein für öffentliche und private Fürsorge, der einen einheitlichen Ausbildungsplan aufstellte. Seit Mitte der 80er Jahre standen sinkende Bewerberzahlen einem stetigen Anstieg pflegebedürftiger älterer Menschen gegenüber, worauf die Bundesregierung erstmals 1990 mit der Einbringung eines Gesetzentwurfs reagierte. Dieser wurde vom Bundesrat mit dem Argument abgelehnt, dass dem Bund die Gesetzgebungskompetenz fehle. Trotzdem wurde der Bundesrat in den beiden darauf folgenden Legislaturperioden erneut aktiv. Daneben ergriff Hessen in der 12. und 13. Wahlperiode die Initiative und brachte dementsprechende Vorlagen ein. Ein Gesetzesbeschluss kam jedoch auch zu diesem Zeitpunkt nicht zustande, bis die Bundesregierung 1999 erneut einen Entwurf vorlegte, der im Wesentlichen der Konzeption aus dem Jahr 1990 entsprach. In der Zwischenzeit änderten die Länder mehrfach ihre Ausbildungsordnungen.[1426] Ein annähernd vergleichbares Ausbildungsniveau konnte auch nicht durch die Rahmenvereinbarung der Länder aus dem Jahr 1985 hergestellt werden.[1427]

Der Mangel an Koordination zeigt sich vor allem darin, dass die Länder zunächst die Zuständigkeit des Bundes verneinten, während sie drei Jahre später Gesetzesentwürfe in den Bundesrat einbrachten. Auch die Behauptung einzelner Länder im Verfahren vor dem Bundesverfassungsgericht, dass sie mit Rücksicht auf ein zu erwartendes Bundesgesetz über einen Zeitraum von zehn Jahren Rücksicht geübt hätten, weist auf erhebliche Kommunikationsdefizite hin.[1428]

Die lang andauernde Unklarheit, wann welcher Gesetzgeber sich der längst überfälligen Regelung der Altenpflege annimmt, führte zu erheblichen Missständen in der Grund- und Behandlungspflege, die als „gefährliche Pflege" beschrieben wurde.[1429]

Der Grund für die Abwanderungstendenz im Bereich der Altenpflege wurde in der fehlenden Abstimmung von Landesregelungen gesehen. Die von Land zu Land unterschiedlichen Qualifikationen, die erschwerten Arbeitsbedingungen, die fehlenden beruflichen Aufstiegsmöglichkeiten sowie eine mangelhafte Abstimmung von Theorie und Praxis ließen den Beruf unattraktiv werden und führten zu einem Pflegekräftemangel.[1430] Aber

---

[1425] Vgl. die oben vorgeschlagene Verfahrensweise § 8 VII 5 c) cc).

[1426] BVerfGE 106, 62 (85 ff.).

[1427] BVerfGE 106, 62 (88).

[1428] BVerfGE 106, 62 (85 ff., 161).

[1429] So die dramatischen Schilderungen der vom BVerfG beauftragten Sachverständigen, die von Druckgeschwüren, Unterernährung und Untergewicht als Folgen der unzureichenden Pflegeausbildung und des Fachkräftemangels berichteten, BVerfGE 106, 62 (76 ff.).

[1430] BVerfGE 106, 62 (81 ff.).

gerade hinsichtlich dieser Hauptursachen hätte ein koordinierter Austausch praktischer Erfahrungen Abhilfe schaffen können. In einem kompetenziellen Entscheidungsverfahren hätten Bund und Länder gemeinsam klären können, ob ein aufeinander abgestimmtes Vorgehen der Länder geeignet gewesen wäre, die Missstände zu beseitigen. Es sprechen somit nicht nur bundesstaatliche, sondern auch rein pragmatische Erwägungen für die Schaffung institutioneller Vorkehrungen, die eine Einbeziehung der Standpunkte der Länder in die Prognoseentscheidung gewährleisten. Dies wird auch von der Rechtsprechung zur Justiziabilität von Prognoseentscheidungen gestützt, in der sich durchgängig die Forderung nach einer umfassenden und vollständigen Ermittlung von Daten und Erfahrungssätzen findet, die erst eine zuverlässige Prognose gewährleisten.[1431] Nur die Schaffung institutioneller Vorkehrungen stellt sicher, dass Bund und Länder ihrer gesamtstaatlichen Verantwortung[1432] gerecht werden.

Für die Teilhabe der Länder am Prognoseverfahren bedeutet dies folgendes: In seinem Urteil zum Bundesaltenpflegegesetz hat das Bundesverfassungsgericht betont, dass dem Gesetzgeber hinsichtlich des Konzepts und der Ausgestaltung des jeweiligen Gesetzes eine Prärogative zukommt.[1433]

Ist diese Zielsetzung einmal bestimmt, würde sich hieran die Frage anschließen, ob allein ein Bundesgesetz geeignet ist, die für notwendig erachteten Vorgaben zu erfüllen, oder diese auch durch die Länder erreicht werden können. Die zur Beurteilung dieser Frage relevanten Tatsachen und Erfahrungen können am ehesten in einem geordneten Verfahren ermittelt, gewichtet und in die Abwägung eingestellt werden. In diesem Verfahren kann auch geklärt werden, ob die Unsicherheiten durch empirische Daten und Erfahrungssätze weitgehend ausgeräumt werden können.

In dem Maße, in dem das möglich ist, verengt sich der Prognosespielraum. Der Restbereich nicht ausräumbarer Unsicherheiten stellt den eigentlichen Prognosespielraum dar, der nur einer eingeschränkten Überprüfung durch das Bundesverfassungsgericht zugänglich ist, wobei dieser Mangel an Kontrollierbarkeit durch eine Überprüfung des kompetenziellen Entscheidungsverfahrens ausgeglichen werden kann.

Die Kontrolle durch das Bundesverfassungsgericht würde sich dann darauf erstrecken, ob in diesem Verfahren die Sachverhaltsannahmen unter Beteiligung der Länder vollständig ermittelt wurden, ob sich die Prognose auf ein angemessenes und konsequent eingehaltenes Prognoseverfahren stützen kann, ob die tragenden Gesichtspunkte hinreichend deutlich offen gelegt wurden, und ob in den Prognosevorgang keine sachfremden Erwägungen eingeflossen sind.[1434]

[1431] So die in den Fußn. 1336 ff. Genannten.

[1432] BVerfGE 106, 62 (146, 161), wo das Gericht ausdrücklich davon ausgeht, dass sich der oben beschriebene Zustand auch durch ein Tätigwerden der Landesgesetzgeber hätte verhindern lassen.

[1433] BVerfGE 106, 62 (148).

[1434] Zusammenfassend BVerfGE 106, 62 (152 f.) unter Bezugnahme auf *Peter J. Tettinger*, DVBl. 1982, 421 (427) und *Rüdiger Breuer*, Der Staat 1977, 21 (39 ff.); vgl. die oben angesprochenen Lösungsvorschläge § 8 VII 5 c) cc).

10. Die Urteile des Bundesverfassungsgerichts zum 5. und 6. Hochschulrechtsrahmenänderungsgesetz

a) Das Urteil zum 5. HRGÄndG

In seinen Urteilen zum fünften und sechsten Hochschulrechtsrahmenänderungsgesetz[1435] greift das Bundesverfassungsgericht seine in der Entscheidung zum Bundesaltenpflegegesetz entwickelten Grundsätze zur Überprüfung legislativer Prognoseentscheidungen auf.[1436]

aa) Restriktive Auslegung des Art. 75 Abs. 2 GG

Darüber hinaus nimmt es Bezug auf seine frühere Rechtsprechung zur Regelungsdichte von Rahmenvorschriften. Es betont, dass Art. 75 Abs. 2 GG Ausdruck eines Regel-Ausnahme-Verhältnisses ist, wonach eine bundesgesetzliche Vollregelung nur zulässig ist, wenn an einer einheitlichen Regelung ein besonders starkes und legitimes Interesse besteht, so dass die grundsätzliche Zuständigkeit der Länder gemäß Art. 70 GG entfällt.[1437]

Auch in diesem Zusammenhang wird dem Bund – wie bereits im Rahmen der Erforderlichkeitsentscheidung[1438] – ein erhöhter Rechtfertigungszwang auferlegt. Das Bundesverfassungsgericht tendiert auch in Bezug auf Art. 75 Abs. 2 GG zu einem prozeduralen Ansatz, nach dem das Vorliegen eines Ausnahmefalls gesondert geprüft und dargelegt werden muss: In Details gehende rahmengesetzliche Regelungen sind nur zulässig, wenn sie „in qualifizierter Weise notwendig" und „schlechthin unerlässlich sind".[1439]
Insoweit greift das Bundesverfassungsgericht Formulierungen auf, die es bereits in der Vergangenheit im Zusammenhang mit der Rahmengesetz-gebungskompetenz bzw. ungeschriebenen Gesetzgebungskompetenzen des Bundes gebrauchte.[1440] Diese Formulierungen haben gemeinsam, dass eine Bundesregelung nur zulässig ist, wenn keine Regelungsalternativen zur Verfügung stehen, die weniger intensiv in die Kompetenz der Länder eingreifen.[1441]

Mit Blick auf die Einführung der Juniorprofessur als einem wesentlichen Bestandteil des 5. Hochschulrahmenrechtsänderungsgesetzes[1442] führt das Gericht aus, dass „der Bund im Gesetzgebungsverfahren nicht hinreichend dargelegt habe, dass [zum Zweck der

---

[1435] Fünftes Gesetz zur Änderung des Hochschulrahmengesetzes und anderer Vorschriften vom 16.02.2002 – 5. HRGÄndG – (BGBl. I, S. 693), BVerfG NJW 2004, S. 2803 ff.; Sechstes Gesetz zur Änderung des Hochschulrahmengesetzes vom 08.08.2002 – 6. HRGÄndG – (BGBl. I, S. 3138), BVerfG, 2 BvF 1/03 vom 26.01.2005, Absatz Nrn. 1-94 unter www.bverfg.de.

[1436] Hierzu bereits oben § 8 VII 9 a) sowie § 8 VII 9 c).

[1437] BVerfG NJW 2004, 2803 (2804).

[1438] Vgl. oben § 8 VII 6 f) sowie § 8 VII 9 a).

[1439] BVerfG NJW 2004, 2803 (2805).

[1440] Vgl. oben § 8 VII 5 a).

[1441] Siehe oben § 8 VII 5 a).

[1442] Hierzu im Einzelnen *Hans Hoins*, NVwZ 2003, 1343.

Senkung des Erstberufungsalters, *Anm. des Verf.*] die Einführung der Juniorprofessur unter gleichzeitiger faktischer Abschaffung der Habilitation nach verständiger Betrachtung unentbehrlich und der einzig mögliche Weg ist."[1443]

Damit bedient sich das Bundesverfassungsgericht auch in seinen jüngsten Entscheidungen zur Rahmengesetzgebungskompetenz einer Terminologie, die ein kompetenzielles Eingriffsdenken erkennen lässt.[1444]

Darüber hinaus wird dem Bund auch im Bereich der Rahmengesetzgebung die Pflicht auferlegt, die Notwendigkeit einer in die Regelungskompetenz der Länder eingreifenden Vollregelung im Gesetzgebungsverfahren bzw. im Normenkontrollverfahren zu belegen.[1445]

bb) Die Überprüfung der legislativen Erforderlichkeitsprognose

Auch bezüglich der Erforderlichkeit einer bundeseinheitlichen Regelung gemäß Art. 75 Abs. 1 S. 1 i.V.m. Art. 72 Abs. 2 GG verfolgt das Gericht den seit seiner Entscheidung zum Bundesaltenpflegegesetz eingeschlagenen Kurs weiter. So führt es aus, dass der Bund nicht hinreichend dargelegt hat, inwieweit die Verkürzung des Qualifizierungswegs durch die Juniorprofessur erforderlich ist, um gleichwertige Lebensverhältnisse im Bundesgebiet herzustellen bzw. die Rechtseinheit zu wahren.

Den pauschalen Hinweis des Bundes, dass die Neuregelung zur Wahrung der Wirtschaftseinheit erforderlich sei, entkräftet das Gericht unter Hinweis darauf, dass die Begründung der Neuregelung an keiner Stelle auf wirtschaftliche Notwendigkeiten eingeht, sondern ausschließlich die Funktionsfähigkeit des deutschen Hochschulsystems im Blick hat.[1446]

Im Rahmen der Überprüfung der Erforderlichkeitsprognose zieht das Gericht Regelungsalternativen in Betracht, die als „mildere Mittel" anstelle eines Bundesgesetzes geeignet sind, das Ziel einer höheren Qualifizierung des Hochschulnachwuchses zu fördern.[1447] Es beruft sich hierbei auf die Stellungnahmen der geladenen Sachverständigen, wonach die Einführung der Juniorprofessur nicht den einzig gangbaren Weg darstellt, mit dem sich das Ziel der Neuregelung, die Förderung der Selbständigkeit des wissenschaftlichen Nachwuchses, verfolgen lasse. So wäre parallel neben der Juniorprofessur auch eine Reform der Habilitation oder die Einführung internationaler Standards denkbar.[1448]

1443 BVerfG NJW 2004, 2803 (2808).

1444 So auch *Wito Schwanengel*, DÖV 2004, 553 (556).

1445 Vgl. BVerfG NJW 2004, 2803 (2808), wonach es der Bund versäumt [hat], die – im Hinblick auf das Regel-Ausnahme-Verhältnis in Art.75 Abs. 2 GG gebotene – qualifizierte Notwendigkeit für eine Vollregelung im Gesetzgebungsverfahren, zumindest aber im Rahmen der Normenkontrolle, zu belegen."

1446 BVerfG NJW 2004, 2803 (2809).

1447 Hierzu oben § 8 VII 6 e) sowie in jüngerer Zeit *Wito Schwanengel*, DÖV 2004, 553 (556).

1448 BVerfG NJW 2004, 2803 (2809).

Damit wendet das Gericht die in seiner Entscheidung zum Bundesaltenpflegegesetz entwickelten Kriterien konsequent an. Hiernach ist die Prognoseentscheidung des Bundes darauf zu überprüfen, ob sämtliche entscheidungsrelevanten Belange ermittelt und in die Prognoseentscheidung eingestellt wurden, ein angemessenes Prognoseverfahren gewählt und konsequent durchgeführt, die wesentlichen Tatsachen und Prognosekriterien offen gelegt wurden und keine sachfremden Erwägungen in die Gewichtung mit eingeflossen sind.[1449]

Das Bundesverfassungsgericht kommt zu dem Ergebnis, dass der Bund nicht sämtliche Annahmen und Belange in die Sachverhaltsermittlung eingestellt habe, da die „Offenheit unterschiedlicher Qualifikationswege" unberücksichtigt geblieben sei. Die Vorgabe eines einheitlichen Qualifikationsmodells werde überdies den Anforderungen im internationalen Wettbewerb der Hochschulen untereinander nicht gerecht.

Die Fehlerhaftigkeit der Erforderlichkeitsprognose beruht somit auf der Außerachtlassung anderer Regelungsalternativen, die weniger in die Gesetzgebungsbefugnis der Länder eingegriffen hätten.

Mit dieser Überprüfung des äußeren Rahmens der legislativen Prognoseentscheidung übt sich das Bundesverfassungsgericht in Zurückhaltung. Es nimmt keine eigene Gewichtung der unterschiedlichen Belange vor,[1450] sondern kommt vielmehr schon auf der ersten Stufe seiner Prüfung zu dem Ergebnis, dass die Prognose des Bundesgesetzgebers fehlerhaft ist, ohne im Einzelnen auf den Abwägungsvorgang einzugehen.

b) Das Urteil zum 6. HRGÄndG

Mit dem grundsätzlichen Verbot der Erhebung von Studiengebühren für Erststudiengänge[1451] und der Verpflichtung der Hochschulen zur Einrichtung von Studierendenschaften[1452] hatte sich das Bundesverfassungsgericht in seiner Entscheidung zum 6. Hochschulrechtsrahmenänderungsgesetz zu befassen. In dieser Entscheidung nimmt das Gericht ausführlich Stellung zu der Abwägung durch den Bundesgesetzgeber.

aa) Die Erforderlichkeitsprognose der Bundesregierung

Die Bundesregierung stützte das Verbot von Studiengebühren darauf, dass es zur Wahrung der *Gleichwertigkeit der Lebensverhältnisse* und der *Wirtschaftseinheit* erforderlich sei. Dies habe die Entwicklung in Österreich gezeigt, wo seit Einführung von Studiengebühren die Zahl der Studienanfänger um 15,8 % und die der Studierenden um 20 % gesunken sei.

[1449] BVerfGE 106, 62 (149, 151, 153); hierzu bereits oben § 8 VII 9 a).

[1450] Zu dieser Gefahr oben § 8 VII 9 b).

[1451] § 27 Abs. 4 HRG n.F.

[1452] § 41 Abs. 1 HRG n.F.

Einer der grundlegenden Beweggründe für das Verbot von Studiengebühren sei, dass der Anteil Studierender aus einkommensschwachen Schichten abzunehmen drohe, wie dies beispielsweise die Entwicklung in Australien gezeigt habe.

Auch sei das Verbot geeignet, den Anteil der Studienanfänger eines Jahrgangs von derzeit 32 % signifikant zu steigern, so dass Deutschland im Vergleich zu anderen Ländern, wo die Gesamtzahl der Studierenden einer Altersgruppe zum Teil bis zu 76 % beträgt,[1453] „aufholen könne."

Überdies sei in Deutschland in der Zeit von 1982 bis 2000 der Anteil der Studierenden aus einkommensschwächeren Familien von 23 % auf 13 % zurückgegangen, der aus einkommensstärkeren Familien jedoch von 17 % auf 33 % angestiegen, so dass nach Einführung von Studiengebühren damit zu rechnen sei, dass sich die sozialen Unterschiede vergrößern würden.[1454]

Auch solle Wanderungsbewegungen und Kapazitätsproblemen entgegengewirkt werden, die dadurch entstehen, dass Studierende an Universitäten mit niedrigeren Studiengebühren wechseln.

Schließlich erfordere die Wahrung der *Wirtschaftseinheit* ein Verbot von Studiengebühren, weil es andernfalls zu Ballungen und Ausdünnungen in bestimmten Regionen komme, die erhebliche Nachteile für die Chancen des Nachwuchses und für die Berufssituation im Gesamtstaat hervorrufen würden.[1455]

Die bundeseinheitliche Verpflichtung zur Einführung von Studierendenschaften diene letztlich der Wahrung der *Rechtseinheit*, da sie verhindere, dass unterschiedliche Definitionen des „hochschulpolitischen Mandats" zu Rechtszersplitterungen im Bundesgebiet führen.[1456]

bb) Die Kontrolle der Erforderlichkeitsentscheidung durch das Bundesverfassungsgericht

(1) Die Darlegung der Gefährdung gleichwertiger Lebensverhältnisse vor dem Hintergrund des Sozialstaatsprinzips

Ohne auf die Abwägung im Einzelnen einzugehen, verneint das Gericht eine Gefährdung gleichwertiger Lebensverhältnisse, da sich nicht *konkret* abzeichne und auch nicht quantifiziert dargelegt worden sei, inwieweit sich die Lebensverhältnisse in den einzelnen Bundesländern auseinander entwickeln und zu einer Benachteiligung der Einwohner dieser Länder führen.[1457]

[1453] So beispielsweise in Finnland, vgl. die näheren Angaben in BVerfG, 2 BvF 1/03 vom 26.01.2005, Absatz-Nr. 47.

[1454] BVerfG, 2 BvF 1/03 vom 26.01.2005, Absatz-Nrn. 44-47.

[1455] BVerfG, 2 BvF 1/03 vom 26.01.2005, Absatz-Nr. 48.

[1456] BVerfG, 2 BvF 1/03 vom 26.01.2005, Absatz-Nr. 51.

[1457] BVerfG, 2 BvF 1/03 vom 26.01.2005, Absatz-Nr. 71 f.

Selbst wenn sozialwissenschaftlich belegbar wäre, dass Studiengebühren Studierende aus einkommensschwachen Familien benachteiligen, würde dies ein Eingreifen des Bundes aus Gründen des Sozialstaatsgebots nicht rechtfertigen. Vielmehr sei dessen Wahrung gleichermaßen Aufgabe der Länder, so dass der Bund nur dann zum Einschreiten berechtigt und verpflichtet ist, wenn eine soziale Abfederung der Studiengebühren auf Landesebene nicht Erfolg versprechend ist.[1458]

Dieser restriktiven Tendenz des Bundesverfassungsgerichts ist zuzustimmen, da sie verhindert, dass das Sozialstaatsprinzip weiterhin zum Einfallstor unitarisierender Tendenzen wird.[1459]

Es muss sich eine das sozialstaatliche Gefüge gefährdende Entwicklung *konkret* abzeichnen, bloße Befürchtungen oder Mutmaßungen reichen nicht aus. Damit entspricht das Bundesverfassungsgericht der vom verfassungsändernden Gesetzgeber geforderten engeren Auslegung der ersten Variante des Art. 72 Abs. 2 GG.

(2) Der Eingriff in den Prognosespielraum durch das Bundesverfassungsgericht

Andererseits nimmt das Bundesverfassungsgericht eine Abwägung vor, die verfassungsrechtlich nicht unbedenklich ist: Das Gericht relativiert das Argument einer Benachteiligung einkommensschwacher Schichten, indem es ausführt, dass die Höhe der Studiengebühren und der Lebenshaltungskosten nur zwei Kriterien unter vielen für die Wahl des Studienortes seien.[1460] Die Auswirkungen hoher Studiengebühren in einzelnen Ländern würden durch die Mobilität der Studierenden kompensiert, die auf andere Hochschulen ausweichen könnten.

Dafür, dass Studierende aus einkommensschwachen Schichten durch die Einführung der Studiengebühren gegenüber anderen in ihrer Freizügigkeit eingeschränkt seien, gebe es keine konkreten Anhaltspunkte. Wenn sich eine solche Entwicklung abzeichne, seien die Länder gehalten, dem aufgrund ihrer sozialstaatlichen Verantwortung entgegenzuwirken.

Das Bundesverfassungsgericht verweist insgesamt darauf, dass sich die Bedeutung der für die Studienwahl relevanten Faktoren auch nicht mit Hilfe der vorliegenden sozialwissenschaftlichen Untersuchungen belegen lasse: „Soweit finanzielle Erwägungen überhaupt eine Rolle spielten, sei zu beachten, dass Studiengebühren in der bislang diskutierten Größenordnung von 500 € je Semester im Vergleich zu – von Ort zu Ort unterschiedlichen – Lebenshaltungskosten von nachrangiger Bedeutung sind.“[1461]

Damit verlässt das Gericht die vor dem Hintergrund der Gewaltenteilung gebotene richterliche Zurückhaltung. Zum einen stellt sich die Frage, woher das Gericht letztere Er-

---

[1458] BVerfG, 2 BvF 1/03 vom 26.01.2005, Absatz-Nr. 72.

[1459] Hierzu oben § 4 II 1 a) sowie § 8 VII 5 c) bb).

[1460] BVerfG, 2 BvF 1/03 vom 26.01.2005, Absatz-Nr. 74 a.E.

[1461] BVerfG, 2 BvF 1/03 vom 26.01.2005, Absatz-Nr. 72.

kenntnis gewinnt, wenn keine verlässlichen sozialwissenschaftlichen Befunde vorliegen. Zum anderen nimmt das Gericht eine Abwägung vor, die ausschließlich dem Gesetzgeber vorbehalten ist: Es handelt seinen im Urteil zum Bundesaltenpflegegesetz entwickelten Kriterien[1462] zuwider, nach denen es nur den äußeren Rahmen der Prognoseentscheidung überprüft bzw. kontrolliert, ob sachfremde Erwägungen in die Abwägung mit eingeflossen sind.

In gleicher Weise verfährt das Gericht mit Blick auf die vom Gesetzgeber befürchteten Kapazitätsengpässe, die dadurch entstehen, dass Studierende in Länder wechseln, die keine oder niedrigere Studiengebühren erheben. Obwohl auch hierzu sozialwissenschaftliche Untersuchungen fehlen, kommt das Gericht zu dem Ergebnis, „dass „Lebenshaltungskosten und etwaige Studiengebühren ... eine nachrangige Rolle [spielen]“.[1463] Vielmehr würden sich Kapazitätsengpässe und Kapazitätsüberhänge langfristig ausgleichen, da die mit einer Überbelegung verbundenen Qualitätseinbußen regulierend auf das Verhalten der Studierenden einwirken.

(3) Konsequenzen der unsicheren Prognosebasis für die richterliche Kontrolldichte

Damit widerspricht das Bundesverfassungsgericht seiner früheren Rechtsprechung zu legislativen Prognoseentscheidungen. So nahm es eine erhöhte Kontrolldichte an, wenn es sich um gesetzgeberische Planungsentscheidungen handelte, die auf zuverlässigen empirischen Tatsachengrundlagen beruhten.[1464] Umgekehrt hatten nicht auszuräumende tatsächliche Unsicherheiten eine Erweiterung des Prognosespielraums zur Folge.[1465]

Wenn sich die Vielzahl der für die Studienwahl maßgeblichen Faktoren nicht empirisch ermitteln und gewichten lässt, kann dies nur dazu führen, dass sich der legislative Prognosespielraum erweitert und die gerichtliche Kontrolldichte abnimmt. Angesichts dessen hätte sich das Bundesverfassungsgericht auf eine Prüfung nach den vorgenannten Kriterien beschränken müssen und keine eigene Gewichtung der unterschiedlichen Belange vornehmen dürfen.

Die Rüge, dass der Bund eine konkrete Darlegung der Umstände unterlassen hat, aus denen eine Gefährdung der Gleichwertigkeit der Lebensverhältnisse hervorgeht, wäre hinreichend gewesen, um die Erforderlichkeit zu verneinen.[1466] Dies gilt ebenso für die Feststellung des Bundesverfassungsgerichts, dass der Bund die positiven Effekte der Er-

---

[1462] Hierzu oben § 8 VII 9 a).

[1463] BVerfG, 2 BvF 1/03 vom 26.01.2005, Absatz-Nr. 74.

[1464] So auch das Bundesverfassungsgericht in seiner Entscheidung zum Bundesaltenpflegegesetz BVerfGE 106, 62 (151).

[1465] Zum Umfang legislativer Prognosespielräume § 8 VII 6 mit Nachweisen aus der Rechtsprechung sowie § 8 VII 9 a).

[1466] Diesen Weg zeichnete das Gericht erstmals in seiner Entscheidung zum Bundesaltenpflegegesetz vor, BVerfGE 106, 62 (149 ff.).

hebung von Studiengebühren vernachlässigt und damit nicht sämtliche Belange in die Prognosebasis eingestellt hat.[1467]

(4) Keine konkrete Darlegung einer Gefährdung der Wirtschaftseinheit

Überdies verneint das Gericht eine Beeinträchtigung der Wirtschaftseinheit, da der Bund nicht ausreichend dargetan habe, dass landesunterschiedliche Studiengebühren störende Grenzen errichten, die eine Ballung oder Ausdünnung in bestimmten Regionen bewirken, das Niveau der Ausbildung und die Chancen des Nachwuchses beeinträchtigen.[1468]

Auch in diesem Zusammenhang weist es darauf hin, dass der Bund die positiven Auswirkungen von Studiengebühren bei seiner Prognoseentscheidung außer Acht gelassen hat.[1469]

(5) Keine Erforderlichkeit einer bundesweiten Einführung von Studierendenschaften

Auch hinsichtlich der Verpflichtung der Länder zur Einrichtung von Studierendenschaften führt das Bundesverfassungsgericht aus, dass der Bund nicht dargelegt habe, inwieweit eine andere Form der Interessenvertretung, wie sie beispielsweise in Bayern und Baden-Württemberg besteht, Auswirkungen auf das bundesstaatliche Sozialgefüge hat.[1470] Eine Rechtfertigung mit Blick auf die Rechts- und Wirtschaftseinheit komme ohnehin nicht in Betracht.[1471]

c) Ergebnis

In beiden Urteilen wählt das Bundesverfassungsgericht einen prozeduralen Ansatz, indem es überprüft, ob der Bundesgesetzgeber mögliche Regelungsalternativen bedacht hat, die weniger in die Gesetzgebungszuständigkeit der Länder eingreifen. Insoweit trägt der Gesetzgeber im Hinblick auf die Frage, ob die Voraussetzungen des Art. 75 Abs. 2 GG bzw. des Art. 72 Abs. 2 GG (i.V.m. Art. 75 Abs. 1 S. 1 GG) gewahrt sind, die Darlegungslast. Kann er nicht belegen, dass eine ausnahmsweise Detailregelung gemäß Art. 75 Abs. 2 GG unerlässlich und unabdingbar ist bzw. die Rechtsgüter des Art. 72 Abs. 2 GG beeinträchtigt oder konkret gefährdet sind, riskiert er das Urteil der Verfassungswidrigkeit.

Bei der Abwägung, ob und inwieweit eine Regelung zur Erreichung der Ziele des Art. 72 Abs. 2 GG erforderlich ist, hat der Gesetzgeber die unterschiedlichen entscheidungsrele-

---

[1467] So merkt es beispielsweise an, dass Studiengebühren auch die Attraktivität des Fächerangebots einer Hochschule steigern können, wenn sie ihr zugute kommen. Die Studiengebühren böten den Ländern darüber hinaus die Chance, die Qualität der Hochschulen zu steigern und eine wertbewusste Inanspruchnahme ihrer Ausbildungsleistungen zu fördern, BVerfG, 2 BvF 1/03 vom 26.01.2005, Absatz-Nrn. 75 und 82.

[1468] Hierzu bereits BVerfGE 106, 62 (147).

[1469] BVerfG, 2 BvF 1/03 vom 26.01.2005, Absatz-Nrn. 81 f.

[1470] BVerfG, 2 BvF 1/03 vom 26.01.2005, Absatz-Nr. 88 f.

[1471] BVerfG, a.a.O., Absatz-Nr. 86.

vanten Belange in seine Abwägung einzubeziehen. Unterlässt er dies, ist die Prognoseentscheidung fehlerhaft.

Damit nimmt das Normenkontrollverfahren nach Art. 93 Abs. 1 Nr. 2a GG, § 13 Nr. 6a BVerfGG den Charakter eines kontradiktorischen Verfahrens an, in dem es primär darauf ankommt, ob der Bund die zur Bejahung der Erforderlichkeit führenden Umstände hinreichend dargelegt hat, so dass der Bund im Ergebnis die Darlegungslast trägt.

Indes beschränkt sich das Bundesverfassungsgericht nicht konsequent auf diesen prozeduralen Ansatz, sondern nimmt in seiner Entscheidung zum 6. Hochschulrechtsrahmenänderungsgesetz eine eigene Gewichtung der unterschiedlichen Belange vor, obwohl dem Bund angesichts der unsicheren Tatsachenlage ein weiter Beurteilungsspielraum zugestanden hätte. Dieser Ansatz ist aus Gründen der Gewaltenteilung bedenklich und sollte vom Bundesverfassungsgericht nicht weiter verfolgt werden.

Darüber hinaus tritt in den Entscheidungen ein weiterer erheblicher Nachteil zutage: Die Entscheidung der Erforderlichkeitsfrage bleibt nicht den politischen Akteuren überlassen, sondern verlagert sich in das Normenkontrollverfahren, mit der Folge erheblicher Reibungsverluste und Effizienzeinbußen.[1472]

11. Die Rückführung von Gesetzgebungsmaterien in die Zuständigkeit der Länder

Angesichts der Tatsache, dass der Bund schon einen Großteil der konkurrierenden Gesetzgebungsmaterien an sich gezogen hat, sind die Chancen der oben aufgezeigten Lösungswege eher zurückhaltend zu beurteilen.[1473] Größeren Erfolg dürfte der Versuch versprechen, die in weitem Umfang angestiegenen Zustimmungsrechte des Bundesrats zu reduzieren, um das zwischen den Gesetzgebungsorganen bestehende Konfliktpotential zu vermindern. Da aber die Zustimmungsrechte größtenteils zum Zweck der Kompensation verlorener Länderzuständigkeiten eingeführt wurden, würde den Ländern auch noch dieses verbliebene Mitwirkungsrecht genommen. Deswegen kann sich eine Bundesstaatsreform nicht ausschließlich auf die Reduzierung von Zustimmungsrechten beschränken, sondern muss mit einer konsequenten Rückführung von Materien in die Gesetzgebungszuständigkeit der Länder einhergehen.[1474]

[1472] Zu den diesbezüglichen Lösungsansätzen oben § 8 VII 5 c) dd) sowie unten § 8 VII 12.

[1473] Wie hier auch *Michael Sachs*, VVDStRL 58 (1999), S. 39 (55).

[1474] So ebenfalls die Forderung des damaligen Bundespräsidenten, *Johannes Rau*, auf der Tagung des Bundesrates anlässlich des 50jährigen Jubiläums des Herrenchiemseer Verfassungskonvents, vgl. den Bericht von *Joachim Lang*, DÖV 1999, 507 (508); *Rudolf Dolzer*, VVDStRL 58 (1999), S. 7 (33); *Michael Sachs*, ebenda, S. 39 (63). Darüber hinaus kann die bundesstaatliche Gewaltenteilung nur dann ihre Funktion entfalten, wenn die Länder dem Bund als annähernd gleichgewichtige Partner gegenüberstehen, hierzu schon *Konrad Hesse*, AöR 98 (1973), 1 (15).

a) Die Beibehaltung des legislativen Beurteilungsspielraums des Bundes

Diesen Versuch unternahm der verfassungsändernde Gesetzgeber, als er 1994 die Vorschriften der Artikel 72 Abs. 3 und 125a Abs. 2 S. 2 und S. 3 GG einfügte. Artikel 72 Abs. 3 GG soll den Ländern eine Rückholbefugnis einräumen, wenn die Erforderlichkeit einer bundeseinheitlichen Regelung nachträglich wegfällt. Artikel 125a Abs. 2 GG verfolgt die Zielsetzung, die Gesetze in die Zuständigkeit der Länder zurückzuführen, die vor dem 15.11.1994 verabschiedet wurden und nach den strengeren Voraussetzungen der Art. 72 Abs. 2 und 75 Abs. 1 und 2 GG n. F. heute nicht mehr vom Bund erlassen werden könnten.

Artikel 72 Abs. 3 erfasst demnach den Wegfall der Erforderlichkeit aus tatsächlichen Umständen, während Art. 125a Abs. 2 GG das Entfallen der Erforderlichkeit aus rechtlichen Gründen regelt.[1475]

Nach diesen Vorschriften sind die tatbestandlichen Voraussetzungen für eine Freigabe der Bundeskompetenz nur dann gegeben, wenn die bundesgesetzliche Regelung nicht mehr erforderlich ist und auch in Zukunft nicht erforderlich sein wird.[1476] Mit der Bezugnahme auf Art. 72 Abs. 2 GG stellt der verfassungsändernde Gesetzgeber klar, dass der Bund auch hinsichtlich des Fortbestehens der Erforderlichkeit einen Beurteilungsspielraum hat.[1477] Die Länder, insbesondere die Landtage, sind an dieser Prognose jedoch ebenso wenig beteiligt wie an der erstmaligen Entscheidung nach Art. 72 Abs. 2 GG. Fordert man jedoch – wie oben – eine Teilhabe der Länder an der Kompetenzentscheidung, muss dies auch für die Beurteilung der Frage gelten, ob ein Bundesgesetz *noch* erforderlich ist beziehungsweise eine vor dem 15.11.1994 erlassene Regelung der neuen Rechtslage entspricht.

b) Der Erlass eines Freigabegesetzes als Frage legislativen Ermessens des Bundes

Nach Art. 72 Abs. 3 und Art. 125a Abs. 2 GG liegt es im alleinigen Ermessen des Bundesgesetzgebers, ob er die jeweilige Materie freigibt.[1478] Geschieht dies nicht, bleibt es bei der alten Rechtslage, so dass das – aus tatsächlichen oder rechtlichen Gründen – nicht mehr erforderliche Bundesgesetz fort gilt. Vor dem Hintergrund der Neuregelung, nach deren Zielsetzung die Inanspruchnahme einer Materie der konkurrierenden Gesetzgebung nicht mehr im Belieben des Bundesgesetzgebers stehen soll,[1479] ist diese Entschei-

---

[1475] Vgl. statt vieler *Michael Kirn*, in: von Münch/Kunig, GG, Bd. 3, 5. Aufl. 2003, Art. 125a Rdn. 4 sowie *Hubertus Rybak/Hans Hoffmann*, NVwZ 1995, 229 (233 f.).

[1476] *Christoph Degenhart*, in: Sachs (Hrsg.), GG, 3. Aufl. 2003, Art. 72 Rdn. 35; *Philip Kunig*, in: von Münch/Kunig, GG, Bd. 3, 5. Aufl. 2003, Art. 72 Rdn. 31.

[1477] *Christoph Degenhart* hingegen sieht sowohl in der Entscheidung nach Art. 72 Abs. 2 als auch in der nach Art. 72 Abs. 3 eine Frage politischen Ermessens, a. a. O., Art. 72 Rdn. 10, 35.

[1478] *Christoph Degenhart*, a. a. O., Art. 72 Rdn. 37 f. sowie 125a Rdn. 8; *Rupert Stettner*, in: Dreier (Hrsg.), GG, Art. 125a Rdn. 5; *Heinrich Amadeus Wolff*, in: von Mangoldt/Klein/Starck, Bonner GG, Bd. 3, 4. Aufl. 2001, Art. 125a Rdn. 26.

[1479] So schon 1976 die *Enquête-Kommission Verfassungsreform* des Bundestags, BT-Drs. 7/5924, S. 130 f.; vgl. auch den Bericht der *Gemeinsamen Verfassungskommission* von Bundestag und Bundesrat, BTdung inkonsequent: Die verschärfte Justiziabilität auf der Tatbestandsseite steht rechtspolitisch in einem krassen Widerspruch zu dem fortbestehenden Ermessen des Bundes auf der Rechtsfolgenseite.[1480]

In Anknüpfung an die oben vertretene Auffassung sollten die Länder nicht nur an der Entscheidung, ob der Bund erstmalig von seiner konkurrierenden Zuständigkeit Gebrauch macht, sondern auch an der Folgeentscheidung beteiligt werden. Kommen Bund und Länder gemeinsam zu dem Ergebnis, dass eine bundesgesetzliche Regelung nicht mehr erforderlich ist, besteht kein Grund, die jeweilige Materie der Landesgesetzgebung vorzuenthalten.

c) Die Freigabekompetenz des Bundes als Garantie für Rechtssicherheit

Nach dem Entwurf der *Gemeinsamen Verfassungskommission* sollte es nach Art. 125 a GG zunächst den Ländern überlassen bleiben, ob sie die als Bundesrecht fortgeltenden Regelungen beibehalten oder ergänzen.[1481] In Bezug auf Art. 72 Abs. 3 GG sah der Entwurf hingegen von Anfang an vor, dass allein der Bund die Befugnis haben sollte, die entsprechende Materie freizugeben.[1482] Die *Gemeinsame Verfassungskommission* und der verfassungsändernde Gesetzgeber begründeten dies damit, dass ein Alleinentscheidungsrecht des Bundes Rechtsunsicherheit und Konflikte vermeide, so dass mit dieser Begründung schließlich auch Art. 125a Abs. 2 GG dementsprechend geändert wurde.[1483]

Nach einer Ansicht in der Literatur verhindert diese Lösung, dass weite Bereiche des Bundesrechts nach Ermessen der Landesgesetzgeber „durchlöchert" werden.[1484] Das betreffende Bundesgesetz werde infolge seiner Freigabe zu einem Landesgesetz, so dass übereinstimmendes Landesrecht entstehe und damit dem Aufkommen partiellen Bundesrechts entgegengewirkt werde.[1485]

Drs. 12/6000, S. 33 f. sowie den Bericht der *Verfassungskommission des Bundesrats*, BR-Drs. 360/92, Rdn. 54 ff.

[1480] Es sei denn, man legt die „Kann-Vorschriften" der Art. 72 Abs. 3 und 125a Abs. 2 GG einschränkend aus; hierzu ausführlich unten § 8 VII 11 e) bb).

[1481] BT-Drs. 12/6000, S. 36 unter Bezugnahme auf den Entwurf der *Kommission Verfassungsreform* des Bundesrates, BR-Drs. 360/92 Rdn. 76.

[1482] BT-Drs. 12/6000, S. 34.

[1483] BT-Drs. 12/8423, S. 4 f.

[1484] So die Formulierung von *Michael Kirn*, in: von Münch/Kunig, GG, Bd. 3, 3. Auflage 1996, Art. 125a Rdn. 4.

[1485] So allein *Michael Kirn*, in: von Münch/Kunig, GG, Bd. 3, 5. Aufl. 2003, Art. 125a Rdn. 4; a. A. *Christoph Degenhart*, in: Sachs (Hrsg.), GG, 3. Aufl. 2003, Art. 125a Rdn. 7; *Stefan Oeter*, in: von Mangoldt/Klein/Starck, Bonner GG, Bd. 3, 4. Aufl. 2001, Art. 125a Rdn. 26; *Rupert Stettner*, in: Dreier (Hrsg.), GG, Bd. III, 2000, Art. 125a Rdn. 5; *Heinrich Amadeus Wolff*, in: von Mangoldt/Klein/Starck, Bonner GG, Bd. 3, 4. Aufl. 2001, Art. 125a Rdn. 26.

Letztere Ansicht ist abzulehnen. Landesrecht entsteht allein dadurch, dass es durch ein Landesorgan erzeugt wird[1486] und nicht infolge einer „Widmung" durch den Bund.

Dass die Freigabekompetenz des Bundes zu einer effizienten Rückführung von Gesetzen in die Zuständigkeit der Länder geeignet ist, muss indes bezweifelt werden. Selbst wenn sich der Bund zu einer Freigabe entschließt, steht noch nicht fest, ob die Länder von der wieder gewonnenen Kompetenz Gebrauch machen: Die Entscheidung des Landesgesetzgebers, die freigegebene Materie, tatsächlich zu regeln, ist ebenso wenig erzwingbar wie die Freigabeentscheidung des Bundes.[1487] Machen nur einige Länder von der „Rückholmöglichkeit" Gebrauch, gilt in den übrigen Ländern das jeweilige Bundesgesetz fort, so dass partielles Bundesrecht entsteht, was eine Rechtszersplitterung zur Folge hat.[1488] Diese ist aber nur schwer mit der Forderung nach Rechtssicherheit[1489] zu vereinbaren, womit die Begründung des verfassungsändernden Gesetzgebers hinfällig wird, der die Befugnis des Bundes zur Freigabe auf eben diese Aspekte stützt.

d) Die Aushöhlung der Zielvorgaben des Art. 72 Abs. 2 GG

Darüber hinaus besteht die Gefahr, dass die erreichten Ziele der gleichwertigen Lebensverhältnisse bzw. der Rechts- und Wirtschaftseinheit nach dem Wegfall des jeweiligen Bundesgesetzes durch das unkoordinierte Nebeneinander von Bundes- und Landesrecht wieder zunichte gemacht werden. Wäre dies der Fall, müsste der Bund bei fortdauernder Untätigkeit mehrerer Länder erneut tätig werden, um den alten Rechtszustand wiederherzustellen. Diese Entwicklung käme einem circulus vitiosus gleich: Immer, wenn der Bund die Zielvorgaben des Art. 72 Abs. 2 GG erfüllt hätte, bestände die Gefahr, dass nach der Freigabe der alte Zustand wieder eintritt, weil ein Teil der Länder die durch den Wegfall des Bundesgesetzes entstandene Regelungslücke nicht ausfüllt.

[1486] BVerfGE 18, 407 (414); *Manfred Gubelt*, in: von Münch/Kunig, GG, Bd. 2, 5. Aufl. 2001, Art. 31 Rdn. 6, 11; *Theodor Maunz*, in: Maunz/Dürig, GG, Bd. III, Art. 31 Rdn. 8; *Klaus Stern*, Staatsrecht, Bd. I, 2. Auflage 1984, S. 723.

[1487] Zum diesbezüglichen Ermessen des Bundes *Christoph Degenhart*, in: Sachs (Hrsg.), GG, 3. Aufl. 2003, Artt. 72 Rdn. 39, 125a Rdn. 8; *Stefan Oeter*, in: von Mangoldt/Klein/Starck, Das Bonner GG, Bd. 2, 4. Aufl. 2000, Art. 72 Rdn. 122; *Rupert Stettner*, in: Dreier (Hrsg.), GG, Bd. II/III, 1998/2000, Artt. 72 Rdn. 30, 125a Rdn. 5; *Heinrich Amadeus Wolff*, in: von Mangoldt/Klein/Starck, Bonner GG, Bd. 3, 4. Aufl. 2001, Art. 125a Rdn. 28; zur Abwendung der damit verbundenen Rechtsunsicherheit vgl. den Vorschlag unten § 8 VII 12.

[1488] A. A. *Michael Kirn*, in: von Münch/Kunig, GG, Bd. 3, 5. Aufl. 2003, Art. 125a Rdn. 4, nach seiner Auffassung entsteht infolge der Freigabe durch den Bund übereinstimmendes Landesrecht.

[1489] Zum Aspekt der Rechtssicherheit auch die in Fußn. 1429 Genannten; aus diesem Grund sprach sich auch die *Gemeinsame Verfassungskommission* für die Freigabekompetenz des Bundes in Art. 72 Abs. 3 GG aus, BT-Drs. 12/6000, S. 34, wohingegen sie für Art. 125a GG an der alleinigen Inanspruchnahme durch die Länder festhielt.

e) Anspruch der Länder auf Freigabe nicht mehr erforderlicher Bundesgesetze

aa) Anspruch der Länder auf ermessensfehlerfreie Entscheidung durch den Bund

Demnach sind die Neuerungen kaum geeignet, die Gesetzgebungstätigkeit der Länder zu stärken. Dass der Bundesrat nach den Erfahrungen in der Vergangenheit die Initiative für den Erlass eines Freigabegesetzes ergreift, ist wohl eher unwahrscheinlich.[1490]

Daneben kann die Initiierung eines Öffnungsgesetzes nur von der Bundesratsmehrheit ausgehen. Kommt eine solche nicht zustande, kann das einzelne gesetzgebungswillige Land nicht tätig werden. Damit zeigt sich erneut eine im Bundesratssystem angelegte Schwäche: Der Wille einzelner Länder geht in den jeweiligen Mehrheitsverhältnissen des Länderorgans auf.[1491] Im Ergebnis läuft dies dem Ziel der Regelung, Materien in die Zuständigkeit *einzelner* Länder zurückzuführen, zuwider. Denn dem Konzept der konkurrierenden Gesetzgebung liegt der Gedanke zugrunde, dass das einzelne Land – unabhängig vom Willen der Gesamtheit der Länder[1492] – eine der dort geregelten Materien für sich in Anspruch nehmen kann. Vor diesem Hintergrund wäre es konsequent gewesen, die Rückführung von der Initiative einzelner Länder abhängig zu machen.

Der Erlass eines Freigabegesetzes steht nach dem Wortlaut von Art. 72 Abs. 2 bzw. Art. 125a Abs. 2 S. 2 GG allein im Ermessen des Bundes.

Etwas anderes könnte gelten, wenn die Länder einen Anspruch auf Erlass eines Freigabegesetzes haben. Der Ermessenspielraum könnte sich in bestimmten Fällen auf Null reduzieren, so dass nur der Erlass eines Freigabegesetzes in Betracht kommt. Hiergegen spricht jedoch, dass die Annahme eines solchen Anspruchs auf ein Eingriffsdenken hinausliefe, das mangels subjektiv-öffentlicher Rechte der Länder ausscheidet.[1493] Ob die Andeutungen des Gerichts in seinem Urteil zum Altenpflegegesetz, die in die Richtung eines kompetenziellen Eingriffsdenkens gehen,[1494] für die Begründung eines solchen Ansatzes ausreichen, muss bezweifelt werden.

Demzufolge trägt weder Art. 72 Abs. 3 GG noch die Übergangsregelung des Art. 125a Abs. 2 GG zu einer kontinuierlichen Rückführung von Gesetzgebungskompetenzen auf die Länder bei. Vielmehr hat nicht mehr nur der Bundesrat, sondern auch der Bundestag die Möglichkeit, Gesetzesinitiativen der Länder zu blockieren, indem er sich weigert, die entsprechende Materie freizugeben, so dass nun Bund und Ländern die Hände gebunden sind: Landesgesetze können nicht erlassen werden, weil die Materie nicht freigegeben wird und ein Bundesgesetz kann nicht ergehen, weil der Bund aufgrund der schärferen

---

[1490] Skeptisch auch *Christof Gramm*, AöR 124 (1999), S. 212 (231); *Michael Sachs*, VVDStRL 58 (1999), S. 39 (64); *Arndt Schmehl*, DÖV 1996, 724 (730).

[1491] Hierzu *Rudolf Dolzer*, VVDStRL 58 (1999), S. 7 (13, 20 f.).

[1492] *Stefan Oeter*, in: von Mangoldt/Klein/Starck, Bonner GG, Bd. 2, 4. Aufl. 2000, Art. 72 Rdn. 52 f.

[1493] *Christoph Degenhart*, in: Sachs (Hrsg.), GG, 3. Aufl. 2003, Art. 72 Rdn. 38; *Stefan Oeter*, a. a. O., Art. 72 Rdn. 121; in diese Richtung tendierend wohl auch *Philip Kunig*, a. a. O., Art. 72 Rdn. 33.

[1494] BVerfGE 106, 62 (149), wo von einem „geringst möglichen Eingriff in das Gesetzgebungsrecht der Länder" die Rede ist.

Voraussetzung des Art. 72 Abs. 2 und des Art. 75 Abs. 1 i.V.m. Art. 72 Abs. 2 GG nicht mehr zu einer umfassenden (Neu-)Regelung befugt ist.[1495]

bb) Bestehen eines Freigabeanspruchs aus dem Prinzip der Bundestreue

Wenn die Länder keinen Anspruch auf „ermessensfehlerfreie Entscheidung" haben, könnte ein Freigabeanspruch zumindest aus dem Prinzip der Bundestreue in Betracht kommen.[1496] Im Gegensatz zu oben[1497] kommt an dieser Stelle eine Anwendung des Grundsatzes in Frage: Zum einen stellen die Artikel 72 Abs. 3 und 125a Abs. 2 GG konkretisierungsfähige normative Anknüpfungspunkte dar.[1498] Zum anderen ist die hier behandelte Fragestellung hinreichend bestimmt, um einen Rückgriff auf Fallgruppen zu ermöglichen, die vom Bundesverfassungsgericht zur Bundestreue entwickelt wurden.

(1) Subsidiarität des Grundsatzes

Einer Anwendung des Prinzips könnte der Wortlaut der Freigaberegelung des Art. 72 Abs. 3 bzw. des Art. 125a Abs. 2 S. 2 GG entgegenstehen, wonach „durch Bundesgesetz bestimmt werden [kann], dass es [das Bundesrecht, *Anmerkung des Verfassers*] durch Landesrecht ersetzt werden kann".

Die These von einer aus dem Gebot bundesfreundlichen Verhaltens folgenden Freigabepflicht lässt sich nur aufrechterhalten, wenn man in den Vorschriften lediglich Aufgabenzuweisungsnormen sieht.[1499] Verleihen die Art. 72 Abs. 3 und 125a Abs. 2 S. 2 GG dem Bund hingegen auch die Befugnis zu einer selbständigen Ermessensausübung,[1500] bleibt für eine ergänzende Heranziehung des Prinzips der Bundestreue kein Raum, da in

---

[1495] Hierauf weist *Christof Gramm*, AöR 124 (1999), S. 212 (230), hin, der als Beispiel die Rahmenkompetenz des Bundes im Bereich Wasserhaushalt und Naturschutz anführt, Art. 75 Abs. 1 S. 1 Nr. 3 und 4 GG: Der Bund kann keine umfassende Kodifikation des Umweltrechts erlassen, da strengere Voraussetzungen gelten, Art. 75 Abs. 1 S. 1, Abs. 2 i. V. m. Art. 72 Abs. 2 GG. Die Länder können aber solange nicht tätig werden, bis der Bund die bisher von ihm geregelten Materien freigibt.

[1496] So *Christof Gramm* AöR 124 (1999), S. 212 (231 f.); ähnlich *Philip Kunig*, in: von Münch/Kunig, GG, Bd. 3, 5. Aufl. 2003, Art. 72 Rdn. 33, nach dessen Ansicht der Bund bei einem offensichtlichen Wegfall der Erforderlichkeit zu einer angemessenen Gewichtung der Länderinteressen verpflichtet ist. Hierhin tendierend auch *Stefan Oeter*, in: von Mangoldt/Klein/Starck, Das Bonner GG, Bd. 2, 4. Aufl. 2000, Art. 72 Rdn. 121.

[1497] § 8 II.

[1498] Die infolge der Zustimmungsverweigerung auftretenden Spannungen zwischen den Gesetzgebungsorganen konnten mangels konkretisierungsfähiger Normen nicht mit Hilfe der Bundestreue gelöst werden, § 8 II.

[1499] Zu dieser unterschiedlichen Auslegung vgl. nur BVerwGE 23, 25 (29); 44, 339 (342); *Hartmut Maurer*, Allgemeines Verwaltungsrecht, 14. Auflage 2002, § 7 Rdn. 9.

[1500] Grundsätzlich können Kompetenzvorschriften auch Befugnisnormen darstellen, vgl. die in Fußn. 1499 Genannten.

diesem Fall die Artt. 72 Abs. 3 und 125a Abs. 2 S. 2 GG das Verhältnis von Bund und Ländern abschließend regeln.[1501]

Fraglich ist, welche Schlüsse sich aus dem systematischen Kontext und der Zielsetzung dieser „Kann-Bestimmungen" ergeben. Artikel 125a Abs. 2 S. 2 GG steht im direkten Zusammenhang mit Art. 125a Abs. 1 S. 1 und Abs. 2 S. 1 GG, der ein Fortgelten bisherigen Bundesrechts anordnet. Auch die Freigaberegelung des Art. 72 Abs. 3 GG hat zum Ausgangspunkt, dass bundesrechtliche Vorschriften nach dem Wegfall der Erforderlichkeit zunächst fortbestehen. Das Erfordernis einer Freigabe durch den Bundesgesetzgeber soll aus Gründen der Rechtssicherheit verhindern, dass die Länder eigenmächtig über die Erforderlichkeitsfrage entscheiden und das Bundesgesetz „durchlöchern", indem sie die freigewordene Materie nur teilweise in eigenen Gesetzen regeln.[1502]

Geht man von diesem Regelungszweck aus und berücksichtigt man, dass der Bund nach dem Willen des verfassungsändernden Gesetzgebers hinsichtlich der Entscheidung nach Art. 72 Abs. 2 GG keinen Ermessensspielraum mehr hat, verfolgt die Freigabekompetenz des Bundes ausschließlich den Zweck, die Geltung des noch wirksamen Bundesgesetzes in einem rechtlich geordneten Verfahren aufzuheben. Für diese Auslegung sprechen auch die Motive[1503] sowie der Bericht der *Gemeinsamen Verfassungskommission*[1504], die keinen Hinweis auf einen politischen Gestaltungsspielraum des Bundes enthalten. Im Bericht der *Gemeinsamen Verfassungskommission* von Bundestag und Bundesrat wird betont, dass der Bund die Entscheidungsbefugnis nach Art. 72 Abs. 3 und Art. 125a Abs. 2 S. 2 GG lediglich aus Praktikabilitätsgründen, das heißt, aus Gründen der Rechtssicherheit und Konfliktvermeidung hat.

Demzufolge sind die Vorschriften der Artt. 72 Abs. 3 und 125a Abs. 2 S. 2 GG einschränkend dahingehend auszulegen, dass sie dem Bund zwar die Zuständigkeit vermitteln, ihm aber kein Ermessen oder gar die Pflicht[1505] zu einer Freigabe einräumen.

Der Grundsatz der Bundestreue kann somit grundsätzlich zur Lückenfüllung herangezogen werden.

(2) Akzessorischer Charakter der Bundestreue

Da die Bundestreue lediglich der Konkretisierung bestehender Kompetenzen dient, selbst aber keine schafft, hat sie einen akzessorischen, an bestehende Zuständigkeiten angelehnten Charakter.[1506]

[1501] Zur Subsidiarität des Grundsatzes *Konrad Hesse*, Grundzüge des Verfassungsrechts, 20. Aufl. 1995, Rdn. 270; *Josef Isensee*, in: HbStR, Bd. IV, § 98 Rdn. 157; *Klaus Stern*, Staatsrecht, Bd. I, 2. Auflage 1984, S. 701.

[1502] Zur Untauglichkeit dieser Regelung oben § 8 VII 10 d).

[1503] BT-Drs. 12/6633, S. 9.

[1504] BT-Drs. 12/6000, S. 34 und 36.

[1505] Vgl. zu dieser Auslegung auch die Fußn. 1496 Genannten.

[1506] *Josef Isensee*, in: Isensee/Kirchhof (Hrsg.), HbStR, Bd. IV, 1990, § 98 Rdn. 157.

Bei den Artikeln 72 Abs. 3 GG und Art. 125a Abs. 2 S. 2 GG handelt es sich um solche ergänzungsbedürftigen Kompetenzvorschriften. Sie verleihen dem Bund die Zuständigkeit zur Freigabe; nähere Aussagen darüber, wann und unter welchen Bedingungen der Bund nicht mehr erforderliche Bundesgesetze freizugeben hat, enthalten sie nicht.

Die Einführung einer Rückübertragungsmöglichkeit zur Wahrung des bundesstaatlichen Integrationsinteresses macht aber nur Sinn, wenn ihre materiellen und verfahrensmäßigen Voraussetzungen feststehen. Nur dann sind die Länder in der Lage, wirksam von der vorrangigen Gesetzgebungszuständigkeit Gebrauch zu machen, die ihnen die Artikel 30 und 70 GG zuweisen. Die Bundestreue kann in diesem Zusammenhang die Kompetenzvorschriften ergänzen und zu ihrer Umsetzung beitragen.[1507]

(3) Freigabepflicht des Bundes

Fraglich ist aber, ob die Bundestreue eine konkrete Handhabe für die Bewältigung des Problems bietet. Das Gebot bundesfreundlichen Verhaltens hat die Funktion, die notwendigen gemeinsamen Entscheidungen von Bund und Ländern sachgerecht herbeizuführen, wobei es sowohl den Einfluss des Gesamtstaats als auch den der Gliedstaaten beschränken[1508] und den bundestreuen Gebrauch bestehender Kompetenzen gewährleisten soll.[1509]

Das bedeutet, dass eine Maßnahme, auch wenn sie formal von einer Kompetenzvorschrift gedeckt ist, nicht rechtsmissbräuchlich, das heißt, ohne Rücksicht auf die Interessen des Gesamtstaats oder die Belange der Länder getroffen werden darf.[1510] In den Fällen, in denen ein Bundesland oder mehrere die Freigabe eines Gesetzes verlangen, geht es indes nicht darum, den rechtsmissbräuchlichen Zugriff des Bundes auf eine Kompetenz abzuwehren; vielmehr soll ein Handeln des Bundes, nämlich der Erlass eines Freigabegesetzes, eingefordert werden.

Deswegen soll an dieser Stelle Bezug auf die Judikatur des Bundesverfassungsgerichts genommen werden, in der aus der Bundestreue konkrete Verhaltenspflichten für Bund und Länder abgeleitet wurden.[1511] Hierbei handelte es sich überwiegend um Sachverhalte, in denen der Bund von Verfassungs wegen gesamtstaatliche Verantwortung zu tragen hatte, ohne dass ihm das Grundgesetz die Befugnisse verlieh, um dieser Verantwortung

---

[1507] Für eine grundsätzliche Heranziehung der Bundestreue im Zusammenhang mit Art. 72 Abs. 3 GG auch *Philip Kunig*, in: von Münch Kunig, GG, Bd. 3, 5. Aufl. 2003, Art. 72 Rdn. 33; *Stefan Oeter*, in: von Mangoldt/Klein/Starck, Bonner GG, Bd. 2, 4. Aufl. 2000, Art. 72 Rdn. 121.

[1508] BVerfGE, 1, 299, (315 f.).

[1509] BVerfGE 4, 115 (140); 6, 309 (361 f.); 8, 122 (138); 12, 205 (239, 254 f.); 14, 197 (215); 43, 291 (348).

[1510] Fußn. 1509.

[1511] Hierzu *Josef Isensee*, in: Isensee/Kirchhof (Hrsg.), HbStR, Band IV, 1990, § 98 Rdn. 158.

gerecht zu werden.[1512] Ist hiernach die Kompetenzausübung einer Seite die Bedingung der möglichen Kompetenzausübung der anderen, können sich aus der Bundestreue gegenseitige Pflichten zur Abstimmung, Rücksichtnahme und Zusammenarbeit ergeben.[1513] Gegenstand der Entscheidung war die Pflicht eines Bundeslandes, gegen eine Gemeinde vorzugehen, deren Maßnahmen Kompetenzen des Bundes verletzt hatten.[1514] In diesem Fall musste das Land von seinen aufsichtsrechtlichen Befugnissen Gebrauch machen, um dem Bund, der gegen die Gemeinde mangels Kompetenz nicht einschreiten konnte, zu seinem Recht zu „verhelfen".

Fraglich ist, ob dieser Grundsatz auch auf den umgekehrten Fall übertragbar ist, dass die *Länder* auf eine Kompetenzausübung des Bundes angewiesen sind. Wenn die Freigabe von Gegenständen der konkurrierenden Gesetzgebung nach Art. 72 Abs. 3 GG und Art. 125a Abs. 2 S. 2 GG allein in das Belieben des Bundesgesetzgebers gestellt ist, läuft das Ziel der Verfassungsreform, die Staatlichkeit der Länder auf dem Gebiet der Gesetzgebung zu stärken, leer. Aus diesem Grund könnten die Länder auf eine Freigabe angewiesen sein.

Voraussetzung für die Erzwingung der Kompetenzausübung durch einen der Beteiligten ist aber nicht bloß jede verfassungspolitische Zielsetzung, sondern eine konkrete verfassungsrechtliche Verantwortung des nicht handlungsfähigen anderen Teils.[1515] Nur wenn die Verfassung dem einen Teil eine konkrete Verantwortungslast aufbürdet, der er nicht nachkommen kann, weil er nicht befugt ist, die erforderlichen Maßnahmen zu ergreifen, ist dieser auf die Kompetenzausübung durch den anderen Teil angewiesen.

Auch wenn das Bundesverfassungsgericht in seiner jüngsten Entscheidung zu Art. 72 Abs. 2 GG betont, dass dem Bund bei der Interpretation und dem Kompetenzgebrauch kein Vorrang gegenüber den Ländern zukommt:[1516] Der verfassungsändernde Gesetzgeber entschied sich gegen eine politische Lösung und überließ es weiterhin der Beurteilung durch den Bund, ob die Voraussetzungen des Art. 72 Abs. 2 GG – noch – gegeben sind. Die Länder sind von diesem Beurteilungsprozess ausgeschlossen. Damit kommt ihnen aber auch keine gesamtstaatliche Verantwortung zu, der sie gerecht werden müssen, so dass sie nicht zwingend auf eine Freigabe angewiesen sind.[1517]

Somit kann auch diese Judikatur nicht zur Problemlösung herangezogen werden.

[1512] BVerfGE 8, 122 (138 f.); *Josef Isensee*, a. a. O., Rdn. 125.

[1513] *Josef Isensee*, in: Isensee/Kirchhof (Hrsg.), HbStR, Band IV, 1990, § 98 Rdn. 159 f.

[1514] BVerfGE 8, 122 (137): die aufsichtsrechtlichen Befugnisse des Landes gegenüber der Gemeinde verdichten sich auf der Grundlage der Bundestreue zu einer Pflicht, gegen diese einzuschreiten. Diese Rechtslage ist insoweit mit dem hier behandelten Problem vergleichbar, als auch die Freigabe*befugnis* des Bundes nach Art. 72 Abs. 3 bzw. Art. 125a Abs. 2 S. 2 GG zu einer Freigabepflicht werden könnte.

[1515] In BVerfGE 8, 122 (138) konnte „der Bund ... nicht unmittelbar [für die Wahrung der grundgesetzlichen Kompetenzordnung] Sorge tragen, sondern [war] auf die Mitwirkung des Landes angewiesen.

[1516] § 8 VII 5 c) cc).

[1517] Anders wäre die Rechtslage wohl zu beurteilen, wenn man die Länder – wie hier gefordert – in die Kompetenzentscheidung einbeziehen würde.

Fraglich ist, ob andere Fälle aus der Rechtsprechung des Bundesverfassungsgerichts zur Bundestreue herangezogen werden können, um eine Freigabepflicht des Bundes zu begründen.

Hiernach ist ein unsachlicher Widerspruch der Beteiligten in Situationen unbeachtlich, in denen das Gesetz eine Verständigung zwischen Bund und Ländern erfordert und ein solcher Widerspruch die Pflicht zur Mitwirkung unterlaufen würde.[1518]

Selbst wenn man die Weigerung des Bundes, ein Freigabegesetz zu erlassen, als unsachlichen Widerspruch wertet, steht einer Anwendung des Grundsatzes auch in diesem Zusammenhang entgegen, dass das Grundgesetz keine Verständigungsmöglichkeit zwischen Bund und Ländern in Bezug auf die Erforderlichkeitsfrage vorsieht. Mangels verfahrensrechtlicher Vorgaben entzieht sich die Weigerung einer näheren Beurteilung. Der Bund ist nicht verpflichtet, außerhalb eines verfassungsgerichtlichen Verfahrens die Gründe für seine Weigerung darzulegen. Die Beurteilung der Erforderlichkeit findet – wenn überhaupt – unter Ausschluss der Länder statt. Es ist demnach unmöglich, zu bestimmen, in welchen Fällen die Weigerung des Bundes ungerechtfertigt ist.

cc) Das Urteil des Bundesverfassungsgerichts zum Ladenschlussgesetz

Es stellt sich die Frage, ob die jüngere Rechtsprechung des Bundesverfassungsgerichts Ansatzpunkte für eine Lösung des Problems liefert.

Das Gericht betont in seinem jüngsten Urteil zum Ladenschlussgesetz,[1519] dass die Vorschrift des Art. 125a Abs. 2 S. 2 GG der Entstehung partikularen Bundesrechts, das heißt der Vermischung von Bundes- und Landesrecht, entgegenwirken soll.

Dem kann – wie bereits ausgeführt – nicht zugestimmt werden, da die Freigabekompetenz nicht geeignet ist, ein unkoordiniertes Nebeneinander von Bundes- und Landesrecht und damit eine Rechtszersplitterung zu verhindern.[1520]

Darüber hinaus vernachlässigt das Bundesverfassungsgericht die Zielsetzung der Verfassungsänderung aus dem Jahr 1994: Einerseits betont es, dass die Änderungskompetenz des Bundes von Vorschriften, die er nach der Neufassung des Art. 72 Abs. 2 GG nicht mehr erlassen könnte, eng auszulegen ist. Andererseits soll es in seinem Ermessen liegen, ob er das jeweilige Bundesgesetz freigibt und einer Regelung durch die Länder öffnet.[1521] Damit läuft die wenige Absätze zuvor getroffene Feststellung des Bundesverfassungsgerichts leer, dass „der Gesetzgeber durch Art. 125a Abs. 2 GG keinen Stillstand im Bereich der konkurrierenden Gesetzgebung und damit eine Versteinerung einer einmal geschaffenen Rechtslage in Kauf genommen hat."

[1518] BVerfGE 1, 299 (315 f.); 12, 205 (254); 39, 96 (119); 41, 291 (308).

[1519] BVerfG NJW 2004, 2363 (2364).

[1520] Hierzu oben § 8 VII 11 c).

[1521] BVerfG NJW 2004, 2363 (2364).

Der Ermessensspielraum des Bundes verhindert ein legislatives Tätigwerden der Länder. Dies gilt insbesondere in den Fällen, in denen der Bund aufgrund der strengeren Anforderungen des Art. 72 Abs. 2 GG n.F. nicht mehr tätig werden dürfte, sich aber weigert, die Materie für die Länder freizugeben.

Das Bundesverfassungsgericht zeigt hier zwei mögliche Auswege auf:

Zum einen ist dem Bund auf den Gebieten der konkurrierenden Gesetzgebung, die er nach der Neufassung des Art. 72 Abs. 2 GG nicht mehr beanspruchen darf, eine konzeptionelle Neuregelung verwehrt. So ist der Bund verpflichtet, die wesentlichen Elemente der bisherigen Regelung beizubehalten, wodurch verhindert werden soll, dass er seine Kompetenz entgegen der „neuen" Rechtslage ausweitet.

Zum anderen ist das Freigabe-Ermessen des Bundes aus Art. 125a Abs. 2 S. 2 GG eingeschränkt, wenn eine sachlich gebotene Neuregelung nur deswegen unterbleibt, weil der Bund sie nach der neuen Rechtslage nicht treffen darf und er nicht bereit ist, die Materie den Ländern zu öffnen. In diesen Fällen soll sich sein Entscheidungsspielraum verengen, so dass er die Länder unter Berücksichtigung des Grundsatzes bundes- bzw. länderfreundlichen Verhaltens zu ermächtigen hat.[1522] Der Bund muss nach diesen Grundsätzen den Regelungsgegenstand abgeben, wenn er eine grundsätzliche Neukonzeption für erforderlich hält.

Mit diesen Kriterien wirft das Bundesverfassungsgericht mehr Fragen auf als es löst. Problematisch ist zunächst, wann eine Neukonzeption vorliegt. So stellte das Bundesverfassungsgericht zur Novellierung des Ladenschlussgesetzes vom 30.07.1996 fest, dass der Gesetzgeber die Konzeption unberührt gelassen und nur einzelne Regelungen verändert habe: „Die Ladenschlusszeiten wurden verringert und die Ausnahmebereiche wurden ausgeweitet."[1523] Im Bereich des Ladenschlusses können aber selbst solche Detailregelungen zu einer konzeptionellen Änderung führen, so dass die Grenzen fließend sind.[1524]

Hinzu kommt, dass der Bund bei der Definition berufs-, arbeits- und sozialpolitischer Ziele und der Mittel zu ihrer Erreichung einen weiten Ermessenspielraum hat.[1525] Aufgrund dessen kann er sich für oder gegen eine gesetzliche Neukonzeption entscheiden und damit nach eigenem Ermessen über die Freigabe der jeweiligen Materie bestimmen.

[1522] BVerfG NJW 2004, 2363 (2364).

[1523] BVerfG NJW 2004, 2363 (2365).

[1524] So ist beispielsweise die Ausnahmeregelung des § 6 LadSchlG weitgehend; ihr zufolge darf außerhalb der Ladenschlusszeiten an Tankstellen Reiseproviant verkauft werden, wovon mittlerweile auch Lebensmittel erfasst sind. Auch können einzelne Änderungen wie beispielsweise die Verlängerung der Ladenöffnungszeiten an Samstagen bis 20.00 Uhr gemäß § 3 Abs. 1 S. 1 LadSchlG weitreichende Folgen haben, wie dies die Diskussion anlässlich ihrer Einführung im Jahr 2003 zeigte; hierzu auch *Thomas Poschmann*, NVwZ 2004, 1318 (1320).

[1525] So das BVerfG mit Bezug auf das Ladenschlussgesetz, BVerfG NJW 2004, 2363 (2367).

An dieser Gestaltung nehmen die Länder nicht teil, sondern sind darauf angewiesen, dass der Bund aufgrund einer Gesetzesinitiative den Regelungsgegenstand freigibt.[1526]

Schließlich trifft das Bundesverfassungsgericht auch keine Aussage darüber, wann eine Freigabe nach dem Grundsatz bundesfreundlichen Verhaltens geboten ist.

Die Annahme eines konzeptionellen Gestaltungsspielraums widerspricht dem Sinn und Zweck der Vorschrift des Art. 125a Abs. 2 S. 2 GG. Infolge der weiten Interpretation durch das Bundesverfassungsgericht entsteht eine Rechtsunsicherheit,[1527] der Art. 125a Abs. 2 S. 2 GG ursprünglich entgegenwirken sollte: Es dürfte im Einzelfall äußerst schwierig zu bestimmen sein, wann eine bloß ändernde Regelung des Bundes vorliegt oder eine Neukonzeption, die seine bisherige Kompetenz entfallen lässt. Im Zweifel wird der Bund den Standpunkt vertreten, dass sich die Neuregelung im Rahmen des ursprünglichen Regelungskonzepts bewegt.

Faktisch wird durch diese Rechtsprechung die Gesetzgebungskompetenz des Bundes unter Missachtung des Art. 72 Abs. 2 GG n.F. „verlängert".[1528]

Das Bundesverfassungsgericht verstößt mit dieser Auslegung sowohl gegen den Wortlaut als auch gegen den Sinn und Zweck der Vorschrift des Art. 72 Abs. 2 GG.[1529] Die Differenzierung zwischen einer Änderung bzw. Ergänzung bestehender Bundeskompetenzen und einer konzeptionellen – zu einer Freigabe verpflichtenden – Neuregelung findet weder im Wortlaut noch in der Zielsetzung des Art. 125a Abs. 2 S. 2 GG eine Stütze.

Diese Interpretation der Vorschrift verstößt auch gegen Sinn und Zweck der Freigabenorm. Die Vorschrift soll als Übergangsregelung die Entstehung partiellen Bundesrechts verhindern, nicht aber eine aufgrund der Neufassung des Art. 72 Abs. 2 GG entfallene Gesetzgebungszuständigkeit des Bundes perpetuieren. Die Beurteilung dieser Frage richtet sich gemäß Art. 70 Abs. 2 GG allein nach den bundesstaatlichen Kompetenzvorschriften, nicht aber danach, ob der Bund eine Regelung ergänzt bzw. abändert oder neu konzipiert.

Der Freigabebestimmung des Art. 125 a Abs. 2 S. 2 GG kommt somit nur eine „flankierende" Funktion zu. Der Bund hat die Befugnis zur Freigabe einer in seine Zuständigkeit fallenden Materie nur als Sachwalter bzw. Treuhänder eines nach der Neufassung des Art. 72 Abs. 2 GG in die Zuständigkeit der Länder fallenden Regelungsgegenstandes.

[1526] Zu den Schlussfolgerungen hieraus § 8 VII 11 e) ee) sowie § 8 VII 12.

[1527] So auch *Thomas Poschmann*, NVwZ 2004, 1318 (1321).

[1528] Sehr weitgehend *ders.*, der von einer „ungeschriebenen Gesetzgebungskompetenz kraft Fortsetzungszusammenhangs" spricht, a.a.O., S. 1320 f.

[1529] Hierzu oben § 8 VII 5.

Damit ist als Ergebnis festzuhalten, dass die Freigabekompetenz eng auszulegen ist und nicht den Zweck verfolgt, dem Bund Regelungsgegenstände, für die er nicht mehr zuständig ist, zu erhalten.[1530]

dd) Zwischenergebnis

Der Grundsatz der Bundestreue ist demnach nicht geeignet, eine Freigabepflicht des Bundes zu statuieren. In seiner lückenausfüllenden Funktion kommt er nur dort zur Anwendung, wo das Verfassungsrecht eine konkrete Verantwortlichkeit der Länder begründet, der sie mangels Zuständigkeit nicht nachkommen können. Verantwortlich für eine Rückführung von Zuständigkeiten ist aber allein der Bund. Die Länder haben – abgesehen von einer Bundesratsinitiative[1531] – keine Möglichkeit, eine Überprüfung von Bundesgesetzen auf ihre Erforderlichkeit „anzustoßen".

Auch die jüngere Rechtsprechung des Bundesverfassungsgerichts zu der Übergangsvorschrift des Art. 125a Abs. 2 S. 2 GG trägt eher zu einer Verfestigung als zu einer Öffnung der bisherigen Rechtslage bei, indem der Bund nur bei einer Neukonzeption gehalten ist, die Materie für die Länder freizugeben. Von einer Kehrtwende in der Rechtsprechung des Bundesverfassungsgerichts kann somit keine Rede sein.

ee) Die Bindungswirkung der im Verfahren nach Art. 93 Abs. 1 Nr. 2a GG, § 13 Nr. 6a BVerfGG ergehenden Entscheidung

Dies gilt indes nur für den außerprozessualen Bereich. Haben die Länder und insbesondere die Landtage eine gerichtliche Überprüfung der Erforderlichkeit initiiert und kommt das Bundesverfassungsgericht zu dem Ergebnis, dass ein Bundesgesetz nicht – mehr – den Erfordernissen des Art. 72 Abs. 2 GG entspricht, muss der Bund alle Maßnahmen zur Beseitigung des verfassungswidrigen Zustands ergreifen, wozu auch der Erlass eines Freigabegesetzes gehört.[1532] In diesem Fall folgt die Pflicht nicht aus der Bundestreue, sondern aus der Bindungswirkung des verfassungsgerichtlichen Urteils nach § 31 Abs. 1 BVerfGG.

Dass es jemals zu einer gerichtlichen Erzwingung der Freigabe kommen wird, ist jedoch aus den oben genannten Gründen äußerst unwahrscheinlich.

[1530] In diese Richtung gehend auch *Thomas Poschmann*, a.a.O., S. 1321.

[1531] BR-Drs. 77/98; gegen die Effizienz der „Rückholklausel" spricht nicht zuletzt, dass von ihr bislang kein Gebrauch gemacht wurde. So auch die Feststellung von *Johannes Rau* und *Hans-Jürgen Papier* auf der Tagung des Bundesrats anlässlich des 50jährigen Jubiläums des Herrenchiemseer Konvents, vgl. den Bericht von *Joachim Lang*, DÖV 1999, 507 (508). Eher skeptisch auch *Christof Gramm*, AöR 124 (1999), 212 (231).

[1532] Eine Klage auf Normerlass im Organstreitverfahren nach Art. 93 Abs. 1 Nr. 1 GG ist deswegen entbehrlich; a. A. *Christof Gramm*, AöR 124 (1999), 212 (232, Fußn. 87).

ff) Die fortbestehende Injustiziabilität der Bestimmung des Gesetzeszwecks

Auch wenn das Bundesverfassungsgericht die Beurteilung der Erforderlichkeitsfrage nunmehr einer nahezu vollständigen Kontrolle unterwirft, sind Konzept und Ausgestaltung eines Gesetzes weiterhin injustiziabel.[1533] Das bedeutet, dass der Bund die Zielrichtung eines Gesetzes, also dessen *Zweck*, frei bestimmen kann. Nur die bundeseinheitliche Regelung als *Mittel* zur Erreichung dieses Zwecks ist in vollem Umfang auf ihre Erforderlichkeit überprüfbar. Mittel und Zweck sind jedoch untrennbar miteinander verbunden, so dass der Bund mit der Definierung des Gesetzesziels den äußeren Rahmen für das Gesetz bestimmt. Auf diese Weise kann er, wenn er das Regelungsniveau nur hoch genug ansetzt, den legislativen Gestaltungsspielraum der Länder einengen. Denn umso höher die angestrebte Vereinheitlichung ist, desto schwieriger wird es für die Länder sein, diesem Ziel durch den Erlass eigener Gesetze zu entsprechen. Berücksichtigt man in diesem Zusammenhang, dass die Länder rechtlich nicht in der Lage sind, einem Bundesgesetz durch gleich lautende Gesetze zuvor zu kommen,[1534] kann der Bundesgesetzgeber über den Umweg der Zielbestimmung weitgehend Einfluss auf die Erforderlichkeit seiner Gesetze nehmen.

Diese Widersprüchlichkeit lässt sich mit einem Blick auf die Entstehungsgeschichte des Art. 72 Abs. 2 GG n. F. und die Urteilsgründe der Entscheidung zum Bundesaltenpflegegesetz untermauern.

Ein Grund für die Beibehaltung der Zielvorgabe der Wirtschaftseinheit in Art. 72 Abs. 2 GG war im Gesetzgebungsverfahren, dass in bundeseinheitlichen Vorgaben für Ausbildungsgänge, Ausbildungsinhalte und für das Prüfungswesen ein wichtiger Standortfaktor für Deutschland gesehen wurde. Vor diesem Hintergrund – so die Begründung – lägen die Voraussetzungen einer bundeseinheitlichen Regelung der beruflichen Bildung auch künftig vor.[1535]

Eine derart schematische Begründung lässt vermuten, dass Bundesgesetze auf diesem Gebiet auch in Zukunft ohne weiteres für erforderlich gehalten werden. Auch wenn es das Bundesverfassungsgericht in seinem Urteil zum Altenpflegegesetz für möglich erachtet hat, dass die Länder solche Angelegenheiten „auf hohem professionellen Niveau regeln, ohne die Interessen der anderen Länder zu beeinträchtigen“,[1536] eröffnet diese Zielvorgabe dem Bund nach wie vor weite Handlungsspielräume.

[1533] Hinsichtlich der Anforderungen, die an die Tauglichkeit eines Gesetzes zur Erreichung des Gesetzesziels zu stellen sind, hielt das Bundesverfassungsgericht an seiner bisherigen Rechtsprechung fest, BVerfGE 106, 62 (149).

[1534] Diesen Wettlauf der Länder mit dem Bund spricht das BVerfG indirekt an, ohne jedoch die Notwendigkeit einer Koordination anzumahnen, BVerfGE 106, 62 (161).

[1535] So der Änderungsantrag der SPD-Fraktion, der unbeanstandet den Vermittlungsausschuss passierte, BT-Drs. 12/8165, S. 31 f.

[1536] BVerfGE 106, 62 (146).

Da die landesrechtlichen Regelungen auf dem Gebiet der Altenpflege tatsächlich nicht geeignet waren, die dringend notwendige Vereinheitlichung zu erreichen,[1537] musste das Bundesverfassungsgericht nicht abstrakt zu der Frage Stellung nehmen, wann verschiedenartige landesrechtliche Ausbildungsordnungen die Erreichung der Zielvorgabe der Wirtschaftseinheit gefährden. Somit bleibt abzuwarten, an welchem Maßstab das Gericht in Zukunft Ausbildungsregelungen der Länder messen wird.

Zu kritisieren ist darüber hinaus, dass im Zuge der Verfassungsreform weder ein Antragsrecht noch ein Verfahren eingeführt wurde, durch das einzelne Länder bzw. Landtage eine Überprüfung – älterer – Bundesgesetze und ihre Freigabe einleiten können.[1538] Damit fehlt auch ein Anknüpfungspunkt für die Beurteilung der Frage, wann die Verweigerung der Freigabe auf sachwidrige Gründe gestützt ist.

Somit bleibt es weiterhin der Aufmerksamkeit und Initiative des Bundes überlassen, das jeweilige Bundesgesetz auf seine Erforderlichkeit zu prüfen.

gg) Das Zugriffsrecht der Länder auf Materien der konkurrierenden Gesetzgebung

Vor dem Hintergrund, dass sich eine Freigabepflicht des Bundes nicht ohne weiteres aus dem Prinzip der Bundestreue ergibt, könnte in Erwägung gezogen werden, den Ländern ein Zugriffsrecht auf die Gegenstände der konkurrierenden Gesetzgebung einzuräumen, wobei sich ein solches Recht auch auf die Gebiete der bisherigen Rahmengesetzgebung erstrecken könnte.[1539]

Hiergegen wird zu Unrecht eingewandt, dass dies zu einer Rechtszersplitterung führen würde, da ein unkoordiniertes Nebeneinander von Bundes- und Landesrecht entstehen würde, welches dem Grundsatz des Art. 31 GG zuwider laufen würde.

Diese Bedenken greifen nicht durch. So könnte eine derartige umgekehrt konkurrierende Gesetzgebungskompetenz der *Länder* durch eine Änderung des Art. 31 GG abgesichert werden.

Auch das Argument der Rechtszersplitterung vermag nicht zu überzeugen. Das Problem partikularen Bundesrechts stellt sich auch nach der gegenwärtigen Rechtslage, derzufolge der Bund den jeweiligen Gegenstand der konkurrierenden Gesetzgebung gemäß Art. 72 Abs. 3 bzw. Art. 125 a Abs. 2 S. 2 GG freigeben kann, und zwar auch dann, wenn nicht sämtliche Bundesländer von ihrem neu hinzu gewonnenen Gesetzgebungsrecht Gebrauch machen. Dann würde in diesen Ländern Bundesrecht quasi als Auffangrecht bestehen bleiben.[1540]

[1537] § 8 VII 9 c).

[1538] Die *Gemeinsame Verfassungskommission* entschied sich bewusst gegen das Antragsrecht eines Landtags, durch das eine Freigabe hätte erzwungen werden können, vgl. BT-Drs. 12/6000, S. 34.

[1539] So das Papier des Bundesjustizministeriums „Modernisierung der bundesstaatlichen Ordnung – Position des Bundes“ sowie die von der Ministerpräsidentenkonferenz am 27.03.2003 beschlossenen „Leitlinien für die Verhandlung mit dem Bund“, beide zitiert bei *Volker Haug*, DÖV 2004, 190 (193 ff.).

[1540] Hierzu bereits oben § 8 VII 9 c).

Somit ist auch die Freigabekompetenz des Bundes kein taugliches Mittel, um das Entstehen partikularen Bundesrechts zu verhindern. Dies wird von den Kritikern des Modells einer konkurrierenden Gesetzgebungszuständigkeit der Länder übersehen.[1541]

Ein Zugriffsrecht der Länder ist indes aus anderen Gründen abzulehnen. Die Erforderlichkeitsklausel des Art. 72 Abs. 2 GG ist Grundvoraussetzung für ein Tätigwerden des Bundes auf dem Gebiet der konkurrierenden Gesetzgebung. Für ein solches wäre aber nach Einführung eines konkurrierenden Zugriffsrechts der Länder kein Raum mehr.[1542]

Auch ein Zugriffsrecht der Länder und des Bundes auf jeweils bestimmte Materien der konkurrierenden Gesetzgebung ist abzulehnen: Zwar würde das Zugriffsrecht des Bundes nicht mit dem der Länder konkurrieren. Jedoch würde die Gefahr einer Rechtszersplitterung, wie sie bereits heute als Folge der Freigabekompetenz des Bundes besteht, nicht beseitigt, sondern eher noch vertieft.

12. Prozedurale Voraussetzungen für eine interessengerechte Prognoseentscheidung und eine Rückführung von Gesetzgebungsmaterien - Zusammenfassung

Vor dem Hintergrund, dass eine Stärkung der Gesetzgebungszuständigkeit der Länder nur durch eine konsequente Rückführung von Bundeskompetenzen zu erreichen ist, stellt sich die Frage, auf welche Weise die Länder an der Freigabeentscheidung des Bundes beteiligt werden können.

Befürwortet man wie hier eine Beteiligung der Länder an der Beurteilung der Erforderlichkeitsfrage, ist es nur konsequent, ihnen auch im Rahmen der Rückübertragung von Gesetzgebungsmaterien ein Mitwirkungsrecht zuzubilligen.

Zu diesem Zweck könnte auf eines der Modelle zurückgegriffen werden, das sich in den Beratungen der *Gemeinsamen Verfassungskommission* nicht durchsetzen konnte. Hiernach sollte die Initiative zu einer Rückführung von Gesetzgebungszuständigkeiten von den Landtagen ausgehen.[1543] Das heißt, die Vorschriften der Artt. 72 Abs. 3, 125a Abs. 2 S. 2 und 3 GG wären dahingehend zu ändern, dass der Bundestag auf Antrag eines Landtages per Gesetz festzustellen hat, ob eine bestimmte bundeseinheitliche Regelung noch erforderlich ist. Zeichnet sich während des Beschlussverfahrens im Bundestag ein Interessengegensatz ab, könnte der Bundestag, der Bundesrat oder ein Drittel der Mitglieder der Volksvertretung eines Landes den Vermittlungsausschuss anrufen. Im weiteren Verlauf würde der Bundestag dann entweder mangels eines Vermittlungsvorschlags an seinem bisherigen Beschluss festhalten oder über den im Ausschuss gefundenen Kompro-

---

[1541] So beispielsweise *Volker Haug*, DÖV 2004, 190 (194); *Wito Schwanengel*, DÖV 2004, 553 (557); eher optimistisch *Ferdinand Kirchhof*, DVBl. 2004, 977 (981).

[1542] So auch *Volker Haug*, DÖV 2004, 190 (194).

[1543] BT-Drs. 12/6000, S. 34.

miss beschließen. Für das sich hieran anschließende Verfahren im Bundesrat gälte das oben Ausgeführte.[1544]

Ein solcher Beschluss unterläge nicht dem Zustimmungsrecht des Bundesrates, so dass keine Blockaden zu befürchten wären. Ein Vorteil dieses prozeduralen Ansatzes liegt darin, dass eine Rückführung von Materien der konkurrierenden Gesetzgebung nicht mehr im Ermessen des Bundes liegen würde, sondern auf Initiative der Volksvertretungen in den Ländern erfolgte.

Dem kann auch nicht entgegengehalten werden, dass die Verpflichtung des Bundestages, auf Antrag über die Erforderlichkeitsfrage zu beschließen, seine Entscheidungsfreiheit einschränke und wenig praktikabel sei.[1545] Die Entscheidung, ob eine bundeseinheitliche Regelung noch erforderlich ist, träfe weiterhin der Bund – nur mit dem Unterschied, dass dem Antragsrecht der Landtage eine Anstoßfunktion zukäme und die Länder nicht mehr von der Beurteilung der Erforderlichkeitsfrage ausgeschlossen wären. Ob sie von dieser Möglichkeit tatsächlich Gebrauch machen, wäre abzuwarten.

Zieht man aus der Forderung des Bundesverfassungsgerichts, dass sich die Auslegung des Art. 72 Abs. 2 GG am bundesstaatlichen Integrationsinteresse auszurichten hat, die verfahrensrechtlichen Konsequenzen, ergibt sich folgendes Ergebnis:

Da Art. 72 Abs. 2 GG dem Bund keinen Vorrang bei der Auslegung und Ausübung der konkurrierenden Gesetzgebungskompetenz verleiht, steht einer Beteiligung der Länder an der Beantwortung der Erforderlichkeitsfrage kein verfassungsrechtliches Hindernis entgegen. Bei der im Rahmen des Art. 72 Abs. 2 GG zu treffenden Abwägung handelt es sich nicht nur um eine rechtliche, sondern auch um eine politische Entscheidung. Die Entscheidung der Frage, ob eine bundeseinheitliche Regelung im Vergleich zu landesrechtlichen Bestimmungen unerlässlich ist, könnte sich unter Mitwirkung der Länder im Vermittlungsausschuss in folgenden Schritten vollziehen:[1546]

Als erstes stellt sich notwendigerweise die Frage, ob die Erreichung einer der Zielvorgaben überhaupt (noch) geboten ist. Diese Frage kann nur beantwortet werden, wenn hinreichend feststeht, ob die Herstellung gleichwertiger Lebensverhältnisse notwendig ist, bestehende gleichwertige Lebensverhältnisse bedroht sind[1547] oder die Rechts- bzw. Wirtschaftseinheit im Bundesgebiet auf dem Spiel steht. Dieser Prognoseentscheidung wären seitens des Bundes und der Länder die relevanten empirischen Daten und Erfah-

---

[1544] § 8 VII 5 c) dd).

[1545] BT-Drs. 12/6000, S. 34.

[1546] Die Prüfungsreihenfolge entspricht in etwa derjenigen, die das Bundesverfassungsgericht in seinem Urteil zum Bundesaltenpflegegesetz vornimmt, vgl. BVerfGE 106, 62 (152 f.).

[1547] Obwohl diese Möglichkeit nicht mehr vom Wortlaut des Art. 72 Abs. 2 GG erfasst ist, unterfällt auch die *Wahrung* gleichwertiger Lebensverhältnisse der ersten Alternative, *Christoph Degenhart*, in: Sachs (Hrsg.), GG, 3. Aufl. 2003, Art. 72 Rdn. 12; *Philip Kunig*, in: von Münch/Kunig, GG, Bd. 3, 5. Aufl. 2003, Rdn. 20, 25; *Stefan Oeter*, in: von Mangoldt/Klein/Starck, Das Bonner GG, Bd. 2, 4. Aufl. 2000, Art. 72 Rdn. 97; *Rupert Stettner*, in: Dreier (Hrsg.), GG, Bd. II, 1998, Art. 72 Rdn. 12 f., 19; zur alten Bedürfnisklausel *Rupert Scholz*, in: Festgabe 25 Jahre Bundesverfassungsgericht, Bd. II, 1976, S. 252 (261).

rungssätze zugrunde zu legen. Da die Auswahl dieses Materials wiederum ein wertender – und damit politischer – Prozess ist, sind die Länder schon in diesem Stadium in dem oben vorgeschlagenen Verfahren[1548] zu beteiligen.

Wird die Notwendigkeit einer Berücksichtigung der Zielvorgaben des Art. 72 Abs. 2 GG verneint, bleibt alles beim Alten: Die Länder behalten ihre grundsätzliche Gesetzgebungszuständigkeit.

Sehen Bund und Länder hingegen konkreten Handlungsbedarf, ist in einem zweiten Schritt abzuwägen, ob den Zielvorgaben eher mit Hilfe eines Bundesgesetzes Rechnung getragen werden kann oder landesrechtliche Bestimmungen ausreichen. In diesem Zusammenhang müssen die politischen Akteure Einigkeit hinsichtlich der Frage erzielen, inwieweit landesunterschiedliche Regelungen vor dem Hintergrund der Vorgaben des Art. 72 Abs. 2 GG hinnehmbar sind. Dieser Schritt bietet für das Verfassungsgericht einen Ansatzpunkt hinsichtlich der Frage, ob die Beteiligten sämtliche wesentlichen Belange in den Prognosevorgang einbezogen haben. An die Stelle einer eigenen Wertung, durch die sich das Gericht in den politischen Entscheidungsprozeß „einschalten" würde, träte eine Überprüfung des Beteiligungsverfahrens. Das Gericht wäre beispielsweise in der Lage, anhand der Protokolle nachzuvollziehen, ob die Beteiligten Erwägungen hinsichtlich ihrer gemeinschaftlichen Grundrechtsverantwortung angestellt haben.[1549]

Sind die zu erwartenden oder bestehenden Ungleichheiten hinnehmbar, verbleibt die Regelungszuständigkeit bei den Ländern. Droht hingegen eine Beeinträchtigung der Zielvorgaben des Art. 72 Abs. 2 GG, müssen sich Bund und Länder mit der Frage auseinandersetzen, ob eine Inanspruchnahme der konkurrierenden Gesetzgebungsmaterie durch den Bund unerlässlich ist.

Sind nämlich die Länder nicht willens oder in der Lage, entsprechende Gesetze zu erlassen, kann der Bund die Materie ohne weiteres an sich ziehen.

Auf diese Weise würde geklärt, ob und wann welche Gesetzgebungskörperschaft sich der betreffenden Regelungsmaterie annehmen würde. Die in den Entscheidungsgründen des Altenpflege-Urteils beschriebene Situation, in der Bund und Länder darauf gewartet haben, dass jeweils die andere Seite tätig wird, würde vermieden, was zu mehr Rechtssicherheit und Verlässlichkeit in der Normgebung führen würde.

Zu diesem Zweck wäre es auch denkbar, dass sich die Länder im Sinne einer freiwilligen Selbstverpflichtung[1550] dazu bereit erklären, bis zu einem bestimmten Zeitpunkt tätig zu werden, mit der Folge, dass der Bund nach fruchtlosem Verstreichen der Frist ein Gesetz

---

[1548] Zu diesem Verfahren im Einzelnen § 8 VII 5 c) dd).

[1549] Diese Verantwortung folgt indes nicht aus Art. 72 Abs. 2 GG, vgl. oben § 8 VII 5 c) bb).

[1550] Eine Verpflichtung zur Ausfüllung der freigewordenen Materie durch die Länder besteht nicht, *Philip Kunig*, in: von Münch/Kunig, GG, Bd. 3, 5. Aufl. 2003, Art. 72 Rdn. 34.

erlässt.[1551] Hiergegen könnten sich die Länder dann nur unter eingeschränkten Voraussetzungen im Verfahren nach Art. 93 Abs. 1 Nr. 2a BVerfGG wenden, wenn sie sich nicht dem dolo-agit-Einwand aussetzen wollen.[1552] Entsprechendes gälte für den Fall, dass die Länder eine Anrufung des Vermittlungsausschusses versäumt haben.

Auch wenn ein gesondertes kompetenzielles Entscheidungsverfahren zeitaufwendig zu sein scheint, ist es geeignet, die Nachteile zu kompensieren, die dadurch entstehen, dass Gesetzesvorhaben in langwierigen verfassungsgerichtlichen Verfahren zur Überprüfung gestellt werden. Schließlich wäre es auch unter dem Gesichtspunkt der Gewaltenteilung zu begrüßen, die Ausübung von Kompetenzen einer präventiven politischen statt einer repressiven gerichtlichen Kontrolle zu unterwerfen. Nicht umsonst wird immer wieder die Einschaltung des Bundesverfassungsgerichts in politischen Streitigkeiten gerügt.[1553]

Darüber hinaus ist eine Abkehr des Bundesverfassungsgerichts von seiner bisherigen Rechtsprechung zu fordern, nach der die abstrakte, rein theoretische Möglichkeit der Länder zu einer koordinierten Gesetzgebung die Erforderlichkeit nicht entfallen lässt. Vielmehr sollte ein koordiniertes Vorgehen der Länder ausreichen, um ein Tätigwerden des Bundes abzuwenden.

[1551] Diese Möglichkeit ist für den Fall, dass der Bund den Ländern zuvor kommt, bereits anerkannt: Der Gesetzgeber kann bei der Inanspruchnahme seiner konkurrierenden Kompetenz ein Gesetz befristen, mit der Folge, dass den Ländern nach Fristablauf das Gesetzgebungsrecht zufällt, hierzu *Philip Kunig*, a. a. O., Art. 72 Rdn. 32.

[1552] Zur Anwendung von Treu und Glauben im Rahmen der Bundestreue, *Josef Isensee*, in: Isensee/Kirchhof (Hrsg.), HbStR, Band IV, 1990, § 98 Rdn. 158.

[1553] Dies zu vermeiden, war ursprünglich die Zielsetzung der Verfassungskommission Verfassungsreform, BR-Drs. 360/92 Rdn. 59; kritisch auch *Arndt Schmehl*, DÖV 1996, 724 (725).

§ 9 *Zusammenfassende Thesen und Vorschläge*

Konzepte föderalistischer Verfassungen – vom Deutschen Bund bis zur Erfurter Unionsverfassung[1554]

1.
Obwohl es sich bei dem deutschen Bund um einen Staatenbund handelte, wies die Frankfurter Bundesversammlung bereits Ähnlichkeiten mit nachfolgenden Ländervertretungen auf: Auch bei ihr handelte es sich um ein ständig tagendes Organ, die Regierungsgesandten waren weisungsabhängig, die Länder hatten ein unterschiedliches Stimmgewicht, Beschlüsse wurden mit der Mehrheit der Stimmen gefasst und Verfassungsänderungen bedurften einer qualifizierten Stimmenzahl.

2.
Die ersten beiden – nicht in Kraft getretenen – bundesstaatlichen Verfassungen wiesen starke unitarische Elemente auf, die der Erreichung und dem Erhalt der deutschen Einheit dienten. Die bundesstaatliche Ordnung sollte hingegen ein Zugeständnis an die Einzelstaaten sein.

Ausdruck dieser Betonung gesamtstaatlicher Macht war die starke Stellung des Gesetzgebungsorgans. Dies bestand unter der Paulskirchen- und Erfurter Unionsverfassung aus dem Volks- und dem Staatenhaus. In beiden Häusern waren die Abgeordneten bzw. Reichsräte von Weisungen ihrer Regierungen unabhängig.

Konzepte föderalistischer Verfassungen – von der Verfassung des Norddeutschen Bundes bis zur Weimarer Reichsverfassung[1555]

3.
Die unitarische Entwicklung setzte sich unter der *Verfassung des Norddeutschen Bundes* fort: Die angestrebte deutsche Einheit und länderübergreifende Verwirklichung des Grundrechtsschutzes führten dazu, dass der Großteil der Gesetzgebungskompetenzen beim Gesamtstaat lag. Demgegenüber sollte die Beibehaltung der bundesstaatlichen Ordnung ein Zugeständnis an die Partikularinteressen der Einzelstaaten sein, um sie zur Aufgabe ihrer Souveränität zu bewegen.

4.
Die Norddeutsche Bundesverfassung übernahm – in Abkehr vom Senatsmodell der Paulskirchen- und Unionsverfassung – das traditionelle Bundesratsmodell. Der Bundesrat war aufgrund seines absoluten Vetorechts ein gleichberechtigt neben dem Parlament stehendes Gesetzgebungsorgan.

[1554] Zu Abschnitt § 2 I, II.
[1555] Zu Abschnitt § 2 III, IV.

5.
Einen ebensolchen Kompromiss stellte die *Bismarcksche Reichsverfassung* dar, in welcher der Bundesrat als föderalistischer Gegenpol zum demokratisch-unitarischen Reichstag konzipiert war. Bundesstaats- und Demokratieprinzip waren sich ergänzende Elemente einer vertikalen Gewaltenteilung. Die vermittelnde Stellung des von Preußen gestellten Reichskanzlers, der dem Reichstag gegenüber verantwortlich und zugleich Vorsitzender des Bundesrats war, sorgte für einen Ausgleich gesamtstaatlicher und partikularer Interessen.

6.
Auch unter der Bismarckschen Reichsverfassung war ein Großteil der Gesetzgebungs- und Verwaltungskompetenzen beim Gesamtstaat angesiedelt, wodurch der Grundsatz weitgehend leer lief, dass vorrangig die Länder das Recht zur Gesetzgebung und zum Gesetzesvollzug hatten. Neben ungeschriebenen Gesetzgebungskompetenzen zog das Reich insbesondere auf dem Gebiet der konkurrierenden Gesetzgebung mehr und mehr Zuständigkeiten an sich.

Eine ähnliche Entwicklung vollzog sich auf dem Gebiet der Verwaltung: Im Rahmen der Reichs- und Landesauftragsverwaltung führte der Gesamtstaat einen Großteil der Reichs- und Landesgesetze aus.

7.
Sowohl unter der Verfassung des Norddeutschen Bundes als auch unter der Bismarckschen Reichsverfassung hatte der Bundesrat die Stellung eines gleichberechtigten Gesetzgebungsorgans. Darüber hinaus war er an der Reichsleitung beteiligt.

Dem stand die tatsächliche Verfassungsentwicklung entgegen: Infolge der sich allmählich entwickelnden parlamentarischen Verantwortlichkeit verlagerte sich ein Großteil exekutiver Befugnisse vom Bundesrat auf den Reichskanzler und seine ministeriellen Stellvertreter.

8.
Auch die *Weimarer Reichsverfassung* hielt an der bundesstaatlichen Ordnung fest. Grund hierfür waren die überlieferte Eigenstaatlichkeit der Länder sowie ihre Leistungen auf dem Gebiet der Verwaltung. Neben der Berücksichtigung regionaler Besonderheiten sollte der Föderalismus dem Erhalt der regionalen Machtbasis der Parteien und Verbände dienen, die sich während der revolutionären Umstürze in den Ländern gebildet hatten.

9.
Der Beibehaltung des föderalen Staatsaufbaus stand die voranschreitende Unitarisierung entgegen. Im Rahmen der konkurrierenden, Bedarfs- und Grundsatzgesetzgebung nahm das Reich mehr und mehr Regelungsgegenstände für sich in Anspruch.

Dies wurde dadurch begünstigt, dass die Verfassungsrechtsprechung der Legislative eine injustiziable Einschätzungsprärogative hinsichtlich der Frage zubilligte, ob ein Bedürfnis nach einer reichseinheitlichen Regelung bestand. Auch die unbestimmte Weite des Kompetenztitels der „Wohlfahrtspflege“ bei dem es sich unter der Bismarckschen

Reichsverfassung noch um eine Staatszielbestimmung gehandelt hatte, trug zu einer Ausweitung der Gesetzgebungstätigkeit des Reichs bei.

Darüber hinaus setzte sich die Unitarisierung auch auf dem Gebiet der Verwaltung fort.[1556]

10.

Es war jedoch nicht nur der Gesamtstaat, der die Eigenstaatlichkeit der Länder durch eine übermäßige Inanspruchnahme von Kompetenzen aushöhlte. Auch die Länder begünstigten diesen Kompetenzverlust, indem sie einen Teil ihrer Verwaltungsaufgaben auf gemeinschaftliche Einrichtungen übertrugen, die Verwaltungspraxis aufeinander abstimmten und ihre Gesetze einander anglichen.

11.

Die verfassungsrechtliche Festschreibung der parlamentarischen Demokratie führte zu einem Bedeutungszuwachs der Volksvertretung, die den Bundesrat als Träger der Souveränität ablöste. Der Einfluss der Ländervertretung auf die Gesetzgebung blieb auf ein – wenn auch nur schwer überwindbares – Vetorecht beschränkt.

Der Bundesrat war nicht mehr – wie noch unter den vorhergehenden Verfassungen – an der Regierungsgewalt beteiligt, sondern war lediglich von den Reichsministerien über die Führung der Reichsgeschäfte zu unterrichten.

12.

Die starke Stellung des Reichspräsidenten, die Betonung direkt-demokratischer Elemente und die verfassungsrechtliche Festschreibung des freien Mandats sollten die einsetzende Parteienstaatlichkeit zurückdrängen.

13.

Die Beibehaltung der traditionellen Bundesstaatlichkeit stand im Widerspruch zur Abnahme einzelstaatlicher Befugnisse. Angesichts dessen bedurfte der Föderalismus einer neuen Rechtfertigung: Seine Bedeutung wandelte sich von einem Wesens- zu einem formalen Gestaltungsprinzip, dessen Sinn in einer vertikalen Gewaltenteilung gesehen wurde.

Die Festschreibung der parlamentarischen Demokratie in Reich und Ländern hatte zur Folge, dass die Opposition in den Ländern an die Macht gelangen konnte und über den Reichsrat Einfluss auf die Reichspolitik nahm. Die auf diese Weise in den Bundesrat vordringende Parteienstaatlichkeit führte dazu, dass das Bundesstaatsprinzip das Demokratieprinzip nicht mehr nur ergänzte,[1557] sondern – im Fall parteipolitischer Konfrontation – überlagerte, so dass erste Spannungen zwischen den Gesetzgebungsorganen auftraten.

Aus dem Bundesrat war – entgegen seiner historischen Funktion – ein Organ geworden, in dem Bundesstaatsprinzip und parlamentarische Demokratie aufeinander trafen.

[1556] Vgl. Thesen 6 und 10.

[1557] Vgl. These 5.

Die Entscheidung des Parlamentarischen Rates für die Bundesratslösung[1558]

14.
Bereits im Parlamentarischen Rat erkannte man die Vor- und Nachteile des Bundesrats- bzw. Senatsmodells – Argumente, die in den nachfolgenden Jahrzehnten immer wieder aufgegriffen wurden:

So wurde gegen die Senatslösung vorgebracht, dass sie zu einer Überbetonung des parteipolitischen Elements gesamtstaatlicher Entscheidungsfindung führe. Demgegenüber bilde der aus instruierten Vertretern der Landesregierungen bestehende Bundesrat ein *Gegengewicht* zu einem sonst übermächtigen Parlamentarismus.[1559]

Gegen den Bundesrat wurde eingewandt, dass ihm die *demokratische Legitimation* fehle und seine Mitglieder nicht dem ganzen Volk und damit dem *Gemeinwohl* verpflichtet seien.

Auch widerspreche seine Zusammensetzung aus Vertretern der Landesregierungen der *Gewaltenteilung*.

15.
Nichtsdestoweniger entschieden sich auch diejenigen Parlamentarier für das Bundesratsmodell, die zunächst die Einrichtung eines Senats bzw. Mischmodelle befürwortet hatten. Einer der Gründe lag darin, dass man ein gleichberechtigt an der Gesetzgebung beteiligtes „Länderorgan“ verhindern wollte. Darüber hinaus versprach man sich vom verfassungshistorisch überlieferten Bundesrat eine effektivere Einflussnahme der Landesparteizentralen auf die Bundespolitik.[1560]

16.
Ebenso kontrovers war die Diskussion um die konkrete Ausgestaltung seines Mitwirkungsrechts: Die Standpunkte reichten von einem bloßen – mit jeweils unterschiedlichen Bundestagsmehrheiten überwindbaren – Einspruchsrecht bis hin zu einem Vetorecht, das ihn zu einem mit dem Bundestag gleichberechtigten Gesetzgebungsorgan machen sollte. Darüber hinaus wurde – an die Bismarcksche Tradition anknüpfend – seine Beteiligung an der Regierung des Gesamtstaats in Betracht gezogen.[1561]

17.
Der schließlich gefundene Kompromiss bewegt sich zwischen dem Bundesrat Bismarckscher Prägung und dem Reichsrat der Weimarer Reichsverfassung: Anstelle einer gleichberechtigten Teilhabe an Gesetzgebung und Regierung[1562] entschied man sich für ein *gestuftes* Mitwirkungsrecht an der *Gesetzgebung* und *Verwaltung*.

[1558] Zu Abschnitt § **4 I.**
[1559] Siehe auch die Thesen 54 ff.
[1560] Vgl. These 8.
[1561] Vgl. These 11.
[1562] Ebenda.

Die Entwicklung des Föderalismus in Deutschland – Die voranschreitende Unitarisierung[1563]

18.
Die schon unter der Bismarckschen Reichsverfassung begonnene Unitarisierung setzte sich unter der dem Grundgesetz fort. Ein Grund für die Kompetenzverlagerungen von den Gliedstaaten auf den Gesamtstaat liegt in der unbestimmten Weite des *Sozialstaatsgebots,*[1564] das unter anderem in Verbindung mit der *Bedürfnisklausel* des Art. 72 Abs. 2 a. F. GG zu einer Ausuferung der Gesetzgebung des Bundes führte.[1565]

19.
Der Kompetenzverlust der Länder sollte durch eine Ausweitung ihrer Mitwirkung an der gesamtstaatlichen Willensbildung ausgeglichen werden. Diesem Zweck diente die verfassungsrechtliche Festschreibung von Zustimmungsrechten des Bundesrates. Diese sowie die vom Bundesverfassungsgericht im Zusammenhang mit Art. 84 GG vertretene Einheitsthese führten zu einer rapiden Zunahme zustimmungsbedürftiger Gesetze, infolge derer das *Regel-Ausnahme-Verhältnis* von Einspruchs- und Zustimmungsgesetzen unterlaufen wurde.

20.
Ein weiterer Grund für die Verlagerung von Gesetzgebungskompetenzen auf den Gesamtstaat lag in der *ausgiebigen* Inanspruchnahme konkurrierender Gesetzgebungsmaterien durch den Bund, die durch die weite Auslegung der Bedürfnisklausel des Art. 72 Abs. 2 a. F. GG gefördert wurde – eine Judikatur, die schon unter der Weimarer Reichsverfassung ihren Anfang genommen hatte.

Eine ähnliche Entwicklung zeichnete sich hinsichtlich der *Rahmengesetzgebungskompetenz* ab, die der Bund voll ausschöpfte.

21.
Darüber hinaus dehnte der Bund seinen Einfluss auf die Landesverwaltung aus, indem er in großem Umfang die Behördenorganisation und das Verwaltungsverfahren regelte. Diese Tendenz wurde durch das Institut der Bundesauftragsverwaltung sowie das bereits in der Weimarer Reichsverfassung statuierte Recht des Bundes, durch einfaches Gesetz eigene Behörden und juristische Personen zu errichten, verstärkt.

Die Unitarisierung wurde ferner dadurch begünstigt, dass der Bund im Rahmen der *Gemeinschaftsaufgaben* Einfluss auch auf diejenigen Gebiete der Landesverwaltung ausübte, die eigentlich den Ländern vorbehalten waren.

[1563] Zu Abschnitt § 4 II 1.
[1564] Vgl. These 9.
[1565] Ebenda.

Erscheinungsformen und Wirkungen des kooperativen Föderalismus[1566]

22.
Mitursächlich für die Abnahme gliedstaatlicher Eigenständigkeit ist neben der Unitarisierung der kooperative Föderalismus, das heißt, das konsensorientierte arbeitsteilige Zusammenwirken von Bund und Ländern bzw. der Länder untereinander in zwischenstaatlichen Gremien.[1567]

23.
Angesichts des schon unter der Bismarckschen Reichsverfassung einsetzenden Verlusts der historischen Selbständigkeit der Länder bedurfte die Bundesstaatlichkeit einer *neuen Rechtfertigung*, die überwiegend in der vertikalen Gewaltenteilung gesehen wurde.[1568] Neben diesem macht*hemmenden* Verständnis sah man in der föderalen Gliederung schon früh ein Mittel *effizienter staatlicher Aufgabenbewältigung*.

24.
Dementsprechend liegt einer der Vorzüge des Föderalismus in seiner Funktion als *Organisationsprinzip*, das eine optimale Bewältigung staatlicher Aufgaben gewährleistet.

Darüber hinaus entfaltet er neben der Berücksichtigung *regionaler Aspekte* eine *freiheitssichernde Wirkung*: Die Folgen des demokratischen Mehrheitsprinzips werden dadurch abgeschwächt, dass der Opposition im Bund die Gelegenheit gegeben wird, in den Ländern an die Regierung zu kommen und über den Bundesrat an der gesamtstaatlichen Willensbildung teilzuhaben.[1569]

25.
Das auf Konsens angelegte System des kooperativen Föderalismus versagt jedoch, wenn – wie geschehen – die Länder so viele Kompetenzen auf zwischenstaatliche Einrichtungen bzw. auf den Bund übertragen, dass ein *Machtgefälle* entsteht, aufgrund dessen sie ihm keine eigenstaatlichen Kompetenzen mehr entgegenzusetzen haben.

26.
Ein *Übermaß* an Kooperation nimmt den Ländern die Möglichkeit, selbständige Problemlösungsstrategien zu entwickeln, die auf regionaler Ebene umgesetzt, erprobt und gegebenenfalls auf den Gesamtstaat angewandt werden können.

Hinzu tritt der Umstand, dass sich die unter Beteiligung der oppositionellen Minderheit zu treffenden Entscheidungen nur auf kleinstem gemeinsamen Nenner bewegen, was in Zeiten erhöhten Reformbedarfs auf Kosten *schlüssiger*, in sich *stimmiger* Konzepte geht. Die positive Wirkung des kooperativen Föderalismus als *Organisationsprinzip* wird hierdurch beeinträchtigt.

[1566] Zu Abschnitt **§ 4 II 2** und folgenden.
[1567] Vgl. These 10.
[1568] Vgl. These 13.
[1569] Vgl. These 13.

27.
Die Verflechtungen des kooperativen Föderalismus führen dazu, dass die in zwischenstaatlichen Einrichtungen getroffenen Entscheidungen nur noch unter erschwerten Bedingungen auf die jeweiligen Entscheidungsträger zurückgeführt werden können, wodurch Verantwortungszusammenhänge verdeckt werden.

28.
Die Koordination überregionaler Aufgaben wird im kooperativen Föderalismus überwiegend von den Landesregierungen wahrgenommen. Die Landesparlamente bleiben vom Prozess des Aushandelns und der Koordination ausgeschlossen. Neben der Umsetzung der in zwischenstaatlichen Gremien vorgefassten Beschlüsse sind die Landtage auf die parlamentarische Kontrolle in grundsätzlichen Fragen beschränkt. Diese Ratifizierungssituation führt zu einem *Kontrolldefizit* zwischen Landtag und Landesregierung, das sich im Verhältnis Landtag – Wahlvolk fortsetzt.

Der Begriff der Blockade – Versuch einer Begriffsbestimmung[1570]

29.
Bei dem Begriff der „Blockade" handelt es sich um ein politisches bzw. publizistisches Schlagwort, das zur Lösung des Problems parteipolitischer Konfrontation zwischen den Gesetzgebungsorganen ungeeignet ist.

Die Einbeziehung des Bundesrates in das Gesetzgebungsverfahren[1571]

30.
Aus einer Gesamtschau der Normen, welche die Stellung des Bundesrats im Gesetzgebungsverfahren betreffen, geht hervor, das dieser – im Vergleich zu seinem Vorgänger – nur *ausnahmsweise* in die Nähe eines gleichberechtigten Gesetzgebungsorgans rückt.[1572]

31.
Sowohl bei Einspruchs- als auch bei Zustimmungsgesetzen sieht das Grundgesetz Verständigungsmöglichkeiten vor. Die Pflicht bzw. das Recht der Gesetzgebungsorgane schon im Initiativverfahren eine gegenseitige Information, Fühlungnahme und Koordination anzustreben und gegebenenfalls den Vermittlungsausschuss anzurufen, entspricht der *Konsensorientierung* des Grundgesetzes. Aus dem Gesamtzusammenhang dieser Normen folgt, dass gegenseitige Blockaden der Gesetzgebungsorgane verfassungsrechtlich unerwünscht sind.

32.
Für den Fall der Zustimmungsverweigerung ist der Bundesrat *nicht* zu einer vorherigen Anrufung des Vermittlungsausschusses verpflichtet. Dies wirkt sich vor dem Hinter-

---

[1570] Zu Abschnitt **§ 6.**
[1571] Zu Abschnitt **§ 7 I.**
[1572] Vgl. die Thesen 4, 7 und 11.

grund des Anstiegs zustimmungsbedürftiger Materien besonders nachteilig auf die Konsensbereitschaft der politischen Akteure aus. Der Bundesrat sollte in Zukunft auch bei Zustimmungsgesetzen zu einer Anrufung des Vermittlungsausschusses verpflichtet sein, bevor er sein Veto einlegt.

Vergleichbarkeit des Bundesrates mit einer parlamentarischen Körperschaft?[1573]

33.
Bedenken gegen eine parteipolitisch motivierte Konfrontation lassen sich nicht mit dem Argument entkräften, dass es sich bei der Institution des Bundesrats nur um eine *föderalistische Variante des Parlamentarismus* handele, so dass etwaige Spannungen zwischen den Gesetzgebungsorganen hingenommen werden müssten. Zwar weisen beide Gesetzgebungsorgane Gemeinsamkeiten auf, doch handelt es sich hierbei um für Beschlussorgane typische Strukturelemente, welche die Entscheidungsfindung und Mehrheitsbildung erleichtern sollen.

34.
Aus der Pflicht des Bundesrats, die Bundesregierung „auf dem Laufenden zu halten", folgt weder seine Einbeziehung in das System parlamentarisch-demokratischer Abhängigkeit noch seine Teilhabe an der Regierung: Im Gegensatz zu seiner Stellung unter der Bismarckschen Reichsverfassung ist er nicht organisatorisch in die Bundesregierung eingegliedert.[1574] Hauptschnittpunkt zwischen Bundesregierung und Bundesrat ist stattdessen die Vorschrift des Art. 53 GG, die als Ausdruck der Konsensorientierung des Grundgesetzes den Kontakt zwischen beiden Verfassungsorganen herstellt und die fehlende Beteiligung des Bundesrats an der Regierungsgewalt zu einem gewissen Ausgleich bringt.[1575]

35.
Die unterschiedliche Rechtsstellung der Mitglieder von Bundestag und Bundesrat führt nicht zu einer grundsätzlichen Unvereinbarkeit demokratischer und föderaler Entscheidungsfindung, sondern ist vor dem Hintergrund des Grundgesetzes als *gemischter Verfassung* hinzunehmen. Der Grund für Spannungen zwischen den beiden Gesetzgebungsorganen liegt vielmehr in der *Verflechtung* von Bund- und Länderinteressen durch den kooperativen Föderalismus und die Zunahme zustimmungsbedürftiger Materien.

[1573] Zu Abschnitt **§ 7 II , III.**
[1574] Vgl. These 5.
[1575] Vgl. These 11.

Der Einfluss des Bundesrats auf das Demokratieprinzip vor dem Hintergrund der Parteienstaatlichkeit[1576]

36.
Notwendige Folge des parlamentarischen Regierungssystems in den Ländern ist, dass die Parteien über den Bundesrat Einfluss auf die gesamtstaatliche Willensbildung nehmen.[1577] Auf diese Weise werden die in Bund und Ländern gleichermaßen vertretenen Parteien zu einem *Bindeglied* zwischen Bundes- und Landespolitik.

Diese Überschneidungen werden durch die Verflechtungen des kooperativen Föderalismus und den Zuwachs zustimmungsbedürftiger Materien verstärkt. Infolgedessen treten bei Abstimmungen im Bundesrat föderalistische Aspekte zugunsten bundespolitischer Interessen zurück.

37.
In den Fällen, in denen die Opposition ihre Interessen über den Bundesrat verfolgt, verliert das Bundesstaatsprinzip seine ursprüngliche föderalistische Bedeutung. Die unüberwindbare Vetoposition des Bundesrates führt dazu, dass das Bundesstaatsprinzip die demokratische Entscheidungsfindung überlagert.[1578]

38.
Diese Überlagerung bleibt nicht ohne Auswirkungen auf die Stellung der Parlamentarier. Indem die Bundesopposition maßgeblichen Einfluss auf die gesamtstaatliche Entscheidungsfindung bekommt, wird das – im Idealfall – zwischen Art. 38 Abs. 1 S. 2 und Art. 21 GG bestehende Gleichgewicht gestört: Die „politische Handlungsfreiheit" der unabhängigen Mandatsträger[1579] wird über den Bundesrat zugunsten des parteienstaatlichen Parlamentarismus geschwächt.

Das Verhältnis des Bundesrates zur Bundesregierung vor dem Hintergrund der Gewaltenteilung[1580]

39.
Ein rechtlicher Vorbehaltsbereich der Regierung im Verhältnis zu anderen Staatsorganen lässt sich dem Grundgesetz nicht entnehmen. Vielmehr regelt das Grundgesetz nur *typische Teilausschnitte* von Regierungstätigkeiten, die jeweils *im Zusammenwirken* mit anderen Staatsorganen, wie dem Bundestag und Bundesrat, wahrgenommen werden.

Zwar ist dem Bundesverfassungsgericht darin zu folgen, dass es einen *unantastbaren Kernbereich* von Regierungskompetenzen geben muss. Nur auf diese Weise ist der Regierung ein selbständiges Handeln möglich, für das sie politisch zur Verantwortung ge-

---

[1576] Zu Abschnitt **§ 7 IV 1.**
[1577] Vgl. These 13.
[1578] Ebenda.
[1579] Vgl. These 12.
[1580] Zu Abschnitt **§ 7 IV 2.**

zogen werden kann. Eine Kompetenzabgrenzung im Verhältnis zum Bundesrat gestattet die Kernbereichsthese jedoch nicht.

40.
Demgegenüber verfügt die Bundesregierung über *tatsächliche Handlungsspielräume*, die ihr die Fähigkeit verleihen, in Verantwortung gegenüber der Volksvertretung der gesamten Staatstätigkeit eine bestimmte Richtung zu geben, indem sie Aufgaben wie die der *Initiative, Vorausschau, Planung* und *Integration* wahrnimmt.

41.
Das Recht des Bundesrates zur Gesetzesinitiative sowie sein Zustimmungsrecht erlauben den Landesregierungen, eigene Problemlösungsstrategien einzubringen oder die von der Regierung mit Unterstützung der parlamentarischen Mehrheit auf den Weg gebrachten Konzepte zu modifizieren. Der *Initiativ- und Planungsgewalt* der Bundesregierung sind enge Grenzen gesetzt, da sie die Vorstellungen der im Bundesrat vertretenen oppositionellen Landesregierungen berücksichtigen muss, um nicht ein Scheitern ihres Gesetzesvorhabens zu riskieren.

42.
Diese Zwänge entsprechen einerseits der *Integrationsfunktion* der Bundesregierung. Andererseits lässt der Zwang zur Integration der parlamentarischen Minderheit die übrigen regierungstypischen Aufgaben wie die der *Vorausschau, Initiative* und *Planung* in den Hintergrund geraten:

Für den Fall, dass die Opposition im Bundesrat über die Mehrheit verfügt, muss die Bundesregierung stets die – unter Umständen konträren – Vorstellungen des politischen Gegners im Auge behalten.

Angesichts dessen lassen sich einheitliche über lange Zeiträume *tragfähige* (Reform) Konzepte nicht realisieren, so dass die Bundesregierung ihrer Vorsorgeaufgabe nur in unzureichendem Maße nachkommen kann.

Darüber hinausgehend stellt sich die Frage, ob die Bundesregierung noch die *parlamentarische Verantwortung* für Konzepte übernehmen kann, deren Gestalt sich durch den letztlich gefundenen Gesetzeskompromiss maßgeblich verändert hat.

Der Einfluss des Bundesrats auf das Demokratieprinzip und die Rolle der Opposition[1581]

43.
Grundlegendes Strukturprinzip der Demokratie ist die Orientierung staatlicher Willensbildung an der Mehrheit. Hierbei kann Demokratie nur bedingt als *Herrschaft der Mehrheit auf Zeit* verstanden werden. Das Mehrheitsprinzip erfährt unter anderem eine Relativierung durch das Zusammenwirken von Bundestag und Bundesrat bei der Gesetzgebung. Der Grund für diese Abschwächung liegt im Demokratieprinzip selbst: Die Herr-

[1581] Zu Abschnitt **§ 7 IV 4** und folgenden.

schaft der parlamentarischen Mehrheit ist nur erträglich, wenn die Opposition die faire Chance bekommt, an die Regierung zu kommen.

44.
Dieser Grundsatz wird unterlaufen, wenn die Bedeutung der Opposition derart wächst, dass sie nicht nur die Chance auf einen Regierungswechsel in der nächsten Legislaturperiode wahrnimmt, sondern maßgeblichen Einfluss auf politische Entscheidungen der *laufenden* Wahlperiode hat. Dies gilt auch dann, wenn man eine der Aufgaben der Opposition darin sieht, den Machtwechsel herbeizuführen.

45.
Das Demokratieprinzip soll der parlamentarischen Mehrheit eine Erfüllung ihres Wahlauftrags ermöglichen. Das parlamentarische Regierungssystem ist insoweit auf *Stabilität* ausgerichtet, als das Mehrheitsprinzip eine klare Entscheidung darüber herbeiführt, welche Partei bzw. Parteienkoalition für die Dauer einer Legislaturperiode die Staatsführung übernehmen soll. Diese klare Entscheidung wird unterlaufen, wenn die Opposition im Bundesrat in über der Hälfte aller Gesetzgebungsvorhaben „das letzte Wort" hat.

46.
Die Regierung muss angesichts der zugenommenen Bedeutung des Bundesrats auch die Interessen der oppositionellen Bundesratsmehrheit im Auge behalten, wenn sie – im Fall der Zustimmungsbedürftigkeit – nicht ein Scheitern ihres Gesetzgebungsvorhabens riskieren will. Infolgedessen ist es ihr und der sie tragenden Parlamentsmehrheit nur in eingeschränktem Maße möglich, *ihr* Programm durchzusetzen und die ihr anvertraute Staatsführung zu verwirklichen.

47.
Die hierdurch bewirkte Ausrichtung am parteiübergreifenden Konsens hat den Vorteil größerer *Stabilität*, da hochumstrittene Entscheidungen von der Opposition mitgetragen werden. Dem steht der Nachteil gegenüber, dass in Zeiten erhöhten Reformbedarfs groß angelegte strukturelle Reformen kaum zu verwirklichen sind, da *in sich geschlossene* und *stimmige* Konzepte nicht im parteiübergreifenden Konsens realisierbar sind.

48.
Die zunehmende Bedeutung des Bundesrats hat zu einem Machtzuwachs der parlamentarischen Minderheit geführt. Verfügt sie über die Mehrheit im Bundesrat, ist sie in der Lage, Opposition auf außerparlamentarischem Wege zu betreiben. Dies führt vermehrt zu einem Wechsel oppositioneller Strategien. An die Stelle konstruktiver Kritik und Alternativenbildung treten tendenziell Hemmung und Blockade der Regierung. *Kooperation* und *Konfrontation* stehen nicht mehr in einem ausgewogenen Verhältnis zueinander; dies ist auf Dauer dem Funktionieren einer am Konsens ausgerichteten Gesetzgebung abträglich.

49.
Konstruktive Aspekte der Oppositionsarbeit geraten in den Hintergrund. Dies schadet langfristig nicht nur der Demokratie, sondern auch der Opposition, da mit zunehmender Blockade eine Selbstdarstellung der parlamentarischen Minderheit als „Regierung im Wartestand" kaum möglich ist. Letztlich ist damit ihre Funktion, den Machtwechsel herbeizuführen, gefährdet.

50.
Dem kann nicht entgegengehalten werden, dass diese Erscheinungen vor dem Hintergrund des Parteienbundesstaats hinzunehmen sind. Denn in den Fällen der Zustimmungsbedürftigkeit kann in über der Hälfte der Gesetze nicht mehr die parlamentarische Mehrheit, sondern die oppositionelle Bundesratsmehrheit die letzte Entscheidung treffen. Dies führt zu einer schleichenden *Entwertung des Mehrheitsprinzips* und einer *Verdeckung von Verantwortungszusammenhängen.*

51.
Infolge dessen wird der für die demokratische Volkswillensbildung unerlässliche Informationsfluss gestört. Der Wähler kann am Ende einer Wahlperiode nur noch unter erschwerten Bedingungen „Bilanz ziehen", da eine *Zurechnung politischer Entscheidungen* kaum mehr möglich ist. Diese sind nicht nur das „Werk" der gewählten Partei bzw. Koalition, sondern das Ergebnis eines nur schwer durchschaubaren Parteienkompromisses.

52.
Auch die Länder erfahren durch die Konzentration der Oppositionsarbeit im Bundesrat nicht etwa eine Stärkung. Infolge der Dominanz bundespolitischer Fragen sinkt ihre Bedeutung als eigenständige politische Entscheidungszentren.

53.
Eine Bündelung von Landtagswahl-Terminen ist ansatzweise geeignet, zu einer Entflechtung der bundes- und landespolitischen Gemengelage beizutragen. Zumindest würde der Opposition die Möglichkeit genommen, sich kurz vor den Landtagswahlen durch eine Einflussnahme auf die Bundespolitik zu profilieren. Damit bliebe die Konsensfähigkeit der Parteien im Bund weitgehend unbeeinflusst von wahltaktischen Manövern in den Ländern.

Der Einfluss des Bundesrats auf das Gewaltenteilungsprinzip vor dem Hintergrund der Kernbereichsthese und der These von der Organadäquanz[1582]

54.
Die bundesstaatliche Gewaltenteilung verhindert eine uneingeschränkte Herrschaft der demokratischen Mehrheit. Sie dient dem Ausgleich des Machtgefälles, das zwischen Regierung und parlamentarischer Mehrheit auf der einen Seite und oppositioneller Minder-

[1582] Zu Abschnitt **§ 7 IV 6** und folgenden.

heit auf der anderen Seite besteht. Der Opposition soll die Möglichkeit eröffnet werden, den Wechsel auf der Bundesebene herbeizuführen, indem sie sich in den Bundesländern profiliert. Infolge ihrer Einbeziehung in die gesamtstaatliche Entscheidungsfindung über den Bundesrat entsteht eine gewaltenteilende *Pluralität politischer Entscheidungsgewalt.*[1583]

55.
Angesichts der Kompetenzverluste der Länder nimmt die Bedeutung dieser *konstruktiven* Komponente bundesstaatlicher Gewaltenteilung ab. An ihre Stelle tritt die Mitwirkung der Länder an der gesamtstaatlichen Entscheidungsfindung. In Verbindung mit der Zunahme zustimmungsbedürftiger Materien erhöht dies die Wahrscheinlichkeit von Blockaden, wodurch hemmende Aspekte vertikaler Gewaltenteilung in den Vordergrund treten.

56.
Neben die *hemmende* und *kontrollierende* Wirkung bundesstaatlicher Gewaltenteilung tritt die eines *Funktionszuordnungsprinzips*: Bund und Länder sind als komplementäre Teile eines Ganzen gedacht. Zur Erfüllung der Staatsaufgaben sollen jeweils nur diejenigen Organe tätig werden, die nach Organisation und Verfahren am besten dafür geeignet sind, möglichst sachgerechte Entscheidungen zu treffen.

57.
Der gestiegene Einfluss des Bundesrats auf die gesamtstaatliche Entscheidungsfindung lässt das Verhältnis von hemmender und zuordnender Funktion bundesstaatlicher Gewaltenteilung aus dem *Gleichgewicht* geraten: Die funktionale Komponente, nach der die Staatsorgane zum Zweck einer optimalen Aufgabenerfüllung miteinander „verzahnt" werden, tritt zunehmend hinter die hemmende Komponente zurück.

58.
Die Folge dieser Verlagerung ist, dass sich die Mitwirkung des Bundesrats nicht mehr auf den Randbereich gesamtstaatlicher Gesetzgebung konzentriert. Infolge der Umkehrung des Regel-Ausnahmeverhältnisses von Zustimmungs- und Einspruchsgesetzen dringt der Bundesrat in über der Hälfte der Gesetzgebungsvorhaben in den *Kernbereich* der wesenstypischen Tätigkeit des Parlaments ein. Vor dem Hintergrund der Tatsache, dass der Bundesrat – entgegen der Wertung des Grundgesetzes – in der Mehrzahl der Materien die letzte Entscheidung trifft, beeinträchtigt er die dem Bundestag vorbehaltene *identitätsbegründende* und *wesenstypische* Aufgabe der Gesetzgebung.

59.
Damit wird die bundesstaatliche Gewaltenteilung ihrem Zweck einer *funktionsadäquaten Zuordnung* der Staatsgewalten nicht mehr in ausreichendem Maße gerecht: Mit dem Vordringen des Bundesrats in den Kernbereich der Bundesgesetzgebung werden Entscheidungen nicht mehr *überwiegend* von demjenigen Organ getroffen, das in seiner Or-

[1583] Vgl. These 13.

ganisation, Zusammensetzung, Funktion und Verfahrensweise über die besten Voraussetzungen verfügt.

60.
Indes lässt sich ein Vordringen des Bundesrats in einen – wie auch immer gearteten – Kernbereich von Regierungsaufgaben nicht feststellen, wohl aber eine Beeinträchtigung typischer Regierungsfunktionen wie die der Vorausschau, Initiative und Planung.

61.
Die Konsensorientierung der Verfassung wird in den Fällen der Zustimmungsbedürftigkeit unterlaufen. Abgesehen vom Vermittlungsausschuss fehlen besondere Konfliktlösungsmechanismen. Als Ausweg wäre die Letztentscheidungskompetenz eines Verfassungsorgans denkbar, durch die Konflikte aufgelöst werden könnten.

Lösungsversuche:
Lösung auf der Grundlage ungeschriebener Verfassungsprinzipien[1584]

62.
Der Aufruf an die politischen Akteure in Bund und Ländern, sich *parteipolitische Zurückhaltung* aufzuerlegen, ist angesichts der vielfachen Schnittmengen von Bundes- und Landesinteressen wirkungslos.

63.
Das *Gebot bundesfreundlichen Verhaltens*, das unter anderem als Kompetenzausübungsschranke die rechtsmissbräuchliche Ausübung von Zuständigkeiten verhindern und eine sachgerechte Herbeiführung der notwendigen gemeinsam zu treffenden Entscheidungen bewirken soll, ist nicht geeignet, Spannungen zwischen Bundestag und Bundesrat aufzulösen: Der Bundesrat als Bundesorgan kann aus dem Prinzip nicht zugleich berechtigt und verpflichtet werden. Auch gilt der Grundsatz der Bundestreue nur im kompetenziellen Verhältnis zwischen dem Bund und dem einzelnen Land. Im Fall der Zustimmungsverweigerung geht der Wille des letzteren jedoch in der „Entscheidung" der im Bundesrat vertretenen Länder auf.

64.
Die Blockadeproblematik lässt sich auch nicht mit dem Hinweis auf die *Verfassungsorganstellung* des Bundesrats lösen. Die dem Bundesrat eigene Zwitterstellung, aufgrund derer er als *Bundes*organ die Interessen der *Länder* zu vertreten hat, und die zahlreichen Berührungspunkte von Bundes- und Landespolitik lassen eine Beschränkung auf Bundesinteressen nicht zu.

65.
Schließlich bietet auch der Grundsatz der Verfassungsorgantreue keinen Ausweg. Angesichts seiner *Unbestimmtheit* lässt das Prinzip nur eine *vorsichtige Konkretisierung* von

---

[1584] Zu Abschnitt **§ 8 II, III** und folgenden.

Kompetenzen zu, nicht aber „Eingriffe" in verfassungsrechtliche Zuständigkeiten. Um solche geht es aber, wenn dem Bundesrat in bestimmten Fällen der Gebrauch seines Vetorechts versagt bleiben soll.

66.
Die Anwendung vorgenannter Ansätze scheitert insgesamt an ihrer *fehlenden Konkretisierbarkeit.* In einer pluralistischen Demokratie nimmt die Politik nicht zuletzt im Bundesrat konkrete Gestalt an. Die unterschiedlichen Interessen des Bundes und der Länder fügen sich erst in ihm zu einem Ganzen. Dies tritt am deutlichsten am Beispiel des bundesdeutschen Verwaltungsföderalismus zu Tage.

Abschaffung des Bundesrats beziehungsweise seine Anpassung an die tatsächliche Entwicklung[1585]

67.
Zwischen Bundestag und Bundesrat bestehende Spannungslagen können nicht dadurch aufgelöst werden, dass der Bundesrat *abgeschafft* wird. Wenn auch die Ewigkeitsgarantie des Art. 79 Abs. 3 GG keine besondere Form der Ländervertretung vorschreibt, geht aus ihr die verfassungsrechtliche Notwendigkeit einer *effektiven* Mitwirkung der Länder an der bundesstaatlichen Willensbildung hervor. Mit der Abschaffung verlören die Länder jegliche Form einer effizienten Einflussnahme auf die gesamtstaatliche Entscheidungsfindung.

68.
Die *Abschaffung* des Bundesrats lässt sich auch nicht mit dem Argument befürworten, dass dieser im Vergleich zum Parlament nur *mittelbar demokratisch legitimiert* ist. Das Bundesstaats- und Demokratieprinzip stehen in der verfassungsrechtlichen Ordnung des Grundgesetzes gleichberechtigt nebeneinander, so dass ein „Ausspielen" des einen Grundsatzes gegen den anderen ausscheidet. Auch lassen sich dem Grundgesetz keine Mindestanforderungen an den Grad demokratischer Legitimation entnehmen; eine – wie auch immer ausgeprägte - demokratische Legitimation „minderer Art" ist ihm fremd.

69.
Vor dem Hintergrund, dass in den Fällen der Zustimmungsbedürftigkeit das Demokratieprinzip partiell vom Bundesstaatsprinzip überlagert wird, kommt eine Reform des *Bundesrats* in Richtung einer *stärkeren demokratischen Legitimation* in Betracht. Da das Bundesratsmodell nicht der Ewigkeitsgarantie des Grundgesetzes unterfällt, bieten sich seine historischen Vorläufer als Vorbilder an, wobei auch nicht umgesetzte Verfassungsentwürfe aus früheren Zeiten zu berücksichtigen wären.[1586]

[1585] Zu Abschnitt **§ 8 V** und folgenden.
[1586] Vgl. die Thesen 1-13.

70.
Trotz der Offenheit des Grundgesetzes hinsichtlich der Ausgestaltung der Ländervertretung, scheidet eine Übernahme historischer Modelle im Ergebnis aus; dies gilt auch hinsichtlich der im *Parlamentarischen Rat* und in der *Enquête-Kommission Verfassungsreform* diskutierten Mischmodelle. Sowohl die Einführung eines „reinen" Senatsmodells als auch die Übertragung modifizierter Lösungen unter Berücksichtung eines freien Mandats sind kaum geeignet, das Risiko blockadeauslösender Konfrontationen zwischen den Gesetzgebungsorganen zu verringern: Die Einführung eines Mischmodells führte zu Kompetenzabgrenzungsproblemen innerhalb der Ländervertretung. Die Einführung des freien Mandats würde die Wahrscheinlichkeit parteipolitischer Konflikte erhöhen und zu einer Schwächung des Elements „Land" im Bundesrat führen; überdies würde die Zurechnung politischer Verantwortung noch zusätzlich erschwert.

Die Übernahme von Konfliktlösungsmechanismen früherer Verfassungen[1587]

71.
Vor dem Hintergrund, dass das Grundgesetz für den Fall der Zustimmungsverweigerung *keinen Konfliktlösungsmechanismus* vorsieht, stellt sich die Frage, *ob* und *welchem* Verfassungsorgan die Funktion einer letztentscheidenden Instanz zugewiesen werden könnte. Hierfür kommen sowohl der Vermittlungsausschuss als auch der Bundespräsident in Betracht.

72.
Die Einschaltung des Vermittlungsausschusses würde seine Bedeutung innerhalb der bundesstaatlichen Willensbildung erhöhen. Hierdurch würde aber auch der Nachteil der *Intransparenz* verstärkt, der mit der Entscheidungsfindung innerhalb des Vermittlungsausschusses verbunden ist. Überdies bliebe es in dem paritätisch zusammengesetzten Verfassungsorgan beim *Zwang zum Konsens*.

73.
Trotz einiger weniger Entscheidungsspielräume des *Bundespräsidenten* ist dieser zu einer Auflösung parteipolitischer Konflikte zwischen Bundestag und Bundesrat rechtlich außerstande. Parteipolitisch motivierte Blockaden sind mit den verfassungsrechtlichen Ausnahmesituationen, in denen dem Bundespräsidenten eine selbständige Entscheidungsbefugnis zukommt, nicht vergleichbar. Die Zuweisung der Position eines „Hüters der Verfassung" wie sie das Staatsoberhaupt noch unter der Weimarer Reichsverfassung innehatte,[1588] würde der Konzeption des Grundgesetzes widersprechen.

74.
Für die Aufnahme *plebiszitärer Elemente*[1589] in die Verfassung spricht, dass in den Fällen, in denen die Gesetzgebungsorgane zu einer Entscheidungsfindung außerstande sind,

---

[1587] Zu Abschnitt **§ 8 V 8** und folgenden.
[1588] Vgl. These 12.
[1589] Ebenda.

die Letztentscheidung in die Hände der Repräsentierten gelegt wird. Aber auch solche direkt-demokratischen Elemente sind – ebenso wie eine Volkswahl des Staatsoberhaupts – nicht frei von parteipolitischem Einfluss.

Lösung unter Berücksichtigung des Gebots praktischer Konkordanz[1590]

75.
Parteipolitische Spannungen zwischen den Gesetzgebungsorganen können weder einseitig zugunsten des Demokratieprinzips noch zugunsten des Bundesstaatsprinzips aufgelöst werden. Aus diesem Grund müssen beide Verfassungsprinzipien im Sinne praktischer Konkordanz zu einem schonenden Ausgleich gebracht werden, indem man das *Gleichgewicht* zwischen Bundestag und Bundesrat wieder herstellt.

76.
Angesichts dessen können Konflikte auch nicht durch eine stärkere Hinwendung des deutschen Bundessstaats zu einem kompetitiven Föderalismus gelöst werden, denn die bundesstaatliche Ordnung des Grundgesetzes beruht sowohl auf der rechtlichen und finanziellen Selbständigkeit der Gliedstaaten als auch auf dem Gedanken der Solidarität.

77.
Statt einer Umstrukturierung des Bundesrats könnte das Bund-Länder-Verhältnis durch eine *Stärkung der Eigenstaatlichkeit* der Länder zu einem schonenden Ausgleich[1591] gebracht werden. Die zu diesem Zweck vorgeschlagene Einrichtung eines *Länderrats* ist im Ergebnis aber ebenso abzulehnen wie eine institutionalisierte *Mitsprache der Landtage* bei Verfassungsänderungen.

78.
Zwar könnten die in Kooperation von Bund und Ländern getroffenen Entscheidungen in einem *Länderrat* gebündelt werden, Auch wäre es denkbar, dass dieser über die Erforderlichkeit einer bundeseinheitlichen Regelung gemäß Art. 72 Abs. 2 GG entscheidet.

Doch würde sich neben dem Bundestag und Bundesrat eine dritte – konkurrierende – Entscheidungsebene etablieren, durch die die Länder weiter in die schon heute bemängelte „Ratifizierungssituation" gedrängt würden und eigenständige Initiativen weiter abnähmen.

79.
Ein *Zustimmungsrecht* der Länderparlamente zu Verfassungsänderungen würde nicht nur den Bundesrat überflüssig machen, sondern das Grundgesetz in die Richtung einer staatenbündischen Verfassung bewegen. Überdies ist der Nutzen einer unmittelbaren Mitwirkung der Landtage fraglich, da Landesregierung und Landtagsmehrheit in der Regel denselben politischen Kurs verfolgen.

[1590] Zu Abschnitt **§ 8 VII** und folgenden.
[1591] Vgl. These 75.

80.
Die Vorschriften der Artt. 50, 51 GG lassen die allgemeine parlamentarische Verantwortung der Landesregierungen gegenüber den Landtagen unberührt. Demnach haben die Landtage im Rahmen der *parlamentarischen Verantwortung* der Landesregierungen ein Befassungsrecht mit Bundesratsangelegenheiten, nicht jedoch ein Weisungsrecht.

81.
Die Landtage sind im Rahmen eines *„mitlaufenden Kontrollrechts"* berechtigt, durch vorherige Diskussion und rechtlich unverbindliche Empfehlungen das Stimmverhalten der Landesregierungen im Bundesrat zu beeinflussen; einer – auch nur deklaratorischen – *Festschreibung* dieses Rechts bedarf es nicht.

82.
Der Nutzen einer *Verlängerung der Frist* des Art. 76 Abs. 2 GG, wonach die Landtage bis zu drei Monate über Verfassungsänderungen beraten können, ist fraglich. Das allgemeine parlamentarische Kontrollrecht ist bei effizienter Wahrnehmung ausreichend.

83.
Das Problem parteipolitischer Konfrontation von Bundestag und Bundesrat wird nicht dadurch ausgelöst, dass die demokratisch repräsentierte Bevölkerungs*minderheit* in den Ländern Entscheidungen der Bevölkerungs*mehrheit* im Bund blockiert. Deswegen ist eine an die Bevölkerungszahl in den Ländern gekoppelte Stimmenverteilung im Bundesrat abzulehnen; darüber hinaus würde dies die bevölkerungsstärkeren Länder gegenüber den dünner besiedelten Ländern bzw. Stadtstaaten bevorzugen.

Abschaffung des Zustimmungsrechts des Bundesrates[1592]

84.
Eine *Abschaffung* des Zustimmungsrechts des Bundesrats würde dem Problem parteipolitischer Konfrontation von Bundestag und Bundesrat nicht gerecht. Neben der Zunahme zustimmungsbedürftiger Materien liegt dessen Ursache darin, dass das Vetorecht des Bundesrats der Kompensation verlorener Länderzuständigkeiten dient. Dieser Ausgleich führt zu einer vermehrten Befassung mit *bundes*politischen Fragestellungen und erhöht die Wahrscheinlichkeit von Blockaden gesamtstaatlicher Entscheidungen.

85.
Durch die Abschaffung des Vetorechts, brächte man die Länder um ihre Teilhabe an der gesamtstaatlichen Willensbildung. Darüber hinaus würde übersehen, dass die Mehrzahl zustimmungsbedürftiger Regelungen landesspezifische Interessen berührt.

86.
Erfolgversprechender ist eine Anknüpfung an die in der Verfassung vorgesehenen Konfliktlösungsmechanismen. Die Vorschrift des Art. 77 Abs. 3 GG könnte dahingehend

---

[1592] Zu Abschnitt **§ 8 VII 4** und folgenden.

geändert werden, dass nicht nur der Einspruch, sondern auch die Verweigerung der Zustimmung eine *vorherige Anrufung des Vermittlungsausschusses* durch den Bundesrat voraussetzt.[1593]

Lösung durch eine einschränkende Anwendung der Einheitsthese des Bundesverfassungsgerichts[1594]

87.
Daneben ist eine kritische Rückbesinnung auf den eigentlichen Zweck der vom Bundesverfassungsgericht im Zusammenhang mit den Artt. 84 Abs. 1, 85 GG vertretenen *Einheitsthese* erforderlich: Die Einheitsthese soll den Gesetzesbeschluss in seiner Gesamtheit erhalten und den Bundestag vor einer inhaltlichen Verfremdung durch partielle Zustimmung des Bundesrats *schützen*. Aus ihr kann kein Zustimmungsrecht des Bundesrats hergeleitet werden, das nicht ohnehin schon besteht.

88.
Weder der Wortlaut noch die systematischen Stellung des Art. 84 Abs. 1 GG im Verhältnis zu Art. 80 Abs. 2 GG stützen die weitreichenden Schlussfolgerungen, die das Bundesverfassungsgericht aus der Einheitsthese zieht: Das Zustimmungsrecht des Bundesrats nach den Artt. 84, 85 GG erstreckt sich *grundsätzlich* nicht auf zustimmungsfreie Teile eines Gesetzes. Auch hat die einmal erteilte Zustimmung des Bundesrats insoweit nicht die Zustimmungsbedürftigkeit späterer Gesetzesänderungen zur Folge.

89.
Infolgedessen kann das Parlament über den von der Einheitsthese bezweckten Schutz *disponieren*, indem es von seiner legislativen Gestaltungsfreiheit Gebrauch macht und Gesetze in zustimmungsfreie und zustimmungspflichtige Teile *aufspaltet*. Das gilt auch hinsichtlich einer Aufspaltung *nach* einer ablehnenden Stellungnahme des Bundesrats.

90.
Dieses Ergebnis schließt nicht aus, dass in bestimmten Fällen eine Aufspaltung gegen den Grundsatz der *Verfassungsorgantreue* verstößt. So sind verfahrens- und materiellrechtliche Vorschriften, die untrennbar miteinander verknüpft sind oder eine sachlogische Einheit bilden, in einem Gesetz zusammenzufassen. Ein Verstoß hiergegen bedeutet eine verfassungswidrige Umgehung des Zustimmungsrechts des Bundesrats.

Die verfassungsrechtliche Normierung der Aufspaltungsbefugnis des Bundestages[1595]

91.
Auch wenn das Parlament die Aufspaltung eines Gesetzes grundsätzlich in der Hand hat, ist eine verfassungsrechtliche Festschreibung dieser Befugnis von Vorteil. So würde eine

---

[1593] Vgl. These 32.
[1594] Zu Abschnitt **§ 8 VII 4 a** und folgenden.
[1595] Zu Abschnitt **§ 8 VII 4 b, c** und folgenden.

Normierung – abgesehen von den wenigen Fällen eines Aufspaltungsverbots – keinen Raum mehr für die streitige Frage lassen, ob die Aufteilung der Umgehung des Zustimmungsrechts dient. Der Streit um den grundsätzlichen Umfang der Zustimmungsbedürftigkeit von Gesetzen kann auf diese Weise einer verfassungsrechtlichen Lösung zugeführt werden.

92.
Zu diesem Zweck bieten sich zwei Möglichkeiten an:
Schon nach der gegenwärtigen Rechtslage könnte der Bundestag unter Ausnutzung seines gesetzgeberischen Gestaltungsspielraums einen *Vorratsbeschluss* fassen, mit dem er zum Ausdruck bringt, dass er das Gesetz auch ohne die vom Bundesrat abgelehnten zustimmungsbedürftigen Teile gelten lassen will.

93.
Auch wäre es denkbar, Art. 77 GG dahingehend zu ändern, dass ihm ein fünfter Absatz angefügt wird, der dem Bundesrat die Befugnis einräumt, das abgelehnte Gesetz in seinen zustimmungsfreien Teilen zu *bestätigen*, wie dies das Grundgesetz in Artikel 77 Absatz 4 schon bei Einspruchsgesetzen vorsieht.

94.
Beide Ansätze haben den Vorteil, dass das Gesetz in seinen zustimmungsfreien Teilen zustande kommt und sich die Abstimmung im Bundesrat von Anfang an auf die zustimmungsbedürftigen Vorschriften konzentriert. Damit würde das Vetorecht – langfristig – wieder auf die ausdrücklich im Grundgesetz erwähnten Fälle der Zustimmungsbedürftigkeit beschränkt.

Der Bundesrat könnte sein umfassendes Vetorecht nicht mehr als *Druckmittel* gebrauchen, um das Gesetz *insgesamt* scheitern zu lassen. Eine Verwirklichung *in sich geschlossener* gesetzlicher Konzepte wäre möglich. Auch für die Länder hätte dies den Vorteil *größerer Verständlichkeit* und *Normklarheit*, da zustimmungsbedürftige und – freie Teile nicht mehr „künstlich“, das heißt, nur zum Zweck einer Umgehung des Zustimmungsrechts, getrennt würden.

Lösung durch die Neufassung des Art. 72 GG[1596]

95.
Die Festschreibung einer Aufspaltungsbefugnis hat jedoch nur dann Erfolg, wenn die Aufnahme weiterer Zustimmungserfordernisse aufgehalten wird und Kompetenzverlagerungen auf den Bund verhindert beziehungsweise rückgängig gemacht werden. Diesem Zweck soll die Neufassung der Artt. 72, 74, 75 GG sowie die Einfügung des Art. 125a GG im Jahre 1994 dienen.

[1596] Zu Abschnitt **§ 8 VII 5** und folgenden.

96.
Die Neufassung des Art. 72 GG, insbesondere die Erforderlichkeitsklausel, ist *grundsätzlich* geeignet, im Zusammenwirken mit dem „neu“ eingeführten Verfahren nach Art. 93 Abs. 1 Nr. 2a GG weiteren Kompetenzverlagerungen auf den Bund entgegenzuwirken.

97.
Entgegen seiner ausdrücklich geäußerten Auffassung, dass Verhältnismäßigkeitserwägungen im Verhältnis von Bund und Ländern nicht anwendbar sind, nimmt das Bundesverfassungsgericht eine an Verhältnismäßigkeitskriterien orientierte Abwägung vor – dies insbesondere mit Bezug auf die Rahmenkompetenz und ungeschriebene Gesetzgebungskompetenzen des Bundes.

98.
Für eine am Grundsatz der Verhältnismäßigkeit ausgerichtete Abwägung im Rahmen des Art. 72 Abs. 2 GG spricht die bewusste Wahl des Begriffs der *Erforderlichkeit*, der in der Rechtswissenschaft überwiegend als Verhältnismäßigkeitskriterium rezipiert wird.

Auch vor dem Hintergrund der Entstehungsgeschichte des Art. 72 GG n. F. und der Motive des verfassungsändernden Gesetzgebers ist eine am Verhältnismäßigkeitsmaßstab der Erforderlichkeit ausgerichtete Abwägung zu befürworten.

Beteiligung der Länder an einer Ausfüllung des Erforderlichkeitsbegriffs[1597]

99.
Entgegen den Vorschlägen der Verfassungskommissionen verblieb die Entscheidung über die Erforderlichkeit auch nach der Verfassungsänderung von 1994 beim Bund. Darüber hinaus hielt der verfassungsändernde Gesetzgeber an einer Streitentscheidung durch das Bundesverfassungsgericht fest.

100.
Auch wenn die Kompetenzentscheidung nach Art. 72 Abs. 2 GG eher politischer als rechtlicher Natur ist, kann auf das Bundesverfassungsgericht als letztentscheidende Instanz nicht verzichtet werden. Angesichts der aufgezeigten Systemverschiebungen muss eine *gerichtliche* Korrektur kompetenzieller Entscheidungen möglich bleiben.

101.
Die Vorschrift des Art. 72 Abs. 2 GG n. F. erfordert eine politische Vorentscheidung des *Bundes*, die dieser aus gesamtstaatlicher Perspektive zu treffen hat, denn der Bund muss, wenn er die strengeren Voraussetzungen des Art. 72 Abs. 2 GG n. F. einhalten soll, zu einer *eigenverantwortlichen* Prüfung imstande sein.

[1597] Zu Abschnitt **§ 8 VII 5 c, cc** und folgenden.

102.
Aus der Notwendigkeit einer politischen Vorentscheidung des Bundes folgt jedoch nicht, dass andere Beteiligte, wie die Landesregierungen und Landtage, dem Entscheidungsprozess fernzuhalten sind. Dies gilt insbesondere vor dem Hintergrund, dass Bund und Länder einen konkurrierenden, das heißt, *gleichberechtigten* Zugriff auf den Katalog des Art. 74 GG haben.

103.
Die Abwägung der Vor- und Nachteile eines Bundesgesetzes im Vergleich zu landesgesetzlichen Regelungen sollte von den *betroffenen* Kompetenzträgern in dem *Zeitpunkt* vorgenommen werden, in dem die Frage aufgeworfen wird: dies sind der Bund *und* die Länder im Gesetzgebungsverfahren.

104.
Nur eine *Beteiligung der Länder* in einem *geordneten Verfahren* stellt sicher, dass die „Erforderlichkeitsprognose" unter Berücksichtigung sämtlicher Interessen und Einbeziehung der erforderlichen Fakten getroffen wird.

Aus diesem Grund sind die Länder *so früh wie möglich* an der Kompetenzentscheidung des Bundes zu beteiligen: Dies könnte dadurch geschehen, dass man ihnen unter Einbeziehung der Landtage die Gelegenheit zu einer *ersten Stellungnahme* im „Vorlageverfahren" gibt. Nach dem Beschluss des Bundestags wäre im Bundesrat *gesondert* über die Erforderlichkeit einer bundeseinheitlichen Regelung abzustimmen. In beiden Stadien des Gesetzgebungsverfahrens sollte – auch auf Antrag eines Landtages – der Vermittlungsausschuss angerufen werden können.

105.
Dem Bundesrat sollte hinsichtlich der Erforderlichkeitsfrage nur ein *Einspruchsrecht* zustehen. Sowohl der Einspruch als auch dessen eventuelle Zurückweisung durch den Bundestag sollten, um gegenseitige Blockaden der Gesetzgebungsorgane zu erschweren, von der Erreichung einer *qualifizierten Mehrheit* abhängig gemacht werden.

Die Überprüfung gesetzgeberischer Prognoseentscheidungen durch das Bundesverfassungsgericht in der Vergangenheit und seine Kehrtwende im Urteil zum Bundesaltenpflegegesetz[1598]

106.
Entgegen der damaligen Rechtsprechung des Bundesverfassungsgerichts zur „Bedürfnis-Klausel" kam dem Bund schon unter der Geltung des Art. 72 Abs. 2 GG *a. F.* keine *injustiziable* Einschätzungsprärogative zu.[1599] Dies zeigt ein Blick auf die höchstrichterliche Rechtsprechung zu Prognoseentscheidungen. Dessen ungeachtet änderte sich die Rechtsprechung des Bundesverfassungsgerichts erst infolge der Neufassung des Art. 72 Abs. 2 GG.

1598 Zu Abschnitt **§ 8 VII 6, 8** und folgenden.
1599 Vgl. These 9.

107.
Aus dem Beurteilungsspielraum des Bundes hinsichtlich der Voraussetzungen des Art. 72 Abs. 2 GG folgt nicht notwendigerweise eine der gerichtlichen Nachprüfung entzogene Einschätzungsprärogative. Aus diesem Grund ist der Meinung in der Literatur, nach der auch die Neufassung des Art. 72 GG nichts an der Injustiziabilität der Entscheidung geändert habe, entgegenzutreten.

108.
In seinem Urteil zum Bundesaltenpflegegesetz vom 24.10.2002 folgt das Bundesverfassungsgericht der Forderung nach einer verstärkten Justiziabilität des Art. 72 Abs. 2 GG, indem es die bekannten zur richterlichen Kontrolle von Prognoseentscheidungen entwickelten Kriterien heranzieht.

109.
Das Bundesverfassungsgericht nimmt auch in diesem Urteil eine Abwägung vor, deren Begrifflichkeit an das Übermaßverbot und die Terminologie der Grundrechtsdogmatik angelehnt ist.[1600]

110.
Der in dem Urteil geäußerten Ansicht des Bundesverfassungsgerichts, dass dem Bund hinsichtlich der an ihn gerichteten Voraussetzungen des Art. 72 Abs. 2 GG ein Beurteilungsspielraum zukommt, ist grundsätzlich zuzustimmen.

111.
Die Feststellung des Gerichts, dass dem Bund kein Vorrang gegenüber den Ländern bei der Interpretation des Art. 72 Abs. 2 GG oder der Kompetenzausübung gebührt, läuft jedoch angesichts der Tatsache leer, dass das Grundgesetz keine Beteiligung der Länder an der Prognoseentscheidung vorsieht.

112.
Das Bundesverfassungsgericht lässt – in Abkehr von seiner früheren Rechtsprechung – eine koordinierte Gesetzgebung der Länder nicht mehr ausreichen, um eine bundeseinheitliche Regelung abzuwenden. Damit versagt es den Ländern einen Gestaltungsspielraum, den es dem Bund ausdrücklich zubilligt: Wenn gleich lautende oder ähnliche Landesgesetze nicht mehr den Anforderungen des Art. 72 Abs. 2 GG genügen können, entsteht ein *Zwang* zur Verschiedenartigkeit, der in bedenklicher Weise in die *gesetzgeberische Gestaltungsfreiheit* der Länder eingreift. Dem kann nicht entgegengehalten werden, dass eine koordinierte Landesgesetzgebung die Vorschrift des Art. 72 Abs. 2 GG gegenstandslos werden lässt, denn auch aufeinander abgestimmte Landesgesetze können im Einzelfall die Zielvorgaben des Art. 72 Abs. 2 GG unterlaufen.

[1600] Vgl. These 97.

Die Notwendigkeit einer Einbeziehung der Länder in die Kompetenzentscheidung nach Art. 72 Abs. 2 GG erläutert am Beispiel des Bundesaltenpflegegesetzes[1601]

113.
Die im Rahmen des Art. 72 Abs. 2 GG vorzunehmende Abwägung hat im gesamtstaatlichen Interesse, das heißt, im *gemeinsamen* Interesse von Bund *und* Ländern, zu erfolgen. Die Notwendigkeit einer umfassenden Einbeziehung der Interessen sämtlicher Beteiligter[1602] wird am Beispiel der Entstehung des Bundesaltenpflegegesetzes deutlich.

114.
Über einen Zeitraum von ungefähr zwölf Jahren herrschte nicht nur dahingehend Unklarheit, ob der Bund oder die Länder für eine Regelung der Materie zuständig waren, sondern auch darüber, ob der Bund überhaupt willens und in der Lage war, sich der Regelung anzunehmen. Die bestehenden Landesgesetze waren unzureichend aufeinander abgestimmt. Dies hatte eine nachlassende Attraktivität des Berufs zur Folge. Der damit einhergehende Pflegekräftemangel führte schließlich zu erheblichen Defiziten in der Versorgung älterer Menschen.

115.
Diese Unsicherheiten hätten ohne weiteres in einem kompetenziellen Verfahren beseitigt werden können, vorausgesetzt, ein solches hätte bestanden. Bund und Länder hätten erörtert, durch welchen *Kompetenzträger*, in welcher *Art und Weise* und in welchem *zeitlichen* Rahmen eine Regelung angestrebt wird.

116.
So wäre es zum Beispiel für die Zukunft denkbar, dass sich die Länder im Sinne einer *freiwilligen Selbstverpflichtung* innerhalb einer bestimmten Frist zu einer Regelung bereit erklären, mit der Folge, dass der Bund nach ihrem fruchtlosen Verstreichen tätig werden kann. Diese Erklärung könnte im Gesetzgebungsverfahren schon während des „ersten Durchgangs" abgegeben werden.

Die Fortsetzung der „Erforderlichkeits-Rechtsprechung" des Bundesverfassungsgerichts in seinen Urteilen zum 5. und 6. Hochschulrechtsrahmenänderungsgesetz[1603]

117.
In seinen Urteilen zum 5. und 6. Hochschulrechtsrahmenänderungsgesetz verfolgt das Bundesverfassungsgericht die in der Entscheidung zum Bundesaltenpflegegesetz entwickelten Grundsätze konsequent weiter. Wie sich bereits in seinem Urteil zum Bundesaltenpflegegesetz abzeichnete, läuft die Überprüfung der Erforderlichkeitsprognose auf die Frage hinaus, ob der Bund die Einbeziehung sämtlicher Belange in den Abwägungsvorgang dargelegt hat, ein angemessenes Prognoseverfahren gewählt und eingehalten hat,

---

[1601] Zu Abschnitt **§ 8 VII 9 c** und folgenden.
[1602] Vgl. die Thesen 103-105.
[1603] Zu Abschnitt **§ 8 VII 10.**

die wesentlichen Tatsachen und Prognosekriterien offen gelegt hat und keine sachfremden Erwägungen in die Gewichtung mit eingeflossen sind.

118.
In beiden Urteilen betont das Bundesverfassungsgericht die Notwendigkeit der Alternativenbildung, wonach der Bund eine Regelung zu treffen hat, die am wenigsten intensiv in die grundsätzliche Gesetzgebungskompetenz der Länder eingreift. Hierbei bedient sich das Gericht einer Terminologie, die ein kompetenzielles Eingriffsdenken erkennen lässt.

119.
Der Gesetzgeber hat im Gesetzgebungsverfahren bzw. spätestens im Normenkontrollverfahren konkret darzulegen, inwieweit bei Ausbleiben einer bundeseinheitlichen Regelung eine Gefährdung gleichwertiger Lebensverhältnisse, der Rechtseinheit oder der Wirtschaftseinheit zu befürchten ist. Den Bund trifft insoweit die Darlegungslast.

120.
Gelingt es dem Bundesgesetzgeber beispielsweise nicht, darzutun, dass sich die Lebensverhältnisse in einer das bundesstaatliche Sozialgefüge gefährdenden Weise auseinander entwickeln, riskiert er die Verfassungswidrigkeit des Gesetzes. So vertritt das Gericht in seinem Urteil zum 6. Hochschulrechtsrahmenänderungsgesetz die Auffassung, dass die Wahrung des Sozialstaatsgebots allein eine bundeseinheitliche Regelung nicht rechtfertigt. Vielmehr sind der Bund und die Länder gleichermaßen dem Sozialstaatsprinzip verpflichtet, so dass Landesgesetze in der Regel ausreichend sind, um sozialen Missständen entgegenzuwirken.

Vor dem Hintergrund, dass das Sozialstaatsprinzip in der Vergangenheit immer wieder zur Rechtfertigung bundeseinheitlicher Vorschriften herangezogen wurde, ist dieser restriktiven Auslegung durch das Bundesverfassungsgericht zuzustimmen.

121.
In seinem Urteil zum 6. Hochschulrechtsrahmenänderungsgesetz überschreitet das Bundesverfassungsgericht die sich selbst auferlegten Grenzen. Es beschränkt sich nicht auf die Überprüfung des äußeren Rahmens der legislativen Prognoseentscheidung, sondern nimmt eine eigene Abwägung der für und gegen die Einführung von Studiengebühren sprechenden Belange vor, obwohl weder dem Gericht noch dem Bund verlässliche sozialwissenschaftliche Untersuchungen zur Verfügung stehen.

Damit setzt sich das Bundesverfassungsgericht in Widerspruch zu seiner früheren Rechtsprechung, nach der nicht auszuräumende tatsächliche Unsicherheiten zu einer Erweiterung des gesetzgeberischen Prognosespielraums und zur Verengung der richterlichen Kontrolldichte führen. Darüber hinaus begegnet dieser Ansatz vor dem Hintergrund des Gewaltenteilungsprinzips verfassungsrechtlichen Bedenken.

122.
Die Fortführung der neueren Rechtsprechung des Bundesverfassungsgerichts zur Erforderlichkeitsklausel ist grundsätzlich geeignet, der Gesetzgebungstätigkeit des Bundes

Schranken zu setzen. Sie ist aber insoweit bedenklich, als die Entscheidung der „Erforderlichkeitsfrage“ nicht den politischen Akteuren überlassen bleibt, sondern sich in das Normenkontrollverfahren verlagert, welches zu erheblichen Reibungsverlusten und Effizienzeinbußen im politischen Entscheidungsprozess führt.

Die Notwendigkeit einer konsequenten Rückführung von Gesetzgebungsmaterien in die Zuständigkeit der Länder – fortbestehende Widersprüche und der Versuch einer Lösung[1604]

123.
Eine Neuordnung des kompetenziellen Verhältnisses von Bund und Ländern kann sich nicht auf die *Reduzierung von Zustimmungsrechten* beschränken, sondern muss mit einer konsequenten *Rückführung von Gesetzgebungsgegenständen* in die Zuständigkeit der Länder einhergehen.

124.
Diesen Versuch unternahm der verfassungsändernde Gesetzgeber mit der Neufassung des Art. 72 Abs. 3 GG bzw. der Einfügung des Art. 125a Abs. 2 S. 2 und 3 GG.

125.
Die Länder sind auch von der Entscheidung ausgeschlossen, ob eine bundeseinheitliche Regelung *noch* erforderlich ist. Fordert man – wie hier – eine Einbeziehung der Länder in die nach Art. 72 Abs. 2 GG zu treffende Prognose,[1605] muss dies auch für die Frage des Fortbestehens der Erforderlichkeit gelten.

126.
Die neu eingefügte Kompetenz des Bundes zur Freigabe nicht mehr erforderlicher Bundesgesetze ist in sich widersprüchlich: Während die Beurteilung der Erforderlichkeit nunmehr einer verstärkten Justiziabilität unterliegt, soll die Freigabe im Ermessen des Bundes stehen.

127.
Dieser Widerspruch ist auch nicht damit zu rechtfertigen, dass ohne die Freigabebefugnis weite Bereiche des Bundesrechts nach Ermessen der Landesgesetzgeber ausgehöhlt werden könnten. Die Freigaberegelung ist ungeeignet, dies zu verhindern: Genau so wenig wie der Bund zu einer Freigabe verpflichtet ist, können die Länder zu einem Gebrauch der wieder gewonnenen Zuständigkeit gezwungen werden. Regeln nur wenige Länder die freigewordene Materie, gilt das Bundesgesetz in den übrigen Ländern fort, mit der Folge, dass partielles Bundesrecht – und damit eine Rechtszersplitterung – entsteht.

[1604] Zu Abschnitt **§ 8 VII 9 c, §§ 10-12.**
[1605] Vgl. die Thesen 103-105.

128.
Ebenso wenig ist ein Zugriffsrecht der Länder, beispielsweise in Form einer neuen konkurrierenden Gesetzgebungszuständigkeit der *Länder*, geeignet, das Entstehen partiellen Bundesrechts zu verhindern.

129.
Darüber hinaus besteht die Gefahr, dass die erreichten Ziele der Gleichwertigkeit der Lebensverhältnisse und der Rechts- bzw. der Wirtschaftseinheit durch das unkoordinierte Nebeneinander von Bundes- bzw. Landesrecht wieder zunichte gemacht werden, so dass der Bund erneut tätig werden müsste.

130.
Ein Anspruch der Länder auf Erlass eines Freigabegesetzes gegen den Bund scheidet aus: Die Annahme einer Ermessensreduzierung auf Null läuft auf ein im Bund-Länder-Verhältnis unzulässiges kompetenzielles „Eingriffsdenken" hinaus. Eine Freigabepflicht des Bundes folgt auch nicht aus der Bundestreue oder dem Grundsatz bundes- bzw. länderfreundlichen Verhaltens.

131.
Stattdessen sollte auch in Bezug auf die Rückführung von Materien der konkurrierenden Gesetzgebung eine verfahrensrechtliche Lösung angestrebt werden, welche die Interessen von Bund und Ländern zu einem *schonenden Ausgleich* bringt:[1606] So könnte die Initiative zu einer Rückführung bestimmter Materien von den Landtagen ausgehen. Die Vorschriften der Artt. 72 Abs. 3, 125a Abs. 2 S. 2 und 3 GG wären dahingehend zu ändern, dass der Bundestag auf Antrag eines Landes über das Fortbestehen der Erforderlichkeit eines Bundesgesetzes zu beschließen hat. Im Konfliktfall könnte auf Antrag des Bundestags, Bundesrats oder des jeweiligen Landtages der Vermittlungsausschuss angerufen werden. Im weiteren Verlauf würde der Bundestag über den im Vermittlungsausschuss gefundenen Kompromiss beschließen. Hieran würde sich das oben beschriebene *kompetenzielle Entscheidungsverfahren*[1607] anschließen.

Eine Blockade des Bundesrates wäre nicht zu befürchten, da diesem auch hinsichtlich der Rückführung von Kompetenzen nur ein Einspruchsrecht zugebilligt werden sollte.[1608]

132.
Die Vorteile dieses prozeduralen Ansatzes liegen darin, dass die Entscheidung über die Rückführung bestimmter Gesetzgebungsgegenstände nicht mehr nur im Ermessen des Bundes liegt, sondern auf Initiative der Landtage als den Hauptbetroffenen des Kompetenzverlusts erfolgt.

[1606] Vgl. These 75.
[1607] Vgl. die Thesen 103-105.
[1608] Vgl. These 105.

133.
Die Notwendigkeit einer Koordination von Bund-Länder-Interessen in einem gesonderten Verfahren ergibt sich schließlich daraus, dass der Bund in der Bestimmung des Gesetzeszwecks weiterhin frei ist. Auf diese Weise kann er über die Vorgabe des Gesetzesziels auch den äußeren Rahmen eines Gesetzes und damit dessen „Erforderlichkeit" bestimmen. Hiervon aber sind die Länder nach der gegenwärtigen Rechtslage ausgeschlossen.

FSC
www.fsc.org
MIX
Papier | Fördert gute Waldnutzung
FSC® C083411

Kolibri 360 GmbH
Ferdinand-Jühlke-Straße 7
99095 Erfurt, Deutschland
produktsicherheit@kolibri360.de

Druck:
CPI Druckdienstleistungen GmbH
im Auftrag der
Kolibri 360 GmbH
Ferdinand-Jühlke-Str. 7
99095 Erfurt